D1732351

KAMPF UM

PERFORMANCE

Die Erfolgsstrategien
bedeutender Marktteilnehmer
an den Finanzmärkten

von
Martin Lechner

Börsenbuch-Verlag
Hofmann & Förtsch KG
Georg-Hagen-Str. 9 - D-95326 Kulmbach
Tel. 09221-7798 - Fax 09221-67953

ISBN 3-922669-08-5

© 1994: Börsenbuch-Verlag Hofmann & Förtsch KG

CIP-Titelaufnahme der Deutschen Bibliothek

Inhaltsverzeichnis

Die Idee und Inspiration für das Buch erhielt ich durch Tätigkeiten bei Tom Baldwin in Chicago und bei Foreign & Colonial in London. Die Gelegenheit, bei diesen beiden renommierten Adressen zu arbeiten, ermöglichte Bryant C. Boyd, der mir damit zu einer hervorragenden Ausbildung verhalf. Tom Baldwin, einer der größten Händler in Treasury Bond Futures, der inzwischen auch Direktor, der größten Terminbörse der Welt, des Chicago Board of Trade, ist, stellt das perfekte Beispiel einer Bilderbuchkarriere im kurzlebigen Geschäft der Finanzmärkte dar.

Im Alter von 26 Jahren kam Tom Baldwin mit 25.000 Dollar nach Chicago. Er leaste sich für 2.000 Dollar im Monat einen Sitz am Chicago Board of Trade und begann mit dem Handel in 30jährigen Treasury Bond Futureskontrakten. Baldwin gab sich sechs Monate Zeit. Er sollte es nicht bereuen. Wie alle Anfänger im Pit begann er zunächst, bis maximal fünf Kontrakte zu handeln. Im Gegensatz zur breiten Masse war der damals oft hitzköpfige Baldwin jedoch aggressiver und handelte bald 50 und sogar 100 Kontrakte auf einmal. Sein erstes Jahr schloß Baldwin bereits mit 1 Million Dollar Handelsgewinn ab.

Ob im Pit auf dem Parkett des Chicago Board of Trade, in seinen Büroräumen oder in seinem Privatleben - Power kennzeichnet das Leben des Geschwindigkeitsfanatikers. Blickfang des Konferenzraums ist ein Bild mit dem Titel "Power". Von Sportwagen und Rennboot über Snowmobil bis zum Privatjet liegt bei dem erfolgreichen Händler alles in Turboversion vor. Handeln wird bei ihm zur Besessenheit. Der Mut zum Risiko hat Baldwin allein 1987 im Jahr des Aktiencrashs und der folgenden Rally an den Bondmärkten über 20 Millionen Dollar Gewinn gebracht.

Natürlich bleibt auch einer wie Baldwin trotz seines kontinuierlichen Erfolges nicht von zwischenzeitlichen Verlusten verschont. Im März 1989 verlor er an einem einzigen Tag über 2 Millionen Dollar und prägte daraufhin den Ausspruch "When I loose, I loose big."

Nach einem Rückgang um einen vollen Prozentpunkt kaufte Baldwin damals 4.000 Kontrakte. Da der Markt nach einer kurzen Konsolidierung noch einmal um einen weiteren Punkt sank, konnte er seine Position nur zu Tagestiefstkursen verkaufen. Trotz dieses hohen Tagesverlustes machte Baldwin auch in diesem Jahr etliche Millionen Dollar Gewinn. In zehn Jahren hatte er weniger als zehn Verlustmonate und jedes einzelne Jahr schloß er mit Millionengewinnen ab.

Im Gegensatz zu anderen erfolgreichen Händlern diversifiziert Tom Baldwin seine enormen Handelsgewinne aber auch in andere Geschäftszweige. Mit dem Kauf und der Renovierung des unter Denkmalschutz stehenden Rookery Gebäudes, eines der ersten Hochhäuser, welches von Frank Lloyd Write vor der Jahrhundertwende erbaut wurde, gelang ihm ein spektakulärer Einstieg in den heißumkämpften Chicagoer Immobilienmarkt. Desweiteren besitzt Baldwin eine große Clearing Firma in Chicago und eine Futures Managementfirma, die ihm mit Mitsubishi den gesamten japanischen Markt eröffnet.

Während meiner Zeit in Amerika verbrachte ich viel Zeit mit Baldwin und anderen Tradern, darunter einige der renommiertesten Marktteilnehmer der Welt. Nachdem Jack Schwager in seinen Market Wizzard Büchern auf begeisternde Art und Weise die Mystik, die Strategien und unglaublichen Gewinne dieser Baldwins, Druckenmillers', Lipschutzs', Jones', Steinhardt's, Baccons' und Kovners' darstellte, entschloß ich mich, ein Buch über die europäischen Pendants zu schreiben.

Auf der anderen Seite beeindruckte mich auch die Arbeit bei Foreign & Colonial, einem der traditionsreichsten Londoner Investment Manager mit einer herausragenden Expertise und Performancekontinuität. Foreign & Colonial rief 1868 den ersten international ausgerichteten Investmentfonds der Welt ins Leben und investiert seit Jahrzehnten nicht nur erfolgreich in den größten Märkten Europas, Amerikas und Japans, sondern auch in Emerging Markets. Während meines Aufenthaltes in London arbeitete ich als Assistent von Steven White, dem zuständigen Fondsmanager für Europa. Dort lernte ich durch einen Zufall auch Dr. Frank-B. Werner kennen. Als ich ihn Jahre später mit der Idee dieses Buches konfrontierte, zeigte er sich spontan begeistert und unterstützte ab diesem Zeitpunkt die Realisierung des Buches. Martin Haider, ein Aktienhändler, den ich ebenfalls bei Foreign & Colonial kennenlernte, stand mir zudem mit fachlichem Rat zur Seite.

Das Buch dokumentiert die Begegnungen mit insgesamt 21 bedeutenden Händlern, Fondsmanagern, Analysten und Vermögensverwaltern. Mit jedem der erfolgreichen Marktteilnehmer führte ich zumindest einige ausführliche Gespräche. Manche begleitete ich sogar einige Tage bei ihrer Arbeit im Handelsraum oder auf dem Börsenparkett. Beginnend von ihren ersten Schritten an den Finanzmärkten, über die Trading- und Anlagephilosophie, technische oder fundamentale Orientierung bis hin zu detaillierten Gewinn- und Verlustbeschreibungen sowie Reaktionen in den zahlreichen Crashs und Krisen der letzten Jahre werden alle erfolgsrelevanten Aspekte detailliert diskutiert. Darüber hinaus gehen die Profis auch konkret auf die Anspannungen und Konsequenzen der täglichen Hektik ein. In ausführlichen Interviews erhält der Leser umfangreiche Auskünfte über zahlreiche erfolgsrelevante Aspekte beim Agieren an den internationalen Finanzmärkten. Alle Gesprächspartner zeichnen sich neben einer erfolgreichen Karriere jeweils durch unkonventionelle Ansätze oder ausgeprägte Individualität der Persönlichkeit aus.

Man kann in einem Buch sicherlich nicht ein Patentrezept für den persönlichen Anlageerfolg an den Finanzmärkten finden. Man kann aber aus den Anregungen und detaillierten Erzählungen sowie vor allem aus den Fehlern und Erfolgen erfolgreicher Marktteilnehmer Rückschlüsse auf seine persönliche Strategie ziehen. Da Menschen meistens mehr aus Erfahrungen als aus Büchern lernen, können Erkenntnisse auch aus Fehlern erfolgreicher Marktteilnehmer eine nützliche Hilfe auf dem Weg zum eigenen Erfolg sein. Wer es schafft, aus den Fehlern anderer zu lernen, erspart sich hoffentlich den einen oder anderen Verlust.

Jeder der Interviewpartner steht für ein bestimmtes Marktgebiet und eine fachliche Thematik, die detailliert und intensiv abgehandelt wird. Dabei sind in den Kapiteln "Vermögensberater" interessante Hinweise über die Strukturierung und Grundregeln der Wertpapieranlage zu finden. In den einzelnen Bereichen Aktien, Anleihen, Devisen, Derivate und Managed Futures werden neben allgemeinen Punkten auch fachspezifische Probleme der gängigsten Anlage- und Finanzinstrumente angesprochen. So bietet das Buch auch für erfahrene Anleger eine gewinnbringende Lektüre.

Das Buch verzichtet bewußt darauf, die alte Garde der Börsianer vorzustellen, die sicherlich extrem wertvolle Arbeit für die Börsen geleistet hat und deren bekanntester Vetreter in Deutschland wohl André Kostolany ist. Im Mittelpunkt dieses Buches stehen die derzeit einflußreichsten Marktteilnehmer. Sie leben weniger von Anekdoten und Geschichten, sondern sie versuchen, durch harte Arbeit, bedingungsloses und berechnendes Agieren im täglichen Kampf um Performance ihren Vorsprung beizubehalten.

Geschichte der Börsenspekulation

Wenn man den Historikern glaubt, ist unsere Geschichte von wagemutigen Feldherrn, edlen Forschern und stolzen Königen geprägt, die sich um Geld keine Sorgen zu machen brauchten. Die Wirklichkeit sah anders aus. Ein enger Zusammenhang zwischen Finanzen und Weltgeschichte läßt sich am Anfang des 16. Jahrhunderts an Marschall Trivulzio erkennen, der seinen König unmißverständlich darauf hingewiesen hat: "Zum Kriegführen sind dreierlei Dinge notwendig - Geld, Geld und nochmals Geld". Feldherr Albrecht Wenzel von Wallenstein brachte es auf eine einfache Formel: "Kein Geld, kein Pulver, kein Krieg". Die Geschichte der Spekulation und damit der "Kampf um Performance" aber läßt sich bis in den Beginn unserer abendländischen Kultur zurückverfolgen. Als in grauer Vorzeit die Arbeitsteilung aufkam, wurde eine Art von Tauschmittel nötig. Die ersten Vorfahren der heutigen Form des Geldes entstanden. Von Waren über Silber und Gold entwickelte sich so die heutige Form unseres genormten Geldes. Ein funktionierendes Geldwesen erlebte im römischen Reich und im östlichen Mittelmeerraum eine erste Blütezeit. Krösus, König des damals sehr wohlhabenden Landes Lydien, gilt noch heute als Inbegriff des Reichtums.

Schon die Bibel berichtet im 1. Buch Moses von einem gewitzten Großspekulanten, der sich aus Mangel an Computern und Konjunkturprognosen im Ägypten der Pharaonen mit der Traumdeutung behalf. Der Pharao hatte eines Nachts geträumt, daß nach sieben fetten Kühen sieben magere Kühe aus dem Nil aufstiegen. Josef deutete dem Herrscher den Traum. Er prophezeite sieben gute und danach sieben schlechte Ernten und schlug dem Pharao eine "Getreide"- Spekulation vor. Während der guten Getreidejahre wurde ein Großteil der Ernte billig aufgekauft, um in den folgenden sieben mageren Erntejahren den Preis nach Belieben diktieren zu können. Dies war sozusagen einer der ersten und zugleich einer der wenigen erfolgreichen "Corner" Versuche am Getreide-Markt.

Im frühen Rom bestand eine der ersten und sichersten Spekulationen aus brutalen Beutezügen und Kriegen. Aus dem ersten Punischen Krieg mit dem mächtigen Karthago soll der Feldherr Scipio 130.000 Pfund Silber erbeutet haben. Außerdem mußte die nordafrikanische Handelsmetropole an Rom 50 Jahre lang 6,5 Tonnen Silber jährlich liefern. Ein anderer römischer Feldherr hat mit seiner zu großen Gier schon damals gegen das Grundelement des erfolgreichen Spekulierens verstoßen, die Disziplin. Er beschlagnahmte in Heraklea so viel Gold, daß auf der Heimfahrt nach Rom mehrere Schiffe unter der Last der Beute wegen Überladung sanken. Mit dem sagenhaft reichen Marcus Licinius Crassus, einem Verbündeten Cäsars, gab es in Rom einen der ersten Self-Made-Millionäre. Von ihm stammt der Ausspruch: "Niemand ist reich zu nennen, der nicht allein von den Zinsen seines Vermögens ein Kriegsheer aufstellen und unterhalten kann". Crassus selbst hat sein Vermögen mit Bau- und Immobiliengeschäften geschaffen. Bei seinem Tod hinterließ dieser große Spekulant ein Vermögen von fast 500 Millionen Sesterzen. Ein Bauarbeiter verdiente damals rund 1.000 Sesterzen im Jahr. Cäsar hingegen machte eher durch horrende Schulden von sich reden. Zeitweise überstiegen seine Verbindlichkeiten die stolze Marke von 100 Millionen Sesterzen. Crassus hat jahrelang in waghalsigen Finanzierungen die Werbekampagnen Cäsars finanziert. Crassus war sozusagen ein Michael Milken des alten Roms und Cäsar einer der ersten großen Raider mit waghalsigen Fremdfinanzierungen. Cäsar sagte im Hinblick auf seine Kreditgeber: "Die Lage meiner Gläubiger ist verzweifelt, nun gut, ich werde weiter borgen." Erst nach dem gallischen Krieg schaffte Cäsar endgültig den Turnaround und stieg in acht Kriegsjahren zum reichsten Mann Roms auf. Über den Untergang des römischen Imperiums ist viel diskutiert worden. Der Sittenverfall, interne Machtkämpfe, ein schlechtes Regierungssystem und soziale Spannungen werden häufig als Gründe genannt. Wesentliche Auswirkungen dürften aber auch Währungsprobleme und der allgemeine Niedergang von Wirtschaft und Finanzen gehabt haben.

Im Mittelalter kennzeichnete eine strikte Verflechtung von Hochfinanz und Kirche die Politik. Dabei entwickelte sich seit dem 13. Jahrhundert in Norditalien, vor allem in Florenz, ein florierendes Bankwesen. Mit der Familie Medici stammte die zur damaligen Zeit berühmteste Bankiersfamilie aus Italien. Aus unbedeutenden Geldleuten wurden Großherzöge von Florenz, Kardinäle und schließlich sogar Päpste. Aber auch die ersten großen Bankenzusammenbrüche ließen in dieser turbulenten Zeit nicht lange auf sich warten. Als der englische König Eduard III. dem Bankhaus Bardi & Peruzzi einen Kredit nicht zurückzahlen konnte oder wollte, brach dieses Institut zusammen und riß eine ganze Reihe anderer Banken mit in den Abgrund.

Im frühen 16. Jahrhundert fand sich mit der Augsburger Familie Fugger einer der ersten deutschen Finanzkonzerne der Superlative. Als internationales Handelshaus hatte sich Fugger in Deutschland auf den Handel mit Posten für geistige Würdenträger spezialisiert. Ganz im Stile eines großen Versicherungskonzerns für Seelenfragen verkaufte der Papst über Fuggers Vermittlung Ablaßbriefe an Gläubige. Erst mit Martin Luther griff ein Theologe als einer der Vorgänger des heutigen Bundesaufsichtsamtes für Kreditwesen "BAK" in diese ausufernden Zustände ein. Mit seinen 95 Thesen prangerte er das Ablaßwesen öffentlich an. Nach etwa einem Jahrhundert ging die Familie Fugger in den Wirren des Dreißigjährigen Krieges und uneinbringlichen Forderungen gegen die Spanier und Frankreich zugrunde.

Die Erfindung der Börse läßt sich nicht auf ein bestimmtes Jahr datieren. Schon seit langer Zeit gab es Zusammenkünfte der Kaufleute, um Waren zu handeln. Irgendwann erwies es sich dann als zweckmäßig, regelmäßig an einem Ort zusammenzukommen und den Handel zu einer dauerhaften Einrichtung zu machen. Die Geschäftspartner waren an einem Ort zu festen Terminen versammelt, es gab einen aktuellen Überblick über die Marktverhältnisse, Angebot und Nachfrage sowie ständig aktuelle Preise. Um die Waren nicht immer mitbringen zu müssen, setzte man bestimmte Qualitäts- und Quantitätsnormen fest. Vorläufer der heutigen Börsen gab es in fast allen wichtigen Handelsmetropolen. Neben Oberitalien entwickelten sich besonders Antwerpen und Amsterdam zu bedeutenden Finanzzentren. 1602 wurde mit der ostindischen Kompanie eine der ersten Aktiengesellschaften gegründet. Für den riskanten, aber überaus lukrativen Handel mit den Kolonialgebieten war die Aufteilung des haftenden Kapitals auf zahlreiche einzelne Anteile geradezu optimal. Besonders der Handel mit orientalischen Gewürzen erlebte in diesen Jahren einen Boom. Sechs holländische Städte traten als eines der ersten großen Underwriting Konsortien auf und brachten das Gründungskapital von 6,5 Millionen Gulden auf. Diese Börsenemission der ostindischen Kompanie war ein großer Erfolg. Nach wenigen Tagen hatten die Erstzeichner bereits einen Emissionsgewinn von 15 Prozent. Zwei Jahre später, als die ersten Schiffe nach Ostindien ausliefen, stieg der Kurs sogar 40 Prozent über das Emissionsniveau. Bereits 1612 konnte eine selbst für heutige Verhältnisse überdurchschnittliche Dividende von 57,5 Prozent unter den Anlegern verteilt werden, wobei die Auszahlung teilweise noch in Naturalien, den importierten Gewürzen, erfolgte. Neben hohen Kursgewinnen von über 1000 Prozent in den ersten 100 Jahren der Ostindienkompanie konnten auch noch stattliche Dividenden von durchschnittlich 19 Prozent pro Jahr ausgeschüttet werden. Diese langfristige Aufwärtsbewegung wurde natürlich von hektischen und selbst für heutige Verhältnisse noch extrem volatilen Marktbewegungen von bis zu 30 Prozent an einem Tag geprägt. Die Börsianer handelten damals schon mit allen Tricks und Kniffen der Gerüchteverbreitung und entwickelten sogar eine Art Terminmarkt, um ohne großen Kapitaleinsatz an den gewinnversprechenden Kursbewegungen zu partizipieren.

In dieser ersten Blütezeit der Börsen schrieb der Spanier Don Josef de la Vega 1688 das erste Buch über die Börse mit dem Titel "Verwirrung der Verwirrung". Nach zahlreichen negativen Nachrichten und Gerüchten über einen möglichen Krieg mit dem französischen König Ludwig XIV. kam es zu einem der schwerwiegendsten Kursstürze in den Aktien der Ostindischen Kompanie. An den Auslösern von solchen erratischen Kursbewegungen hat sich also bis heute kaum etwas geändert. "Schließlich ging man mit den Aktien nur noch betteln, als ob man vom Käufer ein Almosen verlangte. Es entstand eine solche Panik, eine so unerklärliche Erschütterung, daß die Welt unterzugehen, die Erde zu versinken, der Himmel einzustürzen schien," beschreibt de la Vega die Börsenpanik.

Die Spekulation mit Anleihen nahm im 17. Jahrhundert ebenfalls ein großes Ausmaß an. Der Sonnenkönig Ludwig der XIV. befand sich ständig in Finanznot und war neidisch auf die neureichen Spekulanten im prosperierenden Amsterdam. Da Hollands Militär bei einem Angriff der Franzosen völlig überfordert gewesen wäre, holte es sich mit dem Kurfürst von Brandenburg die dringend nötige militärische Unterstützung. Der deutsche Kaiser ließ sich diese Dienste mit Staatsobligationen entlohnen. Der Kurs der Staatsobligationen glich dem einer Berg- und Talfahrt, je nachdem, wie sich das Kriegsglück gerade wendete. Die damit verbundenen Gewinnchancen lockten viele Spekulanten an und ermöglichten einen großen Absatz der Obligationen.

In regelmäßigen Abständen wurden immer wieder Städte und ganze Länder in ein Spekulationsfieber gerissen. Nach Aktien und Anleihen wurde in Holland die Tulpe zum Lieblingskind der Spekulanten. In der Hochphase dieser Spekulationblase wurden für eine Tulpenzwiebel an die 2.500 Gulden bezahlt. Dafür waren zu dieser

Zeit immerhin vier Mastochsen oder zwölf Schafe erhältlich. Diese Übertreibungen fanden natürlich ein jähes Ende und die Tulpen waren wieder einfache Gartenblumen.

Neben Amsterdam entwickelte sich London zu dem führenden Markt für jegliche Spekulation. Dabei waren Kolonialgesellschaften, die am florierenden Handel mit den Kolonien verdienten, die beliebtesten Objekte. Diese Papiere versprachen spektakuläre Gewinne in neuen, schnell wachsenden Märkten und stellten damit die Vorläufer der heute beliebten Emerging-Market-Aktien oder -Investmentfonds dar. Waren es damals die französischen und englischen Kolonien, die die Spekulanten faszinierten, sind es heute Lateinamerika oder die asiatischen Tigerstaaten. Nach den Kolonialgesellschaften brachte die fortschreitende Industrialisierung neuen Wind in die Börsensäle. Besonderer Beliebtheit erfreuten sich bei den Börsenteilnehmern Gründungs- und Eisenbahngesellschaften. Aus kleinen Kaufleuten und Spekulanten entwickelten sich bedeutende Familiendynastien der Finanzwelt wie Rothschild und Vanderbuilt, um nur zwei zu nennen. Ein Ende war jedoch auch hier abzusehen. Nach fast zwei Jahrzehnten Kursanstieg, getragen von wilden Spekulationen in Eisenbahnaktien, verbunden mit zahlreichen Korruptionen, brachen die Kurse in einem weltweiten Börsenkrach 1857 abrupt ein. Neun Jahre später kam es zwischen zwei mächtigen Spekulanten zu einer der ersten großen Übernahmeschlachten um die Erie-Bahn-Aktie. Daniel Drew, Direktor der Erie-Bahn mit großem Aktienbesitz, wurde von C.C. Vanderbuilt in eine Börsenschlacht um seine Firma verwickelt. Vanderbuilts erklärtes Ziel war die Übernahme der Eisenbahngesellschaft. Mit teilweise betrügerischen Mitteln und vereinter Hilfe von zwei befreundeten Spekulanten konnte Drew die Übernahme in letzter Sekunde verhindern. Man könnte die Methoden des Drew-Trios als Vorgänger der in Übernahmeschlachten heute üblichen "Poison Pills" bezeichnen. Trotz ungewöhnlicher und abenteuerlicher Finanzmethoden in den Börsensälen erfüllte die Börse damals wie heute ihre Hauptaufgabe. Im letzten Jahrhundert entstanden in Amerika dank der Finanzierungsmöglichkeit der Eisenbahngesellschaften über die Börse mehr als 320.000 Kilometer Bahnstrecke. Daniel Drew, einst ein Highflyer der Spekulationsszene, besaß als 80jähriger nur noch 530 Dollar und sollte damit nicht der letzte bankrotte Spekulant der Börsengeschichte bleiben.

Ein gefürchteter Akteur in dieser Zeit war Jay Gould. Sogar C.C. Vanderbuilt distanzierte sich in einem offenen Brief, veröffentlicht in zahlreichen Zeitungen, von ihm. Jay Gould stammte wie viele Self-

Made-Millionäre aus ärmlichen Verhältnissen. Nach etlichen erfolgreichen Börsenspekulationen in Eisenbahnaktien engagierte er sich 1869 am Goldmarkt. Abraham Lincoln versuchte nach seinem Amtsantritt im Jahre 1861 wie so viele Präsidenten, mit kreditfinanzierten Investitionen die Wirtschaft zu beleben. Gold, das als Deckung für die vermehrt in Umlauf gebrachten Banknoten galt, wurde bald knapp. Das aus den Druckpressen der Notenbank kommende Papiergeld mit der grünen Rückseite, der "Greenback", konnte schon lange nicht mehr mit Gold gedeckt werden. Die Inflation stieg unaufhaltsam an. Jay Gould entwickelte daraufhin den Plan eines "Corner"-Versuches im Goldmarkt. Durch Bestechung einflußreicher Regierungsbeamter stellte Gould sicher, daß die Regierung bei steigenden Goldpreisen nicht durch massive Verkäufe versuchte, den Preis zu beruhigen. Gould konnte den Preis des Edelmetalles, ausgelöst durch seine massiven Käufe und unterstützt durch zahlreiche Trittbrettfahrer, von 130 Dollar auf in der Spitze 169 Dollar treiben. Ab diesem Zeitpunkt flog der Bestechungsskandal auf, und die Regierung bewirkte mit Goldverkäufen einen 20prozentigen Einbruch des Goldpreises. Da Gould aber einen Großteil seines Bestandes bereits zu Höchstkursen verkauft hatte, kann dieser Corner-Versuch zumindest als teilweise geglückt bezeichnet werden.

In den goldenen 20er Jahren des 20. Jahrhunderts erlebte Amerika in sämtlichen Industrien eine atemberaubende Aufwärtsbewegung. Die Amerikaner entdeckten den Konsumentenkredit: Staubsauger, Radios und Autos konnten plötzlich für jedermann erschwinglich in kleinen Raten abgezahlt werden. Selbst das gesetzliche Verbot von Alkoholgenuß, die Prohibition, konnte den Lebensgenuß der Amerikaner nicht bremsen. Das Leben schien grenzenlos zu sein und der Optimismus sollte bald in Euphorie umschlagen. Es war die Zeit, in der das "Empire State Building" mit seinen 380 Metern entstand, noch heute ein Wahrzeichen von New York. In einem solchen Umfeld bekamen auch die kleinen Leute verstärktes Interesse am Börsenspiel. Makler und Banken erleichterten den Anlegern die Aktienkäufe mit großzügigen Krediten. Natürlich ließen die erhofften Kursanstiege nicht lange auf sich warten. Von 100 Punkten zu Beginn des Jahres 1925 kletterte der Dow-Jones-Aktienindex bis 1929 auf knapp 400 Punkte. Die amerikanische Zentralbank versetzte dabei mit sinkenden Zinsen dem Markt zusätzliche Impulse. Im Börsensaal der Wall Street arbeiteten an die 1.000 Akteure und die Börse mußte im Frühjahr 1928 an mehreren Samstagen geschlossen werden, damit die Makler mit der Bearbeitung der zahlreichen Kundenaufträge nachkamen. Ein Sitz an der New Yorker Börse kostete damals stolze 400.000 Dollar. Diese rasante Börsenhausse brachte natürlich zahlreiche Self-Made-Millionäre wie zum Beispiel Jesse Livermoore hervor. Er kontrollierte vorübergehend Unternehmen wie IBM und Philip Morris und soll folgenden Satz gesagt haben: "Was nützen einem 10 Millionen, wenn man nicht an das wirklich große Geld kommt." Jesse Livermore hat sich einige Jahre später nach diversen Pleiten in der Toilette eines New Yorker Restaurants erschossen - mit einem Schuldschein über 5000 Dollar in der Tasche.

Der Optimismus kannte bis in den Sommer 1929 keine Grenzen. Auch als die Notenbank den Diskontsatz auf sechs Prozent erhöhte, erhoben nur wenige Marktteilnehmer mahnend den Zeigefinger. Von seinem Höchststand, 386,10 Punkte am 3. September 1929, verlor der Markt in den nächsten zwei Wochen bereits knapp 20 Prozent. Am Donnerstag, dem 24. Oktober, erreichte den Markt dann die Nachricht des Zusammenbruchs des Londoner Hatry Imperiums mit seiner Vielzahl von Unternehmen und Investmenttrusts. Daraufhin schloß Wall Street markant schwächer. Am Freitag beruhigte sich der Markt durch Stützungskäufe ein bißchen, bevor er am Montag endgültig einbrach. Über das Wochenende hatten die Broker festgestellt, daß bei zahlreichen Kunden, die Aktien auf Kredit gekauft hatten, die Sicherheiten nicht mehr ausreichten. Wer kein Geld nachzahlen konnte, mußte also am Montag seine Aktien zwangsweise verkaufen. Gegenüber dem Spitzenwert von Anfang September lag der Index nach diesem Montag 40 Prozent tiefer. Ein ungeahnter Absturz der Konjunktur in das tiefe Tal der Weltwirtschaftskrise folgte. In deren Verlauf stieg die Zahl der Arbeitslosen in den Industrieländern auf 30 Millionen Menschen. Der Dow Jones Aktienindex sank von seinem Höchststand im September 1929 von 386,10 Punkten bis Mitte 1932 auf 31 Punkte. Es dauerte über 25 Jahre, bis im Wirtschaftsboom der 50er Jahre die Aktienkurse den Spitzenstand von 1929 wieder übertrafen.

Ebenfalls in den 20er Jahren hatte der schwedische Ingenieur Ivar Kreuger einen ansehnlichen Konzern zusammengebastelt. Der Schwerpunkt lag auf der Produktion von Streichhölzern, für die er in 25 Ländern ein Monopol oder eine monopolähnliche Stellung besaß. Insgesamt kontrollierte der Trust schließlich 150 Fabriken in 35 Ländern und beschäftigte etwa 60.000 Arbeiter und Angestellte. Auf dem Höhepunkt seiner Ausdehnung stellte er von zehn Streichhölzern, die irgendwo auf der Welt in Brand gesetzt wurden, neun her. Der besonderer Clou von Kreuger bestand in einer Geschäftsart, die auf eine jahrhundertelange Tradition zurückging. Der Kreuger Konzern vermittelte den Regierungen in Europa Großkredite und ließ sich dafür mit Monopolen auf die Zündholzproduktion bezahlen. Finanziert wurde das ganze aus eigenen Gewinnen und der Ausgabe eigener Anleihen. Obwohl sich trotz aller Turbulenzen an den Aktienmärkten die Finanzlage von Kreuger bis in das Jahr 1931 überraschend gut gehalten hatte, brachte ihn der stockende Verkauf seiner Anleihen in Schwierigkeiten. Daraufhin begann er, gegen eine uralte, goldene Bankregel zu verstoßen. Er finanzierte langfristige Aktiva (Anleihen) mit kurzfristigen Passiva (Krediten). 1932 war es J.P. Morgan, der Kreuger mit dem Verkauf von 600.000 Aktien der zum Zündholzimperium gehörenden Ericsson Telefonbaugesellschaft in starke Bedrängnis brachte. Obwohl Kreuger eigentlich in Amerika neues Kapital für seinen Konzern beschaffen wollte, mußte er die Aktien zusätzlich kaufen, um den Kurs nicht ins Bodenlose absacken zu lassen. Ivar Kreuger hatte verloren und damit ging ein Imperium zu Ende. Vor einer Konferenz zur Lage des Konzerns mit französischen und amerikanischen Bankiers wurde Kreuger am 12. März 1932 in Paris unter mysteriösen Umständen mit einer Pistole in der Hand tot aufgefunden.

Eine der waghalsigsten Spekulationen dieses Jahrhunderts fand zweifellos 1979/80 an den Silbermärkten in New York und Chicago statt. Die texanischen Brüder Hunt hatten ihre Milliarden mit einem Ölimperium gemacht und fanden zunehmend Gefallen am Silbermarkt. Unter Profis galt Silber als einziger geeigneter Inflationsschutz, da Amerikaner kein Gold kaufen durften. 1974 kauften die Hunts über 40 Millionen Unzen Silber und trieben so den Preis von 2,50 Dollar auf über 6 Dollar. Sie brachten andere Marktteilnehmer in große Bedrängnis, da sie sich das Silber effektiv ausliefern ließen. Mit Hilfe befreundeter Scheichs sowie zahlreicher kleinerer Spekulanten und Trittbrettfahrer gingen die Hunts 1979 in die entscheidende Runde. Dank massiver Käufe stieg die Silbernotierung schnell auf 15 Dollar und gegen Ende des Jahres 1979 sogar auf 30 Dollar an. Die mächtigsten Marktteilnehmer setzten enormes Kapital ein. Das Handelshaus Engelhard Minerals & Chemicals setzte auf sinkende Notierungen und verpflichtete sich, den Hunts 19 Millionen Unzen Silber für 35 Dollar zu liefern. Im Januar stieg der Silberpreis weiter von 32 Dollar auf 50 Dollar. Die Photo- und Schmuckindustrie, beide Großabnehmer von Silber, spürten den Anstieg des Metalls bereits deutlich in einem sinkenden Absatz. Nachdem der Preisauftrieb trotz existierender Positionslimits für einzelne Großkäufer an der New

Yorker Warenterminbörse "Comex" im Januar weiter anhielt, versetzte die Comex den Spekulanten am 21. Januar 1980 den Todesstoß. Der Verwaltungsrat dieser größten Edelmetallbörse der Welt setzte fest, daß nur noch verkauft werden konnte. Zudem wurden die Sicherheitsleistungen drastisch auf 20.000 Dollar pro Silberkontrakt angehoben. Die Hunts kontrollierten zu dieser Zeit einen Silberberg von 200 Millionen Unzen mit einem Wert von 10 Milliarden Dollar. Bereits zwei Tage nach dem Kaufverbot lag der Silberpreis 20 Prozent niedriger. Binnen weniger Tage mußten die Hunts circa 900 Millionen Dollar an zusätzlichen Sicherheitsleistungen aufbringen. Mitte März war der Silberkurs bereits auf 20 Dollar abgesackt. Bis dahin konnten die Hunts jede geforderte Sicherheitsleistung erfüllen und somit ihre gesamte Position behalten. Dann waren ihre finanziellen Reserven erschöpft. Sie konnten das nötige Kapital nicht mehr beschaffen. Innerhalb weniger Stunden sank der Silberpreis auf 10 Dollar ab. Damit war also auch dieser spektakuläre "Cornerversuch", wie so viele vorherige, gescheitert. Bei dem erhofften Kursziel von 300 Dollar pro Unze Silber hätte der Gewinn der Hunt Brüder 50 Milliarden Dollar betragen. Immerhin belief sich auch nach dieser gescheiterten Spekulation das Familienvermögen der Hunts auf mindestens eine Milliarde Dollar.

Während die bisher beschriebenen Ereignisse und Geschichten vielen Anlegern nur aus Erzählungen bekannt sind und auf die wenigsten direkte Auswirkungen hatten, ist der Crash des Aktienmarktes am 19. Oktober 1987 bei allen Anlegern ein immer wiederkehrendes Gesprächsthema. Es begann alles am 13.8.1982. Der Dow Jones Index 30 führender amerikanischer Industriewerte stand damals bei 792,43 Punkten. Bis Mai 1983 stiegen die Aktienkurse bereits um 60 Prozent auf 1250 Punkte. Der bedeutendste amerikanische Standardwert, IBM, verbesserte sich in dieser Zeit von 62 Dollar um 89 Prozent auf 117 Dollar. Gemessen am Tiefstand im Jahr 1982 ist der Marktwert der in Wall Street gehandelten Aktien dann bis Mitte 1987 in rasantem Tempo auf das Dreieinhalbfache gestiegen. Eine ähnliche Entwicklung war auch an den anderen Weltbörsen zu beobachten. Der Weltbörsenindex stieg in dieser Zeit um 300 Prozent. Trotz dieser immensen Kurssteigerungen sahen manche "Börsen-Gurus" Potential für weitere Kursgewinne. Der bekannte amerikanische Börsenstratege Bob Prechter prophezeite 1987 noch einmal 1000 Punkte Indexgewinn im Dow Jones auf 3600 Punkte. Traditionelle Bewertungsmaßstäbe wie Kurs-Gewinn-Verhältnisse, Dividendenrenditen und Buchwerte entfernten sich weit von ihren Nachkriegsdurchschnittswerten und der fundamentalen Realität. Dafür sorgten Firmenübernahmen, Restrukturierungen und Aktienrückkaufprogramme für weiter steigende Kurse. Allein in den 10 Monaten vor dem Kurseinbruch stieg der Dow Jones um rund 800 Punkte. Obwohl die richtungsweisenden 30jährigen US Treasury Bonds im Laufe des Jahres 1987 um 21 Prozent gesunken waren und der Dollar ebenfalls massiv unter Druck stand, erreichte der Dow Jones am 25. August 1987 einen neuen Höchststand von 2722 Punkten.

Bereits zu Beginn des Jahres 1987 beschlossen die Finanzminister und Notenbankpräsidenten der wichtigsten westlichen Industrieländer in Paris, den Dollar nach zweijähriger Talfahrt auf dem damaligen Niveau zu stabilisieren. Im Louvre-Accord wurde eine Koordination geld- und fiskalpolitischer Strategien mit gegebenenfalls koordinierten Interventionen an den Devisenmärkten vereinbart. Der Louvre-Accord enthielt dazu folgende Abmachung: Zur Stabilisierung der Finanzmärkte sollten Deutschland und Japan eine Expansionspolitik und die USA eine Restriktionspolitik betreiben. Da die steigenden Zinsen am amerikanischen Rentenmarkt aber bald auch zu einer Versteifung der Geldmarktzinsen in Deutschland und Japan führten, kam es im Laufe des Jahres 1987 zu öffentlich ausgetragenen Dissonanzen zwischen den USA und der Bundesrepublik Deutschland. Über die tatsächlichen Auslöser des Krachs am 19. Oktober 1987 ist viel diskutiert worden. Verantwortlich war sicherlich kein einzelnes Ereignis, sondern es war vielmehr eine Konzentration mehrerer Negativmeldungen, die sich in der Woche vor dem 19. Oktober anhäuften:

13. Oktober: In den USA wird eine Steueränderung angekündigt, die Unternehmensübernahmen weniger attraktiv machen soll.
14. Oktober: Publikation der enttäuschenden US Handelsbilanzzahlen mit einem Defizit von 15,7 Milliarden Dollar.
15. Oktober: Erhöhung der Prime Rate durch die Chemical Bank und nachfolgend die Erhöhung der Geldmarktsätze in Japan und Deutschland. Nach der Erhöhung des Satzes für Wertpapierpensionsgeschäfte durch die Bundesbank kommt es zu einer heftigen Auseinandersetzung zwischen dem amerikanischen Finanzminister Baker und der Deutschen Bundesbank.
16. Oktober: Die Iraner greifen im Golf von Oman einen amerikanischen Tanker an. James Baker wiederholt öffentlich seine Drohung eines Dollar-Kollapses.

Aufgrund dieser Meldungen fiel der Dow-Jones Index am Mittwoch um 95, am Donnerstag um 58 und am Freitag, dem 16. Oktober, um 108 Punkte. Seit seinem August-Hoch ging der Aktienindex damit um 475,7 Punkte oder 17,5 Prozent und allein in der Woche vor dem Crash um 235,5 Punkte oder 9,5 Prozent zurück. Nach dem Wochenende wurden im Verlauf der ersten halben Stunde am Montag, dem 19. Oktober 1987 in Wall Street bei stark rückläufigen Kursen bereits 50 Millionen Aktien gehandelt. Der Chef der amerikanischen Wertpapier Aufsichtsbehörde, David Ruder, erwog angesichts der chaotischen Zustände sogar die Schließung des Aktienmarktes. Allein die Furcht vor der Verstärkung der Panik hielt ihn davon ab, Wall Street zu schließen. Um die Mittagszeit des 19. Oktober mußte dann aber die Futures Börse in Chicago schließen. Noch während des schwarzen Montags gab es die ersten großen Pleiten. Bereits am Vormittag geriet die Brokerfirma A.B. Tompane & Co. ins Trudeln und wurde sofort von der Investmentbank Merrill Lynch übernommen. Am Nachmittag geriet in Chicago die First Options of Chicago Inc. in Zahlungsschwierigkeiten. Nach Börsenschluß hatte der Dow Jones Index an diesem Montag schließlich einen historischen Sturz von 508,32 Punkten oder 22,62 Prozent vollzogen. Es wurden dabei 604 Millionen Aktien gehandelt und der Index schloß bei 1738,42 Punkten. Am Montag Nachmittag stabilisierten sich die Kurse bereits zum Teil. Montag, der 19. Oktober 1987, war damit überstanden.

Nun stellte sich die Frage, ob sich am Dienstag der Verfall der Aktienkurse weiter fortsetzen würde. Zum Erstaunen einiger Marktteilnehmer stabilisierten sich zu Beginn der Sitzung die Kurse. Um genau 12.38 Uhr setzte dann plötzlich eine explosionsartige Aufwärtsbewegung ein. Das massive Anziehen der Index-Futures Kontrakte in Chicago ließ den Dow Jones Index um bis zu 360 Punkte steigen.

Am Ende der Börsensitzung des 20. Oktober notierte der Index trotz einer zwischenzeitlichen Beruhigung noch um 102 Punkte über dem Schlußstand des Vortages. Einige Stimmen behaupteten, daß es sich bei der Stabilisierung und dem Anstieg des Dow Jones Index um eine konzertierte Aktion der mächtigsten Wall Street-Firmen handelte.

Während der Dow Jones also einen Tag nach dem dramatischen Kurseinbruch schon wieder einen Boden gefunden hatte, erfaßte der Kursverfall gleichzeitig alle anderen Finanzmärkte rund um den Globus. Panikverkäufe ließen die Aktienkurse in Tokio an zwei Börsentagen um 18 Prozent fallen, in Sydney sackten die Kurse um

25 Prozent ab und auch in Deutschland sanken die Kurse um mehr als 15 Prozent. An der Hongkonger Börse wurde nach dem stärksten Kursverfall in ihrer Geschichte bereits am Dienstag nach dem Wall Street Desaster eine viertägige Schließung angeordnet. Nach der Wiedereröffnung fiel der Hongkonger Hang-Seng-Index sofort um weitere 33 Prozent. Hilfszahlungen von 2 Milliarden Dollar wurden notwendig, um in Hongkong mehrere vom Bankrott bedrohte Banken zu retten. Im Gegensatz zur Wall Street erreichten die schweizer Börse und die japanische Börse ihre Indextiefstände erst am 10. bzw. 11. November und die deutsche Börse sogar erst am 29. Januar 1988. Die Deutlichkeit des Kurseinbruchs an den deutschen Märkten wird oft mit der Zwei-Tages-Abwicklungs- und Zahlungsfrist begründet. An den Folgetagen nach dem schwarzen Montag wurden fiktive Kursverluste von insgesamt über 1.000 Milliarden Dollar, also über 1 Billion Dollar, verzeichnet.

Um die negativen Auswirkungen der Kursstürze auf das Banken- und Kreditsystem zu begrenzen und einem weiteren Zinsanstieg entgegenzuwirken, waren die Zentralbanken aller großen Industriestaaten gezwungen, Maßnahmen zur Senkung der Zinsen und Erweiterung der Geldmenge einzuleiten. Man wollte keinesfalls so verfahren wie die Notenbank der USA im Jahre 1930, als durch eine Schrumpfung des Kreditvolumens von bis zu 30 Prozent die Folgen der weltweiten Rezession beschleunigt bzw. verschärft wurden. 1987 brachte die großzügige Liquiditätsversorgung seitens der Zentralbanken eine Stabilisierung und den Nährboden für spätere Kurssteigerungen an den Aktienmärkten. So notierten die 30jährigen amerikanischen Treasury Bonds am 16.Oktober bei 79,45 und stiegen bis Anfang Februar um annähernd 20 Prozent auf 92,90 an.

Weltweit hat sich eine große Zahl von Wissenschaftlern, Finanzfachleuten und Regierungsauschüssen in zahlreichen groß angelegten Analysen mit den Ursachen des Crashs befaßt. Von diesen Berichten mit einem Umfang von über 3.000 Seiten ist der Brady-Report einer der bekanntesten. Neben diesen offiziellen Berichten befaßten sich aber auch die Presse und einige Politiker intensiv mit dem Kurssturz. Die amerikanische Wirtschaftzeitung Business Week fragte: "Ja, was führte bloß zu diesem dramatischen Aktienkursverfall?" Zwischen Montag, dem 12. Oktober und Montag, dem 19. Oktober ist eigentlich überhaupt nichts dramatisches passiert. Dennoch sackten die Kurse um 30 Prozent ab. In einer Rede vom 12. Februar 1988 brachte Erich Honecker die bis dahin vorliegenden Erkenntnisse auf eine kurze, propagandistische Parole, indem er erklärte: "In der Welt des

Kapitalismus haben gerade die Vorgänge der letzten Monate unsere vor einem Jahr getroffene Einschätzung bestätigt, daß sich dort die wirtschaftlichen Entwicklungen zunehmend widersprüchlich und labil gestalten. Dies kam am deutlichsten in dem Börsenkrach vom Oktober 1987 zum Ausdruck." Bereits zwei Jahre später, im Herbst 1989, folgte der Crash für Erich Honecker und sein Regime. Nur, daß es für ihn im Gegensatz zu den Aktienkursen nach dem Crash keine erneute Aufwärtsbewegung gab. Altmeister André Kostolany zitierte Sir Isaac Newton, der selbst ein leidenschaftlicher Spekulant war und sein ganzes Geld an den Börsen verlor: "Die Bahn der Himmelskörper kann ich auf Zentimeter und Sekunden berechnen, nicht jedoch, wohin eine verrückte Menge die Kurse treibt." Eine der optimistischsten und im nachhinein eingetroffenen Prognosen nach dem Crash wagte der Vorsitzende der New Yorker Börse (NYSE), John Phelan: "Der Markt ist der Talsohle näher als dem Gipfel."

Die Auswirkungen des Crashs haben weltweit hunderttausende von Anlegern und Arbeitnehmern betroffen. In Großbritannien wurde die Zahl der im Aktien- und Wertpapierhandel tätigen Menschen mit 400.000 angegeben, in den USA sollen bis zum Börsenkrach 900.000 Menschen in diesem Bereich beschäftigt gewesen sein. Insgesamt sind davon nach dem Crash in England 50.000 Arbeitsplätze und in Amerika 100.000 abgebaut worden. Im Crash wurde wieder einmal deutlich, daß ein diversifiziertes Portfolio aus einem Anteil an Kasse, internationalen Renten und internationalen Aktien deutlich besser abschneidet als Einzelinvestments. Auch wenn viele Anleger um den theoretischen Bestand dieses Diversifizierungsgedankens wissen, setzt sich vor allem in extremen Situationen der Euphorie die Gier nach maximaler Performance durch und die Grundsätze eines diversifizierten Portfolios werden vernachlässigt.

Karsten Schiebler
Capital Market Advisors
"Im klassischen Eigenhandel erzielt man
90 Prozent der Gewinne in circa 10 Prozent der Zeit."

"Wundern Sie sich nicht, wenn Karsten Schiebler Sie zu McDonald's zum Essen einlädt", hat mich ein Devisenhändler aus Frankfurt vorgewarnt. Ein Fondsprospekt sowie einige Presseartikel über Karsten Schiebler waren neben diesem kurzen Hinweis meine einzigen Informationen. Bei der Vorbereitung und dem Studium der Unterlagen hinterlassen seine ehemaligen Arbeitgeber einen ersten professionellen Eindruck: Chase Manhattan Bank, Bank of America, Goldman Sachs und Salomon Brothers. 1991 wagte Schiebler den Sprung in die Selbständigkeit mit der Gründung der Fondsgesellschaft Capital Market Advisors, CMA. Die kontinuierliche Performance von 181 Prozent seit Beginn des ersten Fonds im Juli 1992 bis Ende 1993 ohne einen Verlustmonat ist ebenfalls eine Klasse für sich. Mit der luxemburgischen Kredietbank und der Westdeutschen Landesbank sind in seinen Fonds zwei renommierte Großbanken involviert. Auch beim genauen Durchforsten des "kleingedruckten" Prospektteiles entdecke ich nur 1,5 Prozent Verwaltungsgebühr, 20 Prozent Gewinnbeteiligung und keinen Ausgabeaufschlag. Hervorragende Performance, niedrige Gebühren und Sicherheit durch zwei namhafte Großbanken sind das Ergebnis meiner Recherchen.

Nach allem, was ich gehört hatte, war ich sehr gespannt auf ein Treffen mit dem ehemaligen Star der Investmentbanken Goldman Sachs und Salomon Brothers. Zu meinem Erstaunen vereinbarte Karsten Schiebler mit mir allerdings einen Termin am Vormittag. Während andere Interviewpartner fragten, ob zwei Stunden ausreichen, fragte er mich, ob ich zwei Tage Zeit hätte. Ich war schon vor unserem Treffen von seiner unkomplizierten Art begeistert.

Als ich dann das sehr kostenbewußt eingerichtete Büro direkt neben der Londoner Terminbörse LIFFE betrete, wird mir sofort klar: Hier wird kein Geld unnötig ausgegeben. Hier wird Geld verdient - und zwar sehr viel Geld. Auf den gewöhnlichen Yuppie-Schnick-Schnack verzichtet Karsten Schiebler. Fünf-Gänge-Mittagessen in teuren Sterne-Restaurants sind ihm genauso fremd wie die üblichen Statussymbole im Leben eines erfolgreichen Investors. Daher resultiert auch seine Vorliebe für das schnelle, unkomplizierte Mittagessen nebenan. Während Kollegen ihr hart verdientes Geld in kürzester Zeit geballt in Luxusgeschäften, Concorde-Einkaufsflügen nach New York sowie den besten Restaurants und Hotels ausgeben, gibt sich Schiebler bescheiden. Sein Lebensstil war und ist heute noch nicht sehr aufwendig. Mit seiner Frau und seinen zwei Kindern wohnt er in einem Haus in einem Vorort von London. Ins Büro fährt er mit der Bahn. Bei den 2000 Kilometern, die er im Jahr mit seinem Auto fährt, begnügt er sich auch hier mit einem 10 Jahre alten Mercedes 230. Sein Motorrad der Marke BMW GS 80 bezeichnet er bereits als Luxus. Nach zwei Tagen kann ich seiner Frau nicht widersprechen, als sie behauptet: "Das Preisgefüge von Karsten ist auf dem Niveau von 1972 stehen geblieben. Ihm ist alles zu teuer." Seine natürliche Herzlichkeit, kombiniert mit seinen einzigartigen Erfolgen, machen den gebürtigen Kieler sofort zu einem sympathischen Gesprächspartner. "Wenn ich meine Kosten kontrolliere und mein Kapital erhalte, habe ich bereits ein extremes Steigerungspotential für mein Vermögen", begründet Karsten Schiebler seine Philosophie. Dieser Satz klingt zwar sehr banal, charakterisiert aber das ganze Problem. Wenn man sein Geld nicht in der Spekulation verliert, sondern beschützt, greift sofort das Wunder der auflaufenden Zinsen. Von der Bank of America über Goldman Sachs bis hin zu Salomon Brothers kann Schiebler die besten Referenzen aufweisen. Für alle seine Arbeitgeber hat er jährlich Millionen im Handel mit Anleihen, Währungen und Aktien verdient. 1991 hat sich der Wahl-Londoner selbständig gemacht. Mit seiner Firma Capital Market Advisors CMA ist er inzwischen auf dem besten Weg, zu einem der erfolgreichsten Hedge-Fondsmanager der 90er Jahre zu werden.

Während in den 70er und 80er Jahren vorrangig Geld in Aktien- und Rentenfonds zu verdienen war, heißt das Zauberwort der 90er Jahre: Hedge-Fonds und Futures-Fonds. Hedge-Fonds beschränken sich im Gegensatz zu herkömmlichen Investmentfonds nicht auf bestimmte Aktien, Branchen oder Länder. Sie verfolgen komplexe Strategien in den wichtigsten Märkten der ganzen Welt. Fondsmanager wie George Soros, Bernd Hasenbichler und Karsten Schiebler nutzen dabei mit derivaten Instrumenten die interessantesten Möglichkeiten an den internationalen Finanzmärkten aus. Dazu steht den Hegde-Fonds im Gegensatz zu herkömmlichen Investmentfonds die Form der Finanzierung offen. Die Positionen des Fonds können dadurch das eingezahlte Fondsvermögen um ein Vielfaches überstei-

gen. Diese Hebelwirkung ist verantwortlich für die enormen Gewinnmöglichkeiten. Schiebler selbst handelt in allen einigermaßen liquiden europäischen Märkten sowie im japanischen, kanadischen und im
amerikanischen Markt. Dabei benützt er sämtliche Forward-, Futures-
und Optionsmärkte im Zins-, Währungs- und Aktienbereich. Die
Erfolge daraus sind beachtlich. In den ersten 18 Monaten bis Ende
1993 kann Schiebler mit seiner Firma CMA eine Performance von
181 Prozent, ohne einen Verlustmonat, vorweisen. Daneben ist seine
Firma einer der größten Marktteilnehmer in Bund- und Gilt-Optionen
an der Londoner LIFFE. Pro Monat handelt er über 100.000 Options-
kontrakte und wickelt somit zwischen 15 Prozent und 20 Prozent des
gesamten Umsatzes ab.

Wann hatten Sie das erste Mal Kontakt zu den Finanzmärkten?

Meine Ausbildung und mein Werdegang sind eine sehr solide Angelegenheit. Ich vergleiche die Ausbildung in unserem Beruf immer mit
dem Erlernen eines Handwerks. Nach der Schule absolvierte ich eine
normale Banklehre bei der Dresdner Bank in Berlin. Obwohl mein
Vater Professor für Medizin in Würzburg ist, hat er mir zu dieser
Ausbildung geraten. Mein Großvater mütterlicher Seite, Ernst von
Waldthausen, hatte zwei Privatbanken im Ruhrgebiet. Eine dieser
Banken wurde mit Trinkaus & Burkhardt in Düsseldorf zusammen-
geschlossen. Mein Onkel war aus diesem Grund auch bis vor kurzem
persönlich haftender Gesellschafter bei Trinkaus & Burkhardt. Mein
Großvater väterlicher Seite, Theodor Schiebler, war in den 30er
Jahren Börsenmakler in Berlin. Ich bin also sozusagen erblich vorbe-
lastet in die Welt der Finanzmärkte gekommen.

**War aus diesen Familienverbindungen Ihr Werdegang von Anfang
an festgelegt?**

Ich hoffe nicht, denn beide Großväter hatten ein Schicksal, das mir
bis jetzt zum Glück erspart geblieben ist. Der Bankier arbeitete so
hart, daß er am Steuer seines Autos einschlief und dabei tödlich
verunglückte. Wenn ich heute merke, daß mir der Streß zuviel wird,
denke ich immer an das Schicksal meines Großvaters. Dem Börsenmakler in Berlin ging es finanziell in den 30er Jahren so hervorragend, daß er mit seinem Vermögen riesige Mengen Wald in Ostpreu-
ßen kaufte. Schlau wie er war, hatte er das Holz bereits im voraus an
den Holz-Terminmärkten in Holland wieder verkauft. Im Krieg wur-

de dann unglücklicherweise die Hälfte dieses Waldes zerstört, womit mein Großvater natürlich das bereits verkaufte Holz nicht mehr liefern konnte. Am Terminmarkt sind die Preise aufgrund der kriegsbedingten Knappheit allerdings derart angestiegen, daß er nur zu weit höheren Kursen das Holz zurückkaufen konnte. Dabei verlor er sein gesamtes Vermögen. Die Lehre, die ich daraus gezogen habe, ist, daß man nur die Geschäfte betreiben sollte, von denen man etwas versteht. Ich versuche, geschäftsfremde Aktivitäten aus diesem Grund zu vermeiden. Auch wenn es sich um noch so lukrative Venture Kapital Unternehmen handelt, riskiere ich höchstens einen Tagesgewinn als Einsatz.

Wie sind Sie während der Banklehre mit der Börse in Kontakt gekommen?

Oft sind Banken leider sehr langweilige und hierarchisch strukturierte Unternehmen, die jungen Leuten wenig Freiraum bieten. In der Börsenabteilung gefiel mir besonders die lockere Arbeitsatmosphäre und Umgangsweise der Leute. Für mich stand damit sehr schnell fest, in diesem Gebiet zu arbeiten. Da an der Börse selbst damals aber kein Platz frei war, mußte ich in den Geld- und Devisenhandel.

Was waren dort Ihre ersten Erfahrungen mit dem Handel?

Ich kaufte 1974 als Lehrling Ostmark an, was eigentlich verboten war. Im nachhinein betrachtet begann die Dresdner Bank durch diesen Fehler, Ostmark zu handeln. Nach dem obligatorischen Ärger mit den Vorgesetzten entwickelte sich daraus ein ausgesprochen lukratives Geschäft für die Bank. Die Spanne der Bank zwischen Geld- und Briefkurs war sehr groß. Diplomaten, die nicht kontrolliert wurden, brachten das Geld mit nach West-Berlin zum Verkauf und Rentner, die billig im Osten einkaufen wollten, kauften die Ostmark wieder. So konnten alle Beteiligten daran verdienen.

Wie weit entwickelt war in dieser Zeit der Devisenhandel?

Berlin stellte sich im Devisenhandel aufgrund seiner isolierten Insellage für mich bald als Provinz heraus. Ich wechselte aus diesem Grund nach Frankfurt zur Chase Manhattan Bank, die schon damals eine der führenden Banken im Geld- und Devisenhandel war. Sie hatte bereits eine Aufteilung in Geldhandel, Devisenhandel und institutionelle Kundenberatung mit über 20 Händlern. Im Gegensatz zu heute, wo London das europäische Handelszentrum darstellt, war Frankfurt in dieser Zeit der wichtigste europäische Börsenplatz für Devisen. Durch viele Telexgeräte, ich hatte alleine sechs vor mir, und ebenso viele Telefone war unser Informationssystem relativ gut entwickelt. Der Dollar war sehr volatil in seinen Bewegungen und Tagesschwankungen von 5 Pfennigen waren keine Seltenheit. Damals konzentrierte sich alles auf den Handel mit Dollar/DM. Die Cross Rates waren längst nicht in den heute vorhandenen Variationen handelbar. Das Volumen auf einen gestellten Preis betrug maximal zwischen 10 und 20 Millionen Dollar, während heute Orders von 100 bis 150 Millionen Dollar kein Problem darstellen. Die Tiefe des Marktes war auf keinen Fall mit der heutigen zu vergleichen. Bundesbankpräsident Emminger sagte damals: "Es sollen ruhig mehr Leute am Devisenhandel teilhaben, denn desto mehr gleichen sich die Preisbewegungen aus". Er hat natürlich nicht damit gerechnet, daß alle "Schafe" in die gleiche Richtung laufen können und somit extreme Kursbewegungen auslösen. Während heute von den großen internationalen Investmentbanken Übernacht-Positionen in Milliarden Höhe gehalten werden, waren es zu dieser Zeit oft weniger als 50 Millionen Dollar.

Was war Ihre nächste Station in Ihrer Karriere?

Nach der Chase Manhattan Bank wechselte ich zur Bank of America. Nebenbei absolvierte ich, als erster Deutscher, auf der Air Force Base in Frankfurt meinen "Master of Business" (MBA). Die Bank of America hatte schon aufgrund ihres Namens einen enormen Vorteil und Vertrauensvorsprung im Markt. Alle hatten bei dem Namen Assoziationen mit der amerikanischen Notenbank. Da für den Devisenhandel möglichst große Kreditlinien entscheidend sind, hatte die Bank of America alleine dadurch einen enormen Vorteil. Bei der Bank of America arbeitete ich viel im Ausland an dem Aufbau eines weltweiten Geld- und Devisenhandels in Kairo, Singapur, New York und San Francisco mit.

Aber die eigentlichen Entwicklungen des Devisenmarktes finden doch in den etablierten Finanzmetropolen statt?

Sicherlich. Aber die Ineffizienzen und Möglichkeiten der Märkte in kleineren Ländern können sehr attraktiv sein. In Kairo zum Beispiel rief mich ein Libanese an und fragte, wieviel Dollar Bargeld ich im Safe hätte. Ich hatte Angst, daß er einen Überfall plante und nannte ihm keinen Betrag. Meine Assistentin erzählte mir dann aber, daß er öfters anrufe, alle Dollars in bar abhole und dafür 2 Prozent über dem Kurswert bezahle.

Wieso sollte jemand 2 Prozent über dem normalen Kurswert für den Dollar bezahlen?

Zu dieser Zeit hatten Firmen aus der ganzen Welt dank der damals noch reichlich vorhandenen Petro-Dollars, große Aufträge in Saudi Arabien. Es gab aber keine ausländischen Banken und immer einen Mangel an Dollars. Die Arbeiter wollten jedoch am Zahltag keine Rials, sondern harte Dollars ausgezahlt bekommen. Der Trick bestand also darin, die Dollars in Saudi Arabien zu 5 Prozent Aufschlag auf den Kurswert an die Firmen zu verkaufen. Die Firmen haben dann die Dollars an die Arbeiter ausgezahlt. Dieses Gehalt wurde meistens wieder bei einer sicheren ausländischen Bank, z.B. der Bank of America, im benachbarten Ausland eingezahlt. Es war ein ganz einfacher Kreislauf, der aus einem Mangel an Dollars in Saudi Arabien resultierte. Da ich leider nach Singapur mußte, blieb mir keine Zeit, an dieser Ineffizienz zu verdienen. Erst später in Pakistan, als ich vor führenden Bankmanagern ein Seminar abhielt, klagten diese über das gleiche Problem wie damals in Saudi Arabien. Ich erklärte ihnen meine Idee und riet ihnen, das Geld in Saudi Arabien selbst zu wechseln. Ein Jahr später erhielt ich ein großes offizielles Dankschreiben. Die pakistanischen Banken konnten mit dieser Hilfestellung ihre Cash Flow Probleme wesentlich verbessern.

Welche entscheidenden Zusammenhänge der Finanzmärkte lernten Sie in dieser Zeit darüber hinaus?

Es ist sehr wichtig, das ganze Geschäft von der Basis her zu lernen und zu verstehen. Ich versuche also immer, die Hintergründe für eine Order oder eine Position zu erfragen. Die nachhaltigen Bewegungen werden nicht durch die Spekulation, sondern durch die tatsächliche Nachfrage ausgelöst. Bei Seminaren mit den Treasureren der großen Unternehmen lernte ich, daß viele Devisentransaktionen nicht nur durch Import- und Exportgeschäfte bedingt sind. Oft spielen steuerliche Überlegungen eine weit wichtigere Rolle. Mir wurden die tatsächlichen Bedürfnisse der Kunden durch diese zahlreichen Gespräche wesentlich deutlicher. Gerade bei Devisentransaktionen großer Konzerne ist oftmals die eigentliche Kursentwicklung der Positionen Nebensache. Viel wichtiger sind die Auswirkungen der Devisenkursschwankungen auf die Bilanz und die Gewinn- und Verlustrechnung. Man kann sein Risiko generell nur managen, wenn man es auch detailliert kennt. Die meisten Analysten und Händler beachten diese komplexen Zusammenhänge viel zu wenig.

Welche richtungsweisenden Innovationen fanden in dieser Zeit den Einzug in die internationalen Handelsräume?

Anfang der 80er Jahre kamen die ersten IBM PCs und Tabellenkalkulationsprogramme auf den Markt. Mit einem sehr intelligenten Programmierer der Bank begann ich, Programme zur Umrechnung von Zinsdifferenzen zu entwickeln. Mit Hilfe dieses Programms waren wir dann in der Lage, unseren Kunden Absicherungsmöglichkeiten in den gängigen Währungen der Welt anzubieten. Wir konnten aufgrund der Zinsdifferenzen die Forwardpreise sehr schnell berechnen und damit viel Geschäft bei internationalen Konzernen generieren. Gerade in der Boomzeit des Baugeschäftes im Nahen Osten konnten wir aufgrund dieses Innovationsvorsprungs sehr gute Gewinne erzielen.

Ab wann haben Sie dann massiv Computer für den Handel eingesetzt?

Ich habe sofort mit dem Einsatz von Computern begonnen. Der Handel an den Märkten veränderte sich schlagartig. Jeder hatte einen oder mehrere Computer an seinem Handelstisch und konnte damit seine Gedanken und Ideen in Form eines Programms umsetzen. Es gab von diesem Moment an kein Limit mehr für eine gute Idee. Der Instinkt- oder Bauch-Händler ist von diesem Moment an klar auf der Verliererseite gewesen.

Wie haben Sie konkret auf diese Entwicklung reagiert?

Mit einem Doktor der Physik von der Universität Cambridge entwickelte ich ein Optionspreis-Programm. Optionen waren sehr neu auf dem Markt und nur wenige Marktteilnehmer besaßen das nötige Fachwissen. Einige Banken verbuchten die Optionsprämien direkt auf ihr Gewinnkonto. Sie konnten das Risiko der Optionen in keiner

Weise einschätzen. Der Doktor schrieb mir innerhalb eines Wochen-
endes mit Hilfe der Bücher von Cox/Ross/Rubinstein und Black/
Scholes ein komplettes Optionspreis-Programm. Er war so fasziniert
von Optionen und den Büchern, daß er um 4 Uhr in der Früh Herrn
Rubinstein anrief, um ihm zu sagen, daß er gerade einen Fehler in
einer Formel seines Buches entdeckt hätte. Ich beschäftigte mich in
dieser Zeit ebenfalls noch einmal intensiv mit Optionen und begann
danach, im Devisenbereich Optionspreise zu stellen. Meine nächste
Idee war es, einen Händler mit Praxiserfahrung und den mathematisch hochbegabten Doktor an einen gemeinsamen Handelstisch zu
setzen.

**War die Kombination zwischen praktischer Erfahrung und
theoretischem Wissen in der Praxis erfolgreich?**

Im nachhinein war es leider keine sehr gute Idee, da es zwischen
beiden Parteien unüberwindbare Kommunikationsschwierigkeiten gab.
Zudem ist der Mathematiker eine Position in Schweizer Franken-
optionen eingegangen, die jeden Tag 50.000 sfrs Gewinn bringen
sollte, aber leider mit einem Verlust von 600.000 sfrs endete. Er
unterschätzte die zwischenzeitlichen Kursrisiken durch Volatilitäts-
veränderungen völlig.

Was haben Sie daraus gelernt?

Es ist sehr wichtig, intelligente Leute einzusetzen. Aber der Händler
mit praktischer Erfahrung wird immer eine entscheidende Rolle an
den Märkten spielen.

Wann wechselten Sie zu Goldman Sachs?

Anfang und Mitte der 80er Jahre hatte die Bank of America große
Probleme mit der Schuldenkrise in Lateinamerika. Zudem konnte die
Bank auf Grund der Bestimmungen der amerikanischen Börsenauf-
sichtsbehörde nicht an der rasanten Entwicklung der zahlreichen
Finanz-Innovationen partizipieren. Für mich kam daher nur eine
Investmentbank in Frage, und ich hatte das Glück, zu Goldman Sachs zu
kommen. Mein einziger Vorteil bei der Einstellung war, daß Goldman
jemand für den deutschen Markt suchte, der Deutsch und Englisch
sprach. Als Amerikaner hätte ich mit meiner Ausbildung neben den
Absolventen der weltweit besten Schulen keine Chance gehabt.

Welche Aufgabe hatten Sie bei Goldman Sachs?

Erst einmal durchlief ich wie alle anderen auch für sechs Monate das sehr harte Training in New York, mit allen Examina und Prüfungen. Der deutsche Markt war damals in seiner ersten Wachstumsphase und Goldman Sachs erkannte frühzeitig das Potential. Ich kam also nach der Ausbildung 1985 wieder nach London und war auf einmal der Deutsche-Bund Händler für Goldman. Es war die Zeit, in der institutionelle amerikanische Investoren aus Diversifikationsgründen begannen, deutsche Anleihen zu kaufen.

Wie wurden Sie bei Goldman Sachs aufgenommen?

Als Deutscher hat man es natürlich in einer Firma, die ausschließlich amerikanischen Partnern gehört, nicht sehr leicht. Aber nach den ersten Erfolgen und durch die hauseigene Lautsprecheranlage konnte ich meine Position festigen.

Welche Rolle spielte dabei die Lautsprecheranlage?

Mein damaliger Chef sagte mir am ersten Tag, daß ich wichtige Informationen, die für alle von Interesse sind, immer in der hauseigenen Sprechanlage durchsage solle. Mit meiner tiefen dunklen Stimme und dem harten Akzent machte ich da natürlich sofort auf mich aufmerksam. Ich dachte, daß die Durchsage nur in unserem Handelsraum in London zu hören war und gab fast jeden Tag interessante Neuigkeiten von mir. Erst nach etlichen Wochen erklärte mir jemand, daß die Durchsagen weltweit in jedem Handelsraum von der Decke dröhnen. So wurde ich innerhalb von Goldman Sachs unbewußt sehr schnell bekannt. Selbst die besten Händler bei Goldman wußten bis zu diesem Zeitpunkt gar nicht, was Bund-Anleihen überhaupt sind. Überall wo ich hinkam, nannten sie mich dann den "King of Bunds". Um meinem Namen alle Ehre zu machen, handelte ich dann später auch die ersten Bund-Kontrakte an der LIFFE.

Wie erfolgreich war Ihr erstes Jahr bei Goldman Sachs?

Ich hatte ein sehr erfolgreiches Jahr. Die damaligen Bullmärkte waren relativ einfach zu handeln und ich verdiente an den kontinuierlichen Trends. Dabei kam mir besonders meine Devisenerfahrung zugute. Im Gegensatz zu vielen anderen Anleihehändlern hatte ich keine Angst vor großen Volumina, da ich sie aus dem Devisenbereich gewöhnt war. In Deutschland waren im Rentenhandel damals 10 Millionen DM eine große Position. Ich handelte aber von Anfang an Positionen zwischen 30 und 50 Millionen DM. Durch andauernde Fortbildungen und Ausarbeitungen zu aktuellen Themen, sowie den guten Märkten und ein bißchen Glück, hatte ich ein sehr erfolgreiches erstes Jahr. Ich dachte zuerst, daß es normal wäre, als Goldman Sachs-Händler soviel Gewinn zu erzielen. Erst später erfuhr ich, daß ich in meinem ersten Jahr dreimal soviel wie der erfolgreichste Eurodollar-Händler verdient hatte. Eurodollars waren damals der attraktivste Markt.

War Ihr Gehalt ebenfalls dementsprechend hoch?

Das Vergütungssystem bei Goldman Sachs ist so fair gestaltet, daß ich bereits im ersten Jahr Bonuszahlungen in Höhe des Gehaltes eines Vorstandsvorsitzenden von Siemens oder Daimler Benz erhielt.

Haben diese hohen Gehälter Sie stark beeinflußt?

Ich war völlig geschockt über meine erste Bonuszahlung. Auf einmal war ich wie ausgebrannt. Zuerst wußte ich gar nicht, was ich mit dem vielen Geld anfangen sollte. Bis dahin hatte ich wie die meisten Leute auch in fünf- und zehntausend DM-Beträgen gerechnet. Nach diesem ersten Schock überlegte ich sofort, wie lange ich überhaupt noch arbeiten muß, wenn ich soviel Geld als Angestellter verdienen kann. Mein Lebensstil war und ist heute noch nicht sehr aufwendig und ich konnte somit mit einigen Jahresgehältern mein ganzes restliches Leben absichern und finanzieren. Meine Frau sagt immer, daß mein Preisgefüge auf dem Niveau von 1972 stehen geblieben ist, weil mir alles zu teuer ist. Wenn ich dagegen meinen Vater als Dekan der Universität Würzburg anschaue, der ebenfalls sehr hart arbeitet und in seinem Spezialgebiet eine internationale Koryphäe darstellt, ist es für mich heute noch unvorstellbar, soviel Geld zu verdienen. Irgendwo ist es vielleicht sogar ungerecht.

Welche Märkte haben Sie damals gehandelt?

Hauptsächlich natürlich den deutschen Markt. Irgendwann wurde mir das jedoch zu langweilig. Später handelte ich daher auch noch holländische, dänische und australische Anleihen.

Damit handelten Sie aber Märkte in sehr unterschiedlichen Zeitzonen?

Mein Arbeitstag begann um 6.30 Uhr in der Früh mit den letzten Anrufern aus Australien. Während des Tages war das europäische Geschäft bestimmend. Ab dem Nachmittag kamen dann noch die amerikanischen Märkte und Kunden dazu. Gegen 20 Uhr abends war ich endlich zu Hause. Aber ab 23 Uhr wollten die Japaner schon wieder wissen, was in Europa los war, und die australischen Märkte öffneten wieder.

Eine enorme Arbeitsbelastung war also die Regel?

Ich war damals bereit, unbegrenzt zu arbeiten, wobei man es gar nicht in Stunden ausdrücken kann. Entweder man war 24 Stunden dabei oder man war gar nicht dabei.

Wie sind Sie auf dem für Sie völlig fremden australischen Markt vorgegangen?

Ich verfolgte den gleichen Ansatz wie in anderen Märkten und handelte große Volumina. Diese riesigen Positionen waren die Australier natürlich überhaupt nicht gewohnt. Ich nutzte meine Marktstärke sehr konsequent und bewußt aus. Während des Tages kaufte ich in Europa alles auf, was ich an Material bekommen konnte, meist Anleihen im Wert von 100 Millionen australischen Dollars. Durch meine Käufe verkauften etliche Marktteilnehmer mehr als sie eigentlich hatten und waren danach short. Bei der Eröffnung in Australien haben sie dann den Markt mit ihren Eindeckungs-Käufen sofort hochgezogen, worauf ich meist einen Teil der Position über andere Adressen wieder verkauft habe.

Warum sind Sie im Anschluß an Goldman Sachs zu Salomon Brothers gewechselt?

Goldman Sachs war als amerikanische Partnerfirma nur sehr zaghaft in Europa und anderen Märkten außerhalb Amerikas aktiv. Salomon Brothers hingegen war wesentlich fortschrittlicher in diesem Gebiet und hatte generell eine stärkere Position im Markt. Dazu bestand selbst bei mir eine gewisse Mystik um Salomon Brothers und ihre unglaublichen Gewinne. Das alles reizte mich noch als Steigerung zu Goldman Sachs.

Was sind die wesentlichen Unterschiede zwischen Goldman und Salomon?

Salomon hat eine ganz andere Unternehmenskultur als Goldman Sachs. Während man bei Goldman Sachs nur in einem gewissen Rahmen frei nach eigenen Vorstellungen und Volumengrößen handelt, ist bei Salomon in der Eigenhandelsabteilung keine Position groß genug. In dieser Abteilung, die eigentlich das Herzstück von Salomon darstellt, in der nur das firmeneigene Vermögen gehandelt wird, herrscht in allem ein Gigantismus. Während bei Salomon dieser Eigenhandel und damit die Händler die oberste Priorität darstellen, stehen bei Goldman Sachs eher die Kunden und das Kommissionsgeschäft im Vordergrund. Mit Goldman Sachs bin ich daher auch sehr viel bei Kunden und in eigenen Repräsentanzen in allen Teilen der Welt gewesen.

Hat Sie dieser Lebensstil fasziniert?

Mich persönlich beeindruckten diese Flüge in der ersten Klasse, besten Hotelsuiten und Sterne-Restaurants nie sonderlich. Der Terminplan war so ausgefüllt, daß das alles nur Nebensache war. Bei Goldman ermahnte man mich zu Beginn sogar einmal, daß ich zu wenig Spesen machen würde. Ich sollte mehr Geld für die Unterhaltung meiner Kunden und Mitarbeiter ausgeben, um ein engeres Verhältnis zu ihnen zu entwickeln. Nur wollte ich meine sowieso eng bemessene Freizeit nicht auch noch mit Kunden und Kollegen verbringen, sondern mit meiner Familie und mit Freunden.

Welche Größe konnten die Positionen bei Salomon annehmen?

Zu dieser Zeit wurde gerade der Bund Futures in London an der LIFFE eingeführt. Bei Goldman hatte ich meist nur einige 100 Kontrakte als Position. Ab 1.000 Kontrakten (1.000 Bund Futures-Kontrakte stellen einen nominellen Gegenwert von 250 Millionen DM dar) fühlte ich mich eigentlich nicht mehr sehr wohl. Bei Salomon fragte man mich in so einer Situation dagegen, warum ich nicht 5.000 oder 10.000 Kontrakte gekauft habe, wo mir der Markt doch so gut gefällt. "We are the market" war ein oft benutzter Satz, der die Philosophie von Salomon gut wiedergibt. Diese Denkweise überträgt sich natürlich auf jeden Salomon-Händler.

Was war Ihre größte Position?

In Bund-Kontrakten ausgedrückt, hatte ich oft Positionen von 10.000 Kontrakten und mehr, was nominal ungefähr 2,5 Milliarden DM entspricht. Das waren dann aber reine Meinungs- und Risikopositionen. Spread- und Arbitragepositionen konnten noch einmal um ein Vielfaches größer sein.

War es für Sie eine Umstellung, sich an solch große Positionen zu gewöhnen?

Meinem persönlichen Handelsstil hat diese Denkweise sehr entsprochen. Aus dem Devisenbereich war ich große Positionen gewohnt. Ich bin ein sehr flexibler Händler und drehe meine Positionen mitunter sehr schnell. Dadurch ist das Risiko trotz des extrem hohen Volumens für mich immer überschaubar.

Wer waren damals die bedeutendsten Marktteilnehmer an den Märkten?

Salomon, Goldman und Morgan Stanley beeinflußten den Markt maßgeblich. Wir waren mittel- und langfristig meist auf der gleichen Seite des Marktes, wohingegen es gerade für deutsche Banken oft sehr schwierig war, unsere Philosophie und unsere Positionen nachzuvollziehen. Wir handelten oft komplexe Spread-Positionen und die Deutschen sahen nur eine Seite unserer Position. Entscheidend für den Erfolg der angelsächsischen Investmentbanken war auch die Tatsache, daß sie von Anfang an weltweit viele Märkte handelten. Sie waren nie auf einen einzelnen Markt festgelegt.

Wie könnte man die Handelsphilosophie von Salomon beschreiben?

Salomon nutzt immer seine Marktposition und Größe an allen Märkten aus. Wenn ich jetzt am Parkett der LIFFE meine Händler anrufe, können die mir sofort sagen, auf welcher Seite des Marktes Salomon gerade aktiv ist. Jeder achtet darauf, ob Salomon kauft oder verkauft. Diesen Sachverhalt nützt Salomon aus und beeinflußt damit andere Marktteilnehmer und letztlich die Kurse. Es kann natürlich auch vorkommen, daß Salomon 2.000 Bund-Kontrakte offensichtlich zum Verkauf bietet, im gleichen Zug aber ein Vielfaches davon über andere Adressen kaufen läßt.

Warum wagten Sie danach den Sprung in die Selbständigkeit?

Salomon konnte das natürlich auch erst gar nicht verstehen. Salomon
hat mir so viel Geld bezahlt, daß ich mir das Risiko der Selbständigkeit leisten konnte. Für meine persönlichen Verhältnisse war ich nach
sechs sehr erfolgreichen Jahren finanziell absolut abgesichert.

**Ist der permanente Druck und Streß auch zur Belastung
geworden?**

Ich vergleiche unseren Beruf immer mit dem eines Hochleistungssport-
lers. Wir arbeiten ebenfalls sehr hart daran, überdurchschnittlich erfolgreich zu sein und in unseren besten Jahren viel Geld damit zu verdienen.
Es ist wie eine Art Droge. Ähnlich wie ein Spitzensportler kann man aber
auch nicht von heute auf morgen damit aufhören, weil der Körper sich an
die hohe Belastung gewöhnt hat. Abrupt aufzuhören wäre wie eine
Implosion. Die Belastung und der Streß haben sich bis heute im Grunde
gar nicht verändert. Damals handelte ich mit dem Kapital von Goldman
und Salomon. Heute ist es mein eigenes Geld und das von Kunden.

Wie erfolgreich waren Ihre ersten Schritte in der Selbständigkeit?

Ich bin zusammen mit zwei weiteren Salomon-Händlern in einen
privaten Hedge-Fonds eines sehr wohlhabenden Österreichers eingetreten. Er hatte in den 80er Jahren ein Vermögen von mehreren 100
Millionen Dollar im Leveraged Buyout Geschäft in Amerika gemacht
und verwaltete seitdem sein eigenes Geld an den Finanzmärkten. Wir
handelten für ihn im Endeffekt das gleiche wie bei Salomon und
waren auch sehr erfolgreich. Als dann aber das komplette Fondsmanagement auf die Bermudas verlegt werden sollte, bin ich ausgestiegen. Ich besuchte mit meiner Familie die Bermudas und stellte
fest, daß ich in dieser Atmosphäre nicht erfolgreich arbeiten könnte.

**Aber die Bermudas zählen doch zu den schönsten Inseln der
Welt?**

In einer Woche kennt man jede Ecke der Insel und kulturell wird
überhaupt nichts geboten. Ich wollte auch nicht, daß meine Kinder in
Eliteschulen und der unrealistischen Welt dieser reichen Insel auf-
wachsen. Zudem hätte ich um 3 Uhr in der Früh aufstehen müssen,
um die europäischen Märkte zu handeln.

Sie haben diesen Privatfonds also wieder verlassen?

Ja. Danach durchlief ich allerdings auch eine Art Krise. Geld war nicht mein Problem. Aber ich wollte auf keinen Fall ein Ganzjahres-urlauber mit Ferienhäusern in Monaco, Gstaad und Sylt werden. Ich stand vor der Alternative, mein eigenes Vermögen zu verwalten oder eine professionelle Eigenhandelsgruppe für den institutionellen und privaten Bereich aufzubauen. Da entschloß mich für den professio-nellen Weg.

Unter welchen Voraussetzungen und warum gründeten Sie eine eigene Firma?

Anstelle von den Zinsen meines Geldes zu leben, entschloß ich mich, es selbst aktiv zu handeln und in begabte und erfolgreiche Händler zu investieren. Dafür gründete ich ursprünglich einen Fonds für mich alleine. Mit der Kredietbank in Luxemburg suchte ich mir für mein Geld eine sichere Bank mit AAA-Rating. Cargill als eine der besten und größten Brokergesellschaften der Welt ist für die Abwicklung meiner Geschäfte zuständig. Ich stellte sehr gute Händler ein, die ich in einer Partnerschaft mit am Gewinn beteilige. Zudem war es ein Ziel von mir, daß der Erfolg der Firma durch mehrere Chefhändler und Partner nicht mehr alleine von mir und meiner Tagesform ab-hängt. So entstand CMA, Capital Market Advisors Limited.

Wie entwickelte sich Ihre eigene Firma?

Angefangen habe ich mit zwei Optionshändlern an der LIFFE. Beide sind ehemalige Händler von CRT und mathematisch sehr begabt. Wir entwickelten zusammen ein sehr effektives Programm zur Preis-bestimmung von Optionen und begannen mit einigen 100.000 Dollar mit dem aktiven Handel. Das Grundkonzept basiert auf der Kon-struktion von klassischen Delta-Neutral Positionen unter Berück-sichtigung der Volatilität in einem Optionsmarkt. Unser Programm eignet sich hervorragend für die europäischen Märkte, da es sehr flexibel auf die spezifische Verteilung der Kursentwicklungen rea-giert. Einige Konkurrenten boten mir inzwischen mehrere 100.000 Pfund für das Programm. Aber ich werde es natürlich nie verkaufen.

Diese Software zur Optionspreis-Bestimmung ist also ein wichtiger Bestandteil Ihres Erfolges?

Eine schnelle und leistungsfähige Software ist auf alle Fälle ein wichtiger Faktor zum Erfolg. Dazu sind aber auch hochintelligente und erfahrene Händler nötig, die das Konzept in die Praxis umsetzen können. In meiner Firma besitzen alle Mitarbeiter, bis hin zu meiner Assistentin, einen Universitätsabschluß.

Wie waren die ersten Erfolge im Optionshandel?

Nach zwei Wochen hatte ich bereits meinen Einsatz mehr als verdoppelt. Meine Händler sind natürlich an ihren Gewinnen beteiligt. Einer von Ihnen hat sich von seinen ersten zwei Gehältern einen gebrauchten 12 Zylinder SL Mercedes gekauft. Beide verdienten in den ersten drei Monaten über eine Million Dollar. Die ganze Handelsoperation ist extrem erfolgreich. Da wir als Arbitrageure am Optionsmarkt keine Positionen auf steigende oder fallende Kurse eingehen, mußten wir auch so gut wie nie einen größeren Rückschlag erleiden. Natürlich haben wir trotzdem einige Risiken wie die Volatilität, Delta, Gamma und Theta. Aber wir kennen unsere Risiken und daher können wir sie bewußt kontrollieren.

Welches Volumen handeln Sie in diesem Optionsbereich?

Wir handeln inzwischen circa 15 Prozent bis 20 Prozent der Bund und Gilt-Optionen an der LIFFE. Pro Monat sind das jeweils 100.000 Kontrakte. Damit sind wir der größte Marktteilnehmer an der LIFFE in diesem Segment.

Warum nehmen Sie überhaupt Kundengelder an, wenn alles so erfolgreich läuft?

Ich habe ein Konzept entwickelt, zu dem selbst meine finanziellen Mittel nicht zur Realisierung ausreichen. Den bereits beschriebenen Optionshandel am Parkett werden wir auf weitere Märkte ausdehnen und vor allem den OTC-Bereich, der ein circa dreimal so großes Volumen besitzt, hinzu nehmen. Bei OTC-Optionen handelt es sich um nicht standardisierte Optionen, die direkt zwischen zwei Kontrahenten vereinbart werden. Da OTC-Optionen gegen effektive Basiswerte, bestimmte Bund-Anleihen usw. gehandelt werden, besteht ein gewisses Basisrisiko. Wenn ich eine Option auf eine 8,5 Prozent Bund-Anleihe verkaufe, besteht für mich ein Risiko, wie sich diese bestimmte Anleihe gegenüber den Bund Futures entwickelt. Während

das Basisrisiko am OTC-Tisch direkt abgesichert wird, wird das
Volatilitätsrisiko sofort an unseren Handel auf das Parkett weitergeben. Diese Kombination ermöglicht uns einen sehr effizienten Arbitragehandel zwischen dem standardisierten Optionsmarkt und dem
OTC-Optionsmarkt. Da im OTC-Bereich ohne die Zwischenschaltung
einer Clearingstelle gehandelt wird, ist das Gläubigerrisiko sehr
entscheidend. Um mit den Salomons und Goldmans dieser Welt in
diesem Bereich Geschäfte machen zu können, ist dementsprechend
viel Kapital nötig.

**Kunden können sich damit eigentlich an Ihrem Eigenhandel
beteiligen?**

Wir bieten zwei Fondsprodukte an: Einen "Traders Fund" und einen
"Innovative Money Market Fund". Bei dem "Traders Fund" handelt
es sich um die oben beschriebene Verbindung des Optionshandels auf
dem Parkett mit dem OTC-Handel. Daneben handeln wir weltweit an
den gerade attraktivsten Märkten im Sinne des klassischen Eigenhandels ausgewählte Meinungspositionen. Ein "Managed account"
stellt sozusagen eine Beteiligung an unserem Eigenhandel dar, wobei
dieses Produkt eher für institutionelle Kunden konzipiert ist und
dementsprechend ein Mindestinvestment von 10 Millionen Dollar
vorsieht. Institutionelle Kunden, die selbst keine Abteilung in diesem
Bereich aufbauen können, haben damit die Möglichkeit, sich zu
niedrigen Gebühren ohne eigene Fixkosten an einer hochspezialisierten Eigenhandelsabteilung zu beteiligen. Unsere Renditeerwartungen
in diesem Bereich sind sehr hoch. Um eine maximale Rendite auf das
eingesetzte Kapital zu erzielen, werden wir natürlich nur sehr begrenzt Investoren aufnehmen. Am liebsten sind mir auch Investoren,
die durch ihre eigene Position zu unserem Informationsfluß und
Netzwerk in Wirtschaft und Politik beitragen.

**Bieten sie auch für Privatkunden eine Beteiligungsmöglichkeit
an?**

Wir bieten mit unserem "Trader Fund", der in seiner Konstruktion
den oben beschriebenen Managed Accounts entspricht und in einem
"Innovative Money Market Fund" eine Beteiligungsmöglichkeit für
den Privatinvestor.

Welches Anlageziel verfolgen Sie in dem "Innovative Money Market Fund"?

Der "Innovative Money Market Fund" ist eine alternative Anlagemöglichkeit zu den herkömmlichen Geldmarktfonds. Wobei wir nach Abzug aller Gebühren eine Geldmarktrendite plus mindestens 2 Prozent anstreben und sehr auf ein niedriges Risiko achten. Im Gegensatz zum Traders Fund besteht hier aufgrund der Tiefe der Märkte auch so gut wie keine Kapazitätsgrenze.

Welche Strategie verwenden Sie in diesem Fonds?

Wir verwenden fünf völlig unkorrelierte Strategien in dem Fonds, die uns zu einer sehr kontinuierlichen Performance verhelfen. Dabei sind wir durch einen ausgeprägten Arbitragecharakter unserer Handelsphilosophie im wesentlichen unabhängig von den Bewegungen an den Märkten und unserer Einschätzung zu den Entwicklungen. Ein hoher Grad an Diversifikation ist für mich ein sehr entscheidender Faktor für den langfristigen Erfolg.

1. Die Geldmarktrenditen maximieren wir, indem wir Anleihen fremder Währungen in DM absichern und uns so einen LIBOR-Satz plus 30 bis 50 Basispunkte sichern. Dazu machen wir Basistrades. Man verkauft dabei den Future und kauft die cheapest to deliver-Anleihe in der Kasse. Damit erreichen wir ebenfalls ohne großes Risiko einen besseren Zins als in der DM. Als Hedge-Fonds können wir diese Geschäfte auch jederzeit beliebig hebeln und somit ein Vielfaches unseres Eigenkapitals einsetzen.

2. Gegen alle Anleihen, Währungen, Swaps und Aktien, die wir in dem Fonds halten, verkaufen wir auf einer Volatilitätsbasis Optionen. Da wir aus unserem Optionseigenhandel eine gute Expertise in dem Bereich der Beurteilung der Volatilität besitzen, nutzen wir diese, um permanent eine Prämie aus den Optionsmärkten zu kassieren.

3. Wir nützen die Struktur der Zinskurven aus, indem wir zum Beispiel in Amerika im kurzfristigen Bereich Geld zu 3 Prozent aufnehmen und es im 10jährigen Bereich wieder zu 6 Prozent anlegen. Das kann man auch mit Put- und Call-Spreads oder mit synthetischen Instrumenten an zahlreichen Märkten mit verschie-

denen Währungskombinationen darstellen. Banken betreiben das gleiche Geschäft mit Kundeneinlagen auf der Passivseite und Anlagen auf der Aktivseite. Wir machen ähnlich wie die großen Banken eine klassische Währungs- und Fristentransformation.

4. Mathematisch berechnete Spreadpositionen stellen, trotz der Vielzahl der Marktteilnehmer, noch immer eine sehr attraktive Möglichkeit dar. Es kommt im Markt oft noch zu größeren Fehlbewertungen bei den verschiedenen Fälligkeiten eines Kontraktes. Nach fundamentalen Gesichtspunkten kann ich zudem Spreads zwischen den verschiedenen Zinsmärkten aufbauen. Dabei haben wir eine Meinung zu der Zinsentwicklung zweier Märkte und gehen einen Markt long und einen anderen Markt short. Die Variationsmöglichkeiten dieser Spreadpositionen sind fast unbegrenzt. Ich kann zum Beispiel die 10jährigen Bund-Kontrakte in Deutschland short gehen und dafür die Drei-Monats-Kontrakte in Frankreich long gehen.

5. Mit circa 10 Prozent des Kapitals gehen wir klassische Eigenhandelspositionen ein, die direkt unsere Meinung zu den Währungs-Anleihe- und Aktienmärkten widerspiegeln.

In welchen Märkte wenden Sie diese Strategien an?

In allen einigermaßen liquiden europäischen Märkten, im ECU, im japanischen, kanadischen und im amerikanischen Markt. Dabei benützen wir sämtliche Futures- und Optionsmärkte im Zins-, Währungs- und Aktienbereich sowie den OTC Markt. Bei den Währungen handeln wir aufgrund der zahlreichen Variationsmöglichkeiten darüber hinaus im Interbankenmarkt die Cross Rates.

Wie war bis jetzt die Performance in Ihren verschiedenen Fonds?

Der "Innovative Money Market Fund" wird erst im Laufe des Jahres 1994 aufgelegt. Ich habe seit Juli 1992 einige individuell gemanagte Konten nach den Prinzipien des "Traders Fund" verwaltet und seit Juli 1993 liegt die Performance des Fonds vor. Von Juli 1992 bis Ende 1993 entwickelten sich so aus 1.000 DM ohne einen Verlustmonat circa 2.900 DM, was einer Performance von 190 Prozent entspricht. Neben der hervorragenden Performance ist aber besonders die Kontinuität und die niedrige Volatilität als Risikomaßstab entscheidend. Das Risiko-/Ertrags-Verhältnis ist dementsprechend sehr günstig. Der im Juli 1993 aufgelegte Trader Fund erreichte bis Ende 1993 eine Performance in Höhe von knapp 15 Prozent.

Im Oktober 1992 hatten Sie in einem Monat über 25 Prozent Performance. Welche Positionen waren dafür verantwortlich?

Dieser Gewinn resultierte aus einer für mich ganz typischen Position. Ich war sehr positiv für die deutschen Zinsen gestimmt. Zur Absicherung kaufte ich mir erst einen Put, 1 Prozent unter dem Markt, für den Nominalwert von 100 Millionen DM. Diese 280.000 DM schrieb ich quasi als Versicherungsprämie sofort ab und kaufte danach deutsche Anleihen im Wert von 100 Millionen DM. An dieser Position verdienten wir einige Millionen DM. Diese Art zu handeln war bei Salomon sehr beliebt und prägte mich damals enorm.

Trotz Ihrer sehr guten Performance bieten Sie Ihre Fonds zu relativ günstigen Gebühren an! Warum?

In Zukunft wird die ganze Hedge- und Futures-Fondsindustrie ihre Kosten und Gebühren extrem senken müssen. Die Tendenz geht ganz klar zu niedrigeren Gebühren. Nur dadurch wird gewährleistet, daß die Kunden eine reelle Chance bekommen, an unseren Gewinnen zu partizipieren. Da ich fast mein ganzes Privatvermögen in meinen Fonds verwalte, bin ich nicht auf hohe Gebühren als Verdienstmöglichkeit angewiesen. Es macht keinen Sinn, wenn ich mir selber hohe Gebühren berechne. Mit 2 Prozent jährlicher Verwaltungsgebühr und 20 Prozent Gewinnbeteiligung sowie nur 11 Dollar Roundturn sind wir sicher Pioniere in Bezug auf niedrige Gebühren für Privatkunden. Ich wollte meine Kunden auf keinen Fall mit Gründungsprospektgebühren, hohen Depotbankgebühren oder Ausgabe- und Rücknahmeaufschlägen belasten.

Welche persönlichen Eigenschaften sind Ihrer Meinung nach für den Erfolg an den Märkten entscheidend?

Um in unserem Geschäft erfolgreich zu sein, muß man extrem viel und hart arbeiten. 12 bis 14 Stunden am Tag sind das Minimum.

Auf was achten Sie besonders, wenn Sie junge Händler einstellen?

Wir haben vor einigen Monaten eine Annonce für ein Ausbildungsprogramm für junge Optionshändler in einer Fachzeitung aufgegeben. Wir hatten insgesamt nur vier Plätze zu vergeben und es melde-
ten sich über 700 Bewerber. Ich mußte in meinem Leben noch nie so
vielen mehrsprachigen Harvard-, Oxford-, und Cambrigde-Absol-
venten eine Absage erteilen. Ich hatte Lebensläufe auf meinem Schreibtisch, die waren so lückenlos, daß ab dem Kindergarten keine Stunde
Freizeit mehr zu finden war. Mir kommt es besonders auf eine
Kombination von mathematischen und analytischen Kenntnissen sowie eine generelle Offenheit zu den Ereignissen im täglichen Leben
an. Handeln ist für mich, trotz der nötigen analytischen Instrumente,
eine Kunst und keine Wissenschaft. Beim Handeln gibt es nicht den
intellektuell feststellbaren, optimalen Kauf- und Verkaufszeitpunkt.
Langjährige Erfahrung und Timing-Gesichtspunkte sind oft entscheidender, um an den Märkten erfolgreich zu sein.

**Haben Sie sich viel mit der Psychologie der Märkte und Ihrer
Marktteilnehmer beschäftigt?**

Mein Vater hatte als Universitätsprofessor für Medizin immer einige
Klausuren über das Thema Psychologie für seine Studenten vorzube-
reiten. Da ich irgendwie Gefallen an dem Thema fand, begann ich
schon als Kind, zahlreiche Bücher darüber zu lesen. Damals interessierte mich vorrangig, warum und wie ich selbst in gewissen Situationen reagiere. Bei der Entscheidung für eine Position sind für mich die
psychologischen Aspekte der Marktteilnehmer sehr wichtig.

**Bevorzugen Sie deshalb auch den Parketthandel an der Londoner
LIFFE gegenüber dem reinen Computerhandel an der Deutschen
Terminbörse?**

Auf alle Fälle. Die LIFFE wird durch die kritische Masse an Kapital,
die auf dem Parkett versammelt ist, immer einen größeren Einfluß auf
die Preisbildung haben als die Deutsche Terminbörse. Die LIFFE
reagiert aufgrund der psychologischen Elemente des Parketthandels
hektischer auf Nachrichten und wird die Preisbewegungen der Deutschen Terminbörse auch in Zukunft beeinflussen. Das Volumen an
gehandelten Kontrakten kann zwar in Zukunft an der Deutschen
Terminbörse größer sein, aber die Kurse werden an der LIFFE
gemacht.

Ist das der Hauptgrund, warum Sie aus London handeln?

Nicht alleine. Es gibt einen fundamentalen Unterschied. Im englischen und amerikanischen Rechtssystem ist alles erlaubt, was nicht verboten ist. Im deutschen Rechtssystem ist dagegen alles verboten, was nicht erlaubt ist. Hieraus ergibt sich für das angelsächsische Rechtssystem zwangsläufig ein wesentlicher Vorteil für eine innovative neue Firma, die den maximalen Spielraum ausnutzen muß, um besser zu sein. Ein weiterer wesentlicher Grund, weshalb ich mich in London so wohl fühle, ist die multinationale Bevölkerung und die damit verbundene Atmosphäre und Kreativität. In London leben Menschen verschiedener Nationalitäten einigermaßen friedlich zusammen. Diese Umgebung und die Gespräche mit anderen Marktteilnehmern geben mir wesentliche Ideen für meinen Handel und meine Kinder wachsen in dieser kreativen Umgebung fast ideal auf.

Welche Publikationen und Personen tragen maßgeblich zu Ihrer Meinungsbildung bei?

Ich nehme den ganzen Tag Informationen auf. Das beginnt um 5.30 Uhr morgens mit einer Radiosendung über die neuesten Entwicklungen an den internationalen Finanzmärkten. Im Sommer jogge ich während dieser 30 Minuten durch den benachbarten Park. Im Winter bleibe mit einem Kopfhörer im Bett liegen. Auf der Zugfahrt lese ich dann die wichtigsten Tageszeitungen und komme gegen 6.45 Uhr im Büro an. Den ganzen Tag hindurch erhalte ich natürlich andauernd die üblichen Informationen aus den Kurssystemen. Da ich seit 20 Jahren im Markt aktiv bin, verfüge ich zudem über ein weltweites Netzwerk und telefoniere mit vielen großen Marktteilnehmern. Am Abend lese ich dann Research-Berichte und Analysen zu den Märkten. Als weiteres Kommunikationsmittel mit dem Markt schreiben wir unseren "Trader View", einen Bericht mit unserer Meinung zu den wichtigsten Märkten, der konkrete Positionsempfehlungen enthält. Aus den vielen Informationen, die ich aufnehme, entwickeln sich interessante Ideen, die wir in dem "Trader View" zusammenfassen. Wir haben weltweit circa 100 Abonnenten, meist große Hedge-Fonds, Eigenhandelsabteilungen und Versicherungen, die diesen exklusiven Brief lesen. Durch diese Leser bekommen wir auch sehr gute Resonanz auf unsere Ideen.

Sind Ihre Händler auch alle schon vor 7 Uhr im Büro?

Unser Bund-Optionshändler nimmt bereits den ersten Zug um 5.38 Uhr. Ab 6.45 Uhr ist er an seinem Platz am Parkett an der LIFFE. Auch wenn der Handel erst um 7.30 Uhr beginnt, muß er sich bereits 45 Minuten vorher den strategisch besten Platz sichern. Es herrscht ein unheimlich harter Wettbewerb auf dem Parkett.

Welche Grundregeln beachten Sie beim Handeln?

Das größte Problem der meisten Marktteilnehmer ist, daß sie am Ende einer Aufwärtsbewegung weiter bullish und am Ende einer Abwärtsbewegung weiter bearish sind. Eine kritische Objektivität für die Märkte ist für mich ein wesentlicher Faktor für einen Händler, um erfolgreich zu sein. Oft ist die Grundidee einer Position richtig, aber das Timing falsch.

Können Sie das an einem Beispiel konkretisieren?

Gehen wir davon aus: Der Dollar notiert bei 1,62 DM. Ich rechne damit, daß er innerhalb der nächsten Monate sicherlich auf 1,80 DM und später vielleicht sogar auf 2 DM steigt. In der Zwischenzeit kann der Dollar aber jederzeit noch einmal auf 1,57 DM fallen. In so einem Fall verliert man an der Position selbst und an den um 300 Basispunkten niedrigeren Dollarzinsen laufend Geld. Viele sagen jetzt vielleicht, wenn man den Dollar mit 1,62 DM kauft, dann muß man Ihn für 1,60 DM und 1,59 DM erst recht kaufen. Ich sage aber genau das Gegenteil. Wenn ich mit 1,62 DM kaufe, verkaufe ich spätestens bei 1,6050 DM aufgrund eines Stop-Loss-Limits meine Position. Meine fundamentale Meinung zum Dollar war vielleicht richtig, aber das Timing ist falsch. Es kann mir passieren, daß ich drei- bis viermal so eine Position kaufe und kurz darauf wieder ausgestoppt werde. Viele verlieren in so einer Situation leider die Nerven. Wenn mir ein Markt weiterhin fundamental gefällt, versuche ich es aber auch das fünfte und sechste Mal. Dieses falsche Timing kostet mich bei jedem Versuch, bis ich wieder ausgestoppt werde, einen kleinen Verlust. Irgendwann erwische ich aber den Markt genau richtig und kann mit diesen Gewinnen leicht meine ganzen kleinen Stop-Loss-Verluste ausgleichen. Nach einigen Stop-Loss-Verlusten darf man auf keinen Fall frustriert reagieren, sondern muß weiter objektiv entscheiden, ob die fundamentalen Gesichtspunkte weiter für die Position sprechen.

Die Minimierung von Verlusten ist für Sie demnach sehr wichtig?

Bei Salomon habe ich Regeln aufgestellt, die kleine Verluste davor bewahren sollen, sich in große Verluste zu verwandeln. Risiko- und Money Management sind die wichtigsten Aspekte in unserem Geschäft. Diese Handelsregeln hatte jeder Salomon-Eigenhändler auf seinem Schreibtisch.

1. Kaufen Sie nie in eine verlustreiche Position nach.
Wenn ein Trend sich fortsetzt, was meistens der Fall ist, werden Ihre Verluste nur schlimmer. Anstatt in Verlustpositionen weiter zu kaufen, sollten Sie Verluste glattstellen und später erneut in die Position einsteigen.

2. Riskieren Sie nie mehr als X Prozent für eine Position.
Wie hoch der Betrag ist, liegt bei Ihnen. Wichtig ist nur, daß Sie eine gewisse Höchstgrenze für einen einzelnen Verlust haben. Damit stellen Sie sicher, daß ein einzelner Verlust Sie nie in finanzielle Schwierigkeiten bringt und Ihre Performance wird dadurch kontinuierlicher. Riskieren Sie daher auf keinen Fall mehr als 2,5 Prozent bis 3,5 Prozent für eine Position.

3. Handeln Sie in Verlustphasen mit einem geringeren Volumen.
Vieles bewegt sich in Zyklen und Trends, so auch Ihre Performance. Reduzieren Sie aus diesem Grund die Handelsaktivität sowie das Volumen Ihrer Positionen, bis Sie wieder in einer Gewinnphase sind.

4. Gehen Sie keine größeren Positionen in politischen Märkten und vor der Veröffentlichung von wichtigen Wirtschaftszahlen und Daten ein. Gehen Sie generell nur kalkulierbare Risiken ein. Große Positionen in politischen Märkten und vor der Veröffentlichung wichtiger Wirtschaftszahlen und Daten verstoßen gegen diese Grundregel. Die hohe Volatilität sowie die Unvorhersehbarkeit dieser Ereignisse erhöhen die Wahrscheinlichkeit für Verluste.

5. Handeln Sie immer in Einklang mit Ihrer langfristigen Meinung und somit dem Trend. Wenn Sie langfristig für einen Markt eine positive Meinung haben, dann handeln Sie diesen Markt kurzfristig und im Intra-day-Bereich auch von der long-Seite.

6. Heben Sie Ihre Stops soweit an, daß Sie zumindest einen kleinen Gewinn haben, wenn der Markt erst in Ihre Richtung gelaufen ist und anschließend korrigiert. Das Schlimmste, was passieren kann, ist, wenn eine Position, in der sie bereits einen schönen Gewinn hatten, wieder in den Verlustbereich sinkt, und Sie dort mit Verlusten ausgestoppt werden.

7. Legen Sie Ihr Kauf- und Verkauflimit sowie den Stopkurs immer vor der Öffnung der Position fest. Verändern Sie diese Limits auf keinen Fall. Realisieren Sie immer die Hälfte des Gewinns beim Erreichen des ursprünglichen Zielkurses. Die andere Hälfte lassen Sie weiter laufen. Für den Fall weiter steigender Kurse sind Sie wenigstens mit einem Teil der Position daran beteiligt.

Gibt es weitere Grundregeln, die Sie beachten?

Neben diesen Kriterien zur Verlustbegrenzung ist es sehr wichtig, gewisse Checkpunkte vor dem Eingehen einer Position zu beachten. Ich habe dabei folgende Grundregeln:

1. Formulieren Sie Ihre grundsätzliche Vorgehensweise sowie die langfristige und kurzfristige Marktmeinung so, daß Sie jemand anderem jederzeit in wenigen Sätzen erklären können, was und warum Sie eine Position eingehen.

2. Die Erhaltung des Vermögens ist der wichtigste Grundsatz.

3. Die Märkte werden morgen auch noch für Ihre Orders offen sein.

4. Eine kleinere Position ist meist besser. Es gibt immer die Möglichkeit, eine gewinnreiche Position aufzustocken.

5. Eine Position einzugehen, ist sehr einfach. Gewinne zu realisieren, macht Spaß. Verluste zu realisieren, kann dagegen sehr schmerzhaft sein. Fragen Sie sich, ob die Position wirklich eine außergewöhnliche Chance darstellt.

6. Wichtige Punkte bevor Sie eine Position eröffnen:
a) Risiko-Gewinn-Relation

b) Angestrebter Gewinn (Return on Investment in Prozent)
c) Stop-Loss-Limit für den Fall eines Verlustes
d) Nachziehen des Stop-Loss-Limits bei den ersten Gewinnen

7. Der erwartete Gewinn sollte dreimal größer sein als das Risiko.

8. Riskieren Sie nie mehr als 3 Prozent Ihres Vermögens für eine einzelne Position.

9. Würden Sie die gleiche Position auch heute noch eingehen? Wenn nicht, dann schließen Sie sie sofort.

10. Der Markt wird Ihnen immer zeigen, ob Sie Recht haben oder nicht.

11. Spielen Sie nie den Macho und vergessen Sie Ihr Ego an den Märkten.

12. Wenn der Markt trotz fundierter Analysen anders als erwartet reagiert (Kurssteigerung nach schlechten Meldungen oder Kursrückgang nach guten Nachrichten), dann schließen Sie Ihre Position.

Raten Sie Privatanlegern auch zur Anwendung Ihrer Regeln?

Privatanleger müssen wesentlich höhere Gebühren für Ihre Wertpapiertransaktionen bezahlen als professionelle Marktteilnehmer. Diese hohen Gebühren erschweren das Setzen von engen Stopkursen und den späteren Wiedereinstieg in einen Markt. Dazu sind Privatinvestoren immer der festen Überzeugung, daß die Kurse sich in ihre Richtung bewegen werden. Wenn die Kurse wider Erwarten dann doch sinken, entwickeln sie das Prinzip der Hoffnung. Doch damit zählen sie zu den Verlierern an den Finanzmärkten. Es ist ein Geschäft für knallharte Profis.

Sie raten Privatanlegern also, Ihre Art von Geschäft zu vermeiden?

Privatanleger sollten generell die spekulativen und kurzfristigen Geschäfte vermeiden. Professionelle Marktteilnehmer können Milliarden innerhalb von Sekunden bewegen und wesentlich schneller auf Ereignisse reagieren. Zudem verfügen wir über ein weltweites Informations-Netzwerk. Unseren Streß sollten sich Privatanleger er-

sparen. Oft endet der Ausflug in die internationale Welt der Finanzmärkte für Privatanleger mit einem schmerzhaften Totalverlust. Zahlreiche Studien bestätigen, daß circa 80 Prozent der Privatanleger zu
den ständigen Verlierern an den Termin- und Optionsmärkten zählen.
Dieser Sachverhalt verwundert mich auch gar nicht, denn die Terminmärkte sind ein Nullsummenspiel. Des einen Gewinne sind des
anderen Verluste. Es gilt auch hier: Irgend jemand muß die Rechnung
der Gewinner bezahlen.

Welchen Zeithorizont verfolgen Sie bei Ihren Positionen?

Arbitragepositionen mit einem begrenzten Risiko können oft ein
halbes Jahr und länger laufen. Bei den klassischen Meinungspositionen
ist der Zeithorizont sehr stark vom Trend der Märkte abhängig. In
Seitwärtsbewegungen der Märkte reduzieren wir diese Positionen auf
ein Minimum.

**Spielen fundamentale und technische Indikatoren für Ihre
Positionen eine Rolle?**

Für die grundsätzliche Idee zu einer Position spielen ausschließlich
fundamentale Faktoren eine Rolle. Ich gehe immer von einem fundamentalen ökonomischen System aus. Technische Indikatoren beachte
ich nur zur Bestimmung der optimalen Kauf- und Verkaufzeitpunkte.

Welche technischen Indikatoren beachten Sie dabei konkret?

Ich selbst beschäftige mich nicht sehr viel mit technischen Indikatoren. Wenn ich Informationen über die technische Verfassung eines
Marktes benötige, haben wir einen eigenen Spezialisten für die technische Analyse oder ich rufe einen Spezialisten dafür an. Ich kenne
genügend Marktteilnehmer, die bis in den Intraday-Bereich ausschließlich technische Indikatoren verfolgen und laufend optimieren.
So umfangreich könnte ich die technischen Indikatoren selbst nie
analysieren.

Welche fundamentalen Indikatoren verfolgen Sie intensiv?

Um ein umfangreiches und detailliertes fundamentales Bild von einem Markt zu entwickeln, gibt es nur zwei Möglichkeiten: Viel lesen
und andauernd zuhören. Durch diese permanente Offenheit für neue

Ereignisse bekommt man zumindest einen guten Anhaltspunkt über die Entwicklungen an den Märkten. Niemand sollte glauben, daß er alles über einen Markt weiß. Die Finanzmärkte sind wie der menschliche Körper eine Art Organismus. Ich vergleiche unsere Aufgabe immer mit der eines Chirurgen. Mit 20 Prozent des zur Verfügung stehenden Wissens müssen beide sehr waghalsige Entscheidungen treffen. Beide können nicht warten, bis sie 100 Prozent des Wissens akkumuliert haben, denn dann ist die Situation bereits entschieden. Beim Chirurgen wäre der Patient in akuter Lebensgefahr und dem Händler sind die besten Kursbewegungen an den Finanzmärkten entgangen. Es ist also sehr viel Erfahrung nötig, um mit 20 Prozent der zur Verfügung stehenden Informationen richtige Entscheidungen zu treffen.

Gibt es konkrete Indikatoren, die Sie beachten?

Wie bereits gesagt, sind die Finanzmärkte wie der menschliche Körper eine Art Organismus. Dabei kann man keinen Markt isoliert betrachten. Aus diesem Grund gibt es kein Geheimrezept an Kennzahlen und Indikatoren, die an allen Märkten erfolgreich sind. Wichtig sind die politischen Verhältnisse eines Landes, die wirtschaftlichen Rahmendaten, die Erwartungen der Märkte und die Devisenverhältnisse. In Europa sind alle Zinsmärkte von der Entwicklung der deutschen Zinsen abhängig. Die realen Zinsen, d.h. die Zinsen abzüglich der erwarteten Inflationsrate, sind für sämtliche Anleihemärkte ein entscheidendes Kriterium. Diese reale Verzinsung hat neben den Zinsmärkten auch sehr starken Einfluß auf die Aktien- und Devisenmärkte.

Was beachten Sie noch?

Mit großer Aufmerksamkeit beachte ich Analysen über den Grad der Über- und Unterinvestierung anderer Marktteilnehmer. Der Markt entwickelt sich immer in die Richtung, die den meisten Investoren Schmerzen bereitet. Der Markt bewegt sich sehr selten in eine Richtung, in der alle gewinnen.

Welche Punkte beachten Sie bei Ihrem Risikomanagement?

Wenn man sein Geld verloren hat, kann man nicht mehr handeln. Dieser Satz klingt zwar sehr banal, charakterisiert aber das ganze

Problem. Wenn man sein Geld nicht in der Spekulation verliert, sondern beschützt, greift sofort das Wunder der auflaufenden Zinsen. Schon der Bankier Rothschild stellte fest, daß man allein durch diese Zinsen und Zinseszinsen andauernd sein Geld vermehrt. "Look after the pennies and the pounds look after themselves", ist ein englisches Sprichwort, welches auch ich sehr beachte. Wenn man seine Kosten kontrolliert und sein Kapital beschützt, erhält man ein extremes Steigerungspotential für sein Vermögen.

Was wäre für Sie als Händler ein unverzeihlicher Fehler?

Das Schlimmste für mich als Händler ist es, die richtige Meinung zu einem Markt gehabt zu haben, aber trotzdem keine Position eingegangen zu sein. Verluste sind schmerzhaft, aber entgangene Gewinne sind noch viel schlimmer. Wenn man einmal aus einem Markt auf sehr hohem Niveau ausgestiegen ist, geht man nur zögernd eine neue Position ein. Damit mir der Markt nicht ohne eine eigene Position davonläuft, kaufe ich Märkte, die mir fundamental sehr gut gefallen, auch auf hohem Niveau weiter. Die 1993 nicht enden wollende Aufwärtsbewegung im DAX habe ich aus diesem Grund hervorragend miterlebt. In alter Salomon-Manier habe ich mir erst Puts gekauft, um damit mein Risiko zu begrenzen. Danach baute ich mir langsam eine DAX-Position auf.

Beachten Sie die Korrelationen der Märkte bei ihrem Risikomanagement?

Neben den Korrelationen ist besonders der Charakter eines Marktes entscheidend. Bis zu einem gewissen Grad kann ich die Korrelationen der Märkte mathematisch bestimmen. In bestimmten Monaten haben Märkte aber einen ganz typischen Charakter. Im letzten Quartal eines Jahres sind zum Beispiel die dänischen Märkte immer in Hausse-Stimmung. November und Dezember sind andererseits für die amerikanischen Anleihemärkte generell eine schwierige Zeit. Diese Phänomene müssen natürlich nicht jedes Jahr zutreffen, aber man sollte sich der unterschiedlichen Charaktere und saisonalen Eigenheiten der Märkte immer bewußt sein.

Müssen Sie nicht auch die Marktteilnehmer und Menschen eines Landes kennen, in dem Sie aktiv handeln, um die Furcht und Gier der Marktteilnehmer besser beurteilen zu können?

Auf alle Fälle. Neben dem Charakter der Märkte muß man natürlich auch den Charakter und die Ängste der Menschen in dem entsprechenden Land kennen. Um aus London erfolgreich die deutschen Märkte zu handeln, muß man alle Eigenheiten des deutschen Marktes und der Deutschen kennen. Wenn die Analyse-Abteilungen der deutschen Banken und Versicherungen negativ gestimmt sind, ist es für mich immer ein Grund, zu kaufen. Zudem haben deutsche Marktteilnehmer im Vergleich zu ihren angelsächsischen Kollegen keine großen Positionen. Sie verfügen über kein sogenanntes Risikokapital und können daher auch kaum die Märkte beeinflussen.

Unterschätzen deutsche Marktteilnehmer diese Macht des ausländischen Kapitals?

Händler in deutschen Banken haben es oft sehr schwer gegenüber dem enormen Kapital und lückenlosen Informationsnetzwerk der großen angelsächsischen und schweizerischen Eigenhandelsabteilungen. Niemand hat das Ausmaß erkannt, als der DAX von den weltweiten Kapitalsammelstellen entdeckt wurde. Deutsche Händler haben leider oft zu wenig Verantwortung und nur selten die Freiheit, sich interessante Märkte selbst auszusuchen. Sie müssen den ihnen zugeteilten Markt meist auch in schwierigen Seitwärtsbewegungen handeln. Wir können hingegen weltweit alle interessanten Möglichkeiten ausnutzen und so wesentlich objektiver das bessere Risiko-Ertrags-Verhältnis anderer Märkte ausnutzen.

Hatten Sie bis jetzt schon einmal eine längere verlustreiche Phase in Ihrer Karriere als Händler?

Ich habe noch nie über einen gesamten Monat viel Geld im Verhältnis zum Eigenkapital verloren. Ich habe in meiner Karriere immer nach maximal drei Monaten Seitwärtsbewegung wieder Geld verdient.

Sie haben noch nie einen Monat mit größerem Verlust abgeschlossen?

Nein, ich habe noch nie einen Monat mit größerem Verlust abgeschlossen. Während der drei Monate ohne Gewinne reduzierte ich aufgrund meines Risiko-Managements kontinuierlich mein Volumen. Es war eigentlich keine spektakuläre Marktphase. Ich war der Meinung, daß die Zinsen bereits beginnen sollten, zu sinken. Das haben sie aber drei Monate lang nicht getan. Daher bin ich immer wieder ausgestoppt worden mit meiner long-Position. Das ist mir etliche Male so passiert, bis dann nach drei Monaten endlich die Zinsen gesunken sind. Diese Phasen sind aber ganz normal. Im klassischen Eigenhandel erzielt man 90 Prozent der Gewinne in circa 10 Prozent der Zeit.

Gibt es einen Tag oder eine Phase in Ihrer Karriere, in der Sie besonders spektakuläre Gewinne erzielt haben?

Sicherlich gab es Positionen, an denen ich pro Tag mehrere Millionen Dollar verdiente. Aber darauf bin ich eigentlich nicht besonders stolz. Gerade im skandinavischen Anleihemarkt war ich bei Salomon so dominant, daß ich die Preise maßgeblich beeinflussen konnte. Ich war mit Abstand der größte Marktteilnehmer und das nutzte ich konsequent aus. Solange meine fundamentale Meinung zu dem Markt positiv war, kaufte ich einfach alles, was ich bekommen konnte. Wenn noch weiteres Material angeboten wurde, kaufte ich das eben auch noch. Irgendwann sind dann natürlich die Kurse explodiert. Aber darauf bin ich wie gesagt wirklich nicht stolz. In Schweden hatten andere Marktteilnehmer anscheinend so viel Respekt vor mir, daß ich zusammen mit dem damaligen Bundesbankpräsidenten Karl Otto Pöhl als Redner einer Investmentkonferenz eingeladen wurde.

Auf was sind Sie denn besonders stolz?

Auf meine kontinuierliche Performance bin ich sehr stolz. Ich bin niemand, der auf den "Kill Trade" wartet und sogenannte "Big Bets" abschließt. Wichtiger aber ist noch, daß ich Industrietrends schnell umsetze. Dazu gehört neben dem konsequenten Einsatz von leistungsfähigen Computern im Handelsraum und Programmen zur Optionspreis-Bestimmung auch die Entwicklung von neuronalen Netzen.

Gibt es unter den tausenden von Positionen in Ihrer Karriere eine, die Sie maßgeblich prägte?

In den 70er Jahren gab es wie heute auch eine Art Prämiensparen, wo man monatlich 52 DM ansparen konnte. "Karsten der Sparsame", hatte natürlich auch so einen Sparvertrag. Kurz nach meiner Lehre bekam ich dann über 5.642 DM ausgezahlt. Ich hatte damals einen

Job im Devisenhandel, eine Wohnung, ein Auto, eine Freundin und war eigentlich wunschlos glücklich. Diese 5.642 DM bedeuteten für mich damals soviel, wie später die erste große Bonuszahlung bei Goldman Sachs. Ich wußte erst gar nicht, was ich mit meinem neuen Reichtum anfangen sollte. Dann brachte mich ein Freund auf die Idee, es bei seiner Privatbank auf ein Konto einzuzahlen und damit Devisen zu handeln. Die Idee gefiel mir und ich begann, mit meinem Prämienspargeld an den Devisenmärkten zu spekulieren. Ich war unglaublich erfolgreich und erhöhte in drei Monaten meinen Kontostand von 5.000 DM auf über 140.000 DM. Von meiner Strategie und meinen unglaublichen Gewinnen war ich so fasziniert und überzeugt, daß ich bereits die Preise für Häuser in Bad Homburg studierte. Meine Hebelwirkung war natürlich extrem hoch. Aber ich sah, wie meistens in solchen Fällen, nur die Gewinne. Über das Risiko und das enorme Verlustpotential war ich mir in keinster Weise bewußt. Innerhalb von nur drei Tagen wurden aus meinen 140.000 DM Guthaben plötzlich 20.000 DM Schulden. Eine hektische Bewegung des Dollarkurses vor der Emission der Carter-Anleihen von 1,90 DM auf 1,70 DM hatte mich völlig ruiniert. Ich war das ganze Wochenende wie gelähmt, mir war schlecht, und ich konnte nichts essen. Ich habe mir geschworen, am Montag sofort alles glattzustellen. Am Montag stieg der Dollar in einer Gegenbewegung zum Glück wieder einige Pfennige an und ich konnte die Position noch mit 11.000 DM Plus verkaufen. Mein Geld hatte ich damit zwar verdoppelt, aber das Risiko und die Schwankungen waren natürlich unverantwortlich. Dieses Schlüsselerlebnis werde ich nie vergessen.

Mußten Sie neben diesem Schlüsselerlebnis noch in weiteren Situationen Ihrer Karriere hohe Verluste einstecken?

Vom Nominalbetrag her gesehen, war das natürlich längst nicht vergleichbar mit den Verlusten, die man für die riesigen Positionen einer Bank erleidet. Ich verlor später manchmal innerhalb von wenigen Minuten eine Million Dollar. Man hat eine falsche Idee, der Markt reagiert anders als erwartet und man verliert Geld. Aber das prozentuale Ausmaß der Verluste ist bei meiner Art zu handeln meistens sehr gering. Ich habe aus meinem Schlüsselerlebnis gelernt und nie wieder meine Existenz auf das Spiel gesetzt. Es gibt ein gutes Buch über Jesse Livermore, einen großen Spekulanten der 30er Jahre, der mehrmals viel Geld gewonnen und wieder verspekuliert hat. Irgendwann erschoß er sich völlig verarmt in einem New Yorker

Hotel. Dieses Buch ist wesentlich nützlicher zu lesen als reißerische Erfolgsgeschichten der besten Händler und Spekulanten. Viele Privatanleger entwickeln eine zu große Gier. Sie lassen sich von den atemberaubenden Erfolgsgeschichten einiger weniger verleiten, mit risikoreichen Positionen zu spekulieren. Ich lese das Buch von Jesse Livermore immer wieder im Abstand von einigen Jahren und gebe es jedem meiner Händler zu lesen.

Wird es schwieriger, an Märkten mit zahlreichen professionellen und institutionellen Marktteilnehmern Gewinne zu erzielen?

Ich versuche mich und meinen Handelsstil andauernd weiter zu verbessern. Es ist sehr wichtig, immer auf Seminare zu gehen, neue Bücher zu lesen und immer auf dem neuesten Stand unserer Industrie zu sein. Die Märkte an sich ändern sich kaum, auch wenn immer viel über die Veränderung der Märkte diskutiert wird. Das Volumen nimmt zu und damit sind die Märkte nicht mehr so leicht manipulierbar. Das einflußreiche Risikokapital war früher bei Banken und Investmentfonds angesiedelt. Heute befindet es sich in den Händen von internationalen Eigenhandelsabteilungen und Hedge-Fonds. Dort wird weniger nach dem Kriterium, diese Aktie oder Währung ist teuer und diese ist billig gehandelt, sondern es werden komplexe Szenarien und Strategien in der ganzen Welt verfolgt.

Welche Ereignisse und Phasen an den Märkten haben Sie besonders geprägt?

Die turbulenten Zeiten an den Devisenmärkten Ende der siebziger und Anfang der 80er Jahre haben jeden geprägt, der damals schon aktiv im Handel war. Aus diesem Grund sind ältere Händler auch nicht mehr so optimistisch wie unsere jungen Kollegen. Wenn jemand während seiner Karriere andauernd steigende Kurse miterlebte, ist er eher ein Bulle. Ich dagegen wurde schon von zu vielen Phasen sinkender Kurse geprägt und habe aus diesen Zeiten sehr viel gelernt.

Was hat sich an den Märkten in den letzten 20 Jahren seit dem Beginn Ihrer Karriere noch wesentliches verändert?

Die Korrekturen innerhalb der Bewegungen an den Märkten werden kürzer. Es gibt einfach zu viel Liquidität im Markt, die verkrampft nach zurückgebliebenen Werten sucht. Die ganze Welt wird danach analysiert, wo noch "Wert" in einem Markt zu finden ist. Entscheidend ist, wer als erster und wer als letzter den Markt kauft und später wieder verkauft. Investoren, die auf eine größere Korrektur der Märkte warten, verpassen die eigentliche Bewegung. Wenn für mich ein Markt auf einem momentanen Niveau interessant ist, dann kaufe ich sofort und warte nicht auf eine Korrektur. Zudem entfernen sich viele Märkte immer mehr von ihrem eigentlichen Wert. Das bedeutet nichts anderes, als daß Geld an sich immer weniger Wert wird. In so einer aufgeblasenen Liquiditätsblase handle ich konsequent mit Risikobegrenzungen in Form von Stop-Loss-Limits und Optionen.

Was zeichnet Ihrer Meinung nach einen guten Händler aus?

Einen guten Händler zeichnet aus, daß er in einer Marktentwicklung entgegen seiner ursprünglichen Meinung kein Geld verliert, sondern sogar einen Gewinn erzielt. Das ist nur durch eine sehr hohe Flexibilität und ein gutes Risikomanagement möglich. Ein guter Händler sollte zudem keinen übermäßigen Stolz besitzen und sein Ego durch einige Verluste bereits verloren haben. Geld ist wie Sand. In der offenen Hand kann man es gut behalten. Bei geschlossener Hand läuft es einem durch die Finger. Eine ständige Offenheit für neue Erkenntnisse und Entwicklungen an den Märkten ist sehr wichtig.

Können Sie das an einem konkreten Beispiel verdeutlichen?

Nach dem rasanten Anstieg des japanischen Yen gegenüber dem Dollar im Laufe des Jahres 1993 begann ich bei 108 nach und nach Dollars zu kaufen. Nach einer Abwärtsbewegung des Dollars von 25 Prozent rechnete ich mit einer längeren Gegenbewegung. In kürzester Zeit ging der Dollar dann auch bis 112. Einen Tag später eröffnete er dann im europäischen Handel nur noch bei 110,50. Da ich bereits gut an der Position verdient hatte und mir plötzlich Zweifel an der weiteren Entwicklung kamen, kaufte ich Put-Optionen zur Absicherung. Ich kaufte sogar doppelt so viele, wie zur Sicherung meiner eigentlichen Position nötig waren. Der Dollar fiel daraufhin sehr schnell bis auf 103. Obwohl ich an meiner ursprünglichen Dollar-Position verloren habe, konnte ich mit den Put-Optionen den Verlust mehr als ausgleichen. Meine ursprüngliche Idee war zwar falsch, aber ich verdiente, bedingt durch eine hohe Flexibilität und entsprechendes Risikomanagement trotzdem Geld an der Position.

Haben sie ein bestimmtes Szenario für den nächsten Crash?

Der nächste Crash an den Märkten wird meiner Meinung nach von einem großen Marktteilnehmer ausgelöst. Irgendjemand kann plötzlich seine Einschüsse nicht mehr bezahlen oder im over-the-counter-Bereich kann eine große Forderung nicht mehr erfüllt werden. Im Bund Futures sind momentan circa 200.000 Kontrakte offen. Ich kenne große Marktteilnehmer, die alleine bis zu 50.000 Kontrakte besitzen. Wenn jemand mit Positionen in dieser Größenordnung bei volatilen Marktbewegungen plötzlich seine Margin nicht mehr bezahlen kann, muß die ganze Position auf dem Markt verkauft werden. Bei 50.000 Kontrakten entspricht das einem nominalen Gegenwert von 12,5 Milliarden DM. So etwas würde sich von einem Markt ausgehend auf alle wichtigen Märkte übertragen. Alles würde wie ein Kartenhaus einstürzen. Auch wenn ich aus diesen Gründen immer ein Stop-Loss-Limit in Form von Puts oder Calls besitze, kann ich nicht einmal mehr sicher sein, daß mein Kontrahent in so einem Szenario überhaupt noch bezahlen kann.

Wo investieren Sie privat Ihr Geld?

Da ich aus dem Schicksal meiner Großväter gelernt habe, investiere ich mein Geld nur in meinen Eigenhandel und meine Fonds. Damit bin ich auch völlig ausreichend diversifiziert, da ich sehr viele verschiedene Strategien verfolge. Zudem ist es der sicherste Ort der Welt für mein Geld. Geschäftsfremde Aktivitäten versuche ich im großen und ganzen zu vermeiden. Kleinere Beträge, die meine Existenz nicht gefährden, investiere ich dennoch in fremde Projekte. Aber auch wenn es sich um noch so lukrative Venture-Kapital-Unternehmen handelt, riskiere ich höchstens einen Tagesgewinn. Im August 1992 rief mich ein Freund an und berichtete mir von der Neuemission einer interessanten kanadischen Aktie. Die Geschichte klang schlüssig und gut. Es handelte sich um ein Konzept für die Bündelung von Telefonleitungen für kleinere und mittlere Unternehmen, die damit kostengünstiger telefonieren können. Ich dachte an meine eigenen horrenden Telefonrechnungen und investierte meinen Tagesgewinn in Höhe von 46.000 Dollar in diese Aktien. 15 Monate später sind aus den 46.000 Dollar bereits 583.000 Dollar geworden. Die Aktie namens Pacific Western Capital Corporation (Kürzel PWW) oder kurz Infotec, verzehnfachte sich.

Wie erholen Sie sich am besten von dem andauernden Streß der Handelsräume?

Nach anstrengenden oder verlustreichen Tagen gehe ich immer sehr früh ins Bett. Im Schlaf verarbeite ich den ganzen Streß am besten. Ich bin einer der größten "Schläfer", den Sie sich vorstellen können. Oft liege ich schon vor 21 Uhr im Bett.

Bernd Hasenbichler
Hasenbichler Commodities
"Nur bei einem technischen Ansatz besteht überhaupt eine Chancengleichheit gegenüber anderen Marktteilnehmern."

Als ich 1991 das erste Mal bei Tom Baldwin, einem der größten Treasury Bond-Händler am Chicagoer CBOT, arbeitete, fragte mich Tom: "Do you know this austrian guy, named Hasenbichler. He has a great performance." Wie viele andere hatte ich bis zu diesem Zeitpunkt noch nie etwas von einem Commodity Trading Advisor (CTA) aus Österreich namens Hasenbichler Commodities AG gehört. Einige Tage später bei Smith Barney in New York stellt mir jemand genau dieselbe Frage. Und als mich einige Wochen später auf dem Parkett der LIFFE ein Broker von Cargill ebenfalls nach Hasenbichler fragte, nahm ich mir fest vor, mehr über den Starperformer der hartumkämpften CTA-Branche herauszufinden.

Zurück in Deutschland, stellte ich dann tatsächlich fest, daß man sich auf der Suche nach den besten Marktteilnehmern nicht nur auf den amerikanischen Raum beschränken darf. Die Ergebnisse der Hasenbichler Commodities AG, von Gerrit Rath und Bernd Hasenbichler im Sommer 1990 gegründet, zählen mit ihrer Commodities AG tatsächlich zum exklusiven und ebenso erlesenen Kreis der weltweit erfolgreichsten Futures Funds.

Bei der Konzeption dieses Buches stand für mich daher Hasenbichler von Beginn an als Gesprächspartner fest. Zu meiner großen Verwunderung stellte sich nach einer ersten Kontaktaufnahme heraus, daß Bernd Hasenbichler kein großes Interesse an einer Veröffentlichung in einem Buch über die Erfolgsstrategien der bedeutendsten Marktteilnehmer hatte. Irgendwie fand ich es zwar sympathisch, daß ein so erfolgreicher Marktteilnehmer wie Hasenbichler, der im Gegensatz zu Nostrohändlern in Banken auf Kapital von privaten und institutionellen Kunden angewiesen ist, nicht im Rampenlicht der Öffentlichkeit stehen wollte. Aber mußte er deshalb gerade ein fachlich objektives Gespräch für mein Buch ablehnen? In einem nächsten Anlauf legte ich eine lange Referenzliste vor und offenbarte alle meine Fragen. Nach wiederum etlichen Telefongesprächen stimmte Bernd Hasenbichler endlich einem Gesprächstermin zu.

Das Büro, in einem herrschaftlichen Haus im ersten Bezirk Wiens, ist in einer geradezu perfekten Ergänzung zur verspielten Architektur des Hauses in einem nüchtern modernem Ton eingerichtet. So nüchtern und emotionslos wie die Handelsstrategie des erfolgreichen Teams. Da Gerrit Rath aktiv in die Handelsoperation in Malta eingebunden ist, führte ich das Gespräch mit Bernd Hasenbichler, der auf mich vom ersten Moment an einen sehr ruhigen und sympathischen Eindruck machte. Bereits 1992 siedelte der CTA, Hasenbichler Trading Services, aus regulatorischen Gründen nach Malta um. In der wunderschönen Umgebung einer alten Villa im Stil einer südländischen Burg arbeiten in einem Zehn-Mann-Büro unter der Führung von Gerrit Rath mehrere Händler rund um die Uhr. Bernd Hasenbichler selbst sitzt als Vorstand der Hasenbichler Commodities AG in Wien und kümmert sich vorrangig um die Konstruktion und Regulatorien neuer Produkte.

Während Hasenbichler das Geschäft an den Finanzmärkten bei dem Österreicher Friedrich Kernstock erlernte, absolvierte Gerrit Rath erfolgreich einige Kurse für Termingeschäfte in Amerika. Die beiden zurückhaltenden und öffentlichkeitsscheuen Freunde entwikkelten ein ihrer Persönlichkeit und ihren Vorstellungen passendes vollcomputerisiertes Handelsprogramm, das auch noch heute das Herzstück ihres Erfolges darstellt. Sämtliche Entscheidungen über den Kauf, Verkauf und die Positionsgröße der individuellen und gesamten Positionen des Portfolios werden von diesem Programm ausgeführt. Die Resultate suchen weltweit ihresgleichen. Die Hasenbichler Commodities AG war der erste Fonds, der am 27. Juli 1990 mit einem Stammkapital von 100.000 Dollar gegründet wurde. Gehandelt werden Terminkontrakte an den internationalen Finanzmärkten. Das erste halbe Jahr endete bereits mit einer Performance von 33 Prozent. Im Jahr 1991 bewies die Hasenbichler Commodities AG mit einer Performance von 88 Prozent, daß es sich nicht um einige Zufallstreffer, sondern um eine systematische Erfolgstrategie handelte. Damit belegte der Fonds in allen einschlägigen internationalen Publikationen den ersten Platz. Nach einer Performance von 39 Prozent 1992 und 64 Prozent 1993 zählt Hasenbichler auch in den letzten beiden Jahren zu den weltweit erfolgreichsten Marktteilnehmern im großen Nullsummenspiel der Terminmärkte. Aus ursprünglich 1.000 Dollar sind vom 27. Juli 1990 bis Ende des Jahres 1993 insgesamt 5.743 Dollar geworden. Das entspricht einer jährlichen durchschnittlichen Performance von 63 Prozent.

Nach dem Gespräch mit Bernd Hasenbichler wurde mir auch deutlich, warum die beiden Erfolgshändler kein großes Interesse an einem Gespräch für ein Buch über die bedeutendsten Marktteilnehmer hatten. Die Mittelzuflüsse der Fonds sind ähnlich hoch wie die Performance und auf dem aktuellen Stand der Entwicklung. Hasenbichler hätte es eigentlich gar nicht nötig, weiter in der Öffentlichkeit zu stehen. Aus diesem Grund wird Hasenbichler ab dem zweiten Quartal 1994, wie viele andere erfolgreiche CTA's in Amerika auch, bis auf weiteres keine zusätzlichen Gelder in seinem Fonds annehmen.

Die rasante Entwicklung der Hasenbichler Commodities AG spiegelt sehr gut die Gesamtentwicklung der aus Amerika kommenden Managed Futures-Industrie wieder. Da Managed Futures sich aus Performance- und Diversifikationsgesichtspunkten durch die historisch hohe Performance und die zugleich niedrige Korrelation zu herkömmlichen Vermögensklassen hervorragend zur Beimischung eines international diversifizierten Wertpapierportfolios eignen, erlebte die Managed Futures-Industrie einen fulminanten Siegeszug erst in Amerika und nun in Europa. Dabei vollzieht sich die Bewegung in Europa in verschiedenen Phasen und unterschiedlichen Ländern. Während in England, Frankreich und der Schweiz bereits seit zwei bis drei Jahren großes Interesse besteht, ist Deutschland momentan der interessanteste Markt. Neben Privatinvestoren investieren auch immer mehr institutionelle Anleger wie Versicherungen und Pensionskassen in Managed Futures. Das weltweite Volumen in Managed Futures ist aus diesen Gründen seit 1980 von 0,5 Mrd. Dollar auf inzwischen 25 Mrd. Dollar angestiegen.

In welchem Bereich an den Finanzmärkten ist der CTA Hasenbichler Trading Services genau tätig?

Hasenbichler Trading Services ist ein Unternehmen, das aus einem Team von Statistikern, technisch und fundamental orientierten Händlern besteht und für spekulativ veranlagte Kunden Geld an den internationalen Terminmärkten verwaltet. Das Unternehmen trägt zwar meinen Namen, aber wir sehen uns als Team. Der CTA ist Gerrit Rath mit seinen Büros in Nassau und Malta. Es gab zu Beginn natürlich viele Streitgespräche unter uns, welche Handelsstrategie an den Märkten zu einem kontinuierlichen Erfolg führt. Wir entschieden uns für einen technisch systematischen Ansatz und sind heute mehr als je zuvor davon überzeugt. Nur bei einem technischen Ansatz

besteht überhaupt eine Chancengleichheit gegenüber anderen Marktteilnehmern.

**Warum besteht Ihrer Meinung nach nur bei einem technischen
Ansatz eine Chancengleichheit im globalen Nullsummenspiel der
Terminmärkte?**

Wir sind der Ansicht, daß man bei einer fundamentalen Vorgehensweise nie über alle kursrelevanten Informationen an den Märkten
verfügt. Selbst wenn man alle fundamentalen Daten hätte, liegt in der
Interpretation noch immer eine unberechenbare Fehlerquelle. Daher
reduzieren wir uns auf alle Informationsquellen, die problemlos ver-
fügbar sind. Die gängigsten dieser allgemein verfügbaren Informationen an den Märkten sind Preise, Volumen und Open Interest. Mit
Hilfe dieser Daten versuchen wir dann in sehr systematischer und
disziplinierter Weise auf verschiedensten Märkten Erfolg zu erzielen.
Dabei ist besonders wichtig, daß wir nie einen Markt isoliert handeln,
sondern immer das gesamte Portfolio betrachten.

Wie viele verschiedene Märkte handeln Sie?

Wir versuchen, generell weltweit zu diversifizieren und möglichst
viele Märkte zu handeln. Das können Währungen, Zinsen, Indizes,
Rohstoffe, landwirtschaftliche Produkte und Edelmetalle aus bis zu
80 verschiedenen Märkten sein. Davon sind manche Märkte von
ihrem Charakter her mehr oder weniger für unser System geeignet.
Während vor 20 Jahren der Anteil der landwirtschaftlichen Produkte
noch knapp 70 Prozent am Gesamtumsatz der Terminmärkte betrug,
ist der Anteil heute auf 20 Prozent zurückgegangen. Zinsen, Währungen und Aktienindizes sind heute die dominierenden Produkte an den
internationalen Terminmärkten.

In welchen Zeitzonen handeln Sie?

Unsere Handelsoperation sitzt in Malta. Dort handeln wir rund um
die Uhr.

Seit wann gibt es Ihre Gesellschaft in der heutigen Form?

Im Juli 1990 wurde die Hasenbichler Commodities AG gegründet. Im
gleichen Jahr gründeten wir die Commodity Trading Advisor-Gesell-

schaft, Hasenbichler Asset Management, die später in die Gesellschaft Hasenbichler Trading Services umfirmiert wurde. In dem ersten Fonds, in der Hasenbichler Commodities AG, begannen wir mit einem Startkapital von 100.000 Dollar. Die CTA Gesellschaft wurde bei den amerikanischen Aufsichtsbehörden CFTC und NFA registriert und veröffentlichte vom ersten Tag an Ergebnisse, sowohl in den österreichischen als auch in den internationalen Medien. Zudem werden unsere Gesellschaft und unsere Fonds regelmäßig von Wirtschaftsprüfern geprüft. Durch die entsprechenden regulatorischen Maßnahmen und eine hohe Transparenz versuchten wir, uns von Beginn an dem internationalen Wettbewerb zu stellen.

Waren Sie in Europa damit einer der ersten registrierten CTA's?

Vermutlich waren wir im deutschsprachigen Raum einer der ersten CTA's, der sich den strengen amerikanischen Aufsichtsbehörden unterworfen hat. Wir wählten von Beginn an diesen Weg, weil gerade in unserer Branche im deutschsprachigen Raum viele Schwarze Schafe leider in eine falsche Richtung gingen und damit eine ganze Branche in Verruf brachten. Wir waren gerade in der Anfangsphase sehr bemüht, uns von solchen Abzockern zu distanzieren.

Werden sich in Europa ähnlich viele CTA's etablieren wie in Amerika?

Es werden immer mehr Leute erkennen, daß in dem Bereich Managed Futures für Initiatoren, CTA's und Kunden viel Geld zu verdienen ist. In Amerika gibt es inzwischen über 2.000 registrierte CTA's. Ich bin allerdings nicht sicher, ob in Europa alle Händler den Weg eines registrierten CTA's einschlagen werden und sich unter den strengen amerikanischen Aufsichtsbehörden dem Wettbewerb stellen werden. Viele werden sich auch anderen Aufsichtsbehörden unterwerfen, wie z.B. der englischen Security Futures Association.

Obwohl Sie inzwischen schon seit längerem zu dem erlesenen Kreis der weltbesten CTA's gehören, stehen Sie wenig in der Öffentlichkeit. Warum?

Wir haben vor allem zu Beginn relativ wenig Marketingaktivitäten durchgeführt. Mit unserem ersten Fonds wollten wir zwei Jahre lang beweisen, daß wir mit unserem Startkapital und einem geringen

Anteil passiv akquirierten Kundenkapitals sehr seriös arbeiten. Dafür erfüllten wir, wie bereits gesagt, die strengen amerikanischen Vorschriften und veröffentlichten regelmäßig unsere Ergebnisse. Bis zu diesem Zeitpunkt gab es zwar bereits einige Terminmarktverwalter im deutschsprachigen Raum, aber sie unterwarfen sich nicht den strengen amerikanischen Vorschriften und veröffentlichten ihre Ergebnisse zwar in guten Zeiten, verzichteten aber in schlechten Zeiten darauf. Wir gewannen aber gerade dadurch viel Achtung, daß wir auch in den wenigen Verlustmonaten unsere Ergebnisse veröffentlichten.

Wieviele Fonds verwalten Sie heute?

Wir handeln im Moment zwei verschiedene CTA-Programme. Ein aggressiveres Programm, in dem die Performance die Zielgröße darstellt und ein weniger aggressives, in dem die Minimierung des Verlustrisikos die Zielgröße ist. In dem aggressiven, performanceorientierten Programm erlauben wir uns statistisch häufiger und höhere Drawdowns. Ein Kunde kann grundsätzlich zwischen diesen beiden Programmen auswählen. Die beiden Programme sind aber auch in verschiedenen Kombinationen in vier Fonds integriert.

Welches Volumen verwalten Sie momentan?

Der CTA verwaltet insgesamt über 250 Millionen Dollar. Davon ist ein Großteil des Volumens in unseren Fonds und der Rest wird in individuellen Konten verwaltet.

Sind Sie mit diesem Volumen bereits an einer Kapazitätsgrenze angelangt? Welches Volumen setzen Sie sich als Obergrenze?

Der CTA nimmt bereits seit einigen Jahren keine neuen Managed Accounts mehr an. Unsere vier Fonds wurden zum 31.3.1994 geschlossen. Die Kapazitätsgrenze wird von der künftigen Entwicklung der Märkte und der weiteren Strategieentwicklung des CTA's abhängen.

Könnte sich bei weiter steigendem Volumen Ihre Performance negativ verändern?

Mit zunehmendem Volumen wird bei einem systematischen Handelssystem das Handeln immer schwieriger. Das ist einer der Hauptgründe, warum wir im Vergleich zu anderen erfolgreichen CTA's relativ frühzeitig kein neues Kapital mehr annehmen. Es gibt einige Beispiele von erfolgreichen CTA's, deren Performance nach der Überschreitung einer gewissen Kapazitätsgrenze signifikant darunter litt. Diesen Fehler wollen wir von vornherein vermeiden.

Wieviel Prozent Ihrer Investoren sind Europäer?

In den zwei Fonds mit relativ niedrigem Minimuminvestment sind circa 70 Prozent der Kunden aus dem deutschsprachigen, europäischen Raum. In unseren Fonds für institutionelle Anleger sind dagegen nur circa 10 Prozent der Kunden aus dem deutschsprachigen Raum.

Wo hat das Hasenbichler-Team seine Erfahrungen für die Einführung eines CTA-Programms gesammelt?

Ich persönlich war vorher nicht in Amerika und lernte die wesentlichen Elemente des Handels und vor allem des Risikomanagements von dem Österreicher Friedrich Kernstock. Andere Partner unseres Teams absolvierten einige Kurse für Termingeschäfte in Amerika, aber niemand von uns war bei irgendwelchen namhaften Firmen oder Persönlichkeiten der Finanzwelt. Jeder ließ gewisse Ideen und Anregungen mit in unsere Handelsstrategie einfließen. Letztendlich sind unsere Handelsprogramme Kompromisse.

Hat Sie die rasante Entwicklung der Managed-Futures-Industrie in den letzten Jahren selbst erstaunt?

Managed Futures sind eine berechtigte Alternative für Risikokapital in einem klassisch diversifizierten Portfolio. Ich gehe sehr mit der Theorie in Einklang, die aussagt, daß Managed Futures eine attraktive Diversifikation im Risikobereich darstellen. Immobilien und Venture-Capital-Fonds sind andere Beispiele aus dem Bereich des Risikokapitals. Im Gegensatz zu Managed Futures erfüllen diese Instrumente aber alle nicht das Kriterium der Liquidität. Diese Erkenntnis sickert nach einem fulminanten Siegeszug der Managed-Futures-Industrie in Amerika nun auch in Europa durch.

Was sollten Privatanleger beim Erwerb von Managed Futures grundsätzlich beachten?

Es gibt heute bereits ein sehr breites Angebot an Fonds und CTA-Programmen. Unterschiede der einzelnen Anbieter bestehen besonders in der Seriosität und rechtlichen Form des Initiators, des CTA's, der Handelsstrategie, der historischen Wertentwicklung, dem Risiko, dem verwalteten Volumen und den Gebühren. Neben CTA's versuchen in letzter Zeit verstärkt Broker und Investmentbanken, als Fondsinitiatoren am Managed-Futures-Markt zu partizipieren. Ich bin aber der Meinung, daß die Reputation des CTA's entscheidender ist als die des Fondsinitiators. Eine große Bank ist im Bereich der Terminmärkte noch keine Garantie für eine kontinuierliche Performance. Die Kunden sollten etwaige CTA's und Initiatoren deshalb nach den oben angesprochenen Kriterien sehr genau analysieren.

Was sollten Investoren bei der Auswahl eines CTA-Programms beachten?

Die Relation zwischen Performance und eingegangenem Risiko sollte in einem gesunden Verhältnis stehen. Bei den Risiken unterscheidet man grundsätzlich zwischen einem totalen Verlustrisiko und einem Schwankungsrisiko. Bei statistischen technischen Händlern, wie unser CTA es ist, kann man aus der Statistik der Handelsstrategie und der historischen Wertentwicklung einen zukünftigen Erwartungswert prognostizieren. In unserem aggressiveren, performanceorientierten Programm haben wir ein statistisches Verlustrisiko von 20 Prozent bei einer durchschnittlichen Performance von bis zu 40 Prozent. Ein Kunde, der also mit uns 40 Prozent Gewinn erzielen will, muß in der Lage sein, statistisch einen zwischenzeitlichen Verlust von 20 Prozent zu verkraften. Aus diesem Grund sollte der Anteil an Managed Futures in einem diversifizierten Privatportfolio eher den Charakter einer Beimischung haben. Individuell kann der Anteil dabei je nach Risikobereitschaft zwischen 5 Prozent und 15 Prozent liegen.

Besteht ein gewisser Zusammenhang zwischen Ihren historischen Risiko- und Performance-Kennzahlen und Ihren zukünftigen?

Ich glaube, die Kennzahlen eines technisch systematischen Trendfolgers lassen sich in der Vergangenheit analysieren und innerhalb gewisser statistischer Bandbreiten in die Zukunft projizieren. Ein diskretionärer Händler hingegen läßt sich zwar ebenfalls in der Vergangenheit analysieren, aber seine Ergebnisse lassen sich auf keinen Fall seriös in die Zukunft projizieren. Technisch systematische Trendfolger haben im Gegensatz zu diskretionären Händlern ganz klar eine gewisse statistische Wahrscheinlichkeit, in der sie sich auch nächstes Jahr bewegen werden. Neben dem eigentlichen Handelssystem ist aber vor allem wichtig, ob an den Märkten auch tatsächlich Trends auftreten. Diese Marktbewegungen lassen sich aber in den seltensten Fällen vorhersagen. Besser als die Performance kann dagegen die historische Volatilität bei allen Tradern in gewissen Bandbreiten in die Zukunft projiziert werden. Denn dabei sind weniger die Marktbewegungen und die richtigen Kauf- und Verkaufszeitpunkte entscheidend, sondern das längerfristige Money-Management und die konsequente Risikokontrolle.

Was gibt es für Anleger bei der Gebührenstruktur im Bereich der Futures-Fonds und der CTA-Programme zu beachten?

Die meisten CTA's erheben eine Verwaltungsgebühr, die bis zu 6 Prozent betragen kann und eine gewinnabhängige Gewinnbeteiligung, die bis zu 33 Prozent betragen kann. In der Praxis sind zahlreiche Varianten bei den Gebühren möglich. Meiner Meinung nach sollte bei jeder Gebührenstruktur gewährleistet sein, daß der CTA und der Kunde letztlich im selben Boot sitzen. Den Großteil der Gebühr, also die Gewinnbeteiligung, sollte der CTA daher nur verdienen, wenn er durch neue Gewinne einen Höchststand des Kundenkontos erzielt. Um aber grundsätzlich unabhängig unter dem Einsatz modernster Computer und Informationssysteme arbeiten zu können, ist auch eine laufende Verwaltungsgebühr nötig. Die regelmäßigen Einkünfte sind besonders für einen reibungslosen Ablauf und die andauernde Weiterentwicklung und Forschung notwendig. Die Gebühren sollten somit immer eine Kombination aus Verwaltungsgebühr und Gewinnbeteiligung sein. Wir sind der Meinung, daß ein guter CTA in einer klassischen Matrix der Gebühren von 2 Prozent Verwaltungsgebühr und 27 Prozent Gewinnbeteiligung oder 4 Prozent und 20 Prozent liegt. Ich persönlich halte nicht viel von CTA's, die keine Verwaltungsgebühr, aber dafür eine sehr hohe Gewinnbeteiligung verlangen. Ein CTA ohne Verwaltungsgebühr wird nach einigen Verlustmonaten schnell nervös, wenn er aus seinen Gebühren die laufenden Kosten nicht decken kann und neigt in dieser Situation eher dazu, Fehler zu begehen. Wir sind sicher im Segment der Hochpreis-CTA's angesiedelt, aber aufgrund unserer kontinuierlichen und hohen Performance haben wir auch eine Rechtfertigung dafür.

In welche Richtung werden sich die Gebühren in Zukunft bewegen?

Es wäre meiner Meinung nach zu einfach, zu sagen, daß die Gebühren generell gesenkt werden müssen. Solange die Nettoperformance, in der sämtliche Gebühren bereits abgezogen und bezahlt sind, im Vergleich zu anderen Vermögensklassen weiterhin attraktiv ist, darf der CTA auch durch entsprechende Gebühren daran verdienen.

Was halten Sie von "Funds of the Funds" Konstruktionen?

Uns kann jeder seriöse Initiator in eine "Funds of the Funds" Konstruktion kaufen. Bei einigen der besten Händler und Fondsmanager wie George Soros, Luice Baccon und Paul Tudor Jones besteht nur noch die Möglichkeit, über "Funds of the Funds" zu investieren. In diesen Fällen macht es, bedingt durch die hervorragende Performance, für Kunden durchaus Sinn, nach wie vor in solche Konstruktionen zu investieren.

Was halten Sie von Futures-Fonds mit einer Garantie?

Garantie-Fonds sind ein Trick, um einerseits Sicherheit zu suggerieren und andererseits trotzdem hohe Gebühren für das komplette Produkt verlangen zu können. Jeder Anleger kann sich selbst einen wesentlich kostengünstigeren Garantie-Fonds zusammenstellen, indem er einen gewissen Anteil seines Kapitals in Zero-Bonds investiert und den Rest in ausgewählte CTA's oder in einen Futures-Fonds investiert. Der Kunde sollte die Fondskonstruktion immer genau analysieren und hinterfragen.

Wo liegen für einen Privatinvestor konkret die Vorteile, wenn er Managed Futures seinem diversifizierten Wertpapier-Portfolio beimischt?

Die Beimischung von Managed Futures bringt für ein klassisch diversifiziertes Portfolio einige theoretische und finanzwissenschaftlich erwiesene Vorteile:

1. Ein angemessener Anteil Managed Futures reduziert bei gleichbleibender Rendite das Gesamtrisiko eines Portfolios oder erhöht bei gleichbleibendem Risiko die Rendite eines Gesamtportfolios.

2. Managed Futures eignen sich aufgrund einer niedrigen oder sogar leicht gegenläufigen Korrelation zu herkömmlichen Vermö-

gensklassen hervorragend zur optimalen Diversifizierung eines Gesamtportfolios.

3. Managed Futures sind durch Long-, Short- und Arbitrage-positionen nicht ausschließlich auf steigende Kurse angewiesen und können daher in allen Phasen der Konjunktur (Aufschwung, Boom und Rezession) ein profitables Investment darstellen.

Dagegen haben Managed Futures, wie bereits gesagt, natürlich auch Risiken - nämlich das Risiko des Totalverlusts und ein Schwankungs-risiko. Für das Gesamtportfolio ist jedoch nur entscheidend, daß die Risikostruktur im Gegensatz zu Aktien und Renten unterschiedlich ist. Die Gewinne und Rückschläge erfolgen oft zu anderen Zeiten als bei Aktien und Anleihen und gleichen somit die Gesamtperformance eines Portfolios aus. Unser wichtigster Vorteil dieser Anlageformen ist auch, daß wir bis jetzt jedes Jahr Geld verdient haben.

Wie hoch ist Ihre Performance seit der Gründung im Juli 1990?

Das älteste Produkt ist unser performance-orientierter Fonds, den wir am 27. Juli 1990 mit 100.000 Dollar gründeten. Wir begannen damals mit einem Anteilswert von 1.000 Dollar und sind Ende 1993 bei 5.743 Dollar angelangt. Das entspricht einer durchschnittlichen jährlichen Performance von 63 Prozent.

In welche Marktphase fiel damals die Gründung?

Wir starteten damals knapp vor der Kuwaitkrise und hatten bis Ende des Jahres 1990 bereits eine Performance von 33 Prozent. In dieser Phase war die niedrige Korrelation unserer Handelstechnik mit den weltweiten Aktien- und Anleihemärkten, die alle unter Saddam Hussein litten, besonders deutlich zu erkennen.

Wie hoch war die Performance in den Jahren 1991 und 1992?

Im Jahr 1991 erreichten wir knapp über 88 Prozent und waren dadurch mit klarem Abstand der beste Futuresfonds nach der Managed-Account-Report-Statistik (MAR ist eine der renomiertesten Fachpu-blikationen der Branche). Im Jahr 1992 hatten wir eine Performance von 39 Prozent und waren damit in einem sehr schwierigen Jahr der ganzen Futuresindustrie auf einem hervorragenden vierten Platz der MAR-Rangliste. 1993 hatten wir eine Performance von 64 Prozent.

Wie hoch war der größte Drawdown, den Sie während dieser extrem guten Performance erlitten?

Den größten Drawdown in diesem Fonds erlitten wir im Jahr 1991 in den Monaten Juli und August mit insgesamt 18,9 Prozent. Er lag damit sogar besser als unser statistisch erwarteter höchster Drawdown von 20 Prozent. Insgesamt hatten wir in drei Jahren in dem Fonds nur drei Phasen mit zweistelligen Rückschlägen zu verzeichnen.

Auf welche Trading- und Anlagephilosophie sind diese hervorragenden Ergebnisse zurückzuführen?

Im Gegensatz zu vielen anderen Marktteilnehmern entscheiden wir überhaupt nichts diskretionär. Wir haben unsere Anlagephilosophie und unsere quantifizierten Regeln in strikte mathematische Formeln eingebracht und delegieren somit die Entscheidungen an einen Computer.

Welche Vorteile hat der Computer in Ihrem Handelsraum gegenüber einem traditionellen Händler?

Durch den Computer kommen wir in unserem Team nie in die Gefahr, impulsive und eigensinnige Entscheidungen zu treffen. Zudem können wir auf diese Art und Weise an sehr vielen Märkten aktiv handeln. Durch den Computer können wir vor allem in einer sehr hohen Geschwindigkeit auf die Bewegungen und Ereignisse an den Märkten reagieren und wir decken täglich rund um die Uhr alle Märkte ab.

Herrschen in Ihrem Team nicht ab und zu konträre Meinungen zu den Entscheidungen des Computers?

Natürlich herrschen im Team manchmal individuelle Meinungen über einen Markt. Aber diese Meinungen haben wir noch nie berücksichtigt und wir werden sie auch in Zukunft nicht in unsere Entscheidungen einfließen lassen. Darüber hinaus ist Hasenbichler keine geniale One-Man-Show, wie manche Mitanbieter, sondern wir sind ein Team und haben als solches unsere Entscheidungsregeln eben in einem Computersystem systematisiert. Wenn ein genialer Trader einen schlechten Tag hat, weil seine Kinder in der Schule schon wieder eine Fünf in Mathematik hatten, kann dieser schlechte Gemütszustand seine Performance negativ beeinflussen. Unser Computer ist dagegen jeden Tag in Topform. Wir sind in unseren Ergebnissen kontinuierlicher. Ob wir am Jahresende dann Nr. 1 oder Nr. 25 werden, wissen wir zu Beginn eines Jahres natürlich auch nicht.

Entwickeln Sie Ihr System laufend weiter?

Ein wesentlicher Erfolgsfaktor eines guten CTA's ist sicherlich die laufende Kontrolle und Weiterentwicklung seines Systems. Die Weiterentwicklung darf dabei jedoch nicht so überbetont werden, daß man alles täglich neu optimiert und verändert. Man muß aber laufend überprüfen, ob die Vorgaben und Annahmen, die man getroffen hat, noch gültig sind. Dazu muß man die täglichen Ereignisse und Bewegungen zuerst einmal statistisch betrachten. Die Frage dabei ist, ob es sich bei einer Bewegung um eine signifikante Änderung mit Auswirkungen auf das System oder nur um eine statistisch vertretbare Abweichung handelt.

Viele Händler sehen ein Problem darin, mit ein und demselben System alle Märkte zu handeln?

Wir handeln mit einem identischen Ansatz alle Märkte nach einheitlichen Vorgaben.

Aus welchen Grundbausteinen besteht Ihr System?

Auf die Grundbausteine des Systems an sich möchte ich nicht eingehen. Unserer Meinung nach ist aber die Disziplin bei und nach einer Entscheidung viel wichtiger als die Entscheidungskomponenten selbst. Bei einem System hat man generell mehrere Komponenten. Wenn man erfolgreich investieren will, muß festgelegt werden, wann steigt man ein, wann steigt man aus und warum auf diesem Niveau in diesem Markt. Viele Privatinvestoren beschäftigen sich ausschließlich mit diesen Punkten und erzielen trotzdem nur unzureichende Ergebnisse. Ein wesentlich wichtigerer Punkt ist nämlich das Money-Management und eine ständige Risikokontrolle des Portfolios.

Wieviel Prozent des gesamten Vermögens riskieren Sie für eine einzelne Position?

Auch dieses Problem haben wir zu optimieren versucht und diese

Positionsgröße ist in unserer Systematik enthalten. Wir überlassen sie somit nicht der subjektiven Entscheidung eines einzelnen.

Wie lange analysieren Sie einen Markt, bevor Sie ihn in Ihr Programm aufnehmen und aktiv handeln?

Wesentliche Voraussetzung für die Aufnahme eines Marktes in unsere Handelsprogramme ist eine fundierte rechtliche Grundlage, auf der die jeweilige Börse und der Handel basiert. Neue Börsen und neue Produkte müssen bereits soweit etabliert sein, daß wir sicher sein können, auch im Fall von Liquiditätsproblemen eines Kontrahenten unser Geld zu bekommen. Darüber hinaus benötigen wir allein aufgrund unseres eigenen Volumens eine gewisse Liquidität der Märkte. Es bringt uns wenig, wenn wir in einem völlig illiquiden Markt Positionen einnehmen und dadurch die Preise bereits maßgeblich durch unsere Orders beeinflussen.

In der letzten Zeit haben die Spekulationsmilliarden großer Marktteilnehmer oft erheblichen Druck auf die Märkte ausgeübt. Halten Sie das für eine gesunde Entwicklung?

Ich halte das für keine gesunde Entwicklung, weil sich die Emotionen aller Marktteilnehmer aufschaukeln und die Notenbanken in diesem Spannungszustand Fehler begehen. Sie versuchen, Wechselkurse künstlich aufrechtzuerhalten und so das Gleichgewicht der Märkte zu überlisten. Große Marktteilnehmer nützen dann diese Ungleichgewichte aus und versuchen damit Gewinne zu erzielen. Die Spekulationsmilliarden werden immer eine gewisse Macht haben, aber generell sollten die Anpassungen der Ungleichgewichte in einem gesunden Verhältnis ablaufen. Hedger und Notenbanken brauchen die Spekulanten und umgekehrt.

Haben Sie als Computerhändler auch eine emotionale Verbindung zu Ihren Positionen an den Märkten?

Wir versuchen an den Märkten ohne jegliche Emotionen zu handeln. Durch den systematischen Einsatz von Computern haben wir unsere Emotionen zu 100 Prozent ausgeschaltet. Privat durchläuft unser Team natürlich gewisse Emotionsschwankungen bei Gewinnen und Verlusten, da wir alle eigenes Geld in unseren Programmen investiert haben.

Welche persönlichen Eigenschaften charakterisieren einen guten Händler?

Für unsere Handelsstrategie benötigt ein Händler andere Eigenschaften als in einem Handelsteam mit einem fundamentalen Ansatz. Für uns ist wichtig, daß ein Händler sich völlig abschotten kann, keine emotionale Verbindung zu den Märkten und Positionen aufkommen läßt und die Analytik in den Vordergrund stellt. Da wir nach statistischen Überlegungen vorgehen, ist bei uns jede Position so gut wie die nächste und wir beachten immer, daß wir auch die übernächste Position noch eingehen können. D.h. also, daß wir in den aktuellen und nächsten Positionen nicht allzuviel Kapital verlieren dürfen, da wir sonst die übernächste Position nicht mehr einnehmen können. Man kann generell nur handeln und Positionen eingehen, solange man das nötige Kapital dafür zur Verfügung hat. Wenn irgendwann der nächste Trade, aufgrund hoher Verluste nicht mehr möglich ist, ist es vorbei. Ein Händler muß bei unserem Ansatz vor allem diese Philosophie begreifen.

Wieviel Prozent ihrer Positionen sind Gewinner und wieviel Verlierer?

Ohne eine genaue Zahl nennen zu wollen, kann ich ihnen versichern, daß das Verhältnis unspektakulär ist und in einem Bereich um 50 Prozent liegt.

Arbeiten Sie mit Stop-Loss-Limits zur Risikokontrolle?

Risikokontrolle und Money-Management sind die entscheidenden Ansatzpunkte bei jedem System. Stop-Loss-Limits sind dabei auch für uns eine generelle mögliche Variante der Risikokontrolle.

Viele Privatanleger glauben, daß professionelle Marktteilnehmer in Crash- und Krisensituationen die größten Gewinne erzielen?

Unsere Philosophie besteht nicht darin, auf einen oder zwei Big Winner im Jahr zu hoffen. Aus diesem Grund werden wir auch in Crash- und Krisensituationen nicht zu den großen Gewinnern zählen. Unsere Performance basiert auf kontinuierlichen kleinen Gewinnen, die in der Summe größer sind als die kleinen Verluste. Als Statistiker errechnen wir die regulären Abläufe und versuchen, darauf aufbauend Gewinne zu erzielen. Es gab in den letzten Jahren einige Crash-Situationen und unsere Kunden müssen durchschnittlich einmal pro Jahr mit einem Rückfall von bis zu 20 Prozent rechnen. Wir versuchen, die Crash-Situationen zu überstehen, aber wir verfolgen nicht das Ziel, daran unsere Gewinne zu erzielen. Wenn Sie sich unsere Performance ansehen, werden Sie feststellen, daß wir bei plötzlich eintretenden Crashs wie der Gorbatschow-Krise meistens Verluste zu verzeichnen hatten. Dank unseres Money-Managements und einer strikten Risikokontrolle waren die Verluste aber nie beängstigend. Nach der Gorbatschow-Krise kam dann auch unsere beste Phase mit einer Performance von 80 Prozent innerhalb von vier Monaten.

Welche Ereignisse gab es in diesen vier Monaten an den Märkten, daß Sie so enorme Gewinne erzielen konnten?

Die 80 Prozent Gewinn erzielten wir im vierten Quartal 1991. Damals waren eigentlich keine besonderen Ereignisse und Bewegungen, aber in einigen Bereichen, wie z.B. den Zinsmärkten, fanden kontinuierliche Bewegungen statt. Alles lief ohne großes Aufsehen ab und es fand auch kein Kräftemessen zwischen einigen großen Spekulanten und den Notenbanken statt. Es waren kontinuierliche und homogene Trends an den Märkten. Daran haben wir in dieser Phase profitiert und daran werden wir auch in Zukunft profitieren.

Wie haben Sie die Kuwait-Krise überstanden?

Die Kuwait-Krise im August 1990 kam nicht über Nacht und wir konnten daher gut reagieren. Während der gesamten Kuwaitkrise und der späteren kriegerischen Auseinandersetzung haben wir gut verdient.

Welchen Zeithorizont verfolgen Sie bei Ihren Positionen?

Im Rahmen unserer Trendfolgestrategie verfolgen wir im Vergleich zu anderen Marktteilnehmern sicherlich einen klassischen Mittelweg. Ich würde uns daher als mittel- bis langfristigen Händler bezeichnen. Wir sind nicht der Meinung, daß man mit unserem Volumen im Intra-day-Bereich wesentlich mehr Geld verdienen kann. Dazu sind uns im Intra-day-Bereich die Fehlerquellen und der Streß für die Händler zu hoch. Mit kleinerem Volumen kann man vielleicht im Intra-day-Bereich eher erfolgreich handeln.

Wie viele Trades handeln Sie im Jahr pro 1 Million Dollar?

Unsere statistische Kennzahl liegt bei circa 3.000 und wir befinden uns damit ziemlich im Durchschnitt aller CTA's.

Gibt es ein Szenario für die nächste Crash- und Krisensituation, nach dem Sie reagieren werden?

Nein. Je nachdem, wie unser System reagiert, werden wir unsere Positionen verändern. Wir wissen nicht, wann und wie der nächste Crash sein wird und wir können uns demnach auch nicht darauf einstellen; wir können nur hoffen, daß es ein Crash ist, der nicht binnen Sekunden oder über Nacht auf uns hereinbricht. Je schneller und heftiger solche Bewegungen ablaufen, desto höher ist das Risiko. Daher resultiert übrigens auch die statistische Kennzahl des Total-risikos. Solange keine riesigen Kurssprünge auftreten, können und werden wir reagieren.

Martin Estlander
Estlander & Rönnlund
"Wenn man diszipliniert arbeitet, sind Verluste
keine Fehler. Sie sind ein Teil des ganzen Systems."

Nachdem in den USA bereits über 2.000 Commodity Trading Advisors (CTA) unter der strengen Aufsicht der amerikanischen Behörden registriert sind, entscheiden sich in Europa erst in den letzten Jahren vereinzelt einige Marktteilnehmer, diesen Weg einzuschlagen. Estlander & Rönnlund hat sich auf zwei wesentliche Bereiche spezialisiert: Market Making an der Deutschen-Terminbörse im Optionsbereich und ein Commodity Trading Advisor (CTA)-Programm, welches von Martin Estlander verwaltet wird. Seit Anfang 1991 sind die beiden Finnen, die ihren Firmensitz in Frankfurt haben, als CTA registriert und damit einer der ersten in Deutschland in diesem aufstrebenden Marktsegment. Als völlig technisch und systematisch orientiert beschreibt Estlander seine Handelsphilosophie. Er entwikkelte ein Expertensystem, das Chartformationen mit einer hohen Gewinnwahrscheinlichkeit identifiziert und mit der Hilfe von verschiedenen Filtern testet. Daraufhin entstehen Kauf- oder Verkaufssignale. Da es sich dabei um ein reines Computersystem handelt, das völlig emotionslos ohne diskretionäre Eingriffe die Position einnimmt, kommt Estlander besonders seine Ausbildung als EDV-Spezialist zugute. Während andere Marktteilnehmer sich aus ihren engen Handelsräumen oft erst in hohem Alter in eine ruhigere und erholsamere Gegend zurückziehen können, erfüllt sich Estlander diesen Wunsch bereits in jungen Jahren. Ihm gehört eine kleine Insel im finnischen Archipelag, von wo aus er schon jetzt im Sommer ab und zu handelt. Über Funk und Satellit kann er auch dort die für ihn wichtigen Kurse, Volumen und Open Interest-Daten der internationalen Finanzmärkte empfangen.

Was erweckte Ihr Interesse an den Wertpapiermärkten?

Noch während der Schule fing ich an, mich für die Aktienmärkte zu interessieren. Ich glaube, es war vor allem die Möglichkeit, mit geeigneten Kenntnissen an den Märkten Geld verdienen zu können, die mich faszinierte. Meinen heutigen Partner Kai Rönnlund kenne ich bereits, seit ich sieben Jahre alt war. Wir haben uns in Finnland in der Schule kennengelernt und haben ab da alles zusammen gemacht, vom Militär bis zu den ersten Aktienengagements. Ich habe in Helsinki ein Diplomstudium in den Bereichen Wirtschaft und EDV absolviert, wobei mir jetzt besonders der EDV-Bereich zugutekommt. Das Studium habe ich mir dabei mehr oder weniger mit Aktienanlagen in Finnland finanziert. Der damalige Bullenmarkt hat mir gute Gewinne eingebracht. 1987 gründete ich mit Kai Rönnlund eine Options Market Making-Firma in Stockholm. Der Optionsmarkt in Schweden war damals noch sehr ineffizient. Er war erst 1984 gegründet worden. Wir haben ohne große Kenntnisse mit dem Handel in Optionen begonnen und konnten trotzdem gute Gewinne erzielen. Zu diesem Zeitpunkt ist Servicen, eine schwedische Finanzgruppe, auf uns aufmerksam geworden. 1988 haben wir unsere Gesellschaft an Servicen verkauft und anschließend mit Servicen eine Optionshandelsfirma in Finnland gegründet, wo wir größter Market Maker waren.

Wann sind Sie dann an die DTB nach Deutschland gekommen?

Nach der Eröffnung der DTB 1990 haben wir ein paar Monate lang den Markt beobachtet und sind dann sofort nach Deutschland gekommen. Ende 1992 haben wir die restlichen Servicen-Anteile in Deutschland übernommen und seitdem heißt die Firma Estlander & Rönnlund. Wir haben uns auf zwei wesentliche Bereiche spezialisiert: Market Making an der DTB und ein Commodity Trading-Programm. Seit Anfang 1991 sind wir als CTA registriert und damit einer der ersten in Deutschland in diesem Marktsegment.

Warum haben Sie als Finne in Schweden mit dem Optionshandel begonnen?

Da es in Schweden schon eine regulierte Optionsbörse gab, wollten wir das Geschäft dort erlernen und Erfahrungen sammeln, um dann in Finnland von Anfang an mit dem nötigen Fachwissen am Markt zu sein. Wir dachten, daß früher oder später auch in Finnland ein Optionsmarkt gegründet werden würde.

Hatten Sie Vorbilder zu Beginn Ihrer Karriere?

Zuerst nicht. Später war dann Peter Allenberg, einer der Gründer von
Servicen, eine Art Mentor für mich. Er war damals mit Abstand der
größte Händler in Stockholm. Von ihm habe ich sehr viel gelernt. Er
ist heute Besitzer von QT Optec in der Schweiz.

**Welche persönlich entscheidenden Sachen haben Sie in dieser
Zeit gelernt?**

Es ist sehr schwierig, langfristig Geld an den Märkten zu verdienen
und nur entsprechend harte Arbeit garantiert einen permanenten
Vorsprung vor der Konkurrenz. Generell bin ich eher Autodidakt und
habe viele Fachbücher gelesen. Die technische Analyse war eines der
ersten Spezialgebiete, mit dem ich mich intensiv beschäftigte. Aber
wie so viele junge Händler war ich damals nur an optimalen Kauf-
und Verkaufssignalen interessiert. Ich verfügte über keinerlei Risiko-
Management und nur wenig Disziplin, was natürlich meine Erfolgschancen negativ beeinflußte.

Welche Fachbücher haben Ihnen wichtige Anregungen gegeben?

Dazu gehörten unter anderem das Buch "Technical Analysis of the
Futures Markets" von John J. Murphy und "Successful Investing"
von Dr. van Tharp.

**Welche allgemeinen fachlichen und persönlichen Eigenschaften
sind Ihrer Meinung nach für den Erfolg maßgeblich?**

Um als Händler Erfolg zu haben, muß man sehr gewissenhaft und
konsequent arbeiten und einen starken Willen besitzen. Zudem muß
man bereit sein, selbständig an den Extrempunkten des Marktes, oft
sogar isoliert und unter enormen Druck, arbeiten zu können. Um auf
diese Situationen vorbereitet zu sein, versuche ich, jederzeit physisch
und psychisch fit zu sein.

Kann man diesen Beruf überhaupt erlernen?

Sicherlich. Ed Seykota, einer der größten Händler aller Zeiten, meinte: "Everybody gets what he/she actually wants from the markets."
Wer den richtigen Willen hat, ein guter Trader zu werden und die
nötigen persönlichen Grundeigenschaften dazu besitzt, kann es erlernen.

Wie würden Sie Ihre Trading- und Anlagephilosophie beschreiben?

Ich handle nach einem System. Das System ist völlig systematisch orientiert und basiert auf quantitativer und statistischer Analyse der Märkte. Dieses Computer-Expertensystem führt die Marktanalyse durch und produziert die Handelsinstruktionen.

Um welche Art von System handelt es sich? Können Sie kurz die wesentlichen Elemente beschreiben?

Das System sucht nach Formationen in der Preisbildung eines Marktes, um einzelne Positionen mit einem hohen statistischen Potential herauszufinden. Diese Chartformationen werden von verschiedenen Filtern erkannt und getestet. Daraufhin entstehen dann Kauf- oder Verkaufssignale. Das Grundsystem ist zwar für alle Märkte identisch, aber es stellt sich speziell auf die Charakteristiken der individuellen Märkte ein. Ein ganz wichtiger Bestandteil dabei ist, herauszufinden, wann ein Markt in einer gewinnversprechenden Trendphase ist. Die meisten Märkte befinden sich nämlich nur zu 20 Prozent der Zeit in Bewegungen, in denen man nachhaltig Geld verdienen kann.

Gibt es Situationen, in denen Sie nicht Ihrem System folgen?

Ich folge grundsätzlich immer meinem System. Ich handle momentan 30 verschiedene Märkte im Futuresbereich, vorrangig Währungen, Zinsen, Commodities und einige Aktien-Indizes. Wenn ich einen neuen Markt mit in mein Programm aufnehmen will, muß diese Entscheidung natürlich von mir ausgehen, womit ich zu einem gewissen Grad Einfluß auf die Performance des Systems nehme. In sehr politischen Märkten greife ich auch in das System ein. In der Gorbatschow-Krise habe ich aus diesem Grund zum Beispiel eine DAX-Position geschlossen.

Kann ein gutes System einen guten Trader ersetzen?

Ich denke schon. Man kann vielleicht einen guten Vergleich zu Schachcomputern anstellen. Vor vier Jahren konnten 500 Spieler die besten Schachcomputer bezwingen, vor zwei Jahren waren es nur noch 100 und heute können es nur noch die allerbesten. Den Weltmeister, im übertragenen Sinn, wird ein Computer jedoch sowohl im Schach wie in der Trading-Performance nicht schlagen.

Wie beurteilen Sie die am Markt zu kaufenden technischen Handelssysteme?

Das Wichtigste, wenn man an den Märkten erfolgreich sein will, ist irgendeine Art von System. Es muß nicht immer ein Computersystem sein. Oftmals hilft ein Computersystem aber dabei, eine gewisse Disziplin aufzubauen. Ein gekauftes System ist aber meist nicht auf die eigene Persönlichkeit abgestimmt. Daher kann es ein Problem werden, sich diszipliniert daran zu halten. Das Problem eines jeden Systems liegt darin, sich auch dauernd daran zu halten. Wenn ich mein System jemandem gebe, um damit zu handeln, bin ich mir sicher, daß er irgendwann, wenn er ein Signal nicht versteht, gegen das System verstößt. Oder er sucht sich einen Indikator, der ihn in seiner persönlichen Meinung bestätigt. Dabei verletzt er dann die Systematik und Strategie des Gesamtsystems. Grundsätzlich ist mein System ein Spiegelbild von mir persönlich, das ich selbst entwickelt habe.

Ist es möglich, daß ein und dasselbe Handelssystem in allen Märkten erfolgreiche Signale bringt?

Historisch kann man natürlich ein System entwickeln, das in den letzten fünf Jahren hervorragende Ergebnisse im Dollar oder im Gold erzielt hat. Nur weiß man nie, ob sich die charakteristischen Eigenschaften des Marktes in der Zukunft verändern.

Entwickeln Sie Ihr System immer weiter?

Natürlich, das ist ein ganz wesentlicher Bestandteil des Erfolges. Ich arbeite momentan zusammen mit israelischen Computerspezialisten, die jahrelang für die Verteidigungsindustrie und die biochemische Industrie Expertensysteme entwickelt haben. Wir planen, es auf eine neue, selbstlernende Stufe zu bringen.

Wieviel Prozent Ihrer Kauf- und Verkaufssignale und damit Positionen sind Gewinner?

40 Prozent.

Viele Privatanleger lassen ihre Verluste zu lange laufen und realisieren die Gewinne zu schnell. Wie läßt sich Ihre grundsätzliche Strategie in beiden Fällen beschreiben?

Bei 40 Prozent gewinnbringenden Signalen verliere ich ohne entsprechendes Money-Management langfristig Geld. Besonders wichtig ist es daher, daß man seine Verluste diszipliniert realisiert und mit seinen Gewinnern genug Geld verdient.

Operieren Sie mit Stops?

Natürlich.

Wo setzen Sie diese Stops? Existieren diese Stops in einem System oder nur in Ihrem Kopf?

Meine Stops sind im System integriert. Sie werden je nach der Volatilität des Marktes gesetzt. Dabei habe ich sowohl Kauf- als auch Verkaufsstops.

Verwenden Sie neben technischen auch fundamentale Daten für Ihre Meinungsbildung?

Nein. Nur in besonderen Situationen, z.B. bei politischen Märkten, greife ich mit meiner eigenen Meinung ein und verringere das Risiko in meinen Positionen.

Was beachten Sie bei Ihrem Risiko-Management?

Man muß immer im voraus definieren, wieviel Risiko man für eine Position eingehen möchte. Ich lege je nach der Volatilität des Marktes im voraus die Anzahl der Kontrakte fest und definiere meine Stops. Darüberhinaus bin ich sehr konservativ und halte selten mehr als 10 Prozent des gesamten Vermögens als Margin.

Wieviel riskieren Sie normalerweise pro Position?

Ich riskiere in einer Position circa 0,5 Prozent bis 1,5 Prozent des Vermögens. Zusätzlich ist es dabei sehr wichtig, auch die Korrelation der Märkte untereinander zu beachten. Eine DM/Dollar-Position hat z.B. eine sehr hohe Korrelation mit einer sfrs/Dollar-Position. Wenn ich beide Positionen eingehe, habe ich also ein fast doppelt so hohes Risiko.

Analysieren Sie einen Markt, bevor Sie ihn in Ihr Handelsprogramm aufnehmen?

Zuerst wird analysiert, wie gut die Liquidität und wie effizient der Markt ist. Falls hierbei meine Kriterien erfüllt werden, teste ich den Markt in meinem System bis zu 20 Jahren zurück. Wenn der Markt danach in mein komplettes Portfolio paßt, nehme ich ihn in mein Programm auf.

Handeln Sie Währungen im Interbankenhandel oder als Terminkontrakte?

Bis jetzt handle ich Terminkontrakte. Aber da es so viele Cross-Rate-Möglichkeiten und vor allem extrem liquide Interbankenmärkte gibt, sind diese Instrumente ein Ziel von mir. Ich glaube z.b., daß sich in den nächsten Jahren sehr gute Möglichkeiten in der finnischen Mark und der schwedischen Krone gegen Dollar und DM ergeben werden.

Analysieren Sie Ihren eigenen Gewinn und Verlust charttechnisch?

Nein, aber das könnte eine interessante Idee sein. Ich habe schon festgestellt, daß meine Erfolgsquote auch gewissen Tendenzen unterliegt. Es gibt Zeiten mit einer höheren Wahrscheinlichkeit für Gewinne.

Wieviel Roundturns pro Million Dollar in einem Jahr haben Sie?

1700. Mit diesen 1700 Roundturns liege ich im Vergleich zu einigen Kollegen relativ niedrig.

Können Sie Zahlen zu Ihrer Performance nennen?

Nach dem Start im September 1991 hatte ich bis Ende des Jahres eine Performance von 17 Prozent. 1992 waren es 26 Prozent und 6 Prozent bis September 1993. Eine Investition von ursprünglich 1000 Dollar hat sich seit Beginn unseres Handels auf insgesamt 1600 Dollar entwickelt. Der größte Drawdown während dieser Zeit war mit 7,9 Prozent dabei relativ gering.

Gibt es irgendwelche Marktteilnehmer, die Sie besonders beachten oder die vielleicht sogar eine Art Indikator für Sie sind?

Bei meiner Entscheidungsfindung berücksichtige ich eigentlich nie die Meinung anderer Marktteilnehmer. Aber ich denke schon, daß sich viele Leute beeinflussen lassen, wenn zum Beispiel George Soros Goldminen oder Dollars kauft. Mich beeinflußt es zwar nicht, aber man fühlt sich mental wohler, wenn man auf der Seite der führenden Marktteilnehmer ist.

Kann man langfristig Geld verdienen, indem man sich als Trittbrettfahrer an sogenannte Gurus hält?

Nein, eigentlich nicht. Früher oder später folgt man der eigenen Meinung. Es ist ähnlich wie bei einem fremden Trading-System. In Amerika gibt es sogar spezielle Börsenbriefe, die ausschließlich die Meinung von Gurus zusammenstellen. Aber wie gesagt, ich glaube, daß es sehr schwierig ist, sich konsequent und diszipliniert an die Meinung anderer zu halten.

Was halten Sie davon, wenn sich Leute wie George Soros plötzlich verstärkt mit Ihrer Meinung an die Öffentlichkeit wenden?

Die Märkte werden viel von der Psychologie beeinflußt. Aus diesem Grund kann ich es verstehen, wenn Soros mit seiner Meinung verstärkt an die Öffentlichkeit geht. Die Leute folgen seinen Ideen und beeinflussen damit die Preise zum Teil in seine Richtung. Das allein ist sein Ziel. Ob es ethisch richtig ist, ist natürlich eine ganz andere Frage.

Beeinflußt es nicht die privaten Kleinanleger stärker als die professionellen Marktteilnehmer?

Wahrscheinlich werden beide Kategorien beeinflußt. Denn was ist der Unterschied zwischen professionellen Marktteilnehmern und Privatanlegern? Es gibt genug sogenannte Profis, die es nicht verdienen, als solche bezeichnet zu werden.

Welche entscheidenden Ratschläge geben Sie unerfahrenen Händlern und Privatanlegern?

Generell ist die Risikominimierung wichtiger als die Gewinnmaximierung. Weiter finde ich es entscheidend, daß Privatanleger sich eine Strategie ausarbeiten, die ein hohes Maß an Disziplin und Money-Management beeinhaltet. Der Versuch, den optimalen Kauf- und Verkaufszeitpunkt zu erreichen, sollte zweitrangig sein.

Haben Sie sich viel mit Psychologie beschäftigt?

Mit der Psychologie des Handels habe ich mich viel beschäftigt, da ich es für einen sehr wichtigen Punkt halte. Ich habe etliche Bücher von Dr. van Tharp gelesen und etliche Seminare von ihm besucht. Diese sind sehr gut; man lernt nicht nur viel über Psychologie und Handel, sondern vor allem über sich selbst.

An welchen Tag in Ihrer Trading Karriere denken Sie am liebsten zurück?

An den Tag, als ich angefangen habe, automatische Trading-Systeme zu entwickeln.

Welchen Tag würden Sie als den schwärzesten Tag in Ihrer Karriere bezeichnen?

Anfang 1992 hatte ich ein Kaufsignal in Zucker. Aus irgendwelchen Gründen glaubte ich nicht an das Signal und bin ihm nicht gefolgt. Zucker ist in den folgenden Monaten von 9 auf 13 Dollar angestiegen.

Aber da Sie kein Geld daran verloren haben, war es doch kein großer Verlust?

Bei meiner Art zu handeln sind Verluste nicht das Problem, denn sie sind nie groß. Entgangene Gewinne, weil man aus eigener Meinung einem Signal nicht folgt, sind dagegen aber ein Problem. Impulsive Trends wie in diesem Fall treten nämlich nicht so häufig auf.

Analysieren Sie Ihre Fehler und versuchen Sie, die Gründe für Ihre Verluste im nachhinein zu erkennen?

Wenn man diszipliniert arbeitet, sind Verluste keine Fehler. Verluste sind ein Teil des Systems. Ein Fehler hingegen ist, wenn man seinem

System nicht folgt. 60 Prozent meiner Trades sind Verlustgeschäfte, aber langfristig mache ich trotzdem Gewinne.

Haben große Gewinne und Verluste auch Einfluß auf Ihre persönlichen Stimmungslagen. Wie versuchen Sie, mit diesen Schwankungen umzugehen?

Man muß lernen, damit umzugehen. Ich handle eigentlich 24 Stunden und verfolge von Europa über Amerika bis nach Australien und Japan alle Märkte. Urlaub habe ich in diesem Sinne damit natürlich auch keinen. Denn selbst aus dem Urlaub verfolge ich jeden Tag im Jahr die Märkte.

Immer mehr Marktteilnehmer operieren am Markt mit technischen Systemen. Wird es dadurch schwieriger, an den Märkten Geld zu verdienen?

Der Charakter der einzelnen Märkte verändert sich permanent. Ich glaube aber, daß das nicht nur auf die zunehmende Beliebtheit der technischen Analyse zurückzuführen ist. Natürlich verlieren manche Indikatoren an Aussagekraft, weil sie von zu vielen Marktteilnehmern benutzt werden. Aber hinter jedem System stehen Personen und damit Emotionen und Psychologie.

Entwickeln Sie Ihren Tradingstil immer weiter?

Ja, ich bin sehr fasziniert von meinem System und lebe sozusagen damit. Im Unterbewußtsein arbeite ich permanent an neuen Lösungen und Ideen. Gestern zum Beispiel hatte ich ein Entwicklungsproblem. Heute morgen bin ich mit einer Lösungsmöglichkeit aufgewacht. Es hat zwar nicht funktioniert, aber es war immerhin ein Versuch.

Wie wird sich der Markt für derivative Finanzprodukte in Zukunft weiterentwickeln?

In fünf Jahren kann man die wichtigsten Währungen und Zinsmärkte wahrscheinlich über derivate Instrumente im 24-Stunden-Rhythmus handeln. Bei einigen Produkten ist das schon möglich. In der Zukunft wird es noch mehr Futures auf neue Produkte und in neuen Märkten geben. Schon heute gibt es Futures auf Katastrophen, Silizium und Milchpulver, um nur einige Neuheiten zu nennen. Erheblichen Bedarf sehe ich bei Immobilien. Von großen institutionellen Immobilienanlegern bis hin zu privaten Hausbesitzern haben alle Immobilieninvestoren ein Bedürfnis, ihren Besitz gegen mögliche Verluste abzusichern oder überproportional an erwarteten Kurssteigerungen zu partizipieren, ohne jedesmal ihr eigenes Haus kaufen oder verkaufen zu müssen.

Wie versuchen Sie, Ihre Drawdowns zu minimieren?

Durch entsprechende Diversifikation von korrelierenden und vor allem nichtkorrelierenden Märkten sowie einem strikten Risikomanagement versuche ich, meine Verluste so gering wie möglich zu halten. Eine sehr wichtige Komponente dabei ist, daß ich versuche, in schwierigen Marktphasen dem Markt ganz fernzubleiben.

Wie verhalten Sie sich vor der Bekanntgabe von wichtigen Zahlen, Daten, Entscheidungen?

In politischen Märkten, die ich nicht einschätzen kann, reduziere ich meine Positionen und verringere damit mein Risiko. Ansonsten haben die Bekanntgabe von Zahlen oder Beschlüssen keine Einflüsse auf meine Entscheidungen.

Wie haben Sie sich konkret in den Crash- und Krisensituationen verhalten?

Ich war damals noch bei Servicen als Options-Market-Maker. Mein Glück war, daß Servicen mit einem starken Rückschlag gerechnet hat und viel Geld in aus-dem-Geld-Puts am schwedischen Markt investierte. Für umgerechnet 10 Pfennig haben wir Optionen gekauft, die zwei Wochen später 100 DM wert waren. Ich persönlich habe Aktien, die ich privat besessen habe, am Freitag zuvor und am Montag vor der Eröffnung in New York verkauft. Aber wie gesagt, es war eigentlich nicht meine eigene Meinung, sondern eine Strategie von Servicen. Generell sollte man bei solchen Krisensituationen seine Disziplin beibehalten und man muß zudem versuchen, offen zu bleiben, um die objektiv richtigen Entscheidungen treffen zu können.

Gibt es ein Verhaltensmuster, nach dem Sie im nächsten Krisenszenario reagieren und handeln werden?

Ich werde nicht versuchen, in einer solchen Situation viel Geld zu verdienen. Mein oberstes Ziel in solchen Phasen ist es, größere Verluste zu vermeiden. Es entspricht nicht meiner Handelsphilosophie, in volatilen Marktbewegungen großes Geld zu verdienen. Ich konzentriere mich darauf, in normalen Marktverhältnissen mit meiner systematischen und disziplinierten Vorgehensweise langfristig eine gute Performance zu erzielen.

Haben Sie trotz Ihres technischen Ansatzes auch eine eigene Meinung zu den wichtigsten Märkten?

Ich versuche, so wenig wie möglich eine eigene Meinung zu einem Markt zu entwickeln. Das bringt nur mentale Probleme mit sich. Wenn ich zum Beispiel von einem steigenden Goldpreis ausgehe, in meinem System aber ein Verkaufsignal erhalte, habe ich eher ein mentales Problem und kann mich nicht so gut mit der Position identifizieren. Ohne eine eigene Meinung erreiche ich leichter eine emotionale Distanz zu meinen Positionen und den Kursbewegungen an den Märkten.

Können Sie sich mit den Signalen Ihres Systems und damit Ihren Positionen immer identifizieren?

Das ist eine interessante Frage. Ab und zu bekomme ich Signale, die ich nicht verstehe. Warum jetzt? Eigentlich hätte es gestern kommen müssen oder erst morgen. In so einer Situation gehe ich immer in das Programm und kontrolliere das Signal, denn ich will unbedingt das Signal verstehen. Da ich mich in meinem System selbst in "Programmform" gebracht habe, verstehe ich natürlich die Signale in 99 Prozent aller Fälle.

Man hört immer wieder von selbständigen Händlern, die von den atemberaubendsten Plätzen der Welt handeln. Von welchem Ort der Welt würden Sie am liebsten handeln, wenn Sie die Wahl hätten?

Ich handle schon jetzt im Sommer ab und zu von einer kleinen Insel im finnischen Archipelag, wo ich über Funk und Satellit ebenfalls alle Kurse verfolgen kann. Die Lebensqualität ist sehr hoch in Skandinavien und nachdem es steuerlich jetzt auch etwas besser geworden ist, könnte ich mir gut vorstellen, später einmal von dort aus zu arbeiten.

Wo investieren Sie Ihr Privatvermögen?

In mein System und in meine Option-Market-Making Firma. Für mich ist es sehr wichtig, daß man sich auf eine bestimmte Sache konzentriert. Ich versuche also, meine ganze Energie in mein System einzubringen und investiere aus diesem Grund auch mein Privatvermögen darin.

Johan H.W. Christofferson
S.G. Warburg Securities
"Die Terminmärkte sind ein Nullsummenspiel.
Irgend jemand muß unsere Gewinne bezahlen."

Johan Christofferson gehört in London und damit in ganz Europa zu dem kleinen, auserlesenen Kreis der einflußreichen Eigenhändler einer bedeutenden Investmentbank. Im Gegensatz zu gewöhnlichen Händlern, die Kundenorders ausführen und Gewinne aus den Transaktionsgebühren erwirtschaften, handeln und verwalten Eigenhändler das Kapital ihres Arbeitgebers (meist einer großen Investmentbank) an den internationalen Finanzmärkten. Bedingt durch das zur Verfügung stehende Kapital und derivative Leverageinstrumente können die Positionen dieser Eigenhandelsabteilung oftmals Größen von mehreren Milliarden DM annehmen. Damit spielen die Meinungen und Aktionen dieser enorm kapitalstarken Marktteilnehmer eine immer bedeutendere Rolle für die Kursbewegungen an den Märkten. Bei der Konzeption dieses Buches wollte ich unbedingt einen Eigenhändler aus einer dieser in den letzten Jahren so unglaublich erfolgreichen großen Investmentbanken als Gesprächspartner gewinnen. Nach der großen Umverteilung der Zentralbankmilliarden durch die vergeblichen Interventionen in der Abwertungsspekulation um das britische Pfund, den französischen Franc und die italienische Lira arbeiten die Eigenhandelsabteilungen erfolgreicher, aber auch abgeschotteter als je zuvor. Selbst mit guten Kontakten in diesem Bereich war es nicht einfach, geeignete Gesprächspartner zu finden. In Deutschland sucht man vergebens nach bedeutenden, weltweit aktiven Persönlichkeiten mit machtvollen Handelslinien. In Europa sind solche Marktteilnehmer fast ausschließlich nur noch in London, Paris und Zürich zu finden. Karsten Schiebler, ein befreundeter ehemaliger Salomon-Händler, der 1992 eine sehr erfolgreiche eigene Handelsoperation gründete, verhalf mir schließlich zu einem Mittagessen mit Johan Christofferson, einem Eigenhändler bei S.G. Warburg in London. Ich war sofort begeistert von diesem außerordentlich sympathischen und erfolgreichen Händler. Nach seiner Schulzeit in einem österreichischen Internat war Christofferson in jungen Jahren ein begeisterter Abfahrts-Skirennläufer und hat als solcher an zahl-

reichen Abfahrtsrennen teilgenommen. Die klassischen steilen Renn-
strecken waren ihm dabei am liebsten. Während damals die Herausforderung in der Geschwindigkeit auf Skiern bestand, ist es heute die
tägliche Hektik an den Finanzmärkten, die Christofferson fasziniert.
    Wir verstanden uns spontan sehr gut und Christofferson stimmte
einem Interview zu. Da es bereits Freitag war und ich am Sonntag
aus London abreisen mußte, vereinbarten wir unser Gespräch am
Samstag in seinem Stadthaus in Kensington, einer idyllischen Wohn-
gegend im Zentrum Londons. Als seine Frau zum Tennisspielen ging,
warnte mich Christofferson, daß unser Gespräch von seinen beiden
kleinen Kindern, Lisi und Aiden unterbrochen werden könnte. Es
verging natürlich keine halbe Stunde, bis seine vierjährige Tochter
Lisi gefallen an meinem Mikrofon fand. Darüber hinaus wurde so
ziemlich alles an gewöhnlichem täglichen Kleinkinderstreß geboten.
Christofferson ließ sich von den lautstarken Interventionen seiner
beiden Kinder aber in keiner Weise beirren und war immer voll
konzentriert auf unser Gespräch. Spätestens hier wurde mir klar, was
Christofferson meinte, als er sagte, daß 14 Bildschirme auf seinem
Schreibtisch und zahlreiche Voice Lines (Dauertelefonleitungen, die
permanent den Geräuschpegel des Börsenparketts und der Broker
wiedergeben) für ihn keinen Streß bedeuten. Es sei alles eine Frage
der Einstellung und der generellen Empfindlichkeit für Streß, meinte
er.

Wann hatten Sie den ersten Kontakt zu den Wertpapiermärkten?

Ich studierte an der Universität in Boston Mathematik und Volkswirtschaft. Nach meinem Studium arbeitete ich als strategischer
Unternehmensberater. Eines meiner ersten Projekte war für die Bank
of Boston. Für sie sollte ich Konzepte im Handelsbereich ausarbeiten. Zu diesem Zeitpunkt entschloß ich mich, nicht nur als Berater,
sondern ganz für die Bank of Boston zu arbeiten. Ich hatte während
der Erarbeitung dieser Konzepte ein sehr starkes Interesse für die
Märkte entwickelt.

**Welche weiteren fachlichen Ausbildungen haben Sie bei der Bank
of Boston durchlaufen?**

Ich habe ein ganz normales Trainingsprogramm im Handelsbereich
absolviert, wobei ich einige Zeit in Europa und Asien verbrachte. In

insgesamt sieben Jahren, die ich bei dieser Bank war, handelte ich verschiedene Produkte. Ich begann mit Devisen, danach habe ich Anleihen gehandelt und leitete zum Schluß den Arbitragehandel. Dabei war ich Market-Maker in allen Arten von derivaten Produkten und darüber hinaus für einen sehr aggressiven Eigenhandel in US-Anleihen und Eurodollars zuständig. Danach ging ich zu S.G. Warburg Securities, wo ich neben Swaps das over the counter Optionsgeschäft in Anleihen aller Währungen leite und zusätzlich für den Eigenhandel zuständig bin.

Welche persönlichen Eigenschaften sind Ihrer Meinung nach neben einer fundierten fachlichen Ausbildung für den Erfolg im Eigenhandel entscheidend?

Die besten Händler sind vorsichtig, gewissenhaft und analytisch. In Kombination zu diesen Grundvoraussetzungen müssen sie über genug Aggressivität verfügen, ihre Ideen durchzusetzen. Wobei Aggressivität alleine natürlich nicht ausreicht, sondern nur in Kombination mit analytischem Denken den gewünschten Erfolg bringt.

Eine mathematische Ausbildung ist also sehr nützlich für das Handeln an den internationalen Finanzmärkten?

Auf alle Fälle. Mathematik oder ein abgeschlossenes Ingenieurstudium sind wesentlich entscheidender als wirtschaftliche Kenntnisse. Wenn ich neue Leute in mein Team einstelle, dann suche ich genau diese mathematisch statistischen Fachrichtungen. Denn im Grunde ist es ein "Zahlenspiel". Es dreht sich daher weitgehend um analytische Fähigkeiten, die man sich später im Berufsleben nur sehr mühsam aneignen kann.

Hochkarätige MBA-Absolventen und Doktoren der Betriebswissenschaften haben demnach nicht die besten Voraussetzungen, um im Handelsbereich erfolgreich zu sein?

Im Management und der Koordination des Geschäftes sind diese Ausbildungen natürlich hilfreich, aber bei konkreten Handelsentscheidungen und der Marktanalyse ist ein analytisch, naturwissenschaftlicher Hintergrund wesentlich wichtiger.

Beschäftigen Sie sich viel mit der Psychologie der Märkte und ihrer Teilnehmer?

Wenn man aktiv handelt, muß man seine Entscheidungen immer mit dem psychologischen Zustand der Märkte und ihrer Teilnehmer abstimmen. Man muß herausfinden, wo der Markt im Moment steht und wovor er Angst hat. Auch wenn ich mich nicht direkt mit Psychologie beschäftigt habe, ist die Einschätzung der Marktpsychologie enorm wichtig bei meinen Entscheidungen. Gier und Furcht sind die beiden Extremzustände, die die Marktteilnehmer und somit die Märkte bewegen.

Was trägt besonders zu Ihrer Informationsgrundlage bei?

Ich spreche jeden Tag mit circa 100 Leuten über die Märkte, interessante Möglichkeiten und Ideen. In irgendeiner Form gehen diese Meinungen und Ideen natürlich mit in meine Handelsentscheidungen ein. Vor einigen Händlern habe ich zwar großen Respekt und wir tauschen regelmäßig unsere Ideen aus, aber es gibt niemanden, dessen Meinung ich immer folge. Einmal gefällt mir eine Idee von jemandem, und das nächste Mal habe ich genau die entgegengesetzte Meinung.

Dieser Informationsfluß ist für Sie somit sehr wichtig?

Ja, er ist enorm wichtig.

Woher bekommen Sie darüber hinaus Ihre Informationen und Anregungen für interessante Positionen?

Im Gegensatz zu vielen anderen Marktteilnehmern lese ich die gängigen Finanzzeitungen erst am Abend. Im Handelsraum stehen mir selbstverständlich alle Informationen und Nachrichten über die Märkte zur Verfügung. Ich habe 14 Bildschirme mit aktuellen Kursen und analytischen Instrumenten vor mir und bin on-line durch sogenannte voice lines mit zahlreichen Brokern auf den Parketts der wichtigsten Märkte verbunden. Zudem bekomme ich viele Informationen durch den telefonischen Kontakt zu anderen Marktteilnehmern. Da ich zwei unterschiedliche Handelsstrategien verfolge, benötige ich dementsprechend unterschiedliche und umfassende Informationen.

Wie sieht ein normaler Arbeitstag bei Ihnen aus?

Auch wenn ich eigentlich kein Morgenmensch bin, versuche ich, vor Öffnung aller europäischen Märkte im Büro zu sein. Dementsprechend bin ich meist von sieben Uhr in der Früh bis mindestens sieben Uhr abends im Handelsraum. Wenn ich darüber hinaus eine große Position in amerikanischen Anleihen besitze, bleibe ich natürlich bis zum Handelsschluß in Chicago im Büro.

Danach handeln Sie dann von zu Hause aus weiter?

Eher selten. Natürlich habe ich mein "Pocket Reuters" immer dabei, aber ich versuche, außerhalb des Handelsraumes nicht aktiv zu handeln. Ich habe festgestellt, daß es für mich besser ist, festgelegte Limits und Stops weiterzugeben. Ich weiß, daß andere Marktteilnehmer anders vorgehen, aber ich versuche, nicht immer im Markt aktiv zu sein. Etliche Märkte, die ich aktiv handle, sind nicht 24 Stunden geöffnet. Was soll ich denn in Japan mit einer großen Position in Guldenanleihen anfangen?

Wie gehen Sie bei größeren Devisenpositionen vor?

Wenn ich Devisen handle, operiere ich mit Stops und Optionen, um somit mein Risiko zu minimieren.

Sie haben erwähnt, daß Sie zwei unterschiedliche Handelsstrategien verfolgen. Welche?

Ein Teil meines Handels ist das klassische Arbitragegeschäft. Ich nutze Ineffizienzen an den Märkten aus und versuche, aus diesen Preisunterschieden Gewinne zu erzielen. Dafür verwende ich ausschließlich analytische und mathematische Instrumente. Der andere Teil des Handels ist ein klassischer Eigenhandel, beruhend auf bestimmten Meinungen zu den Märkten. Dabei spielen zukünftige politische und wirtschaftliche Entwicklungen der Volkswirtschaften eine große Rolle. Für diesen Teil des Handels benötige ich Ideen, Meinungen und Nachrichten.

Welche dieser beiden Strategien ist für Sie interessanter?

Das ist schwierig zu beantworten. Alle denken natürlich, daß der

klassische Eigenhandel mit großen Meinungspositionen die "Königs-
disziplin" an den Märkten ist. In der Vergangenheit verdiente ich aber
mehr Geld im Arbitragehandel.

Um welche Art von Arbitragegeschäften handelt es sich dabei?

Ich verfolge eine Vielzahl von Arbitragegeschäften mit Aktien, Indizes, Anleihen und Währungen, wobei ich alle zur Verfügung stehenden Instrumente dieser Märkte ausnütze. Alle erfolgreichen Investmentbanken und Handelshäuser wie zum Beispiel Salomon Brothers
erzielen einen Großteil ihrer unglaublichen Gewinne mit dieser Art
von Arbitragegeschäften.

Wie könnte so ein Arbitragegeschäft beispielsweise aussehen?

Ein einfaches Beispiel wäre ein Basis-Trade. Eine bestimmte Anleihe
ist im Vergleich zum Futures-Kontrakt billig. Man kauft die billige
Anleihe in der Kasse, verkauft den im Vergleich dazu teuren Futures
und liefert die Anleihe am Ende der Laufzeit des Futures-Kontrakt.
Wenn man alles richtig berechnet hat, verdient man daran Geld.
Diese Cash and Carry-Arbitrage kann man in zahlreichen Märkten
nach wie vor sehr erfolgreich anwenden. Calenderrolls sind eine
weitere klassische Variante der Arbitrage. Wenn ein Futures-Kontrakt ausläuft, müssen die Marktteilnehmer einen längeren Kontrakt-
termin kaufen. Der Unterschied zwischen beiden Terminen dürfte
maximal der Zinsdifferenz entsprechen. Als zum Beispiel der letzte
italienische Anleihe-Future ausgelaufen ist, gab es am Markt eine
eklatante Fehlbewertung. Dieser falsche Preisunterschied stellte eine
große Arbitrage-Möglichkeit dar, an der ich hervorragend verdiente.
Man kann im Arbitragetrading nach wie vor signifikante Gewinne
mit einem verhältnismäßig geringen Risiko erzielen.

Wie ist die prozentuale Aufteilung zwischen Arbitragehandel und dem Eigenhandel mit großen Meinungspositionen?

Ich verdiene Geld im Arbitragegeschäft und verwende diese Gewinne
für meine Positionen im klassischen Eigenhandelsbereich. Wenn ich
also mit meinen spekulativen Positionen im Eigenhandel Geld verliere, zehrt es nie mein Kapital auf. Während der Arbitragehandel bei
mir ständig auf täglicher Basis stattfindet, warte ich im Eigenhandel
interessante Situationen an den Märkten ab.

Wie läßt sich Ihre Handelsphilosophie im Eigenhandel beschreiben?

Ich treffe meine Handelsentscheidungen ausschließlich nach fundamentalen Gesichtspunkten. Mit Hilfe technischer Indikatoren versuche ich, mein Markttiming zu verbessern. Technische Indikatoren sind für mich aber niemals der entscheidende Bestandteil des Entscheidungsprozesses. Ich versuche damit nur, dumme Fehler zu vermeiden. Wenn die technische Stimmung für Anleihen schlecht ist, kaufe ich trotz meiner fundamental sehr positiven Meinung erst, wenn sich das technische Bild bessert. Die Technik hilft mir, die Tendenz und Situation der Märkte besser einschätzen zu können.

Welche technischen Indikatoren benutzen Sie für diese Vorgehensweise?

Ich verwende keine charttechnischen Indikatoren im herkömmlichen Sinn, denn sie haben nicht den geringsten Wert.

Welche technischen Indikatoren verwenden Sie dann?

Für kurzfristige Timing-Gesichtspunkte verwende ich gerne Indikatoren, die mir eine überkaufte/überverkaufte Situation der Marktteilnehmer anzeigen. Nehmen wir an, es ist eine Auktion in Anleihen. Einerseits denke ich, daß etliche Market Maker vor der Auktion short sind. Andererseits gehe ich aber davon aus, daß der Markt fundamental noch erheblichen Wert hat. In einem solchen Markt werde ich eine große, aggressive Position einnehmen. Damit zwinge ich Market Maker, die Shortpositionen besitzen, zu steigenden Kursen einzudecken. Mit ihren Nachkäufen werden sie dann für zusätzlich steigende Kurse sorgen. Hinter meiner grundsätzlichen Position steht aber vorrangig eine fundamental positive Meinung und keine technischen Indikatoren.

Was halten Sie von der steigenden Anzahl technisch systematischer Systeme am Markt? Können solche Systeme auf Dauer erfolgreich sein?

Es gibt keine geheimnisvollen "Wunderindikatoren", mit denen man langfristig Geld in allen Märkten verdienen kann. Wenn es solche Systeme gäbe, hätten sie andere intelligente Leute ebenfalls entwik-

kelt und sobald mehrere Marktteilnehmer ähnliche Indikatoren anwenden, würden sie nicht mehr funktionieren.

**In der Vergangenheit konnten aber einige dieser technischen
Systeme sehr erfolgreiche Resultate erzielen!**

Die Optimierung der Zahlen und Daten in der Vergangenheit bringt
überhaupt nichts. Eine Handvoll erfolgreicher Systemhändler ist
zudem noch längst kein repräsentativer Querschnitt und Beweis für
die Existenzberechtigung solcher Systeme. Ich würde diesen Händlern auf alle Fälle kein Geld geben.

**Sind Sie der Meinung, daß die Kurse an den Märkten immer der
"richtige" Preis für die jeweiligen Produkte sind?**

Ich bin ein abgeschwächter Anhänger der Efficient-Market-Theorie.
Langfristig sind die Märkte relativ effizient in der Verarbeitung
sämtlicher Informationen. Ich wäre jedoch nicht erfolgreich in meinem Geschäft, wenn die Märkte zu jedem Zeitpunkt 100prozentig
effizient wären. Die "fehlerhaften" und ineffizienten Preise ändern
sich oft in sehr kurzen Zeitabständen. Bis jetzt bleibt mir aber immer
noch genug Zeit, um daraus Gewinne zu erzielen.

**Welche fundamentalen Indikatoren beachten Sie bei Ihren
Entscheidungen?**

Ich versuche, frühzeitig die langfristigen wirtschaftlichen Entwicklungen zu erkennen und kombiniere diese mit kurzfristigen politischen Indikatoren. Dabei beachte ich alle der klassischen, langfristigen fundamentalen Indikatoren, wie Inflationsraten, reale Verzinsun-
gen, Arbeitslosenzahlen, Wirtschaftsentwicklungen und Geldmengen-
ziele. Die Bedeutung und Gewichtung der verschiedenen Indikatoren
hängt dann im einzelnen von der Phase im momentanen Wirtschaftszyklus ab. Es gibt Phasen, in denen man das Geldmengenziel stark
beachten muß, und es gibt Zeiten, in denen es eher sekundär ist.
Vieles richtet sich danach, worauf die Regierungen und Zentralbanken gerade besonderen Wert legen. Diese wechselnden Indikatoren
beeinflussen die Märkte dann auch maßgeblich bei ihrer Preisbildung. Man muß also jeweils die aktuell beachteten, allgemeinen
Indikatoren berücksichtigen und antizipieren, die für die weitere
Entwicklung des Zyklus entscheidend sind. Die beeinflussenden Indi-

katoren ändern sich laufend, und jeder erfolgreiche Marktteilnehmer muß flexibel genug sein, sich ebenfalls zu verändern.

Welchen Zeithorizont verfolgen Sie bei ihren Positionen in diesem Bereich?

Das variiert von Fall zu Fall. Ich erkannte bereits 1991 das Potential der europäischen Bondmärkte. In so einer Situation versuche ich, einen Markt immer von der Long-Seite zu handeln. Ich bin also höchstens sehr kurzfristig short und versuche, die langfristigen Aufwärtsbewegungen mitzunehmen. Kurzfristige politische Einflüsse wie zum Beispiel anstehende Lohnabschlüsse in einem bedeutenden Industriezweig, können mich aber auch dazu bewegen, gegen meine langfristige Meinung kurzfristig short zu gehen. Ich kombiniere also meine kurzfristige und langfristige Meinung in meinen Handelsentscheidungen.

Ist es bei kurzfristigen Positionen nicht gefährlich, entgegen der langfristigen Meinung im langfristigen Trend Bewegung zu versäumen?

Ich versuche natürlich, größere Fehlpositionen strikt zu vermeiden. Dafür bin ich zu einem hohen Maß flexibel und verbeiße mich nie in eine verlustreiche Position. Zum Teil bin ich sogar zu flexibel und kann mit meinen ursprünglichen Ideen manchmal daher weniger Geld als möglich verdienen. Auf der anderen Seite verliere ich aufgrund dieser Flexibilität selten viel an einer einzelnen Position.

Handeln Sie auch auf Intra-day-Basis?

Obwohl ich absolut fundamental orientiert bin, handle ich auch Intra-day-Positionen. Ich habe in diesem sehr kurzfristigen Bereich genauso eine Meinung, ob ein Markt zu den aktuellen Preisen einen interessanten Wert darstellt oder nicht.

Aber für ein erfolgreiches Intra-day-Handeln sind Charts und technische Indikatoren doch absolut notwendig?

Nein, ich achte nur auf die Preisbewegungen selbst, aber nie auf Charts. Natürlich beachte ich gewisse Zonen, kurz Limits im täglichen Handel. Ich konzentriere mich aber mehr auf die Aktionen der

anderen Marktteilnehmer sowie deren aktuelle Stimmung und Absicht. Natürlich ist das kein rein fundamentales Handeln, aber es ist
auch nicht als technisch zu bezeichnen.

**Können Sie ein Beispiel für eine typische Position in Ihrem
Eigenhandel nennen?**

Es sind mitunter sehr komplexe Positionen, die oft mit dem
Arbitragetrading in enger Verbindung stehen. Aber es gibt auch
Gelegenheiten, in denen ich nur Bund-Futures long bin.

**Gibt es ein passendes, aktuelles Beispiel für eine komplexe
Eigenhandelsposition?**

Ende 1993 gefallen mir nach wie vor etliche der europäischen Zinsmärkte wie zum Beispiel der holländische. Aus diesem Grund besitze
ich 30jährige Guldenanleihen. Da ich eine sehr große Position eingegangen bin, sicherte ich mich mit dem Verkauf von Bund-Futures
gegen fallende Kurse ab. Damit mir der Spread zwischen beiden
Instrumenten nicht zum Problem werden kann, kaufte ich Call Optionen auf den Bund, falls der Bund-Futures-Kontrakt weiter ansteigt.
Die Position der Bund-Optionen hat ein positives Gamma und ein
höheres Delta als die Bund-Futures, womit ich daran mehr Geld
gewinne, als ich an der Short Position der Bund-Futures bei steigenden Bund Kursen verliere. Zur Absicherung der Währung kaufte ich
darüber hinaus Gulden-Put-Optionen gegen die DM. Die Optionen
sind aufgrund der geringen Volatilität des Gulden/DM Marktes sehr
günstig und dienen mir ausschließlich zur Absicherung gegen wieder-
aufkommende Währungsspekulationen im europäischen Währungssystem. Da ich damit rechne, daß ich die Position circa einen Monat
halten werde, besorgte ich mir für diesen Zeitraum eine feste Kreditfinanzierung. Monatsgeld ist bei einer inversen Zinskurve momentan
immer noch billiger als Tagesgeld. Wie Sie sehen, handelt es sich um
eine sehr komplexe Position, hinter der eine simple Grundidee steht:
Ich rechne mit steigenden Kursen bei 30jährigen Guldenanleihen.

**Welche Grundregeln beachten Sie bei der Verlustbegrenzung von
Positionen, die gegen Sie laufen?**

Risiko-Management und konsequente Verlustbegrenzung ist natürlich einer der zentralen Punkte des langfristigen Erfolges. Ich verkau-

fe meine Verlustpositionen und meine Gewinner aber nicht nach bestimmten Grundregeln oder Prozentzahlen. Es hängt sehr davon ab, in welchem Markt ich die Position besitze und wie hoch die jeweilige Gewinn- und Verlustwahrscheinlichkeit ist. Generell muß man dazu fähig sein, seine Fehler rechtzeitig zu erkennen. Es ist nie die Schuld des Marktes, sondern die eigene, wenn man eine Entscheidung gefällt hat, die sich als falsch und damit verlustreich herausstellt.

Wie wägen Sie die Gewinn- und Verlustwahrscheinlichkeiten einer Position konkret ab?

In einer Arbitrageposition, die ich aufgrund einer sehr hohen berechneten statistischen Wahrscheinlichkeit eines Gewinns eingegangen bin, nehme ich zwischenzeitliche Verluste in größerem Umfang in Kauf. Bei diesen genau berechneten Arbitragegeschäften mit einem mathematisch kalkulierten Gewinn behalte ich also eine Verlustposition oder kaufe aufgrund der günstigeren Marktkonditionen sogar noch hinzu. Bei den Eigenhandelspositionen mit einer fundamentalen Meinung bin ich natürlich sehr viel flexibler und realisiere meine Verluste rigoros.

Operieren Sie mit strikten Stop-Loss-Limits?

Natürlich. Um nicht in Versuchung zu kommen, bei einer Annäherung des Kurses an den ursprünglich festgelegten Stopkurs meine Stops zu verändern, gebe ich sie sogar oft in ein System ein. Oder ich gebe sie an Leute weiter, denen ich vertraue. Beim Kaufen gehe ich oft ähnlich vor. Ich beauftrage einen Broker über den Zeitraum eines Tages, eine bestimmte Position in einer festgelegten Höhe zu kaufen. Wenn alles gekauft ist, informiert er mich dann über die Kurse und die Anzahl der Kontrakte.

Treten dabei nicht Probleme auf, wenn Sie solche interessewahrenden Orders an Broker weitergeben?

Wenn ein Broker grobe Fehler macht, benutze ich das nächste Mal einen anderen.

Auf was achten Sie bei Ihrem Risikomanagement besonders?

Natürlich versuche ich, allzu große Drawdowns zu vermeiden. Nur manchmal lassen sie sich nicht ausschließen.

Was bezeichnen sie als großen Drawdown?

Da wir als Investmentbank unser zur Verfügung stehendes Kapital extrem leveragen können, sind prozentuale oder nominale Aussagen bedeutungslos. Wenn ich aber in einer Woche zwei Monatsgewinne wieder verliere, dann ist das ein zu großer Drawdown. Als Vergleichsmaßstab habe ich immer mein persönliches Jahresziel und den bereits erzielten Gewinn.

Sind Sie aus diesem Grund am Jahresanfang vorsichtiger und gehen erst im Verlauf des Jahres aggressivere Positionen ein?

Nein, nicht unbedingt. Das hängt sehr stark von den Märkten ab. Ich gehe mitunter zu Beginn des Jahres genauso aggressive Positionen ein, da ich ja noch das ganze Jahr zum Aufholen der Verluste vor mir habe. Natürlich werde ich aber mit zunehmenden Gewinnen eher aggressiver. Selbst bei einem Verlust wäre ich insgesamt in so einem Fall noch im positiven Bereich. Ich achte aber selbstverständlich immer darauf, daß ich mein Risiko ausreichend diversifiziert habe.

Unterscheiden Sie sich in den Punkten Diversifizierung und Risiko-Management von Hedge-Fondsmanager?

Als Hedge-Fondsmanager muß man natürlich noch verstärkter auf die Korrelationen der einzelnen Positionen untereinander achten. Zudem sollte man für keine einzelne Position mehr als zwei bis drei Prozent des Kapitals riskieren. Bei einer Investmentbank dagegen besteht immer zusätzlich das Risiko, daß alle Eigenhändler eine identische Position in einem Markt eingehen. Da alle Händler durch den Leverage-Faktor über ein enormes Kapital verfügen, müssen die Positionen der Händler untereinander überwacht werden. Hier setzt ein sehr wesentlicher Punkt des Risiko-Managements einer Investmentbank ein.

Hat Sie irgendeine Situation oder Phase an den Märkten besonders geprägt?

Wie für viele andere Marktteilnehmer auch war für mich der Crash

1987 die prägende Marktbewegung. Die Bank of Boston ging damals mit Short-Positionen im US-Anleihemarkt in den Crash. Das war ein großes Problem. Darüber hinaus waren wir damals Volatilität short, was in diesen volatilen Zeiten ein ebenso großes Problem war.

Wie haben Sie nach dieser ungünstigen Ausgangsphase auf die hektischen Marktbewegungen reagiert?

Wir haben sehr schnell reagiert und sind in den US-Zinsmärkten long gegangen. Damit haben wir entsprechend Geld verdient. Während der ersten Woche im Crash haben wir die Entscheidung getroffen, daß die Volatilität der Märkte innerhalb des nächsten Jahres auf ein normales Maß zurückgeht. Wir sind in diesem Bereich aggressive Positionen auf sinkende Volatilität eingegangen, womit wir im Laufe des Jahres dann auch viel Geld verdient haben.

Was haben Sie aus dem Crash 1987 gelernt?

Man muß erst einmal jede Krise an den Märkten ernst nehmen. Ebenso wichtig ist aber, daß man cool bleibt und darüber nachdenkt, wo der Markt in einem Monat und in einem Jahr stehen kann. Die Entwicklung in den nächsten fünf Minuten ist uninteressant. Auch kurzfristige Verluste dürfen einen nicht verunsichern, denn in solchen Marktphasen gibt es enorme Chancen. Es ist sehr entscheidend, daß man den richtigen Wert der Märkte erkennt und die Chancen eines Crashs nicht versäumt.

Haben sie ein bestimmtes Szenario für den nächsten Crash?

Nein, ich nehme es hin, wie es kommt. Mit meiner Vorgehensweise und Handelsphilosophie bin ich auf alle Marktbewegungen gut vorbereitet.

Gab es eine einzelne Position, an die Sie sich besonders erinnern?

Positionen kommen und gehen. Ich gehöre nicht zu den Händlern, die von den "Big Bets" leben. Es gibt für mich dementsprechend keine besonderen Einzelpositionen, an die ich zurückdenken kann, da sie bei meiner Vorgehensweise für den Erfolg nicht allein entscheidend sind. Es ist die Art und Komplexität der Positionen sowie die zugrundeliegende Idee, die den Erfolg ausmacht.

Was ist in großen, hektischen Marktbewegungen noch zu beachten?

Wie bereits gesagt, ist es entscheidend, die Ruhe zu bewahren und zu
analysieren, wo der Markt langfristig stehen kann. Als das englische
Pfund aus dem europäischen Währungssystem ausgebrochen ist,
habe ich zu Beginn auch einige Fehler gemacht. Ich war kurzfristige
englische Anleihen short, in der Hoffnung, daß die Währung mit
hohen Zinsen weiter gestützt wird. Zuerst habe ich mit dieser Strategie Gewinne erzielt. Als dann das englische Pfund die 2,75 DM-
Grenze durchbrach und die Zinsen daraufhin sanken, habe ich einen
Großteil der Gewinne leider wieder hergegeben. Trotz der zwischenzeitlichen Verluste und der entgangenen, eigentlichen großen Bewegung im Pfund habe ich dennoch in den nächsten Wochen an der
Situation sehr gut verdient.

Zahlreiche deutsche institutionelle Anleger hatten in den Aufwärtsbewegungen im DAX und im Bund nicht die optimalen Positionen. Angelsächsische Investmentbanken sind am deutschen Markt
sehr erfolgreich gewesen und haben dafür den Einbruch des Pfundes
nicht in vollem Maße ausgeschöpft.

**Ist es schwieriger, an den Märkten im eigenen Land Gewinne zu
erzielen?**

Für die großen Bewegungen ist es oft ein Nachteil, wenn man andauernd aktiv im täglichen Handel eines Marktes beteiligt ist. Im täglichen Geschäft geht häufig eine gewisse Distanz und Objektivität für
die wesentlichen Bewegungen der Märkte verloren. Es gilt aber nach
wie vor die Grundregel: Wer in einem Markt handelt, von dem er
nichts versteht, wird Geld verlieren. Es gibt meiner Meinung nach
also keine Verallgemeinerung für diese Phänomene.

**Ist eine gewisse Distanz zu den Märkten ein Vorteil für einen
weltweiten Eigenhandel?**

Distanz zu einem Markt fördert die Objektivität. Dieser Sachverhalt
ist ein wesentlicher Grund für den unglaublichen Erfolg der Eigenhandelsabteilungen großer Investmentbanken und Handelshäuser.
Eigenhändler mit diesen weltweiten Vollmachten sind in zahlreichen
verschiedenen Märkten aktiv und nicht auf den letzten Tick in einem
bestimmten Markt angewiesen. Sie können ihre Gewinn-Risiko-Ver-
hältnisse in allen Märkten abwägen und sind nicht darauf angewie-

sen, in schwierigen Marktphasen einen Markt aktiv zu handeln, sondern sie besitzen die Distanz und Objektivität, sich den gerade interessantesten Märkten zuzuwenden.

Was waren die entscheidenden Veränderungen der Märkte in den letzten Jahren?

Aus meiner sehr analytischen Sicht waren es drei wesentliche Veränderungen während der letzten 30 Jahre:

1. Die Einführung und der aktive Handel von Futures-Kontrakten. Futures haben die Art des Handelns enorm verändert.
2. Die Entwicklung der Black-Scholes-Formel, um den theoretischen Wert von Optionen zu errechnen.
3. Die rapide Weiterentwicklung der Computersysteme sowie die Schnelligkeit der Kommunikationssysteme.

Hat die Liquidität der Märkte mit dem extrem steigenden Volumen nicht auch entscheidend zur Transparenz des Handels beigetragen?

Die Liquidität kommt in einigen Märkten genauso schnell, wie sie wieder verschwindet. Wenn man gerade 30 Prozent der Auktion einer Anleihe gekauft hat, kann die Liquidität beim Verkaufen sehr schnell verschwunden sein. Ähnlich ist es bei den Futures-Kontrakten. Es gibt Zeiten, wo der Bund-Kontrakt auf den Verkauf von 100 Kontrakten bereits nach unten reagiert. Genauso kann es aber passieren, daß bei dem Verkauf von 5000 Kontrakten keine Reaktion erfolgt.

Einige Marktteilnehmer beklagen, daß es schwieriger geworden sei, an den Märkten erfolgreich zu sein. Können Sie diese Tendenz bestätigen?

Nein. Solange es Märkte gibt, an denen gehandelt wird, gibt es immer Möglichkeiten, daran Geld zu verdienen. Natürlich werden mit der Weiterentwicklung der Technik die Margen im Arbitragegeschäft tendenziell weiter sinken. Durch die verbesserten Informationssysteme werden die Kursveränderungen auch schneller. Händler beklagen sich seit jeher, daß sich die Märkte verändern und es schwieriger geworden ist, Geld zu verdienen. Der vermeintliche Trick, mit dem sie letzte Woche Geld verdienten, funktioniert diese Woche plötzlich nicht mehr. In Wirklichkeit war es immer eine harte Arbeit, Geld an den Märkten zu verdienen. Daran hat sich bis heute nichts geändert. Jeder Markt hat natürlich seine Eigenarten und Zyklen, die man beachten muß. Deshalb ist es für mich ein entscheidender Vorteil, weltweit verschiedene Märkte handeln zu dürfen.

Welche Märkte werden in den nächsten Jahren besonders interessant sein?

Es wird immer Bewegungen auf den Märkten geben, da sich die politischen und wirtschaftlichen Rahmenbedingungen ständig verändern. In den 80er Jahren waren die amerikanischen und japanischen Märkte tonangebend. Seit Beginn der 90er Jahren sind die europäischen Märkte interessant. Das wird in den nächsten drei bis fünf Jahren so bleiben. Danach werden vor allem die asiatischen Länder außer Japan interessante Möglichkeiten bieten.

Geht von der wachsenden Anzahl derivativer Produkte eine Gefahr für die Märkte aus?

Die derivativen Märkte sind grundsätzlich sehr gut reguliert. Natürlich besteht durch solche Instrumente aber immer die Gefahr der Beschleunigung einer Marktbewegung. Ich bin trotzdem nicht der Meinung, daß deswegen die Volatilität zugenommen hat. Im Gegenteil, Futures und Optionen tragen maßgeblich zur Verringerung der Volatilität bei. Eine Gefahr geht höchstens von den Abwicklungsabteilungen und deren Systemen aus. Bei den immer komplexer werdenden Geschäften könnten sie irgendwann den Überblick verlieren.

Haben Privatinvestoren überhaupt noch reelle Erfolgschancen an diesen Märkten?

Unser Beruf umfaßt, wie andere auch, ein hochentwickeltes professionelles Fachgebiet. Ich kann mit meiner Ausbildung unter keinen Umständen im Krankenhaus erfolgreiche Operationen durchführen. Warum sollte also ein Arzt ohne Fachwissen in unserem Bereich an den Märkten erfolgreich handeln? Händler und Fondsmanager sind Berufe, in denen man sehr hart arbeiten muß, um erfolgreich zu sein. Es gibt daher überhaupt keinen Grund, warum der Durchschnittsanleger genauso erfolgreich sein sollte wie die professionellen Marktteilnehmer. Ich plane keine Häuser, repariere keine Autos, male keine

Bilder und würde mir natürlich, wie schon gesagt, auch nicht anma-
ßen, eine chirurgische Operation durchzuführen. Warum sind die
Leute aus diesen Berufssparten oftmals so blauäugig und meinen, sie
könnten erfolgreich an den Märkten spekulieren?

**Worin sollten Privatanlegern dann Ihrer Meinung nach investie-
ren?**

Es gibt genug andere Möglichkeiten für den Privatanleger, an der
Entwicklung der Märkte zu partizipieren. Investments in vernünftige,
solide Investmentfonds ohne allzu spekulativen Charakter können
ebenfalls sehr ertragreich sein. An den Terminmärkten werden Privatanleger tendenziell eher zu den Verlierern zählen. Es gibt inzwischen
in allen Bereichen der Märkte hervorragende Fondsmanager mit
langjährigen Erfolgsnachweisen, die für den Privatanleger eine wesentlich günstigere Risiko-/Ertrags-Erwartung darstellen als Eigen-
engagements.

**Sind an den Terminmärkten überhaupt noch Privatanleger in
größerem Umfang zu finden?**

Auf alle Fälle. Genau diese privaten Spekulanten sind für uns auch
sehr nützlich, denn Sie bezahlen mit ihren Verlusten einen Teil
unserer Gewinne. Alles in allem sind die Terminmärkte ja nach wie
vor ein Nullsummenspiel. Irgend jemand muß die Gewinne der anderen bezahlen.

**Haben die europäischen Notenbanken gegen die Spekulations-
milliarden der Eigenhandelsabteilungen und professionellen
Marktteilnehmer überhaupt eine Chance?**

Wenn die Regierungen und Zentralbanken frühzeitig richtige Entscheidungen getroffen hätten, wären Ende 1993 bereits einige der
existierenden wirtschaftlichen Probleme gelöst. In den letzten Jahren
haben die europäischen Finanzminister und Notenbankchefs durch
ihre unbegründete und sinnlose Hochzinspolitik eine Rezession verursacht. Durch die Verteidigung lächerlicher, durch Prestigedenken
geprägte Währungsrelationen sind zahlreiche Arbeitsplätze in der
Industrie vernichtet worden. Professionelle Marktteilnehmer haben
Gott sei Dank enormen Druck auf das unverantwortliche Verhalten
der Finanzministerien und Notenbanken ausgeübt. Die größten Ge-

winne der letzten Jahre konnten aufgrund von Fehlern der Zentralbanken erzielt werden. Wenn jemand so leicht Geld zu verschenken
hat, darf man es getrost annehmen.

**Gibt es wesentliche Unterschiede zwischen London und Frankfurt
im Hinblick auf die Handelsphilosophie?**

In Deutschland gibt es nicht annähernd soviel Fachwissen und ausgebildete Spezialisten im Handelsbereich wie in London. Diesen Sachverhalt nutze ich persönlich aus und versuche, daran zu verdienen.
Gerade der deutsche Bund-Future ist seit langem geprägt durch die
mangelnde Professionalität seiner Marktteilnehmer. Sie verschenken
bei jedem Handel, den sie machen, Geld und das nütze ich mit
meinem Arbitragehandel aus.

**Wahrscheinlich ist das mit ein Grund, warum ich keine passenden
Interviewpartner in deutschen Banken finden konnte. (Als ich
endlich jemanden gefunden hatte, durfte derjenige aufgrund
hierarchischer Überlegungen natürlich nicht in einem solchen
Buch enthalten sein.)**

Das überrascht mich überhaupt nicht, es ist charakterisierend für die
geringen Freiräume in deutschen Großbanken.

**Wie erholen Sie sich von dem 12-Stunden-Arbeitstag vor 14
Bildschirmen und unzähligen Voice Lines?**

Ich finde meinen Beruf nicht sonderlich anstrengend. Es kommt
immer darauf an, wie man es versteht, mit dem Streß, der zweifelsohne in unserem Beruf existiert, umzugehen.

Heiner Staub
Schröder Münchmeyer Hengst
"Erfolgreiches Handeln an den Finanzmärkten
ist ein Handwerk, das jeder erlernen kann."

Am 26. Januar 1990 nahm die Deutsche Terminbörse DTB ihren Handel in Futures und Options auf. Nachdem die rechtlichen Voraussetzungen für Termingeschäfte an der DTB nach internationalem Standard geschaffen waren, konnten an der DTB per zentralem Computersystem Terminkontrakte und Optionen gehandelt werden. Aufgrund der technischen Grundlage eines vollautomatisierten Börsen- und Clearingsystems wurde somit auch in Deutschland ein effizienter Markt für derivate Finanzinstrumente geschaffen.

Auch wenn die Frankfurter Bank Schröder Münchmeyer Hengst, von ihrer Bilanzsumme her gesehen, längst nicht zu den größten Banken gehört, so zählt sie im Portfolio-Management sowie im Handel mit derivaten Finanzinstrumenten an der DTB und im OTC-Markt sicherlich zu den führenden Häusern in Deutschland.

Der Schweizer Heiner Staub ist Chefhändler der Abteilung Derivate bei SMH. Obwohl Staub nach wie vor selbst handelt, ist ein weiterer wichtiger Aspekt seiner Aufgaben die Steuerung seines Handelsteams. Die Herausforderung dabei ist es, den Händlern den nötigen Freiraum zu geben, um erfolgreich sein zu können, und andererseits genau dort Schranken zu setzen, wo es aus bankpolitischen Interessen notwendig ist. Da besonders der Bereich des Optionshandels sehr mathematisch orientiert abläuft und zu einem hohen Prozentteil aus Arbeit und weniger aus Intuition besteht, behauptet Staub, daß Handeln an den Finanzmärkten ein Handwerk ist, das jeder erlernen kann. Da sich Staub intensiv mit dem Sinn seines Berufes und der Psychologie des Handelns beschäftigt, äußert er sich auch kritisch über den oft eintönigen Tagesablauf vor den zahlreichen Computer- und Handelsbildschirmen. Dabei versucht er, besonders jungen Händlern, die sich oft durch das große Geld und die zweifelsohne vorhandenen Verdienstmöglichkeiten anreizen lassen, die Konsequenzen des Handelsberufes deutlich zu machen. Für mich persönlich war das Gespräch mit Heiner Staub sehr wertvoll, da es nur sehr wenige Marktteilnehmer gibt, die sich so intensiv mit ihrem

Beruf dem Sinn und den Konsequenzen der täglichen Hektik an den
Finanzmärkten für die eigene Persönlichkeit beschäftigen.

**Wann hatten Sie das erste Mal Kontakt zu den Wertpapier-
märkten?**

Meinen ersten Kontakt zu den Wertpapiermärkten hatte ich während
des Studiums. Ich arbeitete damals bei dem International Futures and
Commodity Institut. Das war 1984. Es handelt sich dabei um eine
Non-Profit-Organization, die von der Swiss Futures and Commodities
Association ins Leben gerufen wurde, um dem Anlegerpublikum die
amerikanischen Terminmärkte näherzubringen. Zu dieser Zeit be-
gann in Europa gerade die Diskussion über Financial Futures. In der
Schweiz gab es ein Projektteam zur Untersuchung einer schweizer
Terminbörse. Das International Futures und Commodity Institut hat
damals Computer-Lernprogramme erstellt, deren weiterentwickelte
Version 1990 auch die DTB kaufte. An diesen Lernprogrammen habe
ich während des Studiums mitgearbeitet. Es war zwar kein aktiver
Handel, sondern eine Research-Arbeit, aber im Grunde mein erster
Kontakt zu derivaten Finanzinstrumenten.

**Hatten Sie danach bereits geplant, später in diesem Bereich zu
arbeiten?**

Der nächste Schritt war dann ein Traineeprogramm bei Tradax
Cargill. In der Schweiz gibt es zwei Welthandelskonzerne im
Bereich Getreide. Das sind André & Cie. und Cargill. Bei Cargill
habe ich drei Monate am Getreide-Handelstisch gesessen. Wir
haben Schiffsladungen mit Mais und Weizen gekauft und in
einem anderen Teil der Welt wieder verkauft. Meist physische
Ware. Das war mein erster konkreter Kontakt mit dem Handel.
Nach Beendigung meines Studiums bin ich dann den Weg in die
Financial-Futures-Industrie gegangen. Ich hatte ein Angebot einer relativ kleinen und bis dahin unbekannten schwedischen Firma, Servicen Trading aus Stockholm.

Mit welchem Aufgabenbereich haben Sie bei Servicen begonnen?

Ich habe an der schwedischen Optionsbörse Optionen auf den schwedischen Dreimonats-Zinsfutures-Kontrakt gehandelt. Nach ungefähr
vier Monaten habe ich dann zusammen mit einem Kollegen spekula-

tive Futuresportfolios an den amerikanischen Futuresmärkten, bestehend aus S&P 500, Bonds und Devisen, verwaltet.

Hatten Sie dafür eine spezielle Ausbildung bei Servicen?

Das war mehr ran an den Tisch und rein ins Portfolio. Es gab in dem Sinne kein Ausbildungsprogramm, sondern "training on the job". Ich habe Cox/Ross/Rubinstein gelesen und dann ging es los.

Wie waren die Erfolge ohne große Ausbildung?

Die Erfolge waren natürlich bescheiden. In einem derart harten Geschäft war das ohne spezielle Kenntnisse auch nicht anders zu erwarten. Der Depotwert unterlag sehr großen Schwankungen und unsere Erfolge waren sehr abhängig von den Trends an den Märkten. Wir haben Geld verdient und wieder verloren. Auch wenn wir im Endeffekt kein Geld verloren haben, konnte man nicht mit gutem Gewissen behaupten, daß es gut angelegtes Geld war. Der erzielte Gewinn stand in keinem akzeptablen Verhältnis zu den eingegangen Risiken. Einfache Charts und Meinungen haben mehr oder weniger unsere Positionen bestimmt. Dementsprechend hoch waren natürlich unsere Drawdowns. Zumindest waren wir aber so intelligent, um einzusehen, daß wir einen unzureichenden Ansatz hatten und stellten daraufhin das Programm nach drei Monaten ein.

Hatten Sie damals ein Vorbild?

Ich hatte ein Vorbild, auch wenn es kein großer bekannter Name ist. Peter Allenberg, der Inhaber und Gründer der Firma, hat mich sehr beeinflußt. Er ist eine beeindruckende Persönlichkeit. Als junger Mann hatte er bereits eine sehr erfolgreiche Firma mit 25 Personen aufgebaut. Dafür hatte er sein Studium aufgegeben und sich 50.000 Kronen Startkapital von seiner Mutter geborgt.

Welche Fachbücher haben Sie gelesen?

Neben der grundlegenden Literatur beschäftigte ich mich nie intensiv mit Büchern. Entscheidend, und das merkt man sehr schnell im Tagesgeschäft, ist die Disziplin und die emotionale Distanz zu den Preisbewegungen.

Sind Sie der Meinung, daß man Ihren Beruf erlernen kann?

Auf jeden Fall. Obwohl ich mich darin wahrscheinlich von der Meinung anderer großer Marktteilnehmer unterscheide. Viele behaupten, entweder man ist ein guter Händler oder kein guter Händler. Ich bin der Meinung, daß der Handel an den Finanzmärkten ein Handwerk ist. Mit gewissen Regeln und Instrumenten kann man darin sehr erfolgreich sein. Leute wie Richard Dennis, Martin Ebner oder George Soros werden Ihnen natürlich etwas anderes sagen. Wenn ein Preis für sie gut ist, dann ist der Preis nicht nur für 100 oder 1.000 Kontrakte, sondern für alles, was man bekommen kann, gut. Wenn sie eine Schwäche anderer Marktteilnehmer erkennen, dann schlagen sie richtig zu. Dazu braucht man natürlich das nötige Temperament und Spekulationsgefühl. In diesem einen entscheidenden Moment muß man zuschlagen und zwar richtig. Das kann man natürlich nicht erlernen. Diese Leute suchen den "Big Hit", von dem sie dann wieder einige Monate zehren können. Ich betreibe das Ganze dagegen als einfache und disziplinierte Arbeit, die aus vielen Einzeltransaktionen, ständiger Konzentration und kleinen Gewinnen besteht. Das ist meiner Meinung nach durchaus lernbar.

Können Sie kurz Ihre Aufgabe als Chefhändler beschreiben?

Ich bin Chefhändler der Abteilung Derivate bei SMH und überschaue ein Team von 11 Händlern. Darunter sind sechs Market Maker und fünf Broker. Ich handle nach wie vor selber. Bis vor kurzem war ich jeden Tag im Markt aktiv, jetzt greife ich allerdings nur noch ein, wenn Not am Mann ist. Ein anderer wichtiger Aspekt meiner Aufgaben ist die Steuerung des Teams. Die Herausforderung dabei ist es, den Leuten den nötigen Freiraum zu geben, um erfolgreich sein zu können und andererseits genau dort Schranken zu setzen, wo es notwendig ist.

Auf welche Bereiche und Länder beschränkt sich der Handel bei Ihnen?

Wir sind im Bereich der derivativen Instrumente in deutschen Aktien tätig. Dabei ist die DTB natürlich unser Hauptbereich. Inzwischen beinhaltet der Handel aber auch den OTC-Bereich und darüber hinaus die Strukturierung spezieller Produkte.

Welche persönlichen Eigenschaften sind für den Erfolg maßgeblich?

Disziplin und Konzentrationsfähigkeit. Extrem wichtig ist auch eine gewisse emotionale Distanz zu den Preisbewegungen und damit zu den erzielten Gewinnen und Verlusten. Man darf sich nie vorstellen, was man sich von den möglichen Gewinnen und erlittenen Verlusten hätte kaufen können. Damit wäre die emotionale Bindung zu groß. Diese Vorstellung lenkt von der eigentlichen Sache zu sehr ab. Ich betrachte meine Arbeit vor den Handelsbildschirmen als eine Art Videogame.

Sehen sie nicht das Kapital, das hinter Ihren Positionen steht?

So kann man das natürlich nicht sagen. Neben der Disziplin und den fachlichen Voraussetzungen ist das Money Management natürlich ein wichtiger Schlüssel zum Erfolg. Dabei heißt Money Management nichts anderes als: Let your profits run and cut your losses. Ein ganz einfaches Beispiel dazu ist der Zusammenhang zwischen Verlust und Gewinn. Um einen Verlust von 20 Prozent wieder auszugleichen, benötigt man 25 Prozent Gewinne. Bei einem Verlust von 50 Prozent sind schon 100 Prozent Gewinn nötig. Aus diesem Grund versuche ich, meine Verluste zu minimieren. Während es für mich eine relativ einfache Frage der Disziplin ist, seine Verluste konsequent zu minimieren, ist es viel schwieriger, die Gewinne laufen zu lassen. Ich tendiere häufig dazu, eine Position im Gewinn zu schließen und dafür meine Risikobereitschaft bei einer neuen Position zu erhöhen.

Welche Personen tragen besonders zu Ihrer Meinungsbildung bei?

Das wechselt. Es ist eine ganz natürliche Reaktion, daß man immer die Quellen heranzieht, die einem in der jüngsten Vergangenheit gut gedient haben. Es gibt unter den Marktteilnehmern immer Meinungsträger, die mal gut und mal weniger gut liegen. Viele Marktteilnehmer haben auch ein eigenes Interesse, wenn sie ihre Meinungen veröffentlichen. George Soros publizierte seine Goldkäufe auch erst, nachdem er selbst gekauft hat. Es ist ein Mittel zum Zweck.

Wie würden Sie Ihre Handels-Philosophie beschreiben?

Ich sehe es, wie bereits gesagt, eher als ein Handwerk an. Im Vordergrund steht ein konstanter Return mit kleinen Drawdowns. Das kann
man nur durch viele Einzeltransaktionen erzielen. Das wichtigste
dabei ist daher auf keinen Fall der "Big Hit" mit einer einzigen
Position. Ich gehe Positionen ein, durch die ich meine Wahrscheinlichkeiten erhöhe, von einer Situation zu profitieren. Ich beurteile die
Märkte nicht aus einer Trendrichtung heraus, sondern mich interessieren die in den verschiedenen Optionspreisen ausgedrückten
Wahrscheinlichkeiten. Wenn die Märkte an sich den Wert antizipieren, dann sind Terminmärkte wiederum die Antizipation davon. Die
Terminmärkte sind sozusagen die Antizipation der Antizipation. Dazu
gehört, daß oftmals die Furcht vor etwas stärker ist als das eigentliche Ereignis. In solchen Fällen habe ich gewisse Erfahrungswerte
und spiele sozusagen die Wahrscheinlichkeiten gegeneinander aus.

**Können Sie vielleicht ein einfaches konkretes Beispiel zur
Verdeutlichung nennen?**

Ich kaufe die Volatilität, wenn sie nach meiner Erfahrung historisch
niedrig ist, und ich verkaufe sie, wenn sie zu hoch ist. Wenn alle
Leute Risiko erwarten und sich vor etwas fürchten, dann verkaufe ich
Ihnen die Versicherung für ihre Furcht, in Form der Volatilität. Es
gibt bestimmt einen Grund, warum sich alle fürchten, aber meist ist
es eine zu starke Übertreibung. Wenn dagegen alle überhaupt kein
Problem mit einer Situation haben und alles bestens zu sein scheint,
dann wiederum kaufe ich mir die Rückversicherung für ein Wieder-
ansteigen der Furcht in Form der Volatilität. Das Risiko liegt meist
nicht dort, wo man es erwartet, sondern im Unbekannten. Das menschliche Risikoverhalten entspricht nicht nur an der Börse, sondern auch
in anderen Bereichen oft nicht der Statistik. Viele Autofahrer denken
zum Beispiel bei Tempo 220 auf der Autobahn nicht an das Risiko,
aber sie haben Angst, Fallschirm zu springen, was statistisch aber
weitaus ungefährlicher ist.

Spielen für Sie fundamentale Indikatoren eine Rolle?

Nein, weil der Zeithorizont der kurzfristigen derivaten Instrumente
nicht mit den langfristigen fundamentalen Kräften übereinstimmt.

Verwenden Sie technische Indikatoren?

Wir verwenden Charts und eine Reihe anderer technischer Indikatoren. Für einzelne Aktien benötigt man längst nicht so viele Indikatoren wie für die Analyse des Indexes. Bei einem Aktienindex existiert ein viel klareres technisches Bild als bei einzelnen Aktien.

Welche technischen Indikatoren beachten Sie konkret?

Die wichtigsten Indikatoren für Aktien sind Trendlinien, Relativer Stärke Index, Durchschnittslinien, Fibonacci, Bollinger Bänder und einige mehr. Wichtig bei technischen Indikatoren ist, daß nicht alle Indikatoren in den gleichen Marktsituationen nützlich sind, sondern sich die Zusammensetzung der hilfreichsten Indikatoren laufend ändert.

Sind Sie der Meinung, daß ein gutes Tradingsystem einen guten Trader ersetzen kann?

Ein gutes Tradingsystem bringt zumindest enorme Vorteile. Das System muß nur laufend weiterentwickelt werden, da sich die Märkte ebenfalls ständig verändern. Selbstlernende Systeme sind da zwar ein guter Ansatz, aber ich glaube, daß auch sie laufend noch Anweisungen von außen erhalten müssen. Viele Händler benutzen Systeme, um sich selber eine gewisse Disziplin vorzugeben. Die Zeit, als man an den Märkten ohne jede systematische Vorgehensweise Geld verdienen konnte, gehört meines Erachtens der Vergangenheit an.

Inwiefern haben sich die Märkte in den letzten Jahren geändert?

Die Märkte verändern sich ständig. Eine große Veränderung erfolgte durch die Geschwindigkeit der elektronischen Datenübertragung und durch die Verbreitung der technischen Analyse. Wenn man heute in einem Chart ein Ausbruch-Signal erkennt, ist die Bewegung im Terminmarkt bereits um fünf oder zehn Punkte weitergelaufen, bis man sich entscheidet, zu kaufen. Es gelingt nicht mehr, zum optimalen Preis zu kaufen, oder wenn, dann nur eine geringe Anzahl von Kontrakten. Man wartet also auf ein Signal, und wenn es dann endlich erfolgt, ist es bereits zu spät. Eigentlich muß man sich somit bereits vorher entscheiden, ob man die Position eingehen will oder nicht. Dabei kommt für mich ein wesentlicher Faktor in unserem Geschäft hinzu, nämlich Glück. Man braucht Glück und eine gesunde Portion Selbstvertrauen. Napoleon hat seine Generäle, bevor er sie dazu ernannt hat, darauf untersuchen lassen, ob sie Glück haben. Erst wenn er sichergehen konnte, daß er keine Pechvögel ausgewählt hatte, machte er sie zum General.

Kurzfristig mag das vielleicht manchmal zutreffen, aber langfristig ist doch Pech oder fehlendes Glück kein Argument für Verluste?

Langfristig ist ein Begriff, der in diesem Geschäft nicht existiert. Ein großer Verlust bedeutet immer das definitive Aus. Fachlich und von der Persönlichkeit haben manche Leute alle notwendigen Voraussetzungen, inklusive guter Ideen. Aber sie schaffen es nicht. Ich habe solche Pechvögel gesehen, die es einfach nicht schaffen. Sie haben kein Glück, und wenn es nicht an der Position liegt, dann passiert in der Abwicklung ein Fehler. Irgendwo unterläuft ihnen immer ein vermeidbarer Fehler. Solche Leute scheiden natürlich nach geraumer Zeit von allein wieder aus dem Markt aus.

Gehen Sie neben Ihren komplexen Optionsstrategien auch reine Meinungspositionen ein?

Im Vordergrund steht sicherlich der beschriebene Options Bewertungsansatz, mit dem ich versuche, teure Optionen zu verkaufen, und billige Optionen zu kaufen. In kleinerem Umfang gehe ich aber auch reine Meinungspositionen ein. Die größten Positionen sind aber immer Volatilitätspositionen. Ich bin also entweder Optionsprämie long oder short. Bei unseren sehr großen und komplexen Eigenbeständen von bis zu 3.000 verschiedenen Optionsserien kann man die einzelnen Positionen eigentlich kaum isoliert betrachten. Wenn ich zum Beispiel einige Siemens "Aus dem Geld" Call Optionen kaufe, ist das für den gesamten Eigenbestand nahezu bedeutungslos. Jede Optionsposition wird durch ein statistisch, theoretisches Modell homogenisiert und zu einer Gesamtposition addiert. Diese Summe wird dann als Position gesteuert. Als einer der größten Market Maker an der DTB sind wir auch dazu verpflichtet, für Liquidität zu sorgen. Wir bieten daher alles an, was der Markt und seine Kunden nachfragen.

Viele Privatanleger lassen ihre Verluste zu lange laufen und realisieren auf der anderen Seite ihre Gewinne zu früh.

Das passiert mir als Händler natürlich auch. Es war im nachhinein wahrscheinlich immer zu früh, wenn man einen Gewinn mitgenom-

men hat. Auf dem Top zu verkaufen und möglichst jede Verlustposition sofort glatt zu stellen, sind meiner Meinung nicht die entscheidenden Prinzipien. Wichtiger ist, daß man in einer guten Phase,
wenn man den Markt im Griff hat und den richtigen Rhythmus
gefunden hat, seine Positionen und damit seine Risikobereitschaft
vergrößert. In schlechten Phasen dagegen, wenn man beginnt, sich
emotional am Markt in etwas hineinzusteigern, muß man die Disziplin besitzen, seine Positionen sofort zu verkleinern. Das ist die
natürlichste, aber auch wichtigste Form des Money- und Risiko-
Managements.

Beobachten Sie diese Phasen auch bei den Leuten in Ihrem Team?

Natürlich, das gleiche gilt für die Leute in meinem Trading-Team.
Händler haben gute und schlechte Phasen. Sie sind drei Monate super
dabei, dann verlieren sie plötzlich einen Monat lang Geld. Der Händler wird am Anfang nur sehr schwer realisieren, daß er jetzt in einer
schlechten Phase ist. Bis ihm jemand sagt: "Junge, was ist los?
Reduzier dein Risiko und dein Volumen!" Die Händler brauchen
besonders in diesen schwierigen Phasen Unterstützung.

Existieren bei Ihnen Stops in einem System oder nur mental?

Stops existieren sowohl in einem System als auch mental. Sie existieren deswegen im System, weil dies aus Bankinteressen notwendig ist.
Dennoch sind diese Systemstops im allgemeinen schlechte Stops. Oft
greifen sie in Katastrophenszenarien, doch genau in solchen Situationen sollte man eigentlich die Stops ignorieren. Im allgemeinen sind
Hierarchien, Management und Limits für den Handel sehr hinderlich.
Wenn es eine Investmentbank jedoch geschafft hat, eine gewisse
Handelsphilosophie zu prägen, sind solche Eingriffe von außen gar
nicht mehr nötig. Bei uns ist es nicht üblich, daß Händler die Kontrolle über sich verlieren und unnötige Verluste erleiden. Verluste zu
realisieren, ist für alle Händler eine schmerzhafte Angelegenheit,
aber man muß lernen, damit umzugehen. In bestimmten Fällen über-
nehme ich auch eine Verlustposition eines Händlers und stelle sie
dann glatt.

**Wie lange braucht man, um so eine Disziplin für Verluste zu
entwickeln?**

Das kann man nicht besonders gut in Zeit ausdrücken. Man kann es vielleicht eher in Schmerzen ausdrücken. Verluste schmerzen immer. Über jede paar tausend Mark, die auf Grund von Undiszipliniertheiten verloren gehen, ärgert man sich furchtbar. Nach zwei bis drei Mißerfolgen sollte man aber seine Fehler erkennen. Natürlich lernt man das ganze Leben auch in dieser Beziehung nicht aus. Wenn man selber einmal die harten Konsequenzen eines groben Fehlers spüren mußte oder miterlebt hat, wie viele andere Händler gehen mußten, lernt man oft am schnellsten. Es gibt immer weniger, die seit fünf oder sieben Jahren aktiv im Handel sind. Ich habe schon viele Händler beobachtet, die nach einem tollen Start und großen Erfolgen plötzlich für immer aus den Handelsräumen verschwunden sind.

Gibt es für Sie auch eine Grenze, wo Ihnen der Preis, den Sie für Ihren Erfolg zahlen, zu hoch ist?

Ja, auf jeden Fall. Der Handel an der Deutschen Terminbörse dauert von 9.30 Uhr bis 16 Uhr, eigentlich ohne Mittagspause. Denn unglücklicherweise sind in der letzten Zeit unmittelbar nach Sitzungsende der amtlichen Börse um 13.30 Uhr, bedingt durch die Ausländer am Markt, große Bewegungen aufgetreten. Wir sitzen also den ganzen Tag ohne ein vollwertiges Mittagessen vor den Bildschirmen. Das ist auf Dauer sehr ungesund. Wenn ich spüre, daß die dauernde Belastung gesundheitliche Auswirkungen hat, würde ich die Konsequenzen ziehen. In so einem Fall würde mir auch ein Aufgabenwechsel sehr leicht fallen. Ein bißchen schwerer fällt mir die Entscheidung, wenn ich Persönlichkeitsveränderungen an mir feststellte.

Haben Sie Persönlichkeitsveränderungen an sich festgestellt?

Ja, eine ganze Menge. Gerade junge Leute, die von der Universität kommen und unbedingt in diesen Beruf wollen, konfrontiere ich beim Einstellungsgespräch mit diesen Problemen. Ich bitte Sie, sich zu überlegen, wie Sie Ihrer Mutter erklären wollen, was sie hier machen.

Wie versuchen Sie, den Bewerbern die Realität Ihres Berufes zu veranschaulichen?

Ich versuche, den Leuten klar zu machen, daß sie sich den ganzen Tag mit Geld beschäftigen. Dieses Geld und die Zahlen auf den Bildschirmen haben emotionale Konsequenzen. Die ganze Leistung ist nur auf diese Zahlen und de facto auf das dahinterstehende Geld konzentriert. Doch dieses Geld ist völlig immateriell, es geht auf - oder kommt von irgendwelchen Bankkonten. Vom Gesichtspunkt der volkswirtschaftlichen Leistung ist es für einen DTB-Händler relativ schwierig, seinen Nutzen zu erkennen. Er ist unzweifelhaft irgendwo vorhanden, aber nur sehr schwierig zu erfassen. Die Öffentlichkeit versteht, was ein Arzt oder ein Architekt für einen Nutzen haben, aber ein DTB Händler? Wenn jemand nun aus emotionalen oder sozialen Gesichtspunkten ein Problem damit hat, sollte er sich über- legen, ob das der richtige Beruf für ihn ist.

Zweifeln Sie an dem tieferen Sinn Ihres Berufes?

Ich muß ehrlich sagen, ich habe nach all den Jahren in diesem Geschäft zumindest Zweifel, ob das aus sozialen Gesichtspunkten gut ist, was wir hier machen. Zudem stelle ich an mir Persönlichkeits- veränderungen fest. Auch wenn man es probiert, man kann abends nicht einfach abschalten, sondern man durchdenkt seine Positionen und ärgert sich über vermeidbare Fehler. Und das Allerschlimmste dabei ist, daß es sich ja immer "nur" um Geld handelt. Dabei gibt es doch weiß Gott in der Welt andere Sorgen als das Geld. Das einzige erklärte Ziel eines Händlers ist es, Geld zu verdienen, und überhaupt nichts anderes. Für mich persönlich ist das ein wesentliches Problem unseres Berufes. Vielleicht werde ich aus diesen Gründen irgend- wann einmal eine Aufgabe mit einer sozialen Funktion wahrnehmen.

Beeinflussen Gewinne und Verluste Ihr Privatleben?

In gewisser Weise beeinflussen sie natürlich mein Privatleben, aber man gewöhnt sich an kleinere Gewinne und Verluste. Natürlich freue ich mich über einen erfolgreichen Tag, nehme das Gefühl mit nach Hause und freue mich auch noch am nächsten Tag, wieder ins Büro zu kommen. In einer schlechten Phase kann es dagegen jeden Tag eine Qual sein, ins Büro zu kommen. Generell glaube ich aber, daß es bei Händlern nicht anders ist als in jedem erfolgsabhängigen Beruf. Der berufliche Erfolg überträgt sich entsprechend auf die Stimmung im Privatleben.

Reagieren Sie auch richtig emotional, wenn Sie eine größere Verlustposition haben?

Ich würde mich nicht als laut bezeichnen, aber ich teile mich mit. Zweimal in meinem Händlerleben ist es vorgekommen, daß ich sogar physisch meinen Unmut geäußert habe. In beiden Fällen habe ich ein Telefon völlig zerstört. In solchen Situationen werde ich immer sehr nachdenklich, wobei mich nicht der eigentliche Grund, sondern meine Reaktion darauf sehr nachdenklich stimmt.

In welchen Situation haben Sie die beiden Telefone zerstört?

Ich glaube, es war eine Kombination von zwei oder drei Ärgernissen gleichzeitig. Ein Telefongespräch, das mich ablenkt, dazu eine Position, die gegen mich läuft und obendrein, bedingt durch einen technischen Fehler, noch die Unmöglichkeit, zu handeln. Im Prinzip alles Lappalien, aber in der Kombination mit hohem Streß brennt dann eine Sicherung durch. Solche Reaktionen ärgern mich natürlich, weil sie nicht notwendig sind. Es ist was anderes, wenn man ein bißchen schimpft, das ist meistens ein gutes Zeichen. Es gibt nämlich auch Händler, die plötzlich ganz ruhig werden. Das ist, wie wenn ein kleines Kind immer leiser wird und man es irgendwann nicht mehr hört. In einem solchen Fall sollte man besser schnell nachsehen, was los ist. Ich bin also nicht absolut ruhig, sondern ich spreche ein bißchen mit mir selber. Das bedeutet aber nichts weiter, nur Selbstgespräche, Geräusche und Töne.

Beeinflußt das persönliche Temperament den Handelsstil?

Das eigene Temperament spiegelt sich auf alle Fälle im Handelsstil wider. Im Optionshandel erfordert meine Art zu handeln viel Überlegungsarbeit und dementsprechend eine hohe Konzentration. Im Futureshandel gibt es dagegen nur zwei Möglichkeiten, nämlich Kaufen oder Verkaufen. Bei Optionen habe ich zahlreiche Kombinationsmöglichkeiten. Es gibt auch eine gewisse Grauzone, in der ich eine Wahrscheinlichkeit gegen eine andere ausspielen kann. Der Handel ist daher nicht nur durch die beiden extremen Pole, richtig oder falsch, Gewinn oder Verlust, geprägt.

Finden Sie es gut, wenn Händler neben den Positionen der Bank auch privat an den Märkten engagiert sind?

Natürlich ist oft die Verlockung gegeben, sich etwas dazu zu verdienen. Aber es ist meistens verboten und eigentlich bin ich ein Befürworter dieser Regelungen. Jeder sollte sein Können im Namen der Bank einsetzen und die Bank wird ihn an seinen Erfolgen beteiligen. Zudem trennt es die Händler von einer emotionalen Bindung an ihre privaten Positionen. Gerade in dem Bereich der leistungsbezogenen Vergütung muß in Deutschland aber noch einiges verbessert werden. Die guten Leute wandern sonst alle zu angelsächsischen oder anderen ausländischen Adressen mit attraktiveren Vergütungssystemen ab.

Sind die Finanzmärkte für Sie vorrangig ein Mittel, um Geld zu verdienen und würden Sie sich bei einer ausreichenden finanziellen Unabhängigkeit aus dem Handel zurückziehen?

Wenn es mir finanziell möglich wäre, würde ich mich wahrscheinlich in die Berge zurückziehen. Ich denke jetzt nicht, daß ich das in den nächsten zwei Jahren erreichen werde. Da ich nicht an die Big-Hit-Philosophie glaube, sehe ich diese Entwicklung ebenfalls sehr realistisch. Aber das ist eine Charaktereigenschaft. Natürlich gibt es genug Leute, die behaupten, wenn schon, dann richtig. Mein Ansatz sind aber eher kleine solide Schritte als Teil einer komplexen Strategie. Darum behaupte ich auch, daß erfolgreiches Handeln ein Handwerk ist, das jeder erlernen kann. Ein gewisses Risiko gehe ich natürlich bei meinem Ansatz auch ein, das ist ganz klar. Wenn man das Risiko jedoch bewußt eingeht, ist es berechenbarer.

Empfinden Sie Risiko auch als Macht?

Ja, spätestens dann, wenn man das Risiko gemeistert hat. Ich gehe gerne Bergsteigen. Man fühlt sich immer ziemlich klein, wenn man am Fuß des Berges steht oder inmitten der Wand hängt. Am Ziel angekommen, fühlt man sich dagegen unheimlich mächtig. Sozusagen ist Risiko bestimmt eine Art von Macht.

Wie versuchen Sie, einen Ausgleich zu dem permanenten Streß herzustellen?

Ich treibe viel Sport und reise sehr viel. An den Wochenenden bin ich praktisch nie in Frankfurt, sondern in irgendwelchen Städten Europas oder eben in den Bergen. Man fühlt sich besser und ist auch im Handelsraum erfolgreicher, wenn man körperlich fit ist. Ich kann mir nicht vorstellen, jahrelang vor den Handelsbildschirmen zu arbeiten, ohne etwas für meine körperliche Fitneß zu unternehmen. Ich denke

einfach 10 Jahre in die Zukunft. Es gibt natürlich auch einige erfolgreiche Händler, die es anders praktizieren und jeden erfolgreichen
Tag mit den entsprechenden Bieren feiern. Ich trinke auch ab und zu
ein paar Bierchen, aber auf täglicher Basis in Verbindung mit dem
Börsenstreß betrachte ich es als gefährlich. Mit 25 Jahren ist das
noch kein Problem. Aber spätestens mit 30 Jahren sollte man es nicht
mehr machen, weil man es körperlich nicht lange aushält.

**Haben Sie das Gefühl, daß sich Ihr Trading-Stil noch weiter-
entwickelt?**

Ich strebe nicht so sehr das harte und zeitweise sehr brutale Handeln
in einzelnen Positionen an. Dieses aggressive Handeln ist zum Teil
schwere Knochenarbeit. Mein Ziel sind eher konstruierte Transaktionen, die viel Konzeption erfordern.

**Es wird viel über die Beeinflussung der Kassamärkte durch den
Terminmarkt gesprochen. Wie groß ist die Beeinflussung?**

Es besteht eine gegenseitige Wechselwirkung zwischen beiden Märkten. Der Kassamarkt ist natürlich immer noch um ein Vielfaches
größer als der Terminmarkt. Der Kontraktwert der umgesetzten
Futures beträgt dennoch im Durchschnitt bereits 75 Prozent der
Umsätze des Kassamarktes. An extremen Tagen, zum Beispiel während der Krise des Europäischen Währungssystems im September
1992, waren es aber auch schon zeitweise 200 Prozent. Der Terminmarkt hat den klaren Vorteil der höheren Geschwindigkeit, niedrigeren Transaktionskosten sowie der Hebelwirkung. In kritischen Situationen drängen aufgrund dieser Vorteile alle Marktteilnehmer zuerst
auf den Terminmarkt. In diesen Fällen kommt es dann oft zu einer
starken Beeinflussung des Kassamarktes durch den Terminmarkt.
Generell sollte man aber beide als Einheit betrachten.

**Wird nicht häufig der Versuch unternommen, den Kassamarkt
durch den Terminmarkt zu manipulieren?**

So isoliert darf man das nicht betrachten. Denn es steht nicht immer
die Absicht dahinter, einen Profit herauszuholen, sondern oft ist es
eine rein defensive Strategie. Man schützt sich sozusagen dagegen,
daß jemand anderes manipuliert. Aus diesem Grund trifft man seine
Vorkehrungen und manipuliert sozusagen selbst. Es ist das gleiche,

wenn Sie zwei Gefangene haben, von denen keiner angeklagt werden kann. Man bietet jedem Gefangenen an, freizukommen, wenn er gegen den anderen aussagt. Das Dilemma der Gefangenen ist, daß es für sie keine andere Möglichkeit gibt, als auszusagen. Daher sagen beide aus und es kommen auch beide in ein Gefängnis. Was der Markt und die Öffentlichkeit als Manipulation bezeichnet, ist ein ähnliches Problem und für alle beteiligten Parteien ein kostspieliges Unternehmen. Niemand macht es gerne, aber alle müssen es tun, um Ihre Interessen zu schützen.

Können Sie mit Ihrem Volumen die Märkte manipulieren?

Auch wenn wir in Deutschland zu den größeren Marktteilnehmern gehören, gibt es immer irgend jemand, der größer ist als man selbst. Egal, wieviel Kapital man zur Verfügung hat, es wird immer jemanden geben, der mehr hat. Ich denke dabei nur an die großen angelsächsischen und amerikanischen Handelshäuser und Investmentbanken. Ihre Gewinnsteigerungen kommen in immer größerem Umfang aus dem Eigenhandel. Die Währungsturbulenzen haben einiges Kapital neu verteilt. Die ganze Bankenwirtschaft war aktiv daran beteiligt, als dem Europäischen Währungssystem der Nacken gebrochen wurde.

Mit welchen Gefühlen denken Sie an den Crash 1987 zurück?

An den Crash 1987 denke ich sehr gerne zurück. Das war eine aufregende und sehr ertragreiche Zeit. Vom Nestlé-Crash in der Schweiz 1988 habe ich auch sehr profitiert. Zu dieser Zeit, als die Ausländerbeschränkungen für Nestlé Namensaktien aufgehoben wurden, war ich Market Maker in Nestlé. Auf die Ankündigung hin gab es eine erdrutschartige Bewegung von knapp minus 15 Prozent in Schweizer Inhaberaktien zugunsten der Namensaktien.

Hatten Sie diese Bewegung antizipiert oder haben Sie nur schnell reagiert?

Von antizipieren in dem Sinn, daß ich diese Entwicklung kommen sah, kann nicht die Rede sein. Meine Optionspositionen waren entsprechend günstig konstruiert.

Können Sie diese Optionskonstruktion kurz erläutern?

Man hat die Normalverteilung, also die Wahrscheinlichkeit
stochastischer Prozesse für die Kursbewegungen einer Aktie. Von
Tag zu Tag weiß man natürlich nicht, ob eine Aktie steigt oder fällt.
Das Modell geht nur davon aus, daß es ein stochastisch normal-
verteilter Prozeß ist. Ich verschiebe diese Wahrscheinlichkeiten aber
dadurch, daß ich unterstelle, daß Werte schneller zerstört werden als
sie produziert werden. Das heißt, Kurssteigerungen sind im allgemeinen ein langwierigerer Prozeß als Kurseinbrüche, die oft ein Über-
Nacht-Phänomen sind. In Amerika, einem Aktienmarkt mit Übernahmen und dementsprechenden erratischen Kurssteigerungen über Nacht
ist diese Verteilung natürlich wesentlich anders als in Deutschland
oder der Schweiz. Den unteren Abschnitt der Wahrscheinlichkeit auf
der Seite der Kurseinbrüche sichere ich immer durch Put-Optionen
ab. Somit kann ich mich vor einem Crash-Risiko schützen oder mich
sogar entsprechend positionieren, daß ich daran verdiene. Mit dieser
Konstruktion konnte ich den Crash 1987, den Nestlé-Crash, den
Mini-Crash 1989, die Gorbatschow-Krise und den ersten Teil der
Kuwaitkrise sehr gut überstehen.

**Gab es Marktphasen, in denen es sehr schwierig war, mit Ihrer
Handelsphilosophie erfolgreich zu sein?**

Generell wird in Europa das Übernahmerisiko unterschätzt. Wenn
also kurzfristig ein Kurs sehr stark ansteigt, ist es meistens unange-
nehmer als ein Kurseinbruch. Eine sehr schwere Marktphase zum
Handeln war die zweite Hälfte der Golfkrise bis unmittelbar vor
Kriegsausbruch. Die Furcht vor dem Ausbruch eines Krieges war so
immens, daß unvorstellbar hohe Optionsprämien bezahlt wurden. Es
wurde praktisch das Ende der Welt antizipiert. Die Prämien waren
meiner Meinung nicht mehr gerechtfertigt, und daher haben wir
Optionen verkauft. Das Problem war aber, daß die Prämien jeden
Tag weiter gestiegen sind, und es viel Durchsetzungsvermögen gekostet hat, in diesem Markt laufend Volatilität zu verkaufen. Ich war
mir sicher, daß sich innerhalb einiger Monate die Volatiltiät wieder
auf einem Normalmaß einpendeln würde. Es hätten unglaubliche
Kursbewegungen der Aktien eintreten müssen, um derart hohe Prämien zu rechtfertigen.

Sie haben also auch diese schwierige Phase gut überstanden?

Im nachhinein ist man natürlich immer schlauer. Man hätte noch in
viel größerem Umfang Volatilität verkaufen sollen. Es war trotzdem
eine harte Zeit. Wir haben lange gelitten, aber wir sind konsequent
gewesen und bei unserer Meinung geblieben. Spätestens in solchen
turbulenten Zeiten an den Märkten kommt das Management in die
Handelsräume und will detaillierte Erklärungen über die eigenen
Positionen und deren Auswirkungen. Alle wissen, daß das Ultimatum
am 15. Januar 1991 abläuft. Nun müssen Sie hingehen und erklären:
"Wenn es 20 Prozent runtergeht und die Volatilität um x Prozent
ansteigt, dann verlieren wir x Millionen." Darauf bekommen sie
natürlich zu hören: "Aber meine Herren, das geht doch nicht. Wir
würden ja lächerlich aussehen, wenn der Krieg wirklich ausbricht
und der Markt 20 Prozent runter geht. Sie haben doch auch das
Datum der Deadline in der Zeitung gelesen?" Ich mußte also sehr
diplomatisch alles erklären und versuchen, mein Konzept durchzusetzen. Auch wenn wir im Endeffekt an der Situation verdient haben,
denke ich ungern daran zurück. Es war wahrscheinlich für viele
Händler eine unangenehme Phase.

**Gibt es irgendein Verhaltensmuster, das Sie allgemein in Krisen
anwenden?**

Wenn die Krise ausbricht, muß man Sie erst einmal sehr ernst
nehmen. Man darf sie auf keinen Fall unterschätzen. Wenn dann alle
anderen Marktteilnehmer die Krise ernstgenommen haben, dann ist
der Zeitpunkt gekommen, es ein bißchen realistischer einzuschätzen.
Die Angst vor etwas Unbekanntem ist immer viel größer als die
Reaktion auf das Ereignis selbst. D.h. eine Bewegung vor einer
Nachricht ist im allgemeinen größer als die Reaktion nach der Veröffentlichung der erwarteten Zahlen. Während man in der ersten Bewegung der allgemeinen Euphorie oder Enttäuschung meist auf seine
Positionen reagieren muß, sollte man nie auf die zweite Welle auf-
springen.

**Wie sehen Sie die weitere langfristige Entwicklung des DAX in
den nächsten Jahren?**

Ich glaube, daß die Leute generell das Potential der Aktienmärkte
unterschätzen. Das ist auch ein Grund, warum wir 1993 einen fulminanten Anstieg im DAX erlebten. Ich bin der Meinung, daß weitere
Aufwärtsbewegungen auf uns zukommen werden, die vor Jahren

noch unvorstellbar gewesen wären. Das wird weniger fundamentale Gründe haben, sondern es ist einfach diese riesige Masse an Liquidität, die bei tendenziell niedrigen Zinsen verzweifelt nach attraktiven Anlagemöglichkeiten sucht. Wenn ich in irgend etwas investieren sollte, dann doch in das einzige, was auf Dauer eine Funktion erfüllen wird, nämlich die menschliche Arbeit. Aktien werden aus diesen Gründen weiterhin das langfristig einzig sinnvolle Investment darstellen. Dabei genügt es für den Privatanleger sogar oftmals, in den Aktienindex zu investieren. Erfolgreiche Firmen werden immer im Aktienindex enthalten sein und weniger erfolgreiche Firmen werden automatisch herausfallen. Jeder Aktienindex ist damit auf Dauer schon eine statistisch positive Auswahl an Aktien.

Entfernen sich die Aktienkurse in solchen Liquiditätsbewegungen nicht zu weit von ihrem fundamental gerechtfertigten Niveau?

Kurzfristig und mittelfristig betrachtet vielleicht. Aber langfristig betrachtet stellen Aktien das einzige sinnvolle Investment dar. Aus diesen Gründen werden wir in der Zukunft noch sehr viel höhere Aktienkurse als heute sehen. Natürlich werden diese Bewegungen auch von großen Rückschlägen geprägt sein, aber die Grundtendenz wird weiter nach oben gehen.

Zahlreiche Privatanleger sehen in Aktien aber nach wie vor ein spekulatives Anlageinstrument und kaufen Anleihen.

Es gibt zahlreiche Untersuchungen, die das Gegenteil beweisen. In den letzten 50 Jahren waren Aktien wesentlich ertragreicher als Anleihen. Dabei hat der wahre Kapitalismus vielleicht noch gar nicht begonnen. Die Steuer und die Inflation fressen inzwischen die gesamten Zinsen auf. Die wahre Inflationsrate liegt für den Konsumenten bei den Produkten, die er kaufen will, doch eher bei 10 Prozent bis 15 Prozent als bei den vom Statistischen Bundesamt veröffentlichten 4 Prozent für die Produkte von gestern. In Anleihen kann man somit nicht einmal sein Kapital erhalten. Darüber hinaus hat der Staat nur insoweit ein Interesse, den Sparer zu schützen, als dieser nicht merken soll, wie er betrogen wird. Der Sparer bezahlt einen Preis für die relative Sicherheit seiner Anlage. Wie schon in der Bibel steht, vergräbt der Sparer seine Talente. Er soll entweder konsumieren oder investieren, aber auf keinen Fall sparen. Wenn er spart, treibt er die Wirtschaft nämlich nicht an.

Siegfried Piel
Lehman Brothers
"Viele Anleger suchen bewußt das
höhere Risiko eines Optionsscheines."

Seit einigen Jahren boomt in Deutschland das Geschäft mit derivaten Optionsscheinen. Nach zögerlichen Anfängen, die vor allem durch die Schwierigkeiten bei der internen Absicherung bestanden, scheint die Jagd nach immer neueren Innovationen in einer Vielzahl von unterschiedlichen Laufzeiten und Bezugskursen nach der Einführung der Deutschen-Terminbörse kaum mehr Grenzen zu kennen. Durch die DAX-Futures, Bund-Futures und Optionen auf 15 Standardwerte besteht seit 1990 nun auch für Aktien-, bzw. Aktienindexoptionsscheine eine individuelle Absicherungsmöglichkeit.

Von 1991 bis 1993 wurden in Deutschland insgesamt circa 800 Optionsscheine emittiert. Dabei war die Anzahl der Emissionen in den ersten sechs Monaten von 1993 bereits wesentlich höher als im gesamten Jahr 1992. Der Umsatz in dem inzwischen hart umkämpften Marktsegment an gehandelten Optionsscheinen, das deutsche Privatanleger geradezu magisch anzuziehen scheint, hat sich dabei 1992 gegenüber 1991 mehr als verdreifacht. Siegfried Piel ist in dem Bereich Optionsscheine, Aktien- und Aktienindex-Optionen durch seine innovativen Konstruktionen zu fairen Konditionen und extrem liquiden Märkten zu einem der bedeutendsten Marktteilnehmer in Deutschland geworden.

Nach fast sieben Jahren erfolgreicher Aufbauarbeit bei der Citibank - zuletzt war er in ganz Europa für den Bereich Optionsscheine zuständig - wechselte er zu Lehman Brothers, um dort den derivaten Bereich aufzubauen.

Wann sammelten Sie Ihre ersten konkreten Erfahrungen an den Finanzmärkten?

Ich war schon immer an den Entwicklungen der Finanzmärkte interessiert. Direkt nach dem Abitur absolvierte ich zuerst eine Ausbildung bei einer Steuerberatungsgesellschaft, um alle steuerlichen Kom-

ponenten kennenzulernen. Während des anschließenden Betriebs-
wirtschaftsstudiums konzentrierte ich mich neben dem Schwerpunkt
steuerlicher Unternehmensprüfung und Rechnungswesen dann bereits besonders auf das Gebiet Finanzwirtschaft. Bereits vor dem
Studium investierte und spekulierte ich privat in derivativen Instrumenten an den amerikanischen Terminmärkten. Dabei sammelte ich
natürlich auch meine ersten negativen Erfahrungen. Schon während
des Studiums wurde meine Analysestrategie dann aber wesentlich
professioneller und ich war mir neben den hohen Gewinnchancen
auch der Risiken bewußt. Mit dem Gewinn aus Neuemissionen, die in
den 80er Jahren am Aktienmarkt eine Zeit lang fast ein todsicherer
Tip waren, probierte ich erste kleinere Optionsstrategien aus und
konstruierte Call- und Put-Spreads sowie Straddle- und Strangle-
Positionen. Meine Diplomarbeit schrieb ich über das Thema "Alte
und neue Handlungsstrategien am Devisenmarkt, insbesondere Strategien in Devisenoptionen". Zu diesem Zeitpunkt waren Devisenoptionen in Deutschland eigentlich ein völlig neues Instrument und
die ersten Banken und Handelsabteilungen, die in diesem Markt
überhaupt tätig waren, waren ausschließlich amerikanische Adressen. Da mir damals die Citibank eines der umfassendsten und interessantesten Trainee Programme anbot, mit zahlreichen Stationen in
London, New York und Tokio, nahm ich das Angebot wahr und ging
nach Frankfurt. Danach war ich für den Bereich Trading und Sales in
dem Bereich der Aktienindex-Derivate sowie für Optionsscheine für
Europa verantwortlich.

**Können Sie die grundsätzlichen Eigenschaften eines Optionsscheins
erklären?**

Optionsscheine sind verbriefte Optionen, deren Bedingungen nicht
durch die Börsennuancen für den Börsenhandel bestimmt sind. Da
das zugrundeliegende Instrument eines jeden Optionsscheins eine
Option ist, behandeln und bewerten wir jeden Optionsschein wie eine
Option. Unter dem Überbegriff Optionen gibt es generell die Instrumente börsennotierter Optionen, z.B. DTB-Optionen, over the coun-
ter- (OTC) Optionen und Optionsscheine.

**Worin liegen die Unterschiede zwischen Optionsscheinen, OTC-
Optionen und DTB-Optionen?**

OTC-Optionen zeichnen sich aus durch eine individuelle Laufzeit, fehlende Börsennotierung, wenig Transparenz, kaum Zugangsmöglichkeit für den privaten Investor und unbegrenzte Handelszeiten.

DTB-Optionen sind gekennzeichnet durch Laufzeiten bis zu neun Monaten, Börsennotierung, Transparenz, begrenzte Zugangsmöglichkeit für den privaten Investor und Handelszeiten von 9.30 Uhr bis 17 Uhr.

Optionsscheine zeichnen sich aus durch eine relativ lange Laufzeit, Börsennotierung, Transparenz, einfache Zugangsmöglichkeit für den privaten Investor und lange Handelszeiten.

Die meisten Optionsscheine sind an der Wertpapierbörse in Frankfurt, einige auch an den Börsen in Düsseldorf, Hamburg und München notiert. Die Handelszeiten an diesen Börsenplätzen sind von 10.30 Uhr bis 13.30 Uhr. Der größte Umsatz der Optionsscheine findet jedoch im Telefonverkehr des Interbankenhandels der jeweiligen Emissionshäuser statt.

Wann wurden in Deutschland die ersten Devisenoptionsscheine emittiert?

In England bestand bereits seit längerem eine gewisse Nachfrage an Devisenoptionsscheinen und nachdem Trinkaus & Burkhardt in Deutschland Devisenoptionsscheine auf den Markt gebracht hatte, emittierte ich bei der Citibank 1989 einen ersten Put- und Call-Devisenoptionsschein auf den Dollar. Die große Welle des Optionsscheinbooms startete dann im Verlauf des Jahres 1989. Auch wenn deutsche Anleger gegenüber Aktien und Anleihen generell eher zurückhaltend sind, so meinten doch einige, eine sehr ausgeprägte Meinung zur Entwicklung des Dollarkurses zu haben. Nachdem der Dollar von 3,48 DM bis auf knapp unter 2 DM korrigierte, rechneten einige mit einem erneuten Wiederanstieg. Dollaroptionsscheine hatten damals wie heute eine besondere Anziehungskraft auf alle Marktteilnehmer.

Welcher Kundenkreis kaufte damals vorrangig die Optionsscheine?

Die Kunden waren vorrangig Privatanleger, Nostrohändler der Banken und große Investmentfondsgesellschaften. Die größten Stückzahlen kauften dabei die Nostrohändler der Banken. Weil sie aufgrund ihres Arbeitsaufgabengebietes als Wertpapierhändler keine Derivate direkt an den Terminmärkten kaufen durften, nutzen sie die Gelegenheit und kauften Devisenoptionsscheine mit einer deutschen Wertpapier-Kenn-Nummer. Devisenoptionsscheine sind nämlich per Definition ein Wertpapier wie eine Aktie.

Wie hoch war das Emissionsvolumen damals?

Das Emissionsvolumen der ersten Dollar-Devisenoptionsscheine war nur eine Million Stück. Heute sind es im Dollarbereich mindestens immer 10 Millionen Stück.

Wieviel Prozent der Emissionen wurden damals verkauft und wieviel sind es heute?

Maximal 30 Prozent bis 40 Prozent der meisten im Moment ausstehenden Emissionen sind tatsächlich auch verkauft. Je nach Entwicklung der Märkte finden sich mehr Call- oder Put-Käufer. Auf der anderen Seite haben wir aber im Dollar-Bereich auch Emissionen, die mit einem Volumen von einer Million starteten und im Laufe der Zeit auf 10 bis 15 Millionen Stück erhöht wurden. Das höchste Emissionsvolumen mit 40 Millionen Stück erreichten wir damals bei Optionsscheinen auf den amerikanischen Aktienindex S&P 500.

Wie haben sich seit diesen Pioniertagen die Konditionen und Margen der Optionsscheine entwickelt?

Am Anfang waren die Margen bei den innovativen Optionsscheinen relativ hoch. Aufgrund des enormen Know How-Bedarfs, der Ressourcen, der arbeitsaufwendigen Produktentwicklung, einer komplexen rechtlichen Dokumentation und des Risikos für den Emittenten waren die relativ hohen Margen in gewisser Weise auch berechtigt. Außerdem waren die Volumen relativ gering und wie in anderen Bereichen auch, gibt es überall einen Anfangsbonus für eine neue Idee. In der Zwischenzeit sind die Margen aufgrund des hohen Angebots zahlreicher führender Banken und Investmentbanken für Kunden und Anbieter auf ein akzeptables Maß zusammengeschrumpft. Kurioserweise sind die Margen bei den Währungsscheinen, obwohl die meisten Anbieter in diesem Marktsegment Emissionen anbieten, nicht so gesunken wie beispielsweise bei DAX-Optionsscheinen. Auf dem Markt für Währungsoptionsscheine herrscht so ein enormer

Nachfragebedarf vor, daß teilweise immer noch hohe Margen erzielbar sind. Bei den Aktien- und Indexoptionsscheinen sind aufgrund
der Deutschen Terminbörse dagegen nur noch geringere Margen zu
erzielen. Da einige Marktteilnehmer bei Preisungleichgewichten erhebliche Arbitragepositionen einnehmen, gleichen sich die Preise der
Optionsscheine immer mehr den Preisen an der DTB oder im OTC-
Optionsbereich an.

Wie ging die Entwicklung weiter?

Nach den Währungsoptionsscheinen kamen verstärkt Zinsoptionsscheine auf den Markt. Durch die Einführung des Bund-Futures-
Kontraktes an der Londoner LIFFE bestand ab 1988 eine Absicherungsmöglichkeit für Zinsoptionsscheine auf deutsche Bundesanleihen. Bereits kurz darauf wurden die ersten Emissionen auf den
japanischen Aktienmarkt angeboten. Eine der größten Emissionen
innerhalb der Citibank war damals ein Put- und ein Call-Optionsschein auf den amerikanischen Aktienindex S&P 500, die im Laufe
der Zeit bis auf 40 Millionen Stück aufgestockt wurde. Später kam
dann die Dresdner Bank mit dem ersten Optionsschein auf den DAX-
Index auf den Markt. Da damals noch keine Möglichkeit bestand,
sich an der DTB über Futures abzusichern, versuchte die Dresdner
Bank, sich über im Freiverkehr gehandelte Optionen auf die größten
DAX-Titel abzusichern. Da bekannt wurde, daß erhebliche Schwierigkeiten bei der Absicherung dieses ersten DAX-Produktes entstanden, emittierten wir die ersten Dax Optionsscheine erst nach der
Einführung der DTB. Durch die Einführung des DAX-Futures und
der Optionen auf 15 Standardwerte an der DTB bestand nun auch für
Aktien- bzw. Aktienindexoptionsscheine eine Absicherungsmöglichkeit. Daraufhin erlebten die Optionsscheine auf einzelne Aktien,
sogenannte Covered Warrants, einen rasanten Absatz. Durch die zum
Teil unverschämt schlechten Konditionen und Preise der Covered
Warrants erlitten einige Emissionshäuser dadurch aber einen irrepa-
rablen Imageschaden.

**Können Sie konkret auf die überteuerten Preise der Covered
Warrants eingehen?**

Selbst nachdem die DTB bereits eingeführt war und Optionen auf die
gängigsten Aktien gehandelt wurden, erlaubten sich einige Emissionshäuser, die Covered Warrants zu dem doppelten Preis der entspre-

chenden DTB-Optionen zu verkaufen. Zahlreiche Anleger verloren in
diesen Covered Warrants ihren gesamten Kapitaleinsatz. Obwohl ich
damals selbst nicht an diesem schwarzen Kapitel des deutschen
Optionsscheinmarktes beteiligt war, wirkte es sich auch auf andere
Optionsscheinprodukte negativ aus. Erst 1992, als der Covered-
Warrant-Markt wieder bereinigt war, begann ich auf selektiver Basis
den Anlegern eine Chance zu bieten, sich an der abzeichnenden
Aufwärtsbewegung des deutschen Aktienmarktes zu fairen Preisen
zu beteiligen.

**Kaufen die Anleger anteilmäßig mehr Call- oder Put-Options-
scheine?**

Die Mehrzahl der Menschen sind Optimisten, und daher kaufen die
meisten Anleger auch Call-Optionsscheine. In sehr extremen Situationen kann es sogar vorkommen, daß kaum ein Put-Optionsschein
verkauft wird. Bei vielen Emissionen liegt das Verhältnis zwischen
Put- und Call-Optionsscheinen bei 1:10. Vor allem bei DAX-Optionsscheinen werden aber zeitweise auch mehr Puts als Calls nachge-
fragt. Die einzige Ausnahme, wo generell mehr Put-Optionsscheine
verkauft wurden, waren die Scheine auf den S&P 500. Ein weiteres
Phänomen ist, daß die Anleger neben der generellen Vorliebe für
Calls gerne optisch preiswerte Optionsscheine kaufen. Da wir generell ein großes Interesse daran haben, daß unsere Kunden mit unseren
Optionsscheinen Geld verdienen, könnte man überlegen, in einer
Phase mit steigenden Zinsen, die wir in den nächsten Jahren sicherlich irgendwann wieder einmal bekommen werden, einen Call-Optionsschein auf die Rendite am Anleihemarkt aufzulegen. Obwohl ein
Put-Optionsschein auf den Bund-Future oder eine Bundesanleihe den
gleichen Effekt hätte und von ansteigenden Zinsen und sinkenden
Anleihekursen partizipieren würde, kaufen die Anleger erfahrungsgemäß lieber Calls.

**Wie hoch war damals der Marktanteil der Citibank im Bereich
der Optionsscheine?**

Es ist sehr schwierig, passende Parameter zur Beurteilung des Markt-
anteils zu finden. Generell kommen das Emissionsvolumen, die Liquidität und die Umsätze an der Börse als Beurteilungsmaßstab in
Frage. Wir bezifferten unseren Marktanteil bei der Gesamtbetrachtung
unserer Produkte nach diesen Kriterien auf circa 25 Prozent bis 30

Prozent. Während einige Emittenten ihren Marktanteil noch heute vorrangig an dem angebotenen Emissionsvolumen messen, was jedoch aufgrund der höchstens zu durchschnittlich 40 Prozent verkauften Optionsscheine zu verfälschten Ergebnissen führt, betrachtet die Citibank eine Kombination der oben genannten Parameter als geeignete Beurteilungsgrundlage. Neben der Citibank sind der Schweizer Bankverein und Morgan Stanley die bedeutendsten Marktteilnehmer. Deutschland ist in Europa noch immer der größte Markt. Darüber hinaus sind in Europa noch Frankreich, Schweiz und Großbritannien von Bedeutung.

Wie wird sich der Optionsscheinmarkt in Zukunft entwickeln?

Ich glaube, daß der durchschnittliche Privatanleger bereits mit den heutigen Knock-in-, Knock-out-, Look-back-, Quartetto- und Outperformance-Optionsscheinen überfordert ist. Wir machten zudem die Erfahrung, daß unsere Kunden relativ wenig Interesse an garantierten und auf hohe Sicherheit abzielenden Optionsscheinen haben. Die meisten Anleger werden auch in Zukunft bewußt das höhere Risiko der Optionsscheine suchen. Die Entwicklung wird unserer Meinung nach verstärkt in europäische, außereuropäische und sogar Emerging Markets im Aktien-, Aktienindex-, Währungs- und Zinsbereich fortschreiten. Im Aktienbereich sind dabei neben Lateinamerika vor allem Hongkong und China sowie andere asiatische Märkte von besonderer Bedeutung. Im Zuge des nachlassenden Wirtschaftswachstums der etablierten Märkte gewinnen vor allem Emerging Markets kontinuierlich an Bedeutung.

Können Sie als Beispiel eine innovative Optionsscheinkonstruktion erklären?

Bei der Citibank brachten wir einen Knock out call spread mit quanto auf den französischen Aktienindex CAC 40 auf den Markt. Auch wenn die Konstruktion dieses Optionsscheins komplex ist, handelt es sich dabei um ein Produkt, welches genau auf die Bedürfnisse unserer Kunden zugeschnitten ist. Der Investor ist der Meinung, daß der französische Aktienmarkt innerhalb eines bestimmten Zeitraums ansteigen wird und sich auf diesem Niveau stabilisiert. Bei einem Anstieg ist der Gewinn für den Investor durch einen vorher festgelegten Level (Cap-Level) begrenzt. Auf der anderen Seite wird vorher ein maximales Rückschlagpotential (Knock-out-Level) festgelegt.

Sollte der Rückschlag größer ausfallen, so verfällt der Optionsschein wertlos an dem Knock-out-Level. Aufgrund der Risiken und Einschränkungen durch den Knock-out- und Cap-Level kostet der Optionsschein nur circa 30 Prozent des Preises eines normalen Call-Optionsscheins. Da die meisten Investoren bei einer Aktienspekulation auf den CAC 40 kein Währungsrisiko eingehen wollen, ist der Optionsschein durch eine Währungssicherung (quanto) gegen ein mögliches Währungsrisiko abgesichert.

Der Basiskurs des Optionsscheins beträgt 2050, was dem Niveau des CAC 40 zum Emissionszeitpunkt entspricht. Der obere Cap-Level liegt bei 2350 und der untere Knock-out Level bei 1950. Die Laufzeit beträgt zwei Jahre und der Emissionspreis war mit 25 DM nur circa ein Drittel so hoch wie bei einem Call-Optionsschein ohne Knock-out- und Cap-Level Restriktionen. Durch den Cap-Level liegt das maximale Gewinnpotential bei 85,50 DM.

Bei einem Stand des französischen Aktienindex von 2050 Punkten zum Emissionszeitpunkt ist das Risiko eines Totalverlustes bei einem unterschreiten des Knock-out-Levels von 1950 doch sehr hoch?

Auf den ersten Blick erscheint das Risiko hoch. Wenn man aber überlegt, daß man bei einem normalen, wesentlich teureren Call-Optionsschein ohne Knock-out-Level bei einem Rückschlag bis auf 1950 auch 25 Prozent verloren hätte, relativiert sich das Risiko. Bei dem nur circa 30 Prozent so teuren Knock-out Optionsschein entsteht also ein Totalverlust, den ich bei einem normalen, circa dreimal so teuren Call-Optionsschein mit einem 25 Prozent Verlust vergleichen muß.

Werden solche immer komplexeren innovativen Produkte wie Knock-in, Knock-out, Look-back, Hamster, Digital, Quartetto und Outperformance Optionsscheine überhaupt noch von den Privatanlegern verstanden?

Wir hielten uns damals sehr zurück bei der Jagd nach immer neueren Innovationen auf dem Optionsscheinsektor. Ich bin der Meinung, daß der Privatinvestor zuerst einmal die Grundstruktur eines Optionsscheins verstehen sollte, um erst später in derivate und immer komplexere Konstruktionen zu investieren. Während gerade die von Ihnen angesprochenen Optionsschein-Konstruktionen von institutionellen Anlegern verstanden und bewußt eingesetzt werden, sind Privatinvestoren damit meistens überfordert. Die Emissionshäuser bereiten sich meiner Meinung selbst keinen großen Gefallen, wenn sie den Markt mit komplexen Innovationen überhäufen, die kaum jemand versteht. Leider versuchen aber gerade Emittenten, die ihre Marktstellung festigen wollen, mit solchen exotischen Strukturen und Produkten Aufsehen zu erregen. Solange die Produkte den Bedürfnissen der Kunden entsprechen, finde ich exotische Strukturen grundsätzlich auch interessant, nur sollte auf alle Fälle nicht das Prestige des Emissionshauses, sondern der Nutzen des Anlegers im Vordergrund stehen.

Können Sie einige der größten Gewinner vom ursprünglichen Emissionspreis bis zum Höchstkurs oder der letzten Notierung nennen?

Bei den heftigen Bewegungen der Märkte in den letzten Jahren und der gleichzeitig hohen Hebelwirkung einiger Optionsscheine ergaben sich natürlich teilweise erhebliche Steigerungen. Vom Emissionspreis gerechnet, erreichte im Währungsbereich ein Dollar Put-Optionsschein einen Anstieg von 6,70 auf 45,50 um circa 580 Prozent. Bei den Call-Zins Optionsscheinen ergaben sich aufgrund der zahlreichen Zinssenkungen sogar zum Teil Steigerungen um bis zu 660 Prozent.

Wie hoch sind die gehandelten Stückzahlen in den Optionsscheinen?

An der amtlichen Börse liegt die Minimum-Stückelung meistens bei 50 Stück. Nach oben hin besteht eigentlich keine Grenze. Es ist keine Seltenheit, daß einzelne Orders über 100.000 Stück und mehr zu beobachten sind. Die Minimumgröße für eine Order außerhalb der Börsenzeiten im Telefonhandel mit einer etablierten Handelsabteilung liegt bei einem Gegenwert von 10.000 DM. Diese Größenordnung ist bewußt gewählt, um einerseits einer breiten Maße von Anlegern eine Zugangsmöglichkeit zu dem Telefonhandel im Interbankenmarkt zu gewähren, aber andererseits auch die ganz kleinen Anleger vor spekulativen Positionen zu bewahren. Ich würde keinem Privatanleger zu einem Engagement in Optionsscheinen raten, solange er nicht bereit ist, notfalls 10.000 DM zu verlieren.

Sie haben bei der Rechtfertigung der anfänglich hohen Margen, die Entwicklungsarbeit eines Optionsscheins angesprochen. Wie lange dauert die Konstruktion eines solchen Optionsscheines heute?

Die Entwicklungsdauer kann inzwischen sehr verkürzt werden. Wenn wir die Anfrage eines großen Investors bekommen, z.b. einer Privatbank, dann rechnen und kalkulieren wir binnen einiger Minuten die Konditionen und Bedingungen und kommen sofort mit einem Angebot zurück. Im Extremfall haben wir eine Stunde später eine Wertpapier-Kenn-Nummer und können den Optionsschein anbieten. Da nach der Entwicklung in so einem Fall immer erst noch die Dokumentation erstellt werden muß, handelt es sich dabei um eine sogenannte Privatplazierung. Wenn die rechtliche Dokumentation später abgeschlossen ist, wird der Optionsschein dann aber ganz regulär an der Börse notieren. In der Regel haben die Emissionen von Standardprodukten eine Entwicklungs- und Vorlaufzeit von einigen Wochen. Bei sehr exotischen und innovativen Produkten, wie zum Beispiel einem Aktienoptionsschein auf ausgesuchte chinesische Aktien, kann die Entwicklungszeit aber auch durchaus einige Monate in Anspruch nehmen.

Wie sichern Sie sich intern eigentlich gegen das Risiko eines Optionsscheins ab?

Wir haben generell eine globale Risikoverteilung und managen alle Risiken in den jeweiligen Märkten aktiv vor Ort, wo das meiste Know-how über einen bestimmten Markt vorliegt. Das Risikomanagement der DAX-Optionsscheine findet daher in Frankfurt statt. Zu unserem Team zählen neben den Produktentwicklern und Juristen, die für die Dokumentation verantwortlich sind, vorrangig Optionsscheinhändler, die die Bereiche Sales und Market Making abdecken. Das Risiko der Optionsscheine wird im over the counter-Markt gemanaget. Wobei sich die over the counter-Händler wiederum in Optionen und Futures an der DTB und im Interbankenmarkt absichern. Ein Optionsscheinhändler kauft und verkauft unter Beachtung der Options-Risikoparameter Delta und Gamma so lange Optionsscheine, bis sich der entsprechende Referenzindex, welcher bei einem DAX-Optionsschein der DAX-Index ist, so stark in eine Richtung bewegt, daß er an ein gewisses Limit angelangt. Danach steht er entweder vor der Alternative, die Preise der Optionsscheine anzuheben, damit er weniger verkauft, oder er sichert sich bei seinen Kollegen am over the counter-Markt vor weiteren Marktbewegungen ab. Der over the counter-Händler betreibt aktives Risikomanagement und versucht, die Positionen ständig zu optimieren und das Gesamtrisiko des Buches in Einzelrisiken auszusplitten und Teilrisiken zu eliminieren.

Das bedeutet, daß zum Zeitpunkt der Annoncenwerbung eines neuen Optionsscheines in den verschiedenen Tageszeitungen noch gar keine Absicherung erfolgte?

Richtig, in den meisten Fällen erfolgte noch keine Absicherung. Bei den oft sehr kurzfristigen Marktbewegungen könnte sich zwischen einer Annoncenwerbung und dem tatsächlichen Verkauf die Konditionen so grundlegend ändern, daß die ursprünglich angebotenen Optionsscheinpreise uninteressant würden. Zu Beginn einer Optionsschein-Emission werden meistens nur zwischen 10 Prozent und 20 Prozent des angebotenen Volumens verkauft. Im Laufe der Zeit erhöht sich dieser Anteil dann auf circa 30 Prozent bis 40 Prozent. Der Optionsscheinhändler hat jetzt generell zwei Möglichkeiten, sein Risiko abzusichern. Entweder sichert er sich vorweg oder im Laufe der ersten Kauf- und Verkaufaufträge bei einem Kollegen am over the counter-Markt einen Teil seines Emissionsvolumens ab und kauft und verkauft anschließend zu einer bestimmten Geld-/Briefkursspanne seine Optionsscheine. Oder er nimmt bewußt das Risiko auf sich und kauft und verkauft seine Optionsscheine ohne eine entsprechende Absicherung. Wenn ein Händler mit einer signifikanten Aufwärtsbewegung des zugrundeliegenden Marktes (bei einem DAX-Optionsschein der DAX-Index) rechnet, wird er sich seine Put-Optionsscheine nicht absichern, sondern sie ungedeckt verkaufen. Da er mit steigenden Notierungen rechnet, würden die Put-Optionsscheine am Ende der Laufzeit wertlos verfallen, und er hätte die gesamte Prämie kassiert.

Was zeichnet einen guten Optionsscheinhändler aus?

Ein guter Optionsscheinhändler ist bemüht, ein möglichst hohes Geschäftsvolumen zu generieren. Da die Margen bei der Konditionierung der Optionsscheine sich aufgrund der DTB im Aktien- und Aktien-Indexbereich sehr angeglichen haben, kann niemand mehr durch zu teure Produkte seinen Marktanteil halten. Aufgrund des harten Wettbewerbs und der sehr geringen Margen sind daher auch schon einige Marktteilnehmer ausgeschieden. Um in diesem Umfeld zu bestehen, muß man ständig versuchen, die Geld-/Briefkursspanne so gering und attraktiv wie möglich zu halten.

Wie hoch sind momentan die Geld-/Briefkursspannen?

Im DAX-Bereich besteht meistens eine Spanne zwischen Geld- und Briefkurs von ungefähr 1,5 Prozent. Wenn man berücksichtigt, daß die Spanne früher zwischen 5 Prozent und 10 Prozent lag, wird deutlich, wie hart umkämpft der Wettbewerb inzwischen geworden ist. Im Währungsbereich ist die Geld/Briefkursspanne zwar seit den ersten Emissionen ebenfalls erheblich gesunken, mit 3 Prozent bis 5 Prozent ist sie aber immer noch breiter als bei DAX-Indexoptionsscheinen. Der verschärfte Wettbewerb hat bei allen Optionsscheinen dazu geführt, daß die Privatkunden ein Produkt mit Interbankeneigenschaften angeboten bekommen, was bei einer vernünftigen Preisgestaltung, einer engeren Geld-/Briefkursspanne von Montag bis Freitag von 8.30 Uhr bis 17 Uhr eine sehr hohe Liquidität besitzt.

Worauf soll der Privatanleger bei einem Optionsschein achten?

Der Anleger sollte auf das Emissionshaus und die Preissensitivität des Optionsscheines achten. Ein erfahrenes Emissionshaus, das in allen Marktsituationen einen liquiden und fairen Markt stellt, ist von entscheidender Bedeutung. Selbst wenn der Preis eines Optionsscheines im direkten Vergleich einige Prozent teurer ist, kann es von Vorteil sein, den Aufpreis in Kauf zu nehmen, wenn man dafür die Sicherheit hat, sich auch beim Verkauf wieder zu fairen Preisen von seinem Engagement trennen zu können. Bei der Preissensitivität ist entscheidend, daß der Optionsschein schnell und den Kennzahlen entsprechend auf Kursveränderungen des zugrundeliegenden Marktes reagiert.

Welche Kennzahlen sind bei Optionsscheinen zu beachten?

Man kann bei den einzelnen Kennzahlen generell zwischen einer sogenannten einfachen Bewertung und einer theoretischen Bewertung unterscheiden. Als einfache Bewertungskriterien bezeichnet man:
Aufgeld
Hebel
Break-Even

Zeitwert
Innerer Wert

Zur theoretischen Bewertung und als Risikoanalyseparameter von
Optionsscheinen verwendet man folgende Kennzahlen:
Delta
Gamma
Theta
Vega
Rho

Können Sie die einfachen Bewertungs-Kennzahlen näher definieren?

Das **Aufgeld** ist die Differenz zwischen dem tatsächlichen Kurs einer
Aktie und dem Preis, der beim Bezug der Aktie über einen Optionsschein zu zahlen ist. Wenn die VW-Aktie beispielweise bei 400 DM
notiert und der Optionsschein bei einem Basiskurs von ebenfalls 400
DM momentan 40 DM kostet beträgt das Aufgeld 10 Prozent.

Der **Hebel** ist der Faktor um den der Optionsschein stärker fällt oder
steigt als die zugrundeliegende Aktie. Der Hebel errechnet sich aus
der Division des Aktienkurses durch den Optionsscheinpreis. Wenn
die VW-Aktie wiederum bei 400 DM notiert und der Optionsschein
bei einem Basiskurs von ebenfalls 400 DM momentan 40 DM kostet
beträgt der Hebel 10,0.

Der **Break Even** ist eine Kennzahl, die anzeigt, bei welchem Aktienkurs der Optionsscheininhaber die Gewinnschwelle erreicht. Er errechnet sich bei einem Call aus der Summe des Basispreises und des
Optionsscheinkurses. In dem Beispiel des VW-Optionsscheines liegt
der Break Even bei 440 DM.

Der **Zeitwert** ist derjenige Bestandteil des Preises einer Option, der
aufgrund verbleibender Restlaufzeit bewilligt wird. Der Zeitwert
ergibt sich aus der Differenz zwischen dem tatsächlichen Kurs eines
Optionsscheines und seinem inneren Wert.

Der rechnerische oder **innere Wert** eines Optionsscheins ist der
positive Wert, der sich durch Ausübung des Optionsscheins realisieren ließe. Diese Kennzahl ermittelt bei gegebenem Aktienkurs die

Substanz, die in einem Optionsschein enthalten ist. Der rechnerische Wert bildet die theoretische Wertuntergrenze für Optionsscheinkurse. Neben diesen genannten Kennzahlen beeinflußt auch die Dividendenrendite und der Zinssatz den Wert eines Optionsscheins.

Eine Aktie ist um so vorteilhafter, je höher ihre **Dividendenrendite** ist. Ein Optionsschein ist um so vorteilhafter, je niedriger die Dividendenrendite der zugehörigen Aktie ist. Die Dividendenrendite errechnet sich aus der Division der Dividendenzahlung durch den aktuellen Aktienkurs mal 100.

Auch der aktuelle **Zinssatz** beeinflußt den Wert eines Optionsscheins. Da der Basispreis erst bei der Ausübung zu zahlen ist, kann der Betrag bis zum Zeitpunkt der Ausübung verzinslich angelegt werden. Steigende Zinsen müssen sich also im Preis einer Option niederschlagen. Sie wirken preissteigernd bei Calls und preissenkend bei Puts.

Können Sie auch noch die wahrscheinlich wesentlich wichtigeren theoretischen Bewertungskennzahlen näher definieren?

Delta drückt die mathematische Sensitivität des Optionswertes im Verhältnis zur Wertänderung des zugrundeliegenden Aktienkurses aus. Es variiert bei Kaufoptionen zwischen 0 und 1, bei Verkaufsoptionen zwischen 0 und -1. Eine VW-Call-Option mit einem Delta von 0,5 steigt bei einem Anstieg der zugrundeliegenden VW-Aktie von 1 DM um 0,5 DM.

Gamma drückt aus, um welchen Betrag sich Delta bei einer Aktienkursänderung um eine Einheit ändert. Es mißt somit die Sensitivität des Optionsdeltas in bezug auf Änderungen des Aktienkurses. Je größer Gamma ist, desto schneller steigt Delta einer Kaufoption bei steigenden Aktienkursen und desto schneller steigt der Kaufoptionswert.

Theta gibt die Sensitivität des Optionswertes in bezug auf die Verringerung der Restlaufzeit an. Es gibt den Betrag an, um den der Optionswert aufgrund sich verkürzender Restlaufzeit sinkt.

Vega gibt die Sensitivität des Optionswertes in bezug auf die Veränderung der Volatilität an. Die Volatilität ist ein Maß für die Stärke der Kursschwankungen einer Aktie. Je größer die Volatilität, desto größer ist die Wahrscheinlichkeit, daß Optionsscheine einen inneren Wert erreichen.

Rho gibt die Sensitivität des Optionswertes in bezug auf Zinsänderungen an.

Wie sollten die einzelnen Bewertungskennzahlen sein, damit der Preis eines Call-Optionsscheins am höchsten ist?

Einfach ausgedrückt ist der Preis eines Calls um so höher:
je höher der Aktienkurs
je niedriger der Basispreis
je länger die Restlaufzeit
je höher die Volatilität
je höher der Zinssatz
je niedriger die Dividende ist.

Die klassischen Kennzahlen Aufgeld und Hebel sind bei der Bewertung von Optionsscheinen also nicht ausreichend?

Diese klassischen, einfachen Bewertungskennzahlen sagen relativ wenig darüber aus, ob ein Optionsschein zu teuer oder ob er fair bewertet ist. Wir empfehlen unseren Kunden daher, die Volatilität des zugrundeliegenden Marktes (DAX, Dollar, usw.) und die implizite Volatilität des Optionsscheins zu analysieren und diese Volatilitäten unter Optionsscheinen der Konkurrenz mit ähnlichen Laufzeiten und Bezugskursen zu vergleichen.

Wie beeinflußt die zugrundegelegte Volatilität den Preis eines Optionsscheins?

Wenn die Volatilität eines dem Optionsschein zugrundeliegenden Marktes sehr hoch ist, dann kann der Preis des Optionsscheins natürlich höher sein als bei einem Markt mit niedriger Volatilität. Der Kunde kann theoretisch von dem vorliegenden Preis des Optionsscheins, da die anderen optionspreisbestimmenden Parameter (Zinsniveau, Laufzeit, Bezugskurs, Volatilität des zugrundeliegenden Marktes) feststehen, die implizite Volatilität des Optionsscheins zurückrechnen. Er kann diese Volatilität dann mit Optionsscheinen anderer Emissionshäuser und vor allem mit der Volatilität des zugrundeliegenden Marktes vergleichen. Sind die Volatilitäten des Optionsscheins und des zugrundeliegenden Marktes annähernd identisch, ist der Optionsschein günstig bewertet. Ist die Volatilität des Optionsscheins dagegen 20 und die des eigentlichen Marktes aber nur 13, dann ist der Preis des Optionsscheins zu teuer und somit nicht fair bewertet.

Sie raten also auch Privatanlegern verstärkt auf die Volatilität zu achten. Können Sie ein Beispiel nennen, wo die Volatilität auch für die spätere Kursentwicklung von Bedeutung ist?

Am meisten verdient der Anleger, wenn er z.b. einen Call-Optionsschein auf den Dollar kauft und der Dollar nicht nur kontinuierlich ansteigt, sondern schlagartig unter heftigen Schwankungen und einer entsprechend hohen Volatilität ansteigt. Der Preis des Call-Optionsscheines würde in so einem Fall erst einmal natürlich aufgrund der steigenden Dollar-Kurse ansteigen. Aber auch der Anstieg der Volatilität des Dollars bewegt den Preis des Optionsscheins nach oben.

Kann sich eine sinkende Volatilität des zugrundeliegenden Marktes auch negativ auf die Preise der Optionsscheine auswirken?

Natürlich. Es kann einem Anleger passieren, daß er zwar mit seiner Meinung zu einem steigenden Dollar recht hatte, der gekaufte Call-Dollar-Optionsschein aber dennoch nicht im erhofften Maße ansteigt. In diesem Fall kaufte er den Schein z.B. in einer sehr hektischen Kursbewegung, die durch eine außergewöhnlich hohe Volatilität gekennzeichnet war, und der Dollar sinkt anschließend bei einem kontinuierlichen leichten Anstieg in den Bereich einer sehr niedrigen Volatilität. Durch die steigenden Dollarkurse steigt der Call-Dollaroptionsschein zwar prinzipiell an, durch die sinkende Volatilität steigt der Kurs aber nicht wie erwartet.

Kurz vor der Devalierung der spanischen Peseta notierten die impliziten Volatilitäten der spanischen Zinsoptionsscheine mit 18 Prozent. In der Erwartungshaltung, daß durch die Abwertung der spanischen Peseta die Volatilität weiter ansteigen werde, war die Bereitschaft, Optionen zu verkaufen, sehr gering, und daher stieg die Volatilität auf dieses hohe Niveau an. Da sich nach der Abwertung der Währung die Volatilität der Optionsscheine auf ein Normalmaß von 8 Prozent einpendelte, konnten Optionsscheinkäufer trotz eines Anstiegs der spanischen Anleihen keinen Gewinn erzielen.

Soll man als es Anleger daher möglichst vermeiden, einen Markt und damit einen Optionsschein mit einer hohen Volatilität zu kaufen?

So generell kann man das nicht sagen. Als wir uns bei der Citibank überlegten, einen Optionsschein auf die chinesische Brauereiaktie

Tsingtao Brewery aufzulegen, hielten wir eine Volatilität von 80 Prozent für gerechtfertigt. Eine Volatilität von 80 Prozent besagt, daß die durchschnittliche tägliche Schwankungsbreite 5 Prozent beträgt. Bei den hektischen Kursbewegungen der in Hongkong notierten chinesischen Aktien ist generell eine hohe Volatilität vorhanden. Zum Emissionszeitpunkt waren wir aufgrund der Marktbedingungen in der Lage, den Optionsschein zu einer impliziten Volatilität von 68 Prozent zu emittieren. Da sich die Aktie innerhalb weniger Wochen unter großen Schwankungen verdoppelte, ist die Volatilität seitdem nicht gesunken. Der Optionsschein verdreifachte sich daher in diesem Fall trotz der hohen Volatilität von annähernd 70 Prozent.

In Märkten, die sich weiter unter großen Schwankungen bewegen werden, kann man auch Optionsscheine mit einer hohen Volatilität kaufen. Wenn man hingegen glaubt, daß die Schwankungsanfälligkeit nachläßt, sollte man zum Kauf ein besseres Preisniveau und eine niedrigere Volatilität abwarten.

Können Sie an einem konkreten Beispiel zeigen, welchen Einfluß eine hohe und eine niedrige Volatilität auf den Preis eines Optionsscheines haben?

Nehmen wir als Beispiel einen Call-Optionsschein auf den Deutschen Aktienindex DAX mit einer Laufzeit von einem Jahr. Der Basispreis des Optionsscheines liegt am Geld und damit auf dem aktuellen Stand des Dax Index von 2175 Punkten. Die Volatilität des Dax Index schwankte in den letzten Jahren regelmäßig zwischen 15 und 25 Prozent. Bei einer impliziten Volatilität von 25 Prozent liegt der rechnerische Preis des Optionsscheines bei 260 DM. Im Gegensatz dazu liegt der Preis bei einer Volatilität von 15 Prozent nur bei 178 DM. Die Veränderung der Volatilität um einen Prozentpunkt bedeutet in diesem Fall also eine Veränderung des Optionsscheinpreises um circa 8 DM.

Veröffentlichen Sie die implizite Volatilität ihrer Optionsscheine und des zugrundeliegenden Marktes?

Wir weisen die Volatilitäten nicht bei der Emission aus, aber wir geben sie auf Anfrage jederzeit bekannt.

Weshalb ist der Hebel eines Optionsscheines nur bedingt aussagefähig?

Für die tatsächliche Kursentwicklung des Optionsscheines ist der Hebel in der Tat nur bedingt aussagefähig. Um wirklich eine realitätsnahe Kennzahl zu erhalten, muß der Hebel mit dem Delta multipliziert werden. Erst dadurch erhält man einen aussagefähigen prozentualen Hebel.

Können Sie das Verhältnis von Hebel und Delta an einem Beispiel erläutern?

Wenn die VW Aktie beispielsweise um 1 DM von 400 auf 401 ansteigt, so wird der Optionsschein bei einem Delta von 0,5 um 0,50 DM ansteigen. Den Hebel des Optionsscheins muß man nun mit dem Delta multiplizieren, um den exakten prozentualen Hebel herauszufinden. Wenn ein Optionsschein einen Hebel 5,0 besitzt, würde das bedeuten, daß der exakte prozentuale Hebel bei einem Delta von 0,5 nur 2,5 beträgt. Ähnlich wie bei einer Option ist das Delta auch bei einem Optionsschein eine der zentralen Kennzahlen.

Welche Punkte sollte der Anleger bei der Laufzeit und dem Bezugskurs eines Optionsscheins beachten?

Wichtig ist, daß der Optionsscheinkäufer beim Kauf eines Optionsscheins einen auf seinen Zeithorizont und seine erwartete prozentuale Bewegung abgestimmten Bezugskurs und Laufzeit auswählt. Bei einer Spekulation auf eine kurzfristige Bewegung sollte man eher einen Schein mit kürzerer Laufzeit auswählen, der einen Bezugskurs auf oder unter dem aktuellen Marktniveau besitzt. Bei einer Spekulation auf eine langfristig ausgeprägte Bewegung kann man eher einen Schein mit längerer Laufzeit auswählen, der einen Bezugskurs über dem aktuellen Marktniveau hat. Dadurch ist der Hebel und im Falle eines tatsächlichen Eintreffens der Bewegung auch der Gewinn am größten. Bei der Frage nach der richtigen Laufzeit rate ich besonders Privatinvestoren immer eher zu langlaufenden Optionsscheinen. Gerade bei sehr kurz laufenden Optionsscheinen tritt in den letzten Monaten der Laufzeit ein rapider Verfall des Zeitwerts ein, was z.B. bei einem Call-Optionsschein oft trotz eines leichten Anstiegs des zugrundeliegenden Marktes zu Verlusten führen kann. Für die breite Masse der Privatanleger empfehle ich daher immer längere Laufzeiten.

Welchen prozentualen Anteil an Optionsscheinen sollte ein Privatanleger in einem diversifizierten Portfolio höchstens halten?

Da bei den meisten Optionsscheinen ein Totalverlust möglich ist, sollte in konservativ strukturierten Portfolios der Anteil an Optionsscheinen zwischen 5 und 10 Prozent liegen.

Sind die Orders der Privatanleger oft ein Kontra-Indikator für einen Optionsschein-Händler?

Die Analyse des Orderflows der Kunden ist für uns sehr wichtig. Die Erkenntnisse daraus ersetzen oft das umfangreichste Research der Welt. Die Orders können sowohl ein Kontra-Indikator, als auch ein Pro-Indikator sein. Vor allem in Marktphasen mit starken Übertreibungen liegen Privatanleger oftmals falsch, indem sie vor der Trendwende die letzte Spitze der Kursbewegung durch zu zyklische Bewegungen und Waschkörbe voll Orders auslösen. Hier fehlt den Investoren meistens die nötige Abgeklärtheit und ein Weitblick für die Entwicklung eines Marktes. Wir stellen aber auch fest, daß die Privatanleger in den letzten Jahren hinzugelernt haben und inzwischen an den großen Trends mit entsprechenden Positionen partizipieren.

Welcher Tag oder welche Marktphase ist Ihnen als Optionsscheinhändler in besonderer Erinnerung geblieben?

Durch die extremen Schwankungen der Volatilität war die Kuwaitkrise für Options- und Optionsscheinhändler eine der interessantesten Phasen. Als die Volatilität im Zuge der Kuwaitkrise auf 45 Prozent stieg, ging ich massiv Volatilität short. Eine Volatilität des DAX von 45 Prozent besagt, daß die durchschnittliche tägliche Schwankungsbreite circa 2,8 Prozent beträgt. Viele Marktteilnehmer dachten, daß bei Kriegsbeginn für längere Zeit kräftige Bewegungen im DAX eintreten werden, was sich in der hohen impliziten Volatilität der Optionsspannen widerspiegelte. Da an der Börse die Zukunft gehandelt wird und nicht die Gegenwart, sank die Volatilität nach einem kurzzeitigen Anstieg zu Kriegsbeginn langsam wieder auf ein normales Niveau und ich konnte sie billig zurückkaufen.

Sehen Sie für die Märkte eine Gefahr aus der wachsenden Anzahl derivater Produkte entstehen?

In Crash- und Krisensituationen beschleunigt die hohe Anzahl an derivaten Produkten die Abwärtsbewegungen zusätzlich. Derivate

Instrumente tragen durch die hohe Hebelwirkung und die schnelle Umsetzbarkeit auch zu einer erhöhten Volatilität der Märkte bei. Auf der anderen Seite glaube ich nicht, daß diese Instrumente jemals wieder aus unseren Portfolios und komplexen Strategien wegzudenken wären. Nur durch derivate Instrumente ist man nämlich in der Lage, seine Risiken in allen Marktlagen individuell und schnell abzusichern.

Jörg Fricke
Sal. Oppenheim jr. & Cie.
"Richtig ist alles, womit man an
den Märkten Geld verdienen kann."

1789 - im Jahr der französischen Revolution - gründete der Kaufmann Salomon Oppenheim jr. in Bonn ein "Kommissions- und Wechselhaus". Er verlegte den Firmensitz 1798 nach Köln und entwickelte in kurzer Zeit sein Bankgeschäft zum zweitgrößten Haus am Platz. Seit diesen Gründungsjahren hat sich bei Sal. Oppenheim einiges verändert. Auf die beinahe ungebrochene Prosperität in Deutschland während der letzten Jahrzehnte reagierte Oppenheim mit einer stärkeren Hinwendung zum Vermögensverwaltungs- und Investmentgeschäft. Zugleich expandierte die Bank über ihren traditionell einzigen Firmensitz Köln hinaus und etablierte sich in den nationalen und internationalen Finanzzentren. Neben einigen Niederlassungen an ausgesuchten Standorten im Inland ist Oppenheim in Zürich, Genf, Luxemburg, London, New York, Tokio und Dubai vertreten. 1989 - 200 Jahre nach ihrer Gründung - wurde die Bank in eine Kommanditgesellschaft auf Aktien umgewandelt. Im Zusammenhang mit der im gleichen Jahr erfolgten Veräußerung der Beteiligung an die Colonia-Versicherungsgruppe wurde das Eigenkapital von 180 Millionen DM auf 1 Milliarde DM erhöht. Mit dieser Kapitalausstattung und einer Bilanzsumme von 8 Milliarden kann Sal. Oppenheim als größte europäische Privatbank gelten, deren Eigenständigkeit und Unabhängigkeit auf Dauer gesichert ist. 1991 gelang es dem traditionsreichen Bankhaus, den früheren Präsidenten der Deutschen Bundesbank, Karl Otto Pöhl, als persönlich haftenden Gesellschafter zu gewinnen.

Da Oppenheim als traditionsreiche Privatbank generell sehr auf Diskretion bedacht ist, operiert die Privatbank dank der Eigenkapitalausstattung von 1 Milliarde DM sowie den hervorragenden Kontakten zur Industrie- und Versicherungswirtschaft zwar mit einem beachtenswerten Volumen im Handelsbereich als bedeutender Marktteilnehmer an den deutschen und internationalen Finanzmärkten, aber vor allem auch mit der nötigen Verantwortung ihres renommierten Namens. Während meiner Recherchen, einen Devisenhändler sowie

einen technisch-systematischen Händler im deutschsprachigen Raum
für mein Buch zu finden, war ich daher zu Beginn leicht überrascht,
daß ich beides in perfekter Kombination gerade in einer der traditionsreichsten Privatbanken Europas finden sollte. Bei einem ersten
Gespräch stellte sich dann aber in der Tat heraus, daß Jörg Fricke bei
Sal. Oppenheim in ehrwürdiger Umgebung jahrhundertealter Ahnen-
bilder unter dem Einsatz modernster Computertechnik, die sogar den
aktiven Einsatz neuronaler Netze, also der künstlichen Intelligenz
von Expertencomputersystemen der neuesten Generation beeinhaltet,
zu einem der führenden Marktteilnehmer auf seinem Gebiet zählt.

Seitdem sogar die minütlichen Kursbewegungen aller weltweit
notierten Aktien, Anleihen und Währungen von immer mehr Marktteilnehmern in graphischer Form aufgezeichnet werden und durch
den fortschreitenden Einsatz modernster Computersysteme die technische Bearbeitung der Daten vereinfacht ist, erfreut sich die technische Analyse einer wachsenden Beliebtheit. Während Privatanleger
dabei die Kursverläufe oft nur mit einfachen charttechnischen Hilfsmitteln nach Trendkanälen, Bodenbildungen und Ausbruchsforma-
tionen untersuchen, verwenden professionelle Marktteilnehmer wie
Fricke modernste Computersysteme mit ausgefeilter individueller
Software. Komplexe mathematische Formeln und statistische Analysen arbeiten dabei in der Verbindung mit neuronalen Netzen emotionslos an der Verbesserung der Gewinnwahrscheinlichkeit. Auch
wenn einige Börsianer älteren Semesters oft mit einem milden lächeln
und einer gewissen Verachtung auf diese mathematisch und statistisch hochbegabte neue Händler-Generation herabschauen, besteht
kein Zweifel, daß in Zukunft technisch orientierte Händler mit ihren
neuronalen Netzen verstärkt Einzug in die Handelsräume halten
werden.

Wann hatten Sie das erste Mal Kontakt zu den Finanzmärkten?

Ernsthaften praktischen Kontakt zu den Märkten hatte ich zum erstenmal im Sommer 1983, als ich meine Ausbildung zum Financial
Consultant bei Merrill Lynch begann. Theoretisch hatte ich mich
aber schon länger damit beschäftigt.

Mit welchen Märkten beschäftigten Sie sich damals vorrangig?

Am Anfang habe ich versucht, die ganze Palette der Finanzmärkte -

von Renten über Aktien bis zu Financial Futures - abzudecken.
Zunächst interessierte ich mich wie die meisten Anfänger vorwiegend
für Aktien, aber schon bald hatten es mir die Devisenmärkte angetan.
Damals wie heute faszinierte mich die Schnelligkeit und Dynamik
dieses gewaltigen Marktes, in dem Hunderte von Milliarden Dollar
täglich weltumspannend über Telefon und elektronische Eingabege-
räte gehandelt werden, und der wie ein Seismograph jede bedeutende
politische und wirtschaftliche Entwicklung sofort in Kursbewegungen umsetzt. Noch heute zieht mich das Auf und Ab des Marktes in
seinen Bann, und es fällt mir oft schwer, den Blick vom Reuters
Handelsschirm abzuwenden, um mich produktiveren Aufgaben zu
widmen.

Mit welchen Hilfsmitteln analysierten Sie damals den Markt?

Damals begann ich, die Bewegungen des Marktes Tick für Tick in
einem riesigen Chart aufzuzeichnen. Daneben führte ich auch tägliche und wöchentliche Charts mit. On-line Chartsysteme gab es damals noch nicht. Da ich nicht nur von den Devisenmärkten, sondern
auch von Computern fasziniert war, war es ganz natürlich, daß ich
mir ziemlich bald einen PC für die Analyse der Kursverläufe zulegte.
Die Kurse mußte ich allerdings damals noch per Hand eingeben.
Aber immerhin erschloß sich mir damit eine Reihe zusätzlicher Ana-
lysemöglichkeiten.

Wie erfolgreich waren Sie zu diesem Zeitpunkt?

Mein Erfolg als Händler war eher mäßig. Ich war zwar gar nicht
schlecht darin, die Märkte zu analysieren und Prognosen zu erstellen,
aber mir fehlten die entscheidende Handelserfahrung und Disziplin.

Gab es damals Fehler, die Sie heute vermeiden?

Ja. Die typischen Anfängerfehler wie z.B. viel zu lange an Verlustpositionen festzuhalten und andererseits Gewinne zu schnell mitzunehmen. Mein schlimmster Anfängerfehler aber war, einen schwerwiegenden Irrtum bei der Orderaufgabe nicht sofort zu korrigieren.
Aus einem unbedeutenden Anfangsverlust entstand so erheblicher
Schaden. Das passiert mir heute sicher nicht mehr.
   Eine Zeitlang war ich damals Anhänger der Elliott-Wave-Theorie
und das verstärkte diese undisziplinierte Tendenz noch. Ich verliebte

mich oft in meine eigene Analyse und sah oft zu spät ein, wenn sie falsch war. Der Subjektivismus der Elliott-Wave-Theorie begünstigte das stark.

Ich denke, am wichtigsten für den Händler ist es, ein konstruktives Verhältnis zu seinen unvermeidlichen Verlusten zu gewinnen. Verluste müssen schnell mitgenommen werden und man muß aus ihnen lernen. Eigentlich sind Verluste häufig die Mutter der Gewinne.

Ist der Erfolg bei der Verwendung eines technischen Indikators auch individuell von den einzelnen Marktteilnehmern abhängig, oder kann jeder mit dem nötigen technischen Rüstzeug an den Märkten Gewinne erzielen?

Entscheidend für den Erfolg ist ein systematisches, diszipliniertes Vorgehen. Ich kenne Leute, die mißbrauchen ihre Chartprogramme und ihren PC dazu, so lange ihre 250 technischen Indikatoren anzuwenden, bis sie endlich die Bestätigung für ihre sowieso schon vorgefaßte fundamentale Meinung gefunden haben. In diesem Fall darf man sich natürlich nicht wundern, wenn die technische Analyse nicht zum gewünschten Erfolg führt.

Ich habe sogar Leute kennen gelernt, die verschiedene Handelssysteme gleichzeitig benutzten, von denen sie immer jeweils das auswählten, das zu ihrer Meinung oder zu ihrer Position paßte. Das ist natürlich kein systematisches Handeln, sondern computergestützte Apologetik.

Viele technische Analysten machen sich meiner Meinung nach auch nicht die Mühe, behauptete Zusammenhänge wirklich nachzuprüfen. Wieviel empirische Beweise gibt es z.B. für die Wirksamkeit von Fibonacci-Verhältnissen im Markt?

Ich habe bei meinen empirischen Untersuchungen in den Zins - und Devisenmärkten kaum Belege für diese Theorie gefunden. Fibonacci-Retracements scheinen eher die Ausnahme als die Regel zu sein. Warum sollten auch die Finanzmärkte von magischen Zahlenverhältnissen und ewigen Gesetzmäßigkeiten abhängen? Ich denke, solche Vorstellungen sind seit der Renaissance, als man an den Ausdruck der göttlichen Harmonie in den Proportionen glaubte, doch etwas antiquiert. Wenn man an den Aufwand an Fliegenbeinzählerei denkt, den manche Leute betreiben, um immer wieder eine sehr simple Theorie auf die Märkte anzuwenden, kann man ihnen nur raten, doch

lieber ihre Regeln aus den Märkten empirisch abzuleiten, statt Finanz-
scholastik zu betreiben.

**Letztendlich müssen Sie doch wahrscheinlich auch als technischer
Händler eingestehen, daß die Märkte größtenteils von fundamentalen Faktoren bestimmt werden?**

So merkwürdig sich das vielleicht aus dem Mund eines Technikers
anhören mag, muß ich diese Frage ganz klar mit ja beantworten.
Letzten Endes werden die Märkte nach wie vor von fundamentalen
Faktoren wie der konjunkturellen Entwicklung und säkularen Trends
wie z.b. Inflation/Deflation sowie der Psychologie der Marktteilnehmer bestimmt, und nicht von irgendwelchen magischen Linien
und Proportionen. Ich glaube nicht an eine Geometrie der Märkte,
sondern halte sie für chaotische Systeme, denen man mit dem Lineal
allein nur schwer beikommt. Charttechnik halte ich eigentlich für den
im erkenntnistheoretischen Sinne naiven Versuch, mit z.T. vor-
wissenschaftlicher Hermeneutik chaotische Systeme zu analysieren.
Aber viele Leute machen das handwerklich ganz hervorragend und
verdienen nachweislich und nachhaltig damit Geld in den Märkten.
Davor habe ich große Achtung. Andere betreiben eher Hokuspokus
und Wortakrobatik, ohne daß viel dahinter steckt. Entscheidend für
den Erfolg ist im Grunde wohl nicht, welchen Indikator man einsetzt,
sondern, ob man ihn konsequent und mit analytischer Schärfe einsetzt, und ob man einen disziplinierten Vorgehensplan hat, von dem
man nicht abweicht.

**Hatten Sie zu Beginn Ihrer Karriere Vorbilder, die Sie maßgeblich
beeinflußten?**

In der Zeit in der ich verstärkt mit Elliott-Wave arbeitete, war
natürlich Bob Prechter mein großes Vorbild. Von seinen Ideen bin ich
aber später abgerückt. Als ich später mit der Entwicklung von
Computerhandelssystemen begann, gab es nur wenige bekannte Vorbilder, an denen ich mich hätte orientieren können. Einer von ihnen
war sicher Perry Kaufmann, dessen eher statistisch orientiertes Buch
"The New Commodity Trading Systems and Methods" mich stark
beeinflußte und natürlich als erster Welles Wilder, der eine ganze
Generation von Technikern beeinflußte, bevor er in die Unseriösität
abrutschte.

Sind Sie in dieser Zeit von bestimmten Marktbewegungen geprägt worden?

Der starke Anstieg des Dollar-Kurses von 2,10 DM auf 3,48 DM und der anschließende Verfall bis auf 1,38 DM prägten mich insofern, als ich eine große Ehrfurcht vor Trends entwickelte. Nicht nur, weil man viel Geld verdienen kann, wenn man ihnen folgt, sondern vor allem, weil man viel Geld verlieren kann, wenn man sich gegen sie stellt.

Die zweite tiefgreifende Erfahrung war der Crash im Jahr 1987. Das war wie Krieg. Damals bestätigte sich noch einmal, daß der erste Verlust immer der beste ist. Ich habe am Crash zwar leider nicht verdient, aber ich bin schon ganz zufrieden, auch nicht viel verloren zu haben.

Aufgrund dieser Erfahrungen bin ich eindeutig ein Trendfolger. Inzwischen haben meine Modelle auch gelernt, die in den unvermeidlichen Seitwärtsphasen auftretenden Drawdowns zu reduzieren, aber ganz vermeiden lassen sie sich leider nicht. Ich bin von Natur aus eigentlich weder Bulle noch Bär, aber ich brauche Trends.

Waren Sie damals aktiv mit Positionen im Markt, als der Dollar bei 3,48 DM plötzlich nach unten drehte?

Ich war zu dieser Zeit sehr aktiv im Dollar-/DM-Handel und war viel zu früh Dollar-short gegangen, nämlich schon bei 3,25 DM. Als typischer Anfänger hätte ich wahrscheinlich zunächst versucht, die Position auszusitzen, um dann 10 Pfennig später mit einem entsprechend hohen Verlust auszusteigen. Aber eine plötzlich einsetzende schwere Grippe bewahrte mich vor diesem Schicksal, obwohl der Dollar zwischenzeitlich auf 3,48 DM gestiegen war. Als ich aus meinem Grippekoma erwachte, hatte die Bundesbank interveniert und der Kurs war auf 2,90 DM abgestürzt, wodurch meine Short-Position von 3,25 DM plötzlich weit im Gewinn war. Ich hatte in dieser Situation einfach mehr Glück als Verstand. Heute hört sich diese Geschichte vielleicht ganz amüsant an, aber damals fand ich sie gar nicht komisch. Diese Position hat mich im nachhinein auch aus zwei wesentlichen Gründen geprägt. Ich schätzte zwar den Trend richtig ein, bei der Umsetzung als Händler beging ich aber einen unverantwortlichen Fehler, indem ich kein Stop-Loss-Limit festlegte.

Was bewegte Sie damals, entgegen der allgemeinen Meinung bei einem Dollar-Kurs von 3,25 DM short zu gehen?

Neben der total überkauften Markttechnik beunruhigten mich vor allem die euphorischen Einschätzungen deutscher Großbanken, die den Dollar bereits bei 4 DM und darüber sahen. Die Stimmung wurde einfach völlig irrational. Die meisten Volkswirte hatten während des ganzen Anstiegs bis circa 2,75 DM behauptet, daß der Dollar aufgrund der wesentlich niedrigeren Kaufkraftparität extrem überbewertet sei. Damit hatten sie auch im Grunde Recht. Aber wer ihnen gefolgt und bei 2,25 DM short gegangen wäre, hätte wahrscheinlich die Bestätigung dieser Meinung nicht mehr als aktiver Händler erlebt, weil er aufgrund der hohen Verluste sicherlich freigestellt worden wäre. Als der Dollar dann nicht aufhörte, zu steigen, erklärten immer mehr Volkswirte die Kaufkraftparität für einen unbrauchbaren Indikator und suchten nach immer neuen "fundamentalen" Faktoren, um das hohe Dollar-Niveau zu rechtfertigen. Ein beliebter Erklärungsfaktor war damals z.B. die Safe-Haven-Theorie.

Zu diesem Zeitpunkt wuchs in mir der Verdacht, daß der Dollar jetzt wirklich ausgereizt und eine Korrektur überfällig sei. Crash-Szenarien laufen eigentlich immer nach identischen Mustern ab: Eine Hausse mündet in eine Kaufpanik, in der jede Rationalität über Bord geworfen wird, ganz zum Schluß von jenen, die es eigentlich besser wissen müßten. Wenn dann der letzte Bär das Handtuch geworfen hat, kommt der Crash.

Ein ähnliches Beispiel für dieses Verhalten war der Aktiencrash 1987. Als die Warnungen der Fundamentalisten über eine hohe Überbewertung des amerikanischen Aktienmarktes 1987 immer mehr verstummten und der japanische Aktienmarkt mit seinen Kurs-Gewinn-Verhältnissen von teilweise weit über 100 als Argumentationsbeispiel herangezogen wurde, war eine größere Korrektur eigentlich nur noch eine Frage der Zeit. Es ist generell ein alarmierendes Signal, wenn Marktteilnehmer, die während einer extremen Bewegung ständig mahnend zur Vernunft aufgerufen haben, schließlich unter dem großen Druck der gegen sie verlaufenden Kursentwicklung die Meinung wechseln. Damit sorgen sie am Ende der Fahnenstange für die letzten Bewegungen, bevor der Markt dann tatsächlich zu einer überfälligen Korrektur ansetzt.

Wie haben Sie sich Ihr Wissen über die Märkte erarbeitet?

Ich bin im wesentlichen Autodidakt und was man so gern Praktiker nennt. Ich habe weder Volkswirtschaft noch Mathematik oder Informatik studiert, sondern Anglistik, Politologie und Jura. Aber immerhin hatte ich im Studium gelernt, mir das notwendige Wissen über die Märkte aus Büchern anzueignen. So erarbeitete ich mir auch die für den Systemhandel notwendigsten Programmierkenntnisse. Viel habe ich aber auch an den Märkten selbst und von anderen Händlern gelernt. Heute fließt ein erheblicher Teil dieses Wissens in meine Expertensysteme ein.

Welche fachlichen Bereiche sind entscheidend, um heutzutage an den Märkten erfolgreich zu sein?

Ich glaube nicht, daß sich diese Frage pauschal für alle Märkte und alle Formen des Handelns beantworten läßt. Generell würde ich aber sagen, daß quantitative Methoden generell an Gewicht gewinnen und daß Händler daher heute auch sehr stark quantitativ orientiert sein sollten. Am deutlichsten wird das vielleicht bei Swap- und Options-Händlern, bei denen mathematisches Verständnis doch eine dominierende Rolle spielt. Aber nichtlineare Prognoseverfahren, wie z.b. neuronale Netzwerke, werden auch für die traditionellen Handelsbereiche, wie z.b. den Kassahandel, eine immer größere Rolle spielen. Neben Anwendern werden immer mehr Entwickler im Handel arbeiten. Der technologische Fortschritt macht natürlich auch nicht vor den Börsen halt. Ich wage die Prognose, daß in den Handelsräumen der Anteil der Mathematiker, Physiker und Informatiker auf Kosten des Anteils der Praktiker und Wirtschaftswissenschaftler zunehmen wird.

Welche persönlichen Eigenschaften zeichnen einen erfolgreichen Händler aus?

Disziplin, Disziplin und vor allem Disziplin. Händler sind tagtäglich starkem emotionalem Druck ausgesetzt und müssen lernen, damit umzugehen und trotzdem zuverlässig zu agieren. Das geht nur durch ein hohes Maß an Selbstdisziplin. Die Verantwortung für Positionen, in der Regel also für fremdes Geld, setzt natürlich auch entsprechende Zuverlässigkeit und Einsatzfreude voraus. Das schließt die Bereitschaft ein, notfalls auch einmal nachts erreichbar zu sein. Im Devisenhandel gehört das sogar zum täglichen Brot. Beamtenmentalitäten sind da nicht gefragt.

Ein Händler braucht außerdem eine schnelle Auffassungsgabe, analytisches Denkvermögen und die Sicherheit im Urteil, die nur mit der Erfahrung kommt. Er muß dabei flexibel und beweglich sein und

Entscheidungen auch einmal rasch umstoßen können. Dogmatik und Rechthaberei sind in den Märkten fehl am Platz. Schließlich geht es um Geld und nicht ums recht behalten.

Warum glauben Sie, daß viele Anleger trotz der relativ einfachen und klaren Grundeigenschaften Probleme bei der erfolgreichen Umsetzung an den Märkten haben?

Den Grund habe ich schon genannt. Viele Marktteilnehmer besitzen ein fehlendes konstruktives Verhältnis zum Verlust. Verluste werden nicht mitgenommen, sondern ausgesessen, oft wird bei fallenden Kursen "verbilligt", ein unprofessionelles Verhalten, das leider auch in deutschen Handelsräumen manchmal anzutreffen ist. Was den meisten privaten Anlegern fehlt, ist das Vertrauen in eine als richtig bewiesene Handelsstrategie, die überhaupt die psychologische Voraussetzung dafür ist, Verluste realisieren zu können. Wenn ich weiß, daß z.B. 60 Prozent meiner Engagements generell erfolgreich sind, dann weiß ich auch, daß 40 Prozent eben nicht erfolgreich sind, und dann werde ich versuchen, diese unvermeidlichen Verluste zu minimieren, statt sie auszusitzen. Nur so kann ich mein Kapital erhalten, um überhaupt im Geschäft zu bleiben. Allerdings sollte auch nicht übersehen werden, daß vor allem im Aktienbereich die Gebührenpolitik der Banken nicht unbedingt ein bewegliches Anlegerverhalten fördert.

Welche fundamentalen und technischen Faktoren spielen in Ihrem Computerhandelssystem eine entscheidende Rolle?

Fundamentale Faktoren und Indikatoren spielen für meine Systeme zur Zeit gar keine Rolle, und zwar eher aus pragmatischen als aus ideologischen Gründen. Meine Systeme sind auf möglichst eindeutig und zeitnahe Informationen angewiesen. Preise repräsentieren in jeder Sekunde nicht nur das gesammelte Wissen aller Marktteilnehmer, sondern auch ihre Bewertung dieses Wissens. Die Börse ist immer Ökonomie plus Psychologie. Fundamentale Statistiken dagegen beziehen sich auf die Vergangenheit und nicht auf die Zukunft, ja, nicht einmal auf die Gegenwart. In der Regel geben sie Auskunft darüber, was vor einem Monat oder einem Quartal war. Sie sind damit eher für die Marktgeschichtsschreibung als für das kurzfristige Agieren in den Märkten geeignet. Aber wie gesagt, dies alles ist keine Glaubensfrage, sondern eine praktische Frage. Richtig ist alles, womit man an den Märkten Geld verdienen kann. Wenn ich glaube, daß ich mit fundamentalen Informationen in einem Handelssystem Geld verdienen kann, setze ich sie ebenfalls ein. Die Systeme auf der Basis neuronaler Netze, an denen ich gerade arbeite, setzen in gewissem Sinne auch fundamentale Daten ein.

Können Sie näher auf Ihre Handelssysteme eingehen?

Wie schon erwähnt, bin ich vor allem Trendfolger. Meine Systeme sollen mir helfen, daß ich in einem Trend nicht auf der falschen Seite bin, sondern Geld verdiene. Dabei bin ich völlig zufrieden, wenn ich circa 2/3 des Trends erwische. In den unvermeidlichen trendlosen Marktphasen, die zeitlich gesehen leider dominieren, kommt es für mich vor allem auf eine effektive Verlustbegrenzung an. Trendlose Marktphasen sind für Systemhändler übrigens auch psychologisch schwierige Phasen. Manchmal monatelang nur bescheidene schwarze oder gar rote Zahlen zu schreiben, das zehrt an den Nerven, auch wenn man aus Erfahrung weiß, daß man für seine Frustrationen in der nächsten größeren Bewegung entschädigt wird. Übrigens habe ich auch bei der Entscheidung darüber, ob ein Trendmarkt oder ein trendloser Markt vorliegt, mit neuronalen Netzen recht gute Erfahrungen gemacht, die in die nächste Generation meiner Handelssysteme Eingang finden sollen.

Welche Indikatoren verwenden Sie zur Erkennung von Trendmärkten und trendlosen Märkten?

Obwohl ich mit allgemein gebräuchlichen Indikatoren, wie dem ADX, gar keine so schlechten Erfahrungen gemacht habe, verwende ich inzwischen Indikatoren, die ich selbst entwickelt und programmiert habe. Ich verlasse mich nur ungern auf Signalgeber, von denen ich befürchten muß, daß sie die Hälfte meiner Konkurrenten beachtet. Wenn man sich mit der Entwicklung von Systemen ernsthaft befaßt, bleibt es auf die Dauer gar nicht aus, daß man seine Beobachtungen und Ideen auch in eigene Indikatoren einfließen läßt.

Könnten Sie uns ein Beispiel für einen solchen Indikator geben ?

Gerne. Ich verwende z.B. u.a. einen modifizierten Momentum-Indikator. Ein Momentum-Indikator ist, wie Sie wissen, der einfachste unter allen Indikatoren. Er ist einfach nur die Differenz zwischen dem heutigen Kurs und dem Kurs vor n-Tagen. Wenn man einen Zyklus richtig erwischt, funktioniert dieses Konzept nach wie vor ganz gut. Aber wenn man die Periodenlänge falsch wählt, gibt es leider viele Fehlsignale. Mein modifizierter Momentumindikator wählt immer die Periode mit dem stärksten Momentum aus.

Was sind weitere Bausteine eines Handelssystems?

Zwei Bausteine habe ich schon genannt: Die Entscheidung darüber, ob ein Trend vorliegt oder nicht, und ein Trendfolgeindikator, damit man einen Trend identifizieren und ihm folgen kann. Dazu können Sie z.b. einen wie auch immer konstruierten Momentumindikator benutzen. Viele Marktteilnehmer verwenden hierzu auch gleitende Durchschnitte, die ich in dieser Form jedoch nicht benutze. Gleitende Durchschnitte funktionieren gut bei langen Trends, aber jede längere Seitwärtsperiode im Markt kostet Sie den Job oder Ihr privates Vermögen.

Dritter Baustein eines technischen Handelssystems ist ein Filter, der, nachdem ein oder mehrere Indikatoren die Trendrichtung identifiziert haben, die eigentliche Kauf- oder Verkaufsentscheidung anzeigt. Ein solcher Filter sollte in der Trendrichtung wirken. Ein sehr einfacher Filter wäre z.b., wenn das System nach einem Kaufsignal nur in den Markt geht, wenn das Vortageshoch überstiegen wird. Der Phantasie sind bei diesen Filtern fast keine Grenzen gesetzt. Wichtig ist, daß ein Filter auch eine gewisse Flexibilität besitzt. Die Gefahr eines Filters besteht darin, daß das System trotz eines eigentlich richtigen Signals aufgrund eines zu starren Filters eine Position nicht eingeht und damit möglicherweise einen wichtigen Trend verpaßt.

Der vierte Baustein ist ein Sub-System für trendlose Märkte. Viele der allgemein gebräuchlichen Indikatoren sind hierfür geeignet, wie z.B. Lanes Stochastics, Wilders RSI oder Chaikins Commodity-Channel-Index. Ich verwende auch hier lieber meine eigenen Indikatoren. Sehr gut geeignet für trendlose Phasen sind auch sogenannte Mean-Reverting-Systeme, also Systeme, die immer von Extremwerten einer Mitte zustreben. Dazu gehört auch die Anwendung von Steidlmayers Market Logic.

Der fünfte Baustein schließlich ist ein Money-Management-Subsystem, das so wichtige Dinge wie die Überwachung von Stops regelt.

Welche Rolle spielt die neue Generation der neuronalen Netze in Ihren Handelssystemen?

Die Systeme, die ich zur Zeit benutze, müssen noch mit konventioneller linearer Technologie auskommen. Neue Systeme auf der Basis neuronaler Netze befinden sich zur Zeit noch auf der Werkbank. Das Erprobungsstadium habe ich, nach etwa einem Jahr zum Teil sehr intensiver Arbeit, hinter mich gebracht, und die bisherigen Ergebnisse sind recht überzeugend. Natürlich können auch neuronale Netze keine Wunder vollbringen, sondern Ergebnisse sind hier wie anderswo und hier sogar besonders zuallererst einmal das Ergebnis harter Arbeit.

Welche Probleme treten beim praktischen Einsatz neuronaler Netze im Handel auf?

Das eigentliche Problem bei der Arbeit mit neuronalen Netzen ist nicht das neuronale Netz selbst - nachdem das einmal programmiert ist, ist das mehr eine Frage der Rechenzeiten -, sondern die Vorverarbeitung der Daten, mit denen man das Netz füttert. Wenn man gute Ergebnisse erzielen will, erfordert das einen erheblichen Zeitaufwand. Das ist auch das Hauptproblem, an dem ich zur Zeit arbeite. Nachdem Prototypen existieren, geht es jetzt darum, die Vorverarbeitungsprozesse zu programmieren, so daß sie automatisch ablaufen. Das zweite Problem, das es zu lösen gilt, ist die Systemintegration. Das neuronale Netz sollte nahtlos mit unserer Echtzeit-Datenversorgung arbeiten und es sollte als Subsystem in unsere konventionellen Handelssysteme integrierbar sein.

Was ist eigentlich ein neuronales Netz und wie funktioniert es?

Neuronale Netze sind ein Terminus aus dem Gebiet der künstlichen Intelligenz. Ihren Namen verdanken sie der Inspiration durch die Erforschung unseres Gehirns und des Nervensystems. Im Grunde aber sind sie lediglich eine Datenverarbeitungstechnologie wie jede andere auch. Wie jede Datenverarbeitung akzeptieren sie verschiedene Eingabewerte (Inputs), unterwerfen sie bestimmten mathematischen Operationen, deren Darlegung den Rahmen dieses Interviews sprengen würde und geben einen oder mehrere Ausgabewerte (Outputs) zurück. Dies geschieht in einem rekursiven Verfahren, bei dem die Ausgabewerte ständig mit ihren Zielwerten verglichen und die die einzelnen Vektoren verbindenden Gewichte entsprechend laufend angepaßt werden. Das eigentlich Interessante daran ist, daß neuronale Netze wegen genau dieser Fähigkeit, nämlich der ständigen Veränderung der Gewichte bis zum Erreichen des Zielwertes, lernfähig sind. Gelernt wird nämlich der Zielwert. Gelernt wird aber auch wegen der dynamischen Anpassung der Gewichte der Zusammenhang, der zwischen dem Zielwert und den übrigen Eingabewerten besteht. Das macht neuronale Netze zu echten Konkurrenten gebräuchlicher statistischer Verfahren. Wenn Sie sonst den Zusammenhang zwischen mehreren unabhängigen und einer abhängigen Variablen statistisch erfassen wollen, müssen Sie sich zunächst einmal für das adäquate statistische Verfahren, z.b. Regression oder ARIMA, und dann für die adäquate Formel entscheiden. Ändert sich der Zusammenhang zwischen den Variablen, stimmt Ihre Prognose natürlich auch nicht mehr. Neuronale Netze lernen in Grenzen auch neue und veränderte Zusammenhänge. Wenn es Zusammenhänge zwischen verschiedenen Variablen gibt, können diese von neuronalen Netzen erkannt und in verhältnismäßig treffsichere Prognosen umgesetzt werden. Dabei erkennen neuronale Netze auch solche Zusammenhänge, die von traditionellen linearen Verfahren nicht verarbeitet werden können. Voraussetzung dafür ist allerdings erstens, daß es solche Zusammenhänge wirklich gibt, denn wo keine Strukturen existieren, kann auch ein neuronales Netz keine finden und zweitens, daß das neuronale Netz nicht übertrainiert wird, weil es dann seine Generalisierungs- und damit seine Prognosefähigkeit einbüßt.

Was benötigt man, um neuronale Netze einsetzen zu können ?

Neuronale Netze sind heute schon sehr preiswert als allgemein gebräuchliche Bibliotheken für Programmierer, oder teurer, aber immer noch im Rahmen, als komplette Anwendungsprogramme zu haben, so daß auch der Laie mit ihnen arbeiten kann. Um erste Erfahrungen mit neuronalen Netzen zu sammeln, kann man bereits mit einigen hundert Dollars einsteigen. Viele dieser Programme sind auch im professionellen Einsatz durchaus effizient. Ein gründliches Wissen über das, was man da tut ist aber natürlich von unschätzbarem Vorteil, weil man sonst leicht zu irreführenden Ergebnissen kommt. Außerdem sollte man den Zeitaufwand, den man betreiben muß, um ein neuronales Netz erfolgreich zu trainieren, keineswegs unterschätzen. Die Vorverarbeitung der Daten ist in der Regel sehr aufwendig.

Von welcher Art ist das von Ihnen eingesetzte neuronale Netz?

In der Erprobungsphase habe ich ein kommerzielles neuronales Netz
eingesetzt, um möglichst schnell und ohne großen Programmier-
aufwand einen Einstieg in die Technologie zu schaffen. Jetzt, bei der
ernsthaften Umsetzung, verwenden wir Programmbibliotheken, weil
uns das die größte Flexibilität in bezug auf Systemintegration, Vorverarbeitung, Leistungsfähigkeit und Architektur gibt. Außerdem
arbeitet unser Haus sehr eng mit renommierten Wissenschaftlern
auf diesem Gebiet zusammen, und wir haben gerade einen exzellenten
jungen Wissenschaftler eingestellt, der mich direkt unterstützen wird.

**Können Sie an einem Beispiel erklären, wie der Einsatz eines neu-
ronalen Netzes in einem Handelsmodell in der Praxis funktioniert?**

Gerne. Zunächst einmal müssen Sie eine Aufgabe definieren. Nehmen wir an, Sie vermuten einen Zusammenhang zwischen der Entwicklung der kurzfristigen und langfristigen Zinsen in Deutschland
und den USA und der Kursentwicklung des US-Dollars. Zunächst
einmal müssen Sie mit gebräuchlichen Verfahren untersuchen, wie
der Zeitzusammenhang zwischen diesen Variablen aussieht, mit anderen Worten: Mit welcher Verzögerung reagiert der Dollar auf die
relativen Zinsänderungen? Eine weitere Fragestellung wäre: Ist der
Nominal- oder der Realzins maßgebend? Also gar nicht so viel anders
als bei einer normalen Regression. Unter Umständen empfiehlt es
sich auch, Trends aus den Zeitreihen zu entfernen, weil das neuronale
Netz sonst höhere Kurse automatisch mit höheren Gewichten verse-
hen würde. Dann müssen die Eingabedaten noch nach dem gewählten
Zeitfenster horizontal verschoben werden, um auch zyklische Prozesse mit berücksichtigen zu können. Die richtige Wahl des Zeit-
fensters ist hier sehr wichtig. Schließlich werden die Daten noch
normalisiert und dann kann es im Prinzip schon losgehen. Sie geben
Ihrem neuronalen Netz noch die zu lernende Zielvariable vor, das ist
in diesem Falle der Dollar-Kurs, in sagen wir einmal einer Woche,
entscheiden sich für eine bestimmte Netzwerkarchitektur, und dann
lernt das neuronale Netz brav die Zusammenhänge. Nach dem erfolgreichen Abschluß der Trainingsphase füttern Sie das jetzt trainierte
Netz mit neuen, noch unbekannten Eingabedaten, und stellen fest,
wie gut es unbekannte Daten prognostiziert. Diesen Vorgang wiederholen Sie möglichst oft mit neuen Daten. Wenn die Ergebnisse Sie
zufriedenstellen, können Sie das Netz im Prinzip einsetzen. Natürlich

können Sie auch entscheiden, zunächst noch weitere Variablen, z.b. den Goldpreis, hinzuzufügen. Und Sie können natürlich in einem Handelssystem verschiedene Aufgaben an verschiedene neuronale Netze delegieren.

Lohnt sich denn der hohe Aufwand angesichts der Ergebnisse?

Durchaus. Neuronale Netze heben die Entwicklung von Handelsmodellen auf eine völlig neue Stufe, sowohl was die Treffsicherheit angeht, die sich auf circa 70 Prozent erhöht, als auch was die Profitabilität und die Höhe der Drawdowns angeht. Und wir stehen erst am Anfang der Entwicklung. Die Netze werden immer schneller, wegen effizienterer Programmierung, aber auch wegen der immer schnelleren Prozessortechnik, sie werden immer benutzerfreundlicher, und die Zeit bis zu ihrer Produktionseinführung verkürzt sich von daher immer mehr. Ich bin überzeugt, daß neuronale Netze den Handel revolutionieren werden.

Werden neuronale Netze denn schon von anderen Marktteilnehmern mit Erfolg eingesetzt?

Ich habe natürlich keinen vollständigen Marktüberblick, aber meines Wissens werden die Systeme bisher nur von einigen wenigen Adressen, wie z.b. Fidelity, LBS, Capital Management und Prediction Company in den USA eingesetzt. In Deutschland kenne ich bisher niemanden, der bereits aktiv im Markt damit handelt. Aber das wird sich ändern. Ich weiß, daß nicht nur wir, sondern auch andere mit Hochdruck an der Produktionsreife der Technologie arbeiten.

Glauben Sie, daß ein hochwertiges Handelsystem einem erfahrenen Trader überlegen ist?

Ein gutes Handelssystem wird auf alle Fälle in längeren Trendphasen erfolgreicher sein als selbst ein erfahrener Händler. Ich kenne keinen Händler, der in langen Trendphasen die Nervenstärke besitzt, seine Positionen mit dem Trend laufen zu lassen, ohne einzugreifen. Das hält selbst der erfahrenste Händler ab einem gewissen Punkt nicht mehr durch. In Nichttrendphasen sind dagegen erfahrene Händler nach wie vor allen mir bekannten Handelssystemen überlegen. Der Händler hat ein besseres Gefühl dafür, wo die Marktmitte liegt und wo der Markt jedenfalls kurzfristig ausgereizt ist als ein starres

System. Aber ich will nicht ausschließen, daß auch auf diesem Gebiet unter Einsatz anspruchsvollerer Verfahren einmal die Systeme überlegen werden könnten.

Wie sieht der Handelsraum und der Händler der Zukunft aus?

Es wird noch mehr Technik eingesetzt werden. Digitale Datenfeeds, mit denen hauseigene Anwendungen gespeist werden können, werden die antiquierten Terminals ablösen. Auch diskretionär handelnde Händler, z.B. Kassahändler, werden einen Teil ihrer Tätigkeit automatisieren. Dazu wird die Vorbereitung von strategischen und taktischen Entscheidungen immer stärker technisiert werden. Der Händler der Zukunft wird immer mehr über eine wissenschaftliche Vorbildung verfügen, in der Regel über eine eher quantitative. Mathematiker, Physiker und Informatiker werden erheblich häufiger in Handelsräumen anzutreffen sein.

Wie beurteilen Sie den Nutzen für Privatanleger von am Markt zu kaufenden technischen Handelssystemen?

Wenn es Privatanleger gelingt, durch ein System gewisse Entscheidungskriterien zu definieren und sich diszipliniert daran zu halten, kann das sehr nützlich sein. Gerade für Anleger, die intensiv in ihrem eigenen Beruf eingebunden sind und daher wenig Zeit haben, sich mit den Märkten auf täglicher Basis zu befassen, kann selbst ein einfacheres Trendfolgemodell mit Standardparametern oft bessere Ergebnisse bringen, als wenn sie sich auf die neuesten Tips von Börseninformationsdiensten verlassen, die ihre Empfehlungen nach dem Gießkannenprinzip verteilen. Allerdings muß man auch hier natürlich in der Lage sein, die Spreu vom Weizen zu trennen. Für die Vergangenheit kann fast jedes System überzeugende Ergebnisse produzieren. Das verspricht aber keineswegs ähnliche Ergebnisse für die Zukunft. Überoptimierte Systeme können vielmehr oft zu katastrophalen Verlusten führen. Bevor ein Anleger den Einsatz eines kommerziellen Systems erwägt, sollte er sich überzeugen, wie das System über längere Zeiträume mit Daten fertig wird, die es noch nicht gesehen hat. Das System sollte außerdem so einstellbar sein, daß man nicht mit vielen anderen Marktteilnehmern gleichzeitig kauft/verkauft und es sollte dazu auch nur eine begrenzte Verbreitung haben. Damit wird es natürlich auch entsprechend teuer. Außerdem sollte man sich natürlich klar machen, daß das Investmentgeschäft immer stärker professionalisiert und technisiert wird. Als Privatanleger hat man dabei generell immer schlechtere Karten als professionelle Markt- teilnehmer. Fonds oder Verwaltungsaufträge sind da zunehmend ernst- zunehmende Alternativen auch im Devisen- und Terminmarkt.

Welche Standardindikatoren eignen sich besonders bei einem längerfristigen Anlagehorizont?

Für diese Frage bin ich eigentlich nicht unbedingt der richtige Adres- sat. Langfristig heißt bei mir maximal ein paar Wochen. Aber ich denke, für den langfristig operierenden Anleger sind gleitende Durch- schnittslinien wie die 38- oder die 200-Tage-Linie durchaus beach- tenswert.

Gibt es auch einige kritische Punkte bei einfacheren Handels- systemen, die Privatanleger beachten sollten?

Da gibt es einige. Manche Systeme sind sogenannte Black Boxes. Der Anleger weiß nicht, wie sie aufgebaut sind und warum sie Entscheidungen fällen. Hier gilt grundsätzlich: Finger weg! Auch Systeme auf der Basis neuronaler Netze fallen zumeist in diese Kategorie und sind mit Vorsicht zu genießen. Andere sind über- optimiert, d.h. ihre Parameter sind so perfekt an historische Daten angepaßt worden, um den Kunden zu beeindrucken, daß sie mit neuen Daten gar nicht funktionieren können. Manche machen unrealistische oder gar keine Annahmen über Transaktionskosten und Slippage.

Wundern Sie sich manchmal über Signale Ihres Handelssystems?

Eigentlich nicht. Seine Regeln und Indikatoren habe ich ja selbst entwickelt und programmiert. Meistens weiß ich daher schon im voraus, wann ein neues Signal generiert wird. Dieses Wissen finde ich auch sehr wichtig, denn Computer sind störanfällig. Beurteilen zu können, ob ein Signal Sinn macht oder nicht, gibt mir die Sicherheit, mich meinem System anzuvertrauen. Vor allem außerhalb der Büro- zeiten, wenn ich unterwegs oder zu Hause von meinem Computer angerufen werde, muß ich für mich eine Plausibilitätsprüfung seiner Signale durchführen können.

Haben Sie neben den gängigen Indikatoren bei Ihren zahlreichen Untersuchungen und Tests auch ungewöhnliche Zusammenhänge getestet?

Nach turbulenten Tagen an den Märkten habe ich auf dem Heimweg vom Büro des öfteren beobachtet, daß zur gleichen Zeit Vollmond war. Bei einer Untersuchung der Zinsmärkte stellte ich dann auch tatsächlich fest, daß eine gewisse Korrelation zwischen extremen Kursbewegungen und Vollmondphasen besteht. Starke Auf- und Abwärtsbewegungen münden in Vollmondphasen gerne in ihre Extremphasen, um danach zu konsolidieren oder zu drehen. Man kann das häufig auch in den Devisenmärkten beobachten. Auch Neumondphasen scheinen erheblichen Einfluß auf die Marktbewegungen zu haben.

Beschäftigen Sie sich intensiv mit Astrologie?

Nein. Ich bin wie gesagt skeptisch in bezug auf alle Theorien, die vorherbestimmte, "ewige" Proportionen und Zusammenhänge behaupten. Jedenfalls dann, wenn es um so etwas chaotisches wie massenhaftes menschliches Handeln an den Finanzmärkten geht. Die Zusammenhänge zwischen Vollmond und extremen Kursbewegungen haben meiner Meinung nach nichts mit Astrologie, sondern vielmehr mit der Psychologie der Marktteilnehmer zu tun. Es gibt etliche Belege dafür, daß bei Vollmond viele Menschen anders reagieren. Jeder Polizist und Krankenhausarzt kann bestätigen, daß in den Tagen mit Vollmond erheblich mehr passiert als im Durchschnitt, und Menschen sich generell sehr labil und extrem verhalten. Extrempunkte in den Märkten sind immer durch extremes psychologisches Verhalten geprägt.

Spielt in besonderen Marktsituationen Ihre eigene Meinung eine Rolle für die Entscheidungen oder handeln Sie strikt nach den Signalen Ihres Handelssystems?

Ich handle im Prinzip in jeder Situationen strikt nach den Signalen meines Systems, weil ich sonst in eine gefährliche Grauzone zwischen Systemhandel und diskretionärer Zockerei käme. Aber natürlich gibt es auch Ausnahmen: Wenn ich z.B. weiß, daß die FED die Zinsen erhöhen will, muß ich nicht unbedingt mit einer massiven Dollar-Short-Position ins Wochenende gehen.

Eine Regel vieler Händler besagt, daß sie vor der Veröffentlichung wichtiger Beschlüsse und Zahlen keine Positionen eingehen. Wie reagieren Sie, wenn Ihr System vor der Bekanntgabe solcher Zahlen ein Signal anzeigt?

Bis auf die eben beschriebene Ausnahme halte ich mich auch in diesem Fall zu 100 Prozent an mein System und die Signale. Ein gut entwickeltes Handelssystem hat es gelernt, die wöchentlich anstehenden Bekanntgaben und Veröffentlichungen und deren Auswirkungen auf die Kurse zu verarbeiten. Ein System sollte aus diesen Gründen mindestens über einen historischen Zeitraum von 10 Jahren getestet werden.

Immer mehr Marktteilnehmer operieren mit computerisierten Handelssystemen. Verändert sich dadurch der Charakter der Märkte und muß ein gutes System dadurch nicht andauernd weiterentwickelt werden?

Ganz sicher. Wir haben heute eine ganz andere Situation als noch vor 10 Jahren. Heute werden Charts und Standardindikatoren von vielen Marktteilnehmern auch in Echtzeit verfolgt. Ich denke, die Nervosität und damit die Volatilität in den Märkten hat dadurch auch zugenommen. Es ist dadurch auch sehr viel schwieriger geworden, mit Standardinstrumenten Geld zu verdienen, weil man in zu zahlreicher Gesellschaft anderer Techniker ist. Die Hinwendung der Privatanleger zu gemanagten Produkten und Investmentfonds hat ebenfalls erheblichen Einfluß gehabt. Gerade im Futures-Bereich operieren heute große Fondsmanager, die häufig systemtechnisch handeln und über ihr hohes Volumen als Trendverstärker wirken können. In den nächsten Jahren wird auch eine Welle neuronaler Systeme über den Markt schwappen und es ist schwer abzuschätzen, in welcher Weise sich das im Markt auswirken wird. Daß es Auswirkungen haben wird, erscheint mir aber ziemlich sicher. Schon aus diesen Gründen wird sich also niemand auf seinen einmal entwickelten Systemen ausruhen können. Im Gegenteil, hier wird eher eine Art technologisches Wettrüsten zwischen den Marktteilnehmern stattfinden.

Operieren Sie mit Stopkursen?

Ja, immer. Man sollte vor dem Eingehen einer Position immer festlegen, wieviel man gewillt ist, schlimmstenfalls zu verlieren. Dazu definiere ich Stopkurse in meinem System, die wie das restliche Handelssystem auch mindestens über einen Zehnjahreszeitraum optimiert wurden. Wichtig bei Stopkursen ist, daß sie rationalen Kriterien unterliegen und daß man zum restlichen System ein hohes Vertrauen hat. Ansonsten ist die Versuchung zu hoch, die Stopkurse beliebig zu verändern. Eine wichtige Regel lautet nicht umsonst: Never move a stop.

Welche Arten von Stops verwenden Sie?

Money-Management-Stops und Trailing-Stops. Money-Management-Stops greifen ab einer bestimmten vorher festgelegten Verlusthöhe, Trailing-Stops folgen dem Markt in Richtung der Position und dienen dazu, einen einmal erreichten Gewinn zu sichern.

Viele Privatanleger unterliegen dem Problem, daß sie Gewinne zu früh realisieren und Verluste zu lang laufen lassen. Welche grundsätzlichen Ratschläge haben Sie in diesem Bereich?

Wann immer Privatanleger Anlageentscheidungen treffen, sollten sie vorher genaue Kauf- und Verkaufsregeln definieren. Die Regeln können sehr einfach sein, aber sie sollten beeinhalten, wann und warum ich kaufe und wann und warum ich wieder verkaufe. Es kann mitunter schon hilfreich sein, diese Regeln aufzuschreiben und vor jeder Anlageentscheidung zu überprüfen. Auch bei Aktienkäufen sollten Privatanleger eine Verlustbegrenzung durch die Definition eines Stopkurses vornehmen. Dabei kann die Verlustbegrenzung sowohl im Hinblick auf das Gesamtvermögen als auch auf den Verlust der einzelnen Aktie durch Stopkurse festgelegt werden.

Wieviel Prozent der Signale Ihres Handelssystems sind Gewinner und Verlierer?

Im Durchschnitt sind zwischen 40 Prozent und 60 Prozent meiner Signale Gewinner. Die Qualität eines Handelssystems hängt aber nicht unbedingt von einem hohen Prozentsatz an Gewinnern ab. Entscheidend ist vielmehr, daß der Durchschnittsgewinn ein Vielfaches des Durchschnittsverlustes beträgt. Auch hier gilt also die alte Händlerregel: Cut your losses and let your profits run. Ein System mit vielen kleinen Verlusten, aber verhältnismäßig großen Gewinnen mit wenigen Transaktionen verhält sich durchaus wie ein guter Händler.

Wie hoch ist das Risiko, das Sie bei einer einzelnen Position eingehen?

Ich riskiere für eine Position maximal 1 Prozent des Gesamtkapitals.

Welche Punkte sind beim Money- und Risiko-Management generell zu beachten?

Das Risiko-Management hat eine sehr hohe Bedeutung für mich. Allerdings muß ich ehrlich zugeben, daß ich mich bisher vorwiegend auf die Entwicklung von Handelssystemen konzentriert habe und nicht so sehr auf Fragen des Risiko- und Money-Managements. Generell sind zwei Punkte von entscheidender Bedeutung: Die Allokation des Handelskapitals auf die einzelnen Handelsmodelle nach der Effizienzlinie des Portfolios sowie eine laufende, statistische Auswertung der Gewinne und Verluste und Berücksichtigung dieser Auswertung im Handelsmodell selbst.

Welche Devisenmärkte handeln Sie aktiv?

Ich handle im Interbankenmarkt Dollar/DM, Dollar/Pfund, Dollar/Yen, DM/Pfund und DM/Yen.

Können Sie den Ablauf des Interbankenhandel im Devisenmarkt erklären?

Im Gegensatz zum Devisenhandel an den Terminbörsen wird im Interbankenmarkt ohne die Zwischenschaltung und damit ohne die Regulation und Standardisierung einer Börse gehandelt. Die Abschlüsse im Interbankenmarkt finden weltweit zwischen Banken statt, entweder im Telefonverkehr oder über Online-Handelssysteme wie z.B. Reuters Dealing. Die Handelszeiten folgen dabei im 24-Stunden-Rhythmus der Sonne um den Globus. Der Handel beginnt nach unserer mitteleuropäischen Uhrzeit am Sonntag abend in Wellington New Zealand und endet am Freitag nacht in San Francisco. Über die genaue Höhe des täglichen Volumens gibt es nur Schätzungen, die von 300 Milliarden Dollar bis zu 1.000 Milliarden Dollar, also 1 Billion Dollar ausgehen. Es handelt sich damit mit Abstand um den liquidesten Markt in der Welt, wobei Dollar/DM, Dollar/Pfund, Dollar/Yen, DM/Pfund und DM/Yen sicherlich die größte Markttiefe besitzen. Im Dollar/DM-Handel sind Einzelabschlüsse von mehreren

100 Millionen Dollar keine Seltenheit. Die aktivste Handelszeit in
den europäischen/amerikanischen Cross-Rates ist am Nachmittag
zwischen 13 Uhr und 18 Uhr unserer Zeit, wenn sich der Handel in
Europa und Amerika überschneidet und Marktteilnehmer beider Kon-
tinente aktiv im Markt sind. Im Gegensatz zum deutschen Rentenmarkt, wo die durchschnittliche Volatilität zwischen 2 und 4 Prozent
schwankt, liegt sie in den wichtigsten Devisen zwischen 10 und 15
Prozent.

**Bei dem Handel im 24-Stunden-Rhythmus müssen Sie mit Ihren
Systemen auch 24 Stunden im Markt sein. Wie lösen Sie dieses
Problem?**

Über einen Cityruf-Empfänger werde ich 24 Stunden von meinem
System automatisch angerufen, sobald ein neues Handelssignal generiert wird. Obwohl ich tragbare Telefone verabscheue, insbesondere
in der Hand von Leuten, die andere damit gegen ihren Willen zu
Zeugen ihrer Privatgespräche machen, muß ich daher leider auch
ständig ein solches Gerät mit mir herumtragen. Damit rufe ich dann
im Bedarfsfall unsere Handelspartner in Singapur oder New York,
tagsüber auch unsere Kassa-Händler in Frankfurt an, wenn ich einmal nicht an meinem Platz sein kann. Nicht selten werde ich auch
nachts geweckt. Zusätzlich zu dem Cityruf-Empfänger, der mir gleichzeitig auch stets die neuesten Devisenkurse und Nachrichten übermittelt, kann ich über ein Kommunikationsprogramm auch meinen
Computer im Büro von meinem PC zu Hause aus bedienen. Das ist
oft sehr nützlich. Während einer schweren Grippe in diesem Jahr
konnte ich so vom Bett aus weiter handeln.

**Viele Anleger sind der Meinung, daß professionelle Markt-
teilnehmer mit computerunterstützten Handelssystemen besonders
in außergewöhnlichen Marktphasen, wie Crashs und Krisen, hohe
Gewinne erzielen. Können Sie diesen Sachverhalt bestätigen?**

Zu einem gewissen Grad trifft das sicherlich zu und liegt daran, daß
Computermodelle, weil sie emotionslos sind, gerade bei Kaufpaniken
und dem anschließenden Crash einen systembedingten Vorteil gegenüber anderen Marktteilnehmern haben. Diese bilden ihre Überzeugungen und Positionen meist aufgrund irgendwelcher für wahr gehaltenen fundamentalen Konstellationen, in der Regel solcher, die von
einer Mehrheit geteilt werden. Wenn es dann zum Crash kommt,

weigern sich diese Marktteilnehmer häufig, zu glauben, was sie
sehen, weil es ihren fundamentalen Überzeugungen widerspricht und
sie hoffen auf eine Erholung. Computersysteme reagieren kalt und
gnadenlos, wenn die Party der steigenden Kurse vorbei ist. Sie
verkaufen in der Regel rechtzeitig und halten die Position im Crash
auch durch - ebenfalls, weil sie emotionslos sind. Ich konnte auf diese
Weise z.B. Ende 1989 am Wiedervereinigungscrash im deutschen
Zinsmarkt ganz gut verdienen. Ein weiteres Beispiel aus jüngerer
Zeit war der Kursverfall in Dollar/Yen, in dem ich gegen die Mehrheits-
meinung, daß der Dollar nur steigen könne, auch ganz gut verdiente.
Beim Entwickeln von Systemen sollte man solche crashbedingten
Windfallprofits übrigens diskontieren. Ein gutes System muß vor
allem in den übrigen Marktphasen profitabel gewesen sein.

**Einige große Marktteilnehmer haben in der letzten Zeit verstärkt
den Weg in die Öffentlichkeit mit ihren Meinungen und Positionen
gesucht. Beeinflussen Sie solche Meinungen?**

Manchmal amüsieren sie mich, manchmal freue ich mich über sie,
wenn sie nämlich in meine Richtung gehen, und manchmal verderben
sie mir den Tag, wenn sie den Markt gegen mich beeinflussen und ich
deswegen Geld verliere. Aber ansonsten kümmere ich mich nicht
darum.

**Kann man den Devisenmarkt überhaupt mit Kapital beeinflussen
oder ist in solchen Fällen meistens nur die Psychologie entscheidend?**

Bei dem riesigen Volumen, das tagtäglich an den Devisenmärkten
gehandelt wird, ist es in den Hauptwährungen sehr schwer, wenn
auch nicht unmöglich, die Kurse mit Orders und Kapital zu beeinflussen. Selbst große Marktteilnehmer haben mit ihren Positionen oft
eher eine psychologische Wirkung auf die Kurse. Sehr gut ist das
auch bei den Interventionen der Notenbanken zu sehen. Der Markt
fordert die Zentralbanken bewußt zu Interventionen heraus, um anschließend dann aggressiv die geschaffene Verteidigungslinie erneut
anzugreifen. Anders ist das manchmal in Nebenwährungen wie z.B.
dem malayischen Ringgit, der tatsächlich durch große Marktteilnehmer
gepusht wurde, die dafür dann allerdings auch in diesem Jahr zum
Teil kräftig Federn lassen mußten. In dünnen Märkten bewegen große
Orders nach wie vor den Markt.

Geben Sie dem Europäischen Währungssystem (EWS) nach dem Realignement noch eine reelle Chance?

Das Realignement des EWS hat zwar neue Interventionspunkte festgelegt. Nur, da diese mit einer Bandbreite von insgesamt 30 Prozent so weit definiert wurden, handelt es sich quasi um frei floatende Kurse und damit den Bankrott des EWS. Überspitzt formuliert könnte man unter diesen Bedingungen auch den Dollar und den Yen ins EWS aufnehmen. Mit der deutschen Wiedervereinigung, aber auch mit den Veränderungen in Osteuropa sind neue Fakten entstanden, die im Rahmen des EWS nicht verarbeitet werden konnten. Kein System fester oder flexibler Wechselkurse kann solche schwerwiegenden, fundamentalen Veränderungen ohne Auswirkung auf die Kurse verkraften. Flexible Wechselkurse dienen ja gerade zum Ausgleich solcher Verwerfungen. Ich denke, daß Europa zunächst ökonomisch konvergieren muß, bevor wieder von stabileren Wechselkursverhältnissen die Rede sein kann.

Welche Währungen werden an den internationalen Devisenmärkten in den nächsten Jahren interessant sein?

Ähnlich wie bei den Aktienmärkten heißt das Stichwort auch hier "Emerging Markets". Länder wie Indien, Pakistan und natürlich China verzeichnen ein rapides Wirtschaftswachstum. Auch die osteuropäischen Länder würde ich tendenziell für interessant halten. Hier könnten sich potentiell große, historische Aufwärtstrends entwickeln, die die wachsende Wirtschaftskraft und geopolitische Bedeutung dieser Länder widerspiegeln. Ähnlich wie im EWS wird die Neuverteilung der wirtschaftlichen und politischen Macht im asiatischen Raum zu interessanten Währungsbewegungen führen. Die Devisenmärkte werden auch in den nächsten Jahren durch hohe Volatilität und ausgeprägte Trends gekennzeichnet sein und damit zu den interessantesten Märkten zählen. Neben den nach wie vor interessanten ehemaligen EWS-Währungen werden aber vor allem die Währungen der aufstrebenden Emerging Markets verstärkt gehandelt werden.

Gibt es einen Tag in Ihrer Karriere, an den Sie am liebsten zurückdenken?

An dem Tag der deutschen Wiedervereinigung erinnere ich mich aus mehreren Gründen sehr gerne. Erstens hat mich dieses Ereignis menschlich sehr bewegt und zweitens war ich nämlich Bund-Futures short und habe den folgenden Verfall der Bund-Anleihen sehr genossen. Allerdings äußerlich nur sehr verhalten, weil ich so ziemlich der einzige im Handelsraum war, der Grund zur Freude hatte.

Neben diesem Erfolg gab es für Sie sicher auch einige Tage mit hohen Verlusten?

Ja, beim Angriff der Amerikaner auf Kuwait. Da war ich nämlich leider auch Zins-Futures short und die Märkte haussierten. Das hat zunächst Geld gekostet, bis die Systeme auf long drehten und in der Folge den Verlust wieder aufholen konnten.

Haben Sie ein Szenario für den nächsten Crash?

Bullmärkte haben die Eigenart, vorher möglichst viele Anleger von Bord zu werfen, damit wenig Anleger in der Aufwärtsbewegung dabei sind. Bärmärkte dagegen nehmen möglichst viele Anleger mit an Bord, damit in der Abwärtsbewegung viele Anleger dabei sind. Durch die kurzen, aber heftigen Abwärtsbewegungen der Aktienmärkte der letzten Jahre haben die Anleger das Gefühl, daß nichts passieren kann, solange sie im nächsten Crash die Aktien einfach behalten oder sogar noch zukaufen. Bei den heute erreichten Bewertungen kann es aber nach Beendigung der Zinshausse jederzeit auch einmal wieder längerfristige Abwärtsbewegungen oder einfach nur eine nervenaufreibende Zeit seitwärts tendierender Märkte geben.

Wie verarbeiten Sie die Stimmungsschwankungen durch die Gewinne und Verluste, die Sie im Handelsraum erzielen?

Am einfachsten verarbeite ich natürlich die durch Gewinne verursachten Stimmungsschwankungen, obwohl es besonders hierbei sehr wichtig ist, nicht übermütig zu reagieren, sondern an den gehabten Risikomanagement-Regeln festzuhalten. Ansonsten sind Sport und körperliche Fitneß das beste Mittel, um den Streß im Handelsraum zu verarbeiten. Einerseits ist man dadurch wesentlich höher belastbar und andererseits verarbeitet man den Streß leichter. Ich betreibe regelmäßiges Lauftraining und bin auch mindestens zweimal die Woche zu Gast im Fitneß-Studio. Auch autogenes Training finde ich sehr nützlich. Aber die seelische Belastung, besonders in längeren

Verlustphasen, bleibt natürlich trotzdem hoch. Gerade in solchen Phasen kann ich mich an manchen Abenden trotz aller Bemühungen nur schwer auf andere Menschen einstellen, weil ich mit meinen Gedanken ganz woanders bin. Für meine Partnerin ist es manchmal nicht leicht zu verstehen, daß ich immer mit einer Ecke meiner Seele an den Märkten klebe. Ich bin ihr sehr dankbar für das Verständnis, das sie für meine Situation aufbringt.

Da es von Zeit zu Zeit auch manchmal nötig ist, vollkommen abzuschalten, fahre ich einmal im Jahr für zwei Wochen zum Tauchen. Wichtig ist auch, über den Märkten nicht zu vergessen, daß es neben Dollar, DM und Yen noch Wichtigeres auf der Welt gibt: Gespräche mit guten Freunden, Bücher, Musik. Das alles schützt vor totaler emotionaler Verarmung und rückt auch oft die Dinge wieder in ihre richtigen Proportionen.

Stellen Sie durch Ihre Arbeit, die sich ständig in Gewinn und Verlust messen läßt, gewisse Persönlichkeitsveränderungen bei Ihnen fest?

Ja, ich habe eine deutliche Tendenz zum Workaholic. Ich verbringe zu viel Zeit am Arbeitsplatz, habe zu wenig wirkliche Entspannungsphasen und es gelingt mir im Grunde selten, mich gedanklich vollkommen von den Märkten und meinen Systemen zu lösen. Schließlich gibt es ja immer irgendetwas Altes zu verbessern oder etwas Neues auszuprobieren. Der ständige Umgang mit dem Computer fördert zudem gewisse Vereinsamungstendenzen. Beides zusammen macht mich in meiner Freizeit oft ungeduldig und überkritisch im Umgang mit anderen Menschen. Außerdem bin ich sowieso schon eher ungesellig, und besonders Gruppengeselligkeiten empfinde ich eher als Diktatur der Horde. Ich muß jemanden schon sehr mögen und ihn interessant finden, um ihm meine Aufmerksamkeit zu widmen. Auf hohles Gerede und Small-Talk reagiere ich allergisch, weil es mir ganz einfach leid tut um meine Zeit. Weil ich so geizig mit meiner Zeit umgehe, neige ich generell dazu, mein Privatleben zu vernachlässigen, beispielsweise auch die Gestaltung meiner häuslichen Umgebung. Aber ich arbeite daran, das zu ändern.

Viele bekannte Händler haben sich in die Isolation zurückgezogen und handeln aus traumhaften Villen schöner Urlaubsparadiese. Ist das für Sie eine ernsthafte Alternative zum Handelsraum?

Natürlich habe auch ich manchmal solche Träume, besonders im Urlaub. Aber so ungesellig ich in meinem Privatleben bin, so sehr schätze ich andererseits den Kontakt zu Kollegen und anderen Marktteilnehmern. Das inspiriert und motiviert mich. Ich mag Handelsräume mit ihrem pulsierenden Leben und den Emotionen der anderen Marktteilnehmer. Auch wenn ich als Händler mit computerunterstützten Handelssystemen eigentlich nur Kurse und Daten über ein Informationssystem benötige, ist der Gedankenaustausch besonders bei der Weiterentwicklung sehr wichtig. Wenn ich mich in eine Villa zurückzöge, würde ich mich zudem wahrscheinlich sehr schnell völlig isolieren. Der tägliche Gang ins Büro schützt mich auch ein wenig vor beruflicher und sozialer Isolation.

Paul Berwein
Börsenmakler
"Ein Börsenmakler kommt jeden Tag in einen verdunkelten Raum und zündet Licht an."

Paul Berwein prägte die deutsche Börse wie kein zweiter freier Börsenmakler. Seine Kursseite "BERA" im Informationsdienst Reuters galt jahrelang weltweit als Indikation für die tägliche Tendenz in deutschen Standardwerten. Von seiner Heimatbörse in München aus führte der Bayer in Zusammenarbeit mit Großbanken insgesamt 223, meist ausländische Aktien, an den deutschen Börsen ein. Obwohl Berwein einen beachtlichen Umsatzanteil beim Handel auf dem Börsenparkett für sich in Anspruch nahm, stellt er seit 1987 in kritischen Vorträgen und schriftlichen Beiträgen seinen eigenen Berufsstand verstärkt in Frage. Er erkannte frühzeitig die internationalen Tendenzen der Computerisierung des Börsenhandels und setzte sich konsequent für eine Umsetzung dieser Entwicklungen in den deutschen Börsensälen ein. Wie man heute an der fortschreitenden Computerisierung der Deutschen Terminbörse, des IBIS- und BOSS-Cube-Systems sehen kann, bewahrheiten sich seine Prognosen zusehends.

Berweins vielfältige Aktivitäten auf und abseits des Parketts hatten alle eine grundlegende Botschaft: Die Aktie ist vor allem auch für Privatanleger ein attraktives Anlageinstrument. Das Börsenparkett in München war jahrelang Berweins Revier. Wenn man auf das Parkett kam, wußte man sofort, ohne ihn je zuvor gesehen zu haben, wer Paul Berwein war. Es gab nämlich nur einen, der lautstark und permanent Kurse stellte, von allen beachtet wurde und dazu noch lange und dicke Zigarren rauchte. An seiner beispiellosen Karriere kann man erkennen, daß er sich am Parkett aber weniger durch Schall und Rauch, sondern durch harte Arbeit und einem hohen Maß an Flexibilität und dementsprechendem Erfolg von seinen Kollegen unterschied.

Nachdem Berwein seit jeher über hervorragende Kontakte in den angelsächsischen Raum verfügte und einen beachtlichen Anteil des lukrativen Geschäfts mit Londoner Investmentbanken und Fondsmanagementgesellschaften abwickelte, verkaufte er seine komplette Firma an die englische Investmentbank S.G. Warburg. Seit 1992 ist er endgültig nur noch beratend im Aufsichtsrat tätig.

Darüber hinaus arbeitet er an zahlreichen Projekten der deutschen
Börsen zur Umstrukturierung und Gestaltung von Insider-Richtlinien
und der Marktaufsicht mit.

Da sich Berwein aber nach seiner beispiellosen Karriere trotzdem
nicht ganz aus dem Börsengeschäft verabschieden konnte, verlegte er
seinen Anlagehorizont vom kurzfristigen Tagesgeschäft eines Händlers und Börsenmaklers eher auf den mittel- und langfristigen Bereich
eines Investors. Selbstverständlich verfügt Berwein daher, auch nach
seinem Rückzug aus dem aktiven Tagesgeschäft, in seinem Privat-
haus noch über ein mit modernster Kommunikations- und Kurs-
informationstechnik eingerichtetes Büro. Daß er als Investor, bedingt
durch die Erfahrung zahlreicher Rezessionen, Booms, Inflationen,
Deflationen, Crashs, Krisen und euphorischer Kursaufschwünge ebenfalls zu einem erfolgreichen Marktteilnehmer gehört, verwundert
nicht. Die beneidenswerte Kombination aus Erfahrung, intimsten
Marktkenntnissen und der Distanz zum Tagesgeschäft machte Berwein
daher von Beginn an zu einem der wichtigsten Gesprächspartner für
dieses Buch.

**Sie stehen in Deutschland wie kein anderer für den Börsenhandel
und Aktien. Wann hatten Sie das erste Mal Kontakt mit der
Börse?**

Vor zwei Jahren schrieb die Financial Times eine ganze Seite über
mich. Ich wurde in dem Artikel als "maverick", ein ungebrochenes
Pferd, bezeichnet. Das bin ich bis heute noch. Gelernt habe ich das
Bankgeschäft bei der Kreissparkasse in München. Irgendwann nach
meiner Ausbildung rechnete ich mir dann aus, wieviel ich mit 60
verdiene und kam zu dem Entschluß, daß es zu wenig sei. Daraufhin
begann ich, Englisch und Französisch zu studieren. Das Geld für
mein Studium verdiente ich mir vorher mit dem Verkauf von Grund-
stücken, Bausparverträgen und Versicherungen. Eigentlich sollten
meine Ersparnisse für das ganze Studium ausreichen, aber nach vier
Semestern war alles aufgebraucht. Ich hatte das Glück, daß ich am
Sprachen- und Dolmetscherinstitut Assistent auf dem Gebiet internationales Recht werden durfte. Vor meiner Diplomprüfung kam 1958
Walter Feuchtwanger, der Inhaber der ehemaligen Privatbank Feuchtwanger in München, zum Institut und suchte einen mehrsprachigen
Bankkaufmann für den Börsenhandel. Nach Beendigung meines Studiums ging ich zur Privatbank Feuchtwanger.

Wann haben Sie sich selbständig gemacht?

Bis 1964 war ich bei Feuchtwanger in der Börsenabteilung. Danach wollte ich aufgrund einer Meinungsverschiedenheit wechseln und mir lagen sogar bereits mehrere Angebote aus Zürich, Köln und sogar New York vor. Als Bayer war mir aber New York schon damals viel zu weit weg. Der damalige Börsenpräsident bot mir dann zur gleichen Zeit an, Börsenmakler zu werden. Daraufhin machte ich mich 1964 als Börsenmakler an der bayerischen Börse selbständig.

Wann begannen Sie mit der Expansion und dem Handel an anderen Börsen?

Bereits nach einem halben Jahr stellte ich fest, daß das Einzugsgebiet der bayerischen Börse für meine Pläne zu klein war. Die Umsätze und Markttiefe an der Münchner Börse waren zum damaligen Zeitpunkt relativ gering. So begann ich, an allen deutschen Börsen außerbörslich zu handeln, was zu einem deutlich belebten Umsatz und höherem Courtageaufkommen führte.

Sie sind bekannt dafür, daß Sie sehr aktiv ausländische Aktien an der Münchner Börse eingeführt haben. Wann haben Sie den ersten ausländischen Wert eingeführt?

Zu den Zeiten der SPD-Regierung in Deutschland in den 70er Jahren ging das Börsengeschäft stark zurück und es notierten immer weniger Aktiengesellschaften an den Kurstafeln. Als ich sah, wie immer mehr Aktien vom Kurszettel verschwanden, hatte ich die Idee, neue ausländische Aktien einzuführen. Die Einführung österreichischer und italienischer Aktien scheiterte damals allerdings an den Lieferschwierigkeiten. 1980 kam ich dann auf die Idee, amerikanische Titel an der bayerischen Börse einzuführen. Als erste amerikanische Aktie führte ich McDonald's in München ein. Aufgrund der Expansion von McDonald's in Deutschland kannte jeder die Hamburgerkette und die Aktien verkauften sich buchstäblich wie die warmen Hamburger. Nach einigen amerikanischen Aktien habe ich dann im Boom des Goldpreisaufschwungs 1980 Goldminenaktien in München eingeführt. Der Goldpreis ist innerhalb einiger Jahre von 30 Dollar pro Unze auf 800 Dollar angestiegen und Goldminenaktien waren dementsprechend der absolute Umsatzspitzenreiter an der Börse. Der Umsatz an Goldminenaktien war 10mal so hoch wie der deutscher

Standardwerte, und zeitweise haben wir in München mehr Goldminenaktien als an der Londoner Börse gehandelt.

**Wie kamen Sie auf die damals ungewöhnliche Idee, Ihre Kurse im
Kursinformationsdienst Reuters zu veröffentlichen?**

Ich habe nach und nach weitere amerikanische, südafrikanische und
australische Aktien eingeführt. Das Problem war nur, daß die wenigsten Marktteilnehmer wußten, was ich alles in München handelte. Ich
kam daraufhin auf die Idee, Wertpapierpreise über Bildschirm einzu-
geben. Als erster Börsenmakler der Welt nutzte ich den Informationsdienst Reuters als Medium der Kursindikation. Obwohl wir nur circa
3.000 Abfragen pro Tag als Ziel hatten, erreichten wir sehr schnell
50.000 Abfragen pro Tag. Der Bildschirmhandel entwickelte sich
zum absoluten Hit und ich wurde weltweit sehr schnell bekannt. In
dieser Zeit begann ich, sogar international zu handeln. Meine Seite
im Reuterssystem mit dem Kürzel "BERA" wurde in London, New
York, Tokyo und Hongkong gelesen und verhalf mir eigentlich zum
großen Durchbruch.

**Als Börsenmakler am Parkett haben Sie sich immer für die
Computerisierung der Börse eingesetzt. Dafür haben Sie vermutlich
nicht immer Lob aus den Reihen Ihrer Kollegen erhalten!**

1987 habe ich an einigen Universitäten Vorträge über das sehr
kritische Thema der Computerisierung der Börse gehalten. In der
Süddeutschen Zeitung löste daraufhin der Artikel "Börsenmakler
stellt seinen Berufsstand in Frage" eine heftige Diskussion aus. Wie
man heute sieht, bewahrheiten sich aber meine Prognosen.

Wie entwickelte sich Ihre eigene Börsenmaklergesellschaft weiter?

1989 wandelte ich meine Börsenmaklergesellschaft in eine Aktiengesellschaft um. Da keines meiner vier Kinder in meine Berufsrichtung
geht - mein Sohn ist Künstler und meine drei Töchter haben auch kein
Interesse - habe ich in einem nächsten Schritt die komplette Firma an
die englische Investmentbank S.G. Warburg verkauft. Bis 01.04.92
war ich noch im Vorstand und bin jetzt noch beratend im Aufsichtsrat
tätig. Darüber hinaus arbeite ich an zahlreichen Projekten der deutschen Börsen zur Umstrukturierung und Gestaltung von Insider Richtlinien und der Marktaufsicht mit.

Wie viele ausländische Titel haben Sie insgesamt an den deutschen Börsen eingeführt?

Ich habe genau 223 Titel in Berlin und München eingeführt.

Wo lag neben den ausländischen Titeln Ihr Hauptaugenmerk?

In München war ich neben den Standardwerten und gängigen Nebenwerten auch auf den Bereich der kleinen Nebenwerte im Telefonverkehr, dem sogenannten Tertiärmarkt, spezialisiert. Generell spezialisierte ich mich aber natürlich auf die großen, umsatzstarken Standardwerte. In diesem Bereich etablierte ich als einer der ersten Börsenmakler nahezu einen weltweiten 24-Stunden-Handel. Ich handelte an den Überseemärkten aktiv deutsche Aktien zu den jeweiligen Handelszeiten.

Haben Sie auch einmal einen deutschen Wert an der Börse eingeführt?

Während all der Jahre beschäftigte ich mich sehr viel mit der Krones AG. Ich war maßgeblich beteiligt, daß Krones überhaupt an der Börse eingeführt wurde. Die Emission selbst führte dann aber eine Großbank durch. Bei Wella war ich auch bereits an den ersten Gesprächen beteiligt. Im Grunde ärgere ich mich heute noch, daß ich nie eine deutsche Aktiengesellschaft an der Börse eingeführt habe. Im Konsortialgeschäft hat in den entscheidenden Punkten eine Großbank immer die bessere Position. Es gibt in Deutschland über 400.000 GmbHs und maximal 1.800 Aktiengesellschaften. Davon notieren wiederum nur 655 an den deutschen Börsen. Der Rest sind Familien-Aktiengesellschaften. Gerade in dem Bereich der Einführung neuer Aktien an der Börse ist ein gewaltiges Potential vorhanden.

Warum gibt es in Deutschland im Vergleich zu Amerika und England so wenig börsennotierte Aktiengesellschaften?

Dafür gibt es verschiedene Ursachen. Deutsche Unternehmer wurden im wesentlichen aufgrund steuerlicher Nachteile von dem Gang an die Börse zurückgehalten. Deutsche Anleger und Unternehmer sind bis heute im Grunde genommen aktienfeindlich. Der Anteil der Privataktionäre an der Gesamtbevölkerung liegt immer noch unter 5 Prozent.

Worin liegen die Gründe für die geringe Akzeptanz der Aktie als Anlageform?

Einen wesentlichen Anteil an dieser Entwicklung haben die Banken mit ihrer Gebührenpolitik zu verantworten. Zudem trug die Plazierungs- und Emissonspolitik der Großbanken durch die institutionelle Anleger eher bevorzugt wurden, nicht zu einer Verbreiterung der Aktionärsstruktur bei. Es gibt heute kaum mehr Privataktionäre, die aktives Stock-Picking betreiben und sich selbst mit den Aktienmärkten befassen. Vor allem kleinere Privatkunden werden von den Banken in Investmentfonds abgedrängt. Diese sogenannte Institutionalisierung der Börse betrachte ich als eine sehr bedrohliche Entwicklung. Durch diese weltweite Tendenz der Institutionalisierung verliert die Börse einen wesentlichen Teil ihrer Pluralität. Jede hochentwickelte Wertpapierbörse benötigt eine breite Markttiefe und unterschiedliche Meinungen, wozu auch der private Anleger zählt. Investor-Relation ist aber leider für die meisten deutschen Aktiengesellschaften und Banken im wahrsten Sinne des Wortes nach wie vor ein Fremdwort.

Die Deutschen sind aber doch auch historisch betrachtet keine Aktionäre!

Nach dem zweiten Weltkrieg fand ein großer Generationswechsel in Deutschland statt. Im Zuge des industriellen Aufschwungs nach dem Krieg investierten viele Anleger in Wohnungen, Bauen und Beton. Aber nur wenige investierten ihr Geld an der Börse in Aktien. Der auf die Aktienanlage spezialisierte Privatbankenbereich ging ebenfalls zurück und es gab die Entwicklung zu den Universalbanken, die meinten, alles zu können. In dem Punkt, die Aktienanlage als Kapitalanlage zu etablieren, haben die Universalbanken ganz klar versagt.

Mit der Gebührenstruktur für Wertpapiergeschäfte zwingen die Großbanken kleinere Privatanleger mehr oder weniger dazu, Investmentfonds zu kaufen. Wird diese Entwicklung anhalten?

Gerade in diesem Bereich wird es in der nächsten Zeit zu einigen Änderungen kommen. Ich glaube generell an die Macht des Faktischen. Irgendwann wird jemand erkennen, wo die Geschäftsmöglichkeiten mit kleineren Privatkunden liegen. Die Implementierung der Privat- in Großbanken hat bis auf einige Ausnahmen nicht die erwünschten Ergebnisse erbracht. Es gibt aber auch kaum noch eigenständige Privatbanken. Wenn die Erträge mit der momentanen Strategie ausbleiben, müssen sich die Banken etwas einfallen lassen. Für die deutschen Großbanken wird mit den Veränderungen in der Europäischen Gemeinschaft und den EG-Harmonisierungsrichtlinien ein gewaltiger Wettbewerb entstehen. Der deutsche Bankenmarkt und die Börse waren lange Zeit eine geschlossene Gesellschaft mit einer restriktiven Überregulierung von Seiten der Regierungen und den Aufsichtsbehörden. Dadurch hatte praktisch ein Jungunternehmer kaum eine Chance, eine Aktiengesellschaft zu gründen.

Wie müssen die acht deutschen Börsen reagieren, um auch in Zukunft eine Existenzberechtigung zu behalten?

Der Computer hat sich an den Börsen ganz klar durchgesetzt und er wird sich in Zukunft noch weiter durchsetzen. In Deutschland wird gerne von der Frankfurter Großbörse und sieben Regionalbörsen gesprochen. Die Frankfurter Börse ist aber auch eine Regionalbörse mit Präsenzhandel und wird auf die Dauer, wie alle anderen Börsen in Deutschland, in der heutigen Form nicht überlebensfähig sein.

Was wird sich konkret in den nächsten Jahren an den deutschen Börsen verändern?

Persönlich bin ich davon überzeugt, daß der organisierte Aktienhandel in Zukunft sehr stark computerisiert oder computerunterstützt ablaufen wird. Dazu muß zuerst einmal die Mehrfachnotiz der Aktien abgeschafft werden. Es macht keinen Sinn, daß ein bayerisches Unternehmen gleichzeitig in Frankfurt und Hamburg an der Börse gehandelt wird und sich dabei verschiedene Kurse ergeben. Dieser Zustand ist ein großer Nachteil für die Kunden. Grundsätzlich behaupte ich: Wichtig ist der Emittent, der die Aktien ausgibt, und noch wichtiger ist der Kunde, der die Aktien kauft. Alles was dazwischen benötigt wird, ob Banken, Börsenmakler oder Finanzdienstleister, ist nebensächlich. Sie sind alle nur Mittler des eigentlichen Geschäfts und blockieren durch überhöhte Gebühren und Provisionen die Aktionen der Privatanleger.

Sind überprüfbare Insiderrichtlinien, wie sie in Deutschland bereits seit Jahren gefordert werden, nicht auch eine wesentliche Voraussetzung einer modernen Börse?

Insiderrichtlinien sind eine der wichtigsten Voraussetzungen, da es für alle Marktteilnehmer entscheidend ist, daß der Aktienhandel transparent und ehrlich abläuft. Als ich 1987 massiv Insiderrichtlinien forderte, erklärten mich einige für verrückt. In Deutschland hat man noch bis 1987 behauptet, daß es keine Insiderprobleme gebe. Während in Amerika 20 bis 30 Vergehen pro Jahr verfolgt wurden und wir Deutschen in diesem Gebiet bestimmt nicht die Heiligsten sind und auch nie waren, wurde behauptet, daß das Problem bei uns nicht vorliegt. Die Behörden haben zum Glück die Zeichen der Zeit erkannt und reagiert. Bis unsere Insiderrichtlinien allerdings etabliert sind, einwandfrei funktionieren und kontrolliert werden können, werden noch einige Jahre vergehen.

Im Zuge der weltweiten Globalisierung der Finanzmärkte werden einheitliche Gesetze und Regelungen doch auch immer wichtiger, um dem internationalen Wettbewerb standzuhalten!

Die Tendenz der Vereinheitlichung der Gesetze und Regulierungen ist bereits in vollem Gange. 1993 hat Daimler Benz die Notierung in New York beantragt und sich damit vollständig den amerikanischen Börsengesetzen und SEC-Richtlinien unterworfen. Seit dem vierten Quartal 1993 notiert die Daimler Benz Aktie an der Wall Street. Das ist ein absolut richtiger Schritt in die Zukunft. Die Änderung und Vereinheitlichung der Bilanzrichtlinien werden immer mehr in den Vordergrund rücken. Durch einheitliche Geschäftsberichte und Bilanzen werden die Ergebnisse von Daimler Benz, Peugeot, Chrysler und Honda für die Anleger doch erst vergleichbar.

Werden nach Daimler Benz noch weitere deutsche Unternehmen die Zulassung an der amerikanischen Börse beantragen?

Ich bin davon überzeugt, daß auch andere große deutsche Standardwerte dem Schritt von Daimler Benz folgen werden. Man kann aber in einem nächsten Schritt darüber diskutieren, ob für große Unternehmen der organisierte Markt einer Börse überhaupt noch notwendig ist. Der organisierte Markt an einer Börse bietet generell Anleger- und Emittentenschutz. Nur fragt man sich bei einem Großunternehmer, ob der Anlegerschutz, die Umsatzüberwachung und Börsenaufsicht in der heutigen Form noch maßgebend ist. Es gibt daher auch Überlegungen, den Handel in solchen Werten in einem nicht-organisierten Markt durchzuführen. Dieser nicht-organisierte Markt wäre ähnlich wie im Devisenhandel ein weltweiter 24-Stunden-Handel über Computersysteme und Bildschirme. Mit den elektronischen Hilfsmitteln unserer Zeit kann man theoretisch Daimler Benz Aktien rund um die Uhr handeln, so wie das bei den wichtigsten Währungen der Welt längst der Fall ist.

Wie wird sich der computerunterstützte Handel in Zukunft entwickeln?

Der Siegeszug der elektronischen Handelssysteme wie z.B. IBIS ist unaufhaltsam. Einige Börsenplätze haben bei der Einschätzung des computerunterstützten Handels in der Vergangenheit einen Riesenfehler begangen. Die Düsseldorfer Börse bestand historisch betrachtet im Grunde genommen aus Stahl- und Kohlewerten. Stahl- und Kohlewerte im herkömmlichen Sinne gibt es aber heute kaum mehr. Trotzdem hat die Düsseldorfer Börse bis vor einigen Jahren um die Vorherrschaft in Deutschland gekämpft. Warum ist die Frankfurter Börse groß geworden? Weil die Hauptsitze der Geld- und Bankenindustrie, die Bundesbank, andere moderne Dienstleistungsindustrien und der größte Flughafen Deutschlands dort beheimatet sind. Wenn man analysiert, wo der Handel historisch betrachtet stattgefunden hat, reduziert sich das seit Jahrhunderten auf einen gemeinsamen Nenner. Früher waren es die großen Häfen wie Hongkong, London und Amsterdam, dann hat sich alles in Metropolen mit Weltstadtcharakter und großen Flughäfen verlagert. In Zukunft benötigen wir für die Finanz- und Handelszentren im Grunde genommen nur noch elektronische Knoten. Der Traum einer europäischen Präsenzbörse ist Schwachsinn. Es wird sie weder in London, Brüssel, Paris und schon gar nicht in Frankfurt geben. Ich hole heute die Milch auch nicht mehr mit der Milchkanne.

Gerade im internationalen Geschäft ist es nicht mehr zeitgemäß, ausschließlich zwischen 10.30 Uhr und 13.30 Uhr Aktien in deutschen Börsensälen zu handeln! Wird sich auf diesem Gebiet nicht ebenfalls einiges ändern?

Auf alle Fälle! Bedenken Sie nur die verschiedenen Zeitzonen der großen Finanzzentren. Warum muß ein Amerikaner in der Früh um 4.30 Uhr aufstehen, um bei uns deutsche Aktien handeln zu können. Er könnte theoretisch mit beliebigen Kontrahenten in der ganzen Welt über seinen Bildschirm zu seinen Bürozeiten handeln. Derjenige

Markt, der diese Dienstleistung in Zukunft anbietet, wird überleben. Dieses Anforderungsprofil der Zukunft spricht gegen die organisierten Märkte.

Die Aktienumsätze deutscher Werte in London sprechen doch genau für diese These des unorganisierten Marktes!

Richtig, in London hat sich ein bestimmter elektronischer Knotenpunkt gebildet, über den hohe Umsätze in deutschen Aktien gehandelt werden. Es ist nur die Frage, ob er sich aufgrund der Lieferschwäche durchsetzen wird. Es macht keinen Sinn, Siemens-Aktien von München nach London zu transferieren, um sie dann einem Käufer in Amerika nach New York und anschließend beim Verkauf wieder von New York nach München zurückzuschicken. Ich bin daher der Meinung, daß es bald keine effektiven Stücke mehr geben wird, sondern nur noch Computergutschriften.

Unter Abwicklungs- und Lieferungsgesichtspunkten ist die deutsche Börse also immer noch wesentlich fortschrittlicher als angel-sächsische Märkte?

Unter Abwicklungs- und Lieferungsgesichtspunkten betrachtet, ist die deutsche Börse den meisten ausländischen Börsenplätzen in der Tat nach wie vor weit voraus. Während die Amerikaner immer noch stolz auf ihr Sieben-Tage-Settlement sind, haben wir bereits seit langem ein Zwei-Tages-Settlement. Spätestens 1995 werden wir auch zu einem Intra-day-Settlement in der Lage sein.

Hat die Deutsche Terminbörse zur Verbesserung der Markttiefe beigetragen?

70 Prozent der Umsätze an den deutschen Börsen finden in nur 14 Werten statt. Die Deutsche Terminbörse hat seit ihrer Gründung zusätzlich zur Markttiefe beigetragen, aber selbst einige DAX-Werte haben noch immer keine befriedigende Markttiefe. Bei einer geringen Markttiefe in einzelnen Werten besteht die Gefahr, daß der Schwanz mit dem Hund wedelt, also die DTB die Kassanotierungen beeinflußt. Normalerweise sollte es natürlich umgekehrt sein. Die zustandegekommenen Kurse werden aber bei den großen Standardwerten durch die DTB immer transparenter.

Können in Deutschland alle acht Regionalbörsen langfristig überleben?

In einem ersten Schritt muß die Mehrfachnotiz abgeschafft werden. Es macht keinen Sinn, ein hessisches Unternehmen an der bayerischen Börse in München zu notieren. Mit modernen Ordersystemen kann die Order ohne weiteres nach Frankfurt weitergeleitet werden. Das hätte den Vorteil, daß sich die Markttiefe dort entscheidend verbessert und sich keine unterschiedlichen Kurse mehr ergeben. Die Regionalbörsen müssen sich aus diesen Gründen auf Nischen besinnen und sie werden in einen harten Wettbewerb untereinander eintreten. Ich bin daher der Meinung, daß die Regionalbörsen, also auch Frankfurt, im Grunde genommen nur überleben können, wenn sie sich auf bestimmte Werte spezialisieren. Isar-Amper sollten ausschließlich an der bayerischen Börse und Hamburger Elektrizitätswerke an der Hamburger Börse gehandelt werden. Jede Börse lebt durch ihre Einnahmen, aber diese werden auf die Dauer aus dem organisierten Parketthandel verschwinden. Die großen, umsatzstarken Werte wie Bayer, Deutsche Bank, VW, Daimler Benz usw. werden immer mehr im elektronischen System gehandelt. Wenn man die Firma Berwein außer acht läßt, ist im Grunde genommen an der deutschen Börse in den letzten 20 Jahren wenig passiert.

Welche Rolle werden Börsen- und Kursmakler in Zukunft an den Börsen spielen?

Börsen- und Kursmakler sind in meinen Augen eine Spezies, die vom Aussterben bedroht ist und eigentlich im World-Wildlife-Fund als geschützte Gattung eingetragen werden müßte. Wenn diesem Berufszweig nichts einfällt, wird er aussterben.

Für die von Ihnen angesprochenen Nischenprodukte, auf die sich die Regionalbörsen konzentrieren sollten, braucht man aber nicht acht Regionalbörsen. Welche Regionalbörsen müssen aufgelöst werden?

Von den acht Börsenplätzen können langfristig drei bis fünf überleben. Ich kann mir nicht vorstellen, daß Hannover oder Bremen überleben werden. Auf keinen Fall benötigen wir aber neue Börsenpaläste oder gar in Dresden eine weitere Präsenzbörse.

**Was halten Sie davon, den Nennwert der Aktien von 50 DM auf
5 DM zu reduzieren?**

Ich bin dafür, den Nennwert ganz abzuschaffen.

**Was wären die Vorteile eines geringeren Nennwertes oder sogar
der vollkommen nennwertlosen Aktie?**

Bei einer Reduzierung des Nennwertes auf 5 DM würde sich z.b. der
Kurs einer Daimler Aktie zehnteln. Damit gibt es natürlich sofort
mehr Aktionäre. Auch wenn es sich eigentlich nur um eine optische
Korrektur der Aktienkurse handelt, wäre es ein Hilfsmittel, privates
Aktiensparen auch für kleinere Anleger attraktiv zu gestalten.

**Wie groß können Aktienpakete sein, die an der deutschen Börse
gehandelt werden?**

Bei großen Standardwerten mit entsprechender Markttiefe sind Aktienpakete von 100.000 Stück keine Seltenheit. Über diesen Pakethandel wird zwar sehr viel geredet, aber wenig konkret unternommen,
obwohl es immer wieder erhebliches Interesse gibt, große Pakete zu
kaufen und zu verkaufen. Der Pakethandel müßte aber auch systematisch weiter entwickelt werden, damit er ähnlich effizient funktioniert
wie in New York.

Besteht eine Gefahr für den Kassamarkt durch zu viele Derivate?

Der Kassamarkt darf nicht durch den Terminmarkt manipulierbar
werden. Ich hoffe, daß sich der Terminmarkt konstruktiv weiterentwickeln wird und so viele Derivate geschaffen werden, wie zur
Absicherung und zum Risikomanagement von den Marktteilnehmern
benötigt werden. Unnötige Derivate sind volkswirtschaftlich ein Un-
sinn.

**Können Sie nach diesem interessanten Ausblick über die "Börsen
der Zukunft" Ihre grundsätzliche Anlagephilosophie beschreiben?**

Für mich gab es immer einen großen Unterschied zwischen meinen
privaten und den geschäftlichen Aktivitäten an der Börse. Privat bin
ich ein sehr langfristig orientierter Anleger. Daher resultierte auch
mein Bedürfnis, am Tertiärmarkt tätig zu sein. Ich habe z.B. die

ersten Tegernseebahn-Aktien mit 70 DM gekauft. Heute stehen sie
bei 1.900 DM und ich werde sie weiter behalten. Das sind sozusagen
Unternehmensbeteiligungen, die ich langsam über viele Jahre hinweg
ansammle.

**Wie würden Sie diese langfristige Anlagephilosophie konkreter
beschreiben?**

Ich habe im Leben oft und viel investiert und dabei im Grunde aber
nur kontrolliert, wo die Gefahr einer schlechten Entscheidung bestand. Wenn sich die fundamentalen Daten einer Aktie und damit der
Aktienkurs nicht nach meinen Erwartungen entwickelte, dann verkaufte ich rigoros. Ich habe nie über einen längeren Zeitraum irgendwelche Ladenhüter in meinen Depots mitgezogen, sondern immer
sehr diszipliniert meine Verluste begrenzt. Ich fand heraus, daß ich
eigentlich nicht die Gewinne, sondern nur die Verluste aus Fehlentscheidungen kontrollieren muß. Wenn man den Mut aufbringt, die
guten Werte zu behalten und nicht nach 10 Prozent Gewinn sofort
krampfhaft die nächste Chance sucht, sondern nur die schlechten
Werte immer kontrolliert und konsequent verkauft, dann entwickelt
sich das Portfolio längerfristig sicherlich sehr positiv.

Sie begrenzen Ihre Verluste also systematisch und konsequent?

Wenn man eine falsche Entscheidung getroffen hat, muß man sie
erkennen, sie sich eingestehen und danach konsequent die Verluste
begrenzen. Bei mir steht nicht die Gewinnmaximierung, sondern die
Risikominimierung im Vordergrund.

Welche Faktoren bei Aktien beachten Sie zur Verlustbegrenzung?

Ein typisches Beispiel für meine Anlagephilosophie war Moksel
(Fleischverarbeiter). Moksel war eine sehr attraktive Aktie, so lange
der Ostbereich zum billigen Fleischimport zur Verfügung stand.
Nach der Wiedervereinigung war die Monopolstellung von Moksel
im Fleischhandel mit Ostdeutschland abrupt beendet und die Basis
der Gewinnphantasie ist weggefallen. Ich habe die Aktie entgegen der
damaligen Meinung nach der Wiedervereinigung sofort verkauft.

Wie gehen Sie bei der Auswahl der attraktivsten Aktien vor?

Es gibt immer Signale von der allgemeinen wirtschaftlichen Entwicklung und der Börse, daß gewisse Branchen und ausgesuchte Aktien mehr oder weniger Phantasie für die Zukunft haben. Als erstes betrachte ich immer die gesamte Branchenentwicklung, da die Branche immer eine gewisse Phantasie für die nächsten Jahre besitzen sollte. Wenn ich nach dieser Auswahl in einer aussichtsreichen Branche den Marktführer kaufe, ist das Risiko nach unten bereits sehr begrenzt. Danach muß ich nur darauf achten, ob es in der Branche ein anderes Unternehmen gibt, was den Anschluß zum Marktführer herstellt und vielleicht sogar billiger oder qualitativ hochwertiger produziert. Vor jedem großen Investment versuche ich zudem, ein genaues Bild der Managementqualitäten des Unternehmens zu bekommen.

Für Sie also ist die Branche der Ausgangspunkt bei der Top-down-Analyse oder beachten Sie auch die gesamte Wirtschaftsentwicklung?

Wenn ich eine langfristige Entscheidung treffe und den Marktführer in einer interessanten Branche kaufe, ist die konjunkturelle Entwicklung eher sekundär. Ähnlich wie der bekannte Bankier Rothschild kaufe ich meistens, wenn die Kanonen donnern, und verkaufe, wenn die Violinen spielen. 1993 hatten wir in Deutschland eine Liquiditätshausse, ausgelöst durch stark sinkende Zinsen. Ich gehe davon aus, daß diese Liquiditätshausse in der ersten Jahreshälfte 1994 von einer Fundamentalhausse abgelöst wird.

Hatten Sie in Ihrer aktiven Zeit am Parkett auch so langfristige Positionen?

Als Privatmann hatte ich am Parkett auch so langfristige Positionen. Niemals dagegen als Makler. Für einen erfolgreichen Makler ist eine unheimliche Flexibilität das oberste Gebot. Der Markt entscheidet die Richtung und niemand kann den Markt schlagen. Nur wenn ich flexibel genug bin, kann ich überleben. Als Börsenmakler kann man mindestens 20mal auf den Bauch fallen im Jahr, man muß nur immer wieder aufstehen. Wenn man einmal liegen bleibt, dann ist es aus.

Welche Faktoren spielen eine Rolle, wenn Sie in der Früh zur Vorbörse die ersten Kurse stellen?

Als Marktführer kann man sich an keinem anderen Marktteilnehmer orientieren und einfach die Kurse abschreiben. Ich mußte immer selber Meinung bekennen. Nach den Abendnachrichten und den neuesten Meldungen um 6 Uhr in der Früh über die Ereignisse an den amerikanischen und asiatischen Märkten in der Nacht überlegte ich mir zwischen 6 Uhr und 7 Uhr, welchen Kurs ich um 8 Uhr stelle. Ein Börsenmakler kommt jeden Tag in einen verdunkelten Raum und zündet das Licht an.

Ohne zu wissen welche Kurse andere Marktteilnehmer stellen, haben Sie die ersten Preise aufgerufen?

Als Marktführer haben Sie keine andere Wahl. Aus der Reaktion der anderen habe ich dann sofort erkannt, ob ich meine Kurse verändern muß oder ob ich richtig liege. Für diese Reaktionen ist ein hohes Maß an Flexibilität nötig.

Sie mußten sich also tagtäglich viele kleine Fehler eingestehen?

Es gehört unheimlicher Mut dazu, sich laufend Fehler einzugestehen und neue Kurse zu stellen. In einem Fernsehinterview hat ein Redakteur den passenden Titel "Kraft, die Berge versetzt" gewählt. Diese Kraft ist nötig, um immer wieder aufzustehen. Man kämpft oft alleine gegen die gesamte Bankenwelt, gegen viel mehr Kapital, als man selbst zur Verfügung hat.

Spielen bei Ihren Positionen auch charttechnische Faktoren eine Rolle?

Charts haben zwar immer recht, aber erst im nachhinein. Als großer Marktteilnehmer schreibe ich die Charts. Bei der Entscheidung selbst hilft mir daher kein Chart. Wenn ich mir Charts ansehe, interessiert mich nicht wann, sondern warum Widerstandslinien durchbrochen werden.

Was ist in dem kurzfristigen Tagesgeschäft von entscheidender Wichtigkeit?

Der wichtigste Punkt in dem sehr aufreibenden Tagesgeschäft ist die persönliche und finanzielle Freiheit. Der Heilige Paulus hat schon in einem Brief an die Korinther geschrieben, daß die Freiheit dort endet, wo die Unfreiheit beginnt. Es existiert eine sehr schmale Grenze zur

Unfreiheit, die man als Börsenmakler nie überschreiten sollte. Aber natürlich gab es auch für mich Entscheidungen, nach denen ich pleite gewesen wäre, wenn ich nicht recht gehabt hätte.

Können Sie ein Beispiel einer solchen Entscheidung erzählen?

Ich hatte einen für meine Verhältnisse viel zu großen Bestand an Aktien der Firma Deutsche Erdöl. Gelsenberg wollte die Firma Erdöl übernehmen und der Kurs wäre in diesem Fall natürlich entsprechend angestiegen. Nach dreimonatigen Verhandlungen zwischen beiden Firmen sind die Verhandlungspartner an einem Freitag um 13 Uhr plötzlich abgereist. Der Kurs der Erdölaktie fiel in den letzten Handelsminuten von 195 DM auf 130 DM. Ich habe aber trotz meiner hohen Verluste nicht verkauft, sondern bin das Wochenende zum Bergwandern gefahren. Ich war mir sicher, daß nach dreimonatigen Verhandlungen nicht von heute auf morgen das letzte Wort gesprochen ist. Am Montag darauf saßen dann auch alle Verhandlungspartner wieder an einem Tisch und der Kurs der Erdöl Aktie erholte sich auf 210 DM. Mein Mut hatte sich in diesem Fall ausgezahlt.

Haben Sie oft Ihre finanzielle Stärke ausgenutzt, um die Marktmeinung zu prägen oder gewisse Positionen einfach durchhalten zu können?

Selbst ich konnte meine Positionen nur bis zu einer bestimmten Grenze durchhalten. Vor allem ist es sehr wichtig, diese Grenze zu erkennen. Ähnlich wie ein Sportler darf sich ein Börsenmakler nicht von einem hohen Adrenalinspiegel zu einem unverantwortlichen Risiko verleiten lassen. Ich habe viele Kollegen erlebt, die aufgrund risikoreicher Positionen in Konkurs gehen mußten. Man muß fast bis auf den Pfennig genau wissen, wie weit man gehen kann.

Was erfordert in Ihrem Geschäft den größeren Mut - das Kaufen oder Verkaufen einer großen Position?

Eine falsche Entscheidung sofort zu korrigieren, erfordert den größten Mut. Ich habe oft Aktien gekauft und wußte zwei Minuten später, daß es eine falsche Entscheidung war. In solchen Fällen habe ich aber immer sofort wieder verkauft. Nur diese andauernde Härte gegen sich selbst macht einen langfristig erfolgreich.

In welchen Situationen spielt neben technischen und fundamentalen Faktoren die Stimmung am Parkett eine besondere Rolle für Ihre Position?

Stimmungen und psychologische Aspekte spielen auf dem Parkett und an der Börse generell eine entscheidende Rolle. Wenn man kaufen will, kann man hingehen und laut schreien, daß man Käufer ist. Dadurch wird man natürlich entsprechend höhere Preise für die Aktien bezahlen müssen. Man kann aber in der gleichen Situation auch hingehen und erst einmal ein bißchen etwas lautstark verkaufen und in der gleichen Zeit oder später ganz unauffällig und leise die Aktien kaufen. Das ist einer der einfachsten psychologischen Tricks an der Börse. Diese Verhaltensweisen sind natürlich nur an der Parkettbörse bei einem Geschäftsabschluß von Angesicht zu Angesicht möglich. Im Computerhandel haben Spielchen dieser Art weniger Erfolg.

Nach einigen Geschäften kennt man doch die Tricks der Kollegen?

Bei manchen Kollegen erkannte ich im Laufe der Jahre allein an der Gestik ihre tatsächlichen Absichten und Positionen. Es gibt aber auch gute Händler, bei denen es nicht so leicht zu erkennen ist. Diese Spielchen versucht jeder mit jedem. Ich habe es während meiner langen Karriere immer geschafft, daß die anderen sich immer selbst für klüger hielten als mich.

Gibt es überhaupt lange Freundschaften am Parkett?

Natürlich gibt es solche Freundschaften. In bestimmten Situationen half ich Kollegen und in anderen Situationen halfen sie wieder mir. Ich versuchte nie, jemandem absichtlich zu schaden.

Wie erkennt man die Stimmung am Parkett?

Die Stimmung wird oft durch sehr irrationale Gründe bestimmt. In Föhn-Situationen (ein warmer Fallwind, der vielen Münchnern Kopfschmerzen verursacht) ist die Verfassung der Marktteilnehmer an der Münchner Börse immer besonders eigenartig. Die Beweggründe der Menschen, bestimmte Entscheidungen zu treffen, sind, wie so oft im Leben, auch an der Börse sehr seltsam. Bei unveränderten Rahmendaten ist ein extrem euphorisches und in der nächsten Gelegenheit ein

hoffnungslos pessimistisches Verhalten oft nur sehr schwer zu erklären. An der Parkettbörse werden zudem bewußt Stimmungen erzeugt.
Einer fängt an, zu kaufen und zehn andere folgen. Dabei wird es wie
in der Tierwelt immer einige Leithammel und Herdenführer geben.
Ich möchte aber nie mit einem Börsenmakler verheiratet sein, denn
seine Stimmungen sind sehr extrem und können von einer Minute zur
ande-ren wechseln.

**Ist es im Computer-Bildschirmhandel schwieriger, diese psycho-
logischen Elemente zu erfassen?**

Der Handel über elektronische Systeme ist abstrakter und es wird
sehr viel schwieriger, die Stimmungen zu erfassen, da man sie nicht
mehr in den Gesichtern der Kontrahenten ablesen kann. Andererseits
sind für die anderen Marktteilnehmer auch die eigenen Schwächen
und Verluste nicht mehr so leicht nachzuvollziehen. Bei der Kursstellung in einem System ist es sehr wichtig, daß man die Kurse
ständig verändert. Die Kurse müssen andauernd in Bewegung sein. In
der Zeit, als ich viel über Reuters handelte, hieß ich in Berlin
"Minuspauli" und in Frankfurt "Kreuzelschreiber". Mit Pluszeichen
für einen Anstieg und Minuszeichen für einen Kursrückgang brachte
ich immer zum Ausdruck, in welche Richtung die Tendenz geht. Das
trieb die anderen oft bis an den Wahnsinn und deshalb bekam ich
diesen Spitznamen. Als Börsenmakler muß man die Kursgestaltung
immer flexibel und sehr lebendig gestalten.

**Welche technischen und fundamentalen Faktoren sind bei deut-
schen Aktien für Privatanleger von Interesse?**

Ich kann nur empfehlen, zunächst den Geschäftsbericht einer Aktiengesellschaft anzufordern und täglich den Wirtschaftsteil einer über-
regionalen Zeitung zu lesen. Dazu ist die historische Information
über den Kursverlauf und die Geschäftsentwicklung einer Aktie sehr
wichtig. Nach dieser Informationssammlung muß man sich dann eine
eigene Meinung bilden und selbst die Entscheidung treffen. Der
Aktienanleger wird bei der Bank grundsätzlich unterschätzt.

Sind Börsenbriefe ein Mittel für den Erfolg an der Börse?

Ein Börsenbrief verkauft Meinungen und er manipuliert dadurch
bewußt und unbewußt. Jeder Aktionär sollte sich eine eigene Mei-

nung bilden, denn die Gewinne und Verluste muß jeder selbst verantworten und tragen.

Was ist ein weitverbreiteter Irrtum über die Börse, der Ihnen in Ihrer langen Karriere wiederholt aufgefallen ist?

Ein weitverbreiteter Irrtum ist, daß die Börse ein Unternehmen genau bewertet. Die Börse bewertet nicht das Unternehmen, sondern den Umsatz des Tages.

Viele Stockpicker und Bottom-up-Analysten gehen aber davon aus, daß der Börsenkurs die Bewertung eines Unternehmens darstellt!

Das ist aber total falsch. Die ausführlichsten Analysen über den Wert einer Aktie nützen dem aktuellen Kurs überhaupt nichts. Ein Unternehmen kann einen gewissen rechnerischen Unternehmenswert besitzen, aber eine Aktie ist immer nur das wert, was ein anderer dafür in diesem Moment bereit ist, zu zahlen. Nur dieser Moment, in dem ich kaufen oder verkaufen will, ist für mich als Aktionär und Händler entscheidend. Als Indikation kann eine Analyse dabei natürlich hilfreich sein. Ich selbst habe mich mit Timothy Plaut, einem der teuersten Analysten der Welt, beschäftigt. Aber auch Herr Plaut mußte eingestehen, daß eine Aktie immer das wert ist, was momentan an der Börse dafür bezahlt wird.

Welche Faktoren beachten Sie bei der Einschätzung von Risiken?

Ich habe in einem jüdischen Bankhaus das Bankgeschäft von der Basis auf gelernt. Die wichtigste jüdische Bankiersdevise heißt nicht, was kann ich verdienen, sondern, wie hoch ist mein Risiko und was kann ich bei einem Geschäft maximal verlieren. Das Chance-Risiko-Verhältnis ist ein wichtiger Aspekt, bevor ich eine Aktie kaufe.

Was beachten Sie bei der Zusammensetzung eines Aktienportfolios?

Nach der Analyse der aussichtsreichsten Branchen suche ich mir, wie beschrieben, jeweils die stärksten Aktien innerhalb der Branche aus. Generell kaufe ich aber nie mehr als 24 verschiedene Aktien. Kein Privataktionär kann 100 Werte verfolgen, da man sich gerade nach

einer Kaufentscheidung intensiv mit den einzelnen Aktien befassen muß.
Dazu kommt, daß niemand auf 100 Hauptversammlungen gehen kann.

**Gehen Sie auf die Hauptversammlungen der Unternehmen, die
Sie in Ihrem Aktienportfolio halten?**

Das ist abhängig von dem jeweiligen Unternehmen. Bei der Münchner Rück-Versicherung gehe ich nicht auf die Hauptversammlung,
denn diese Bilanz kann nicht einmal ich lesen. Bei kleinen Unternehmen dagegen kann eine Hauptversammlung von exorbitanter Wichtigkeit sein.

**Besuchen Sie ein Unternehmen persönlich, bevor Sie dessen Aktien
kaufen?**

Wenn ich mich im größeren engagiere, fahre ich höchstpersönlich
zum Unternehmen und lasse mir die neuesten Entwicklungen detailliert darlegen. Einmal wollte ich eine Aktie kaufen und habe mir zum
Glück vorher das Unternehmen angesehen. Bei der Besichtigung des
Fuhrparks habe ich dann entschieden, die Aktien nicht zu kaufen.
Wer bis zum mittleren Management Autos der deutschen Oberklasse
fährt, bekommt von mir kein Geld. Die Entscheidung war im nachhinein betrachtet richtig, da die betreffende Aktie im Kurs gesunken
ist. Ich lasse mich nie durch die Präsentation eines Unternehmens in
den rosigsten Farben zu vorschnellen Käufen verlocken. Gerade in
kleinen und mittleren Unternehmen sollte vom Verwaltungsgebäude
über den Fuhrpark bis zu den Gehältern der Manager alles in einem
gesunden Verhältnis stehen.

**Gibt es in Ihrer langen Karriere einige Aktien, zu denen Sie ein
besonderes Verhältnis entwickelt haben?**

Zu meinen persönlichen Lieblingsaktien zählen die Versicherungsaktien. Am Anfang meiner Karriere schloß ich eine Lebensversicherung
ab. Erst danach überlegte ich mir dann, was eine Versicherung
eigentlich mit meinen monatlichen Versicherungsbeiträgen macht.
Sie berechnet mathematisch und statistisch das Risiko und investiert
mein Geld in andere Investments. Ich bin daraufhin zu dem Entschluß
gekommen, anstatt weitere Versicherungen abzuschließen, ist es wesentlich besser, Versicherungsaktien zu kaufen. Mit Versicherungsaktien verdiente ich in all den Jahren sehr viel Geld.

An welches Ereignis denken Sie besonders gerne zurück?

An der Börse hat die Mehrheit der Marktteilnehmer nie recht. Im September 1987 rechnete ich mit sinkenden Kursen und ich schrieb daher im Manager Magazin, daß man alles verkaufen sollte. Ich habe natürlich alles verkauft und hatte darüber hinaus sogar Short-Positionen in einigen Werten. Am Dienstag den 20. Oktober 1987, dem Tag des Crashs an den europäischen Aktienmärkten, waren zahlreiche Reporter und Fernsehteams auf dem Parkett. Die Reporter fragten mich ganz unvermittelt, was ich denn verloren hätte. Viele meiner Kollegen hatten an diesem Tag sehr viel Geld verloren. Ich hatte jedoch aufgrund meiner Short-Positionen 500.000 DM Gewinn. Wenn ich aber gesagt hätte, daß ich an diesem Tag keine Verluste, sondern sogar Gewinne erzielt hatte, hätte ich wenig Freunde am Parkett gewonnen. Ich habe also auf die Frage geantwortet, daß ich 500.000 DM verloren hätte und alle waren beruhigt, daß der Berwein wenigstens auch Verluste hatte. Für mich war der Crash 1987 ein Erfolgserlebnis, da ich als einziger Deutscher meinen Handelsschirm offen hatte und an diesem Tag 10.000 Orders handelte und abwickelte. Insgesamt waren es drei große Säcke voll mit Orders. Da ich bereits ein Jahr zuvor ein elektronisches Handelssystem entwickelte und aktiv einsetze, kannte ich als einer der wenigen in Deutschland um 23 Uhr meinen genauen Bestand.

Ist für Sie ab einem gewissen Grad der materielle Anreiz an Ihrem Beruf in den Hintergrund getreten?

Ein finanzieller Spielraum und Entscheidungsfreiheit sind wesentliche Voraussetzung für den langfristigen Erfolg im Handel. Ein unerfreuliches Erlebnis für mich war, als ich die Abwicklung der Liquidation eines Kollegen im Auftrag des Börsenvorstands vornehmen mußte. So eine Liquidation ist eine sehr undankbare Aufgabe, aber vielleicht war es für mich sehr wichtig, in meinem Leben als Börsenmakler so etwas mitzuerleben. Danach wußte ich auf alle Fälle, daß es auch mir jederzeit so ergehen könnte.

Wie viele Makler und Händler, mit denen Sie an der Börse angefangen haben, sind jetzt noch am Parkett?

Es sind in der Tat nicht mehr viele. Die meisten sind im Laufe der Zeit vom Börsenparkett verschwunden. Einige Händler und Makler sowie Börsenvorstände mit weniger Risiken haben natürlich auch erfolgreich ihre Karrieren beendet.

Neben den erfolgreichen Phasen in Ihrer Karriere gab es sicher auch einige Tage mit hohen Verlusten.

In der wilden Spekulation um die Puma-Aktie habe ich z.b. viel Geld verloren. Nach der Emission ist der Kurs der Aktie von 300 DM in einigen Monaten auf 1.000 DM gestiegen. Ab 1.000 DM habe ich große Stückzahlen an Puma-Aktien leerverkauft. Ich rechnete damit, daß der Kurs auf diesem fundamental ungerechtfertigten Niveau nicht mehr weiter ansteigt, sondern scharf korrigiert. Als der Kurs dann allerdings von 1.000 DM am nächsten Tag auf 1.100 DM anstieg, mußte ich alle Aktien die ich zuvor für 1.000 DM verkauft hatte, für 1.100 DM zurückkaufen. Es war regelrecht ein Corner-Versuch einiger Kollegen. Ich wurde vor allem durch die aggressiven Käufe englischer Investoren gezwungen, alle Aktien zu 1.100 DM einzudecken. Diese Position in Puma-Aktien hat mich schlicht und einfach 1 Million DM an einem Tag gekostet. An den nächsten Tagen ist der Kurs dann sogar noch auf 1.400 DM gestiegen, um danach bis heute auf 160 DM zu fallen. Auch wenn der Kurs einige Wochen nach meinen Leerverkäufen wesentlich niedriger notierte und ich damit viel Geld gewonnen hätte, handelte ich nach dem 100-DM-Anstieg auf 1.100 DM mit der sofortigen Realisierung meines Verlustes völlig richtig. Hohe Verluste ärgern mich im nachhinein aber nicht mehr. Am meisten ärgert es mich, wenn man eigentlich recht hatte mit einer ursprünglichen Position, aber man es erst sehr viel später erfährt.

Was waren neben dem Verlust in Puma-Aktien weitere schwarze Tage in Ihrer Karriere?

Besonders ärgerte mich, daß ich zweimal in meiner eigenen Firma von Mitarbeitern, einmal um 1 Million und einmal um 500.000 DM, betrogen wurde. Das war eine sehr große Enttäuschung. Wie bereits gesagt, als Börsenmakler kann man 20mal hinfallen, man muß nur 20mal wieder aufstehen. Das ist der entscheidende Punkt.

Der Crash am Aktienmarkt 1987 und der "Mini-Crash" 1989 waren für Sie keine besonders verlustreichen Tage?

Nein, weil ich auf den Crash 1987 gut vorbereitet war und Gott sei
Dank auch 1989 schnell reagiert habe. Die Berichtigung falscher
Entscheidungen ist im kurzfristigen Handelsbereich noch wichtiger
als bei langfristigen Aktienkäufen. Radikale Verlustbegrenzung ist
im kurzfristigen Handel lebensnotwendig.

**Wie haben Sie in den reinen politischen Krisen, z.B. dem Gor-
batschow-Putschversuch, reagiert?**

Ich nehme jede Krise sehr ernst und analysiere die aktuelle Situation.
Während der Gorbatschow-Krise war ich selbst nicht mehr direkt im
Handel tätig, aber meine Mitarbeiter hatten einen großen Bestand an
deutschen Standardwerten gekauft. Da für mich nach Ausbruch der
Krise nicht zu erkennen war, wie sich die Krise entspannen könnte,
verkauften wir alles. Auch wenn diese Entscheidung im nachhinein
falsch war und 1,4 Millionen DM kostete, würde ich heute genauso
reagieren. Während Privatanleger ihre Positionen meistens aus Mangel an Kenntnissen über den Ernst der Lage im Depot behielten,
wurde in den Handelsräumen und am Parkett oft schnell reagiert und
der Aktienbestand verkauft. Es gehört auch ein gewisser Mut dazu,
an einem Tag viel Geld zu verlieren.

**Ist es schwieriger geworden, an einem Markt mit immer mehr
institutionellen Marktteilnehmern Geld zu verdienen?**

Nein, ich finde, daß genau das Gegenteil der Fall ist. Ein Markt mit
vielen professionellen Marktteilnehmern ist eigentlich leichter zu
handeln, denn die meisten Marktteilnehmer handeln nach ähnlichen
Informationen und Kriterien. Der Markt ist sehr transparent und die
Kursbewegungen sind wesentlich vorhersehbarer. Wenn gewisse
Widerstandslinien durchbrochen werden, kauft die Masse der technischen Händler und bei bestimmten fundamentalen Nachrichten kaufen alle Fundamentalisten. Es herrscht meistens eine sehr konforme
Meinung unter den professionellen Marktteilnehmern. Mich reizte es
aber immer eher, anders zu denken und Gegenpositionen einzuneh-
men. Sehr schwierig zu handeln sind dagegen politische Krisen, da
die Entwicklungen nicht vorauszusehen sind.

**Gab es eine längere Marktphase in Ihrer Karriere, in der wenig
Bewegung an den Märkten herrschte?**

In den 70er Jahren, bis zu dem Beginn der Aktienhausse 1982, war es sehr schwer, Anleger und Kapital für den Aktienmarkt zu begeistern. Auch mit innovativen Ideen war niemand bereit, in Aktien zu investieren.

Haben Sie eine Vorstellung über den Auslöser des nächsten Crash oder der nächsten Krise?

Es gibt gewisse Entwicklungen auf der Welt, die mir langfristig große Sorgen bereiten. Vor zwei Jahren warnte ich bereits vor weltweiten Völkerwanderungen aus den ärmsten Ländern in die reichen Industriestaaten. Wenn diese Tendenzen sich weiter verschärfen, können auf uns Probleme von ungeahnten Ausmaßen zukommen. Wie ich dann in so einem Fall reagiere, ist von der konkreten Situation abhängig. Es kann aber durchaus sein, daß ich mich von meinen gesamten Aktienengagements in so einem Fall trenne.

Bruno Kling
Börsenmakler
"Billig kaufen und teuer verkaufen."

In Deutschland gibt es insgesamt acht Regionalbörsen, wobei Frankfurt den aktivsten und umsatzstärksten Börsenplatz darstellt. Neben Banken und amtlichen Börsenmärkten handeln auf dem Parkett auch freie Börsenmakler. Bruno Kling ist einer der aktivsten freien Börsenmakler in Deutschland mit Sitz in Frankfurt. Am Parkett ist er bekannt für seine aggressiven und großen Positionen, die entweder aus Orders seiner internationalen Kundschaft resultieren oder in den Bereich seines nicht unerheblichen Eigenhandels fallen. Wie es sich für einen Börsenmakler am Parkett gehört, hat Kling neben einer stattlichen Körpergröße auch die nötige Stimme, um zur Not lautstark seine Kurse auszurufen. Im Gegensatz zu der neuen Generation der an Mathematik und Statistik orientierten Händler in den Handelsräumen der Großbanken gehört Bruno Kling sicherlich noch zu den klassischen Parketthändlern, die Ihre Käufe und Verkäufe sehr nach der aktuellen Börsenstimmung richten. Während technisch orientierte Systemhändler nur nach genau definierten Regeln kaufen und verkaufen, vertraut Bruno Kling öfters auf seine Erfahrung, die Stimmung am Parkett und sein Fingerspitzengefühl. Solange man billig kauft, teuer wieder verkauft und damit Gewinne erzielt, ist die angewandte Strategie zweitrangig.

Der Erfolg gibt Bruno Kling recht: Im Gegensatz zu vielen anderen Börsenmaklern hat er bereits erfolgreich in andere Geschäftsfelder diversifiziert und bei zunehmender Computerisierung des Börsenhandels damit auch für die Zeit ohne einen Parketthandel vorgesorgt. Während unseres Gespräches stellte sich heraus, daß Kling nicht nur einer der größeren Börsenmakler in Frankfurt ist, sondern daneben aktiver Galerist und Kunstsammler, Immobilienbauträger, ehemaliger Besitzer einer Fluggesellschaft und einer Schuhkette in den neuen Bundesländern ist. Privat sammelt der erfolgreiche Händler verstärkt deutsche Expressionisten wie Heckel, Kirchner und Macke. Die Kraft und Ausstrahlung der Farben gibt ihm nach eigener Aussage wieder neue Energie für seinen hektischen Beruf. Da Kling

von der Börse das Handeln in großen Stückzahlen gewohnt ist, kaufte
er auch zahlreiche Bilder. Als die Wände daheim irgendwann mit
gesammelten Bildern voll hingen, entschloß er sich dazu, eine Galerie
zu eröffnen. Als ich für unser Gespräch in Frankfurt war, fand in
seiner Kunstgalerie mit modernen Expressionisten gerade eine Aus-
stellung über die Kunst der australischen Ureinwohner, der Aborigines
statt. In seinem Frankfurter Büro steht ein kunstvoller, sehr abstrakter Sekretär, sozusagen eine moderne Antiquität mit Geheimfächern
zum Öffnen der Schreibplatte und Einlagen, die die Hochhaustürme
der Deutschen Bank hinter einer Straßenschlacht der 68er Studenten-
unruhen darstellen. Als "Market Maker" der Deutschen Bank- Aktie
ist Kling auf diese moderne Antiquität mit einer direkten Verbindung
zur Deutschen Bank besonders stolz.

Zum wichtigsten Standbein neben dem Börsenhandel entwickelte
sich für den leidenschaftlichen Monopoly-Spieler aber das Immobili-
engeschäft. Nachdem er über Jahre hinweg in Frankfurt zahlreiche
Projekte realisierte, expandierte er nach der Öffnung der Mauer
sofort in die wichtigsten Metropolen der neuen Bundesländer. Aufgrund des stark gestiegenen Bauvolumens leitet heute sein Bruder die
weiter expandierenden Immobiliengeschäfte und eine neugegründete,
eigene Baufirma. Sofort nach der Maueröffnung baute Bruno Kling
zudem eine Schuhkette mit zehn Filialen in den neuen Bundesländern
auf. Noch heute erzählt er begeistert, wie die Kunden in den ersten
Wochen und Monaten in ordentlichen Zweierreihen von in der Früh
bis abends vor den Geschäften Schlange standen.

Um neben den vielen Geschäften auch noch "mobil" zu bleiben,
gründete Kling eine eigene Fluggesellschaft. Mit einer DC3 absolvierte er den ersten Flug einer deutschen Fluggesellschaft am Tag der
Wiedervereinigung von Frankfurt nach Berlin. In den Wochen und
Monaten danach, als die großen Fluggesellschaften noch mit der
Planung und Koordination beschäftigt waren, flog er bereits regelmäßig Linienflüge zwischen Frankfurt und Erfurt. Dazu entwickelte er
Incentive-Reisen für große Firmen und flog z.B. ganze Vertriebs-
teams zum Mittagessen auf eine Alm nach Salzburg. Aufgrund eines
menschlichen Versagens eines Piloten verunglückte die Maschine
1990 in einem tragischen Unfall bei Heidelberg. Auch wenn im
nachhinein erwiesen ist, daß sich die Maschine technisch in einwand-
freiem Zustand befand und nur durch einen schweren Fehler des
Piloten abstürzte, stellte Kling den Flugbetrieb ein. Generell wäre
Bruno Kling wahrscheinlich nicht nur als Börsenmakler, sondern in
jedem Beruf erfolgreich geworden und er wird sicherlich auch bei

zunehmender Computerisierung der Börsen in seinen anderen Geschäftsfeldern weiterhin ein Mann mit Dynamik und Visionen sein.

Wie war Ihr beruflicher Werdegang zu einem der größten Börsenmakler in Deutschland?

Ich plante ursprünglich, erst eine Banklehre zu absolvieren und im Anschluß daran noch zu studieren. Bereits nach vier Wochen wollte ich dann aber meine Lehre bei der Commerzbank in Frankfurt wieder abbrechen, da mir die herkömmlichen Aufgaben in einer Universalbank viel zu langweilig waren. Durch Zufall entdeckte mich mein damaliger Chef in einem Spezialunterricht für die Börse als Handelstalent, und er holte mich bereits als Lehrling sofort in die Handelsabteilung an das Parkett der Frankfurter Börse. Nach der Lehre war ich dann fünf Jahre Händler bei der Commerzbank und anschließend noch einmal fünf Jahre bei der Deutschen Girozentrale. Nach zehn Jahren als Händler für diese beiden Banken verfügte ich bereits über sehr gute Kontakte zu einigen großen Marktteilnehmern, und ich wagte daraufhin als Börsenmakler den Sprung in die Selbständigkeit. Da ich neben dem Crash 1987 auch den Crash 1989, die Gorbatschow- und Kuwait-Krise einigermaßen überstand, gehöre ich mit einem recht hohen Umsatzanteil an der Frankfurter Börse mittlerweile zu den größeren Aktienmaklern in Frankfurt.

Hatten sie vor der Banklehre bereits ein Interesse an der Börse?

Meine Eltern hatten einen kleinen Lebensmittelladen. Die einzige Mitgift an mich war das Motto: Billig kaufen und teuer verkaufen. Bereits als Vierzehnjähriger beschäftigte ich mit Aktien und hatte daraufhin auch mein eigenes Depot. Zwei Jahre später, als Sechzehnjähriger, führte ich dann sogar in der Wirtschaftswoche mit drei professionellen Marktteilnehmern ein Musterdepot. Bei der Commerzbank hatte ich in Hans-Werner Dort einen hervorragenden Lehrmeister, der mir zudem sehr viele Kontakte verschaffte.

Welche persönlichen Eigenschaften sind für den Erfolg an der Börse entscheidend?

Man muß sich voll und ganz mit der Börse identifizieren. Der Konkurrenzkampf an den Märkten ist sehr groß. Um wirklich erfolgreich zu sein, muß man sich daher intensiv mit der Thematik beschäftigen.

Da ich als Makler natürlich keine eigene Analyseabteilung unterhalten kann, muß ich mir das Analysematerial aus Fachpublikationen beschaffen und alles aufarbeiten. Wenn man an der Börse wirklich professionell arbeiten will, was aufgrund des hohen Wettbewerbsdrucks überlebensnotwendig ist, verlangt der Beruf auch zeitlich gesehen sehr harte Arbeit von einem. Ich lese um 6 Uhr zu Hause den Wirtschaftsteil der FAZ und bin meistens gegen 8 Uhr im Büro. Dort führe ich die ersten Informationsgespräche über die neuesten wirtschaftlichen und politischen Meldungen sowie die Ereignisse an den internationalen Börsen während der vergangenen Nacht. Aus diesen verschiedenen Informationsquellen entwickle ich morgens dann ein Gefühl für den Trend. Von 10.30 Uhr bis 13.30 Uhr versuche ich dann, meine Ideen und Meinungen so gut wie möglich in die Tat umzusetzen.

Was für eine Rolle spielt Streß für Sie?

Als Börsenmakler muß man äußerst streßbelastbar sein oder zumindest ein anderes Streßempfinden als die Mehrheit der Menschen haben. Ich erlebe Streß generell als positive Stimulanz. Für mich gibt es daher auch nichts schlimmeres, als drei Wochen irgendwo untätig am Strand zu liegen. Mein Tagespensum liegt meistens bei 12 bis 14 Stunden.

Bleibt da noch Zeit zum Abschalten?

Mein größtes Hobby neben der Börse sind Immobilien. Ich empfinde es als große Freude, ein Grundstück zu kaufen, mit einem Architekten einen Plan zu erarbeiten und später das Projekt zu realisieren. Bei der Aushebung der Baugrube meiner Projekte dabei zu sein und selbst mitzuarbeiten ist, fast wie eine Aktienposition im Plus. Ich sehe mein Interesse am Bau als hervorragenden Ausgleich zu dem abstrakten Händlerberuf an der Börse. Vor zwei Jahren wandelte ich daher mein Hobby, das Bauen, in eine Firma um, die mein Bruder hauptberuflich für mich leitet. Neben dem Beruf als Börsenmakler, den es vielleicht durch die zunehmende Computerisierung doch irgendwann einmal nicht mehr geben wird, habe ich mit dem Immobilienbereich eine glänzende Diversifikation. In Zukunft will ich versuchen, die beiden Bereiche verstärkt zu verbinden. 1992 konstruierte ich mit eigenen Immobilien bereits einen geschlossenen Berlin-Immobilienfonds, der erfolgreich vertrieben wird.

Wird die Entwicklung des Computerhandels auch in den nächsten Jahren ähnlich rasant verlaufen wie bisher?

In den letzten zwei Jahren hatten wir in der Tat hohe Zuwachsraten im Computerhandel des IBIS-Systems. Dazu wurde zur Sammlung der Privatkundenorders von der Deutschen Börsen AG das BOSS-und Cube System entwickelt, welches besonders den amtlichen Maklern zugute kommt. Ich glaube, daß sich diese Entwicklung aber nicht im gleichen Tempo fortsetzen wird und sich daher die Umsätze an der Frankfurter Parkettbörse zumindest auf dem aktuellen Niveau behaupten werden. Es hat sich gezeigt, daß der Parketthandel für bestimmte Aktiendispositionen in Verbindung mit dem Terminmarkt auch in Zukunft benötigt wird. Auf dem Parkett herrscht nach wie vor eine wesentlich höhere Flexibilität. Der Schwerpunkt der Umsätze wird sich aber immer mehr auf Frankfurt konzentrieren.

Können Sie kurz die wesentlichen Unterschiede des IBIS- und des BOSS- und Cube-Systems erläutern?

BOSS bedeutet Börsen Order und Service System. Cube ist ein computerunterstütztes Börsenhandels- und Entscheidungssystem. Es bietet allen Börsenmitgliedern die Möglichkeit der Online-Teilnahme am aktuellen Börsengeschehen und liefert die Basis für eine unmittelbare Abstimmung und Abrechnung der ausgeführten Kundenaufträge. Dabei umfaßt BOSS sämtliche Geschäftsbereiche des Wertpapierhandels. Die Aufträge werden elektronisch vom Kreditinstitut zu den Börsen überspielt (Order-Routing). Dort wird ein elektronisch Orderbuch für alle Makler geführt und die Kursvorschläge werden entsprechend der Marktlage aktualisiert. Der festgestellte Kurs wird sofort in die Kursinformationssysteme (KISS) übermittelt. Die abgeschlossenen Geschäfte werden automatisch in das Abwicklungssystem der Börsen weitergeleitet und ausgeführte Aufträge werden sofort an die Bank gemeldet.

IBIS ist ein Interbanken-Informationssystem. In IBIS findet ein Bildschirmhandel über ein Computersystem unter Banken für 30 DAX-Werte, ausgesuchte Renten-Werte und die umsatzstärksten Optionsscheine ohne eine prozentuale Gebühr statt.

Was wird sich auf dem Parkett sonst noch alles verändern?

Seit Einführung der Deutschen Terminbörse hat der Einfluß der

Derivate auf den Parketthandel erheblich zugenommen. Diese Entwicklungen werden auch in Zukunft weiterhin dominant sein. Am Beispiel Amerika ist aber ersichtlich, daß die Zunahme des derivaten Geschäftes auch zu einer Belebung des Kassahandels führt. Der Aktienhandel in Deutschland wird zudem internationaler und zugleich auch institutioneller, da sich der Anteil des Privatkundengeschäfts prozentual immer weiter verringert. Durch die Verdrängung vieler Privatanleger in Investmentfonds der Banken schätze ich den Anteil der direkt über die Börse agierenden Privatanleger am deutschen Aktienmarkt heute bereits auf unter 5 Prozent ein.

Welche Marktteilnehmer werden auch in Zukunft ihre Positionen weiterhin auf dem Parkett handeln?

Vorausgesetzt, daß die notierten Aktien und die Börse generell attraktiv bleiben, was bei weiter niedrigen Zinsen noch einige Zeit der Fall sein wird, werden große Marktteilnehmer ihre Positionen weiterhin auf dem Parkett handeln. Der Erfahrungs- und Meinungsaustausch, wie er seit langem an der klassischen Präsenzbörse praktiziert wird, ist ein wesentlicher Vorteil gegenüber einer Computerbörse. Auch wenn immer mehr Werte in den Computerhandel aufgenommen werden, können gerade die in den zweiten und dritten Phasen einer Aufwärtsbewegungen interessanten Nebenwerte nach wie vor nur an der Präsenzbörse gehandelt werden.

Wie unterscheidet sich der Handelsstil auf dem Parkett von dem im Computerhandel?

Man kann diese beiden Handelstile kaum miteinander vergleichen. Viele Leute überbewerten meiner Meinung nach auch die Umsätze im IBIS-Handelssystem. Aufgrund der sehr niedrigen Spesen gehen einige Händler Positionen mit dem Ziel ein, eine Gewinnmarge von 50 Pfennig zu erzielen. Sie kaufen z.B. 5.000 Stück einer Aktie für 546,50 DM und legen gleichzeitig ein Verkaufslimit mit 547 DM in den Markt. Mit dem klassischen Handel auf dem Parkett hat das jedoch wenig gemeinsam, da diese "Pfennig-Positionen" nicht mit fundamentalen und technischen Tendenzen einer Position am Parkett vergleichbar sind. Der ständige Erfahrungsaustausch, die Herkunft einer Order, fundamentale und technische Neuigkeiten werden auf dem Parkett von Angesicht zu Angesicht ausgetauscht. Die kritische Masse des Kapitals ist auf engstem Raum versammelt, wodurch

extreme psychologische Reaktionen und dadurch extreme Marktbewegungen ausgelöst werden können. Im Computerhandel kann
man dagegen nur bedingt über das Telefon kommunizieren. Die
Händler vor den Computerbildschirmen sind größtenteils Mathematiker und sie gehören, speziell im Bereich der derivativen Instrumente
einer anderen Generation an. Mit dem klassischen Handel auf dem
Parkett hat das wenig Gemeinsamkeit.

**Gehören Sie noch zu der Generation von Händlern, die intuitive
Entscheidungen aus dem "Bauch" fällen?**

Ich gehöre zwar nach wie vor mit zu den jüngsten Maklern auf dem
Parkett, obwohl ich jetzt bereits seit acht Jahren selbständig und
insgesamt 18 Jahre auf dem Parkett bin, aber ich zähle mich noch zur
herkömmlichen Generation der Parketthändler. Auch wenn ich mitunter intuitive Entscheidungen aus dem Bauch und nach meinem
eigenen Fingerspitzengefühl fälle, ist eine hohe Präzision nötig. Auf
dem Parkett spielt die Marktpsychologie eine wesentlich größere
Rolle als im Computerhandel. Auch wenn es in den großen Standardwerten nicht mehr so leicht ist wie früher, kann man mit der Marktpsychologie am Parkett noch immer einiges bewegen. Wenn die
fundamentale Hintergrundgeschichte einer Aktie stimmt und vielleicht noch jemand einige Kundenorders hat, entsteht durch aktives
lautes Kaufen schnell eine Bewegung von einigen Punkten. In um-
satzschwächeren Nebenwerten sind solche Bewegungen natürlich
noch leichter zu erzeugen.

**Sie versuchen also immer, sehr laut als Käufer am Parkett
aufzutreten?**

Ein Vorteil meiner Börsenmaklerfirma ist, daß wir einerseits als
Grundlage einen sehr guten Kundenstamm besitzen und auf der
anderen Seite aber auch bekannt ist, daß ich mit größeren Positionen
zeitweise sehr aktiv im Eigenhandel tätig bin. Andere Marktteilnehmer
und Makler erkennen somit nicht immer, ob ich einige Aktien für
meinen Eigenhandel kaufe, oder ob eine große Kundenorder der
Auslöser meiner Käufe ist.

Was ist bei der Ausführung größerer Orders zu beachten?

Selbst ich muß bei der Ausführung größerer Orders regelmäßig eine

andere Taktik beim Handeln anwenden. Wenn ich eine große Kundenorder im "Kauf" habe, muß ich zwischendurch auch einmal lautstark
verkaufen. Ohne diese kleinen Ablenkungsmanöver wäre es sonst für
die Mitläufer zu leicht, sich durch Käufe als Trittbrettfahrer anzu-
hängen. Bei der Ausführung einer Kundenorder bin ich natürlich
daran interessiert, für den Kunden einen guten Kurs zu erreichen,
beim Kauf möglichst niedrig und beim Verkauf entsprechend möglichst hoch. Da ich als Börsenmakler generell daran interessiert bin,
eine hohes Courtageaufkommen zu erzielen, versuche ich auch ohne
Kundenorders durch permanentes Stellen von Geld- und Briefkursen
Geschäfte abzuschließen.

**Bekommen Sie gewisse Impulse aus der Lautstärke des Geräusch-
pegels auf dem Parkett?**

Wenn in einem Wert eine interessante Bewegungen stattfindet, wird
es durch die zahlreichen Händler und ihre Orders zwangsläufig etwas
lauter.

**Wann ist die Liquidität des Marktes während der Börsensitzung
am höchsten?**

Zur Eröffnung, bei der Feststellung der Kassakurse und am Schluß
ist in den einzelnen Werten meistens die höchsten Liquidität vorhanden.

**Wie hoch können die täglichen Umsätze in einer von Ihnen aktiv
gehandelten Aktie sein?**

Das läßt sich so pauschal nicht sagen. Es kommt sowohl auf die
einzelne Aktie als auch auf die Tagesumsätze der Aktie an. Es gibt
Tage, an denen ich innerhalb von 30 Minuten 100.000 Deutsche
Bank-Aktien handle. Das war z.B. Mitte Juli 1993 der Fall, als
Deutschland von großen amerikanischen Pension-Fonds entdeckt
wurde, und nach den ersten Kurssteigerungen sehr viel Liquidität am
Markt war.

**Was halten Sie von einer Reduzierung des Nennwertes deutscher
Aktien auf 5 DM?**

Allein die optische Verbilligung der Aktien durch eine Herabsetzung des Nennwertes, das zeigt sich an den Erfahrungen anderer Länder, würde wieder mehr Privatanleger an die Börse bringen. Ich halte es für keine gesunde Entwicklung, wenn die Privatanleger von den Banken nur in Investmentfonds gedrängt werden. Auch wenn viele Kleinorders den Banken einen höheren Aufwand bereiten als wenn sie einige große Orders von Fonds bekommen, darf man das Privatkundengeschäft nicht zu kurzfristig betrachten. Die Banken müßten sich generell etwas einfallen lassen, wie sie auch bei kleineren Stückelungen die Spesen für Privatanleger attraktiv gestalten können. Unterschiedliche Meinungen von verschiedenen Anlegergruppen sind eine Grundvoraussetzung einer modernen Börse. Sowohl die Herabsetzung des Nennwertes als auch eine Verbesserung der Gebühren für Privatanleger würde die Attraktivität der Aktie erhöhen und somit auf alle Fälle zur Belebung und Liquidität der Börse beitragen.

Wie stark wird die Börse von den Terminmärkten beeinflußt?

Die Börse ist in den letzten zwei Jahren ein Spielball der derivaten Instrumente geworden, und die Tendenzen, zumindest in den Aktien, die aktiv an der Terminbörse gehandelt werden, wurden häufig von der Terminbörse bestimmt. In Zeiten mit einer normalen Marktbewegung ohne allzu großen Umsätze ist es mitunter relativ einfach, einzelne Aktien durch Transaktionen über die Terminbörse zu beeinflussen.

Handeln Sie neben den großen Standardwerten auch Nebenwerte?

Selbstverständlich handele ich auch einige interessante Nebenwerte. Wobei der Handel in den Nebenwerten anders aufgebaut werden muß als der Handel in großen DAX-Werten. Als Börsenmakler handle ich eine Deutsche Bank-Aktie in der Funktion eines Market Makers. Aufgrund der hohen Markttiefe kann ich innerhalb eines Tages auch für meine Kunden sehr große Positionen problemlos aufbauen oder abstoßen. Wenn ein Kunde dagegen z.B. einen Berlinfonds auflegt und mir eine große Kauforder in Herlitz (Schreibzubehör-Aktie mit Hauptsitz in Berlin) gibt, muß ich eine andere Handelsstrategie anwenden als bei Aktien der Deutschen Bank. Aus meiner langen Erfahrung und den zahlreichen Kundenkontakten weiß ich vielleicht eine Adresse, die sich gerade von einem Engagement in Herlitz trennen möchte. Wenn nicht, muß ich erst einmal analysieren, wo sich größere Aktienpakete befinden. Bevor ich die entsprechenden

Kontrahenten anspreche, muß ich dazu etliche Fonds-Rechenschafts-
berichte studieren und mich im Markt informieren, wer sich von
einem größeren Paket trennen möchte. Über die Börse kann ich über
einen kurzen Zeitraum von einigen Tagen in einem Nebenwert meist
keine große Position erwerben, da die täglichen Umsätze zu gering
sind.

Welche Informationen verwenden Sie zu Ihrer Meinungsbildung?

Ich lese im Prinzip alles, was ich kriegen kann. Dabei gibt es natürlich Analysen und Berichte, die ich mehr oder weniger beachte. Ich
lese aber auch von der Privatkundschaft gelesene Börsenbriefe und
Finanzmagazine wie z.b. den gerade unter deutschen Privatanlegern
sehr verbreiteten Effecten Spiegel. Diese Magazine und Briefe beeinflussen dadurch, daß sie von Privatanlegern gelesen werden, im
kurzfristigen Bereich erheblich die Meinung. Dazu finde ich es interessant, zu erfahren, wie andere Leute über bestimmte Sachverhalte
denken. Ich versuche also generell, möglichst viele Informationen zu
bekommen und daraus für mich das wichtigste herauszufiltern. Als
Börsenmakler ist es für mich dazu auch oft sehr interessant zu
erkennen, daß Banken einerseits positive Analysen über eine Aktie
veröffentlichen, und auf der anderen Seite aber die Aktie über diskre-
te Kanäle verkaufen. Wichtiger als jede geschriebene Information ist
für mich daher das persönliche Gespräch mit anderen Marktteilnehmern. Viele Dinge, die für den täglichen Börsenhandel bedeu-
tend sind, erfährt man in keiner Analyse, auch wenn sie noch so
gewissenhaft recherchiert und geschrieben ist.

Gibt es gewisse Marktteilnehmer, die sie besonders beachten?

Natürlich beobachte ich die Transaktionen anderer großer Händler.
Da ich nach all den Jahren meistens auch weiß, wer auf dem Parkett
für wen die Orders ausführt, kann ich hilfreiche Schlüsse auf die
Meinungen der großen Marktteilnehmer ziehen. Bei meiner Kursstellung muß ich mir permanent überlegen, wie die anderen Marktteilnehmer handeln.

Wie würden Sie Ihre Handelsphilosophie beschreiben?

Mein primäres Aufgabengebiet als Börsenmakler ist es nicht, komplexe Anlagestrategien zu entwickeln und umzusetzen. Als Börsen-

makler bin ich nicht finanzkräftig genug, um meine Meinungen über einen längeren Zeitraum gegen die großen Marktteilnehmer und Kapitalsammelstellen durchzuhalten. Mein Hauptaufgabengebiet als Dienstleistungsunternehmen ist es, Kunden zu beraten und deren Orders auszuführen. Daneben bin ich dann auch aktiv im Eigenhandel tätig und ständiger Market Maker in den Aktien der Deutschen Bank. Als Börsenmakler muß ich kurzfristigere Anlagestrategien entwickeln als eine Bank. Ich persönlich beachte für meine Positionen einen eigenen sogenannten Antizyklus-Indikator. Wenn zu viele Marktteilnehmer extrem positiv gestimmt sind, dann kommt es an den Märkten meistens zu einer überfälligen Korrektur. Ich versuche Stimmungen sehr früh aufzugreifen und mir daraus eine Meinung zu bilden. Um diese Stimmungen sehr früh zu erkennen, verwende ich Charts und eine Vielzahl fundamentaler Analysen.

Gibt es dabei gewisse Grundregeln, die Sie immer beachten?

Bei politischen Börsen verhalte ich mich immer antizyklisch. In den meisten Fällen haben solche politischen Meldungen und Ereignisse nämlich nur sehr kurzfristig Einfluß auf die Börse. Dazu versuche ich auch, bei zu extremen Reaktionen auf gewisse Meldungen oder Daten mit einer reellen Einschätzung nie Übertreibungen zu unterstützen. An der deutschen Börse wird gerne immer wieder die hohe Liquidität der Marktteilnehmer von circa 450 Milliarden DM als letztes Kaufargument einer Aufwärtsbewegung zur Rechtfertigung benutzt. Wenn dann einen Tag später die Anschlußorders fehlen und die Kurse trotz der immer noch vorhandenen 450 Milliarden DM schwächer notieren, gibt es plötzlich einige lange Gesichter auf dem Parkett.

Wie lang ist der Zeithorizont Ihrer Positionen?

Zum Teil ist der Zeithorizont extrem kurzfristig. Ich bin bei meiner Kursstellung sehr flexibel und handle aktiv im Intraday-Bereich. Bei Kundenorders ist es meine oberste Prämisse, die Kurse in gewissen Bandbreiten zu halten und einen Abrechnungskurs zu erzielen, der besser als der Durchschnittskurs des Tages liegt.

Wie wichtig ist der Eigenhandel im Verhältnis zu den Kundenorders?

Für einen Börsenmakler ist es immer gut, wenn er seinen Eigenhandel durch Kundenorders etwas unterlegen kann. In diesem Fall kann man auch eher eine kleine Schieflage im Eigenhandel verkraften, da man aus den Kundenorders laufend Courtage-Einnahmen hat. Generell gibt es praktisch drei wichtige Standbeine eines Börsenmaklers: die Ausführung von Kundenorders, den Eigenhandel und das Market-making in einzelnen Aktien.

Wie wichtig sind ausländische Orders für die deutsche Börse?

Wenn sich fünf große amerikanische Pensionsfondsmanager beim Frühstück vornehmen, in den nächsten Wochen und Monaten deutsche Aktien zu kaufen, dann werden die Notierungen an der deutschen Börse sicherlich ansteigen. Die Tendenz an der deutschen Börse wird somit nach wie vor überwiegend von ausländischen Marktteilnehmern bestimmt, die wiederum zuerst die großen renommierten und weltweit bekannten Standardwerte kaufen, deren Produkte und Dienstleistung in der ganzen Welt geschätzt werden. Wenn diese Werte an der Börse erfolgreich gelaufen sind, kommen Überlegungen auf, welche Branchen und Unternehmen als nächstes zu den Gewinnern zählen werden. Ausgehend von den größten Standardwerten, setzt somit eine Ausweitung der Aufwärtsbewegung auf kleinere Standardwerte und schließlich auf Nebenwerte ein.

Gilt dieses Ablaufschema für alle Aufwärtsbewegungen?

Solange die fundamentalen Daten stimmen, laufen die Aufwärtsbewegungen fast immer nach diesem Schema ab. Die hohe Liquidität der Marktteilnehmer allein reicht sicherlich nicht aus, um Nebenwerte zu attraktiven Performern werden zu lassen.

Können Sie ein konkretes Beispiel für diese Branchenrotation geben?

Ich hatte heute z.B. eine große Kauforder in Mannesmann-Aktien. Früher sagte man, wenn Stahlaktien steigen, bedeutet das ein Ende der Börsenhausse. Man kann die Branchen und Aktien generell in zinssensitive und zyklische Werte unterteilen. Je nach der aktuellen Entwicklung des Wirtschaftszykluses sind danach zuerst die zinssensitiven und später die zyklischen Aktien gefragt. Da Stahlaktien zu den zyklischen Werten zählen, kommt in dieser alten Börsen-

weisheit zum Ausdruck, daß zyklische Werte gegen Ende einer
Aufschwungphase ansteigen und somit der folgende Abschwung bereits naht. Aufgrund der geringen Anzahl von nur zwölf Branchen
und vielen diversifizierten Konzernen mit hohen Liquiditätsreserven
sind in Deutschland meiner Meinung nach die klassischen amerikanischen Verhaltensmuster der Branchenrotation aber nur sehr bedingt
anzuwenden. Mannesmann ist heute z.b. aufgrund seiner Mobilfunk-
sparte eher ein High-Tech-Wachstumswert, der unabhängig vom
Branchenzyklus ein hohes Potential besitzt.

Wie verläuft die Rotation innerhalb einer Branche?

Besonders ausländische Marktteilnehmer betrachten immer zuerst
den Marktführer in einer Branche und kaufen in der von mir schwerpunktmäßig beachteten Bankenbranche daher vorrangig die Deutsche
Bank-Aktie. Wenn die Deutsche Bank daraufhin ansteigt, ziehen im
Anschluß daran die Dresdner Bank und Commerzbank sowie in
einem weiteren Schritt die Bayerische Hypotheken- und Wechsel-
bank und die Bayerische Vereinsbank nach. Marktteilnehmer, die
diesen Aufschwung versäumten, kaufen dann Werte aus der zweiten
Reihe, wie die Industrie- und Kreditbank und Trinkhaus & Burkhardt. In einer dritten Welle werden dann noch kleinere Institute wie
z.B. die Deutsche Verkehrsbank gekauft. Innerhalb einer Branche
verläuft die Rotation also von den bekannten großen Standardwerten
bis hin zu den unbekannteren Nebenwerten in verschiedenen Stufen
ab.

Welche Aktien handeln Sie schwerpunktmäßig?

Mein Schwerpunkt liegt auf Bankaktien und dort bin ich besonders
auf den Handel mit Deutsche Bank-Aktien spezialisiert. Dank meiner
Mitarbeiter decken wir aber das gesamte Spektrum ab.

**Wie reagieren Sie, wenn Sie gerade aktiv im Handel mit Deutsche-
Bank-Aktien beschäftigt sind und zur gleichen Zeit die Lautstärke
und Präsenz der Händler der Bayer-Aktie zunimmt?**

Wenn ich gerade bei dem Kursmakler der Deutsche Bank-Aktie
stehe, aber merke, daß bei Bayer der Lärmpegel steigt und der Kurs
anspringt, gehe ich entweder die fünf Meter zum Kursmakler von
Bayer oder ich decke kurzzeitig beide Bereiche ab. Diese hohe Flexi-

bilität, immer die gerade interessanten Aktien zu handeln, ist ein großer Vorteil der freien Börsenmakler.

Wie hoch ist der gängige Einzelumsatz eines Abschlusses?

Eigentlich liegt die Minimumstückelung eines variabel gehandelten Einzelabschlusses bei 50 Stück. Im variablen Handel werden allerdings praktisch kaum noch Orders unter 500 Stück gehandelt. Privatkundenorders mit Stückzahlen, die unter 500 oder sogar noch unter 50 liegen, werden zum Großteil direkt in das BOSS-Cube-System der amtlichen Makler eingegeben. Im IBIS-System liegt das Minimum bei den meisten Werten auch bei 500 Stück, wobei nach oben natürlich wie an der Präsenzbörse keine vorgeschriebenen Grenze besteht. In Sondersituationen kommt es immer wieder vor, daß bei einzelnen Aktien innerhalb weniger Tage das Grundkapital der Aktiengesellschaft an der Börse umgesetzt wird, wie zum Beispiel beim Aufkauf der Feldmühle AG. Dabei wurde in den Tagen mit aggressiven Käufen das Grundkapital innerhalb von zwei Börsentagen umgeschlagen. Diese Übernahmetransaktionen über die Börse sind für einen Börsenmakler natürlich zuerst ein attraktives Geschäft, im Anschluß daran ist die Aktie, wie auch bei einer Mehrheitsbeteiligung, allerdings uninteressant.

Besuchen Sie Unternehmen, an denen sie ein besonderes Interesse haben, auch persönlich?

Auch wenn es ein oder zwei Nebenwerte in Frankfurt gibt, die ich sehr gut kenne und intensiv verfolge, überlasse ich die Unternehmensbesuche den Analysten.

Gibt es so etwas wie eine Lieblingsaktie für Sie?

Im Gegensatz zum täglichen Leben darf man sich in Aktien nicht verlieben, denn es könnte unter Umständen noch wesentlich teurer werden als die Liebe und anschließende Scheidung zu einer schönen Frau. Man darf sich also nie in eine Aktienposition verlieben, da man sich sonst in einer Verlustphase vielleicht zu spät davon trennt. Obwohl ich sicherlich ein sehr emotionaler Händler bin, denke ich notfalls auch radikal und gehe z.B. die Deutsche Bank-Aktie short, obwohl sie mein Haupt-Courtage-Träger ist und es mir lieber ist, wenn Sie unter hohen Umsätzen weiter ansteigt. Diese Wendigkeit muß man sich einfach erhalten. Wie bereits erwähnt, gibt es aber auch einige Nebenwerte, die ich mir immer wieder mal ansehe.

Können Sie im Spezialwertebereich einige Aktien nennen, zu denen Sie aufgrund guter Gewinne eine besondere Beziehung haben?

Wie man am besten auch von einer Geliebten nichts erzählt, so sollte man wahrscheinlich auch über besonders interessante Aktien nicht allzu viel erzählen. Wenn mir ein Nebenwert von den fundamentalen Daten sehr gut gefällt, beginne ich bereits frühzeitig, kontinuierlich Aktien zu sammeln. Wenn auf Grund steigender Notierungen auch einige institutionelle Anleger auf die Aktie aufmerksam werden kann ich den Bestand dann "en bloc" verkaufen. Im Gegensatz zu Standardwerten sind solche Strategien bei Nebenwerten immer wieder erfolgreich.

Wie gehen Sie bei der Realisierung von Verlusten vor?

Als Makler muß man fast noch konsequenter als ein Privatanleger seine Verluste begrenzen, weil man mit einem sehr hohen Hebel arbeitet und im Verhältnis zum Eigenkapital große Positionen hält. Wenn man mit einem zehnfachen Hebel arbeitet, kann ein Ereignis wie der Gorbatschow-Crash mit einem 10 Prozent Verlust von einem Tag auf den anderen das endgültige Aus bedeuten. Ich arbeite mit Stop-Loss-Limits und begrenze dadurch meine Verluste radikal.

Beachten Sie laufend den DAX-Index bei Ihrer Kursstellung?

Generell beachtet man den DAX und den DAX-Futures-Kontrakt als Stimmungsindikator bei der ständigen Kursstellung einzelner Aktien vielleicht sogar zu sehr. Oft macht man sich durch kleinere Bewegungen im DAX unnötig nervös. Da wir aber viel für unsere Kunden im Baskethandel arbeiten, die bewußt eine bestimmte Veränderung im DAX erzielen wollen, muß man permanent den Index im Auge behalten.

Können Sie erklären, wie so ein Baskethandel abläuft?

Sobald ein ungerechtfertigt hoher oder niedriger Unterschied zwischen dem Terminmarkt und dem Kassamarkt auftritt, beginnen große Marktteilnehmer mit dem Arbitragehandel, um die Differenzen wieder auszugleichen. Dabei wird gegen eine Indexposition am Terminmarkt durch Käufe oder Verkäufe der 30 Aktien des DAX-Index der finanzmathematisch gerechtfertigte Unterschied zwischen Termin- und Kassamarkt wieder hergestellt. Bei diesem Basket-Arbitragehandel ist die Schnelligkeit der Transaktionen auf dem Kassamarkt absolut entscheidend. Als Börsenmakler muß ich daher für meine Kunden in der Lage sein, Orders für alle 30 DAX-Werte innerhalb von ein bis zwei Minuten auszuführen. Auch wenn ich manchmal tagelang keinen Auftrag für einen Baskethandel bekomme, muß ich mindestens fünf Mitarbeiter vorhalten, um bei einem Auftrag alle Aktienorders innerhalb kürzester Zeit auszuführen. An Tagen mit heftigem Arbitragehandel handele ich zwischen 10 und 15 solcher DAX-Basket-Aufträge.

Beachten Sie gewisse Portfoliostrukturen bei der Zusammenstellung Ihrer Positionen?

Meine Positionen sind nicht mit dem diversifizierten Depot eines institutionellen oder privaten Anlegers vergleichbar. Ich versuche ständig, in den interessantesten Aktien der attraktivsten Branche investiert zu sein. Das ist nicht unbedingt mit einer komplexen Asset Allocation-Strategie oder der theoretischen Portfolio-Theorie vergleichbar.

Wie versuchen Sie, die Stimmungslagen, die Sie am Parkett durch Gewinne und Verlust erleben, zu verarbeiten?

Ich habe ein sehr ausgeglichenes Privatleben, was mir sehr hilft, die Stimmungsschwankungen auszugleichen. Eine schlechte Stimmung aus einer Schieflage verarbeite ich zum Beispiel am besten, indem ich auf einer meiner Baustellen selbst mit anpacke. Ich reagiere mich ab und mache zugleich etwas für meine körperliche Fitneß. Andere gehen ins Fitneßstudio, ich gehe auf die Baustelle. Mit der Erfahrung einiger Jahre gehe ich inzwischen aber auch mit kleineren Verlusten relativ unbeschwert nach Hause.

Gibt es eine Position oder einen Tag, an den Sie in Ihrer Börsenkarriere besonders gern zurückdenken?

Der Fall der Mauer im November 1989 und die anschließende Wie-

dervereinigung waren für mich sehr bewegende historische Ereignisse. Ich begann am nächsten Tag sofort mit dem Kauf großer Standardwerte. Zwei Tage später erkannten dann auch die ausländischen
Anleger, vor allem die japanischen, die Dimension der Wiedervereinigung Deutschlands und kauften unter Plusankündigung (+5 Prozent) und Doppelplusankündigung (+10 Prozent) deutsche Standardwerte. Ohne eine einzelne Position oder Aktie zu nennen, habe ich an
diesem erfreulichem Ereignis gut verdient. Generell bin ich auch der
Meinung, daß die historische und wirtschaftliche Dimension der
gesamten Öffnung der Ostmärkte nicht richtig erkannt wird. Märkte
wie Ungarn, Tschechei, Polen und Rußland sind unsere Märkte der
Zukunft. Vom Aufbau der Infrastruktur und Industrie werden vor
allem auch deutsche Unternehmen profitieren.

Welche Literatur zur Börse empfehlen Sie besonders?

Ich lese in erster Linie sehr aktuelle Dinge, weil ich tagtäglich meine
Positionen danach eingehen muß. Bücher über die Börse würde ich
nicht empfehlen, weil sie sich einfach zu starr an irgendwelchen
eingefahrenen Dingen festhalten, sich aber in Wirklichkeit die Situationen so schnell ändern, daß man teilweise mit den alten klassischen
Regeln nicht mehr arbeiten kann.

**Ich war nach der Meldung einer Zinssatzsenkung der Bundesbank
Ende 1993 auf dem Parkett der Börse in Frankfurt und erlebte
dabei folgende Reaktion: Sofort nach der Meldung stiegen die
Kurse minimal um fünf DAX-Punkte an, um danach wieder auf
den alten Stand zu sinken und fast unverändert zu schließen. Am
nächsten Tag stieg der Markt unter Hinweis auf die Zinssenkung
um 1,5 Prozent an. Wie läßt sich diese Reaktion erklären?**

Sofort im Anschluß an die Meldung kaufte die Kulisse auf dem
Parkett auf eigene Rechnung Aktien, da eine Zinssenkung sich meistens positiv auf die Aktienkurse auswirkt. Als dann jedoch die
Anschlußorders großer institutioneller Anleger ausblieben, wurden
die Bestände sofort wieder glattgestellt, mit dem Hinweis, daß zwar
die Zinsen gesenkt wurden, aber dadurch die Phantasie für weitere
Zinssenkungen vorerst geschwunden sei. Am Nachmittag und dem
folgenden Vormittag wurde dann in den Anlageausschußsitzungen
großer Fondsgesellschaften beschlossen, daß aufgrund der gesunke-
nen Zinsen der Anteil an Aktien im Gesamtportfolio aufgestockt

wird. Daraufhin stiegen dann also einen Tag nach der eigentlichen Diskontsatzsenkung die Kurse stark an. An diesem Beispiel erkennen Sie, daß es an der Börse zwar gewisse Verhaltensmuster gibt, aber keine Garantie für ihr Eintreten. Zudem ändern sich im Laufe der Zeit auch die kursbestimmenden Faktoren. Vor 15 Jahren beobachteten alle den amerikanischen Dow Jones Index, um Rückschlüsse auf die Entwicklung des deutschen Aktienmarktes zu schließen. Danach war die Geldmenge M 3 ein bestimmender Indikator, dann der Dollar, heute sind es die Zinsentwicklung und der Bund-Futures und in der nahen Zukunft werden es wieder die Unternehmensnachrichten sein.

Sind Privatanleger für Sie ein Kontra-Indikator?

Da Privatanleger sehr prozyklisch investieren, sind sie leider meistens ein Kontra-Indikator. Sie sind in den Crashs und Krisen seit 1987 meistens zum falschen Zeitpunkt ausgestiegen, haben sich dann oft jahrelang von der Börse verabschiedet und springen erst in einem sehr fortgeschrittenen Stadium wieder auf die steigende Börse auf. Durch qualifiziertere Beratung sollten die Privatkunden auch verstärkt zum antizyklischen Verhalten angeregt werden, um an Aufwärtsbewegungen in der ganzen Länge zu partizipieren. Qualifizierte Vermögensberatung ist in Deutschland leider nach wie vor ein großes Problem, da die meisten Bankberater überhaupt nicht in der Lage sind, einem Kunden im Wertpapierbereich qualifizierte und auf die individuelle Situation abgestimmte Anlageempfehlungen auszuarbeiten.

Sind Sie auch an anderen, ausländischen Börsen aktiv?

Im kleinen Rahmen kaufe ich entweder sehr langfristige Anlagepositionen interessanter Wachstumsmärkte oder ich beteilige mich kurzfristig an amerikanischen Übernahmeangeboten. Da das erste Übernahmeangebot nämlich oft nicht das letzte ist, kann man mit aggressiven Käufen nach der Bekanntgabe des ersten Angebots meisten noch einige Prozentpunkte Gewinn mitnehmen. In meiner langfristigen Strategie halte ich neben einigen ausgewählten Börsen in Osteuropa besonders Südostasien für aussichtsreich. Ich beschäftige mich intensiv mit St. Petersburg und kenne inzwischen einige Leute, die sich dort mit dem Aufbau der Börse beschäftigen. Seitens der Frankfurter Wertpapierbörse gibt es auch bereits bestimmte Kooperationen, beim Aufbau einer Börse in St. Petersburg mitzuarbeiten. Langfristig besitzen diese Ostmärkte noch ein erhebliches Potential.

Peter Lynch
"Um an den Aktienmärkten besser abzuschneiden als der Großteil der professionellen Marktteilnehmer, benötigt man weder ein komplexes Computerwissen noch einen Doktortitel in Betriebswirtschaft."

"Deutsch ist eine ausgesprochen umfangreiche Sprache" meint Peter Lynch und betrachtet dabei den Umfang seines neuen Buches mit dem Titel "Aktien für Alle" in der deutschen Übersetzung. Es ist wesentlich dicker als im Original. Während der 13 Jahre, in denen Peter Lynch bis 1990 den Fidelity Magellan Fonds verwaltete, wurden aus 10.000 Dollar über 280.000 Dollar. Damit zählt Peter Lynch weltweit zu den erfolgreichsten Fondsmanagern. Seit einigen Jahren gelingt es ihm zudem, als ertragreicher Bestseller-Autor in unnachahmlicher Art und Weise Anlegern das oft trockene Thema der Vermögensanlage und konkreten Aktienauswahl näher zu bringen. In zwei Büchern zeigt Lynch dem Leser, wie er seine Investmentphilosophie und -technik in die Tat umsetzen kann.

Für ein Buch über die Anlagestrategie bedeutender Marktteilnehmer war Peter Lynch im Bereich Fondsmanagement natürlich von Beginn an einer meiner Wunschkandidaten. Wie viele andere war ich von seinen Büchern und den kontinuierlichen Erfolgen seines Magellan Fonds beeindruckt. Ich war daher sehr gespannt auf ein Treffen mit dem wohl bekanntesten Aktien-Fondsmanager in seinen Bostoner Büroräumen bei Fidelity. Beim Betreten seines Büros erkannte ich dann bereits bei der bloßen Betrachtung der Arbeitsumgebung die Grundvoraussetzungen für seinen überdurchschnittlichen Erfolg. Ein 15 qm großes Büro, ein 15 Jahre altes Telefon und ein ebenso alter Quotron-Computer der ersten Generation. Auf einem kleinen, dunkelgrünen Monitor sind in hellgrün einige Kurse zu erkennen. Die Arbeitsfläche des Tisches ist durch Faxe, Jahresberichte, Firmen-Exposés und sonstige Papiere um nochmals 30 cm erhöht. Alles, was dort keinen Platz mehr findet, liegt gestapelt am Boden. Peter Lynchs Büro ist irgendwo an der Grenze zwischen geordnetem und ungeordnetem Chaos. Auch wenn viele in- und ausländische Fondsmanager in wesentlich repräsentativeren Büros versuchen, den jeweiligen Benchmark-Index zu schlagen, hat Lynch in dieser Umgebung bis zu 14 Milliarden Dollar an den Aktienmärkten verwaltet. Seitdem er

1990 aus dem aktiven Fondsmanagement des bis heute auf 29 Milliarden Dollar angewachsenen Magellan Fonds ausgeschieden ist, verwaltet Lynch ausschließlich Aktiendepots für einige wohltätige Vereinigungen und widmet sich seiner Familie. Zudem ist er nach wie vor Gast des jeweils am Jahresanfang von der Wirtschaftszeitschrift Barron's veranstalteten Round Table Gesprächs. Neben Lynch lädt Barron's hierzu am zweiten Januar-Wochenende jedes Jahr einige der bedeutendsten Fondsmanager und Anlagestrategen zu einem Jahresausblick mit konkreten Empfehlungen zu einer eintägigen Diskussionsrunde ein. In den darauffolgenden Ausgaben des Barron's werden alljährlich die Meinungen und konkreten Empfehlungen der Experten wiedergegeben. Die Ergebnisse dieser Expertenrunde werden von professionellen und privaten Anlegern gleichermaßen mit großem Interesse verfolgt. Auch wenn Lynchs Performance nicht mehr in einem Fonds meßbar ist, konnte er in den letzten Jahren mit seinen Empfehlungen nach wie vor kontinuierlich den amerikanischen Aktienindex outperformen.

17 Prozent der amerikanischen Haushalte besitzen Aktien. In Europa und speziell in Deutschland ist diese Zahl wesentlich geringer. Worin liegen die Hauptgründe für den Erfolg der Aktie in Amerika?

In den 80er Jahren haben die 500 größten Firmen in Amerika über 3 Millionen Stellen wegrationalisiert. Im gleichen Zeitraum hatten wir aber 2,1 Millionen neue Geschäftsgründungen. Selbst in der großen Rezession 1982 mit zweistelligen Zinssätzen und hoher Inflation wurden 150.000 Geschäftsgründungen registriert. Amerikaner sind in ihrer Mentalität also generell mehr Unternehmer als es Europäer sind.

Zahlreiche erfolgreiche Mitarbeiter großer Firmen gründeten eine eigene Firma. Auch wenn einige davon wieder in Konkurs gehen, sind im Durchschnitt 10 Arbeitsplätze pro Unternehmen und damit insgesamt 21 Millionen Arbeitsplätze entstanden. Diese Unternehmen waren der Schlüssel des amerikanischen Wachstums während der 80er Jahre und sie werden es auch in Zukunft sein. Jede dieser Geschäftsgründungen ist ein potentieller Kandidat für einen Börsengang in den folgenden Jahren. 1992 und 1993 sind über 1.000 Unternehmen neu an die US-Börsen gegangen. Natürlich haben diese Unternehmen von den Unternehmensgründern, den Mitarbeitern bis über zufriedene Kunden und Konsumenten zahlreiche Aktionäre. In

Europa hingegen besitzen oft nicht einmal der Vorstand und die leitenden Angestellten größere Aktienpositionen des eigenen Unternehmens.

Sie haben eine erfolgreiche Fondsmanagement-Studie mit Schulkindern einer siebten Klasse durchgeführt. Wie kam dieses Projekt zustande?

In meinem ersten Buch habe ich behauptet, daß das Mathematik-Niveau der siebten Klasse ausreicht, um an den Aktienmärkten erfolgreich zu sein. Um besser abzuschneiden als der Großteil der professionellen Marktteilnehmer, benötigt man weder ein komplexes Computerwissen noch einen Doktortitel in Betriebswirtschaft. Daraufhin ist eine Lehrerin und ihre Klasse, die mein erstes Buch gelesen hatten und seitdem einige Aktien verfolgten, an mich herangetreten. Die Kinder investierten in Unternehmen wie Nike, L.A. Gear und PepsiCo - Unternehmen, die sie kannten, deren Kleidung sie kauften, deren Essen und Getränke sie bevorzugten. So entstand ein überaus erfolgreiches Aktienportfolio.

Turnschuhhersteller und Schnellimbißketten sind aber doch nicht in jeder Börsenphase erfolgreich?

Neben Nike, L.A. Gear und PesiCo haben die Kinder auch in andere Werte investiert. Sie haben Geschäftsberichte studiert, Kapitalsituationen, Dividenden und Gewinnwachstum zahlreicher Unternehmen analysiert. Sie haben in das investiert, wovon sie etwas verstehen. Daraus entstand ein Portfolio, das von Anfang 1990 bis Ende 1991 einen Gesamtertrag von 69,6 Prozent gegenüber nur 26,08 Prozent des S&P 500 Index erzielte.

Waren diese positiven Ergebnisse Glück oder sind Sie Ihrer Meinung nach wiederholbar?

Kinder erkennen Trends frühzeitig und wissen meist sehr genau, welches Produkt gerade "in" ist. Zudem ist ihre Kaufkraft sowie ihr Einfluß auf die Eltern bei zahlreichen Konsumartikeln nicht zu unterschätzen. Natürlich kann man argumentieren, daß die Kinder Glück hatten und Konsumaktien zu den Gewinnern des Jahres zählten. Aber der Entscheidungsprozeß, den die Kinder durchlaufen haben, ist ausschlaggebend. Neben dieser Gruppe von Schulkindern sind in

Amerika über 8.000 Aktienclubs sehr erfolgreich. Es sind durchschnittliche Leute, die monatlich einen bestimmten Betrag einzahlen, sich regelmäßig treffen und entscheiden, welche Aktien sie kaufen. Der Durchschnitt dieser Aktienclubs schneidet besser als der Markt ab und befindet sich mit seiner Performance unter den 20 Prozent der erfolgreichsten Fondsmanager.

Gibt es in Amerika Unterrichtsfächer zum Thema Börse an den Schulen?

Nein, leider nicht. Obwohl die Börse eine enorme Bedeutung für unser wirtschaftliches System hat, gibt es keine Kurse in den Schulen. Man kann von Computerkursen über Altgriechisch fast alles belegen, nur zum Thema Börse und Aktien wird nichts angeboten.

In Ihren Büchern stellen Sie mehrmals die bessere langfristige Performance von Aktien gegenüber Renten heraus. Vergessen Sie dabei nicht das höhere Risiko von Aktien?

Der wichtigste Punkt in meinen Büchern ist, daß ich niemand dazu überreden will, in Aktien zu investieren. Ich will nur zeigen, wie man vorgehen sollte, wenn man in Aktien investiert. Jeder hat die geistigen Kapazitäten und Fähigkeiten, erfolgreiche Aktien auszuwählen, wie man an dem Beispiel der Kinder und Aktienclubs erkennen kann. Man muß sich nur im klaren darüber sein, ob man die nötige Mentalität, Risikobereitschaft und natürlich ausreichend Kapital dafür hat, um kurzfristige Kursrückgänge zu verkraften. Ein Börseneinbruch gehört genauso zur Routine wie ein Schneesturm im Januar in den Alpen. Wenn man darauf vorbereitet ist, wird er einem nicht schaden. Ein Einbruch der Kurse ist sogar eine hervorragende Möglichkeit, um die Schnäppchen aufzusammeln, die panische Investoren bei Ihrer Flucht hinterlassen haben.

Warum verlieren trotzdem viele Privatanleger mit Aktien Geld?

Wenn jemand sich einen neuen Kühlschrank kauft, analysiert er den Markt und vergleicht Angebote und Preise. Bei Autos, Kleidung und den meisten anderen Käufen ist es nicht anders. Nur Aktien kaufen manche Leute für Tausende von Mark, nachdem sie in der U-Bahn oder von einem "Freund" einen todsicheren Tip erhalten haben. Aufgrund dieser unzureichenden Entscheidungsprozesse entstehen oft

Verluste aus den Aktienengagements. Ein weiterer Punkt ist, daß die
Medien verbreiten, ein kleiner Privatinvestor hätte keine Chance
gegen die professionellen Fondsmanager. Viele Leute glauben an
dieses Märchen der Benachteiligung und bleiben deshalb den Aktienmärkten fern. Oder sie machen den anderen Fehler und versuchen ihr
Glück in der kurzfristigen Spekulation mit Optionsscheinen, Covered
Warrants, Futures und Optionen, wobei in diesem Fall tatsächlich bis
zu 80 Prozent der Privatinvestoren ihr Geld verlieren.

**Warum schreiben Sie als erfolgreicher Fondsmanager eigentlich
Bücher?**

Ich will den Leuten nur zeigen, daß sie eine hervorragende Chance
haben, Geld mit Aktien zu verdienen, wenn sie bestimmte Regeln und
Vorgehensweisen einhalten. Ohne die Entwicklung der Zinsen, der
Wirtschaft und der Inflation vorhersagen zu müssen, kann man mit
Aktien Geld verdienen, indem man gewinnbringende Unternehmen
mit relativ einfachen Mitteln herausfindet und analysiert.

**Welche grundsätzlichen Fehler begehen Privatanleger bei der
Aktienauswahl?**

Leider investieren viele Leute in Aktien aus Gebieten, von denen sie
keine Ahnung haben. Bevor man eine Aktie kauft, sollte man verstehen, in welchem Bereich das Unternehmen tätig ist und was es
herstellt. Die Informationen, die einem persönlich als Konsument und
im Beruf zugänglich sind, sollte man mit aller Offenheit sammeln und
nutzen. Branchen und Aktien aus diesen Bereichen sind der erste und
oft der entscheidende Schritt für eine gute Auswahl an Aktien.

In jeder Industrie und jeder Region des Landes kann der aufmerk-
same Beobachter auf großartige Wachstumswerte stoßen, noch lange
bevor die Profis sie entdecken. Jemand, der z.B. in der Baubranche
arbeitet, hat die besten Voraussetzungen erfolgreiche Bauwerte aus-
findig zu machen. Ein VW-Autohändler hat einen detaillierten Einblick in die hauseigene Modellpolitik und Entwicklung seiner eigenen
Verkaufszahlen sowie die Zyklen auf dem Automarkt im allgemeinen. Er sollte somit hervorragende Voraussetzungen haben, in der
Automobil- und Zulieferbranche erfolgreich zu investieren. Man muß
nicht immer in die neuesten Biotechnologie- und Computerwerte
investieren, um Gewinne zu erzielen.

In Deutschland haben wir im Gegensatz zu Amerika nicht diese Vielzahl von kleineren und mittleren Unternehmen mit bekannten Produkten. Sind Sie der Meinung, daß Ihr Ansatz tatsächlich an allen Aktienmärkten funktioniert?

Ich garantiere Ihnen, daß mein Ansatz überall funktioniert. Nehmen wir Coca Cola. Die Firma verdient heute 30mal mehr als vor 30 Jahren und der Aktienkurs hat sich in dieser Zeit verdreißigfacht. Bethlehem Steel (amerikanische Stahlaktie) verdient hingegen weniger als vor 30 Jahren und die Aktie notiert dementsprechend niedriger als damals. Wenn die Deutsche Bank in fünf Jahren doppelt so viel verdient wie heute, wird sich der Aktienkurs ungefähr verdoppeln. Natürlich wäre es hilfreicher für meine Anlagephilosophie, wenn mehr kleinere und mittlere Unternehmen an der deutschen Börse notieren würden. Die deutsche Börse muß sich in dieser Hinsicht sicherlich noch entscheidend weiterentwickeln.

Welche Schritte sollten deutschen Aktiengesellschaften unternehmen, um mehr US-Investoren zu gewinnen?

Sie brauchen nicht mehr US-Investoren. Daimler Benz wurde im Herbst 1993 an der NYSE in den Handel eingeführt, und andere Unternehmen planen einen ähnlichen Schritt. Damit erhöht Daimler Benz sein Kapital. Es ändert aber nichts an der Tatsache, daß die Daimler Benz-Aktie in 10 Jahren niedriger notiert, falls das Unternehmen dann weniger verdient als heute. Die meisten deutschen Aktiengesellschaften haben in den letzten Jahrzehnten auch ohne zahlreiche US-Investoren gute Gewinne erwirtschaftet.

Aber für viele amerikanische Privatinvestoren wird es doch wesentlich spesengünstiger und damit attraktiver, deutsche Aktien an der NYSE zu kaufen?

Natürlich, aber diese Entwicklung beeinträchtigt den Aktienkurs nicht nachhaltig. Es wird zu oft der Fehler begangen, Kurssteigerungen allein darauf zurückzuführen, daß Aktien steigen, weil Amerikaner und Japaner kaufen. Wenn die Gewinne eines Unternehmens nachhaltig sinken, ist es egal, ob Amerikaner oder Japaner kaufen. Die Aktie wird langfristig trotzdem sinken.

Würden Sie mehr europäische Aktien kaufen, wenn sie an der NYSE notieren würden?

Ich habe gerne in ausländische Werte investiert, bevor diese an der NYSE zugelassen wurden. Sony, Honda und Volvo sind gute Beispiele dafür. Ich habe zuvor gesagt, daß langfristig allein die Gewinne eines Unternehmens für den Aktienkurs entscheidend sind. Aber es ist meistens eine noch bessere Chance, eine Aktie zu entdecken, bevor sie an der NYSE notiert und die im Einklang dazu auch noch ein gutes Gewinnwachstum aufweist.

Welche Aktien bevorzugen amerikanische Investoren, wenn sie in europäische Aktien investieren?

Klar strukturierte Unternehmen mit einem erfolgreichen Spezialgebiet und ansprechender Produktpolitik sind sehr beliebt. Perrier, L´Oreal, Electrolux, Volvo, BMW, Daimler Benz, Bayer und Veba waren nicht nur meine Lieblinge.

Beobachten Sie heute nach wie vor europäische Aktienmärkte oder speziell den deutschen Aktienmarkt?

Seit ich nicht mehr aktiv den Magellan Fonds verwalte, bin ich für die Aktiendepots einiger wohltätiger Vereinigungen zuständig. Darüber hinaus bin ich einmal jährlich im Barron's Round Table Gespräch dabei. Darauf bereite ich mich natürlich vor und analysiere etliche Unternehmen. In der Zeit, als ich den Magellan Fonds aktiv verwaltete, hatte Europa für mich natürlich eine andere Bedeutung als heute. In Europa gibt es phantastische Unternehmen und viele davon werden immer noch nicht sehr professionell analysiert. Bis zu 20 Prozent meines Fondsvolumens waren in Europa investiert. Bei insgesamt 14 Milliarden Dollar war das eine sehr große Position.

Wann waren Sie das letzte Mal in Deutschland?

1990 habe ich mit meiner Frau unter anderem Berlin und die Passionsfestspiele in Oberammergau besucht. Die Aufführung in Oberammergau ist phantastisch. In einer Szene sind dabei 600 Darsteller auf der Bühne. Es ist ein unglaubliches Erlebnis.

Haben Sie nach der Wiedervereinigung in deutsche Aktien investiert?

Nein, ich habe mich zu wenig damit beschäftigt. Darüber hinaus halte ich auch wenig davon, wenn Leute diese spezialisierten Länderfonds kaufen, ohne eine konkrete Meinung zu dem Land zu haben. Wenn jemand dagegen beruflich oder privat eine Verbindung zu dem jeweiligen Land hat, ist es etwas anderes. Aber warum sollte jemand, der noch nie in Argentinien war, beruflich keine Beziehung dorthin hat und kein Spanisch spricht, in Argentinien investieren?

Auf welche Länder und Unternehmen konzentrieren Sie sich heute?

In Amerika gibt es tausende börsennotierter Unternehmen. Sie liegen oft in der gleichen Zeitzone und sind für mich daher einfacher und bequemer zu analysieren. Da ich keine Milliarden von Dollars mehr an den Aktienmärkten anzulegen habe, beschränke ich mich heute daher meistens auf amerikanische Unternehmen. Solange ich vor Ort interessante Anlagemöglichkeiten vorfinde, muß ich nicht nach Europa ausweichen.

Zahlreiche interessante Chancen in Europa gehen Ihnen damit aber verloren?

Wenn ich auf eine besonders interessante Aktie aus Europa aufmerksam werde, analysiere ich sie natürlich und entscheide anschließend, ob ich sie kaufe.

Gibt es für Sie irgendwelche grundlegenden Unterschiede bei den Analysen amerikanischer und deutscher Analysten?

Als ich mir 1985 Volvo anschaute, gab es einen einzigen Analysten in ganz Schweden, der das Unternehmen verfolgte. Viele Unternehmen in Europa werden längst nicht so professionell wie in Amerika analysiert.

Seit dieser Zeit hat sich aber in Europa einiges verändert. Heute verfolgen und analysieren zahlreiche Investmentbanken die interessanten Aktien.

Deutsche Aktien werden trotzdem nicht annähernd so genau und oft analysiert wie amerikanische. Während hier 30 bis 40 Analysten die großen Werte laufend verfolgen und analysieren, sind es in Europa vielleicht drei bis fünf. Der europäische Markt ist immer noch viel ineffizienter als der amerikanische.

Was vermissen Sie an europäischen Aktienanalysen am meisten?

Wenn eine Aktie analysiert wird, ist die Analyse gut. Es besteht kaum ein Unterschied zu den amerikanischen. Aber die Regelmäßigkeit mit immer wiederkehrenden Aktualisierungen fehlt. Hier veröffentlicht fast täglich irgend eine Investmentbank zumindest eine Seite zu einem der großen Unternehmen. In Europa vergehen dagegen nach wie vor oft Monate.

Wieviel Unternehmen haben Sie als Manager des Magellan Fonds pro Jahr analysiert?

1986 habe ich mit 570 Unternehmen gesprochen. Zum Teil vor Ort im Unternehmen selbst und oft auch bei Präsentationen oder bei Fidelity. Dazu habe ich natürlich heute keinen Anlaß und keine Zeit mehr.

Wie konnten Sie bei Fidelity mit 570 Unternehmen im Jahr sprechen, das sind im Durchschnitt fast drei an jedem Arbeitstag?

Letzte Woche hatten wir 32 Unternehmen bei Fidelity. Im Durchschnitt sind täglich sieben Firmen bei uns. Dazu gibt es Seminare, an denen dann zum Beispiel 20 Fluglinien oder 35 Ölfirmen an zwei Tagen teilnehmen. Ich bin natürlich nie zu einem einzelnen Unternehmen nach Arizona und wieder zurückgeflogen. Es ist alles eine Frage der Einteilung.

Aber können Sie sich in der kurzen Zeit, die Sie für eine Firma zur Verfügung haben, überhaupt eine detaillierte Meinung bilden?

Das kommt darauf an, ob die Firma, ihre Strukturen und Produkte einfach oder sehr kompliziert sind. Wenn ein Unternehmen 90 verschiedene Divisionen und Unterabteilungen hat, ist es natürlich sehr schwierig, sich ein schnelles Bild zu machen. McDonald's zum Beispiel ist dagegen sehr einfach zu analysieren.

Welche grundlegenden Aspekte beachten Sie bei einem Unternehmen?

Mein Ziel ist es, in kürzester Zeit herauszufinden, was eine Firma macht, womit und wann sie Geld verdient. Dabei sind natürlich klare Strukturen sowie eine erfolgreiche Produktpolitik hilfreich. Die Produkte dürfen aber nicht so einfach sein, daß sie jederzeit ohne großen finanziellen Aufwand von der Konkurrenz kopiert werden können.

Sie bevorzugen oft Wachstumsaktien. Welchen Zeithorizont haben Sie bei diesen Unternehmen?

Nehmen wir an, eine Wachstumsaktie hat einen Zyklus von 30 Jahren. Ich versuche, diese Aktien in den Jahren sechs bis 24 zu besitzen, in den einfachen Jahren, wie ich es nenne. In den ersten sechs Jahren muß sich das Konzept beweisen und in den letzten sechs Jahren ist oft die Konkurrenz bereits zu groß. Meine größten Gewinner halte ich fünf bis sieben Jahre. Wohl bemerkt nicht Tage, Wochen oder Monate, sondern Jahre.

Können Sie dazu eine Aktie als Beispiel nennen?

Wal-Mart (amerikanische Kaufhauskette) hatten sich 10 Jahre nachdem sie an die Börse gingen, bereits verzwanzigfacht. Wer erst zu diesem Zeitpunkt gekauft hat, der verdreißigfachte bis heute immerhin noch sein Geld.

Wann ist die Gefahr gegeben, daß sich die Wachstumsraten einer Aktie abschwächen?

Nach 10 Jahren und einer Verdreißigfachung des Aktienkurses hatten Wal-Mart erst in 10 Prozent von ganz Amerika expandiert. Das Konzept hatte sich bereits bewiesen und ein Expansionspotential von 90 Prozent stand Wal-Mart allein in Amerika noch zur Verfügung. Nach Europa kann Wal-Mart natürlich kaum expandieren. Das Wachstum wird also mit einer flächendeckenden Expansion in Amerika zunehmend schwieriger. McDonald's hingegen konnte weltweit das hohe Wachstumstempo fortsetzen, indem zusätzlich Frühstück und "Drive in" eingeführt wurde. 50 Prozent des Umsatzes erzielt McDonald's heute übrigens bereits im "Drive-in" Geschäft. Toys "R" Us expandierte ebenfalls nach Europa und hat damit seinen

Wachstumszyklus, wie McDonald's, um 10 bis 15 Jahre verlängert. In den zyklischen Branchen wie der Automobil- und Stahlindustrie haben wir es hingegen immer mit einem Zyklus von drei bis fünf Jahren zu tun. Man wird also nicht eine Stahlaktie für 20 Jahre besitzen.

Welche fundamentalen Grundregeln beachten Sie bei der Aktienauswahl?

Bei einigen Aktien verschlechtern sich die fundamentalen Daten und die Aktie tendiert seitwärts oder sinkt. Wie zum Beispiel meine Empfehlung Body Shop, die sich in zwei Jahren halbierte. Bei einigen Aktien verbessern sich die fundamentalen Daten wesentlich, aber die Aktie bewegt sich nicht von der Stelle. Das sind die interessantesten Aktien. Am ungünstigsten ist die Konstellation sinkender Unternehmensgewinne und steigender Aktienkurse. Der Aktienkurs und seine Entwicklung wird zu oft überbewertet. Viel entscheidender ist doch die fundamentale Entwicklung des Unternehmens. Die meisten Leute beachten aber leider mehr den Aktienkurs und den Index als das Unternehmen mit seiner fundamentalen Entwicklung. Monatelang oder sogar jahrelang gibt es oft keinen Zusammenhang zwischen dem Erfolg eines Unternehmens und dem Erfolg der entsprechenden Aktie. Langfristig besteht ein 100prozentiger Zusammenhang zwischen einem erfolgreichen Unternehmen und einer erfolgreichen Aktie. Es zahlt sich aus, Geduld zu üben und erfolgreiche Unternehmen zu besitzen. Weiterhin ist wichtig, daß man seine Gewinner beibehält. Selbst wenn nur die Hälfte der ausgewählten Aktien steigt, wird man langfristig per Saldo Geld verdienen, wenn man seine Gewinne laufen läßt.

Vergessen Sie dabei nicht die Gewinnmitnahmen?

Solange die fundamentalen Daten einer Aktie weiter günstig sind, sollte man sie behalten und zwar nicht nur Tage, Wochen oder Monate, sondern Jahre. Das werden die großen Gewinner sein, die sich im Kurs verzehn- oder sogar verzwanzigfachen. Damit kann man die Verluste der Verlierer mehr als ausgleichen. Wer hingegen nach 50 Prozent Gewinn immer krampfhaft eine andere Aktie sucht, ist kein Investor, sondern ein Spieler und wird nie das große Geld an der Börse verdienen.

Wieviel verschiedene Aktien sollte das Depot eines Privatanlegers enthalten?

Im Magellan Fonds, aufgrund seiner Größe von damals 14 Milliarden Dollar, hatte ich bis zu 1.400 verschiedene Werte. Ich durfte höchstens 5 Prozent des gesamten Fondsvermögens in eine einzelne Aktie investieren. Privatanleger hingegen sollten in ihrem Aktienportfolio nur sehr wenig diversifizieren. In ihrem Fondsportfolio, bestehend aus verschiedenen Branchen-, Länder-, Aktien- und Rentenfonds, sollten sie dagegen gut diversifizieren. Mehr als fünf bis zehn Aktien kann man meist gar nicht intensiv verfolgen. Diese Anzahl reicht aber völlig aus, denn ich bin der Meinung, daß drei bis fünf Aktien vollkommen ausreichend sind für ein privates Aktiendepot. In eine Aktie, zu der man eine sehr feste Meinung hat, kann man ohne weiteres auch 50 Prozent des Portfolios investieren.

Ist das nicht sehr riskant?

Es ist sehr riskant, wenn man nicht weiß, wie die fundamentale Entwicklung des Unternehmens verläuft. Wenn man nicht über ein Unternehmen informiert ist und keine eindeutige Meinung dazu hat, dann kann man auch nach Baden-Baden gehen und sein Geld dort verspielen. Für die "Big Bets" in Aktien benötigt man natürlich auch die entsprechende Mentalität und Einstellung, um Verlustphasen überbrücken zu können.

Auf welchen Verlust sollte man im schlimmsten Fall gefaßt sein?

Man sollte ein Haus oder andere Immobilien besitzen. Ein eigenes Haus war in Amerika aus Wachstums- und steuerlichen Gesichtspunkten eines der besten Investments der letzten 25 Jahre. Neben Immobilien sollte man über ein Bankkonto für das tägliche Leben und eine Lebensversicherung für das Alter verfügen. Das Wachstumskapital, das darüberhinaus noch übrig ist, kann man in Aktien investieren. Bei zwischenzeitlichen Verlusten ist man so nicht gezwungen, sofort zu verkaufen und muß seinen gewohnten Lebensstandard nicht einschränken.

Was halten Sie von der Entwicklung des Privatanlegers als Fondspicker?

Ich habe dazu ein ganzes Kapitel in meinem Buch geschrieben. Als Privatanleger kann man sowohl Fondspicker als auch Stockpicker sein. Mit der Basis und damit dem größten Teil des privaten Vermögens sollte man in ausgesuchte und bewährte Investmentfonds investieren. Gleichzeitig ist aber wichtig, daß man offene Augen für spezielle Situationen in Aktien bewahrt, die man permanent verfolgt. Der Kauf einer Aktienposition kann sich auf wenige Gelegenheiten im Jahr reduzieren.

Wie kann man auf diese speziellen Gelegenheiten aufmerksam werden?

Im täglichen Leben, bei der Arbeit, in der Freizeit und oft auch durch die eigenen Kinder. Kein Aktienanleger muß also seinen Beruf aufgeben oder täglich stundenlang Zeitungen und Researchberichte studieren, um interessante Aktien zu entdecken. Oft genügt es, mit offenen Augen durch die Welt zu gehen oder sich auf das Gebiet und die Branche seines eigenen Berufes zu konzentrieren. Nachdem man so auf eine Aktie aufmerksam geworden ist, darf man jedoch nicht den wichtigsten Schritt vergessen und muß die Aktie genau analysieren, bevor man sie kauft.

Wie hat sich der Fidelity Magellan Fonds unter Ihrem Management entwickelt?

Ich habe den Fonds 1977 übernommen und bin 1990 aus dem aktiven Management zurückgetreten. In dieser Zeit ist das Fondsvolumen von 20 Millionen Dollar auf 14 Milliarden Dollar angewachsen. Aus einem 10.000 Dollar Investment sind 280.000 Dollar geworden. Ich hatte kein einziges verlustreiches Jahr in dieser Zeit. Bis heute ist das Fondsvolumen, dank der hervorragenden Arbeit meiner Nachfolger, auf 29 Milliarden Dollar angewachsen. Der 10.000 Dollar-Anteil von 1977 hat sich durch die weiterhin hervorragende Performance bis Ende 1993 auf 420.000 Dollar erhöht.

Sie haben verschiedene Prinzipien und Grundregeln in Ihrem Buch erklärt. Das Prinzip Nummer 10 besagt dabei, daß man auf deutschen Autobahnen nicht nach hinten schauen sollte. Neben den ständigen Gefahren des Aktienmarktes ist dieser Hinweis für deutsche Autofahrer eine unzumutbare Gefahr?

Ich war in meinem Leben nur einmal für 15 Sekunden auf der
Überholspur einer deutschen Autobahn, auf einer meiner Besuchs-
reisen zu verschiedenen deutschen Aktiengesellschaften. Ich bin in
einem Leihwagen 190 Stundenkilometer gefahren und konnte im
Rückspiegel die Fingernägel des Fahrers im Auto hinter mir erkennen. Es war schrecklich.

**Was wollen Sie für den Aktienmarkt aussagen, wenn Sie behaupten,
man sollte nicht in den Rückspiegel schauen?**

Oft betrachten Leute Aktien, indem sie nach hinten, in die Vergangenheit blicken. Wenn auf einer Straße Kurven oder Schlaglöcher auf
einen zukommen, nützt es nichts, in den Rückspiegel zu blicken.
Wenn ein Unternehmen in den letzten sechs Jahren gewachsen ist, ist
das noch lange keine Garantie, daß es auch in den nächsten Jahren
weiter wachsen wird. Man sollte an der Börse generell die Gegenwart
und die Zukunft beachten und weniger die Vergangenheit. Besonders
bei zyklischen Werten muß man versuchen, sehr stark die zukünftigen Entwicklungen zu antizipieren.

Was muß man bei zyklischen Werten besonders beachten?

Nach vier Abwärtsjahren ist der amerikanische Autozyklus Ende
1993 trotz einem Jahr Aufwärtsbewegung erst in seinen Anfängen.
Wenn in Europa und Deutschland die Autoindustrie nachhaltig zum
Positiven dreht, dann nicht nur für drei Monate, sondern für Jahre.
Viele Marktteilnehmer nehmen nach den ersten Aufwärtsbewegungen
aber bereits ihre Gewinne mit und verpassen so den Großteil der
eigentlichen Bewegung.

Was waren die größten Gewinner in Ihrem Magellan Fonds?

In Fannie Mae hat der Magellan Fonds nominal über 500 Millionen
Dollar gewonnen und ganz Fidelity über 1 Milliarde Dollar. An Ford
hat der Fonds 199 Millionen Dollar verdient. Rogers Communica-
tions hat sich versechzehnfacht und Telefon & Data Systems haben
sich verelffacht. Diese beiden waren prozentual die größten Gewinner des Fonds.

In welchen Werten haben Sie Ihre größten Verluste erlitten?

Nach der Mißachtung des Ausspruches "Never buy Airlines" habe ich 33 Millionen Dollar in Texas Air verloren. Durchschnittlich hatte ich bei 1.400 Werten, darunter zahlreiche kleinere Unternehmen, jedes Jahr zwei bis drei Konkurse und damit einen Totalverlust. Aber, wie Sie sehen, waren meine Gewinnpositionen um etliches größer als meine Verlustpositionen. Darüber hinaus hatte ich niemals große Verluste in meinen 25 größten Positionen.

Beachten Sie bestimmte Indikatoren für Ihre Entscheidungen?

Nur sehr einfache Indikatoren.

Können Sie einige Beispiele nennen?

Im Durchschnitt muß man für Wachstumsunternehmen natürlich ein höheres Kurs-Gewinn-Verhältnis in Kauf nehmen als für Standardwerte. Wenn kleinere Wachstumsunternehmen aber mit dem doppelten Kurs-Gewinn-Verhältnis des Marktes notieren, erleiden Sie einen Rückschlag. Notieren Sie dagegen nur mit dem maximal 1,2fachen der Standardwerte, sind kleinere Wachstumswerte ein interessanter Kauf.

Verwenden Sie Charts bei der Aktienwahl?

Ich verwende Langzeitcharts der Aktienkurse mit eingezeichneten Gewinnkurven. Es handelt sich dabei um Jahres- und Monatscharts, keine Tages- oder sogar Stundencharts. Wenn der Aktienkurs unter den eingezeichneten Gewinnen liegt, kaufe ich. Wenn der Aktienkurs weit über den eingezeichneten Gewinnen liegt, müssen die Gewinne entweder stark ansteigen oder der Aktienkurs wird sinken. In diesem Fall verkaufe ich. Aktien wie Coca Cola, deren Aktienkurs weit über dem Gewinnchart liegt, sind daher momentan überteuert. Philip Morris und Bristol Meyers haben in einer scharfen Abwärtsbewegung bereits zurück auf ihren Gewinnchart korrigiert.

Woher beziehen Sie diese Charts?

Diese Charts mit eingezeichneten Gewinnkurven sind überall erhältlich. Interessant ist noch, daß im Crash 1987 zahlreiche Wachstumsaktien ebenfalls auf ihren Gewinnchart korrigiert haben.

Gab es eine Phase am Aktienmarkt, in der es schwierig war, mit Ihrem Ansatz Geld zu verdienen?

Ich will nicht angeben, aber in jedem der 13 Jahre übertraf ich die Durchschnittsperformance aller Aktienfonds. Ich halte nichts von Eintagsfliegen, die ein Jahr Nummer eins und im nächsten Jahr Nummer 800 der Rangliste sind. Dabei war es oft ein größerer Erfolg für mich, 6 Prozent Gewinn erwirtschaftet zu haben, während der Durchschnitt meiner Kollegen 25 Prozent Verluste hatte als in einem sowieso günstigen Börsenjahr 40 Prozent Performance erreicht zu haben. In den 13 Jahren des Fonds unter meinem Management hatten wir neun signifikante Abwärtsbewegungen am Markt und neun Abwärtsbewegungen in meinem Fonds. Natürlich habe ich es meistens geschafft, die Verluste geringer als im Index zu halten.

Haben Sie ein bestimmtes Szenario für den nächsten Crash?

In 93 Jahren unseres Jahrhunderts hatten wir 50 Baissephasen mit 10 Prozent Verlust und mehr. Durchschnittlich ungefähr alle zwei Jahre hatten wir solch eine Abwärtsbewegung. Von diesen 50 Baissephasen wiederum brachten 15 Bewegungen mehr als 25 Prozent Verlust. Also durchschnittlich alle sechs Jahre muß man mit einer solchen Abwärtsbewegung rechnen. Diese Einbrüche werden auch in Zukunft auf uns zukommen man muß nur darauf eingestellt sein, daß es nichts Außergewöhnliches ist. Jeder Aktieninvestor sollte diese historische Volatilität verstehen und lernen, damit umzugehen. Die andauernde und immer wiederkehrende Diskussion um die Vorhersage dieser Einbrüche halte ich für sekundär. Ich kenne niemanden, der signifikante Marktbewegungen mehr als einmal richtig vorhergesagt hat.

Sind Sie ein Käufer im nächsten Crash?

Auf alle Fälle. Die langfristige durchschnittliche Rendite amerikanischer Aktien ist ungefähr 11 Prozent. Wer jedoch immer in den 10- oder sogar den 25prozentigen Abwärtsbewegungen zukaufte, konnte diese Performance entscheidend verbessern. Man muß die Chance einer Korrektur nutzen.

Markttiming spielt für Sie eine sehr untergeordnete Rolle?

Ich würde liebend gerne die Zukunft kennen. Wo stehen die Zinsen, der Aktienindex und die Währungen in einem Jahr? Es würde mir natürlich wie jedem anderen auch sehr bei meinen Entscheidungen helfen. Da es mir aber niemand genau vorhersagen kann, schenke ich diesen Faktoren auch keine Beachtung. Wenn jemand eine starke amerikanische Wirtschaft in drei Jahren vorhersagt, ist das für mich wie eine Wettervorhersage. Ich baue meine Entscheidungen generell auf Fakten auf und konzentriere mich darauf, was in den einzelnen Unternehmen passiert.

(Peter Lynchs Sekretärin kommt in den Raum und fragt, ob sie in einem italienischen Restaurant einen Tisch reservieren soll. Peter Lynch ist vom Sprecher des Weißen Hauses am nächsten Tag mit seiner Familie zu einem Empfang zur Gesundheitsreform in Washington eingeladen. Lynch verneint dankend das Angebot der Sekretärin und meint, daß er lieber zu McDonald's gehen will.)

Gehen Sie oft in Fast Food-Ketten zum Essen?

Ja, es ist unkompliziert und Teil meiner dauernden Offenheit und Researchtätigkeit vor Ort. Ein wichtiger Teil der Analyse bei Restaurantketten wie Pizza Hut oder McDonald's ist, dort zu essen und die Resonanz in der Familie und im Freundeskreis zu beachten.

Sind Sie der Meinung, daß sich Aktien auch in den nächsten Jahren besser entwickeln werden als Anleihen?

Seit 1982 haben wir eine enorme Aufwärtsbewegung am Anleihemarkt erlebt. Die Renditen sind von über 15 Prozent auf knapp unter 6 Prozent gesunken. Ein Großteil der Bewegung ist damit vorbei. Man kann sicher nicht mehr das große Geld in diesem Markt verdienen. Bonds beinhalten auf diesem Niveau sogar ein erhebliches Risiko.

Wie wird sich der Dollar in den nächsten Jahren gegenüber den wichtigsten Währungen entwickeln?

Alle Europäer sind durch George Soros und seine Aktionen im Europäischen Währungssystem zu Devisenspekulanten geworden. Das ist keine gute Entwicklung. Privatanleger vergeuden zu viel Zeit für diese Nebensächlichkeiten. Wenn Sie mir sagen können, wo die Zinsen in einem Jahr stehen werden, kann ich Ihnen sagen, wieviel ungefähr ein Dollar kosten wird.

Heiko Thieme
Thieme Associates
"Meine Strategie ist, daß ich keine Strategie habe."

Seitdem sich Heiko Thieme nach etlichen Jahren bei der Deutschen Bank New York 1990 als Fondsmanager seines eigenen "American Heritage Funds" selbständig machte, war er mit insgesamt 230 Prozent Performance der erfolgreichste Fondsmanager aller öffentlich notierten Fonds. Angesichts dieses eindrucksvollen Anlageerfolgs entwickelt sich in Amerika eine ähnlich angeregte Diskussion über seine Portfolio-Managementqualitäten wie einst in Deutschland. Einmal besticht Thieme durch die beste Performance im Dreijahreszeitraum mit durchschnittlich jährlich 49 Prozent und der viertbesten Performance im Jahr 1993 mit 41 Prozent. Eine Woche später hat sein Fonds einen Wochenverlust von knapp 6 Prozent, da eine seiner größten Positionen im Fonds, Spectrum Information Technologies, um 39 Prozent absackten. Trotz seiner in Deutschland und neuerdings in Amerika sehr kontrovers diskutierten Analysen, Empfehlungen und Fondsperformance stand Heiko Thieme aber für mich von Beginn an als einer der bedeutenden und erfolgreichen Fondsmanager für dieses Buch fest.

Bei meinem Besuch in Heiko Thiemes New Yorker Büro finde ich ein kreatives und organisiertes Chaos vor. Als ich ihm erzähle, daß sein Büro damit aber immer noch ordentlicher und größer als das von Peter Lynch ist, sagt er erfreut: "Na sehen Sie, bei Peter Lynch sieht es zumindest ähnlich aus". Passend zu seinem Arbeitspensum und Terminkalender fand unser Gespräch in drei Abschnitten an verschiedenen Orten statt. In seinem New Yorker Büro saß ich aufgrund seines vollen Terminkalenders mit zwei Vorständen einer Aktiengesellschaft beim Analysegespräch einfach mit am Tisch. Bei einem seiner zahlreichen Deutschlandaufenthalte, genauer gesagt einem 24-Stunden-Besuch zu einem Vortrag in der Nähe von München, hatte ich dann die Gelegenheit, ihn ein weiteres Mal zu sprechen. Dabei fand der erste Teil des Gesprächs in einem Münchner Hotelzimmer, der zweite Teil bei einer unerlaubt rasanten Fahrt zum Münchner Flughafen und der dritte Teil in der Abflughalle bis zur Paßkontrolle des Lufthansa-Schalters statt. Was danach noch offen blieb, vervollständigten wir in einem ausführlichen Telefongespräch.

Während des Interviews hatte ich den Eindruck, daß sich die unaufhaltsame Energie von Heiko Thieme auch positiv auf die Performance seiner Aktien auswirken muß. Während andere - ruhigere Interviewpartner - nur circa vier Seiten Text auf 30 Minuten Tonband sprachen, waren es bei dem Energiebündel Heiko Thieme fast doppelt soviel. Auch sonst ist der Elan und Arbeitseifer des Workaholics kaum zu überbieten. Thieme ist Fondsmanager, Herausgeber eines Börsenbriefs, regelmäßiger Redner auf diversen Seminaren und daneben schreibt er jedes Wochenende unter dem Kürzel H.T. seit 1987 eine Börsenkolumne in der Frankfurter Allgemeinen Zeitung. Auch wenn bei seinen Aktivitäten die Zeit für seine Familie sehr eng bemessen ist, betont er: "Ohne die Unterstützung meiner Frau und meiner Kinder könnte ich meine beruflichen Ambitionen nicht erfüllen."

Dennoch ist das Flugzeug bei seinen mitunter zwei Besuchen pro Monat in Europa fester Bestandteil seines Berufs. Es verwundert daher nicht, daß er behauptet: "Für mich ist das Fliegen zwischen New York und Europa wie für andere das Busfahren".

Stand zu Beginn Ihrer Ausbildung bereits fest, daß Sie in den Bereich der Finanzmärkte gehen werden?

Ich begann mein Studium 1963 in Tübingen mit der Kombination Jura, Mathematik und Physik. Ich wollte eigentlich Patentanwalt werden. Obwohl ich in Mathematik sehr gute Noten hatte, merkte ich schnell, daß ich nie ein zweiter Einstein werden würde. Die Juristerei dagegen lag in der Familie und ging auf meine beiden Großväter zurück. Einer war am Reichsgericht, der andere erfolgreich in der Industrie tätig. Die Medizin, der Beruf meiner Eltern, zog mich im Gegensatz zu meinen drei Geschwistern weit weniger an. Nach drei feuchtfröhlichen Semestern beim Corp Suevia in Tübingen ging ich für sechs Monate an die Universität Edinburgh, um neben Jura vor allem die für einen erfolgreichen Patentanwalt unumgängliche englische Sprache zu lernen.

Warum sind Sie gerade nach Edinburgh gegangen?

Dr. Henning Schulte-Noelle, der heutige Vorstandssprecher der Allianz, hat mir bei einem ausführlichen Bierabend in Tübingen die Vorzüge der Universität Edinburgh nahegebracht. Er überzeugte mich, daß ich diesen Studienort den prestigeträchtigeren Studienorten Oxford und Cambridge vorziehen sollte. Mit dem besten "ausreichend" der Nachkriegszeit legte ich dann 1968 mein Examen in Hamburg ab.

Wann kamen Sie zum ersten Mal in Kontakt mit dem Börsengeschäft?

Nach meinem Examen bot sich eine Assistenzstelle an der Universität Edinburgh an, die über die Volkswagenstiftung finanziert wurde. Zum Börsengeschäft kam ich dann rein zufällig über ein Glas Champagner bei einer Cocktailparty in Edinburgh. Auch wenn ich früher immer behauptete, daß ein Broker weder schreiben noch lesen können, sondern lediglich das Telefon etwas schneller als alle anderen bedienen muß, begann ich aufgrund dieses Gesprächs ein Volontariat bei Wood & McKenzie. Dort bemerkte ich sehr schnell, daß das Börsengeschäft vom intellektuellen Umfang unheimlich anspruchsvoll ist und daß man sich ohne ein weltweites Verständnis über Zusammenhänge von Politik und Wirtschaft in der Branche nie bewähren kann.

Wie entwickelte sich Ihre Börsenkarriere weiter?

1972 wechselte ich bei Wood & McKenzie zuerst als Analyst und später in den Marketing-Bereich als Senior Executive nach London. In dieser Zeit baute ich mir innerhalb von vier Jahren ein noch heute bedeutendes Kontaktnetz auf. 1976 wechselte ich dann zu der prestigereichen Wall-Street-Firma White Weld als Vizepräsident des Marketingbereichs für Deutschland und Österreich. Als die Firma zwei Jahre später von Merrill Lynch übernommen wurde, entwickelte ich erstmals Pläne, mich selbständig zu machen.

Dann wechselten Sie aber doch noch zur Deutschen Bank nach New York?

Eigentlich wollte ich nie für ein deutsches Unternehmen arbeiten, da mir die internen Hierarchien zu starr und formal erschienen. Aber ich hatte ein Angebot der Atlantic Capital Corp., einer Tochtergesellschaft der Deutschen Bank, die damals in New York gerade einmal

' 100 Personen beschäftigte. Hinzu kam, daß mich die amerikanische Wirtschaft und Börse schon immer reizten, da die Wall Street einfach die größte und bedeutendste Börse der Welt ist. Ich nahm also im August 1979 das Angebot der Deutschen Bank an und baute daraufhin das amerikanische Aktiengeschäft der Atlantic Capital Corp. auf. Bereits einen Monat später verschickte ich den ersten Börsenbrief, damals noch in Form eines einseitigen Telex, an das Filialnetz der Deutschen Bank.

Wie hat sich der Börsenbrief seit damals entwickelt?

1979 begannen wir mit 40 Adressaten. Heute hat unser Börsenbrief "The Viewpoint/Der Standpunkt" circa 20.000 Leser. Neben den regulären Abonnenten erhält jeder Anleger des Fonds monatlich einen Börsenbrief kostenlos zugeschickt. Der Umfang ist auf acht Seiten angewachsen, und der Börsenbrief erscheint in Englisch und Deutsch. Unsere Leserliste liest sich inzwischen wie ein internationales "Who is Who" aus Politik, Finanzen und Wirtschaft.

Macht Ihnen das monatliche Schreiben des Börsenbriefes nach dieser langen Zeit überhaupt noch Spaß?

Auch wenn ich im Durchschnitt 100 Stunden für eine Monatsausgabe benötige, schreibe ich nach wie vor jede Zeile des Börsenbriefs selbst. Das eigenhändige und regelmäßige Schreiben zwingt mich ständig dazu, meine eigenen Strategien und Positionen zu überdenken. In erster Linie möchte ich durch die Aussagen meines Börsenbriefs nicht nur provozieren, sondern auch stimulieren. Nichtsdestotrotz nehme ich auch bekannte Persönlichkeiten in Wirtschaft, Finanzen und Politik kritisch unter die Lupe. Allzuoft werden Statistiken und Meinungen unkritisch übernommen. Nur beim Wetterbericht gibt es vielleicht mehr Fehlprognosen als in der Wirtschaft. Auch meine Voraussagen haben sich zu 95 Prozent als falsch erwiesen. Dies lag jedoch nicht daran, daß meine meist optimistischen Prognosen nicht zutrafen, sondern im nachhinein sogar von der Realität übertroffen wurden. Ich mag es auch nach wie vor, daß meine Prognosen gelesen und gehört werden.

Einige Journalisten und Kollegen unterstellen Ihnen immer, daß Sie oft zu direkt und optimistisch mit Ihren Prognosen seien?

Dr. Christians, der frühere Vorstandssprecher der Deutschen Bank, sagte einmal wohlwollend zu mir: "Neid muß man sich erarbeiten, Mitleid bekommt man umsonst. Sie haben offensichtlich viel gearbeitet." Diesen Ausspruch habe ich nie vergessen. Er trifft auch auf die meiste der von Ihnen angesprochenen Kritik zu. Generell habe ich überhaupt nichts gegen Kritik, sondern ich fordere sogar meine Mitarbeiter immer zur Äußerung konstruktiver Kritik auf. Dabei lege ich aber Wert auf einen umsetzbaren Lösungsvorschlag, denn nur alleine Kritik zu äußern, reicht nicht aus.

Wann haben Sie endgültig den Schritt in die Selbständigkeit gewagt?

Mit Hilfe eines mehrjährigen Beratervertrages für die Deutsche Bank machte ich mich Ende 1989 selbständig. Wenige Monate später habe ich dann den American Heritage, den bis dahin schlechtesten Fonds Amerikas für einen Kaufpreis von knapp 10.000 Dollar übernommen. Wenn ich selbst einen Fonds gegründet und aufgebaut hätte, hätten sich die Kosten auf circa 250.000 Dollar belaufen. Damit wäre ich aber in keiner Zeitung und Fondsstatistik enthalten gewesen. Der American Heritage ist dagegen seit seinem Bestehen jeden Tag in zahlreichen Zeitungen und in allen wichtigen Fondsstatistiken vertreten.

Wie war die Geschichte des Fonds, bevor Sie ihn übernommen haben?

Der American Heritage Fonds wurde 1951 gegründet und war in den siebziger Jahren bereits einmal ein sehr erfolgreicher Fonds. Als ich Kontakt mit dem Management aufnahm, belief sich das Fondsvermögen, aufgrund einer mehrjährigen katastrophalen Performance allerdings nur noch auf nicht einmal 1 Million Dollar.

Wie war die Performance des Fonds, nachdem Sie ihn übernommen hatten?

Im Jahr 1990 mußte der Fonds noch einmal Verluste von 30 Prozent verkraften. Die Performance war aus zwei Gründen direkt nach meiner Übernahme sehr unbefriedigend. Erstens hatte der Fonds aufgrund des geringen Volumens, prozentual betrachtet, sehr hohe Ausgaben von insgesamt 13 Prozent. Ein Anteilswert von 100 Dollar wäre am Ende des Jahres somit auf 87 Dollar aufgezehrt worden und ich hätte 15 Prozent Gewinn benötigt, um überhaupt unverändert bei 100 Dollar abzuschließen. Ich habe aus diesem Grund zu Beginn meiner Tätigkeit radikal die Kosten gesenkt. Heute hat der Fonds keinen Ausgabeaufschlag und eine vergleichsweise sehr geringe Management-Gebühr von 0,75 Prozent p.a.. Zweitens habe ich versäumt, das geerbte Portfolio meiner Vorgänger sofort systematisch umzustellen und zu verkaufen. Da ich auf Dauer bei einem Fondsvolumen von 1 Million Dollar nicht von der Fondsmanagementgebühr in Höhe von damals noch 0,75 Prozent leben konnte, wollte ich in der damaligen Situation auch sofort neue Gelder akquirieren. Heute hat der Fonds, der ohne Ausgabeaufschlag erworben werden kann, einen Verwaltungskostenaufwand von unter 2 Prozent.

Sie waren also zu Beginn an Fondsmanager, Kosten-Controller und Vertriebsleiter Ihres eigenen Fonds?

Genau, und darunter litt natürlich die Performance. Gerade beim Akquirieren neuer Gelder habe ich gelernt, daß es selbst bei langjährigen Freunden und Geschäftsbekannten nicht ausreicht, nur zu sagen: "Ich habe den schlechtesten Fonds Amerikas übernommen, gebt mir Geld." Die meisten wollten erst einmal abwarten und sehen, wie sich der Fonds unter meinem Management entwickelt. Einige Freunde sagten zu mir sogar: "Du schreibst einen informativen und humorvollen Börsenbrief, hast gelegentlich auch mit Deinen Prognosen recht, bist ein guter Redner auf Vorträgen, die FAZ-Kolumne ist auch in Ordnung, aber versuche dich bitte nicht als Händler oder Fondsmanager." Einige Leute in Deutschland haben zudem nicht vergessen, daß ich im Börsenspiel der Zeitschrift Wirtschaftswoche mit einem Verlust von 60 Prozent katastrophal abgeschnitten habe. Der Entschluß, mich damals selbständig zu machen, war somit in der Tat mit einigen Risiken und Investitionen verbunden.

Können Sie ganz kurz auf die Geschichte des Börsenspiels in der Wirtschaftswoche eingehen?

In meinen Vorträgen erzähle ich immer, daß ich 1990 in einem international erstklassig besetzten Börsenspiel der Zeitschrift Wirtschaftswoche einen hervorragenden vierten Platz belegt habe. Solange man nicht weiß, daß damals nur vier Teilnehmer angetreten sind, klingt das gar nicht schlecht. Aber Spaß beiseite, ich habe damals einige Fehler begangen. Obwohl ich sogar der Mitinitiator dieses Spiels war, würde ich es heute nie mehr machen. Die Wirtschaftswoche und die Telebörse haben ein Spektakel damit veranstaltet und jede Woche detailliert über unsere Positionen, Transaktionen und Meinungen berichtet. Bei einer überlegten Anlagestrategie verändert sich aber von Woche zu Woche an der grundsätzlichen Strategie und den einzelnen Positionen oft nur sehr wenig. Da ich meine ursprünglichen Positionen nach acht Monaten kaum verändert hatte, fragte mich der Reporter im Fernsehen bei einer Diskussion ironisch: "Spielen Sie eigentlich noch mit, Herr Thieme?" Indirekt wurden alle vier Teilnehmer damit zu aggressiven und häufigen Transaktionen verleitet.

War dieses Ergebnis für Sie ein großer Imageverlust?

Ich bin sehr froh, daß ich diese schwierige Phase erlebt und im nachhinein betrachtet sehr gut überwunden habe. Einige Leute meinten damals, ich hätte für immer mein Image ruiniert. Erst wenn niemand mehr über einen schreibt und redet, wäre es ein Imageverlust. Solange man in der Zeitung steht, kann es nicht so schlimm sein. Für mich waren die Ergebnisse und Reaktionen des Spiels auch ein gewisser Ansporn, zu zeigen, was ich tatsächlich kann.

Wie war die Performance Ihres Fonds in dem ersten kompletten Jahr unter Ihrem Management?

Der American Heritage hatte 1991 eine Performance von über 96 Prozent, wobei der Fonds zu Beginn des Jahres nur ein Fondsvolumen von 1 Million Dollar hatte. Gegen Ende des Jahres 1991 waren es aber bereits 5 Millionen Dollar. Ich investierte zu Beginn des Jahres 5 Prozent in American Biotech, einen Biotechnologiewert. Innerhalb von nur drei Wochen explodierte diese Aktie im ersten Quartal 1991 um 600 Prozent. Diese Entwicklung war sozusagen der Startschuß für die seitdem sehr beeindruckende Performance. Für mich war es natürlich gerade zu Beginn ein großer Vorteil, als Winzling unter den Aktienfonds mit dem Magellan Fonds von Peter Lynch und dessen Fondsvolumen von 15 Milliarden Dollar verglichen zu werden.

Wie erfolgreich waren Sie 1992 und 1993?

1992 betrug die Performance 18,88 Prozent und das Fondsvolumen
stieg auf 25 Mio Dollar. Dieses im Vergleich zum Vorjahr unspek-
takuläre Ergebnis erreichte ich aber bei einem Gewinn des Vergleichs-
indexes von nur 4 Prozent. Relativ betrachtet, bin ich auf das Jahr
1992 also wesentlich stolzer. 1993 konnte der Fonds dann sogar
wieder eine Performance von über 36 Prozent erreichen. Das Fondsvolumen stieg weiter bis auf 150 Mio Dollar. Von insgesamt 2500
Aktienfonds zählt der American Heritage im Dreijahresvergleich zu
den führenden Fonds und nimmt in einer Rangliste sogar den ersten
Platz ein.

**Wie hoch ist Ihr persönliches Performanceziel für den Fonds in
den nächsten Jahren?**

Ich rechne damit, daß wir in den 90er Jahren im Schnitt 12,5 Prozent
Rendite p.a. an den Aktienmärkten erhalten werden. Wenn ich mit
meiner Performance 20 Prozent über diesem Indexdurchschnitt liege,
befinde ich mich in der Gruppe der 20 Prozent der besten Fondsmanger. Wenn ich es dagegen schaffe, auch in Zukunft 100 Prozent über
dem Durchschnitt zu liegen, befinde ich mich auch weiter in der
Spitzengruppe der 1 Prozent der besten Fondsmanager. Ein Traum-
ziel wäre es natürlich, die hohe durchschnittliche Performance der
ersten drei Jahre von 49 Prozent in den kommenden Jahren weiter zu
halten. Aber das ist wahrscheinlich leider unmöglich.

Wie viele Einzelanleger haben in Ihren Fonds investiert?

Insgesamt haben 11.000 Anleger in den American Heritage Fonds
investiert. Da die Mindestanlagesumme nur 5.000 Dollar beträgt,
haben wir Anleger aus allen Schichten. Das reicht von einem Bäcker-
meister deutscher Abstammung aus New Jersey, der mir regelmäßig
Kuchen schickt, bis zu einem Universitätspensionsfonds aus Kalifor-
nien, der der größte Einzelaktionär ist.

**Es gibt bekannte Fondsmanger und Investoren, die nicht aus den
Finanzmetropolen, sondern aus den atemberaubenden Urlaubs-
domizilen handeln. Werden Sie auch in Zukunft aus New York
Ihren Fonds managen?**

Wenn die Bequemlichkeit und der Luxus im Vordergrund stehen,
kann man als Fondsmanager durch die modernen Telekom-

munikationsmittel theoretisch überall sitzen. Solange aber die Professionalität im Vordergrund steht, gibt es für mich keine Alternative zu New York. Die Dynamik der Stadt und die Möglichkeit, täglich interessante Gespräche mit Kollegen und Managern namhafter Unternehmen zu führen, sind unersetzlich. Zudem wird man in einer schönen Umgebung zwangsläufig nachlässiger und fauler. Bei einer Auslagerung des Unternehmens ins Grüne wären zwar wahrscheinlich meine Mitarbeiter und ich glücklicher, da wir alle in einer erholsameren Atmosphäre arbeiten könnten, aber der allgemeine Output und damit der Erfolg wären sicherlich nicht höher.

Sie haben eine sehr dynamische Ausstrahlung und es heißt, daß Sie sehr viel arbeiten. Weichen Ihre Arbeitszeiten wirklich so stark von denen Ihrer Kollegen ab?

Mir kommt es nicht so vor, als ob ich extrem viel arbeite. Ich würde mich nicht als einen "Workaholic" bezeichnen. Meine Definition eines Workaholic ist aber vielleicht nur etwas anders als die eines durchschnittlichen deutschen Angestellten. Ich arbeite in der Woche 80 bis 100 Stunden. Dabei betrachte ich aber jede Stunde sehr kritisch nach ihrem Grenznutzen. Bei der Arbeitszeit gibt es in unserem Beruf generell große Definitionsunterschiede zwischen der reinen Bürozeit, den Telefongesprächen im Auto, der Lektüre von Zeitungen, Zeitschriften und Analysematerial und den Terminen mit zahlreichen Unternehmen. Pro Tag bin ich meist bis zu 14 Stunden im Büro. Hinzu kommt noch, daß ich jeden Tag von Stamford in Connecticut nach Manhattan fahre. Daher beginnt mein Arbeitstag schon um kurz vor 6 Uhr in der Früh mit ausführlichen Nachrichten und endet selten vor Mitternacht.

Welche Zeitungen und Zeitschriften lesen Sie zur Informationsaufnahme?

Die Aufnahme jeglicher Information aus Gesprächen, dem Lesen von Zeitungen und Analysen ist grundsätzlich einer der Hauptbestandteile meiner Arbeit. Alle Nachrichten und Informationen fließen in Anlageideen ein. Ich lese daher auch sieben Zeitungen. Dazu gehören die New York Times, Wall Street Journal, Business Investors Daily, Financial Times, Herald Tribune und die FAZ. Natürlich überlappen sich viele Nachrichten und Meldungen in diesen Zeitungen, aber irgend eine neue Anregung ist meistens trotzdem enthalten. Zudem benötige ich viel Hintergrundwissen und Anregungen für meinen Börsenbrief und wenn es nur ein Cartoon ist. In Europa kommen noch das Handelsblatt und die Neue Zürcher Zeitung hinzu. Von den Wochenzeitschriften lese ich Barron's, Economist, Bussiness Week, Time Magazin, Forbes, Fortune und Newsweek. Zu diesen täglichen Zeitungen und den wöchentlichen Magazinen kommen dann noch stapelweise Analysen und Researchberichte der großen Investmentbanken hinzu. Alles zusammen ergibt diese riesigen Berge von Papier in meinem Büro und auf meinem Schreibtisch.

Lesen Sie die Jahresberichte von Aktiengesellschaften?

Wenn es geht, lasse ich die Jahresberichte von meinen Mitarbeitern lesen. Für mich ist ein Jahresbericht, überspitzt formuliert, die gedruckte Lüge, da ein verfälschtes, meist viel zu positives Bild der Realität wiedergegeben wird. Es steht in den seltensten Fällen in einem Jahresbericht, daß der Vorstand des Unternehmens aufgrund der ungünstigen Situation von dem Kauf der eigenen Aktien abrät. Ich bin daher eher skeptisch, ob man aus einem Jahresbericht wesentliche Neuigkeiten herauslesen kann.

Gibt es gewisse Informationen, die Sie bei einem Jahresbericht trotzdem beachten?

In einem allerersten Schritt sollte man verstehen, womit ein Unternehmen sein Geld verdient. Ich bezeichne mich in diesem Zusammenhang immer als "Simpleton". In diesem Prozeß ist es erst einmal wichtig, die Branche und die Produkte eines Unternehmens einzuordnen. Ich investiere sehr stark in den medizinisch-technologischen und den biotechnologischen Bereich. Dabei versuche ich, erst einmal konzeptionell zu erfassen, was ein Unternehmen überhaupt macht. Viele Marktteilnehmer reden über Aktien und deren Gewinne, aber sie wissen zum Teil nicht einmal mehr konkret, welche Produkte das betreffende Unternehmen produziert oder bereitstellt. Um einen Einblick über die zukünftige Produktentwicklung zu bekommen, betrachte ich dann den Forschungs- und Investitionsetat. Die meisten dieser Kennzahlen und Verhältnisse kann man auch bereits aus aufbereiteten Analysen entnehmen. Bei einem Jahresbericht selbst ist aber oft auch die Art der Aufmachung und Gestaltung sehr aufschlußreich. Wie aufwendig ist ein Jahresbericht, wer soll angesprochen werden und was will das Unternehmen damit erreichen.

Gibt es weitere Aspekte, die Sie in einem Jahresbericht sehr kritisch analysieren?

Ich beachte immer die Höhe der Vorstandsgehälter. Besonders in mittleren und kleineren Unternehmen ist es wichtig, daß das Verhältnis von Jahresgewinn und gezahlten Gehältern in einer gesunden Relation steht. In meinem Unternehmen verdient momentan, inklusive des Chefs, niemand über 100.000 Dollar Festgehalt im Jahr. Wenn ein Unternehmen dann gut verdient, ist gegen zusätzliche Bonuszahlungen natürlich nichts einzuwenden. Bei mir partizipiert daher auch die Sekretärin am Gewinn. Auch wenn ich ein starker Verfechter der freien Marktwirtschaft bin, ist meine Firma trotzdem sehr sozial, aber natürlich nicht sozialistisch, organisiert.

Sie kommen aus einer Mediziner-Familie. Resultiert daher Ihre Vorliebe für Aktien aus dem medizinischen und biotechnologischen Bereich?

Aus meiner Familie resultiert eine grundsätzliche Offenheit gegenüber der Medizin. Vor allem sehe ich aber trotz der weltweiten Gesundheitsreformen nach wie vor in diesem Bereich sehr große Chancen in den nächsten Jahren. Gerade wegen der Gesundheitsreformen gibt es ausgesuchte Unternehmen, die ein hervorragendes Steigerungspotential aufweisen. Die breite Masse der Unternehmen wird natürlich Margen- und Gewinnrückgänge zu verzeichnen haben. Es ist bei diesen Unternehmen wie immer an der Börse: Die Aufgabe eines Portfoliomanagers ist, die richtigen Unternehmen aus dieser interessanten Branche herauszufinden.

Können Sie ihre generelle Anlagestrategie erläutern?

Provozierend sage ich immer, meine Strategie ist, daß ich keine Strategie habe.

Ihre Kritiker würden wahrscheinlich bemerken: "Das wundert mich nicht." Ich bin mir aber ziemlich sicher, daß Sie in irgend einer Hinsicht doch eine Strategie haben?

Richtig, mit der Behauptung, daß man keine Strategie hat, erzeugt man zwar ein gewisses Schmunzeln, aber es ist noch kein Mittel für den Erfolg an den Börsen. Ich will damit eigentlich auch nur zum

Ausdruck bringen, daß ich nicht in ein herkömmliches Schema einzuordnen bin. Ich bin generell bei meiner Arbeit und meiner Entscheidungsfindung sehr aufgeschlossen für Unkonventionelles und Neues.

Wo läßt sich Ihre Strategie einordnen?

Ich beschreibe meine Strategie gerne an Hand fünf verschiedener Elemente. Zur Verdeutlichung verwende ich dafür fünf bekannte Persönlichkeiten die für den Erfolg der einzelnen Strategien bekannt sind. Im einzelnen sind das:

1. John Templeton
2. Peter Lynch
3. Warren Buffet
4. Spekulanten wie André Kostolany oder George Soros
5. John Slade

Können Sie konkretisieren, welchen Bereich diese fünf Persönlichkeiten in Ihrer Strategie ausfüllen?

Als erstes nenne ich bewußt den gerade 80 Jahre alt gewordenen **John Templeton**. Er ist sicherlich einer der bekanntesten Fondsmanager Amerikas. Für John Templeton steht die langfristige Überlegenheit der Aktie gegenüber anderen Anlageformen außer Frage. Eine bis 1925 zurückgreifende Analyse zeigt, daß an der Wall Street im Durchschnitt 10 Prozent pro Jahr verdient werden konnten. Dieses Ergebnis setzt sich aus rund 7 Prozent Kursgewinnen und 3 Prozent Dividendenrendite zusammen. Am Rentenmarkt war das Ergebnis in diesem Zeitraum nicht einmal halb so hoch, auch wenn in den letzten 10 Jahren fast ähnliche Resultate wie am Aktienmarkt erzielt wurden. Bei Anleihen vernichten Inflation und Steuern über einen längeren Zeitraum kontinuierlich einen Teil des Kapitals. Die Liquidität, Dividenden und das Steigerungspotential machen dagegen Aktien zu dem bedeutendsten Anlageinstrument. Daneben teile ich besonders Templetons globalen Ansatz und seinen generellen Optimismus. Der Unterschied zwischen Templeton und mir ist neben 30 Jahren Altersunterschied vor allem der einzigartige Erfolg, den er in unserer Branche bereits erreicht hat. Ich bin sehr stolz, daß ich die Gelegenheit hatte, diesen Mann kennenzulernen.

In meiner Generation ist **Peter Lynch** der nächste Baustein meiner Strategie. Er hat durch sehr harte Arbeit und Kreativität einen

Portfolio-Managementstil entwickelt, der ihm zu einzigartigem, kontinuierlichem Erfolg verholfen hat. Der direkte Kontakt zu Unternehmen in bis zu 570 Gesprächen im Jahr ist dabei Peter Lynchs Grundstein zu seinen Erfolgen. Ähnlich wie Peter Lynch versuche ich, mit möglichst vielen Unternehmen persönlich zu sprechen. Ferner ist Lynch wie auch Templeton ein Optimist und großer Fürsprecher der Aktie als einzigem langfristig attraktivem Investment. In sämtlichen Crashs und Krisen war Peter Lynch systematisch auf der Käuferseite zu finden. Für Ihn ist der "nächste Crash" immer eine günstige Kaufgelegenheit in ausgesuchten Aktien. Dabei ist Peter Lynch ein sehr natürlicher und netter Mensch geblieben. Nach der Beendigung seiner hauptberuflichen Portfolio-Managementkarriere hat er sich neben der Tätigkeit als Autor ausschließlich wohltätigen Aufgaben verschrieben.

Während John Templeton und Peter Lynch auch in Europa sehr bekannt sind, ist **Warren Buffet** wahrscheinlich nur einigen Spezialisten ein Begriff. Er zählt heute zu den reichsten Männern Amerikas und hat sich besonders durch seine sehr langfristige Strategie einen Namen gemacht. Unternehmen mit Zukunft, die noch nicht an der Börse notieren oder Unternehmen, die sich kurzfristig in finanziellen Schwierigkeiten befinden, sind das Spezialgebiet von Warren Buffet. Er gibt den Unternehmen finanzielle Unterstützung und sichert sich dafür im Gegenzug auf niedrigem Niveau Aktien der Gesellschaften. Ich verfolge mit einem Anteil von 15 Prozent in meinem Fonds eine ähnliche Strategie. Dabei bin ich besonders auf der Suche nach Unternehmen, die in den Augen anderer Anleger wertlos scheinen und somit sehr preiswert an der Börse notieren. Die Börse reflektiert generell die Meinungen der Allgemeinheit über ein Unternehmen. Ich versuche aber immer, die fundamentalen Daten und Informationen hinter der Bewertung eines Kurses zu erfassen und festzustellen, ob die Aktie in diesem Fall auch richtig bewertet ist. Senetek PLC, die größte Position in meinem Fonds, war 1992 z.B. dem Konkurs sehr nahe. Wenn unser Fonds im Zuge einer Privatplazierung damals nicht für neues Kapital gesorgt hätten, wäre das Unternehmen in Konkurs gegangen. In dieser Situation mußte ich für die Aktie nur einen halben Dollar bezahlen. Der Kurs ist ein Jahr später bereits auf vier Dollar angestiegen. Mein Kursziel für Senetek in den nächsten zwei bis drei Jahren liegt bei circa 15 bis 20 Dollar. Mein Traum wäre natürlich, daß sich Senetek in fünf Jahren auf 50 Dollar erhöht. Damit hätte ich eine Aktie in großem Umfang in meinem Portfolio, die von 0,50 Dollar auf 50 Dollar um das einhundertfache gestiegen wäre. Senetek ist aber auch schon jetzt mit einer Steigerung von 0,5 auf 4 Dollar ein typischer Warren Buffet Deal.

André Kostolany und **George Soros** sind beide sehr spekulativ veranlagt und in ihrer langen und sehr erfolgreichen Karriere kurzfristig oft hohe Risiken eingegangen. Einen Anteil von 10 Prozent des Fondsvermögens verwalte ich unter Zuhilfenahme dieser Strategie sehr kurzfristig orientiert. Zum Teil bewegen sich diese Positionen im Intraday-Bereich. Auch wenn es sich dabei eigentlich um eine sehr unbefriedigende Art des Investierens handelt, da man nur versucht, kurzfristige Kursschwankungen auszugleichen, erwirtschaftete ich damit in den letzten Jahren einen durchschnittlichen Gewinn von 50 Prozent.

John Slade, ein 86jähriger deutscher Jude, der in den 30er Jahren emigrierte, ist trotz seiner atemberaubenden Karriere vom Händlerassistenten zum Ehrenvorsitzenden von Bear Stearns ein schlichter, ehrlicher, großzügiger und liebenswerter Mensch geblieben. Auch in seinem hohen Alter ist John Slade noch vier Tage in der Woche im Büro und schreibt nach wie vor einen der originellsten wöchentlichen Börsenbriefe der Welt. Neben seiner Begeisterungsfähigkeit und hohen Aktivität verfügt er über ein immens wichtiges, weltweites Kontaktnetz. Der Erfolg an den internationalen Börsen eines Portfoliomanager ist sehr abhängig von hervorragenden Informationen und Kontakten.

Sind die genannten Personen auch in gewisser Weise Vorbilder für Sie?

Nein, die genannten Personen sind zwar nicht unbedingt auch immer meine Vorbilder, aber ich schätze sie sehr für den Erfolg in ihrem Fachgebiet. Wenn ich überhaupt konkrete Personen als Leitbilder in meinem Leben habe, dann ist das meine Familie. Für mich bedeuten meine Eltern und eine gewisse Familientradition sehr viel. Auf Deutschlandreisen besuche ich meine Eltern in Goslar mindestens sechsmal im Jahr. Die Aktivität und Einsatzkraft meiner Mutter sowie die philosophische Ruhe und Ausgeglichenheit meines Vaters sind mir noch heute ein großes Vorbild.

Welche fundamentalen Situationen sind ihnen bei Aktien am liebsten?

Turnaroundsituationen versprechen die größten Bewegungen und sind daher am interessantesten.

In Ihre Strategie fließen also sowohl Top-down als auch Bottom-up-Elemente ein?

Genau, ich versuche, so flexibel wie möglich zu sein. Auch wenn ich von Haus aus globaler Anlagestratege bin und daher die Top-down-Analyse bevorzuge, beachte ich zusätzlich die einzelnen Unternehmensdaten und Kennzahlen. Bei der Top-down-Analyse sind für mich vor allem die Entwicklung der wirtschaftlichen und politischen Situation eines Landes sowie die Zinsentwicklung von Bedeutung. Erst danach spielen Gewinne und fundamentale Daten eines einzelnen Unternehmens eine Rolle bei der Beurteilung einer Aktie.

Der Ansatz von Peter Lynch ist auch ein Bestandteil Ihrer Strategie. Versuchen Sie, die Unternehmen wie Lynch ebenfalls aus den Augen der Kunden und Konsumenten zu beurteilen?

Als Fondsmanager sollte man immer mit offenen Augen durchs Leben gehen, alle Informationen aufnehmen und zu verarbeiten versuchen. Ich muß aber auch berücksichtigen, daß simple Erkenntnisse aus Sicht des Verbrauchers und Konsumenten nicht die einzigen beeinflussenden Faktoren des Aktienkurses sind. Ein typisches Beispiel für eine solche Fehlinformation war das Kreditkarten-Unternehmen American Express. Ende 1992 wurde ich auf meinen zahlreichen Auslandsreisen darauf aufmerksam, daß American Express in etlichen guten Hotels, Geschäften und Restaurants nicht mehr akzeptiert wurde. Ich sah darin einen Frühindikator, daß der Marktanteil vielleicht sinken könnte und verkaufte bei 23 Dollar die gesamte Position im American Heritage. Heute steht die Aktie bei 30 Dollar. Die Ertragslage des Unternehmens war zwar kurzzeitig angespannt, hat sich letztendlich aber doch besser als vermutet entwickelt. Die Gefahr bei Informationen von der Verbraucherfront besteht darin, daß der Markt die Meldungen anders interpretiert.

Mit wievielen Unternehmen sprechen Sie pro Jahr?

Ich spreche mit circa 400 Unternehmen pro Jahr. Ein Jahr hat bei mir 250 Arbeitstage. Davon bin ich 40 Prozent, also 100 Tage, auf Geschäftsreisen. In den verbleibenden 150 Tagen spreche ich mit zwei bis drei Unternehmen pro Tag. In den letzten vier Jahren habe ich mich auf diese Weise mit über 1000 Unternehmen persönlich befaßt. Meistens kommt das Management zu mir ins Büro, und wir unterhalten uns mindestens eine Stunde ausführlich über das Branchenumfeld, das Unternehmen und die Produktpolitik. Auch wenn ich mich natürlich nach 800 Unternehmen nicht mehr an jede Einzelheit erinnern kann, so behält man zwangsläufig aus jedem Gespräch einige interessante Informationen. Vor allem kann man nach einiger Zeit hervorragende Zusammenhänge zu anderen Unternehmen, Branchen und Ländern herstellen. Für einen Fondsmanager, der wie ich weltweit investiert, sind solche Informationen lebensnotwendig. Ich kann mir die Isolation nicht leisten und muß daher kontinuierlich soviel Information wie möglich aufnehmen.

Besuchen Sie einige Unternehmen auch vor Ort?

Gerade in dem biologisch- und medizinisch-technologischen Bereich ist es nicht sehr aufschlußreich, die Produktionsanlagen zu besichtigen. Daher kommen diese Firmen meistens zu mir ins Büro. Um nicht einen Tag im Flugzeug und auf der Straße zu verbringen, besuche ich nur ausgesuchte Unternehmen, die in der näheren Umgebung von New York liegen. In besonderen Situationen nehme ich aber auch längere Flüge in Kauf, um mir ein interessantes Unternehmen anzusehen. Mit der Mehrheit der Unternehmen spreche ich jedoch in meinem Büro.

Sie haben Senetek PLC als größte Position in Ihrem Portfolio erwähnt. Entspricht es Ihrer Philosophie, in einem kleinen Spezialwert einen hohen Anteil des Fondsvolumens zu halten?

Wenn das Potential überproportional zum Risiko ist, bin ich bereit, bis zu 10 Prozent des Fondsvermögens in einen einzelnen Wert zu investieren. Die britische Senetek PLC ist ein sehr interessantes Unternehmen. Die Firma stand 1992 kurz vor dem Konkurs. Ich sorgte im Zuge einer privaten Plazierung damals für neues Kapital und bezahlte dafür nur einen halben Dollar pro Aktie. Ende 1993 ist Senetek bereits auf 4 Dollar gestiegen. Senetek ist ein biotechnologisches Unternehmen und vor allem im Bereich der männlichen Impotenz tätig. Auch wenn männliche Impotenz nicht von Haus aus zu meinem Fachgebiet gehört, mußte ich mich vor einem Engagement mit den Produkten, der Zielgruppe und den Anwendungen intensiv beschäftigen. Es wird zwar selten darüber gesprochen und geschrieben, aber es leiden immerhin 10 Prozent der männlichen Bevölkerung unter Potenzproblemen und zählen damit zur Zielgruppe des Unternehmens. Das Produkt von Senetek ist einfach anzuwenden und in diesem Bereich führend. Das Branchenumfeld und die Produkte der Firma schätze ich auch in Zukunft weiter sehr positiv ein. Daneben entwickelt das Unternehmen in Partnerschaft mit Procter & Gamble Co. eine Anti-Falten Creme.

Investieren Sie in Emerging Markets?

Ein Kollege hat mit kürzlich erzählt, daß Botswana momentan der neueste und "heißeste Tip" unter den Emerging Markets sei. Die gesamte Marktkapitalisierung der Börse in Botswana ist aber im internationalen Vergleich verschwindend gering. Viele dieser Emerging Markets sind genau aus diesem Grund für institutionelle Marktteilnehmer und große Kapitalsammelstellen keine Alternative zu den etablierten liquiden Märkten. Als Fondsmanager von im Vergleich zu anderen Fonds bescheidenen 150 Millionen Dollar kann selbst ich nicht in Botswana investieren und man sollte Privatanleger auch nicht auffordern, in diese exotischen Märkte direkt zu investieren. Auf der ganzen Welt gibt es höchstens ein Dutzend verschiedene Anlageländer, die man öffentlich vorstellen und empfehlen kann.

Welche Länder erfüllen in Europa nicht Ihre Kriterien eines etablierten Marktes mit ausreichender Marktkapitalisierung und Liquidität?

Ohne meine österreichischen Freunde verletzen zu wollen, habe ich früher immer überspitzt behauptet, wenn man an der Börse in Wien mit einem 1.000 Mark Schein demonstrativ vorbeigeht, entsteht eine Hausse, und wenn man den Tausender später wieder wegsteckt, dann gibt es eine Baisse. Die gesamte österreichische Börse hat eine Marktkapitalisierung von circa 30 Milliarden DM. Einige Leute werden jetzt sagen, daß 30 Milliarden doch eine ganze Menge sind, aber die Marktkapitalisierung des ganzen österreichischen Marktes entspricht damit gerade einmal der Allianz-Aktie in Deutschland. Österreichische Anleger sollten ungeachtet dieser im internationalen Vergleich geringen Marktkapitalisierung natürlich trotzdem einen großen Anteil Ihres Portfolios in österreichische Aktien investieren. Für ausländische Anleger spielt der österreichische Markt aber nach wie vor eine untergeordnete Rolle. International gibt es einzelne Fonds, die ein höheres Fondsvolumen haben als die gesamte Marktkapitalisierung der österreichischen Börse. Besonders bei diesen klei-

neren Märkten muß man meines Erachtens zwischen Spezialsituationen
unterscheiden, die man kurzfristig wahrnehmen kann, und einer globalen Strategie, für die man öffentlich eine Empfehlung abgibt.

Wie behandeln Sie Verluste in Ihrem Portfolio?

Es gibt gerade bei Analysten, Anlagestrategen und Beratern viele
Kollegen, bei denen man das Gefühl hat, daß sie in ihrem ganzen
Börsenleben nur Recht hatten und immer hohe Gewinne erzielten.
Nach dem Motto "langfristig steigt jede Aktie" werden Positionen bei
schlechter kurzfristiger Performance im Zweifelsfall einfach zu lang-
fristig strategischen Positionen umgewandelt. Es ist eine Eigenart
unserer Gesellschaft und insbesondere der Branche, immer nur über
Gewinne zu reden, aber jeder hat verlustreiche Positionen in seinem
Portfolio. Ich rede neben Gewinnen daher auch gerne über meine
Verluste, weil man von jedem Verlust etwas lernen kann. Als Fondsmanager kann man sich generell nicht so leicht selbst betrügen wie
ein globaler Stratege oder Analyst, da die Ergebnisse nach jedem
Börsentag veröffentlicht werden und somit ein genauer Maßstab der
Performance sind. Ich kann von mir nicht behaupten, daß ich immer
nur Gewinne mit meinen Empfehlungen und Positionen erzielen konnte.
Der prozentuale Anteil meiner Verluste ist sogar wesentlich höher als
der Anteil meiner Gewinne, aber die Performance meiner Gewinner
war immer weitaus größer als die Verluste meiner Verlierer. Daher
konnte ich per Saldo in meinem Fonds durchschnittlich 49 Prozent
Gewinn in den letzten drei Kalenderjahren erzielen.

Wie viele Einzelpositionen haben Sie in Ihrem Fonds?

Ich habe 200 verschiedene Aktien in meinem Fonds. Wenn ich eine
Aktie intensiver verfolgen will und ein gewisses Interesse an der
Gesellschaft habe, beginne ich, mit sehr geringen Stückzahlen zu
kaufen. Da ich kein Trockenschwimmer bin, bekomme ich ein besseres Gefühl für eine Aktie, wenn ich ein paar Stücke im Portfolio habe.
Wie überall ist die Theorie gut, aber die praktische Erfahrung ist oft
besser. Bei meinem derzeitigen Fondsvolumen von 150 Millionen
Dollar habe ich daher etliche kleine Positionen von 50.000 Dollar,
die ich nur aus dem Grund gekauft habe, um sie besser zu beobachten. Von Bedeutung für die Performance sind allerdings nur circa 60
Werte meines Portfolios.

Haben Sie ein bestimmtes Szenario für den nächsten Crash?

Natürlich wird es irgendwann einen nächsten Crash an den Aktienmärkten geben. Wir hatten in diesem Jahrhundert aber nur zweimal einen richtigen Crash. 1929 und 1987 hatten wir im Abstand von 58 Jahren, ausgehend von der Wall Street, zweimal weltweit einbrechende Aktienkurse. In beiden Situationen ist aus gewissen Exzessen in Wirtschaft und Politik die seltene Konstellation eines Crashs entstanden. Die Angst, die heute von manchen Gurus vor einem neuen Crash verbreitet wird, ist aber völlig unbegründet. Wenn man 1987 einen Tag vor dem Crash, also am Freitag, den 16. Oktober, Aktien gekauft hätte und damit im nachhinein zu einem denkbar ungünstigen Zeitpunkt eingestiegen wäre, hätte man heute einen sehr ansehnlichen Gewinn. Wenn wir davon ausgehen, daß jemand seine Ersparnisse, die er nicht zum Leben benötigt, damals investiert hat, beläuft sich sein Gewinn aus Dividenden und Kurssteigerungen an der Wall Street bis Ende 1993 auf 80 Prozent. Bei ursprünglich investierten 100.000 Dollar ist der Wert des Aktienportfolios auf immerhin 180.000 Dollar gestiegen, wovon sogar 60.000 Dollar steuerfrei sind. Bei den aktuellen Steuersätzen müßte ein Spitzenverdiener fast 25 Prozent an kurzfristigen Zinsen erhalten, um dieses Ergebnis der Aktien erreichen zu können. Oft wird also durch die Heraufbeschwörung eines neuen Crashs unnötig Angst verbreitet.

Auf DM-Basis und bei einzelnen Aktien können die Resultate aber erheblich schwanken?

Selbst auf DM-Basis schrumpften die Gewinne in diesem Zeitraum nur geringfügig, da sich der Dollar, trotz starker Fluktuationen, seitdem kaum verändert hat. Vier der heutigen 30 Dow Jones Werte - Chevron, Disney, Coca Cola und Texaco - legten sogar das Drei- bis Vierfache zu. Lediglich zwei Werte - IBM und Westinghouse - schlossen im Minus, wobei der Computerriese IBM mit 50 Prozent Verlust das absolute Schlußlicht darstellt.

Ähnlich wie für Peter Lynch sind für Sie Crashtage also Kauftage?

Richtig, dabei sind aber nicht nur Crashsituationen interessante Gelegenheiten. Wer generell nach dem Motto handelt: "Kursschwache Tage sind Kauftage", kann kontinuierlich günstige Positionen aufbauen. Nur Anleger, die ewig auf die Pessimisten hören und sich zum

Nichtstun entschließen, werden aus langfristiger Sicht die eigentlichen Verlierer sein. Denn Zuschauer gewinnen bekanntlich nie.

Neben den beiden großen Crashs 1929 und 1987 hatten wir an den Märkten aber auch noch etliche kleinere Crashs und Krisen.

Ich gehe sogar soweit, daß ich die provozierende Frage stelle, ob 1987 überhaupt ein Crash war. Der Crash 1987 war von sehr kurzer Dauer und die Notenbanken regulierten durch eine Lockerung der Zinspolitik sehr schnell die drohenden Gefahren für die Wirtschaft und die Finanzmärkte. 1929 waren die Auswirkungen dagegen wesentlich weitreichender. Der Markt erreichte damals ähnlich wie 1987 im August ein Hoch und glitt bis zum Oktober bereits langsam ab. Am Montag und Dienstag, dem 28. und 29. Oktober, ereignete sich dann der eigentliche Crash. Danach verlor der Markt jedoch bis Mitte 1932, ausgehend vom Hoch im August 1929 atemberaubende 90 Prozent. Im Vergleich zu den Entwicklungen im Jahr 1929 bis 1932 können wir 1987 gar nicht von einem Crash sprechen. Meines Erachtens besteht heute durch die enge internationale Zusammenarbeit der Regierungen und Notenbanken nicht mehr die Gefahr eines Szenarios, wie wir es in den Folgejahren des Crashs 1929 erlebt haben.

Sie sehen aktuell also nicht die Gefahr eines größeren Rückschlags?

Szenarien dieser Art kann man nicht voraussagen, denn aus extremen Situationen wie 1929 und 1987 muß nicht automatisch in Zukunft ebenfalls ein Crash entstehen. Selbst wenn wir also annähernd extreme Situationen im politischen und wirtschaftlichen Umfeld erhalten, ist nicht gesagt, daß sie zu einem Crash führen. Ähnlich wie beim Autofahren muß überhöhte Geschwindigkeit oder unverantwortliches Fahren auch an der Börse nicht immer gleich zu einem Unfall führen. Wenn ich davon ausgehe und überzeugt bin, daß die Börse langfristig betrachtet steigt, sind alle größeren und kleineren Rückschläge günstige Kaufgelegenheiten.

Beachten Sie neben Ihrem fundamentalen Ansatz auch Charts?

Charts vereinfachen die Analyse, führen aber leider oft zu falschen Aussagen. Viele Marktteilnehmer beachten heutzutage Charts, da es sich dabei um eine vermeintlich einfache Technik handelt, um an der

Börse Entscheidungen zu treffen. Mit der Betrachtung eines Charts kann ich Ihnen meisten aus dem Stegreif einen oberflächlichen Drei-Minuten-Vortrag über das betreffende Unternehmen halten. Solange möglichst viele Investoren Charts beachten und danach handeln, geht auch eine gewisse Aussagekraft von einem Chartbild aus. Auch wenn ich einen Chart betrachte, so sind die fundamentalen Daten und Nachrichten für mich von größerer Bedeutung. Im kurzfristigen Intraday-Handel spielen aber natürlich auch für mich Charts eine wichtige Rolle.

Was beachten Sie bei der Asset Allocation Ihres Fondsvermögens?

Meine Asset Allocation besteht aus vier Segmenten. 15 Prozent des Fondsvermögens investiere ich in aussichtsreiche Privatplazierungen. In diesem Bereich erwirtschaftete der Fonds in den letzten Jahren p.a. 100 Prozent Gewinn. Bei einem Anteil von 15 Prozent bedeutet das immerhin einen Gewinn von 15 Prozent auf das ganze Fondsvermögen.

10 Prozent des Fondsvermögens handle ich sehr aktiv und kurzfristig im Intraday-Bereich. Mit diesem Anteil habe ich in den letzten Jahren p.a. durchschnittlich 50 Prozent Gewinn erzielt. Umgerechnet auf das gesamte Fondsvolumen ergibt das zusätzliche 5 Prozent und zu den 15 Prozent der privaten Plazierungen bereits 20 Prozent in der Summe. Bedingt durch dieses aktive Handeln mit 10 Prozent des Fondsvermögens erklärt sich auch der relativ hohe Handelsumsatz von 300 Prozent meines gesamten Fondsvermögens.

Um mögliche Mittelrückflüsse auszahlen zu können und interessante Gelegenheiten in ausgesuchten Aktien wahrnehmen zu können, halte ich oft bis zu 15 Prozent Kasse.

Die restlichen 60 Prozent investiere ich weltweit, mit einem Schwerpunkt in Amerika, in Wachstumswerte aus dem biotechnologischen und medizinischen Bereich sowie in Standardwerten. Getreu dem Grundsatz, daß die größten Unternehmen nie Pleite gehen, halte ich in meinem Portfolio immer einen beträchtlichen Anteil an Standardwerten. Im Dow Jones gehören dabei IBM, Merck, Philip Morris, Woolworth, Boing und Westinghouse zu meinen Favoriten.

Was gefällt Ihnen an den sehr kontrovers eingeschätzten Standardwerten IBM und Philip Morris?

Philip Morris und IBM sind konzeptionell sehr interessant. Philip Morris hat die höchste Rendite aller Dow-Werte und trotz der Dis-

kussion um Markenartikel auch in Zukunft weiterhin gute Gewinnaussichten. Selbst wenn sich in den nächsten Jahren die Margen für
Markenartikel leicht reduzieren, wird Philip Morris auch in Zukunft
beträchtliche Gewinne erzielen.

Bei IBM ist der Management-Wechsel mit Louis Gerstner der
Schlüssel zu einer nachhaltigen Ertragsverbesserung. Das Management ist über 50 Jahre alt und nach einem erfüllten Berufsleben
finanziell ausreichend abgesichert. IBM bedeutet für sie aber die
letzte Chance, sich in ihrem Berufsleben mit der Sanierung des
Dinosauriers IBM einen nahezu unsterblichen Namen, ähnlich wie
Lee Iacoca mit Chrysler, zu manifestieren. IBM ist seit August 1987
von 176 Dollar auf einen Tiefstkurs von 41 Dollar, um 75 Prozent
gefallen. 1997 steht IBM meiner Meinung nach bei 100 Dollar.

Sie setzen schwerpunktmäßig auf Nebenwerte. Warum?

Ursprünglich wollte ich eigentlich einen höheren Anteil an Standardwerten halten. Meiner Meinung nach haben aber ausgesuchte Nebenwerte in den nächsten Jahren ein höheres Potential als Standardwerte.
Zudem ist die Qualität und der Einfluß meiner persönlichen Analyse
bei Nebenwerten ausschlaggebender. Die großen Standardwerte werden von einer Schar von Analysten der großen Broker und Investmentbanken fast auf täglicher Basis neu analysiert und beobachtet. Dagegen werden kleinere Werte selbst an der Wall Street immer noch
vernachlässigt. Es gibt darüber hinaus Statistiken, die belegen, daß
kleinere Unternehmen unter einem demokratischen Präsidenten, wie
wir ihn in Amerika mit Bill Clinton gerade haben, besser abschneiden
als große Unternehmen. Das politische Umfeld bei der Regierung
eines demokratischen Präsidenten ist für große Unternehmen, bedingt
durch Steuererhöhungen und andere Abgaben, nachteiliger. Kleinere
Unternehmen in abgegrenzten Nischen werden dagegen von finanziellen
Unterstützungen, Staatsaufträgen und Gesetzesänderungen profitieren.

Operieren Sie mit Stop-Loss-Limits bei Ihren Positionen?

Ich rate allen Privatanlegern dazu, mit strikten Stopkursen zu operieren und ich benütze sie auch in meinem Fonds. Dabei ist mir besonders wichtig, daß eine Position mit Gewinn nicht wieder in einen
Verlust zurückfällt. Ich hebe meine Stopkurse aus diesem Grund mit
den Gewinnen an. Wenn eine Aktie von 20 Dollar auf 30 Dollar
ansteigt, setze ich beispielsweise bei 27 Dollar einen Stopkurs.

Beachten Sie auch bei verlustreichen Positionen gewisse Stopkurse?

Nach 10 Prozent Verlust einer Position analysiere ich den Wert noch einmal sehr genau und überdenke somit meine ursprüngliche Entscheidung. Wenn sich herausstellt, daß die fundamentalen Daten sich nicht verändert haben und die Aktie durch den 10prozentigen Kursrückgang sogar noch attraktiver geworden ist, kaufe ich nach. Mit den Nachkäufen warte ich aber, bis die Aktie mindestens um 10 Prozent gesunken ist.

Wie hoch ist der Anteil, den Sie maximal in einen Wert investieren?

10 Prozent. Diese Obergrenze von 10 Prozent ist im Vergleich zu anderen Fonds sehr aggressiv. Im Zuge eines weiter steigenden Gesamtvolumens werde ich den maximalen Prozentsatz auch ein bißchen reduzieren. In hochspekulativen Werten investiere ich immer nur soviel, daß ich auch einen Totalverlust ohne weiteres verkraften kann.

Michael Keppler
Keppler Asset Management
"Wer am wenigsten verliert, der wird am meisten gewinnen."

Keppler Asset Management ist eine bei der SEC registrierte Vermögensverwaltungs- und Beratungsgesellschaft in New York, die vorwiegend international orientierte institutionelle Anleger betreut. Das Ziel der Gesellschaft ist es, mit integrierten Portfolio-Strategien, die auf computergestützten Methoden zur Asset Allocation sowie zur Länder-, Branchen- und Aktienauswahl basieren, Marktineffizienzen zu nutzen und überdurchschnittliche Erträge zu erzielen. Keppler Asset Management ist Berater der State Street Bank Trust Co. in Boston, der mit 1,6 Billionen US-Dollar größten Depotverwahrungsgesellschaft der Welt. Michael Keppler ist neben seiner Funktion als Präsident der Keppler Asset Management u.a. auch stellvertretender Vorsitzender des Anlagebeirats der Graf Lambsdorff Vermögensverwaltung AG in St. Gallen und sitzt im Verwaltungsrat des in Luxemburg registrierten internationalen Aktienfonds Global Advantage Funds der State Street Bank & Trust Company.

Nach Abschluß des Studiums der Wirtschaftswissenschaften an der Universität Regensburg und diversen Bankpraktika im In- und Ausland war Keppler ab 1980 für eine deutsche Großbank in verschiedenen Bereichen des Wertpapiergeschäfts in Frankfurt und New York tätig. Zwischen 1983 und 1985 absolvierte er eine Sonderausbildung bei führenden New Yorker Investmentbanken wie Morgan Stanley und Donaldson, Lufkin & Jenrette. Von 1987 bis 1992 leitete er die Abteilungen Globale Anlagestrategie, Vermögensverwaltung und Institutionelle Anlageberatung einer New Yorker Investmentbank als First Vice President.

Kepplers Büro in bester Lage am Central Park ist aufgrund seines sehr quantitativen und entsprechend rechenaufwendigen Ansatzes mit Spitzenakademikern von Buenos Aires bis Shanghai besetzt. Es herrscht eine sehr unkomplizierte, natürliche Atmosphäre und unter den in Jeans und Norwegerpullovern am Computer sitzenden Analysten sucht man vergeblich nach den normalerweise obligatorischen italienischen Maßhemden, exklusiven französischen Hermes-Krawat-

ten, teueren Nadelstreifen-Anzügen und englischen Pferde-
lederschuhen. Das hier erkennbare Arbeitsumfeld mit unzähligen
Computern, Servern und Daten ist eine sehr deutlich zu erkennende
Tendenz unter den führenden Portfoliomanagern. Die entscheidenden
Risikopositionen werden mehr und mehr von dieser neuen Generation
von Marktteilnehmern bestimmt. Die gutgekleideten Wall Street Broker im Stil der 80er Jahre dürfen gerade noch die Produkte dieser
"Quants" verkaufen, handeln und mit einigen Kunden in sündhaft
teueren Sterne-Restaurants die Spesenkonten belasten. Die maßgeb-
lichen Entscheidungen über große Risiko- und Arbitragepositionen
werden aber in Zukunft mehr und mehr von der hier beschriebenen
neuen Generation der quantitativen Marktteilnehmer bestimmt werden.

Wann hatten Sie die ersten Kontakte zu den Finanzmärkten?

Nach einer Gärtnerlehre Ende der 60er Jahre war ich vier Jahre beim
Marinemusikcorps der Bundeswehr mit einem Schwerpunkt in den
Instrumenten Klavier und Tuba. In dieser Zeit wollte ich eigentlich
Kapellmeister werden. Ich erkannte aber ziemlich schnell, daß in der
Kunst ein gewisses Können allein nicht ausreicht. Um auf dem Gebiet
der Kunst wirklich etwas Außergewöhnliches zu erreichen, muß man
heutzutage ein Genie sein. Nach vier Jahren bei der Bundeswehr ging
ich nach Regensburg zum Studieren. Dort spekulierte ich mit Kom-
militonen in einem Terminclub aktiv an den internationalen Terminmärkten in Futures und Options. Anfang der 70er Jahre gab es
aufgrund der aufflammenden Inflation große Bewegungen an den
Warenterminmärkten. In dieser Zeit hatte ich meine ersten Engagements an den Finanzmärkten.

**In welchem Bereich war Ihre erste Beschäftigung nach dem
Studium?**

Nach einigen Praktika im Ausland war für mich mein späterer Be-
rufsweg mehr oder weniger vorgezeichnet. 1980 ging ich nach Beendigung meines Studiums als Analyst des Bereichs Rohstoffanlagen
und Edelmetalle in die Zentrale zur Commerzbank nach Frankfurt.
Ende der 70er und Anfang der 80er Jahre herrschten sehr heftige
Kursbewegungen an den internationalen Rohstoffmärkten. Ich kann

mich an eine australische Ölschieferaktie erinnern, die von 0,35 Dollar auf 15 Dollar angestiegen ist. Ohne großes Hintergrundwissen war in der wilden Spekulation der Rohstoffmärkte sehr viel Geld zu verdienen. Da ich schon damals den Eindruck hatte, daß die Analyse-instrumente und das spezielle Know-how in Deutschland nur sehr unzureichend entwickelt waren, hatte ich den Wunsch, mein Wissen in Amerika zu vervollständigen.

Hat Deutschland im Vergleich zu England und Amerika im Bereich der Finanzmärkte und der Finanzdienstleistungsindustrie immer noch einen hohen Nachholbedarf?

Da ich seit Jahren nicht mehr in Deutschland arbeite, kann ich nicht beurteilen, ob dieses Defizit heute noch im gleichen Ausmaß besteht. Die Deutschen sind zwar in der industriellen Produktion, wie z.B. der Automobilindustrie und dem Maschinenbau führend in der Welt, aber sie haben wenig Erfahrung in dem Verwalten von Wertpapier-vermögen. Die Angelsachsen sind in diesen Bereichen jedoch wesent-lich ausgebildeter und fortschrittlicher.

Wo liegen die Gründe für diese Entwicklung?

Die Deutschen haben in diesem Jahrhundert zwei Weltkriege verloren und zwei Geldvernichtungen 1923 und 1948 hinter sich. In den folgenden Aufbauphasen wurde durch die Produktionsleistung und Produktivität schnell wieder ein hoher Standard erreicht, aber die Verwaltung der erreichten Vermögen wurde vernachlässigt. Momen-tan haben die Deutschen, das erste Mal in diesem Jahrhundert, durch eigene Arbeit oder in der Generation der Erben ein sehr hohes Geld-vermögen aufgebaut.

Wie ging Ihre Karriere bei der Commerzbank weiter?

Im Anschluß an Frankfurt bin ich, zwei Jahre lang unter fortlaufen-der Bezahlung der Commerzbank, ins Ausland zu renommierten Partnern geschickt worden. Dabei genoß ich bei Morgan Stanley unter Barton Biggs ein hervorragendes Ausbildungsprogramm. In dieser Zeit vollzog sich gerade der erste massive Einzug von Compu-tern in die Handelsräume. Ich konnte somit sehr früh meine Erfahrun-gen mit dem computergestützten "Baskethandel" machen. Der "Baskethandel" wurde damals noch mit der Hilfe von linearer Pro-

grammierung durchgeführt. Dabei wurden z.B. die Wegzeiten von
dem Morgan Stanley Parketthändler zu dem jeweiligen Spezialisten
der einzelnen Aktien auf dem Börsenparkett minimiert. Wenn die
Wegzeit und Entfernung zu dem IBM-Spezialisten kürzer war als die
zu Digital Equipment, kam die IBM-Aktie in den Basket.

**Wie erfolgreich waren die Engagements an den Finanzmärkten zu
Beginn Ihrer Karriere?**

1982 finanzierte ich den Kauf eines englischen Sportwagen, eines
Morgan V 8, mit der Spekulation in einer Goldminenaktie, die von 4
Dollar auf 50 Dollar angestiegen ist. Solche Bewegungen waren in
der wilden Spekulation an den Rohstoffmärkten keine Seltenheit. Mir
war aber damals bereits bewußt, daß die Instrumente des Risiko-
Managements allgemein vernachlässigt wurden. Neben den hohen
Gewinnen für den Autokauf kann ich mich auch erinnern, daß mein
privates Portfolio in einem Rückgang des Dow-Jones-Index von nur
10 Prozent über 50 Prozent verlor.

**Welche Konsequenzen zogen Sie aus den Bewegungen Ihres
Portfolios?**

Ich erarbeitete mir damals die Basis meiner heutigen Risiko-Manage-
ment-Instrumente. Für mich bedeutet Risikominimierung und
Diversifizierung heute automatisch auch Wertzuwachsmaximierung
und ist damit der wichtigste Schlüssel zum Erfolg. Aus der Portfolio-
Selection-Theorie kennt man eigentlich genau das Gegenteil, d.h.
wenn man einen höheren Ertrag erzielen will, muß man auch ein
höheres Risiko eingehen. In der Praxis hat sich aber bestätigt, daß die
Aktien mit dem niedrigsten Risiko auch den höchsten Ertrag haben.
Zwei Regeln des bekannten Investors Warren Buffet, der mich sehr
prägte, lauten:

1. Verlieren Sie nie Geld.
2. Vergessen Sie nie Regel 1.

Auch wenn diese Regeln vielleicht banal klingen, sind sie sehr wertvoll.

**Entsprechen diese Regeln Ihrer Grundphilosophie an den Finanz-
märkten?**

Die zunehmende Beachtung des Risiko-Managements ist im Laufe meiner Karriere, mit zunehmender Erfahrung, sicherlich ein wichtiger Bestandteil meiner Anlagephilosophie geworden. Ich unterscheide mich heute in meiner Auffassung maßgeblich von den Lehrmeinungen der modernen Portfolio-Theorie. Als 1990, für ihre Portfolio-Theorie der Nobelpreis an Markowitz und Sharpe verliehen wurde, veröffentlichte ich, ohne eine Konfrontation mit den führenden Theoretikern zu suchen, einige kritische Artikel zu diesem Thema. Ich wollte vor allem auf die Begrenztheit der Portfolio-Theorie hinweisen, da sie zwar für Spezialfälle zutrifft, ich sie aber nicht als generelle Theorie bezeichnen würde.

Können Sie genauer erläutern, warum Sie die Portfolio-Theorie nur als Spezialfall für tauglich halten?

Die Portfolio-Theorie setzt eine Normalverteilung von Erträgen voraus. An dem Beispiel der männlichen Körpergröße erklärt, bedeutet Normalverteilung, daß neben einer Anhäufung bei 1,72 Metern als der am häufigsten auftretenden Körpergröße bei Männern immer weniger Männer sowohl größer als auch kleiner sind. Es sind demnach weniger Männer 1,90 Meter groß, noch weniger 2 Meter und die Männer über 2,40 Meter kann man weltweit wahrscheinlich an einer Hand abzählen. In die andere Richtung, zu den kleinen Männern, ist die Verteilung ähnlich und die Anzahl nimmt zu den allerkleinsten hin immer mehr ab. Die Streuung um den Mittelwert bei einer Körpergröße von 1,72 Meter ist normalverteilt und auch symmetrisch. Diese Normalverteilung haben die Portfolio-Theoretiker bei der langfristigen Entwicklung der Aktienkursen unterstellt. In Wirklichkeit entsprechen die Verteilungen sämtlicher Vermögensklassen aber auf keinen Fall einer Normalverteilung. Auf die Körpergröße übertragen erhalten wir durch die Kursbewegungen an den Aktien- und Rentenmärkten statistische Ausreißer, die einer Körpergröße von z.B. 3,50 Meter oder von 30 Zentimetern entsprechen.

Von welchen Verteilungen der Erträge gehen Sie aus?

Ich bestimme die Verteilungen der einzelnen Vermögensklassen durch empirische Untersuchungen.

In welchen anderen Punkten kritisieren Sie die moderne Portfolio-Theorie?

Selbst eine stillstehende Uhr gibt zweimal am Tag die richtige Zeit
an. Das heißt aber noch lange nicht, daß eine stillstehende Uhr immer
die richtige Zeit anzeigt. Ähnlich ist der Sachverhalt bei der modernen Portfolio-Theorie. Die Aussagen stimmen nur dann, wenn tatsächlich eine Normalverteilung der Erträge gegeben ist oder die
Abweichungen vernachlässigbar sind. Da dies an den Finanzmärkten
aber nur sehr selten der Fall ist, bezeichne ich die moderne Portfolio-
Theorie nur als Spezialfall. Fragt man einen Anleger, welches Risiko
er eingeht, wenn er eine Aktie kauft, lautet die Antwort wahrscheinlich: "Das Risiko, damit Geld zu verlieren." In der modernen Portfolio-Theorie wird Risiko jedoch nicht als Verlust, sondern als Volatilität definiert - als Ausmaß der Ertragsschwankungen um den Durchschnittswert. Je größer die Standardabweichung, das statistische
Maß für die absolute Volatilität, bzw. der Betafaktor, der die Volatilität einer Aktie in Relation zum Gesamtmarkt angibt, desto größer
ist nach dieser Theorie das Risiko. In einem steigenden Markt bedeutet hohe Volatilität jedoch hohe Gewinnchancen. Volatilität ist also
ein zweischneidiges Schwert und kein Maß für das, was der Börsen-
praktiker intuitiv als Risiko empfindet.

**Für Sie bedeutet also Volatilität nicht gleich Risiko! Können Sie
anhand eines Beispiels erklären, warum es problematisch sein
kann, die Volatilität als alleinigen Risikomaßstab zu verwenden?**

Wie fragwürdig es ist, Risiko mit Volatilität gleichzusetzen, läßt sich
am besten an einem hypothetischen Beispiel demonstrieren: Angenommen, eine Aktie steigt in einem Monat um 10 Prozent, im nächsten Monat um 5 Prozent und im darauffolgenden Monat um 15
Prozent. Ein Investment in dieser Aktie wäre auf Basis der Standardabweichung der monatlichen Erträge als riskanter einzustufen als
eine Aktie, die in jedem Monat kontinuierlich um 15 Prozent fällt.
Während der Besitzer des riskanten Titels 32,8 Prozent verdient,
verliert der Anleger im zweiten Papier im gleichen Zeitraum 38,6
Prozent seines Kapitals; er kann sich jedoch damit trösten, daß dieser
Verlust vollkommen risikolos zustande kam, denn die Standardabweichung ist in seinem Fall Null.

**Was entstehen für Konsequenzen, wenn das Risiko nicht durch
die Volatilität auszudrücken ist?**

Wenn Risiko nicht gleich Volatilität ist, dann müssen auch die

Portfolio-Strategien, die auf dieser unzulänglichen Risikodefinition beruhen, in Zweifel gezogen werden. Im Rahmen der von Harry Markowitz entwickelten Portfolio-Selection-Theorie und des auf der Theorie des Kapitalmarktgleichgewichts beruhenden Capital-Asset-Pricing-Modells seines Schülers William Sharpe wird - wie bereits erwähnt - eine positive Beziehung zwischen der Rendite und dem als Volatilität definierten Risiko unterstellt. Es wird also angenommen, daß eine höhere Renditeerwartung mit steigendem Risiko erkauft werden muß, bzw. das Anlagerisiko verringert werden kann, wenn der Anleger bereit ist, seine Ertragserwartung entsprechend zu reduzieren. Ausgehend von dieser Annahme werden mit Hilfe komplizierter mathematischer Modelle unter Zugrundelegung von Ertrags- und Risikoschätzungen sogenannte optimale Portefeuilles zusammengestellt - mit dem Ziel, den Ertrag bei einem bestimmten vorgegebenen Risikoniveau zu maximieren, bzw. das Risiko bei einer vorgegebenen Ertragserwartung zu minimieren.

Sie hätten den Herren Markowitz und Sharpe für ihre Erkenntnisse demnach nicht den Nobelpreis verliehen?

Die unbestreitbaren Verdienste, die sich Markowitz und Sharpe durch ihre Pionierarbeit auf dem Gebiet der Kapitalmarkttheorie erworben haben, sollten nicht darüber hinwegtäuschen, daß ihr Modell in der Kapitalanlagepraxis nur von beschränktem Nutzen ist und seine Anwendung - wie amerikanische Kritiker anmerken - nicht selten zu unzufriedenen Kunden führt. Der in den USA heute bereits legendäre Investor Warren Buffet nahm kein Blatt vor den Mund, als er die moderne Portfolio-Theorie vor kurzem in einer Gastvorlesung an der juristischen Fakultät der Stanford University mit dem Titel "Was jeder Anwalt über die Wirtschaft wissen sollte" als "völlig unsinnig" bezeichnete.

Mit welcher Strategie erzielte Warren Buffet seine Erfolge?

Amerikas erfolgreichster Investor, der seine Karriere als Zeitungsjunge begann und als elfjähriger seine erste Aktie erwarb, nimmt heute in der kürzlich von der Zeitschrift Forbes veröffentlichten Liste der 400 reichsten Amerikaner den ersten Rang ein. Sein auf rund 8 Milliarden Dollar geschätztes Vermögen erwarb er ausschließlich durch geduldiges "value investing", d.h. durch den Kauf unterbewerteter Aktien solide geführter Gesellschaften, vorzugsweise solcher, die dank des Bekanntheitsgrades ihrer Markennamen oder anderer Faktoren einzigartige Wettbewerbsvorteile genießen und im Hinblick auf die Kombination dieser Vorteile langfristig überdurchschnittliche Ertragschancen aufweisen.

Gibt es Zahlen über die Performance von Warren Buffet?

Durch diese Strategie mit langfristiger Perspektive verdreißigfachte er innerhalb von 13 Jahren das Kapital seiner 1956 gegründeten Buffet Partnership, Ltd.. Auch nach deren Auflösung im Jahr 1969 und der Umfunktionierung der 1965 erworbenen Textilgesellschaft Berkshire Hathaway in eine Investment-Holding schaffte er es, regelmäßig deutlich über dem Marktdurchschnitt liegende Anlageerträge zu erzielen. Wer im Jahr 1956 10.000 Dollar in Buffet Partnership, Ltd. investierte und den Erlös 1969 in Berkshire Hathaway-Aktien angelegt hätte, besäße heute nach Abzug aller Spesen und Verwaltungsgebühren ein Aktienvermögen in Höhe von mehr als 60 Millionen Dollar. Mit dieser spektakulären Performance führte der bescheiden gebliebene Milliardär aus Omaha, Nebraska, der kein Verlangen verspürt, sein vor Jahren für 32.000 Dollar erworbenes Haus gegen eine Villa in Beverly Hills zu tauschen, die der modernen Portfolio-Theorie zugrundeliegende These von der Kapitalmarkteffizienz ad absurdum.

Gibt es konkrete Beispiele für Marktsituationen in denen die moderne Portfolio-Theorie versagte?

Die Anziehungskraft der modernen Portfolio-Theorie scheint trotz der Fragwürdigkeit einiger ihrer grundlegenden Annahmen - insbesondere in der europäischen Investment-Szene - ungebrochen, obwohl es bisher keiner ihrer Erfinder geschafft hat, in die Forbes 400-Liste aufgenommen zu werden. Selbst als niemand anderer als der Vater des Capital-Asset-Pricing-Modells, William Sharpe, die Effizienzthese unter dem Eindruck des Börsenkrachs vom Oktober 1987 ernsthaft in Frage stellte, war dies für die Anhänger der modernen Portfolio-Theorie offenbar kein Anlaß, ihre Ertragsmaximierungs- bzw. Risikovermeidungsstrategien neu zu überdenken. Dies führte dazu, daß in den Portfolios vieler Anhänger der modernen Portfolio-Theorie der japanische Aktienmarkt Anfang 1990 übergewichtet war. Die Begründung lag auf der Hand: Japanische Aktien wiesen im Durchschnitt der vergangenen fünf Jahre eine im Vergleich zu den meisten Aktienmärkten sehr niedrige Volatilität und damit aus ihrer Sicht ein niedriges Risiko auf, und die Ertragsprognosen waren zu Jahresbeginn 1990 durchaus günstig. Der Optimismus war leider nicht berechtigt.

Denn es erfolgte der Einbruch des japanischen Aktienmarktes!

Der japanische Aktienmarkt fiel (gemessen am MSCI-Japan-Index) in den ersten neun Monaten 1990 mit knapp 47 Prozent stärker als jeder andere Aktienmarkt, der im MSCI-Weltaktienindex enthalten ist. Der niederländische Aktienmarkt beispielsweise, der mit 5,2 Prozent die gleiche Standardabweichung wie der japanische Markt aufwies, verzeichnete im gleichen Zeitraum einen Kursrückgang von nur 17,2 Prozent und der australische Aktienmarkt, der Ende 1989 eine Standardabweichung von 7,4 Prozent aufwies, fiel nur um 13,7 Prozent. Der japanische Aktienmarkt war - ungeachtet der niedrigen durchschnittlichen Standardabweichungen der Erträge in den vorangegangenen fünf Jahren - Anfang des Jahres 1990 riskant, weil er absolut, im historischen Vergleich, sowie in Relation zum Weltindex extrem überbewertet war. Falls - wie in der modernen Portfolio-Theorie postuliert - eine positive Beziehung zwischen Ertragserwartung und Risiko (sprich: Volatilität) bestanden hätte, hätte diese Überbewertung auf die zukünftige Ertragsentwicklung keinen Einfluß haben dürfen. Doch leider ging es den Verfechtern der Capital-Asset-Pricing-Modelle in diesem Fall wie dem Kaiser, dessen neue Kleider zwar sehr elegant waren, jedoch in Wirklichkeit nicht existierten.

Wo liegt Ihrer Meinung nach das Hauptproblem der modernen Portfolio-Theorie?

Da die Input-Variablen keine bekannten, sondern fiktive Größen sind, hat auch der Output dieser Modelle zuweilen nur sehr wenig mit der Realität gemein. Selbst eine einsame Studie, die den Analysten bescheinigte, bessere Schätzergebnisse geliefert zu haben als einfache Extrapolationsmethoden, ergab, daß nicht einmal 3/4 der Analysten eine Genauigkeit von +/- 25 Prozent erreichten. Da der Output der Optimierungsmethode der modernen Portfolio-Theorie selbstverständlich nur so gut wie der Input sein kann, muß ihre Brauchbarkeit angesichts solcher Schätzfehler in Frage gestellt werden. Abgesehen davon verführt der Glaube, daß sich das Portfoliorisiko über den

Beta-Faktor kontrollieren läßt, zu periodischen Portfolioum-
schichtungen entsprechend der erwarteten Börsenentwicklung.

**Sie haben die Qualität der Prognosen und Schätzungen der Analy-
seabteilungen angesprochen. Gibt es konkrete Untersuchungen
über deren Qualität?**

Eine höchst interessante Untersuchung über die Genauigkeit der
Gewinnschätzungen von Wertpapieranalysten in den USA, die von
der Firma IBES aggregiert werden, hat Michael O'Higgins durchgeführt. Gegenstand dieser Untersuchung waren die Gewinnschätzungen für die 30 im Dow-Jones-Index für Industriewerte enthaltenen
Aktien von 1974 bis 1989, und zwar die Schätzungen, die jeweils am
15. Dezember sowohl für das laufende als auch für das folgende Jahr
abgegeben wurden. Bei den Schätzungen für das laufende Jahr, die
zwei Wochen vor Jahresende abgegeben wurden, als den Analysten
bereits die ersten drei Quartalsergebnisse vorlagen, lag die durchschnittliche Fehlerquote immer noch bei 18 Prozent; bei den Schätzungen für das folgende Jahr lag der absolute Schätzfehler, das heißt
die Differenz zwischen dem Schätz- und dem Ist-Ergebnis, im 16-
Jahresdurchschnitt bei 47,9 Prozent. Ein aus den 10 Dow-Jones-
Aktien mit den höchsten erwarteten Gewinnzuwächsen bestehendes
Portfolio hätte sich im 16-Jahreszeitraum von 1974 bis Ende 1989
um 32 Prozent schlechter entwickelt als der Dow Jones. Dagegen
hätte sich ein aus den Aktien mit den niedrigsten erwarteten Gewinnzuwächsen bestehendes Portfolio um fast 50 Prozent besser als der
Dow-Jones-Index entwickelt.

Was ist Ihre Schlußfolgerung aus diesen Erkenntnissen?

Da eine Konstanz historischer Risikomaße nicht angenommen werden kann, bleibt für die Bewertung des zukünftigen Risikos wohl nur
die konventionelle Fundamentalanalyse von Bilanzen und Gewinn-
und Verlustrechnungen.

Welche Eigenschaften muß eine geeignete Risikokennzahl erfüllen?

Aufgrund der Unzulänglichkeit der Standardabweichung bzw. des
Beta-Faktors als Risikogrößen kann sich eine aussagefähige risikoadjustierte Performance-Messung nicht auf die Berücksichtigung der
absoluten oder relativen Volatilität beschränken. Das hieße, die stark

vereinfachenden Annahmen der modernen Portfolio-Theorie kritiklos zu übernehmen. Stattdessen sind unbedingt Risikomaße wie der Erwartungswert eines Verlustes, die das Risikoempfinden des Anlegers weit besser widerspiegeln, in die Performance-Messung einzubeziehen. Da nicht nur die Wahrscheinlichkeit des Eintreffens eines Verlustes, sondern selbstverständlich auch die potentielle Höhe eine Rolle spielt, muß jedes brauchbare Risikomaß diese beiden Komponenten einschließen. Der über einen möglichst langen Untersuchungszeitraum gemessene Erwartungswert eines Periodenverlustes erfüllt dieses Kriterium.

Wie errechnet sich der Erwartungswert eines Verlustes?

Zur Berechnung dieses Erwartungswerts multipliziert man die Eintrittswahrscheinlichkeit eines Verlustes (= Anzahl aller Verlustperioden innerhalb des Untersuchungszeitraums dividiert durch die Anzahl aller untersuchter Perioden) mit dem Durchschnittsverlust pro Periode (= Summe aller realisierten und nicht realisierten Verluste dividiert durch die Anzahl der Verlustperioden). Eine weitere Indikation für das Risiko einer Anlage wäre der maximale Wertverlust gemessen an einem vorherigen Höchststand, auch als Maximum-Drawdown bezeichnet.

Welche Kennzahlen analysieren Sie zur Beurteilung eines Portfolios?

Eine umfassende Darstellung der Portfolio-Performance, die dem Kunden erlaubt, Zufallsgewinner von seriösen Fondsmanagern zu unterscheiden, sollte folgende Ertrags- und Risikodaten enthalten, die zu Vergleichszwecken auch für einen repräsentativen Index anzugeben sind.

1. Anzahl der Perioden im untersuchten Zeitraum (Monate, Quartale, Jahre)
2. Anzahl der Gewinnperioden
3. Anzahl der Verlustperioden
4. Arithmetischer Durchschnittsertrag pro Periode
5. Geometrischer Durchschnittsertrag pro Periode
6. Höchster Periodenertrag
7. Niedrigster Periodenertrag
8. Wahrscheinlichkeit der Erzielung eines Periodengewinns (2:1)
9. Durchschnittsgewinn aller Gewinnperioden

10. Erwartungswert eines Periodengewinns (8x9)
11. Wahrscheinlichkeit des Eintretens eines Periodenverlustes (3:1)
12. Durchschnittsverlust aller Verlustperioden
13. Erwartungswert eines Periodenverlustes (11x12)
14. Größte Anzahl aufeinanderfolgender Verlustperioden
15. Größter prozentualer Kursrückgang von einem vorherigen Höchststand
16. Standardabweichung der Durchschnittserträge pro Periode (um die Vergleichbarkeit mit herkömmlichen Performance-Messungen zu gewährleisten)

Aus 4, 13 und 16 können dann sowohl der risikoadjustierte Ertrag (4:13) und der um den Volatilitätsfaktor adjustierte Ertrag (4:16) ermittelt werden, wobei letzterer vor allem dazu dient, Vergleiche mit Portefeuilles zu ermöglichen, die auf Basis von CAP-Modellen "optimiert" wurden.

Der Erwartungswert eines Periodenverlustes ist doch aber genau wie die Volatilitätskennzahlen eine historische Kennzahl, die nicht unbedingt auch in Zukunft zutreffen muß?

Richtig. Wenn Größen wie der Erwartungswert eines Periodenverlustes für Berechnungen der risikoadjustierten Performance eines Portfolios auch wesentlich nützlicher als Volatilitätsmaßstäbe sind, so sind sie für Prognosen des zukünftigen absoluten Risikos allerdings ebensowenig geeignet wie die Standardabweichung oder der Beta-Faktor. Das absolute Risiko ist meiner Ansicht nach am besten durch solide "Margin of Safety"-Konzepte und Diversifikation in den Griff zu bekommen, d.h. durch die Konzentration auf unterbewertete Anlagen und Risikostreuung. Solche Ansätze haben sich sowohl am US-Aktienmarkt als auch bei der Strukturierung international diversifizierter Aktienportfolios in der Vergangenheit als sehr erfolgreich erwiesen.

Welche Risikokennzahlen verwenden Sie für die Strukturierung Ihrer Wertpapierportfolios?

In der modernen Portfolio-Theorie ist der volatilitätsadjustierte Ertrag, das Sharpe Ratio (Durchschnittsertrag/Standardabweichung) die wichtigste Kennzahl. Wenn ich mich für eine Risikokennzahl entscheiden müßte, würde ich mich allerdings für die von mir entwikkelte Keppler-Ratio entscheiden. Die Keppler-Ratio ist eine Kennzahl für den risikoadjustierten Ertrag, die sich aus der Formel Durchschnittsertrag/Erwartungswert eines Verlustes ergibt.

Wo liegen die konkreten Vorteile der Keppler-Ratio?

Die Keppler-Ratio gilt neben Normalverteilungen für sämtliche Arten von Verteilungen. Der Nachteil ist die komplizierte und arbeitsaufwendige Berechnung, denn der Erwartungswert eines Verlustes ist wesentlich aufwendiger zu berechnen als die Standardabweichung. Aktienmärkte, die keine Normalverteilung, sondern eher im positiven Ertragsbereich Anhäufungen aufweisen, haben nach den herkömmlichen Risikokennzahlen ein ungerechtfertigt hohes Risiko. Eine Abweichung der Verteilung im positiven Ertragsbereich wird von Anlegern, entgegen der volatilitätsadjustierten Ertragskennzahl der Sharpe Ratios, nicht als Risiko empfunden.

Wo verwenden Sie Ihre Keppler-Ratio?

Wir verwenden es für die Risikoanalyse einer einzelnen Aktie, einer Branche und eines ganzen Marktes.

Ist das Risiko einer Anlage nicht auch eine sehr individuelle Frage?

Der individuelle Anlagehorizont eines Investors ist für die Beurteilung des Risikos jeder Anlage sogar von ganz wesentlicher Bedeutung. Wie bereits der Altvater der amerikanischen Wertpapieranalyse, Benjamin Graham, feststellte, bedeutet ein potentieller Kursrückgang nicht notwendigerweise ein Verlustrisiko für den Investor. Wenn der Rückgang zyklischer oder vorübergehender Natur ist und die Wahrscheinlichkeit, daß der Anleger in solchen Perioden der Kursschwäche verkaufen muß, sehr gering ist, wird der Anleger das Verlustrisiko weitaus geringer einschätzen.

Wie definierte Graham das Risiko?

Graham definierte Risiko als einen "Wertverlust, der entweder durch einen Verkauf realisiert oder durch eine erhebliche Verschlechterung der Position der Gesellschaft verursacht wird oder... aus der Bezahlung eines überhöhten Kurses im Verhältnis zum inneren Wert des

Papiers resultiert." Robert Jeffrey stellte den zukünftigen Liquidi-
tätsbedarf des Investors in den Mittelpunkt seiner Definition des
Risikos - "die Wahrscheinlichkeit, nicht genügend Barmittel zur
Leistung von notwendigen Zahlungen zur Verfügung zu haben."
Beide Definitionen basieren auf dem Bewußtsein der Zeitabhängigkeit
des Risikos.

**Gibt es Untersuchungen, die diese Zeitabhängigkeit des Risikos
verdeutlichen?**

Aktieninvestments sind von Jahr zu Jahr zum Teil außerordentlich
großen Fluktuationen unterworfen, die einerseits hohe Gewinnchancen, andererseits aber auch ein hohes Verlustrisiko mit sich bringen.
In den 63 Jahren von 1926 bis einschließlich 1988 schwankten die
jährlichen Erträge am US-Aktienmarkt zwischen +54,0 Prozent (1933)
und -43,3 Prozent (1931). Über längere Anlageperioden fallen die
Schwankungen jedoch zunehmend kleiner aus, das Verlustrisiko verringert sich, und die Erträge nähern sich immer mehr dem langjährigen Durchschnittswert an. Je länger der Anlagezeitraum, desto deutlicher tritt auch der Performance-Unterschied zwischen Aktien und
festverzinslichen Wertpapieren zutage. Von 1926 bis einschließlich
1989 betrug die durchschnittliche Aktienperformance in den USA -
gemessen am Standard & Poor's 500 Index - nominal 12,4 Prozent
und real, nach Abzug der Inflationsrate, 8,9 Prozent. Demgegenüber
lagen die langjährigen Durchschnittserträge mittelfristiger Staatsanleihen (Restlaufzeit: 7 1/2 Jahre) mit nominal 4,9 Prozent bzw. real
1,8 Prozent wesentlich niedriger, während dreimonatige Schatzwech-
sel langfristig gerade Schutz vor Kaufkraftverlusten boten.

**Wie hoch ist die langjährige durchschnittliche Aktienperformance
in Deutschland?**

In der Bundesrepublik Deutschland betrug die durchschnittliche
Aktienperformance - gemessen am Commerzbank Aktienindex - von
1955 bis einschließlich 1988 nominal 13,0 Prozent und real 9,8
Prozent. Demgegenüber waren mit Anleihen real nur 4,1 Prozent und
mit dreimonatigen Festgeldern im Durchschnitt real nur 2,6 Prozent
p.a. zu erzielen. Die Tatsache, daß Aktienmarkterträge zwar kurzfristig außerordentlich großen Schwankungen unterworfen sein können,
im langfristigen Durchschnitt jedoch wesentlich höher liegen als
Erträge, die mit festverzinslichen Wertpapieren erzielbar sind, zeigt

sehr deutlich, wie wichtig die Berücksichtigung des Anlagehorizonts und des zukünftigen Liquiditätsbedarfs bei der Auswahl einer geeigneten Investmentstrategie ist.

Welche Schlußfolgerung sollte der Privatanleger daraus ziehen?

Wer Mittel, die in einem halben Jahr benötigt werden, in Aktien investiert, geht - selbst bei einem niedrigen Bewertungsniveau - ein unvertretbar hohes Risiko ein. Demgegenüber gibt es für einen Zwanzigjährigen, der gerade beginnt, Beiträge in einen Pensionsfonds einzuzahlen - trotz der starken kurzfristigen Kursschwankungen - kaum eine bessere Alternative als eine Anlage in Aktien. Da Aktienanlagen bei einer Halteperiode von fünf Jahren wesentlich sicherer sind als bei einem Anlagezeitraum von nur einem Jahr und da bei einem sehr langfristigen Anlagehorizont von 15 bis 20 Jahren das Verlustrisiko auf Basis der historischen Erfahrung außerordentlich gering, wenn nicht vollkommen ausgeschaltet ist, sollte der Anteil des in Aktien investierten Anlagekapitals um so höher sein, je längerfristig der Investor orientiert ist.

Welche Grundsätze sollten Privatanleger dafür konkret beachten?

Um diese Zusammenhänge zu durchschauen und darauf aufbauend eine auf die individuellen Bedürfnisse des Kunden zugeschnittene Anlagestrategie zu entwickeln, bedarf es keiner komplizierten theoretischen Konstruktionen, wie Alpha- oder Beta-Faktoren. Statt zu versuchen, das Risiko eines Investments aufgrund der Position eines Pünktchens links oder rechts von einer Regressionsgeraden zu bewerten, ist es vernünftiger und zielführender, sich einige simple Fragen zu stellen:

1. Wie lang ist der zur Verfügung stehende Anlagezeitraum?
2. Welche durchschnittlichen Erträge wurden mit den zur Wahl stehenden Anlagealternativen über vergleichbare Perioden in der Vergangenheit erzielt?
3. Wie hoch war die Wahrscheinlichkeit einer negativen Ertragsentwicklung in der Vergangenheit?
4. Sind die ins Auge gefaßten Anlagen absolut und relativ über- oder unterbewertet?
5. Hat die Über- oder Unterbewertung ein Niveau erreicht, von dem aus erfahrungsgemäß mit Kurskorrekturen zu rechnen ist?

Durch einen solchen Ansatz kann das Verlustrisiko zwar nicht völlig
ausgeschlossen, aber doch beschränkt werden. Und es bedarf dazu
keiner höheren Mathematik. Erfahrenen Anlegern geht es - um einen
Vergleich Warren Buffetts zu gebrauchen - oft wie einem Theologen,
der nach zwölfsemestrigem Studium feststellt, daß es für einen guten
Pfarrer im Grunde reicht, die Zehn Gebote zu kennen.

**Sie haben die Probleme der Volatilität als Risikokennzahl ange-
sprochen. Führt nicht auch die Annahme der Normalverteilungen
zu Fehlaussagen der modernen Portfolio-Theorie?**

Ein weiteres Problem ist die Akzeptanz historischer Volatilitäten als
Indikatoren für zukünftige Schwankungsbreiten, die auf der Annahme beruht, daß sich die Renditen durch eine Normalverteilung beschreiben lassen. Meine eigenen Untersuchungen haben ergeben, daß
Gesamtrenditen häufig asymmetrisch verteilt sind. Asymmetrische
Verteilungsfunktionen der Renditen waren z.B. im Zeitraum 1984 bis
1989 für den deutschen Aktienmarkt oder für den Aktienmarkt Hongkong gegeben. Andere Kritiker der Normalverteilung weisen in diesem Zusammenhang auf die Tatsache hin, daß Aktionäre nur 100
Prozent ihres Investments verlieren, Aktien jedoch im Kurs um mehr
als 100 Prozent steigen können, wodurch die Verteilung asymmetrisch werden kann.

Welche Vorteile bringen Ihre Risiko-Kennzahlen in diesem Fall?

Die von mir angewandten statistischen Risikomaße setzen keine
symmetrische Verteilung der Renditen voraus und sind demzufolge
im Falle des Vorliegens schiefer Verteilungen als Risikomaße Volatilitäten eindeutig überlegen.

**Neben der modernen Portfolio-Theorie kritisieren Sie auch das
Capital-Asset-Pricing-Modell. Könnten Sie kurz das Capital-Asset-
Pricing-Modell darstellen und erläutern, worauf sich Ihre Kritik
bezieht?**

Das Capital-Asset-Pricing-Modell unterstellt, daß grundsätzlich eine
positive Beziehung zwischen Ertrag und Risiko besteht: Je höher der
Beta-Faktor oder die Volatilität eines Aktienportfolios im Verhältnis
zum Gesamtmarkt ist, um so höher ist auch der langfristige Ertrag.
Dem widersprechen jetzt Fama und French. Die Professoren konsta-

tierten einen eindeutigen Zusammenhang zwischen Durchschnittsertrag und Unternehmensgröße, konnten jedoch keine Beziehung zwischen Durchschnittsertrag und Beta-Faktor feststellen.

Den Zusammenhang zwischen Gesamtrenditen und Volatilität von
allen an der New Yorker Börse und der American Stock Exchange
gehandelten Aktien sowie den im NASDAQ-System notierten Titeln
(mit Ausnahme von Finanzwerten) haben die Professoren Eugene F.
Fama und Kenneth R. French von der University of Chicago über den
50-Jahreszeitraum von 1941 bis 1990 untersucht. Das Ergebnis:
Anleger, die auf Aktien mit hohen Beta-Faktoren setzen, befinden
sich auf dem Holzweg. "Beta als einzige erklärende Variable der
Aktienperformance ist gestorben", so Professor Fama in einem Interview mit der New York Times.

**Welchen Zusammenhang fanden die Professoren zwischen Durch-
schnittsertrag und Unternehmensgröße?**

Niedrig kapitalisierte Unternehmen sowie Gesellschaften mit niedrigem Kurs-Eigenkapital-Verhältnis erwirtschafteten in der Vergangenheit überdurchschnittlich hohe Erträge für die Anleger. Die Professoren führen dies auf die größere Verwundbarkeit kleiner Firmen
in Rezessionsphasen zurück, für die Aktionäre durch höhere Erträge
entschädigt werden müssen. Hohe Finanzrisiken schlagen sich tendenziell in einem niedrigen Kurs-Eigenkapital-Verhältnis nieder - ein
weiterer Grund für die Anleger, eine höhere Rendite zu fordern.

Welche praktischen Auswirkungen haben diese Erkenntnisse?

Falls Fama und French recht behalten sollten, dürfte dies weite
Kreise ziehen und sehr volatile Aktien, wie z.b. Titel der Luftfahrtin-
dustrie, würden an Attraktivität verlieren.

**Nach diesen sehr theoretischen Fragen nun zu der praktischen
Umsetzung Ihrer Erkenntnisse. Wie hoch ist bei einer Investitionsentscheidung nach Ihren Strategien die Wahrscheinlichkeit,
überdurchschnittliche Erträge zu erzielen?**

Modellrechnungen, die mehrere Jahrzehnte Kapitalmarktgeschichte
beinhalten, lassen erwarten, daß unsere Anlagestrategien ein passi-
ves Investment wie z.B. den Weltaktienindex der Financial Times
oder von Morgan Stanley in einem Monat mit einer Wahrscheinlich-

keit von 62 Prozent schlagen. Für ein Quartal liegt die Wahrscheinlichkeit bei 67 Prozent und für einjährige Anlageperioden bei 79
Prozent. Die Kurve, die die Wahrscheinlichkeiten zeigt, die Benchmark
in Abhängigkeit von der Anlagedauer zu schlagen, nähert sich
asymptotisch der 100-Prozentmarke. Entsprechend setzen wir bei
Aktienanlagen eine Mindestanlageperiode von etwa drei Jahren voraus. Diese Angaben sind vor Transaktionskosten. Da wir jedoch sehr
lange Halteperioden für unsere Einzelinvestments haben - in der
Regel zwischen zwei und fünf Jahren - spielen die Transaktionskosten hier eine untergeordnete Rolle.

**Was beachten Sie bei der Zusammensetzung eines gesamten
Portfolios?**

Wir wählen aus einem weltweiten Universum von Aktien diejenigen
aus, die unsere Kriterien erfüllen. Generell denken wir dabei nicht in
einzelnen Aktien, sondern in einem gesamten Portfolio. Ich vergleiche ein Portfolio oft mit den Versicherungspolicen einer Lebensversi-
cherungsgesellschaft. Solange die Versicherungskunden bestimmte
Grundvoraussetzungen erfüllen, werden sie von der Versicherung
angenommen. Dabei ist es für die Versicherungsgesellschaft bei
einem Universum von z.B. 100.000 Kunden unerheblich, ob 10
aufgrund eines Unfalls frühzeitig versterben. Entscheidend ist nur,
daß rein statistisch die Kunden solange leben, daß die Beitragszah-
lungen für einen operativen Gewinn der Versicherungsgesellschaft
ausreichen. Ähnlich ist es bei unseren Portfolios. Solange ich Aktien
nach festgelegten Kennzahlen kaufe, die sich in der Vergangenheit
gut entwickelten, kann ich mir ohne weiteres einen Verlust in einzelnen Aktien erlauben. In einem breit diversifizierten Portfolio gehören
einige Verlierer genauso dazu wie die Gewinner. Wenn ich nach
historisch erfolgreichen Kennzahlen Aktien kaufe, kann ich es mir
also sozusagen eher leisten, daß die Kurse einzelner Werte sinken.
Aufgrund meiner umfangreichen quantitativen Analysen weiß ich
nämlich, daß langfristig die Gewinner meines Portfolios in der Summe die Verluste mehr als ausgleichen werden und ich somit eine
überdurchschnittliche Performance erhalte.

**Wie können Sie sicher sein, daß - ähnlich wie bei einer Versiche-
rung die Schadensfälle aufgrund einer Katastrophe - der Anteil
der Verlierer in Ihrem Portfolio nicht schlagartig zunimmt?**

Wichtig ist nur, daß ich beachte, daß ein Verlust in einer einzelnen
Aktie nicht die Verluste anderer Aktien nach sich zieht. Die Korrelation der Aktien in einem Portfolio sollten möglichst gering sein. Aus
diesem Grund sind Emerging Markets für ein international diversifiziertes Portfolio unerläßlich. Die niedrigen Korrelationen der Emerging
Markets werden nur noch von Managed Futures erreicht, wobei es
sich aber bei Managed Futures um eine aktiv verwaltete Vermögensklasse handelt und bei Emerging Markets um reine Aktien. Während
circa 10 Prozent der Aktienfondsmanager überdurchschnittliche Erträge erzielen, sind es im Futuresbereich nur circa 1 Prozent. Ein
wesentlicher Unterschied, der für Emerging Markets spricht, ist auch
der positive Basiseffekt der Aktienmärkte von langfristig durchschnittlich circa 10 Prozent im Gegensatz zu dem Nullsummenspiel
der Futuresmärkte.

**Was halten Sie von dem internationalen Trend, einen gewissen
Anteil eines diversifizierten Portfolios in Managed Futures zu
investieren?**

Die oft hervorragenden Performancedaten der Futures-Industrie sind
mit einer gewissen Vorsicht zu betrachten. Wenn ich mir heute einen
Index aller Futuresmanager ansehe, sind darin natürlich nur diejenigen enthalten, die erfolgreich waren und im Untersuchungszeitraum
nicht aufgrund hoher Verluste den Handel einstellen mußten. Wenn
ich dagegen einen Index mit dem Universum der Futureshändler
verwende, die vor fünf Jahren zur Verfügung standen, sieht das
Ergebnis ganz anders aus. In den fünf Jahren des Untersuchungszeitraums sind nämlich sicherlich einige Trader in Konkurs gegangen
und andere haben, wie in der Managed Futures Industrie üblich, bei
50 Prozent Verlust ihre Handelsaktivitäten eingestellt. In einem rückwirkend optimierten Managed-Futures-Index sind viele der größten
Verlierer ausgeschlossen, womit sich die Ergebnisse natürlich erheblich verbessern.

**Ab welchem Volumen macht es Sinn, ein Portfolio nach Ihren
Gesichtspunkten zu strukturieren?**

Für die Umsetzung unserer sehr globalen Anlagestrategien sind in der
Regel große Portfolios von etwa 10 Millionen Dollar notwendig.
Daher haben wir uns auch auf institutionelle Kunden spezialisiert.
Der Major-Markets-High-Value-Fonds der Global-Advantage-Fonds

Familie, der von der State Street Bank und Trust Co. gemanagt wird,
ist ein gutes Beispiel für die praktische Umsetzung unserer Strategi-
en. Der beim Bundesaufsichtsamt registrierte und in Luxemburg
domizilierte Major-Markets-High-Val-Fonds ist bei einer Mindest-
anlage von 10.000 DM auch für die meisten deutschen Privatanleger
erschwinglich.

**Können Sie anhand dieses Fonds Ihre Portfoliostrategie an den
Aktienmärkten erläutern?**

Die vier Säulen der Portfoliostrategie für den Major-Markt-High-
Value-Teilfonds sind:

1. Aktive Marktauswahl
2. Aktive Aktienauswahl
3. Gleichgewichtung
4. Absicherung gegen Kursrisiken

1. Aktive Marktauswahl
Der Fonds investiert aktiv in Aktienmärkte mit im Verhältnis zu den
aktuellen Aktienkursen hohen Gewinnen, Cash Flows und Bilanzkur-
sen, die über Drei- bis Fünfjahresperioden eine deutlich höhere jährliche Gesamtrendite aufweisen als ein marktkapitalisierungsgewichteter Weltaktienindex. Darüber hinaus werden Aktienmärkte
bevorzugt, die eine überdurchschnittliche Dividendenrendite aufweisen. Hohe Dividendenrenditen sind oft ein Anzeichen für gedrückte
Aktienkurse. Aktienmärkte mit hohen Dividendenrenditen bieten erfahrungsgemäß ein überdurchschnittliches Kurssteigerungspotential.
In Rezessionszeiten haben sich Märkte mit hohen Renditen auch als
weniger anfällig für Kursrückgänge erwiesen als Märkte mit niedrigen Dividendenrenditen. Die Bewertungskennzahlen der einzelnen
Länder werden mit Hilfe statistischer Verfahren international vergleichbar gemacht.

2. Aktive Aktienauswahl
Für jeden Markt, in den der Fonds investiert, stellt State Street breit
diversifizierte, risikokontrollierte High-Value-Portfolios zusammen.
Aktuelle Bewertungsniveaus und historische Verhältnisse werden
analysiert, um ein Portfolio-Profil zu erreichen, welches die besten
Chancen für zukünftige Wertsteigerungen bietet. State Street stützt
sich dabei auf ihre unternehmenseigene, internationale Wertpapier-

datenbank, die über einen Zeitraum von mehr als 15 Jahren im Zusammenhang mit der Verwaltung internationaler Indexfonds entwickelt wurde, sowie auf ihr Strategie-Simulationssystem und eine Vielzahl anderer Daten aus verschiedenen Quellen. Zur Eliminierung von Positionen in Aktien von Unternehmen mit sinkender Ertragskraft bedient sich die State Street ferner einer quantitativen Ertragsschätzungsmethode. Zur Beschränkung des makroökonomischen Risikos in den jeweiligen Ländern wird zusätzlich nach Branchen diversifiziert. Die High-Value-Strategie wird seit April 1984 erfolgreich in der Verwaltung von internationalen Portefeuilles eingesetzt und hat bis Ende 1992 mit 19 Prozent p.a. ein um 4,5 Prozentpunkte besseres Jahresdurchschnittsergebnis als der MSCI-EAFE-Index (ein marktkapitalisierungsgewichteter Index bestehend aus europäischen, australischen und Fernost-Aktien) gebracht. Mit dieser Performance nimmt diese Strategie in ihrer Kategorie einen Spitzenplatz ein.

3. Gleichgewichtung
Die im Fonds praktizierte Gleichgewichtung von Märkten bringt weitere Performance-Vorteile. Gemessen an der Marktkapitalisierung weisen kleine Aktienmärkte aufgrund höheren Wachstums im langfristigen Durchschnitt eine höhere jährliche Gesamtrendite auf als große Aktienmärkte. Aufgrund dieses Effekts haben Portfolios mit Gleichgewichtung von Aktienmärkten (gleicher Geldbetrag in jedem Markt angelegt) im Zeitraum von 1970 bis Ende 1992 im Jahresdurchschnitt eine Gesamtrendite von 14,3 Prozent erzielt, d.h. um 3,1 Prozentpunkte p.a. mehr als Portfolios, die entsprechend der Marktkapitalisierung der einzelnen Märkte anlegen (größter Geldbetrag in den größten Märkten wie USA, Japan und England).

4. Absicherung gegen Kursrisiken
Ein weiteres wichtiges Ziel ist die Kapitalerhaltung in Zeiten rückläufiger Börsenkurse durch Reduzierung der Verlustgefahr. Um den Fonds gegen Kursrisiken nach unten abzusichern, setzt State Street eine dynamische, systematische und selektive Absicherung ein, die Kursrisiken in ausgeprägten Baissephasen zwar nicht völlig vermeiden kann, jedoch zumindest in engen Grenzen zu halten versucht. Die Absicherung wird mit Hilfe von Aktienindex- und Währungsterminkontrakten, kurzfristigen Geldmarktanlagen und gegebenenfalls auch Optionen erzielt. Bei einer Verschlechterung der Börsenstimmung investiert der Fonds verstärkt in kurzfristige DM-Geldmarktpapiere bzw. Geldmarktpapiere in einer an die DM geknüpften Währung.

Gleichzeitig oder alternativ kommen Indexterminkontrakte oder andere derivative Instrumente zur Anwendung. Bei einer sich verbessernden Börsenkonjunktur dreht sich der Prozeß um, und die Geldmarktanlagen werden sukzessive aufgelöst und das netto in Aktien investierte Kapital wird kontinuierlich erhöht. Der Nettoeffekt einer solchen Vorgehensweise ist vergleichbar mit dem Kauf einer Put-Option auf das Aktienportefeuille, jedoch ist die von State Street praktizierte Absicherung i.d.R. kostengünstiger als eine Absicherung über Optionen. Der Trick liegt - wie bei jeder Versicherung - darin, die gewünschte Absicherung mit möglichst geringem Kostenaufwand zu erreichen.

Wie hoch ist die Performance des Fonds?

Seit der Auflage des Fonds im Mai 1993 beträgt die Performance bis Februar 1994 23,7 Prozent und liegt damit um 6,4 Prozent über dem MSCI-Weltaktienindex und um 7,9 Prozent über dem Financial-Times-Weltaktienindex. Statistisch ist die Performance des Fonds über den kurzen Zeitraum von neun Monaten natürlich ohne allzu große Aussagekraft. Bereits sehr deutlich zu erkennen ist jedoch die stark geglättete Performance des Fonds im Gegensatz zum MSCI-Weltaktien-Index. Besonders in Abwärtsbewegungen konnte der Fonds wesentlich besser abschneiden als der Benchmark-Index. Wir haben aber auch eine hypothetische Modellperformance errechnet. Bei der Modellrechnung wurden bis März 1984 Index-Portfolios und ab April 1984 die Performance der High-Value-Portfolios von State Street zugrundegelegt, die es heute für 20 Aktienmärkte der Welt gibt. In der Performance-Rechnung sind alle Transaktionskosten, jedoch noch keine Management-Gebühren enthalten. Demnach wären 100 DM von dem 1. Januar 1983 bis zum Jahresende 1992 mit wiederangelegten Dividenden auf 507 DM angewachsen (dies entspricht einer Jahresdurchschnittsrendite von 17,6 Prozent), während eine Anlage von 100 DM im Morgan Stanley-Weltaktienindex in den 10 Jahren bis Ende 1992 eine Wertsteigerung auf 284 DM gebracht hätte (Jahresdurchschnittsrendite 11,0 Prozent). Die Performance unseres Fonds wurde mit einem deutlich geringeren Risiko (Verlusterwartungswert pro Monat: 0,53 Prozent, größter Wertverlust von einem vorherigen Höchststand: 11 Prozent) erzielt als ein Vergleichsinvestment im Morgan Stanley-Weltaktienindex, der in dem 10-Jahreszeitraum bei einem monatlichen Verlusterwartungswert von 1,47 Prozent einen maximalen Wertverlust von 34 Prozent hinnehmen mußte.

Wie hoch ist das aktuelle Fondsvolumen?

Rund 50 Millionen DM.

Können Sie ein Beispiel für eine praktische Portfoliostruktur in Ihrem Fonds geben?

Obwohl wir global anlegen und den MSCI-Weltaktienindex als Benchmark verwenden, befindet sich in unseren Portfolios zum Teil eine völlig andere Gewichtung. Momentan halten wir beispielsweise hauptsächlich Aktienpositionen in Deutschland, Österreich, Belgien, Niederlande, Italien, Spanien sowie in Portugal und Brasilien. Wir sind zur Zeit nicht in amerikanischen Aktien investiert, haben jedoch Anfang 1994 begonnen, Japan zu kaufen.

Sie haben eine sehr geglättete Performance. Wodurch erreichen Sie die Outperformance in Abwärtsbewegungen des Vergleichsindex?

Die Glättung der Performance erreichen wir besonders indem wir uns rechtzeitig in einem überbewerteten Markt absichern. Dabei verwenden wir jedoch kein Markettiming im herkömmlichen Sinn, sondern eine Strategie der dynamischen, systematischen und selektiven Absicherung.

Was verstehen Sie unter dynamischer, systematischer und selektiver Absicherung?

Die nach unseren Kennzahlen ausgewählten Aktien haben einen durchschnittlichen Performancevorteil von 5 Prozent gegenüber einem Vergleichsindex. Wenn ein Markettimer mit sinkenden Kursen rechnet, verkauft er einen mehr oder weniger großen Prozentteil seiner Aktien. Den erwarteten Performancevorteil unserer Aktien, von durchschnittlich circa 5 Prozent gegenüber dem jeweiligen Vergleichsindex würden wir im Falle eines Verkaufes jedoch verlieren. Um diesen Performancevorteil also nicht aufgeben, sichern wir uns in anderen Märkten, die uns überbewertet erscheinen, mit derivaten Instrumenten ab. Bei überbewerteten Märkten verwenden wir also kein Markettiming, sondern eine dynamische, systematische und selektive Absicherung, soweit dies die Bestimmungen der Aufsichtsbehörden zulassen.

Sind Emerging Markets für Sie als Portfoliomanager eine attraktive Alternative zu den herkömmlichen Aktienmärkten?

Im Vergleich zu den Industrieländern werden Emerging Markets auch in den nächsten Jahren weiterhin ein wesentlich höheres Wirtschaftswachstum aufweisen. Seit 1987 lag die Aktienrendite auf Basis des IFC-Index der Emerging Marktes bei 15 Prozent p.a. und damit rund doppelt so hoch wie die des MSCI-Weltaktienindex, der keine Emerging Markets enthält.

Raten Sie Privatanlegern in Emerging Markets zu Direktinvestitionen?

Für Privatanleger ist der direkte Zugang zu Emerging Markets teilweise sehr kompliziert. Die Märkte sind gekennzeichnet durch mangelnde Transparenz, hohe Gebühren, abweichende Handelsnuancen, Informationsprobleme und volatile Kursbewegungen. Der Privatanleger sollte aus diesen Gründen auf alle Fälle über ausgewählte Investmentfonds renommierter Fondsgesellschaften in Emerging Markets investieren. Mit der Einbeziehung solcher Märkte in ein international diversifiziertes Aktienportfolio entstehen zahlreiche Vorteile. Die Aktienrenditen der Wachstumsmärkte haben eine sehr niedrige Korrelation zu den etablierten Märkten. Dadurch eignen sie sich hervorragend zur Diversifikation und führen im gesamten Portfolio zu einem höheren Gesamtertrag bei gleichzeitig reduziertem Risiko. Globale Diversifikation wird in den 90er Jahren generell von entscheidender Bedeutung sein für einen überdurchschnittlichen Erfolg.

Wie hoch sollte der Anteil von Emerging Markets in einem international diversifizierten Portfolio sein?

Gemessen an der Weltbörsenkapitalisierung haben Emerging Markets einen Anteil von 7 Prozent. Tatsächlich sind amerikanische Investoren aber nur mit 1 Prozent ihrer Portfolios engagiert. Wenn man die Wirtschaftskraft und nicht die Börsenkapitalisierung als Maßstab heranzieht, sollte der optimale Anteil eher bei 10 bis 30 Prozent liegen. Diese Meinung wird sich aber nicht sofort, sondern erst in den nächsten 10 bis 20 Jahren durchsetzen.

Rechnen Sie in den kommenden 10 Jahren mit ähnlich hohen Renditen an den großen Aktienmärkten wie in der Vergangenheit?

Die zukünftige Entwicklung der Aktienmärkte hängt eng mit den momentan sehr hohen Bewertungsniveaus zusammen. Beim amerikanischen Aktienmarkt erkennen zwar einige Investoren die hohen Bewertungen, aber nur die wenigsten sind sich über deren langfristige Auswirkungen bewußt. Wir haben gerade eine Studie über den Einfluß der Bewertungsniveaus auf die Entwicklung des amerikanischen Aktienmarktes erstellt. Dabei analysierten wir bis 1926 auf monatlicher Basis die Kurs-Buchwert-Verhältnisse, Kurs-Gewinn-Verhältnisse und die Dividendenrenditen im Vergleich mit den Renditen im S&P 500 Index. In der Testperiode von 66 Jahren errechnet sich ein durchschnittliches Kurs-Buchwert-Verhältnis von 1,6, ein Kurs-Gewinn-Verhältnis von 14 und eine Dividendenrendite von 4,1 Prozent.

Wann traten in dem Untersuchungszeitraum die extremsten Bewertungsniveaus auf?

Das niedrigste Kurs-Buchwert-Verhältnis von 0,55, und eine Dividendenrendite von 13,8 Prozent wurde im Juni 1932 erreicht. Das Kurs-Gewinn-Verhältnis war mit 5,8 im Juni 1949 am niedrigsten. Die höchsten Bewertungsniveaus im Kurs-Buchwert-Verhältnis herrschten im September 1929 mit 3,7. Im Juli 1933 erreichte das Kurs-Gewinn-Verhältnis mit 26,3 ein Hoch und die Dividendenrendite betrug 2,6 Prozent.

Was konnten Sie anhand dieser Daten herausfinden?

Bewertungsniveaus sind gute Indikatoren zur Bestimmung zukünftiger Renditen. Immer wenn das Kurs-Buchwert-Verhältnis unter 0,75 fällt, war der jährliche Ertrag der folgenden fünf Jahre durchschnittlich mindestens 24,6 Prozent. Wenn das Kurs-Buchwert-Verhältnis dagegen über 2,5 gestiegen war, erlitt der Markt in den folgenden fünf Jahren jährliche Verluste von durchschnittlich minus 11,6 Prozent. Bei einem Kurs-Gewinn-Verhältnis von unter 7,5 stiegen die Erträge in den folgenden fünf Jahren auf 20,1 Prozent, während sie bei einem Kurs-Gewinn-Verhältnis von 20 nur 7,5 Prozent betrugen. Dividendenrenditen über 10 Prozent führten sogar zu jährlichen Erträgen von durchschnittlich 31,5 Prozent in den folgenden fünf

Jahren, während bei Dividendenrenditen von unter 3 Prozent nur magere 4 Prozent erreicht werden konnten. Um nun aussagekräftigere Ergebnisse für die Zukunft zu bekommen, haben wir alle drei Kennzahlen kombiniert. Immer wenn sie sich in dem 10 Prozent niedrigsten Bewertungsniveau befanden, erreichte der Markt in den folgenden fünf Jahren einen durchschnittlichen jährlichen Gewinn von 20,9 Prozent bei einer Standardabweichung von 4,8 Prozent. Dabei lag die Schwankungsbreite zwischen einem höchsten Gewinn von 33,3 Prozent und einem niedrigsten von 7,9 Prozent. Wenn das Bewertungsniveau des Marktes sich dagegen in dem 10 Prozent höchsten Bereich befand, betrug der durchschnittliche jährliche Gesamtertrag des S&P 500 Index in den nächsten fünf Jahren nur 2,2 Prozent.

Wie hoch ist das aktuelle Bewertungsniveau des amerikanischen Aktienmarktes und welche Perspektiven ergeben sich daraus für die nächsten Jahre?

Das aktuelle Bewertungsniveau Ende 1993 ergibt ein Kurs-Buchwert-Verhältnis von 2,8, ein Kurs-Gewinn-Verhältnis von 22,8 und eine Dividendenrendite von 2,8 Prozent. Damit befindet sich der Markt historisch auf einem sehr hohen Niveau innerhalb der 10 Prozent höchsten Bewertungen. In dem Untersuchungszeitraum von 66 Jahren führten Bewertungsniveaus dieser Höhe in einem 10-Jahreszeitraum bestenfalls zu einer durchschnittlich jährlichen Rendite von 7,3 Prozent und schlechtestenfalls zu einem Verlust von 4,6 Prozent. Es besteht eine Chance von 66 Prozent, daß wir am amerikanischen Aktienmarkt bei den aktuellen Bewertungsniveaus in einem Zeitraum über fünf Jahre einen durchschnittlichen jährlichen Verlust zwischen 5,9 Prozent und einem Gewinn von 10,4 Prozent erzielen werden. In einem Zeitraum für die nächsten 10 Jahre liegt die Schwankungsbreite mit 66 Prozent Wahrscheinlichkeit zwischen einem Verlust von 1,1 Prozent und einem Gewinn von 6,4 Prozent. Wenn man dagegen betrachtet, daß amerikanische Aktien in einem Fünfjahreszeitraum historisch eine durchschnittliche jährliche Rendite von 10,1 Prozent und in einem 10-Jahreszeitraum von 9,3 Prozent aufwiesen, ist eine jährliche Gewinnerwartung für die nächsten 10 Jahre von 2,2 Prozent und 2,7 Prozent nur sehr unterdurchschnittlich. Diese Erkenntnisse sind ein wesentlicher Grund, warum wir verstärkt in kleinere Wachstumsmärkte investieren und die großen Märkte stark untergewichten.

Könnten die oft zitierten steigenden Unternehmensgewinne in den nächsten Jahren doch noch zu höheren Renditen führen?

Die Gewinne der Unternehmen müßten sich in den nächsten Jahren schon sehr dramatisch verbessern, um in der Zukunft mit ähnlich steigenden Kursen wie in der Vergangenheit rechnen zu können.

Wie beachten Sie den Währungsfaktor bei Ihren Anlageentscheidungen?

Weltweit operierende internationale Konzerne wie z.B. Coca Cola unterliegen in jedem lokalen Markt einem gewissen Währungsrisiko. Auch wenn jede dieser einzelnen ausländischen Währungen ein Währungsrisiko darstellt, ist es für Coca Cola langfristig nur wichtig, in jedem individuellen Markt gute Ergebnisse in der lokalen Währung zu erzielen. Für einen weltweit diversifizierten globalen Anleger gilt ein ähnlicher Sachverhalt. Langfristig betrachtet ist es für uns nur entscheidend, in jedem einzelnen Markt unabhängig von der Währungsentwicklung attraktive Ergebnisse zu erzielen. Im Moment behandeln wir die Währung daher auch noch nicht als separate Vermögensklasse, sondern sie fließt ohne gesonderte Behandlung mit in unseren Gesamtertrag ein. Wir arbeiten aber daran, in Zukunft ein separates Währungsmanagement anzuwenden.

Warum gewichten Sie die einzelnen Märkte in Ihrem Portfolio gleich?

Die einfachste Technik bei der Aufteilung eines privaten Aktienportfolios ist die gleichwertige Gewichtung aller Aktien. Was viele Privatanleger mehr oder weniger intuitiv anwenden, belegen auch zahlreiche Studien. Die Erträge bei einer gleichwertig gewichteten Asset Allocation der verschiedenen Aktienmärkte sind höher als bei einer Gewichtung der Märkte nach der Marktkapitalisierung. Von Anfang 1976 bis Ende Juni 1992 war der Ertrag des MSCI-Weltaktienindex jeweils in lokaler Währung bei einer Gewichtung nach der Marktkapitalisierung jährlich durchschnittlich 12,67 Prozent. Dagegen war der Ertrag des MSCI-Weltaktienindex jeweils in lokaler Währung bei gleicher Gewichtung aller enthaltenen Märkte 15,79 Prozent. Da bei einer gleichwertigen Gewichtung vor allem die kleineren Märkte verstärkt ins Gewicht fallen, ist die höhere Performance des gleichgewichteten Portfolios auf die höhere Performance der kleinen Märkte zurückzuführen.

Was bezeichnen Sie als kleinen Markt und wie hoch ist der Performanceunterschied zu großen Märkten?

Wir unterscheiden große Märkte wie Amerika, Japan, England, Deutschland und Frankreich, mittlere Märkte wie Kanada, Niederlande, Italien, Hongkong, Schweiz und kleine Märkte wie Singapur, Schweden, Norwegen, Österreich, Belgien. In dem vorgenannten Untersuchungszeitraum, von Anfang 1976 bis Ende Juni 1992, hatten große Märkte eine Performance von 11,90 Prozent, mittlere Märkte von 15,76 Prozent und kleine Märkte von 19,19 Prozent.

Kleine Aktienmärkte sind neben der höheren Performance aber doch auch durch ein höheres Risiko gekennzeichnet?

Entgegen der allgemeinen Meinung sind nicht nur die Performancekennzahlen, sondern auch die Risikokennzahlen des gleichwertig gewichteten MSCI-Weltaktienindex sowie der mittleren und kleineren Märkte günstiger. Der volatilitätsadjustierte Ertrag, das Sharpe Ratio, beträgt im MSCI-Weltaktienindex bei einer Gewichtung nach der Marktkapitalisierung 0,45 und bei gleicher Gewichtung aller enthaltenen Märkte 0,55. Große Märkte hatten ein Sharpe Ratio von 0,45, mittlere Märkte von 0,47 und kleine Märkte von 0,60. Der von mir konzipierte, risikoadjustierte Ertrag, die Keppler Ratio, beträgt im MSCI-Weltaktienindex bei einer Gewichtung nach der Marktkapitalisierung 2,21 und bei Gleichgewichtung aller enthaltenen Märkte 3,29. Große Märkte hatten ein Keppler Ratio von 2,24, mittlere Märkte von 2,47 und kleine Märkte von 3,60.

Sind in diesen Untersuchungen die oftmals höheren Transaktionskosten der kleinen Märkte bereits berücksichtigt?

Die aufgezeigten Performancezahlen sind ohne Transaktionskosten und ohne Steuern auf Gewinne und Dividenden berechnet. Ab einer gewissen Portfoliogröße, die circa bei 200 Millionen Dollar liegen dürfte, spielen die Transaktionskosten aber eine vernachlässigbare Größe. Bei kleinen Portfolios treten dagegen nicht nur durch die höheren Transaktionskosten Schwierigkeiten auf. Ein gleichwertig gewichtetes globales Portfolio würde zwar in Belgien ausreichend diversifiziert sein. In großen Märkten wie Amerika und Japan könnte jedoch aufgrund der Vielzahl zur Verfügung stehender Branchen und Einzelwerte unter Berücksichtigung niedriger Transaktionskosten kein vernünftig diversifiziertes Portfolio zusammengestellt werden. Um das Problem der hohen Transaktionskosten auszuschalten, können inzwischen aber auch in den meisten kleinen Märkten Indexfutures gekauft werden.

Beeinflussen z.b. bei größeren Portfolios von einigen 100 Millionen Dollars die Transaktionen, bei einer gleichwertig gewichteten Asset Allocation, vor allem in kleinen Märkten die Kurse?

In kleinen Märkten sind größere Orders an einem Tag nach wie vor ein Problem. Von den im MSCI-Weltaktienindex enthaltenen Märkten hat Norwegen dabei die geringste Liquidität. Der Einfluß auf die Kurse ist bereits bei täglichen Transaktionen in der Höhe von 2,2 Millionen Dollar ein Problem. Ähnlich sieht die Situation in Österreich und Belgien mit 2,8 und 3,7 Millionen Dollar aus. Bei großen Märkten wie England und Amerika sind dagegen tägliche Transaktionen von 263 und 900 Millionen Dollar ohne feststellbaren Einfluß auf die Kurse.

Wie gehen Sie bei der Bestimmung einzelner Aktien vor, nachdem Sie die Länderauswahl Ihres Portfolios getroffen haben?

Bei der Aktienauswahl gibt es generell zwei Möglichkeiten. Eine passive Aktienauswahl mit dem Ziel, genau die Performance des Aktienindex nach Transaktionskosten zu erreichen, und eine aktive Aktienauswahl mit dem Ziel, eine höhere Performance nach Transaktionskosten als der Index zu erreichen.

Wie hoch ist der Zeithorizont bei Ihren Positionen?

Bei der für mich entscheidenden Länderallokation beträgt die durchschnittliche Halteperiode circa drei Jahre. Die Gewichtung eines einzelnen Marktes im Gesamtportfolio kann dabei natürlich variieren. Für einzelne Aktien in dem jeweiligen Länderportfolio der State Street hängt der Zeithorizont von der fundamentalen Entwicklung der einzelnen Unternehmen ab. Die durchschnittliche Halteperiode der State Street bei einzelnen Aktien beträgt circa zwei Jahre.

Haben Sie ein Szenario für den nächsten Crash?

Ich halte es nicht für seriös, einen Crash zu prognostizieren. Ich kann

zwar gewisse Performance-Erwartungswerte für die nächsten Monate ausrechnen, aber ich halte es für unseriös, bei schlechten Werten
daraus auf einen Crash zu schließen. Ich versuche, sämtliche Market-
Timing-Aspekte vollkommen aus meinen Anlageentscheidungen auszuschließen.

**Sie halten also wenig von Market-Timing und der Bestimmung
optimaler Kauf- und Verkaufszeitpunkte!**

Auch wenn ich in zahlreichen Studien nachgewiesen habe, daß Market-
Timing-Gesichtspunkte keinen Erfolg bringen, sind die meisten Privat-
anleger nach wie vor auf der verzweifelten Suche nach optimalen
Kauf- und Verkaufszeitpunkten. Im Zeitraum von 1926 bis 1992 sind
an den amerikanischen Aktienmärkten aus einem Dollar in 66 Jahren
727 Dollar geworden. Wenn man aber aufgrund von falschem
Markettiming die 29 besten Monate versäumte, sind es nur 11,3
Dollar und damit sogar weniger als die T-Bill Verzinsung von 11,5
Dollar. Bei der Untersuchung eines kürzeren Zeitraumes von 1980
bis 1992 wird die Schwierigkeit des richtigen Market-Timings eben-
falls deutlich. In einem Zeitraum von 1980 bis 1992 sind an den
amerikanischen Aktienmärkten aus einem Dollar in 12 Jahren 6,85
Dollar geworden. Wenn man auch hier aufgrund von falschem
Markettiming die neun besten Monate versäumte, sind es nur 2,72
Dollar und damit ebenfalls weniger als die T-Bill Verzinsung von
2,76 Dollar.

**Verwenden Sie technische Indikatoren für Ihre Anlageent-
scheidungen?**

Wir haben für eine gewisse Zeit mit einigen Trendfolge-Indikatoren
und Momentum-Indikatoren gearbeitet. Damit konnten wir längerfristig auch eine gute Performance erzielen. Da die Performance-Erwartungswerte unseres Ansatzes jedoch fast doppelt so hoch sind,
und wir im technischen Bereich keine Indikatoren finden konnten, die
über einen längeren Zeitraum in allen Märkten funktionieren, ent-
schlossen wir uns, vollständig auf einen technischen Ansatz zu verzichten.

**Was meinen Sie damit, daß Sie über einen längeren Untersu-
chungszeitraum keine zufriedenstellenden technischen Indikatoren
finden konnten, die in allen Märkten funktionieren?**

Bei der Analyse von gleitenden Durchschnittsindikatoren ergibt sich für Spanien z.B. ein Optimum von 42 Wochen, während es in einem anderen Markt 37 Wochen und in einem dritten Markt nur 25 Wochen sind. Ein Jahr später kann sich der Charakter der Märkte vollkommen verändern und das Optimum gleitender Durchschnittsindikatoren liegt in Spanien plötzlich nicht mehr bei 42, sondern nur noch bei 39 Wochen. Wir wollten vermeiden, daß wir eine Woche, einen Monat oder ein Jahr einen vermeintlichen Superindikator haben, der im folgenden Zeitraum aufgrund sich ständig ändernder Märkte wieder fast wertlos ist. Unsere Analyse beschränkt sich weitgehend auf systemindifferente Indikatoren und versucht damit, jede Art von Markt-Timing zu vermeiden.

Welche Faktoren sind an den Aktienmärkten Ihrer Meinung nach momentan generell kursbestimmend?

Wir beschäftigen uns sehr intensiv damit, was augenblicklich die wichtigsten Kursbestimmungsfaktoren sind und haben festgestellt, daß bei der Analyse dieser Faktoren vor allem der analysierte Zeithorizont entscheidend ist. Das einfachste Beispiel für einen wichtigen Beeinflussungsfaktor sind die Zinsen. Die Zinsentwicklung ist aber nur bei einer kurzfristigen Betrachtung für die Kursentwicklung von Bedeutung, langfristig betrachtet hat sie so gut wie keinen Einfluß. Wir stellten z.B. fest, daß der amerikanische Aktienmarkt 1949 sehr niedrig bewertet war. Die Dividendenrenditen am Aktienmarkt betrugen damals aber circa 7,5 Prozent und die 30jährigen T-Bonds ergaben 2,5 Prozent Rendite.

Haben sich seit 1949 nicht einige grundlegende Faktoren verändert? Kann man Sachverhalte von damals überhaupt noch auf heute übertragen?

1949 hatten wir in Amerika die Situation, in der eine Generation in einer schweren Depression aufgewachsen war und dabei zum Teil viel Geld in Aktien und Anleihen verloren hatte. Selbst nach der überstandenen Depression waren Anleger daher nur gewillt, zu sehr niedrigen Kursen in Aktien und Anleihen zu investieren. 1989 hatten wir in Japan genau eine gegenteilige Situation. Eine ganze Generation von Anlegern war daran gewöhnt, Aktien zu jedem Preis zu kaufen. Ich will mit diesen beiden extremen Beispielen zeigen, daß bei der Bewertung von Aktien auch gesellschaftliche Faktoren eine

Rolle spielen. Wir haben heute zwar andere Zeiten als 1949, aber das
bedeutet nicht, daß sich die heute als normal empfundene Bewertung
in Zukunft nicht einmal wieder ändern könnte. Durch unsere quantitativen Computermodelle versuchen wir, selbst die kleinsten Anzeichen solcher Änderungen zu erfassen.

**Fließt neben quantitativen Daten auch Ihre persönliche Meinung
in Ihre Positionen ein?**

Benjamin Graham sagte einmal: "The investors chief enemy is likely
to be himself". Aufgrund eigener Emotionen begeht man sehr leicht
Fehler und ich vermeide aus diesem Grund emotionale persönliche
Meinungen.

**Sie haben also eine sehr große Disziplin bei der Umsetzung Ihrer
quantitativen Ergebnisse?**

Disziplin ist nur die Überzeugung in die eigene Arbeitsleistung. Ich
bin vollkommen überzeugt von meiner Arbeit und handle daher nur
nach meinen quantitativen Ergebnissen.

**Warum haben viele Privatanleger große Schwierigkeiten bei der
Umsetzung einer disziplinierten Strategie?**

An der Börse müssen jeden Tag Entscheidungen gefällt werden. Da
sich während der Öffnungszeiten der Märkte die Kurse minütlich
oder sogar sekündlich verändern, muß jeder Anleger, zumindest
theoretisch, permanent Entscheidungen treffen. Dabei versuchen viele Anleger, durch schnellere Datenübermittlung der Kurse und lei-
stungsfähigere Informations- und Computersysteme ihre Performance
zu verbessern. Dabei würde eine einfache Analyse über den Wert
einer Anlage die Performance viel eher verbessern als immer schnellere Informationssysteme, die oft von den eigentlich wichtigen Fragen ablenken. Warren Buffet sagte einmal, daß es in der Wertpapieranalyse nicht möglich sei, genaue Preis- und Wertvorstellungen zu
bestimmen. Man könnte aber durch die Wertpapieranalyse feststellen, daß eine Aktie z.B. bei 60 Dollar preiswert und bei 150 Dollar zu
teuer sei. Um unter 60 Dollar zu kaufen und über 150 Dollar zu
verkaufen, benötigt ein Privatanleger aber auf keinen Fall eine Real-
time-Informationsübertragung der neuesten Kurse.

Wird Ihre Meinungsbildung von anderen Marktteilnehmern beeinflußt?

Unabhängig vom Bekanntheitsgrad haben Meinungen und Positionen anderer Marktteilnehmer keinen Einfluß auf unsere Positionen.

Wie sieht Ihrer Meinung nach der Fondsmanager der Zukunft aus?

Den Fondsmanager schlechthin wird es nie geben, da das Aufgabengebiet grundsätzlich sehr vielschichtig ist. Dadurch nimmt auch der Trend zur Spezialisierung weiter zu. Erfolgreiche Fondsmanager zeichnen sich vielfach durch eine ausgeglichene Denkweise aus, die auf dem gleichwertigen Einsatz der rechten - intuitiv gelenkten - und der linken - logisch-mathematisch dominierten - Gehirnhälfte basiert.

Kurt Ochner
Schröder Münchmeyer Hengst
"Standardwerte sind für mich die
Pflicht und Nebenwerte die Kür."

Schröder Münchmeyer Hengst ist in der seit 1982 anhaltenden Aufwärtsbewegung am deutschen Aktienmarkt eine der führenden Adressen im Bereich Portfolio-Management. Der im vierten Quartal 1972 aufgelegte Investmentfonds SMH-Special zählte dabei besonders in der Zeit nach dem Crash am 19. Oktober 1987 zu einem der bestperformenden Aktienfonds in Deutschland. Neben dem signifikanten Anstieg der Aktienkurse im Zeitraum von 1988 bis Ende 1992 um 54,5 Prozent ist für die weitaus bessere Wertentwicklung des Fonds von 75 Prozent besonders der Fondsmanager Kurt Ochner verantwortlich. Im Segment der deutschen Nebenwerte, die sich im Gegensatz zu den großen Standardwerten durch eine geringere Marktkapitalisierung auszeichnen, zählt Ochner zu den bedeutendsten und, trotz einer relativ mäßigen Performance im Jahr 1993, sicherlich auch zu den im langfristigen Vergleich erfolgreichsten Marktteilnehmern. Aufgrund der hervorragenden Performance im Jahr 1989 stieg das Volumen des Fonds explosionsartig bis auf 600 Millionen DM an. Da SMH nebenbei noch zahlreiche große individuelle Konten nach den Anlagerichtlinien des SMH Specials verwaltete, betrug das gesamte Volumen allein in dem Bereich der deutschen Nebenwerte sicherlich über 1 Milliarde DM. Im Februar 1993 übernahm Ochner das Management des neu aufgelegten SMH-Small-Cap.-Fonds.

Für Ochner bildet ein Bottom-up-Ansatz, mit einer sehr individuellen Analyse der einzelnen Unternehmen vor Ort, die Basis seiner Anlageentscheidungen. Mit bis zu 80 Unternehmensbesuchen pro Jahr kennt der sympathische Baden-Württemberger die meisten börsennotierten Unternehmen bis hin zur Produktpolitik in- und auswendig. Er versucht damit einen ähnlichen Ansatz wie Peter Lynch, der legendäre Manager des Fidelity Magellan Fonds, auf den deutschen Markt anzuwenden. Durch seine jahrelange Erfahrung mit Unternehmensbesuchen, deren Vorstandsvorsitzenden und ihrer Öffentlichkeitspolitik hat Ochner neben dem rationalen Zahlenwerk der Bilanzen und Kennzahlen auch eine große Erfahrung im Umgang mit Unternehmen vor Ort entwickelt.

Wann hatten Sie das erste Mal Kontakt zu den Aktienmärkten und Ihrem heutigen Beruf?

Ich begann nach der Schul- und Berufsausbildung zum Industrie-kaufmann ein Studium der Betriebswirtschaft mit dem Gedanken, mich später selbständig zu machen. Mein Berufsziel war es, Steuer-berater zu werden. Im Studium spezialisierte ich mich daher zunächst schwerpunktmäßig auf Rechnungswesen und Steuern. Erst im Rah-men einer Seminararbeit beschäftigte ich mich wesentlich später mit der Risikoanalyse. Da ich schon während meines Studiums privater Aktienanleger war, ging ich zu meinem Professor und fragte, ob ich eine Risikoanalyse anhand von Aktien und Aktienmärkten durchfüh-ren könnte. Er sagte: "Ach Sie meinen sicherlich die Portfolio-Selection-Theorie? Das hat der alte Markowitz schon 1952 unter-sucht. Da brauchen Sie nichts neues mehr zu erfinden." Ich besorgte mir daraufhin die Literatur und stellte fest, daß es bis 1979 zumindest im deutschsprachigen Raum keine Veröffentlichungen mit konkreten und aktuellen Beispielen zu diesem Thema gab.

Haben Sie daraufhin als erster in Deutschland eine Veröffent-lichung zu diesem Thema geschrieben?

Ja. Ich ging von einem bestimmten Szenario aus und versuchte, die prozentuale Gewichtung von drei bekannten deutschen Aktienanla-gen zu optimieren.

Von welchem wirtschaftlichen Szenario gingen Sie bei Ihrer Opti-mierung aus?

Die Weltkonjunktur begann zur damaligen Zeit gerade aus der zwei-ten Ölkrise herauszukommen. Zahlreiche Prognosen gingen von stei-genden Ölpreisen bis in die Richtung von 40 Dollar pro Barrel aus. Diese Ölpreissteigerung hätte in erheblichen Umfang die Ölaktien positiv und dagegen natürlich die Automobilproduzenten negativ tangiert. Wenn der Benzinpreis erst einmal auf 5 DM ansteigt, würde sicherlich spürbar weniger Auto gefahren und als Folge davon wer-den weniger Autos benötigt. In diesem Umfeld wären Automobil-werte natürlich nicht sehr gefragt. Bei einer Bewältigung der Ölkrise und wieder sinkenden Ölpreisen hätte sich das Bild allerdings schnell wieder zugunsten der Automobilindustrie und zu Ungunsten der Ölfirmen gewendet. Durch beide Bereiche gemeinsam erzielte man somit einen ordentlichen Risikoausgleich. Ich hatte also mein Szenario und drei Wertpapiere: einen Ölwert, einen Autowert und einen in Dollar notierten Optionsschein auf die Deutsche Bank, der gewissermaßen als Puffer der beiden Extremszenarien diente.

Nach dieser Arbeit änderten Sie dann Ihr Berufsziel?

Richtig. Ich war so fasziniert von dieser Analyse, daß ich umschwenkte und den Schwerpunkt meines Studiums auf quantitative Analyse verlegte. Nach dem Studium ging ich dann 1980 zur Baden-Württembergischen Bank in Stuttgart. Nachdem ich zuerst am Aufbau einer Analyse-Abteilung mitarbeitete, war ich später im Portfolio- und Fondsmanagement der Bank tätig. Zudem entwickelte ich die Broschüre "Aktien aus Baden-Württemberg". Diese Analysesammlung über 80 Aktien aus dem Bereich der Nebenwerte wird auch heute noch regelmäßig veröffentlicht. Wer die deutsche Unternehmenslandschaft kennt, weiß auch, daß die mittelständische Industrie, insbesondere der Maschinenbau, in Baden-Württemberg ihren Schwerpunkt hat. Ich habe also seit damals ein großes Interesse an Nebenwerten entwickelt.

Wann sind Sie dann zu Schröder Münchmeyer Hengst gekommen?

Mit meinem Know-how ausgestattet kam ich 1987 zu Schröder Münchmeyer Hengst. 1988 übernahm ich nach einem Vierteljahr Einarbeitungszeit den SMH-Special 1.

Wie hat sich der Fonds in den folgenden Jahren entwickelt?

Im Fünfjahreszeitraum von Anfang 1988 bis Ende 1992 betrug die Performance 75 Prozent gegenüber einer Wertentwicklung des Deutschen Aktienindexes um 54,5 Prozent. Der Fonds hatte 1988 ein Volumen von rund 80 Millionen DM. In der Spitze im Jahr 1990 stieg das Volumen durch Mittelzuflüsse und Performance auf 600 Millionen Mark an.

Im nachhinein betrachtet war die Ausgangslage 1988 nach dem Crash natürlich auch sehr günstig für Sie?

Am 31.01.88 war der FAZ-Index - damals beachtete man den DAX-Index weniger - bei 395 Punkten. Ende 1993 sind wir bei 850 Punkten angelangt. Wir hatten damals im deutschen Markt ein Kurs-Gewinn-Verhältnis von etwa 12. Das Zinsniveau am langen Ende, d.h. im 10-Jahres-Bereich, war mit 5,5 ebenfalls sehr günstig für den Aktienmarkt. Da die kurzfristigen Zinsen ebenfalls auf niedrigem Niveau waren, hatten wir zudem eine normale Zinsstruktur. Die Ausgangslage war aus der heutigen Betrachtungsweise natürlich sehr gut, aber der große Crash 1987 hatte einige doch sehr verunsichert.

Woher nahmen Sie damals den Optimismus für deutsche Nebenwerte?

In dieser Zeit half mir besonders das primäre Research in den einzelnen Unternehmen. Durch den Besuch der Unternehmen vor Ort entdeckte ich einen krassen Widerspruch zwischen der Stimmung an der Börse und derjenigen in den Unternehmen. Die Stimmung an den Kapitalmärkten war damals viel schlechter als die tatsächliche Lage der Unternehmen. Wenn die Deutschen was machen, dann machen sie es richtig. So auch im Crash 1987. In Deutschland war nach meiner Meinung die Erfüllungsfrist von zwei Tagen für die starke Reaktion verantwortlich. Um kurzfristig Liquidität zu erhalten, verkauften ausländische Marktteilnehmer massiv deutsche Aktien. An den amerikanischen Aktienmärkten begann die Erholung dann schon im November 1987. In Deutschland hatten wir dagegen noch einmal ein Tief im Januar 1988. Auf diesem niedrigen und im nachhinein betrachtet auch sehr attraktiven Kursniveau übernahm ich den Fonds im Januar 1988.

Können Sie kurz etwas zur Idee und Geschichte des SMH-Special Fonds sagen?

Der SMH-Special wurde 1972 für institutionelle Auslandskunden gegründet. Nebenwerte sind für Ausländer nur sehr schwierig zu verfolgen. Standardwerte werden dagegen auch von ausländischen Analyseabteilungen ständig beobachtet, und die Kursentwicklung sowie die fundamentale Entwicklung sind leichter zu verfolgen. Der SMH-Special war so konzipiert, daß er den aufwendigen und komplexen Bereich der deutschen Nebenwerte abdecken sollte. Ab dem vierten Quartal 1982 bis zum 19. Oktober 1987 hatten wir dann allerdings eine der längsten Aufwärtsbewegungen in Standardwerten. Meine Vorgänger haben daher die Gewichtung des Fonds schwerpunktmäßig auf Standardwerte verlegt. So kam es, daß ich den Fonds mit 80 Prozent Standardwerten und 20 Prozent Nebenwerten übernahm.

Haben Sie die Struktur und Gewichtung des Fonds verändert?

Ja. Die Struktur des Fonds bestand - wie bereits gesagt - aus 80 Prozent Standardwerten und 20 Prozent Nebenwerten. Ich sah aber ein enormes Potential in Nebenwerten und änderte aus diesem Grund die Struktur auf 20 Prozent Standardwerte und 80 Prozent Nebenwerte. Die Nebenwerte hatten dann in den nächsten zweieinhalb Jahren bekanntlich einen riesigen Aufschwung.

Was waren dann 1993 die bestimmenden Faktoren für steigende Notierungen bei den Nebenwerten?

Bei dem Aufschwung, den wir 1993 an der Börse hatten, kann man sehr polemisch argumentieren: Läuft Käse, läuft auch Butter. Kollegen und Privatinvestoren suchten verstärkt Turnaround-Kandidaten am deutschen Aktienmarkt. Dabei wurden Aktien gekauft, bei denen die Wahrscheinlichkeit hoch ist, daß sie keinen Vergleich oder Konkurs erleiden. Als Value-Investor suche ich aber konkrete Werte in den einzelnen Aktien und letztlich auch im Aktienmarkt. Ich finde es auch bewundernswert, wenn eine Firma ihren Gewinn verdreifacht - aber nicht, wenn die Gewinnverdreifachung von 2 auf 6 DM besteht und das Kurs-Gewinn-Verhältnis bei 6 DM Gewinn noch immer 30 beträgt.

Inwiefern unterscheidet sich die Situation Ende 1993 von der damaligen?

Eine Traub-Aktie zum Beispiel konnte man im Januar 1988 für circa 160 DM kaufen. Das Kurs-Gewinn-Verhältnis war 12 und das Unternehmen hatte zweistellig steigende Auftragseingänge. Ende 1993 notiert die Aktie ebenfalls circa bei 160 DM, nur ist der Umsatz im ersten Halbjahr 1993 um 70 Prozent und die Auftragseingänge sind um 40 Prozent gesunken. Bei den 1993 im Vergleich zu 1988 wesentlich schlechteren fundamentalen Rahmendaten wird somit sehr viel Hoffnung bezahlt. Alles, was man früher gelernt hat, gilt heute nicht mehr. Das alte Handwerkszeug ist nicht mehr gefragt. Ich kann da nur einen Kollegen zitieren, der sagte: "Es ist zuviel dummes Geld im Markt." Viele Marktteilnehmer investieren nicht aufgrund von fundamentalen Faktoren, sondern orientieren sich an dem Aktienindex, mit dem ihr Erfolg gemessen wird.

Wie war Ihre Marktstellung, als Sie den Fonds 1988 übernahmen?

Das Volumen ist, wie bereits gesagt, von 80 Millionen DM auf über 600 Millionen DM angewachsen. Wir wurden mit unserem Volumen also von einem kleinen Marktteilnehmer zu einem der größten Marktteilnehmer. Dazu haben andere Fondsgesellschaften versucht, unser Konzept zu kopieren. Sie studierten unsere veröffentlichten Berichte und kauften einfach die gleichen Aktien, die in unseren Fondsdepots ausgewiesen waren. Aufgrund unserer eigenen Mittelzuflüsse und der Konkurrenz kam somit natürlich laufend weitere Nachfrage in die von uns ausgesuchten Aktienwerte. Nach den sehr erfolgreichen Jahren 1989 und 1990 hatten wir extrem hohe Mittelzuflüsse im Fonds und in parallel nach den gleichen Anlagekriterien verwalteten Spezialfonds. Die Spezialfonds waren zwar individuelle Vehikel für einzelne Kunden, aber sie wurden nach den gleichen Kriterien und Richtlinien wie der SMH-Special verwaltet. Das gesamte Volumen von SMH im Spezialwerte-Bereich war also noch wesentlich höher als das reine Fondsvolumen des SMH-Special.

Hatten Sie bei dem hohen Fondsvolumen Probleme mit der teilweise geringen Marktkapitalisierung einiger deutscher Nebenwerte?

Natürlich. Aus diesem Grund diversifizierten wir sehr breit und investierten in bis zu 90 verschiedene Aktien. Das war vielleicht etwas zu viel, aber bei dem rapide ansteigenden Volumen mußte ich laufend neue Ideen suchen. Bei hohen Mittelzuflüssen ist zudem auch die Gefahr gegeben, daß man Kompromisse eingeht und fundamental schwächere Aktien nicht verkauft. Peter Lynch hatte mit seinem Magellan Fonds bei einem Fondsvolumen mit bis zu 14 Milliarden Dollar (heute hat der Fonds sogar ein Volumen von knapp 30 Milliarden Dollar) natürlich ein viel größeres Problem als ich. Wie man an Lynchs Performance sieht, war dieses hohe Volumen für ihn kein Nachteil. Obwohl er sogar bis zu 1.400 verschiedenen Aktien in seinem Fonds hatte, war seine Performance trotzdem über all die Jahre hervorragend. Nur leider kann man den deutschen Aktienmarkt mit seinen circa 650 börsennotierten Werten, nicht mit dem amerikanischen Aktienmarkt vergleichen, an dem über 4.000 Werte notieren.

Haben Sie durch Ihre Marktstellung mit großen Kaufaufträgen nicht maßgeblich die Aktienkurse der oft umsatzschwachen Nebenwerte bestimmt?

Wir beeinflußten die Kurse in der Aufschwungphase natürlich durch unsere Käufe und die Aktien sind dadurch stärker als ohne unsere Käufe angestiegen.

Wie gehen Sie generell beim Kauf einer großen Position vor?

Wenn mir ein Nebenwert gefällt, beginne ich immer langsam, die Aktie zu kaufen. Nehmen wir einmal an, ich kann somit in einem marktengen Nebenwert jeden Tag 300 Aktien kaufen. Irgendwann kann ich dann vielleicht noch einige tausend Stück eines Aktienpaketes von einem Großinvestor übernehmen und besitze so in einigen Wochen 10.000 Stück. Mit meinen Käufen ließ ich den Aktienkurs vielleicht um 10 Prozent stärker als ohne meine Käufe ansteigen. Ich habe damit den Index outperformed und mein Fonds hat eine überdurchschnittliche Performance. Wenn ich jetzt aber plötzlich die Aktie verkaufen will, sinkt der betreffende Kurs nur allein durch den Verkaufsdruck meiner 10.000 Aktien. Ich vernichte somit beim Verkaufen meinen ganzen Performancevorsprung wieder. Durch mein Volumen beeinflusse ich also nicht nur die Kurse beim Kaufen nach oben, sondern auch beim Verkaufen nach unten. Meine Philosophie ist es daher, ein Unternehmen und damit die Aktien so zu bewerten, als ob ich die ganze Firma kaufen würde. Ich kaufe Aktien aus diesem Grund langfristig.

Welche Größe können die einzelnen Aktienpositionen annehmen, die Sie langfristig besitzen?

Vom Gesetzgeber her dürfen Investmentfonds zwar bis zu 10 Prozent des Aktienkapitals eines Unternehmens erwerben, aber fondsintern haben wir eine Beschränkung, daß wir maximal 25 Prozent der freien Aktien kaufen. Das ist bei einigen Aktien dann wesentlich weniger als die vom Gesetzgeber vorgeschriebenen 10 Prozent des gesamten Aktienkapitals.

Gibt es nicht auch andere Möglichkeiten, als unbedingt über die Börse ein großes Aktienpaket zu verkaufen?

Wenn man so eine große Position einer Aktie kaufen oder verkaufen will, geht das eigentlich schon in den Bereich Mergers&Aquisitions. Da ich seit Jahren in dem Bereich der Nebenwerte aktiv bin, kenne ich die meisten meiner Kollegen und zum Teil auch ihre Positionen.

Zudem sind die Märkte inzwischen sehr transparent geworden. Für Publikumsfonds gibt es Übersichten mit Auflistungen der einzelnen Aktienpositionen und im Bundesanzeiger kann man zudem die Positionen der Spezialfonds finden. Bei ausländischen Informationsdiensten kann man auch noch den Bestand ausländischer Adressen nachlesen. Aus diesen Portfoliovergleichen der Kollegen kann man oft Schachteln in der Höhe von 25 Prozent zusammenstellen.

Gibt es konkrete Beispiele für so einen Kauf oder Verkauf einer großen Position?

Der Traum eines jeden Fondsmanagers ist es, beim Verkauf einer großen Position einerseits nicht den Kurs negativ zu beeinflussen und vielleicht oder sogar 10 Prozent mehr als den aktuellen Börsenkurs für ein Aktienpaket zu bekommen. Ein anderer Fondsmanager wird aber kaum gewillt sein, mehr als den Börsenpreis für eine Aktie zu bezahlen. Ein strategischer Investor, der an der Mehrheit eines Unternehmens interessiert ist, zahlt hingegen eher einen Aufpreis zum börsennotierten Aktienkurs. Phönix Gummi ist ein Beispiel für so eine Transaktion, die in den Bereich Mergers&Aquisitions übergreift. Ich erkannte im Jahr 1988 sehr früh den Turnaround bei Phönix Gummi. Aufgrund der vorzüglichen Managementleistung des Unternehmens war ich mir sicher, daß Phönix nicht nur aus der Verlustzone herauskommt, sondern auch wieder Gewinne erzielen würde. Ich engagierte mich daraufhin bei Kursen um circa 200 DM massiv in der Aktie und besaß fast 10 Prozent aller Aktien. Ich wußte auch, daß andere Investmentfondsgesellschaften ähnliche Positionen akkumuliert hatten. Insgesamt besaßen fünf große Adressen circa 40 Prozent aller Phönix Gummi-Aktien. Da Phönix als strategische Beteiligung sehr gut zu Contigummi gepaßt hätte, boten wir daraufhin alle fünf zusammen Contigummi das Aktienpaket von Phönix an. Eine deutsche Großbank hatte die restlichen 10 Prozent zu einem Paket von insgesamt 50 Prozent. Aufgrund eines externen Umstandes, den niemand von uns zu verschulden hatte, kam der Verkauf an Contigummi dann leider nicht zustande. Das Geschäft wäre bei einem positiven Abschluß sicher der Beginn einer Vielzahl solcher Transaktionen gewesen.

Wie haben Sie sich daraufhin von Phönix Gummi getrennt?

Der Aktienkurs ist von 200 DM weiter in Richtung 400 DM angestiegen und die Fondsgesellschaften trennten sich je nach Bedarf individuell von den Positionen über die Börse.

Warum hat sich diese Art des Beteiligungsmanagements in Deutschland im Laufe der Jahre nicht weiter durchgesetzt?

In den 80er Jahren war das Mergers&Aquisitions-Geschäft in Amerika auf einem Höhepunkt angelangt. Diese Welle kam mit einiger Verzögerung auch nach Europa. Mit der deutschen Wiedervereinigung veränderte sich dann aber schlagartig das Angebot-/Nachfrage-Verhältnis nach Unternehmen. Aus dem enormen Angebot an Treuhand-Unternehmen in den neuen Bundesländern konnten potentielle Käufer passende Beteiligungen fast nach Belieben kaufen. Niemand hatte Bedarf, Beteiligungen durch Nebenwerte über die Börse zu erwerben. Dieser Sachverhalt war auch einer der entscheidenden Gründe, warum Nebenwerte in den Jahren 1991 und 1992 eine weitaus schlechtere Kursentwicklung zu verzeichnen hatten als Standardwerte.

Gab es Marktphasen, in denen sich konkret das große Volumen Ihres Fonds negativ auf die Performance ausgewirkt hat?

Im nachhinein betrachtet, unterschätzte ich leider die Kuwait-Krise in ihrem Ausmaß. Wie schon Kostolany sagte, haben politische Krisen normalerweise kurze Beine. Da es aber nicht nur eine politische Krise, sondern letztendlich eine kriegerische Auseinandersetzung war, hatte sie gravierendere Auswirkungen auf die Kurse. Im Verlauf der Kuwaitkrise hatte der Fonds erschwerend zu den ohnehin schwachen Aktienkursen massive Mittelabflüsse. Durch Verkäufe unserer Positionen mußten wir Liquidität für diese Rückflüsse schaffen und haben somit zusätzlich die Kurse unserer Aktien belastet. Durch die nochmals schwächeren Kurse wurde die Performance des Fonds weiter gedrückt und es kam zu weiteren Mittelabflüssen. Es war wie ein Teufelskreis.

Neben den schwachen Kursen waren also auch die Mittelabflüsse des Fonds ein maßgeblicher Faktor für die schwache Performance in dieser Marktphase?

Ich war nahezu machtlos gegen den erwähnten Teufelskreis. Ich arbeitete nicht weniger als in den vorangegangenen zwei Jahren und ich bin auch nicht dümmer geworden. Ein Großteil der negativen Performance war somit auf exogene Gründe zurückzuführen wie die Liquidität der Märkte und die Aktionen der anderen Marktteilnehmer und der Geldgeber.

Wie reagierten Sie auf diese negativen Einflüsse der geringen Marktkapitalisierung deutscher Nebenwerte?

Das Erfolgsrezept des Fonds war, daß er eine sehr geringe Korrelation zu den Standardwerten und zum Deutschen Aktienindex DAX aufwies. Im positiven wie im negativen. Aufgrund der schlechten Performance der Nebenwerte hatte der Fonds im Jahr 1991 eine extreme Unterperformance von 10 Prozent im Verhältnis zum DAX-Index. Die Geschäftsleitung traf daraufhin die strategische Entscheidung, ein zweites Instrument zu gründen. Der ursprüngliche SMH-Special-Fonds sollte daraufhin schwerpunktmäßg in Standardwerten anlegen. Der neugegründete SMH-Small-Cap investiert dagegen ausschließlich in Nebenwerte. Die Kunden können sich damit aussuchen, in welchen Bereich sie vorrangig investieren wollen.

Wie hoch ist das aktuelle Volumen der beiden Fonds?

Der SMH-Spezial hat ein Volumen von etwa 400 Millionen DM. Das Volumen des neugegründeten SMH-Small-Cap ist inzwischen bereits auf 200 Millionen DM angewachsen.

Wie war Ihre Performance seit Beginn des Fonds?

Der SMH-Small-Cap wurde am 01.03.1993 aufgelegt. Bis Ende März des Jahres 1994 hatte der Fonds eine Performance von 28,3 Prozent. Der Spezialwerte-Index SC-100 hatte im Vergleichszeitraum eine Performance von 31,4 Prozent. Durch die ständigen Mittelzuflüsse war der Fonds aber anfangs nie zu 100 Prozent investiert. Der durchschnittliche Investitionsgrad lag bei 80 Prozent. Ein weiterer Grund für die unterdurchschnittliche Entwicklung des Fonds war das aktuelle Kursniveau des Aktienmarktes. 1993 befand sich der Markt in einer zinsgeprägten Aufschwungphase, in der fundamentale Faktoren nur eine untergeordnete Rolle spielten. Es ist aber nicht mein Stil, Aktien für 100 DM oder 150 DM zu kaufen, nur aus der Hoffnung heraus, daß das Unternehmen nicht in Konkurs geht. Seit Beginn des Jahres 1994 hole ich den relativen Performance-Rückstand sukzessive auf. Während der DAX-Index im ersten Quartal mit 5,9 Prozent im Minus liegt, befindet sich mein Fonds mit 4,7 Prozent im Plus.

Welche Marktkapitalisierung haben die Aktien, in die Sie investieren?

Wir haben aus unseren negativen Erfahrungen gelernt, daß eine gewisse Mindestmarktkapitalisierung unbedingt notwendig ist. Umsatzschwache Werte steigen beim Kauf über die Börse zu stark an und sinken beim späteren Verkauf dementsprechend oft wieder genauso. Es sei denn, man findet einen Investor, der außerbörslich die Position übernimmt. Wir haben uns aus diesen Gründen bei der Marktkapitalisierung eine Untergrenze von 200 bis 300 Millionen DM und eine Obergrenze von 1,1 Mrd. DM gesetzt. Die Obergrenze bilden Aktien wie Bremer Vulkan, KHD, IWKA mit einer täglichen Umsatztätigkeit an der Börse von 50.000 bis 60.000 Aktien. Die untere Grenze sind Unternehmen wie BOSS, Weru, VBH, Leifheit, Dywidag, Trinkaus&Burkhardt. Unternehmen wie z.B. Wünsche, Maho und Gildemeister kaufen wir nicht.

Können Sie das Grundkonzept Ihrer Anlagephilosophie beschreiben?

Aufgrund meiner Erfahrungen ist eine Kombination aus Top-down und Bottom-up-Ansatz im Aktienbereich am nützlichsten. Im Rahmen des Top-down-Ansatzes bestimme ich nach einer ausführlichen Analyse der vorhandenen makroökonomischen Daten die interessantesten Branchen. Im Anschluß daran lege ich den individuellen Prozentsatz fest, den ich in jede Branche investieren will. Innerhalb einer Branche suche ich mir dann systematisch aus dem vorhandenen Segment die attraktivsten Aktien heraus. Bei diesem Bottom-up-Prozeß beachte ich typische Kennzahlen wie das Kurs-Gewinn-Verhältnis, Kurs-Cash-Flow-Verhältnis und das Kurs-Buchwert-Verhältnis. Auf der Unternehmensbasis analysiere ich darüber hinaus die brancheninterne Positionierung des Unternehmens, seine Perspektiven und, wie erfolgversprechend die Produktpolitik ist.

Sie betrachten das Unternehmen demnach auch aus der Sicht eines potentiellen Kunden?

Ich versuche einen ähnlichen Ansatz wie Peter Lynch in Amerika auf dem deutschen Aktienmarkt anzuwenden. Dazu gehe ich immer mit offenen Augen durch die Welt. In der Freizeit, im Urlaub oder an den Wochenenden kommen mir dabei oft die besten Ideen. Das Problem ist dann, die aufgenommenen Ideen auch entsprechend umsetzen zu können.

Können Sie ein konkretes Beispiel nennen, welche Probleme bei der Umsetzung dieses Ansatzes in Deutschland auftreten können?

Oftmals kommt der Anstoß zu einer Anlageidee aus dem Produkt einer Firma. Ein neues innovatives Produkt, das mich selbst, meine Familie oder den Verbraucher generell anspricht. Bei den Nachforschungen nach dem Hersteller kommt in Deutschland dann aber oft die Ernüchterung. Ein innovatives Elektrogerät von einer Siemens-Tochtergesellschaft hat mit einem Anteil von weniger als 0,0005 Prozent am Gesamtergebnis von Siemens verschwindend geringe Auswirkungen auf die Aktienkursentwicklung.

Gibt es nicht auch Produkte, die größere Auswirkungen auf die Aktienkursentwicklung haben?

In der Automobilbranche hat die Einführung eines neuen Modells sicherlich auch in Deutschland erheblichen Einfluß auf die langfristige Entwicklung des Aktienkurses. Generell notieren in Deutschland im Gegensatz zu Amerika aber leider wesentlich weniger Nebenwerte an der Börse. Damit ist hierzulande auch die Auswahlmöglichkeit an interessanten Aktien für den Fondsmanager sehr limitiert.

Besuchen Sie die Unternehmen persönlich?

Ich besuche im Jahr bis zu 100 Unternehmen. Schröder Münchmeyer Hengst hat sechs Mikroanalysten, die zum Großteil mit den großen Standardwerten ausgelastet sind. Wenn ich eine konkrete Idee habe, sehe ich mir das Unternehmen daher am liebsten selbst an. Falls sich nach meinem Unternehmensbesuch herausstellt, daß die Aktie kein "Kauf" ist, dann war es eben einen Versuch wert, aber ich muß nicht erst einen langen Bericht über das Unternehmen schreiben. Für den Fall, daß das Unternehmen dagegen eine interessante Kaufgelegenheit darstellt, fange ich an zu kaufen, ohne das andere Interessenten davon erfahren.

Sie besuchen also jedes Unternehmen vorher persönlich, das Sie in den Fonds kaufen?

Ich glaube, daß ein Unternehmensbesuch oder zumindest ein Gespräch mit dem Management vor dem Kauf absolut notwendig ist. Bei uns wird im Gegensatz zu angelsächsischen Ländern die Managementqualität zu wenig beachtet. Es zeigt sich aber gerade in einer Rezession, daß die Managementqualität oftmals höher zu beurteilen ist als nur eine gute Produktpolitik.

Auf was achten Sie besonders, wenn Sie in den einzelnen Unternehmen vor Ort sind?

Die Präsentation und das Auftreten des Managements sind ein erster entscheidender Faktor. Wichtig ist auch, wie konkrete Fragen beantwortet werden. Eine ungenaue oder gar keine Antwort auf konkrete Fragen stören mich dabei besonders. Dieses Verschweigen bedeutet, daß man entweder unsicher ist oder man versucht, etwas zu verheimlichen, was ebenfalls sehr negativ ist. Ich habe gerade in der Gesprächsführung mit Unternehmen langjährige Erfahrungswerte. Viele Manager kenne ich seit Jahren. Ich gebe den Unternehmen auch immer zu verstehen, daß wir mit dem SMH-Small-Cap langfristige Investoren sind. Wenn wir uns entschließen zu kaufen, dann verkaufen wir nicht übermorgen gleich wieder die gesamte Position. Vorausgesetzt die Unternehmenszahlen sind weiter positiv, halten wir in der Regel die Aktien mehrere Jahre.

Welchen durchschnittlichen Zeithorizont verfolgen Sie bei Ihren Engagements?

Das kann man nicht generell vereinheitlichen. Der Zeithorizont richtet sich nach der Grundverfassung der Börse, den individuellen Unternehmenszahlen und der generellen Hintergrundgeschichte des Unternehmens.

Gibt es weitere Punkte, die Sie bei einem Unternehmensbesuch besonders beachten?

Ich achte bei mittleren und kleineren Unternehmen auch auf Äußerlichkeiten, die für die eigentliche Produktion nebensächlich sind. Während bei großen Konzernen ein gewisses Corporate Indentity natürlich selbstverständlich ist, sollte bei mittleren und kleineren Unternehmen dagegen alles in einem gesunden Verhältnis zur Größe des Unternehmens stehen. Oft erkennt man auf den ersten Blick, daß ein Unternehmen in der Hochkonjunktur hohe Gewinne erzielte. Im Verwaltungsgebäude liegen dementsprechend viele Perserteppiche aus, teuere Gemälde hängen an den Wänden und bis zum mittleren Management werden Autos der deutschen Oberklasse gefahren. In solchen Fällen werde ich sehr mißtrauisch.

Können Sie ein konkretes Beispiel nennen, wo Sie ein übertrieben aufwendig gestaltetes Verwaltungsgebäude von einer Investition abhielt?

In diesem Zusammenhang erinnere ich mich immer wieder an einen Besuch bei der Firma Hako (Fotohandel). Der damalige Vorstandsvorsitzende hatte ein innenarchitektonisch perfekt eingerichtetes 150 qm großes Büro, in dem ein altarähnlicher Aufbau aus Marmor den Schreibtisch darstellte. Als Dienstwagen war der größte Mercedes natürlich gerade gut genug. Der Mercedesstern war jedoch abgebaut und stattdessen verzierte die Kühlerhaube das eigene Hako-Emblem (H) in Gold. Es war unmißverständlich zu erkennen, daß sich der Vorstandsvorsitzende nicht mehr auf dem Boden der Tatsachen befand und er scheiterte letztendlich auch an diesem Größenwahn. Nach der Wiedervereinigung und der fortschreitenden Öffnung des Ostens füllte Hako seine Lager, als wollten sie den Fotoausrüstungsmarkt von Frankfurt an der Oder bis Wladiwostok versorgen. Das konnte natürlich nicht gutgehen. Mich verwunderte es nicht, daß Hako enorme Schwierigkeiten bekam und vor dem drohenden Konkurs von der Computerfirma Escom übernommen wurde.

Worauf reagieren Sie bei Unternehmensbesuchen und Unternehmenspräsentationen besonders zurückhaltend?

Ein gewisses Understatement bei den Unternehmen und deren Vorständen ist für mich ebenfalls sehr wichtig. Vor kurzem war ich bei einer Unternehmenspräsentation, bei der am Schluß eine Folie aufgelegt wurde, worauf sechs Gründe aufgelistet waren, warum man die Aktie kaufen sollte. So etwas widerstrebt mir. In solchen Fällen besteht die Gefahr, daß ein Großaktionär den Auftrag an den Vorstand gegeben hat, die Aktie in zahlreichen Präsentationen attraktiv darzustellen. Das Ziel des Großaktionärs ist es oft, einen hohen

Aktienkurs zu erzielen, damit er seine Aktien auf dem Markt bestmöglichst verkaufen kann.

Sind Sie kritisch, wenn mittelständige Unternehmen aus einer mehr oder weniger regionalen Stellung plötzlich versuchen, den Weltmarkt zu erobern?

Generell sind natürlich Visionen des Managements im Kampf um neue Märkte und Marktanteile sehr wichtig. Daraus können langfristig Marktstellungen gesichert werden. Unternehmen wie SAP (Software), Krones (Etikettiermaschinen) und Weinig (Holz-Kehlmaschinen) haben nahezu eine Monopolstellung in ihren jeweiligen Branchen erreicht. Es gibt aber auch einige Beispiele von Unternehmen, die sich mit ihren Expansionsplänen übernommen haben. Bei Maho (Werkzeugmaschinen) lag der aggressiven Expansion, ähnlich wie bei Hako, eine völlig falsche Markteinschätzung zugrunde. Maho baute eine Kapazität auf, die dazu geeignet war, 50 Prozent des Weltbedarfs in dem betreffenden Segment abzudecken. Der konjunkturelle Abschwung, nicht ausgelastete Kapazitäten und steigende Zinsen, die den Verschuldungsgrad noch verschärften, machten dem Unternehmen aber einen gewaltigen Strich durch die Rechnung. Maho stand im Jahr 1993 nach einem Kapitalschnitt nahe am Konkurs.

Wie verhalten sich gerade kleinere Unternehmen bei Besuchen von Fondsmanagern und Analysten?

Gerade in den harten Zeiten einer Rezession sagen Unternehmen oftmals nicht die ganze Wahrheit. Vor allem jungen Fondsmanagern fehlt dann die Routine, an den Kern der Geschichte zu gelangen. Wenn ich denke, daß mir etwas verschwiegen wird oder zu positiv verkauft wird, versuche ich die Gesprächspartner des Unternehmens auch etwas zu provozieren. Es gibt aber auch nach wie vor einige Unternehmen, die einen geplanten Besuch ablehnen und keine Auskünfte erteilen wollen. Solche Unternehmen geben an, daß sie sich nur auf der Bilanzpressekonferenz und der Hauptversammlung zur Geschäftsentwicklung äußern wollen. In so einem Fall sage ich: Wenn keine Möglichkeit besteht, bei einem persönlichen Besuch des Unternehmens mit dem entsprechenden Management zu sprechen, stelle ich die notwendigen Fragen nicht im kleinen, sondern im großen Kreis auf der nächsten Hauptversammlung.

Mußten Sie schon einmal zu diesem harten Mittel greifen?

Ein einziges Mal mußte ich diese ungewöhnliche Methode anwenden. Danach bekam ich jedoch immer ohne Probleme einen Termin bei dem betreffenden Unternehmen. Andere Portfoliomanager aus Großbanken mit weitläufigen und verflochtenen Beteiligungen haben oft keine Möglichkeiten zu solchen Aktionen. In diesen Fällen ist es ein klarer Vorteil in einem kleineren Haus zu arbeiten, weil die Strukturen und Hierarchien nicht so starr sind. Gerade solche Freiräume sind ein wesentlicher Aspekt für erfolgreiches Arbeiten.

Auf den angesprochenen Hauptversammlungen sind Sie aber sonst wie die meisten Ihrer Kollegen ein angenehmer "Ja"-Stimmer?

Bei einer Hauptversammlung habe ich einmal eine Kapitalerhöhung mit meinen "Nein" Stimmen nicht genehmigt. Das war bei BBS, dem Leichtmetallfelgenhersteller, der Fall. Fondsmanager werden oftmals von Wirtschaftsprüfern gefragt, warum sie bei jeder Hauptversammlung mit "Ja" stimmen und ob das auch immer zum Nutzen des Anteilseigner ist. In der Regel ist bei den Unternehmen und damit auch bei den Abstimmungen auf der Hauptversammlung tatsächlich nichts zu beanstanden, und man kann mit gutem Gewissen mit "Ja" stimmen. BBS war aber ein Fall, bei dem ich nach meinem besten Wissen und Gewissen im Interesse der Anteilseigner mit "Nein" stimmen mußte.

Wie waren die Reaktionen auf Ihre "Nein" Stimmen?

Als ich in die Bank zurückkam, wurde ich nicht gerade gelobt für diese unabgestimmte Aktion. Es ist eigentlich nicht der beste Stil, da es in diesem Fall eine große Blamage für das Unternehmen war. Aber ich bemerkte erst vor Ort, daß der Punkt auf der Tagesordnung stand. Nach besten Gewissen konnte ich nicht anders als mit "Nein" stimmen. Ich war mir bereits bei der Abstimmung im klaren, daß ich Ärger bekommen könnte, aber ich hatte keine andere Wahl. Es war für mich in diesem Fall eine persönliche Charakterfrage.

Fühlen Sie sich nach einem Aktienkauf oft eher als langfristig orientierter Mitunternehmer oder trotzdem als kurzorientiert denkender Aktionär?

Zu viele Informationen über ein Unternehmen können oft auch hinderlich für die objektive Beurteilung der augenblicklichen Unternehmenszahlen und deren Auswirkungen auf die Börse sein. Wenn man ein Unternehmen sehr gut kennt und sich damit identifiziert, fühlt man sich eher als langfristig denkender Mitunternehmer und nicht so sehr als ein kurzfristig denkender Aktionär. Viele Fondsanteilseigner sind in ihrem Anlagehorizont extrem kurzorientiert und erwarten ununterbrochen eine attraktive Performance.

Sie haben also einen sehr unternehmerischen Ansatz?

Als Selbstkritik muß ich zugeben, daß ich oft einen zu engen Bezug zu einigen Unternehmen entwickle.

Kann darin eine Gefahr bestehen?

Natürlich. Ich versuche, diese Gefahren an einem plakativen Beispiel darzulegen. Nehmen wir an, das Management eines Unternehmens ist sehr kompetent, die Produktpolitik ist ebenfalls erfolgreich und nur die konjunkturelle Entwicklung verhindert eine positivere Entwicklung des Unternehmens. In den nächsten 12 bis 18 Monaten wird sich die konjunkturelle Lage jedoch so verbessern, daß das Unternehmen ein hohes Gewinnpotential erhält. Als langfristig denkender Mitunternehmer verkauft man in so einer Lage natürlich seine Aktien nicht. Man vertraut auf die Stärken des Unternehmens und wartet, bis sich die externen Einflüsse des allgemeinen Konjunkturtrends verbessern. Wenn es sich dazu noch um einen Nebenwert mit sehr geringer täglicher Umsatztätigkeit an der Börse handelt, lohnt es sich gar nicht erst, mit dem Verkauf zu beginnen. Bis man alle Aktien verkauft hätte, kann es passieren, daß sich die Rahmendaten wieder verbessert haben und man wieder zu kaufen beginnen müßte. Unvoreingenommene Aktionäre werden dagegen in so einer Situation erst einmal verkaufen und später in einem besseren konjunkturellen Umfeld die Aktie vielleicht wieder kaufen.

Haben Sie zu gewissen Aktien im Laufe Ihrer Karriere eine besondere Beziehung entwickelt?

Ich kann aus unterschiedlichen Gründen eine besondere Beziehung zu einer Aktie entwickeln. Bei **SAP** (Software) gefällt mir die Branche und die Produkte der Firma sowie die Art und Weise, wie die

Produkte vermarktet werden. Eine große Hochachtung empfinde ich
dabei gegenüber den Gründern und heutigen Vorständen der Firma,
das sie im Gegensatz zu den meisten angestellten Vorständen vieler
Großkonzerne - insbesondere der deutschen Großbanken - nicht durch
Arroganz und oftmals auch fehlende Kompetenz glänzen, sondern im
Herzen sehr sympathische mittelständische Unternehmer geblieben
sind.

Bei **Porsche** fasziniert mich, daß das Unternehmen bereits sehr
frühzeitig dem Absatzeinbruch am Automobilmarkt gegensteuerte.
Bevor Rationalisierungen und Lopez überhaupt im Gespräch waren,
reduzierte Porsche bereits 25 Prozent des Personals. Obwohl die
Firma 1991/92 einen Umsatzeinbruch von 30 Prozent und ein Negativ-
ergebnis von 200 Millionen DM erlitt, kann sie immer noch nahezu
ohne Fremdkapital arbeiten.

Die Firma **Altana** fasziniert mich aufgrund ihrer diversifizierten
Beteiligungspolitik in den vier Bereichen Pharmazie, Diätetik, Spezial-
chemie und EDV. Diese vier Beteiligungsbereiche bringen im Unternehmen in sich immer wieder einen gewissen Risikoausgleich. Das
Management nützt darüber hinaus die einzelnen Teilbereiche als
Steuerungsinstrument im Finanzierungsbereich oder um gezielt
Synergieeffekte im Diätetik- und Pharmabereich auszuschöpfen. Unternehmen mit einer sinnvollen Diversifikation wie Altana überstehen
konjunkturelle Schwächephasen meist besser als die Konkurrenz.

**Welche Faktoren fließen nach einem Unternehmensbesuch mit in
die Entscheidungsfindung ein?**

In unserer Branche herrscht heutzutage eine Tendenz, alles zu vereinfachen. Viele Analysten sind auf der Suche nach plausiblen Geschichten, die im Einklang mit der allgemeinen Meinung stehen.
Nehmen wir beispielsweise an, ein Unternehmen im Handelsbereich
erzielt aktuell eine Umsatzrendite von 0,4 Prozent. Die unternehmenseigenen Schätzungen gehen davon aus, daß die Umsatzrendite in
zwei Jahren auf 1 Prozent erhöht werden kann. Die Mehrzahl der
Analysten geht nun her und argumentiert: Der Umsatz steigt konservativ geschätzt noch um 20 Prozent, die Umsatzrendite steigt auf 1
Prozent, dementsprechend steigt der Gewinn je Aktie z.B. von 20 DM
auf 50 DM an. Die Aktie beginnt zu steigen. Wenn ich mit einer
kritischen Analyse zu einem anderen Entschluß komme, hat das
relativ wenig zu bedeuten. Ich muß immer mit einbeziehen, wie die
Mehrheit der Analysten, bzw. meine Kollegen, handeln werden. Des-

wegen kann es oftmals lange Zeit ein Fehler sein, wenn man zu kompliziert und kritisch denkt. Letztendlich zählt die normative Kraft des Faktischen.

Sind Sie ein unkonventioneller Denker im Markt?

Ja, ich glaube ich bin eher ein Außenseitertyp.

In welche verschiedenen Phasen und Zyklen unterteilen Sie einen Aufschwung am Aktienmarkt?

Historisch betrachtet zeichnen sich vier verschiedene Aufschwungphasen ab. 1993 waren wir in der ersten Phase, einer zinsorientierten Aufschwungphase. Niedrige Zinsen machen Aktien unabhängig von der aktuellen Gewinnentwicklung zu einem lukrativen Investment. Die zweite Phase ist der Übergang von der zins- zur gewinnorientierten Phase. Die Zinsen sind bereits gesunken, besitzen zwar noch ein bißchen Potential, aber das Hauptaugenmerk gilt in dieser Phase den fundamentalen Daten und Gewinnen der Unternehmen. Die dritte Phase wäre der reife Markt, in dem die Zuwachsraten der Gewinne schon selektiver werden. In der vierten Phase beginnt bereits der Blick über den Tellerrand des Aufschwungs hinweg in den folgenden konjunkturellen Abschwung. Die entscheidende Frage in dieser vierten Phase ist: Welche Aktien sind in einem solchen Abschwung am stärksten und welche am wenigsten betroffen?

In welcher der von Ihnen skizzierten Phase sind Standard- und Nebenwerte am aussichtsreichsten?

Zinssensitive Werte steigen in der ersten und zweiten Phase überproportional zum Index. Die sogenannten zyklischen Werte der Investitionsgüterindustrie reagieren in der ersten und vierten Phase am stärksten. In der ersten Phase zählen sie zu den Werten mit der besten Entwicklung und in der vierten zu den Werten mit der schlechtesten Entwicklung. Die gewinnstabilen und gewinnsicheren Wachstumswerte performen in der zweiten und dritten Phase am besten. Die Stärken der sogenannten Stockpicker liegen genau in diesem reifen Markt, also der zweiten und dritten Phase. Meine Stärke ist es nicht, die Entscheidung zu treffen, ob man Daimler oder Siemens kauft und wie man sie gewichtet. Standardwerte sind für mich die Pflicht und Nebenwerte die Kür. Ich sage immer: "Ich kann auch kleine Werte".

Auf welche konkreten Kennzahlen achten Sie bei Unternehmen besonders?

Vorrangig beachte ich folgende sechs Kriterien:

1. Cash flow
2. Gewinn vor Steuern
3. Bilanzkurs
4. Eigenkapital pro Aktie
5. Marktstellung und Entwicklung
6. Managementqualität

Insbesondere in Zeiten, in denen ein Unternehmen nichts verdient, ist das Eigenkapital pro Aktie ein wichtiger Anhaltspunkt. Darüber hinaus beachte ich verstärkt die kumulierten Investitionen und Abschreibungen der letzten vier bis fünf Jahre. Dadurch erhalte ich einen guten Anhaltspunkt über das Alter der Produktionsstätten und Produktionsmittel. Aufgrund der Investitionstätigkeit entdecke ich sehr schnell, ob ein Unternehmen wettbewerbsfähige Maschinen und Techniken verwendet oder weiterhin mit veralteten Maschinen produziert. In letzter Zeit achte ich zudem sehr stark auf die Personalintensität, d.h. die Relation des Personalaufwands zum Umsatz. In diesem Bereich gibt es noch große Einsparungsmöglichkeiten.

Welche Branchen haben generell ein hohes Potential, durch Einsparungen im Personalbereich die Kosten zu senken?

Generell haben natürlich fast alle Branchen noch erhebliches Kostensenkungspotential in diesem Bereich. Kostensenkungen sind ein ständig andauernder Prozeß. Im Nebenwertebereich hatte die Porzellanindustrie traditionell eine sehr hohe Personalintensität von 50 Prozent. Rosenthal und Hutschenreuter verfolgen nun das Ziel, die Personalintensität innerhalb der nächsten Jahre auf 35 Prozent zu reduzieren. Die wichtigste Frage für mich als Fondsmanager ist jetzt, wie ein Unternehmen dieses Ziel umsetzen will. Arbeiten die Leute einfach schneller, nützen sie ein effektiveres Verfahren, neue Technologien oder irgend etwas anderes? Ich überprüfe also die Kostensenkungsziele der Industrie auf ihre praktische Durchführbarkeit sowie die damit verbundenen Kosten.

Was ist für Sie ein zwingender Grund, ein Unternehmen neu zu analysieren?

Wenn ein Unternehmen heruntergewirtschaftet wurde und ein neuer Manager eingetreten ist oder die komplette Führungsmannschaft ausgetauscht wurde, dann ist das für mich ein Grund, mich umgehend mit dem Unternehmen zu beschäftigen. Dem neuen Management sollte man dann eine Zeit von drei bis vier Monaten gewähren, bevor ich mich detailliert nach dem Konzept und den Veränderungen erkundige. Ebenfalls wichtig ist es bei einer Fusion zweier Unternehmen seine Analyse zu überdenken.

Welche Kennzahlen beachten Sie auf der makroökonomischen Ebene für die Bestimmung der interessantesten Branchen?

Ich beachte besonders das Zinsniveau und die wichtigsten Währungsparitäten. Einmal im Monat findet eine große Anlagepolitiksitzung in unserem Haus statt. Dort werden regelmäßig mit Kollegen aus der Volkswirtschaft und der Analyse die neuesten Tendenzen besprochen. Dazu lese ich sehr viel Researchmaterial, um einen umfassenden Eindruck der aktuellen Situation zu bekommen. Darunter sind hauseigene Ausarbeitungen im Makro- oder Mikrobereich ebenso wie Analysen anderer Häuser, die mir zugänglich sind. Mit Hilfe von Computeranlalysen kann ich mir dann Unternehmen heraussuchen, die bestimmte Merkmale aufweisen wie z.B. Exportintensität, Zinssensitivität oder Personalintensität. Diese Analysen haben aber alle einen grundsätzlichen Fehler: Es sind reine Vergangenheitsbetrachtungen und an der Börse wird die Zukunft gehandelt.

Eine Aktie, die in der Vergangenheit zyklische Merkmale hatte, wird diese doch aber auch in der Zukunft haben!

Wir haben viele Analysen über das Kursverhalten von zyklischen und nichtzyklischen Werten angefertigt. Bei einer Analyse über den Zeitraum von 10 Jahren stellte sich heraus, daß Daimler Benz ein nichtzyklischer Wert ist. Als der Automobilmarkt ein reiner Verkäufermarkt war und man zwei Jahre auf ein Auto in ockerbraun mit Cordaustattung warten mußte, war das auch der Fall, nur inzwischen hat sich das grundlegend verändert. Ein weiteres Beispiel sind Papierunternehmen. Obwohl Papieraktien international zu den typischen zyklischen Werten zählen, stellte sich bei unserer Analyse heraus, daß PWA ein nichtzyklischer Wert ist. Ich betrachte solche Analysen daher immer mit einer gewissen Distanz und sehe sie primär als Ideengeber. In einem nächsten Schritt ist es sehr wichtig, diese gewonnenen Ideen im einzelnen Unternehmen vor Ort detailliert nachzuprüfen.

Worauf achten Sie bei Jahresberichten besonders?

Bei Jahresberichten kommt es darauf an, ob man eine Familiengesellschaft oder einen großen Konzern analysiert. Bei einem Konzern ist sicherlich die Art und Weise der Darstellung und Bilanzierung von entscheidender Bedeutung. Es gibt immer noch viele Wahlrechte in der Bilanzierung. Verrechnet jemand den Goodwill beim Kauf eines Unternehmens sofort gegen das Eigenkapital oder aktiviert er ihn und schreibt ihn über einen Zeitraum von 15 Jahren ab? Eine weitere Frage ist: Mit welchem Rechnungszinsfuß werden die Pensionsrückstellungen bewertet? Steuerpositionen schaue ich mir auch sehr genau an, da sich das Finanzamt meist weniger erzielte Gewinne vorenthalten läßt als das Handelsrecht oder die Aktionäre. Aus der Relation des Grundkapitals zu sonstigem Eigenkapital geht hervor, ob ein Unternehmen Reserven hat und eine gewisse Substanzstärke besitzt. Desweiteren beachte ich sehr stark die einzelnen Beteiligungen eines Unternehmens. Es gibt eine Reihe von Unternehmen, deren Summe an Einzelbeteiligungen höher ist als der Marktwert der Holding. Insgesamt sollte man bei dem Durcharbeiten der Jahresberichte versuchen, die generelle Bilanzierungspraxis eines Unternehmens zu erkennen. Entscheidend ist, ob ein Unternehmen versucht, aggressiv jede Mark Gewinn auszuweisen oder in der Lage ist, unversteuerte Reserven zu bilden.

Auf was achten Sie bei kleineren Nebenwerten?

Bei ehemaligen Familiengesellschaften achte ich darauf, daß die Summe der Vorstandsbezüge nicht höher ist als der Jahresüberschuß. In den Anfängen war das bei BOSS der Fall. Es herrschte ein extremes Mißverhältnis und Vergleiche zu einer Art Selbstbedienungsladen waren nicht von der Hand zu weisen. Bei Nebenwerten beachte ich zudem die Aktionärsstruktur und ob Veränderungen in der Aktionärsstruktur auftreten sowie, ob überwiegend Kleinaktionäre, institutionelle Großanleger, in- oder ausländische Aktionäre engagiert sind. Das sind alles wichtige Merkmale, die hilfreich sind, um ein bestimmtes Kursverhalten nachvollziehen zu können.

Bei welcher Aktionärsstruktur werden Sie mißtrauisch?

Ich werde hellhörig, wenn 50 Prozent des Kapitals bei ausländischen
Anlegern liegt. In Aufschwungphasen kann so eine Struktur zwar ein
Vorteil sein, aber in Abschwungphasen ist solch eine Struktur ein
klarer Nachteil. Ein hoher Anteil an ausländischen Aktionären verstärkt oft die Volatilität einer Aktie.

Welche Entwicklungen beachten Sie bei Nebenwerten darüber hinaus besonders kritisch?

Vor allem ehemalige Familiengesellschaften sind oft sehr trickreich.
Der Baumarktbetreiber Hornbach hat z.B. einen dieser klassischen
Tricks angewendet. Das Unternehmen benötigt weiteres Kapital für
die Fortsetzung des Wachstums, aber der Großaktionär will die
Stimmenmehrheit nicht verlieren. Eine Kapitalerhöhung kommt also
nicht in Frage, da sein Stimmenanteil sich dadurch prozentual reduzieren würde. Hornbach gründet deshalb eine weitere Gesellschaft,
die Hornbach Betreibergesellschaft und gibt neue Aktien aus, die von
einem breiten Anlegerpublikum gezeichnet werden. Die wichtigsten
Vermögenswerte an Immobilien und Grund verbleiben dagegen in der
alten Holdinggesellschaft und damit im Einflußbereich der Familie
Hornbach. Mit Stammaktien hat die Familie das alleinige Sagen und
die Vorzugsaktionäre finanzieren gegen eine Dividendenbeteiligung
nahezu den gesamten operativen Bereich des Unternehmens. Hornbach kann aber durch seine Holdinggesellschaft über Mieten und
Pachtverträge das Ergebnis fast beliebig steuern. Auch wenn das
Unternehmen sich natürlich trotzdem weiter positiv entwickeln kann,
unterstütze ich solche trickreichen Konstruktionen nicht.

Beachten Sie neben den fundamentalen Daten auch technische Indikatoren oder Charts?

Ich betreibe keine Chartanalyse im herkömmlichen Sinn, sondern
beschränke mich auf ausgesuchte Sondersituationen, wie z.B. im Fall
Gelsenwasser. Der Aktienkurs des Wasser- und Gasversorgungs-
unternehmens Gelsenwasser hat im Jahresverlauf 1993 immer zwischen 360 DM und 370 DM geschwankt. Das ist mit Sicherheit kein
Kursverlauf eines freien Marktes, sondern irgendein Großaktionär
betreibt konsequente Kurspflege. Wenn der Kurs auf 360 DM fällt,
kauft jemand und wenn der Kurs auf 370 DM ansteigt, verkauft

derjenige. Der Hintergrund für so ein Verhalten kann nur sein, daß ein Großaktionär langfristig versucht, alle Aktien systematisch aufzukaufen. In dem Fall Gelsenwasser sieht die Aktionärsstruktur nun wie folgt aus: VEBA hält 40 Prozent, VEW 25 Prozent und die Öffentliche Hand hält ebenfalls circa 25 Prozent. An die 90 Prozent des gesamten Aktienkapitals sind also in festen Händen und nur 10 Prozent werden mehr oder weniger frei gehandelt. Es läuft also alles auf einen Machtkampf um die Mehrheit zwischen VEBA und VEW hinaus. Die öffentliche Hand wird langfristig im Zuge der Privatisierungspolitik ihren Anteil tendenziell verringern. Ich hatte Geduld und kaufte über ein halbes Jahr kontinuierlich Aktien auf. Da die Umsätze sehr gering sind in diesem Wert, konnte ich an manchen Tagen nur 50 Stück kaufen. Irgendwann ging dem Großaktionär aber trotzdem der Kurspflegebestand aus. Wenn er irgendwann die Mehrheit erwerben will, kann er nämlich nicht andauernd Aktien zur Kurspflege verkaufen. Ich versuchte daher, durch aggressive Käufe die gewünschte Position zu erwerben. Ab einem gewissen Kursniveau ist dann die Chance groß, daß Charttechniker auf die Aktie aufmerksam werden und der Großaktionär ist gezwungen, zu handeln.

Ihre Charttechnik ist also auch eher unkonventionell!

Generell bin ich fundamental orientiert. Wenn ich aber einen Chart entdecke, der sehr ungewöhnlich ist, dann analysiere ich die Gründe für diesen Kursverlauf. Aber ich kaufe nie eine Aktie, nur weil die Trendgerade ideal durchbrochen wurde und dazu die Umsätze oder das Momentum ansteigen.

Was zeichnet einen erfolgreichen Fondsmanager aus?

Das ist eine Kernfrage. In unserer Branche haben die meisten Kollegen eine ähnliche Ausbildung und einen nahezu identischen Wissensstand aufgrund der verfügbaren Informationsmedien wie Reuters, Bloomberg, sowie der Tageszeitungen, Wirtschaftszeitschriften, Magazine, Analysen und Researchberichte. Alle sind etwa gleich intelligent, etwa gleich ausgebildet und haben einen ähnlichen Wissensstand. In diesem Fall entscheidet über Erfolg und Mißerfolg etwas ganz Subjektives, nämlich der Fleiß. Man muß versuchen, den Kollegen durch enormen Fleiß und viel Arbeit immer einen Schritt voraus zu sein. Wenn bei gleicher Aufgabenstellung und annähernd identischen Voraussetzungen ein Fondsmanager am Tag 12 Stunden arbeitet und ein anderer nur 8, dann wird in der Regel der mit einem 12-Stunden-Arbeitstag längerfristig die besseren Ergebnisse abliefern.

Wie versuchen Sie diesen Vorsprung vor Ihren Kollegen zu halten?

Ich bin in meinem Beruf eine Art wandelndes Lexikon. Von den 400 größten Aktiengesellschaften habe ich die groben Bilanzkennzahlen, Kurse und die interessantesten Hintergrundgeschichten im Kopf.

Woher nehmen Sie im Gegensatz zu vielen Kollegen die Zeit für dieses intensive Research?

Ich habe einen extrem weiten täglichen Anfahrtsweg, da ich 140 km entfernt von Frankfurt in Baden-Württemberg wohne. Da ich fast jeden Tag hin und her fahre, beginnt mein Arbeitstag morgens um 6.15 Uhr im Zug und endet erst abends um 20 Uhr. Wenn ich um 8 Uhr morgens ins Büro komme, habe ich bereits drei Tageszeitungen gelesen. Abends auf der Heimfahrt lese ich noch Analysen und Researchberichte. Der Arbeitstag im Büro ist zu 70 bis 80 Prozent der Zeit mit Telefonaten und Besprechungen ausgefüllt. Intelligente und kreative Ideen kann man während dieser Zeit kaum entwickeln.

Wie sieht für Sie der Fondsmanager der Zukunft aus?

Wir versuchen bei SMH gerade, konsequent ein personenunabhängiges Fondsmanagement aufzubauen. D.h. wir fertigen für jedes Unternehmen, in das wir investieren, eine interne, zwei Seiten umfassende Analyse an. Sie besteht aus einem Text-, Graphik- und Tabellenteil sowie einem Abschnitt über die Historie der letzten drei bis vier Jahre mit den entsprechenden Umsatz-, Ertrags- und Bewertungskennziffern. Im Textteil bewerten wir das Management, die Qualität der Produkte und das Konkurrenzverhalten. Wir versuchen auf einer Seite detailliert darzulegen, warum wir die Aktie kaufen oder verkaufen. Diese Analysen fertigen wir auch als Nachweis für unsere Entscheidungen an. Während meiner Abwesenheit, kann somit jederzeit eine Vertretung auf diesen Wissensstand zurückgreifen. Nach meinen Vorstellungen eines optimalen Fondsmanagements wäre ich drei bis vier Tage pro Woche auf Unternehmensbesuchen und ein Kollege in der Bank würde den operativen und administrativen Teil erledigen.

Operieren Sie mit Stops zur Begrenzung von Verlusten?

Wir haben uns diesem Thema schon oft kritisch gestellt. Insbesondere bei Nebenwerten ist die Begrenzung von Verlusten ein zentrales Problem. Wir haben zur Kontrolle eine Art "Warnliste" eingeführt. Wenn eine Aktie 15 Prozent relativen Performance-Nachteil gegenüber unserem Vergleichsindex hat, reagieren wir.

Was verstehen Sie unter relativem Performance-Nachteil?

Wenn der breite Markt, ausgedrückt durch den Vergleichsindex, um 5 Prozent steigt und eine unserer Aktien um 10 Prozent fällt, ergibt das einen Performance-Nachteil von 15 Prozent. In diesem Fall wird jedoch nicht automatisch eine Verkaufsorder ausgelöst, sondern wir setzen uns unverzüglich mit dem Unternehmen in Verbindung. Diese Kontrolle erfolgt jeden Monat und ich bin dadurch gezwungen, in so einem Fall mein Engagement neu zu überdenken. Zudem fragen mich in den Anlagepolitikbesprechungen meine Kollegen sehr kritisch zu der Wertentwicklung der Aktie und ich muß einen erneuten detaillierten fundamentalen Überblick zu der Aktie ausarbeiten. Das Ziel dabei ist, zu eruieren, worauf der relative Performance-Nachteil zurückzuführen ist. Aus diesem Prozeß kann sich natürlich eine andere fundamentale Einschätzung zu dem Unternehmen ergeben. Falls sich die fundamentalen Rahmendaten grundlegend verschlechtert haben, ziehen wir die Konsequenzen und verkaufen den Wert. Wenn wir allerdings zu dem Ergebnis kommen, daß irgendein Großinvestor unter Zeitdruck massiv verkaufen muß und aus diesem Grund der Kurs fällt, dann verkaufen wir nicht, sondern nutzen das niedrige Kursniveau zu Zukäufen.

Welche persönlichen Eigenschaften zeichnen einen erfolgreichen Fondsmanager aus?

Neben Disziplin und Fleiß ist besonders eine gewisse Geduld erforderlich. Viele Leute verlieren die Geduld und verkaufen ihre Aktien zu einem ungünstigen Zeitpunkt. Wenn man eine Aktie ohne großen Analyseaufwand kauft, trennt man sich dementsprechend wieder leichter davon. Da ich aber sehr viel Arbeit in die Auswahl meiner Aktienkäufe investiere und fundierte Analysen dazu anfertige, verkaufe ich nicht bei jeder kleineren Kursschwankung, sondern ich habe mehr Geduld mit meinen Aktien.

Sind Sie manchmal zu überzeugt von Ihren eigenen Analysen?

Kritisch betrachtet könnte man das vielleicht auch als übertriebenen Stolz bezeichnen. Wenn man nach ein paar Wochen eine Aktie sofort wieder verkauft, räumt man damit zwangsläufig einen Fehler ein. Entweder man hat ihn selber zu verantworten oder, viel schlimmer, man wurde getäuscht. Aber es kommt ganz selten vor - maximal in 1 Prozent aller Fälle -, daß ich eine Aktie kaufe und nach drei Wochen bereits wieder verkaufe. Wenn ich aber doch verkaufe, dann verkaufe ich emotionslos und sofort, ohne auf den Einstandskurs zu achten.

Auf was sind Sie besonders stolz?

Ich hatte, trotz der vielen Nebenwerte in einem zeitweise sehr schwierigen konjunkturellen Umfeld in unserem Fonds, niemals ein Unternehmen, daß in Konkurs ging oder einen Kapitalschnitt vollziehen mußte. Mein Leitsatz ist immer: Lieber lasse ich mir einen spekulativen Gewinn entgehen, aber auf der anderen Seite vermeide ich damit einen Totalverlust. Einige Fondsgesellschaften und Kollegen haben mit Technocell erst Geld verdient und seit 1993 haben sie viel Ärger am Hals mit Anfragen der Geschäftsführung und der Geldgeber, warum Sie den Wert nicht verkauft, oder sogar noch zugekauft haben.

Gab es eine besonders schwierige Zeit, um an den Märkten mit Ihrem Ansatz erfolgreich zu sein?

Es ist immer schwierig, und es erfordert harte Arbeit, an den Märkten erfolgreich zu sein. Fondsmanager sind oft nicht zu beneiden. Ein Fondsmanager hat vier maßgebliche Probleme, gegen die er ständig ankämpfen muß. Dieses magische Viereck des Portfolio-Management setzt sich zusammen aus den Märkten, den Wettbewerbern und Konkurrenten, der Geschäftsleitung und Vorgesetzten sowie den Kunden und Anteilseignern. Jeder einzelne kann einem Fondsmanager das Leben schwer machen und alle vier in der Kombination können oft stark an die eigene Substanz gehen.

Michael Krämer
Nomura Maintrust
"An der Börse sollte man aus jeder negativen
Erfahrung konstruktive Schlüsse ziehen."

Seit einem Hoch von 39.000 Punkten im japanischen Aktienindex
Ende des Jahres 1989 durchlebten Anleger und Fondsmanager bei
einem zeitweisen Verfall bis auf 14.000 Punkte turbulente Zeiten.
Trotz einer Erholung bis auf 20.000 Punkte notierte der Index Ende
1993 noch immer 45 Prozent unter seinen alten Höchstständen. Es
erstaunt daher umsomehr, daß ausgerechnet ein in Frankfurt verwal-
teter japanischer Investmentfonds trotz der scharfen Einbrüche seit
Jahren zu den wenigen Gewinnern am japanischen Finanzmarkt zählt.
In einem Fünfjahreszeitraum von Beginn 1989 bis Ende 1993 erreichte Michael Krämer mit seinem Furusato-Fonds auf DM-Basis
eine Rendite von plus 45 Prozent gegenüber minus 25 Prozent des
japanischen Aktienindexes.

Krämer erwirtschaftete diesen Performancevorsprung vor allem
durch eine systematische Outperformance des Aktienmarktes in Abwärtsbewegungen. Bei der disziplinierten Umsetzung seiner Anlagephilosophie benutzt Krämer kein Markttiming, sondern eine Branchenrotation in Verbindung mit einer unterschiedlichen Gewichtung verschieden kapitalisierter Aktien sowie dem aktiven Einsatz derivativer
Instrumente. Anders als herkömmliche Aktienfonds kauft er nicht die
Aktien der interessantesten Unternehmen, sondern er kauft deren
Wandelanleihen und Optionsscheine. Durch die aktive Verschiebung
der Aufteilung von Aktien-Optionsscheinen und Wandelanleihen erreicht er eine signifikante Glättung der Performance. Zudem weißt
sein Furusato-Fonds im Fünfjahreszeitraum eine geringere Volatilität
als der japanische Aktienindex und die Fonds der Konkurrenz auf.
Während der Vergleichsindex des japanischen Aktienmarktes, der
Tokio Second Section Index, eine Standardabweichung von circa 30
Prozent und der Index für Wandelanleihen von circa 20 Prozent
aufweisen, liegt die Standardabweichung des Fonds nur bei 15 Prozent. Obwohl diese niedrige Standardabweichung von 15 Prozent fast
dem Niveau des Rentenmarktes entspricht, erreicht der Fonds aber
trotzdem eine wesentlich höhere Wertentwicklung als die einzelnen

Vergleichsindizes. Durch den aktiven Einsatz von Wandelanleihen und Optionsscheinen kommt Michael Krämer also dem Wunsch jedes Anlegers, nämlich einer hohen Performance mit niedrigen Volatilitäten, einen Schritt näher.

Wann hatten Sie den ersten Kontakt zu den Wertpapiermärkten?

Ich wollte eigentlich Musiker werden, bis mir mein damaliger Lehrer offenbarte, daß ich zwar talentiert sei, aber nie viel Geld mit meinem Beruf verdienen könnte. Danach begann ich ohne eine konkrete Zielrichtung eine Banklehre bei der Dresdner Bank. Im Kunden- und Kreditgeschäft stellte ich fest, daß sich die Aktienumsätze der Bank - jedes Jahr von einem niedrigen Niveau ausgehend - verzehn- und sogar verzwanzigfachten. Der spätere Vorstandsvorsitzende Wolfgang Röller fragte mich zu dieser Zeit, ob ich nicht Lust hätte, mich intensiver mit dem Aktiengeschäft zu beschäftigen. Ich ging daraufhin in den Bereich der institutionellen Wertpapier-Kundenberatung. Mein damaliger Chef zeigte mir eine Liste, auf der kein einziger Kunde für den Bereich deutsche Aktien und deutschen Renten mehr übrig war. Mir blieb also damals nichts anderes übrig, als mich auf ausländische Märkte zu spezialisieren und die Kunden in diesem Bereich zu beraten.

Wie waren Ihre ersten Erfahrungen als Berater institutioneller Wertpapierkunden?

Ich merkte damals ziemlich bald, daß die zahlreichen Währungsturbulenzen an den Märkten oft den gesamten Gewinn der Aktien- und Rentenposition aufzehrten. Aufgrund dieser Erkenntnis begann ich sehr früh, mit Währungsabsicherungen zu arbeiten. Einer meiner besten Kunden, die größte deutsche Versicherung, berichtete mir nach einiger Zeit der erfolgreichen Zusammenarbeit, daß sie meine Kauf- und Verkaufsempfehlungen in einem Computerprogramm speicherte und analysierte. Die Versicherung wechselte aufgrund der Resultate und Erfolgsquoten somit jedes Jahr die zwei schlechtesten Berater aus und ersetzte sie durch neue.

Was ging aus der Analyse Ihrer Kauf- und Verkaufsempfehlungen hervor?

Aus der Analyse meiner Empfehlungen ging hervor, daß ich eine Woche zu früh kaufte und in der Regel drei Monate zu früh verkaufte. Auf den Punkt gebracht bedeutete das nichts anderes, als daß ich hervorragende Empfehlungen aussprach. Mir war zwar zu dem Zeitpunkt bereits bewußt, daß ich durch meine Empfehlungen einen gewissen Mehrwert schaffte, aber ich überprüfte es selbst längst nicht so detailliert wie die von mir beratene Versicherung. In der heutigen Zeit wird diese Art der Überwachung natürlich selbstverständlich sogar noch in einer wesentlich verfeinerten Form, vorgenommen. Vor 25 Jahren war diese Art der Performanceanalyse aber sehr fortschrittlich.

Welche besonderen Ereignisse prägten Sie zu dieser Zeit?

Die aus Amerika kommende moderne Portfolio-Theorie faszinierte mich. Markowitz erarbeitete mit der moderne Portfolio-Theorie, für die er später den Nobelpreis bekam, eine bahnbrechende Errungenschaft, die den Beruf des Analysten und Portfoliomanagers neu definierte. Für mich waren diese Erkenntnisse der Anstoß, mich mit der ganzen Materie noch intensiver zu beschäftigen. Quantitative Analysen sind für mich seit dieser Zeit ein Grundgerüst für jedes qualifizierte und organisierte Arbeiten an den Finanzmärkten. Der aktive Einsatz und die Gewichtung der einzelnen quantitativen Vorgaben sind nach wie vor die eigentliche und individuelle Hauptaufgabe eines Portfoliomanagers.

Gab es ein Schlüsselerlebnis an der Börse, das Sie besonders prägte?

In ganz jungen Jahren investierte ich einige tausend Mark aus einem Sparbuch in australische Minenwerte. Es war die Zeit der großen Bewegungen an den Rohstoff- und Edelmetallmärkten. Durch diese Aktien erfuhr ich damals, daß die Phase des Aufschwungs enorm lukrativ sein kann. Der darauffolgende Kurssturz verlief aber dann innerhalb kürzester Zeit so heftig, daß mein Investment schließlich mit einem Verlust endete. Aus dieser Erfahrung lernte ich den wichtigen Zusammenhang zwischen Ertrag und Risiko und wußte plötzlich, was der Begriff "Volatilität" bedeutet. An der Börse sollte man aus jeder negativen Erfahrung konstruktive Schlüsse ziehen. Der Verlust regte mich damals zu intensiven Studien an und er hatte daher im nachhinein betrachtet sozusagen positive Auswirkungen auf mich.

Seit diesem Erlebnis arbeite ich nie isoliert an der Maximierung des Ertrages, sondern immer gleichzeitig an der Minimierung der Risiken und der Verluste.

Ist diese Erfahrung auch zu einem wesentlichem Bestandteil Ihrer Anlagephilosophie geworden?

Die Ausgangsbasis jedes Portfoliomanagers muß ein klar abgegrenztes Anlagefeld sein, in dem er sich bewegt. Ich finde es nicht gut, wenn jemand ohne genauere Spezifizierung und klare Struktur Geld an den Kapitalmärkten verwaltet. Die Aufgabe einer Anlagephilosophie muß es sein, über einen längeren Zeitraum besser als ein globaler Index in dem abgegrenzten Aufgabengebiet abzuschließen. Bei der disziplinierten Umsetzung meiner Anlagephilosophie benutze ich kein Markttiming, sondern eine Branchenrotation in Verbindung mit einer unterschiedlichen Gewichtung verschieden kapitalisierter Aktien sowie dem aktiven Einsatz derivativer Instrumente. Für mich besteht in der Veränderung der Branchen- oder Industriegewichtung noch eine der größten Ineffizienzen unserer Zeit. Alle Welt zerbricht sich permanent den Kopf über richtige Kauf- und Verkaufszeitpunkte des Gesamtmarktes, obwohl das größte Potential nach wie vor in der Industrie- und Branchenrotation liegt.

Welche Aspekte beeinflussen den Prozeß der Branchenrotation?

In einem ersten Schritt stelle ich fest, ob ausgewählte Industriezweige stärker wachsen als die gesamte Volkswirtschaft. Ein zweiter wichtiger Aspekt ist dann das Herausfinden der attraktivsten Branchen im Verlauf des aktuellen Konjunkturzykluses. Am bedeutendsten für die Auswahl einer Branche ist aber sowohl bei lokalen als auch bei internationalen Industrien die Entwicklung der bedeutendsten Währungen.

Werden weltweite Konzerne, wie z.B. Siemens, überhaupt von Währungsentwicklungen tangiert?

Je nach der Handhabung des Managements können internationale Konzerne generell ein sehr unterschiedliches Währungsrisiko eingehen. Während manche versuchen, sich permanent abzusichern, lassen andere die Fremdwährungen ungesichert. Die Aktienkursbewegung wird nun davon beeinflußt, wie eine Firma mit ihrem gegebenen

Währungsrisiko und Währungsmanagement von der Entwicklung der Währungen beeinflußt wird. Jede Aktie zeichnet sich so unabhängig vom jeweiligen internen Währungsmanagement durch eine gewisse historische Abhängigkeit und Sensibilität gegenüber Währungsentwicklungen der wichtigsten Währungen aus.

Was beachten Sie zusätzlich zu der Branchenrotation?

Nach der Festlegung der attraktivsten Branchen beachte ich sehr stark die Rotation innerhalb der Gruppen: Standardwerte, mittlere Werte und Nebenwerte. Auch in diesem Bereich weisen die Märkte noch erhebliche Ineffizienzen aus, mit denen man bei einer konsequenten Ausnutzung einen erheblichen Performancevorsprung erreichen kann. Anhand des von mir konzipierten Furusato-Fonds kann ich am besten die praktische Umsetzung meiner Anlagephilosophie erklären. Ich kaufe nämlich nie die Aktien selbst, sondern immer nur entsprechende derivative Instrumente wie Wandelanleihen und Optionsscheine der zugrundeliegenden Aktie. Denn auch bei diesen beiden Instrumenten bestehen nach wie vor erhebliche Ineffizienzen bei der Bewertung gegenüber der zugrundeliegenden Aktie.

Zu welchen Teilen setzt sich das Portfolio des Fonds aus Wandelanleihen und Optionsscheinen zusammen?

Der Anteil an Wandelanleihen liegt durchschnittlich bei 80 bis 90 Prozent. In Marktphasen, in denen ich eine sehr positive Meinung zum Gesamtmarkt habe, halte ich zudem einen Anteil von maximal 10 Prozent Optionsscheinen. Obwohl ich selbst in starken Aufwärtsbewegungen meistens nur zwischen 5 und 8 Prozent des gesamten Portfolios in Optionsscheinen halte, reicht dieser geringe Anteil aus, um fast zu 100 Prozent an der Index-Performance zu partizipieren.

Können Sie kurz die Vorzüge der Wandelanleihe für die Umsetzung Ihrer Anlagephilosophie darstellen?

Nachdem ich aufgrund des Bottom-up-Ansatzes interessante Wachstumsaktien gefunden habe, untersuche ich, ob es für den entsprechenden Wert eine Wandelanleihe oder einen Optionsschein gibt.
    Eine Wandelanleihe ist eine Obligation einer Aktiengesellschaft, die dem Eigentümer das Recht einräumt, sie zu einem bestimmten Zeitpunkt in einem bestimmten Umwandlungsverhältnis - meist unter

Zuzahlung eines festgelegten Geldbetrages - in Aktien des Unternehmens umzutauschen. Da mit dem Wandlungsrecht keine Wandlungspflicht verbunden ist, bietet sich dem Anleger die Chance, bei entsprechender Kursentwicklung an der Substanz und Ertragskraft eines Unternehmens zu partizipieren. Verläuft die Kursentwicklung dagegen negativ, verzichtet der Wandelanleihenbesitzer auf sein Wandelrecht und erhält den festen Zins der Anleihe. Wegen des Vorteils der Wandlungsmöglichkeit haben Wandelanleihen i.d.R. eine niedrigere Verzinsung als normale Anleihen.

Die Wandelanleihe ist ein derivatives Finanzinstrument, das in Deutschland ursprünglich erfunden und auch wieder begraben wurde. Die Japaner entwickelten zur Unternehmensfinanzierung einen Markt für Wandelanleihen mit einem Volumen von circa 500 Milliarden Dollar. Dieses Instrument bietet mir als Portfoliomanager durch die Eigenschaft der Prämienbildung bei der Umsetzung meiner Anlagephilosophie die Möglichkeit, mein Risiko konsequent zu kontrollieren. In unserer Branche wird viel mit den historischen und noch öfter mit den zukünftigen Erträgen geworben. In den seltensten Fällen wird aber konkret auf das damit verbunden Risiko und die Art des Risikomanagements eingegangen. Wandelanleihen stellen für mich ein hervorragendes Instrument zur Risikokontrolle dar.

Was erreichen Sie konkret durch den Einsatz von Wandelanleihen?

Mit dem aktiven Einsatz und der unterschiedlichen Gewichtung zwischen Aktienoptionsscheinen und Wandelanleihen kann ich gewährleisten, daß ich an 70 bis 90 Prozent der Aufwärtsbewegung, aber nur an 40 bis 60 Prozent der Abwärtsbewegung des Aktienmarktes partizipiere. Als aktiver Portfoliomanager verfüge ich damit über einen Ansatz, bei einem attraktiven Ertragspotential konsequent mein Risiko zu minimieren. Durch die unterschiedliche Gewichtung und den Einsatz derivater Instrumente partizipiere ich zwar an den Aufwärtsbewegungen des Marktes, aber erleide in den Abwärtsbewegungen geringere Kursverluste.

Wann investieren Sie in Wandelanleihen und wann in Optionsscheine der jeweiligen Aktien?

Aufgrund der Verzinsung und der Möglichkeit, eine Prämie aufzubauen, sinken Wandelanleihen bei einem starken Kursrückgang der zugrundeliegenden Aktie meist weniger stark und wenn, zeitlich verzögert. Gestern fiel die Aktie von Kyushu Matsuschta um 16 Prozent und die entsprechende Wandelanleihe fiel nur um 5 Prozent. In starken Abwärtsbewegungen erreiche ich durch eine Übergewichtung der Wandelanleihen eine neutrale bis leicht negative Performance und in Aufwärtsbewegungen partizipiere ich durch den Einsatz von Aktien-Optionsscheinen zu einem hohen Maß an der Performance des Gesamtmarktes.

Welche grundsätzlichen Kennzahlen beachten Sie beim Kauf von Optionsscheinen?

Grundsätzlich kaufe ich den Optionsschein einer Aktie nur, wenn ich eine positive Meinung zur Aktie selbst habe und der Gesamtmarkt sich in einer mittelfristigen Aufwärtsbewegung befindet. Sämtliche Optionsscheine müssen zudem mindestens eine Restlaufzeit von zwei Jahren aufweisen und gewisse Hebel- und Aufgeldkriterien erfüllen. Ich vermeide es bewußt, mich den Gefahren der sehr kurzlaufenden Optionsscheine auszusetzen und achte darauf, daß das Aufgeld unter 50 Prozent liegt.

Wie hat sich die Umsetzung Ihres Konzeptes konkret auf die Performance ausgewirkt?

In einem Fünfjahreszeitraum von Beginn 1989 bis Ende 1993 erreichte der Fonds auf DM-Basis eine Rendite von plus 45 Prozent gegenüber minus 25 Prozent des japanischen Aktienindexes. Wie bereits dargestellt, erreichte der Fonds diesen Performancevorsprung vor allem durch die Outperformance des Aktienmarktes in Abwärtsbewegungen. Durch die aktive Verschiebung der Asset Allocation von Aktien-Optionsscheinen zu Wandelanleihen erreiche ich eine wesentlich Glättung der Performance. Zudem weist der Furusato-Fonds im Fünfjahreszeitraum eine stark verringerte Volatilität auf. Während der Vergleichsindex des japanischen Aktienmarktes, der Tokio-Second-Section-Index, eine Standardabweichung von circa 30 Prozent und der Index für Wandelanleihen von circa 20 Prozent aufweist, liegt die Standardabweichung des Fonds bei 15 Prozent. Obwohl diese niedrige Standardabweichung von 15 Prozent fast dem Niveau des Rentenmarktes entspricht, weist der Fonds aber trotzdem eine wesentlich höhere Wertentwicklung auf als die einzelnen Vergleichsindizes.

Wo ordnen Sie Ihre Anlagephilosophie in der oft verwendeten Top-down und Bottom-up-Einteilung ein?

Die Investitionsentscheidung bis zur einzelnen Branche ist ganz klar Top-down orientiert und beschäftigt sich mit dem Wirtschaftszyklus, seinen bestimmenden volkswirtschaftlichen Kennzahlen und mit den internationalen Währungsentwicklungen. Das Auffüllen der ausgewählten Branchen mit den attraktivsten Unternehmen erfolgt dann nach einem quantitativen Bottom-up-Ansatz.

Welche Kennzahlen beachten Sie dabei beim Top-down-Ansatz?

Der absolute Zustand des aktuellen Wirtschaftszykluses ist für mich eher sekundär. Ich achte darauf, ob die Wirtschaftsentwicklung und damit der Zyklus in Zukunft in eine bestimmte Richtung an Dynamik gewinnen. Dazu verwende ich die gängigen volkswirtschaftlichen Indikatoren zur Bestimmung der allgemeinen Wirtschafts-, Zins- und der Währungsentwicklung. Bei der Betrachtung der Zinsentwicklung beachte ich besonders die langfristigen 10jährigen japanischen Zinsen und im Währungsbereich die Entwicklung des Yen gegen den nordamerikanischen und den europäischen Währungsblock. Neben der Gesamtentwicklung der Volkswirtschaft ist dann in einem nächsten Schritt die Analyse der einzelnen Branchen wichtig.

Welche Kriterien beachten Sie bei der von ihnen angewandten Branchenrotation?

In Japan notieren 1.800 Unternehmen aus 36 verschiedenen Branchen an der Börse. Unter 36 Branchen gibt es einige, die sehr zinssensitiv reagieren, andere Branchen korrelieren in einem hohen Maß mit der Konjunkturentwicklung und wiederum andere sehr stark mit der Währungsentwicklung.

Können Sie einige Musterbeispiele für die Branchenrotation nennen?

Die Zyklen der allgemeinen Wirtschafts- und Zinsentwicklung spielen bei den inländischen Branchen eine große Rolle, während Währungsentwicklungen bei den exportorientierten Branchen eine größere Beachtung finden. Die großen japanischen Handelshäuser sind sehr zinsabhängig und beginnen bei einem Anstieg der Zinsen regelmäßig, den Gesamtmarkt in der Performance zu übertreffen. Wenn die Zinsen dagegen fallen, steigen vor allem die Banken- und Brokeraktien überproportional an. Exportorientierte Unternehmen wie die großen Elektro- und Automobilkonzerne, leiden besonders unter einem festen Yen-Kurs gegen die Währungen der wichtigsten Handelspartner.

Was beachten Sie beim Bottom-up-Ansatz innerhalb der selektierten Branchen?

In den nächsten Jahren sollte man in Japan auf alle Fälle stärker auf mittlere und kleinere Werte setzen. Auch wenn der japanische Markt in den letzten Jahren durch die wachsende Anzahl ausländischer Marktteilnehmer und der Terminmärkte im Bereich der großen Standardwerte schon wesentlich effizienter geworden ist, besteht vor allem bei mittleren und kleineren Aktien nach wie vor eine hohe Ineffizienz. Im Gegensatz zu dem gesamten japanischen Aktienindex, in dem circa 70 Prozent Standardwerte und 30 Prozent mittlere und kleinere Nebenwerte enthalten sind, lege ich meinen Schwerpunkt zu 70 Prozent auf mittlere und kleinere Nebenwerte und nur zu 30 Prozent auf die großen Standardwerte. Dadurch richtet sich mein Augenmerk in dem sehr zentralisiert strukturierten Japan vor allem auf dezentrale, regionale Aktiengesellschaften. Japan besteht für mich also nicht nur aus Tokio und einigen großen Broker-, Automobil- und Elektrowerten.

Wenn man in Deutschland von kleinen Nebenwerten spricht, dann sind diese Unternehmen meistens nicht nur unter relativer, sondern auch unter absoluter Betrachtung klein und die Unternehmensumsätze sowie die Marktkapitalisierung erlaubt oft kein Engagement. Wie läßt sich dieser Sachverhalt in Japan beurteilen?

Es gibt in Japan eine kleine vorgelagerte Insel namens Kyushu, deren Bruttosozialprodukt größer ist als die Summe der Bruttosozialprodukte von Singapur, Hongkong, Taiwan und Indonesien zusammen. Regionale Nebenwerte bedeutet in Japan nicht unbedingt klein in absoluten Werten. Mittelgroße Aktien entsprechen in ihrer Größe ungefähr der Commerzbank in Deutschland.

Wo bestehen die größten Ineffizienzen im Bereich der Nebenwerte?

Im Bereich der japanischen Nebenwerte sind nur wenige institutionelle Investoren aktiv. Dementsprechend steht wenig verfügbares Analysematerial über die einzelnen Werte zur Verfügung. Während in Amerika die verschiedenen Gruppen der großen, mittleren und kleinen Aktiengesellschaften seit langem sehr differenziert analysiert und gekauft werden, wurde in Japan bis jetzt kaum zwischen großen Standardwerten und kleinen Spezialwerten unterschieden.

Wie können Sie aus Deutschland heraus überhaupt den Bereich der japanischen Spezialwerte effektiv bearbeiten?

Bei den quantitativen Unternehmensanalysen vor Ort kann ich mich zu 100 Prozent auf das qualitativ sehr hochwertige Research von Nomura verlassen. Besonders bei kleineren Nebenwerten ist es von enormer Bedeutung, daß erfahrene Analysten die Zahlen vor Ort überprüfen und nicht nur ein quantitatives Computerprogramm nach gegebenen Vorgaben und Kennzahlen eine Liste mit interessanten Unternehmen auswirft. Beim Bottom-up-Ansatz ist der Unternehmensbesuch eines Analysten, zu dem ich ein hohes Maß an Vertrauen in sein Können setze, ein ganz wesentlicher Aspekt. Gerade bei kleineren Wachstumsaktien achte ich verstärkt auf eine hohe Eigenkapitalquote von durchschnittlich über 30 Prozent.

Wie definieren Sie eine Wachstumsaktie?

Eine Wachstumsaktie sollte die vergangenen fünf Jahre und vor allem die folgenden fünf Jahre ein höheres Ertragswachstum als die gesamte Volkswirtschaft und die jeweilige Branche aufweisen und erwarten lassen.

Wann erhöhen Sie die Gewichtung der Standardwerte und wann die Gewichtung der Nebenwerte?

Generell bin ich genau entgegengesetzt zum Index, zu 30 Prozent in Standardwerten und zu 70 Prozent in mittleren und kleineren Werten engagiert. Wenn die relative Performance der mittleren und kleinen Werte gegenüber dem Gesamtmarkt merklich nachläßt, verändert sich die Asset Allocation auf das gleiche Niveau des Index und ich bin dann zu 70 Prozent in Standardwerten investiert. Sobald die relative Performance des Index dann zunimmt, verschiebt sich die Asset Allocation wieder zu Gunsten der mittleren und kleineren Werte. Neben der Betrachtung der relativen Performance fließen auch Erkenntnisse des Top-down-Ansatzes in den Aufteilungsprozeß mit ein. Nicht mehr fallende Zinsen, Veränderungen in der Währungsentwicklung der wichtigsten Währungen gegenüber dem Yen und eine erkennbare Stabilisierung in einem Konjunkturtal veranlassen mich zum Aufstocken der mittleren und kleineren Werte.

Wie behandeln Sie die in Japan generell vorhandenen, relativ hohen Kurs-Gewinn-Verhältnisse?

In absoluten Zahlen beachte ich die oft hohen Kurs-Gewinn-Verhältnisse aufgrund der im Vergleich zu Deutschland und Amerika vollkommen unterschiedlichen Bilanzierungsrichtlinien gar nicht. Bewertungsfragen stellen sich generell nur in Relation zum Gesamtmarkt und zum aktuellen Zinsniveau.

Verwenden Sie neben den fundamentalen Indikatoren auch technische Indikatoren?

Als Entscheidungshilfe, ob und wann ein Markt vor einer Kurssteigerung steht, benutze ich technische Indikatoren, die mir einen starken Anstieg der Volatilität anzeigen. In Phasen eines markanten Kursanstiegs erhöhe ich daraufhin den Optionsscheinanteil auf maximal 10 Prozent.

Operieren Sie mit Stop-Loss-Limits?

Ich benutze Wandelanleihen, die durch den vorherigen Prämienaufbau besonders in Abwärtsbewegungen einen geringeren Kursrückgang aufweisen, als Verlustbegrenzung. Stop-Loss-Limits im herkömmlichen Sinn verwende ich daher nicht.

Was beachten Sie bei der Diversifikation des Gesamtportfolios? Wie hoch ist der maximale Prozentsatz, den Sie in eine einzelne Aktie, bzw. in Ihrem Fall in die dazugehörenden Wandelanleihen und Optionsscheine investieren?

Das Portfolio selbst ist hoch konzentriert auf einige Einzelwerte. Mein Ziel ist es, daß jeder einzelne Wert mindestens einen Anteil von

5 Prozent erreicht. In dem gesamten Fonds-Portfolio befinden sich daher eigentlich nie mehr als 20 bis maximal 25 Einzeltitel.

Welche persönlichen Eigenschaften sind Ihrer Meinung nach für den Erfolg an den Wertpapiermärkten entscheidend?

Wie Sie an meinem Ansatz und der Vielzahl der einzelnen Arbeitsschritte erkennen können, ist diszipliniertes und organisiertes Arbeiten ein wesentlicher Faktor des Erfolges. Darüber hinaus ist auch ein gewisses Maß an aktiver Flexibilität nötig. Ich halte sehr wenig von eindimensionalen Konzepten, die von einem einzelnen Parameter abhängig sind. In dem von mir verfolgten mehrdimensionalen Ansatz kann ich bei der richtigen Auswahl immer gewährleisten, daß ich durch meine Arbeit auch tatsächlich einen Mehrwert schaffe.

Meines Erachtens ist es nur möglich, in einem ausländischen Markt erfolgreich zu sein, wenn man sich intensiv mit der Mentalität und Struktur des jeweiligen Landes und der Menschen beschäftigt hat. Haben Sie einen engen Bezug zur japanischen Kultur?

Ich hatte zu Beginn die Dresdner Bank erwähnt, die bereits Ende der 60er Jahre die Weitsicht besaß, junge Wertpapierfachleute zu fördern und sie nach New York und Tokio zu entsenden. Bei diesem Ausbildungsprogramm waren für mich zwei Erfahrungswerte besonders wichtig. Erstens ist im Vergleich zu Deutschland das Verhalten wichtiger Marktteilnehmer, angefangen bei der Notenbank über das Bankensystem bis hin zu den institutionellen und privaten Anlegern, völlig anders. Zweitens ist die Wachstumsphilosophie der Unternehmen speziell im Falle Japan viel besser zu verstehen und einzuschätzen, wenn man die Chance hatte, sich sowohl mit der Wirtschaftsstruktur des Landes als auch mit seiner Kultur und Geschichte zu beschäftigen.

Was sind die wesentlichen Themen des japanischen Marktes in den nächsten Jahren?

Meines Erachtens werden für Japan besonders zwei Themen wichtig sein:
Wie kann Japan erfolgreich den eigenen Markt für ausländische Konsum- und Investitionsgüter öffnen, speziell im Verhältnis zu den

Vereinigten Staaten von Amerika? Wie wird die frühzeitig begonnene Produktionsverlagerung ins Ausland weiter verstärkt und damit die internationale Wettbewerbsfähigkeit längerfristig gesichert?

Welches Volumen verwalten Sie momentan im Furusato Fonds?

Momentan hat der Fonds ein Volumen von 400 Millionen DM. In einer Untersuchung stellten wir fest, daß das Fondskonzept aufgrund des begrenzten Angebots an Optionsscheinen und Wandelanleihen nur bis zu einem Fondsvolumen von unter 1 Milliarde DM überdurchschnittliche Ergebnisse erbringt.

Haben die Gewinne und Verluste Ihres Fonds Auswirkungen auf Ihre persönlichen Stimmungslagen? Wie versuchen Sie damit umzugehen?

Als Fondsmanager sollte man die Fähigkeit besitzen, in Problemzeiten und schwierigen Marktphasen positiv-konzentriert arbeiten zu können. In erfolgreichen Phasen sollte man dagegen entspannt und eher inaktiv agieren. Diese persönliche Grundvoraussetzung, sich bei Gewinnen nicht noch positiver und bei Verlusten nicht negativer beeinflussen zu lassen, ist ein entscheidender Faktor für einen langfristigen und kontinuierlichen Erfolg an den Märkten. Daß man natürlich trotzdem mit seinem Fonds und der Performance mitlebt, ist selbstverständlich. Man kann sich auch ruhig über seine gute Performance freuen, nur sollte man sich durch diese Euphorie auf keinen Fall zu riskanteren und höheren Investitionen hinreißen lassen.

Wo investieren Sie Ihr privates Geld?

Ich habe meine ganzen liquiden Mittel momentan im Furusato investiert. Da ich mich mit dem Produkt identifiziere und auch von meiner Leistung überzeugt bin, ist es für mich ein optimales Investment.

Audley Twiston Davies
Foreign & Colonial Emerging Markets
"Vor 125 Jahren befanden sich in unseren Portfolios dieselben
Länder wie in unseren heutigen Emerging Market Fonds."

1991 verzeichnete die Börse in Argentinien einen Anstieg um 500 Prozent. 1993 stieg die polnische Börse sogar um über 800 Prozent. Bei den extremen Kurssteigerungen in manchmal sehr engen Märkten kann es natürlich auch zu entsprechenden Abwärtsbewegungen kommen. Nach dem Anstieg von 500 Prozent im Jahr 1991 folgte in Argentinien 1992 eine Korrektur um 50 Prozent.

Einen großen Anteil an diesen spektakulären Bewegungen hat sicherlich die erhöhte Aufmerksamkeit, die internationale Anleger den als Emerging Markets bezeichneten Wachstumsmärkten in den letzten Jahren schenkten. Die International Finance Corportion (IFC), eine Tochtergesellschaft der Weltbank, die mit der Förderung privater Investitionen in Dritte Welt- und Schwellenländern beauftragt ist, definiert Emerging Markets als einen Markt, der sowohl eine funktionstüchtige Börse hat wie auch über ein Bruttoinlandsprodukt unter 7900 Dollar pro Kopf im Jahre 1991 verfügte.

Da zahlreiche Investoren für ihre hohe Liquidität nach attraktiven Märkten mit hohen Renditeerwartungen suchen, sind Emerging Markets aus diesen Gründen seit Beginn der 90er Jahre in Mode und erfreuen sich hoher Liquiditätszuflüsse.

Die komplexen und intransparenten Aktienmärkte der Emerging Markets stellen sehr hohe Anforderungen an das Fondsmanagement. Bei einer Performance der einzelnen Märkte von mehreren 100 Prozent in einem Jahr und einer anschließenden Halbierung des Index ist eine aktive Länderallokation der entscheidende Erfolgsfaktor. Audley Twiston Davis ist einer der wenigen europäischen Fondsmanager, die sich seit 20 Jahren intensiv mit der Thematik der Emerging Markets auseinandersetzen und über eine entsprechend hohe Expertise verfügen. Er arbeitet seit 1974 bei Foreign & Colonial in London und lebte in dieser Zeit insgesamt vier Jahre in Brasilien. Foreign & Colonial wurde 1868 gegründet und verwaltet heute an den weltweiten Aktien- und Rentenmärkten ein Fondsvolumen von 25 Milliarden DM. Schon vor 125 Jahren hat die traditionsreiche Londoner Investmentmanagementgesellschaft den ersten international ausgerichteten Investment-Fonds der Welt konzipiert. Deklariertes Ziel des Foreign & Colonial Trust war schon damals: "To provide the investor of moderate means the same advantage as the large capitalists in diminishing risk in foreign and colonial stocks by spreading the investment over a number of stocks." Foreign & Colonial verfügt neben den herkömmlichen Märkten vor allem in Emerging Markets über eine mehr als 100 Jahre zurückreichende Erfahrung. Bereits 1882 investierte die Gesellschaft das erste Mal in japanische Anleihen, 1936 in Hongkong-Aktien und 1981, lang vor der später einsetzenden internationalen Beachtung, investierten die Londoner in Thailand und Korea. Heute verwaltet die auf Emerging Markets spezialisierte Tochtergesellschaft Foreign & Colonial Emerging Markets insgesamt 3,2 Milliarden Dollar an den weltweit aufstrebenden Wachstumsmärkten.

Wie lang reicht die Geschichte der heute unter internationalen Anlegern so begehrten Emerging Markets zurück?

Wenn man die Länder unserer Portfolios vor 125 Jahren betrachtet, stellt man fest, daß es sich dabei mehr oder weniger um die heute als Emerging Markets bezeichneten Wachstumsmärkte handelt. Daher spreche ich im Zusammenhang mit dem wachsenden Interesse der Anleger an diesen Ländern auch gerne von Re-Emerging Markets. Vor 125 Jahren befanden sich in unseren Portfolios nämlich dieselben Länder wie in unseren heutigen Emerging Markets Fonds: Argentinien, Chile, Rußland, Tschechien sowie viele afrikanische und asiatische Länder. Damals waren diese Länder aufgrund des blühenden Rohstoffhandels wichtige Finanzzentren und Anleger aus der ganzen Welt versuchten, durch entsprechende Aktien daran zu partizipieren.

Wieviel Länder fallen unter die Definition der Emerging Markets?

Von weltweit 181 Ländern fallen 116 unter die Definition der Emerging Markets. Von diesen 116 Ländern verfügen wiederum 60 über regulierte Börsen und Wertpapiermärkte. Davon erfüllen bis heute 30 Märkte unsere regulatorischen und abwicklungstechnischen Mindestanforderungen einer funktionierenden Börse mit einer entsprechenden Mindestkapitalisierung.

Können Sie einige konkrete Beispiele für Emerging Markets nennen?

Wie jede Definition ist auch die Definition von Emerging Markets nur ein Anhaltspunkt für die interessanten Wachstumsmärkte. Emerging Markets sind weltweit in fast allen Regionen zu finden. Ein großes Reservoir an Wachstumsmärkten bildet dabei seit langem der süd- und ostasiatische Raum mit Ländern wie Hongkong, Singapur, Malaysia, Indonesien, Korea und Taiwan. Nach dem beeindruckenden Aufschwung Japans gehören diese angrenzenden sogenannten jungen Tiger seit nunmehr fast 15 Jahren zu attraktiven Märkten. In Lateinamerika bieten sich seit der bewältigten Schuldenkrise Mitte der 80er Jahre in Mexiko, Brasilien, Argentinien, Chile bis hin zu Peru und Kolumbien interessante Möglichkeiten. Während in Südeuropa besonders Portugal und Griechenland seit den ersten Aufnahmegesprächen in die europäische Gemeinschaft beachtet werden, sind die osteuropäischen Länder Polen, Tschechien, Ungarn und Teile der ehemaligen Sowjetunion spätestens nach der deutschen Wiedervereinigung und dem endgültigen Zusammenbruch des kommunistischen Systems zu aufstrebenden Märkten geworden. Mit einem klaren Bekenntnis zur freien Marktwirtschaft werden diese Märkte auch in Zukunft ein enormes Potential besitzen. Neben China und Indien gehören in der jüngsten Vergangenheit auch einige afrikanische Länder wie Botswana und Simbabwe sowie ausgesuchte Gebiete im Nahen Osten wie Marokko, Ägypten und Jordanien zum ständig wachsenden Kreis der begehrten Anlagemärkte.

Wie hoch ist die gesamte Marktkapitalisierung der Emerging Markets?

Emerging Markets weisen insgesamt eine Marktkapitalisierung von circa 800 Milliarden Dollar auf. Im Vergleich zu den 10.300 Milliarden Dollar der etablierten Märkte entspricht das einem Anteil von 7 Prozent an der gesamten weltweiten Marktkapitalisierung.

Welche Marktkapitalisierung haben einzelne Märkte und wie hoch ist dazu die Marktkapitalisierung von etablierten Märkten?

In Milliarden Dollar ausgedrückt beträgt die Marktkapitalisierung in Taiwan 200, in Mexiko 180, Brasilien 100 und in Peru 5. Im Vergleich dazu beträgt die Marktkapitalisierung in Amerika 3000 Milliarden Dollar und in Großbritannien 750 Milliarden Dollar.

Welcher Anteil der weltweiten Bevölkerung lebt in Emerging Markets?

Entwicklungs- und Schwellenländer umfassen mehr als 80 Prozent und somit 4,5 Milliarden Menschen der Weltbevölkerung, aber ihre Wirtschaften produzieren weniger als 20 Prozent des Welt-Bruttoinlandsprodukts und ihre Aktienbörsen stellen nur 7 Prozent der Kapitalisierung auf dem Weltmarkt dar. Von den 4,5 Milliarden Menschen in Emerging Markets leben wiederum 3 Milliarden Menschen in den sehr schnell wachsenden Ländern wie China, Indien und ganz Lateinamerika. Können Sie sich das Potential und die Auswirkungen vorstellen, wenn 3 Milliarden Menschen, was einem dreifachen der Bevölkerung von Amerika, Europa und Japan entspricht, plötzlich kaufkräftige Konsumenten werden. Neben den grundlegenden Bedürfnissen des täglichen Lebens und der Infrastruktur werden diese Menschen wie wir auch Telefone, Fernseher, Autos und später sogar einmal diverse Luxusartikel kaufen. Rolls Royce eröffnete z.B. in den letzten Jahren bereits mit großem Erfolg zwei Repräsentanzen in Peking und Moskau.

Wie hoch waren die Wachstumsraten der Emerging Markets in der Vergangenheit und welche Steigerungsraten können Investoren in den nächsten Jahren erwarten?

Von 1965 bis 1989 wiesen Emerging Marktes eine durchschnittliche Wachstumsrate ihres Bruttoinlandsproduktes von 5,1 Prozent gegenüber 3,1 Prozent in den etablierten Industrienationen auf. Die prognostizierte jährliche Steigerungsrate des Bruttoinlandsprodukts der Mehrheit der Emerging Markets übersteigt in den nächsten Jahren erheblich die Rate der USA und Europa. An der Spitze der Prognosen liegt China mit einem erwarteten Wachstum von 9 Prozent. Für die Wachstumsmärkte in Lateinamerika, Süd- und Ostasien wird bis zum Ende dieses Jahrtausends ein Wachstum von insgesamt 6,5 Prozent jährlich erwartet. Weiterhin wird davon ausgegangen, daß diese Regionen in den ersten zwei Jahrzehnten des nächsten Jahrhunderts Wachstumsraten von über 6 Prozent erreichen werden. Länder aus dem ehemaligen Ostblock, dem Mittleren Osten und Nordafrika, die momentan noch bei einem durchschnittlichen Wachstum von 2 Prozent liegen, werden innerhalb der nächsten Jahre den anderen Regionen nacheifern. Die wichtigsten europäischen Länder und Nordamerika rechnen im Vergleich dazu in den nächsten Jahren mit einem relativ mäßigen Wachstum von 2,5 Prozent.

Woher resultiert das hohe Wachstum der Emerging Markets?

Wir vertreten die Ansicht, daß die hohen Erwartungen an das Wachstum in den Schwellenländern zum Großteil durch die Differenzen in der Höhe der Einkommen zwischen den Industrieländern und den Entwicklungsländern erklärt werden können. Die Einkommensverteilung ist weltweit sehr ungleich. Die 20 Prozent der reichsten Weltbevölkerung vereinigen mehr als 80 Prozent des weltweiten Einkommens auf sich. Im Gegensatz dazu erhalten die 20 Prozent der Ärmsten nur 1,4 Prozent des Welteinkommens.

Der Hauptgrund für diese unregelmäßige Verteilung läßt sich anhand des Produktivitätsniveaus erklären. Der Pro-Kopf-Output von Gütern und Dienstleistungen ist in den USA und Europa ungefähr 30mal höher als in den ärmsten Vertretern der Entwicklungsländer. Diese Differenz in der Produktivität existierte nicht immer; erst seit der industriellen Revolution wurde sie immer größer zwischen den wirtschaftlich mächtigen Ländern und dem Rest der Welt. In den nächsten Jahren rechnen wir mit einer fortschreitenden Verminderung des Produktivitätsunterschieds zugunsten der Emerging Markets.

Welche konkreten Faktoren tragen in den nächsten Jahren zu einer anhaltend hohen Attraktivität der Emerging Markets bei?

Vier Bestandteile werden die treibenden Faktoren für diesen Umschwung und das erwartete höhere Wachstum bilden:

1. Technologie
2. Ausbildung
3. institutionelle Veränderungen
4. Kapitalströme

Obwohl es, wie bereits erwähnt, offensichtlich noch viele untergeordnete Gründe gibt, die eine höhere Wachstumsrate positiv beeinflussen können, wie z.B. niedrige Löhne, vorteilhafte Bevölkerungsstrukturen und die Tatsache, daß das Bruttosozialprodukt von einem niedrigen Niveau aus anwachsen kann, werden diese vier Faktoren für die ausschlaggebenden gehalten.

Können Sie näher auf diese einzelnen Bestandteile des hohen Wachstums in Emerging Markets eingehen?

Wie bereits erwähnt ist die **Technologie** einer der wichtigsten Faktoren. Das rasante Wachstum wird in Emerging Markets durch die Einführung und Anpassung von neuen Technologien erzielt, die im Ausland entwickelt wurden. Durch aufwendige, elementare Forschung und Entwicklung in den Industrieländern wurde für die Schwellenländer eine Technologie erhältlich, die leicht den örtlichen Gegebenheiten angepaßt werden kann. Die Emerging Markets haben konsequent in modernste Technologien investiert. Dieser Sachverhalt stellt bereits heute einen bedeutenden Produktivitätsvorteil gegenüber den Industrieländern dar, da diese auf die oft überholten Technologien der 70er und 80er Jahre angewiesen sind. Die Entwicklung des Pro-Kopf-Wachstums des Einkommens zeigt in China z.B. eine Verdoppelung der Produktivität innerhalb der nur 10 Jahre von 1977 bis 1987. Korea konnte seine Produktivität in den 10 Jahren von 1966 bis 1976 ebenfalls verdoppeln. In der Industrialisierungsphase in Amerika wurden für eine Verdoppelung der Produktivität dagegen noch 47 Jahre benötigt (1839 bis 1886) und in Großbritannien gar 58 Jahre (1780 bis 1838).

Das Niveau der **Ausbildung** und die Bildungsrate stieg in den Entwicklungsländern während der letzten 20 Jahre gewaltig an. In den Industriestaaten liegt der Anteil einer höheren Schulbildung heute durchschnittlich bei 93 Prozent. 1965 betrug der Anteil nur 65 Prozent. Argentinien hat heute beispielsweise mit 74 Prozent eine größere Beteiligung an der höheren Schulbildung als Westdeutschland im Jahr 1965. Bei den Emerging Markets liegt Korea mit einem Anteil von 86 Prozent Beteiligung an höherer oder weiterführender Schulbildung an der Spitze, während Pakistan mit 20 Prozent das Schlußlicht bildet. Diese Veränderungen des Bildungsniveaus haben außerdem zur Folge, daß in den Entwicklungsländern ein großer Überschuß von Facharbeitern den heute verfügbaren Industriearbeitsplätzen gegenübersteht. Das Verhältnis von Facharbeitern zur Anzahl der Industriearbeitsplätze bezeichnet man als den Ausbildungsgrad eines Arbeitsmarktes. Das Verhältnis reicht von 0,3:1 in den am wenigsten entwickelten Ländern bis zu 7:1 in Ländern wie den Philippinen und Sri Lanka. In den USA hingegen herrscht ein Verhältnis von ungefähr 1:1. In Mexiko gibt es beispielsweise sieben Bewerber für jeden Job, während in den USA praktisch ein Gleichgewicht besteht. Obwohl in Indien und China der Anteil der Bevölkerung mit höherer Berufsausbildung wesentlich geringer ist als in Asien und Lateinamerika, liegt das Verhältnis hier aufgrund der gewaltigen Zahl der ausgebildeten Arbeitskräfte, die sich auf eine relativ kleine Industriebasis beziehen, bei ungefähr 3:1. Ein hohes Verhältnis erzeugt eine heftige Konkurrenz bei Industriejobs und verdeutlicht, weshalb einige Entwicklungsländer die Fähigkeit besitzen, in fortschrittliche Bereiche der industriellen Fertigung einzusteigen. Es gibt auch bereits zahlreiche Beispiele, die diese Entwicklungen bestätigen. Indien exportiert Computer-Software im Wert von 1,5 Milliarden Dollar jährlich. Malaysias Protonen-Auto behauptet sich erfolgreich auf dem internationalen Markt. Brasilien exportiert Verteidigungsausrüstung und leichte Luftwaffe. Eine japanische Firma fertigt Lastwagen in Mexiko und läßt sie für den entsprechenden japanischen Absatzmarkt reexportieren. Zusammenfassend kann man also sagen, daß ein hoher Ausbildungsgrad weiterhin sicherstellt, daß konkurrenzfähige Lohnniveaus in Industriebereichen mit niedrigen Anforderungen beibehalten werden, während bei Jobs mit hohen fachlichen Anforderungen eine schnell wachsende Nachfrage zu verzeichnen sein wird.

Inwiefern spielen die von Ihnen genannten wirtschaftspolitischen Veränderungen eine Rolle bei der Fortsetzung des Wachstums?

Wir sind nicht der Auffassung, daß die Verfügbarkeit von Technologie und einer gebildeten Bevölkerung ausreicht, um ein rasches Wirtschaftswachstum zu garantieren. Es muß erwähnt werden, daß einige Ostblockländer und lateinamerikanische Länder über beide Faktoren ausreichend verfügen konnten, aber es verfehlt haben, dies zu ihrem Vorteil zu nutzen. Die Planwirtschaft hat sich als verheerend erwiesen und planwirtschaftliche Handelspolitik wird weltweit immer seltener verfolgt. Der Fall der Berliner Mauer und Wirtschaftsreformen in China sind der augenfälligste Beweis für den endgültigen Niedergang der Planwirtschaft. Es setzte eine komplette, fast revolutionäre Veränderung in der Zielrichtung der Wirtschaftspolitik ein, die der Erkenntnis entstammt, daß die einzige Möglichkeit zur Anhebung des Lebensstandards in der marktwirtschaftlichen Wirtschaftsreform liegt. In Ländern, in denen die Planwirtschaft der Marktwirtschaft bereits Platz gemacht hat und die Bedeutung des Staates konsequent eingeschränkt wurde, änderte sich die wirtschaftliche Leistung. Gute Beispiele für diese Entwicklung sind Chile, Mexiko, Argentinien, die Türkei, Indonesien und China. In diesen Ländern stieg nach der

Einführung marktwirtschaftlicher Strategien die Wachstumsrate der
letzten 10 Jahre erheblich an.

Ist das momentan in die Emerging Markets strömende Kapital eine temporäre Erscheinung der letzten Jahre oder ein länger anhaltener Trend für die Zukunft?

Die Kapitalströme und die wachsende Liquidität der Emerging Markets
setzen sich aus drei Teilbereichen zusammen:

Einen großen Anteil an der wachsenden Liquidität hat sicherlich
die erhöhte Aufmerksamkeit, die internationale Anleger den Emerging
Markets in den letzten Jahren generell schenkten. Nachdem die Renditen an den etablierten Märkten nach den goldenen 80er Jahren in
Zukunft sicherlich niedriger sein werden, suchen zahlreiche Investoren für ihre hohe Liquidität nach attraktiven Märkten mit hohen
Renditeerwartungen. Aufgrund der aus Asset Allocation-Überlegun-
gen resultierenden hohen Zuflüsse in Emerging Markets stiegen die
Kurse zum Teil explosionsartig an und die Märkte zogen dadurch
wieder neues Geld an. Emerging Markets sind aktuell sicherlich in
Mode und erfreuen sich daher eines großen Liquiditätszuflusses aus
den etablierten Märkten.

Wichtiger als die Liquidität internationaler Investoren ist aber das
Geld vermögender einheimischer Mexikaner oder Argentinier, die in
schlechten Zeiten ihr Geld in der Schweiz anlegten und jetzt langsam
wieder an den eigenen Aktien- und Rentenmärkten investieren. Dieser
Rückfluß des einheimischen Kapitals in Emerging Markets ist für
uns ein hilfreicher Indikator. Wenn das Vertrauen der eigenen Bevölkerung so ansteigt, daß sie sogar das jahrelang in der Schweiz
deponierte Geld wieder im eigenen Land anlegen und investieren, ist
das für uns als ausländische Investoren ein hervorragendes Zeichen.

Ein weiterer beachtlicher Liquiditätsschub der Emerging Markets
resultiert aus einer Verschiebung des Kapitals von den Rentenmärkten in die Aktienmärkte. Historisch betrachtet hatten die Rentenmärkte in den letzten Jahrzehnten ein wesentlich höheres Volumen als
die entsprechenden Aktienmärkte. Die einheimische Bevölkerung sorgt
nun vor allem durch eine Verschiebung der Gelder an die Aktienmärkte für wachsende Liquidität.

Die Kombination dieser drei Liquiditätsströme kann erhebliche
Bewegungen an den Aktienmärkten auslösen. In den letzten drei
Jahren vervierfachten sich die Investitionen in Emerging Markets und
belaufen sich gegenwärtig auf jährlich 40 Milliarden Dollar.

Bei aller Euphorie gibt es doch aber sicherlich auch einige Gefahren für das langfristige Wachstum der Emerging Markets!

Ein wesentliches Merkmal der Emerging Markets ist ihre Unsicherheit hinsichtlich der politischen und wirtschaftlichen Situation sowie der Investitionslage.

Handelskriege und Handelsrestriktionen würden das Wachstum in zweierlei Hinsicht beeinflussen. Erstens würde der Output geringer ausfallen, indem die komparativen Vorteile, die die Länder besitzen, nicht zum Tragen kommen können. Zweitens würde eine Verminderung der Schuldenrückzahlungsfähigkeit die Kapitalströme und den damit verbundenen Technologie-Transfer reduzieren. Die am schnellsten wachsenden Länder wurden durch die jüngste Rezession in Japan und Europa wenig betroffen. Dies verdanken sie dem stärkeren regionalen Binnenhandel (besonders in Asien), aber auch der Triebkraft der Exporte in etablierte Industrieländer. Ein echter Handelskrieg würde jedoch ganz andere Gefahren darstellen. In diesem Zusammenhang könnten regionale Handelsabkommen wie die NAFTA und die EG gegen die Interessen der Mehrheit der Entwicklungsländer verstoßen, die bei solchen Vereinbarungen meist nicht berücksichtigt werden. Diese Sorge wird sowohl von einigen lateinamerikanischen Ländern außerhalb Mexikos wie auch von osteuropäischen Ländern außerhalb der EG und vielen anderen Entwicklungs- und Schwellenländern geäußert.

Ein Einbruch der Rohstoffpreise würde den ärmeren Entwicklungsländern am meisten schaden. Die Erfahrungen der Nachkriegszeit beweisen, daß die Handelsbedingungen für Basis-Rohstoffe dazu verurteilt sind, sich weiter zu verschlechtern. Ein Preisverfall, der bereits auf kurze Sicht schädlich ist, führt dazu, daß die meisten dieser Märkte ihre wirtschaftliche Basis breiter auslegen, meist durch Industrialisierungsversuche. Erfolgreichere Emerging Markets wären von sinkenden Rohstoffpreisen aus diesem Grund langfristig also wenig betroffen.

Bestehen nicht in einigen Emerging Markets nach wie vor erhebliche politische Unsicherheiten?

Wie Sie richtig sagen, glaube ich im Gegensatz zu einigen Investoren in diesem Bereich auch, daß eine echte Gefahr darin besteht, daß einige Länder ihre Pro-Marktwirtschaft-Politik, die in vielen Dritte Welt-Ländern im Augenblick betrieben wird, völlig umkehren könn-

ten. Für diese Annahme gibt es zwei Gründe. Zum einen sind sich
schnell verändernde Gesellschaften einem immensen inneren Druck
ausgesetzt. Die Abschaffung öffentlicher Subventionen, Privatisie-
rungen, die Beschneidung der Macht des Militärs und die Entmach-
tung einflußreicher Bürokraten führt schnell zur Bildung einer großen Gruppe von "Verlierern". Dagegen brauchen weitreichende wirtschaftliche Beihilfen viel Zeit, um spürbar zu werden. Zum zweiten
wird eine rigorose Zentralplanung, die von der Intelligenzia eindeutig
für ungeeignet gehalten wird, von anderen sich im Konflikt befindli-
chen Gruppen immer noch als ein grundlegendes Organisations-
prinzip befürwortet. Dazu tragen auch extremer Nationalismus und
religiöser Fundamentalismus entscheidend bei. Ihre Anhänger geraten in Gefahr, einen Großteil ihres liberalen wirtschaftlichen und
sozialen Gedankenguts aufzugeben. Besonders die großen Verlierer
in der wirtschaftlichen Transformation, die wir gegenwärtig beobachten, sind anfällig für solche Ideen. Ein litauischer Minister beschreibt diesen Fall sehr prägnant. Als er gefragt wurde, weshalb er
vom Kollaps des Kommunismus, auf den er zusammen mit den
meisten seiner Kollegen so hart zugearbeitet hatte, nicht so begeistert
sei, bemerkte er, daß "Politik wie ein gedehntes Gummiband ist;
wenn man die linke Seite abschneidet, stoppt das Ende nicht automatisch, wenn es in der Mitte ist."

**Was sind konkret die Vorteile für den Privatanleger bei einem
Engagement in Emerging Markets?**

Emerging Markets gewinnen rasch an Bedeutung als eine wichtige
Komponente bei der weltweiten Anlage von Kapital, indem sie höhere
Wachstumsaussichten für Anleger aus den Industrieländern und den
Vorteil der Diversifizierung eines internationalen Wertpapierportfolios
kombinieren.

Als Gruppe, im Hinblick auf die Marktkapitalisierung betrachtet,
sind Emerging Markets nach Amerika, Japan und Großbritannien der
viertgrößte Investitionsraum. Emerging Markets wiesen in der Vergangenheit eine wesentlich höhere Rendite als die etablierten Märkte
auf. Aufgrund der hohen Wirtschaftswachstumsprognosen sollten die
Märkte auch in den nächsten Jahren über ein überdurchschnittliches
Performancepotential verfügen. In der Vergangenheit zeichneten sich
Emerging Markets durch eine sehr geringe und sogar oft leicht
negative Korrelation zu den herkömmlichen Märkten aus. Aus dieser
Tatsache entstehen bei einem klassisch diversifizierten Portfolio zahl-

reiche Vorteile. Wir fertigten eine Studie an, die zeigt, daß in einem weltweit diversifizierten Portfolio des Morgan Stanley Weltaktien-Index ein Emerging-Markets-Anteil von 12 Prozent bei einer merklichen Reduzierung des Risikos zu einer Erhöhung des Ertrages führt. Bei diesen Erkenntnissen muß man natürlich generell berücksichtigen, daß nur die historischen Kennzahlen der Korrelation in die Berechnung eines optimalen Portfolios mit Hilfe der Efficient Frontier eingehen. Die Verwendung historischer Daten für Prognosen und Aussagen über die Zukunft ist ja bekanntlich ein viel diskutiertes Problem der modernen Portfolio-Theorie.

Können Sie ein konkretes Beispiel für die niedrige Korrelation der Emerging Markets zu den etablierten Märkten nennen?

In den zahlreichen kleinen und großen Crashs und Krisen an den Aktienmärkten (Crash 1987, Minicrash 1989, Gorbatschow-Putsch und Kuwaitkrise) zeichneten sich einige Emerging Markets sogar durch eine negative Korrelation aus. Im Crash 1987 stiegen die Kurse in Indien. Auf den sogenannten Minicrash 1989 reagierte Argentinien ebenfalls mit steigenden Kursen. Aufgrund der heute wesentlich höheren Investitionen institutioneller und privater Anleger an diesen Märkten sowie der hohen weltweiten Interdependenzen der Finanzmärkte rechne ich bei einem erneuten Crash an den großen Aktienmärkten allerdings mit stärkeren Auswirkungen auf die Emerging Markets. Aus den genannten Gründen werden die Emerging Markets, wenn auch in abgeschwächter Form, von den Kursverlusten an den großen Märkten nicht mehr vollkommen verschont bleiben.

Sie nannten gerade Indien. Ist der indische Aktienmarkt für Sie interessant?

In Indien gibt es 21 Börsen, die unter einem staatlichen Gesetz aus dem Jahr 1956 organisiert sind. Bereits im Jahr 1887 gegründet, ist die Börse in Bombay der älteste Aktienmarkt in Indien und in ganz Asien. Mit 70.000 täglichen Transaktionen werden an der Börse in Bombay 75 Prozent der gesamten indischen Aktienumsätze abgewickelt. Neben Bombay sind weitere größere Börsen in Kalkutta, Delhi und Madras. An allen indischen Börsen notieren an die 7.000 einzelne Aktien. In den wesentlich bekannteren Märkten in Hongkong und Singapur notieren dagegen gerade einmal 364 bzw. 184 Werte. Von den 7.000 notierten Aktien werden immerhin auch 1.300 aktiv gehandelt.

Mit dem hohen Wachstum des Bruttosozialprodukts in der zweiten Hälfte der 80er Jahre stieg die Anzahl der Aktionäre von 6 Millionen im Jahr 1985 bis heute auf über 30 Millionen an. Damit hat Indien nach Amerika weltweit die zweitgrößte Anzahl an Aktionären. Getragen wurde dieses Wachstum durch eine traditionell hohe Sparquote von über 20 Prozent. Die Marktkapitalisierung ist mit 55 Milliarden Dollar und einem Anteil von nur 24 Prozent am indischen Bruttosozialprodukt natürlich noch eher gering. Ein Vergleich mit den bereits etablierteren Märkten von Hongkong und Singapur, deren Marktkapitalisierung im Verhältnis zum Bruttosozialprodukt 180 Prozent und 110 Prozent beträgt, zeigt das enorme Potential des indischen Marktes auf.

Welche Anlegergruppen waren nach der Wiederentdeckung der Emerging Markets die bedeutendsten Investoren?

Emerging Markets weisen ähnliche Merkmale auf wie Managed Futures. Beide sind durch eine hohe Performance bei einer zugleich niedrigen Korrelation zu etablierten Märkten gekennzeichnet. Institutionelle Anleger, die ständig auf der Suche nach optimal diversifizierten Portfolios sind, nutzten die Vorteile dieser Märkte meist als erste Anlegergruppe aus. Der einzige Unterschied zwischen Emerging Markets und Managed Futures ist, daß es sich bei Managed Futures um eine Fähigkeit handelt, aus dem Null-Summenspiel der Terminmärkte Gewinne zu erzielen und Emerging Markets über einen positiven Basiseffekt von jährlich circa 15 Prozent Gewinn der Aktienindizes verfügen. Institutionelle europäische Investoren investieren bereits seit einigen Jahren in Emerging Markets, während amerikanische Investoren verstärkt in Managed Futures investierten. Inzwischen ergeben sich aber erste Kennzeichen für eine Umkehr der Tendenz und es fließt seit 1993 auch viel amerikanisches Geld in Emerging Markets, während Europäer mit einiger Verzögerung die Managed Futures-Industrie entdecken.

Ist es für Anleger überhaupt ratsam, direkt in Emerging Markets zu investieren oder sind Investmentfonds die einzige sinnvolle Möglichkeit, am Potential dieser Märkte zu verdienen?

Direktanlagen in Emerging Markets sind mit zahlreichen Problemen behaftet: Intransparente Märkte, regulatorische und abwicklungstechnische Eigenheiten, hohe Transaktionsgebühren von oftmals 5

Prozent des Kurswertes, mangelnde Informationen über Kurse und Ergebnisse der einzelnen Unternehmen, fehlende Analysen über den Gesamtmarkt und einzelne Aktien sowie letztlich das Problem, über welche Bank oder welchen Broker man einzelne Aktien handelt und zu welchen Modalitäten die Abrechnung erfolgt. Die eigene Hausbank wird mit einem Kaufauftrag an der Börse in Indien meist wenig anfangen können. Selbst wir benötigten in Indien über neun Monate, um all diese Fragen zu klären und die ersten Aktien kaufen zu können. Aus diesem Grund bedienen sich selbst große, erfahrene institutionelle Anleger der Hilfe spezialisierter Investmentmanager, wie wir es sind. Was für institutionelle Anleger gilt, ist natürlich in dem komplexen Bereich dieser Wachstumsmärkte auf alle Fälle auch für den Privatanleger ratsam.

Raten Sie Privatanlegern zu einzelnen Länderfonds (z.B. Kolumbien), zu Regionen-Fonds (z.B. Lateinamerika) oder weltweit diversifizierten Emerging Market Fonds?

Anleger ohne jede Erfahrung in Emerging Markets sollten zu Beginn weltweit diversifizierte Fonds oder höchsten entsprechend breit gestreute regionale Fonds kaufen. Wenn man sich als Anleger im Laufe der Zeit etwas mehr mit der Materie beschäftigt hat, kann man auf selektiver Basis auch einmal einen Länderfonds kaufen, um konkret an den Chancen eines bestimmten Marktes zu partizipieren. Von individuellen Direktengagements in einzelnen Aktien rate ich dagegen auch erfahrenen Anlegern ab. Bei uns arbeiten dreißig zum Teil hochspezialisierte Experten permanent an der Analyse einzelner Märkte und deren Aktien. Zudem besuchen unsere Fondsmanager mehrmals im Jahr die jeweiligen Länder und die interessantesten Unternehmen. Für den Privatanleger wird es aufgrund dieses hohen Zeitaufwandes und der Komplexität der Thematik kaum möglich sein, auf die Dienstleistung eines Investmentfonds vollkommen zu verzichten.

Welche Punkte sollten Investoren bei der Auswahl einer Investmentfondsgesellschaft in diesem Bereich beachten?

Aufgrund der eben dargestellten Schwierigkeiten sollte der Privatinvestor auf alle Fälle die Dienste einer erfahrenen und etablierten Fondsgesellschaft in Anspruch nehmen, die bereits über einen längeren Zeitraum ihre Expertise durch eine kontinuierliche Performance beweisen kann. Man sollte auch sicherstellen, daß die Gebühren sich in einem vernünftigen Rahmen bewegen.

In welchem Rahmen sollten sich die Gebühren eines Emerging Markets Fonds bewegen?

Die zahlreichen und oft sehr aufwendigen Arbeitsschritte und die Bereitstellung des nötigen Analysematerials rechtfertigen natürlich eine höhere Gebühr als bei herkömmlichen Aktien- und Rentenfonds. Dennoch sollte die jährliche Verwaltungsgebühr nicht wesentlich über dem Durchschnitt von 1,75 Prozent liegen.

Welche grundsätzliche Anlagephilosophie verfolgen Sie?

Wir verfolgen einen Top-down-Ansatz. Der Schlüssel zum Erfolg in Emerging Markets ist die richtige Asset Allocation auf Länderebene, da mindestens 80 Prozent der Performance daraus resultieren. Dabei beachten wir neben der politischen Situation und der Liquidität alle auch in etablierten Märkten wichtigen Kennzahlen wie das Wachstum des Bruttosozialproduktes, Inflation und Zinsentwicklung.

Inwiefern beachten Sie die politische Situation eines Landes bei der Asset Allocation?

In unserem Top-down-Investitionsprozeß nehmen wir regelmäßig eine detaillierte Analyse der politischen Sphäre eines jeden Marktes vor, in den Kapital investiert wird. Diese Analyse untersucht wichtige politische und wirtschaftliche Faktoren, die eventuell die zukünftige politische Stabilität des untersuchten Landes und dann wiederum die zugrundeliegenden Kapitalmärkte beeinflussen könnten. Die wichtigsten Faktoren bezeichnen wir als "Cockpit of Power", ein Ausdruck des Investmentmanagements, den Foreign & Colonial prägte. Im einzelnen beachten wir dabei in jedem Land Regierung, Opposition, Militär, Religion, Arbeitsmarkt, Intelligenzia und den sozialen Bereich. Wir erarbeiten für jeden potentiellen Markt eine strukturierte politische Analyse, die die möglichen Einflüsse jedweder politischen, strukturellen oder wirtschaftlichen Veränderung berücksichtigt. Mit dieser Methode werden die Gruppierungen, die Einfluß nehmen könnten, untersucht und danach beurteilt, ob sie mit den aktuellen oder geplanten Regierungsentscheidungen konform gehen. Weiterhin wird der Grad des Nutzens betrachtet, den diese Gruppen aus diesen Entscheidungen ziehen könnten und das Ausmaß, in dem sie besser oder schlechter gestellt würden. De facto evaluiert diese Analyse die Wahrscheinlichkeit zukünftiger politischer Unruhen.

Wie verfahren Sie bei der Bestimmung der interessantesten Aktien-märkte?

Sowohl für das Land als auch für einzelne Aktien wird ein Core & Satellite-Verfahren angewendet. Als Kernmärkte werden solche klassifiziert, die 5 Prozent oder mehr Anteil der weltweiten Emerging Market-Marktkapitalisierung einnehmen. Von den existierenden dreißig Emerging Markets, die unser Anforderungsprofil eines funktionierenden Kapitalmarktes erfüllen, investieren wir normalerweise ungefähr 80 Prozent in sieben oder acht Kernländer. Die verbleibenden 20 Prozent werden in sogenannte Satelliten-Länder investiert, die nach bestimmten Kriterien ausgewählt und gewechselt werden. Wenn nicht mindestens 2 bis 3 Prozent des Anlagekapitals auf einen bestimmten Markt konzentriert werden können, verzichten wir auf kleinere Märkte vollständig. Die Anlehnung an einen Vergleichsindex führt im Emerging Market Bereich nicht zu befriedigenden Ergebnissen.

Wie gehen Sie nach der Festlegung der attraktivsten Länder bei der Auswahl der einzelnen Aktien vor?

Nachdem wir mit unserem Top-down-Ansatz die interessantesten Branchen eines Landes bestimmt haben, verfolgen wir auf Unternehmensebene mit den herkömmlichen Unternehmenskennzahlen einen Bottom-up-Ansatz. Unser Bottom-up-Ansatz orientiert sich eng an den herkömmlichen Bewertungsmaßstäben wie z.B. Gewinn pro Aktie, Kurs-Gewinn-Verhältnis, Kurs-Buchwert-Verhältnis sowie Angebots- und Nachfragefaktoren. Zudem investieren wir normalerweise nicht eher in ein Unternehmen, bevor wir uns nicht genau mit dessen Management-Methoden auseinandergesetzt haben. Das Depot besteht generell aus Aktien höchster Qualität, wobei 50 Prozent in den jeweiligen Standardwerten angelegt werden. Die restlichen 50 Prozent werden in mittleren und kleineren Werten angelegt. Dabei achten wir auch bei den ausgewählten mittleren und kleineren Unternehmen besonders auf eine hohe Qualität. Auch wenn die Qualität der Aktien in etablierten Märkten ebenfalls wichtig ist, beeinflussen Sicherheitsaspekte in Emerging Markets die Auswahl einzelner Aktien noch wesentlich stärker. Eine hervorragende Qualität der Unternehmen ist für uns eine der wichtigsten Prämissen. Daher besuchen wir alle Unternehmen, deren Aktien wir kaufen, persönlich und vergewissern uns vor Ort über den tatsächlichen Zustand. In den 30 Emerging Markets, die unsere Anforderungen an eine funktionstüchtige Börse erfüllen, entsprechen insgesamt wiederum 800 Firmen unseren Qualitätsvorstellungen.

Verwenden Sie Stop-Loss-Limits zur Verlustbegrenzung einzelner Aktien?

Für Stop-Loss-Limits im herkömmlichen Sinn, nach technischen Chartlinien, sind die Märkte nicht effizient genug. Aufgrund der zum Teil hohen täglichen Schwankungsbreiten haben enge Stopkurse keinen Erfolg. Durch eine zufällige Kursbewegung an einem Tag kann man mit geringen Umsätzen jederzeit unfreiwillig aus einer Position ausgestoppt werden. Wir verwenden aus diesem Grund sozusagen fundamentale Stop-Loss-Limits und verkaufen die Aktien, wenn sich an unserer fundamentalen Einschätzung etwas Grundlegendes verändert.

Ist die Inflation in Lateinamerika noch immer ein Problem?

Einige Länder wie Mexiko, Argentinien und Chile haben inzwischen bereits einstellige Inflationsraten erreicht. Mit 20 Prozent in Kolumbien, 30 Prozent in Peru und 35 Prozent in Venezuela sind die jährlichen Inflationsraten bei einer absoluten Betrachtung natürlich immer noch hoch. Relativ gesehen verbesserten sich die Zahlen seit der Hyperinflation mit einigen tausend Prozent zu Beginn der 80er Jahre aber schon erheblich. Die einzige negative Ausnahme bildet Brasilien mit einer Inflationsrate von 40 Prozent pro Monat.

Investieren Sie aufgrund der hohen Inflationsraten deshalb nicht in Brasilien?

Obwohl Brasilien immer noch unter einer Inflationsrate von monatlich 40 Prozent leidet, investieren wir dort momentan sogar einen beträchtlichen Anteil unseres Portfolios. Es ist nicht so sehr eine Frage, wie hoch oder niedrig die Inflationsrate eines Landes ist, sondern wie die Unternehmen es verstehen, sich der hohen Inflationsrate anzupassen. Als Fondsmanager muß man versuchen, den Wert und Gewinn eines Unternehmens im Umfeld dieser hohen Inflation zu bewerten. Dabei ergeben sich in Brasilien trotz der hohen Inflation interessante Möglichkeiten.

Wie stehen Sie der großen China-Euphorie gegenüber?

Während der chinesische Markt kurzfristig sicherlich überhitzt ist, handelt es sich dabei langfristig vielleicht sogar um eine der größten Chancen unserer Generation. Es gibt einige Studien, die davon ausgehen, daß China bis zum Jahr 2020 eine größere Wirtschaftsmacht darstellt als Amerika. An dem langfristigen Potential von China bestehen für mich kaum Zweifel.

Weisen Emerging Markets ein höheres Risiko auf als etablierte Märkte?

Einzeln betrachtet beinhalten Emerging Markets und deren Aktien ein höheres Risiko, da die Volatilitäten hoch sind. Bei einzelnen Aktien kann die tägliche Schwankungsbreite bis zu 20 Prozent betragen. Da sich die in einzelnen Märkten auftretenden Gewinn- und Verlustschwankungen bei einer weltweiten Diversifizierung aber weitgehend ausgleichen, liegt die Volatilität als Risikomaßstab bei der Betrachtung eines Universums aller Emerging Markets im Rahmen der etablierten Märkte. Bei vergleichbaren Schwankungsbreiten wie die etablierten Märkte erreichten Emerging Marktes in der Vergangenheit aber einen wesentlich höheren Ertrag. Da man das Risiko eigentlich nie ohne den zugehörigen Ertrag betrachten sollte, behaupte ich daher, daß das Ertrags-Risiko-Verhältnis der Emerging Markets wesentlich attraktiver ist.

Wie hoch ist die Performance Ihrer Fonds?

Aufgrund der Gewinne von mehreren 100 Prozent p.a. in manchen Märkten sind die Performancezahlen einiger Fonds ebenfalls sehr spektakulär. Unser Argentinien-Fonds hatte im Jahr 1991 eine Performance von 400 Prozent. Als im Jahr darauf der argentinische Aktienmarkt allerdings um 50 Prozent korrigierte, erlitt auch unser Fonds Verluste in einer ähnlichen Größenordnung. Ich will damit zeigen, daß ich es nicht für sehr aussagekräftig halte, mit der Jahres-Performance einzelner Länderfonds zu werben. Um wirklich Aufschlüsse über die Expertise einer Fondsgesellschaft im Emerging

Market Bereich zu erhalten, sollte man langjährige Durchschnitts-
werte bei regional oder weltweit diversifizierten Fonds verwenden.
Bei den regionalen Fonds erwirtschafteten wir in Lateinamerika
während der letzten fünf Jahre einen Ertrag von jährlich durch-
schnittlich 30 Prozent und im asiatischen Raum von jeweils 25
Prozent in den letzten 10 Jahren. Im Jahr 1991 erzielte unser Latin
American Investment Trust als bester Investment Trust Englands
eine Performance von 123 Prozent. 1993 übertraf der South East
Asia Exempt Fund die Performance des Financial Times Pacific-
Index (ex Japan) um über 90 Prozent.

**Gibt es trotz der volatilen Bewegungen in Emerging Markets
auch für Sie gewisse Marktphasen, die Sie besonders prägten?**

Die bereits angesprochene Explosion des argentinischen Aktienmarktes, der sich 1991 verfünffachte, werde ich nie vergessen. Mitten in
der Kuwaitkrise legten wir im Februar 1991 einen Argentinien-
Länderfonds auf. Von diesem Zeitpunkt an stieg der Fonds um 400
Prozent bis zum Ende des Jahres. Da wir den Fonds erst im Februar
auflegten, versäumten wir die ersten 100 Prozent der insgesamt 500
Prozent Jahresperformance des Index.

Frank Lingohr
Lingohr & Partner Asset Management
"Über 70 Prozent aller institutionellen Portfoliomanager erzielen
schlechtere Anlageresultate als der Aktienindex."

Frank Lingohr, 47 Jahre alt, begann nach einer erfolgreichen Tätigkeit in der Computerindustrie Mitte der 70er Jahre seine Karriere im Investmentgeschäft bei der weltweit größten Investmentbank Merrill Lynch. Ab 1979 war er dort für die Betreuung institutioneller Kunden zuständig und ab 1984 leitete er als Institutional Manager und First Vice President von Prudential Securities die Betreuung institutioneller Kunden. Von 1990 bis 1992 war er geschäftsführender Gesellschafter der Großbötzl, Schmitz und Partner GmbH. Am 1. Januar 1993 gründete er die Lingohr & Partner Asset Management in Erkrath. Die Gesellschaft ist spezialisiert auf die weltweite Verwaltung institutioneller und privater Wertpapiervermögen. Sie verwaltet zur Zeit über 120 Millionen DM. Frank Lingohr zählt zu den Pionieren der computergestützten quantitativen Aktienanalyse. Bereits Mitte der siebziger Jahre begann er mit Computerunterstützung die vergleichende Analyse von börsennotierten Unternehmen. Heute umfaßt das Anlageuniversum seiner Gesellschaft mehr als 12.000 Unternehmen weltweit. Frank Lingohr verwaltet unter anderem seit Jahren für eine namhafte deutsche Versicherungsgesellschaft einen Amerikafonds, der in diesem Zeitraum trotz unterdurchschnittlichem Risiko bessere Anlageresultate erzielte als die Fonds einer Vergleichsgruppe und der Standard & Poor's Aktienindex.

Sie sind bekannt für Ihre kontroversen Ansätze und Meinungen.
Gibt es überhaupt Analysten oder Fondsmanager, die zu Ihrer
Meinungsbildung beitragen?

Selbstverständlich gibt es Fachleute, deren Urteil ich sehr schätze. Allerdings zeigen langjährige Untersuchungen im wohl am weitesten entwickelten Kapitalmarkt, den USA, daß mit wenigen Ausnahmen

über 70 Prozent aller institutionellen Portfoliomanager schlechtere
Anlageresultate erzielen als der Standard & Poor's Aktienindex.
Nimmt man das Wertpapierportfolio dieser unterdurchschnittlichen
Portfoliomanager unter die Lupe, läßt sich keine klare Struktur und
vor allem keine Systematik erkennen. Viele dieser sogenannten professionellen Marktteilnehmer sind für mich daher ein Kontra-Indikator. Wenn überhaupt, dann sind es also erfolgreiche Portfoliomanager,
die ihre eigenen Analysen anfertigen, die mich beeinflussen. Die
Meinung von Jean-Marie Eveillard oder John Neff ist für mich
beispielsweise immer wichtig.

**Damit stellen Sie ja die Daseinsberechtigung etlicher Portfolio-
manager in Frage?**

Nicht unbedingt. Aber die meisten Portfoliomanager sind eingebunden in einen Entscheidungsprozeß, der sie zum Mißerfolg verdammt.
In den meisten erfolglosen Investmentfonds wird die Anlagestrategie
in einem Anlageausschuß festgelegt. In diesen Anlageausschüssen
wird häufig ein sogenannter Top-down-Ansatz verwendet. Am Anfang dieses Entscheidungsprozesses steht hier eine Wirtschafts-
prognose über die zukünftige Entwicklung der Volkswirtschaften, in
die man investieren will. Ziel ist es dabei, Wirtschaftssektoren herauszufinden, die für die nächsten 6 bis 24 Monate eine dynamische
Entwicklung erwarten lassen. Dieser Ansatz ist aber falsch, da die
zugrundeliegenden Wirtschaftsprognosen meistens falsch sind.

**Gibt es empirisch fundierte Untersuchungen, die belegen, daß
diese Wirtschaftsgutachten und der damit verbundene Top-down-
Ansatz falsch sind?**

Werner de Bondt hat im Jahr 1990 an der Cornell University in
Ithaca, New York, die Aussagefähigkeit von Wirtschaftsprognosen
beleuchtet. Er untersuchte mehr als 5.400 Prognosen von Wirt-
schaftsexperten zwischen Juni 1952 und Dezember 1986. Dabei wies
er nach, daß die Prognosen für die Asset Allocation und das Timing
im Durchschnitt nahezu wertlos sind. Ökonomen haben im Durchschnitt systematische Vorurteile und neigen beständig zu Über-
reaktionen. De Bondt und Thaler haben außerdem in zahlreichen
weiteren Untersuchungen nachgewiesen, daß nicht nur Ökonomen,
sondern auch Analysten häufig falsch liegen. Wenn Sie als Portfoliomanager einen Top-down-Ansatz verwenden, wünsche ich Ihnen, daß

Sie brillant sind, sonst können Sie kein Geld verdienen. Und wer ist in diesem Geschäft schon brillant.

Was machen 70 Prozent der Fondsmanager falsch?

Nachdem im konventionellen Auswahlprozeß innerhalb des Anlageausschusses die voraussichtlich interessantesten Branchen ausgewählt wurden, ist es dann im Tagesgeschäft die Aufgabe des Portfoliomanagers, diese strategischen Vorgaben in Anlageentscheidungen für einzelne Unternehmen umzusetzen. Wenn aber, wie von de Bondt nachgewiesen, schon die Eingangsbedingungen für die Anlagestrategie falsch sind, wie kann dann die am Ende des Entscheidungsprozesses stehende Kauf- oder Verkaufsentscheidung richtig sein? Die meisten Fondsmanager gehen also von völlig falschen Voraussetzungen bei ihrer Portfoliozusammenstellung aus.

Ausgangspunkt für eine schlechte Performance sind also in erster Linie die Anlageausschüsse?

So könnte man es formulieren. In den Konsensentscheidungen vieler Anlageausschüsse wird ein ausgeprägtes Harmoniebedürfnis sichtbar. Unkonventionelle, kontroverse Ansichten bleiben dabei oft auf der Strecke. Das häufig vorherrschende lineare Denken kann in unserem oft nichtlinearen Wirtschaftsprozeß nicht zum Erfolg führen.

Vermissen Sie den Mut für unkonventionelle Entscheidungen bei Ihren Kollegen?

Oftmals, denn das gleiche Harmoniebedürfnis der Anlageausschüsse zeigt sich auch bei der täglichen Arbeit des Portfoliomanagers. Jeremy Grantham, Leiter der renommierten Investment-Management-Gesellschaft Grantham, Mayo van Otterloo sagte einmal: "Im Portfoliomanagement gibt es nur ein Risiko: das Karriere-Risiko." Und so sehen die meisten Portfolios der hochbezahlten Manager auch aus. Nehmen wir an, ein Portfoliomanager kauft eine "unentdeckte Spezialaktie", die sich leider nicht wie erwartet entwickelt, und der Aktienkurs fällt. In so einem Fall werden der Anlageausschuß und die Kunden sofort sagen: "Was ist denn mit unserem Fondsmanager los?" Kauft der gleiche Fondsmanager dagegen Coca Cola und der Aktienkurs sinkt, heißt es nur: "Was ist denn mit Coca Cola in letzter Zeit los?" Getreu dieser Devise haben nur wenige Portfoliomanager den Mut, Wertpapiere zu kaufen, die nach der Meinung der Allgemeinheit unkonventionell sind.

Wie gehen Sie bei Ihren Analysen und Anlageentscheidungen vor?

John Templeton sagte einmal treffend: "Wenn Sie das kaufen, was alle anderen kaufen, werden Sie auch die gleichen Resultate erzielen wie alle anderen." Man kann deshalb nur überdurchschnittliche Anlageresultate erzielen, wenn man unkonventionell zum richtigen Zeitpunkt entgegen der allgemeinen Meinung investiert. Genau diesen Ansatz ermöglicht unsere Methode des Value-Investing.

Können Sie näher beschreiben, was Sie unter Value-Investing verstehen?

Am Ausgangspunkt des Auswahlprozesses steht nicht eine Volkswirtschaft, sondern ein Einzelunternehmen. Value-Investoren praktizieren genau das Gegenteil der herkömmlichen Anlagestrategie: einen Bottom-up-Ansatz. Denn nur, wenn man das Einzelunternehmen analysiert und relativ zu allen anderen Unternehmen seines Anlageuniversums bewertet, findet man die relativ billigsten Unternehmen weltweit. Und erst wenn man Häufungen von unterbewerteten Unternehmen in einem Sektor oder einer Volkswirtschaft findet, kann man sinnvolle Aussagen für eine erfolgversprechende Anlagestrategie machen. Value-Investing stellt die bisherigen Anlagemethoden, die quasi auf dem Kopf gestanden haben, wieder auf die Füße. Denn wie man beim Hausbau nicht mit dem Bau des Dachs beginnen sollte, beginnt Value Investing beim Fundament: beim einzelnen Unternehmen.

Auf welche Kennzahlen achten Sie bei der Analyse einzelner Aktien besonders?

Wir konzentrieren uns bei unserer Analyse auf den inneren Wert jedes Unternehmens und vergleichen ihn mit allen anderen Unternehmen. Erwartungen und Prognosen von Analysten spielen dabei eine untergeordnete Rolle, sie werden sogar teilweise als Kontraindikatoren eingesetzt. Diese Philosophie führt zu einer Anlagemethode, die man am besten mit den zwei Worten Systematik und Disziplin beschreiben kann. Es werden dabei neun erfolgreiche Bewertungsmodelle eingesetzt, die dazu dienen, ein Universum von über 12.000 Unternehmen weltweit zu bewerten. Dabei ist es unser Ziel, die am stärksten unterbewerteten Unternehmen im gesamten Anlageuniversum zu identifizieren. Unterbewertung definieren wir dabei so wie ein Unternehmensaufkäufer. Genaugenommen stellen wir uns nämlich die Frage: "Würde ich das gesamte Unternehmen zum gegenwärtigen Preis kaufen?" Wenn das gesamte Unternehmen billig ist, dann lohnt es sich auch, eine Beteiligung zu kaufen - selbst wenn es nur eine einzige Aktie ist. Kaufen/Halten/Verkaufen-Regeln sind präzise definiert und gewährleisten, daß die am stärksten unterbewerteten Unternehmen, Wirtschaftssektoren und Länder auch wirklich im Portfolio erscheinen. Außerdem verhindern wir so, daß unsere Emotionen oder die Meinungen oder Emotionen anderer Marktteilnehmer unser Anlageverhalten beeinflussen. Denn unser Beruf als Portfoliomanager unterscheidet sich grundlegend von anderen Berufen. Wenn Sie beispielsweise Schmerzen haben und alle Ärzte, die Sie aufsuchen, kommen zur gleichen Diagnose, dann tun Sie gut daran, deren Therapievorschlag zu folgen. Wenn aber 10 Wertpapieranalysten die gleiche Empfehlung geben, tun Sie gut daran, das Gegenteil zu tun. Denn wenn die meisten Analysten oder Marktteilnehmer eine gute Meinung von einer Aktie haben, dann besitzen sie wahrscheinlich auch diese Aktie. Und wenn die meisten Anleger eine Aktie besitzen, wer soll sie dann noch kaufen? Nur Käufe führen zu steigenden Kursen. Deshalb ist es erfolgversprechender, unpopuläre Aktien zu kaufen. Unser Ziel ist es, weltweit [nicht nur unpopuläre, sondern] Aktien zu kaufen, die aus vorübergehenden Gründen unpopulär und deshalb preiswert sind. Dazu setzen wir bei unseren quantitativen Anlagestrategien mehrere Bewertungsmodelle simultan ein.

Können Sie diese Bewertungsmodelle näher beschreiben?

Insgesamt beachten wir neun Bewertungsmodelle:
1. Buchwert in Relation zum Aktienkurs
2. Cash Flow-Rendite
3. Cash Flow Return On Real Investment (CFROI)
4. CFROI-Trendgeschwindigkeit
5. Cash Flow-Überraschung
6. Freier Cash Flow
7. Unpopularität (bei Anlegern und Analysten)
8. Total Return (Substanzgewinn plus Ausschüttungen)
9. Profitabilitätstrend

Welche dieser Modelle beachten Sie besonders?

Bei der Strukturierung eines Fonds oder Portfolios werden vier Bewertungsmodelle besonders stark gewichtet: Das Cash-Flow-Rendite-Modell, das Profitabilitätstrend-Modell, das CFROI-Trendgeschwindigkeits-Modell und das Unpopularitäts-Modell. Es hat sich gezeigt, daß bei gewichteter Kombination dieser Modelle in den letzten Jahren meist eine ähnliche Portfolio-Struktur erreicht wurde wie bei so außerordentlich erfolgreichen Investmentfondsgesellschaften wie Windsor-Fund, Evergreen Asset Management oder Trinity Investment Management.

Warum suchen Sie gerade unpopuläre Aktien und Märkte?

Man kann nicht sagen, daß wir unpopuläre Aktien suchen. Wir suchen preisgünstige Aktien und preisgünstige Aktien sind sehr häufig unpopulär. Da auch die Kapitalmärkte Modetrends unterworfen sind, finden wir in wechselnden Sektoren und Ländern Häufungen von preisgünstigen Aktien. Unser Portfolio ist im Laufe eines Börsenzyklus' in wechselnden Gruppen übergewichtet. In den USA waren im März 1986 circa 26 Prozent des Portfolios im Energiesektor angelegt, dem Bereich, der zu diesem Zeitpunkt außerordentlich unpopulär war, aber in den darauffolgenden neun Monaten den besten Anlageerfolg erzielte. Demgegenüber waren am 30. September 1987 circa 32 Prozent des Portfolios in Versorgungswerten und 26 Prozent in zinsabhängigen Werten (Banken, Versicherungen, Sparkassen) angelegt. Dieser hohe Anteil von zinsabhängigen Werten führte in den Monaten vor dem Crash 1987 zu unterdurchschnittlichen Anlageresultaten, schützte das Portfolio aber im Crash so stark, daß es im gesamten Jahr 1987 mit einem Wertanstieg von 9,6 Prozent immer noch weit besser als der S&P 500-Index abschnitt. In der globalen Asset Allocation wurde Hongkong 1991/92 zu 80 Prozent übergewichtet. Hongkong war von den großen internationalen Märkten in den folgenden sechs Monaten der Markt mit der weitaus besten Performance. Wegen dieser hohen relativen Performance war Hongkong dann im Juni 1992 zu 60 Prozent untergewichtet. Im Jahr 1993 war fast das gesamte Jahr Deutschland übergewichtet, während es Anfang 1994 untergewichtet ist. Demgegenüber haben wir jahrelang keine japanischen Aktien im Portfolio gehabt. Erst Anfang 1994 begannen wir, japanische Werte zu kaufen. Und hier zeigt sich der Vorteil länderübergreifender, fundamentaler Filtermethoden: Anfang

des Jahres konnte man zum Beispiel Aktien von Yamato Kogyo,
einem Stahlunternehmen, das mit Elektrohochöfen arbeitet, dicht
über dem Buchwert kaufen, während Aktien von Nucor, die in den
USA in der gleichen Branche sehr erfolgreich sind und mit denen
Yamato ein Joint Venture hat, zum siebenfachen Buchwert gehandelt
wurden. Wenn so extreme Bewertungsunterschiede auftauchen, führen unsere Modelle dazu, daß wir mehr und mehr in unterbewertete
Sektoren oder Aktien investieren.

**Welche Rolle spielt für Sie bei einer Aktie ein niedriges Kurs-
Gewinn-Verhältnis?**

Das Kurs-Gewinn-Verhältnis ist nur ein Teil unseres Gesamtmodells.
Außerdem kann die Suche nach niedrigem Kurs-Gewinn-Verhältnis
zu kostspieligen Fehlentscheidungen führen. Zyklische Aktien haben
zum Beispiel am Höhepunkt der Gewinnentwicklung das niedrigste
Kurs-Gewinn-Verhältnis. Dagegen haben Sie in einer Rezession,
wenn die Gewinne den Boden erreicht haben, das höchste Kurs-
Gewinn-Verhältnis. Man kann also nicht alle Aktien über einen
Kamm scheren. Aber das Profil unseres Portfolios zeigt doch generell
eine Tendenz zu niedrigen Kurs-Gewinn-Verhältnissen. Im USA-
Fonds liegt im Durchschnitt unser Kurs-Gewinn-Verhältnis um mindestens 30 Prozent unter dem des S&P 500-Index. Die durchschnittliche Dividendenrendite des USA-Portfolios liegt um circa 30 Prozent höher als die Dividendenrendite des S&P 500-Index. Und damit
haben wir im Performance-Vergleich zu anderen Portfoliomanagern
schon einen fliegenden Start. Denn wenn man die letzten 60 Jahre
untersucht, zeigt sich, daß die Rendite-Komponente im Durchschnitt
circa 50 Prozent des Total Return einer einzelnen Aktie ausmacht.
Auch zwischen 1973 und 1985 hat sich dieses Verhältnis nur marginal auf 49,5 Prozent geändert. Diese Tatsache ist weitgehend bekannt. Trotzdem hat der durchschnittliche Portfoliomanager generell
eine Portfolio-Rendite, die unter der des S&P 500-Index liegt. Denn
er neigt dazu, populäre Aktien zu kaufen, die naturgemäß eine niedrigere Rendite haben.

Wie strukturieren Sie Ihr Gesamtportfolio?

Bei der Portfolio-Strukturierung bestimmt jedes Bewertungsmodell
den inneren Wert jeder Aktie und den Grad der Über- oder Unterbewertung relativ zu jeder anderen Aktie des Anlageuniversums. Dazu

wird für jedes Modell eine Rangfolge sämtlicher Aktien des Anlage-
universums hergestellt. Eine Zusammenfassung aller Rangfolgen einer Aktie bestimmt, entsprechend gewichtet, den relativen Wert dieser Aktie innerhalb des gesamten Anlage-Universums und damit den
Grad ihrer Attraktivität. Danach kaufen wir die interessantesten aus
den 20 Prozent billigsten Aktien. Am Ende des Filterprozesses steht
dann wie bei anderen auch die Einzelanalyse, denn wir kaufen natürlich nicht blind die komplette Kaufliste.

Wie gehen Sie dann bei der Länder-Asset-Allocation vor?

Die beschriebene Vorgehensweise impliziert also, daß zum Beispiel
Deutschland normal bewertet und damit auch dementsprechend gewichtet ist, wenn 20 Prozent aller deutschen Aktien relativ zum Rest
der Welt unterbewertet sind. Wenn jetzt 40 Prozent der Aktien in
Deutschland relativ zum Rest der Welt unterbewertet sind, findet das
natürlich in unserer Asset Allocation Berücksichtigung, wir würden
dann Deutschland übergewichten, unsere Betting Ratio wäre genau
zwei. Unsere Asset Allocation ist also sozusagen auch Bottom-up.
Der Markt mit den meisten unterbewerteten Aktien hat also auch ein
entsprechend größeres Gewicht in unserem Portfolio. Das führt unter
anderem dazu, daß Japan in den letzten Jahren so gut wie nicht in
unserem Portfolio vertreten war.

**Geht die Währung mit in Ihre Asset Allocation Überlegungen
ein?**

Nicht im herkömmlichen Sinn. Ein Konzern wie Nestlé zum Beispiel
erwirtschaftet 97 Prozent der Ergebnisse in internationalen Währungen und nicht in Schweizer Franken. Auch wenn Nestlé in Schweizer
Franken notieren, spielt die Entwicklung des Schweizer Franken
langfristig nur eine untergeordnete Rolle bei einem Engagement in
Nestlé Aktien.

**Aus wie vielen verschiedenen Einzelwerten setzt sich Ihr Portfolio
normalerweise zusammen?**

Unser Portfolio enthält mindesten 50 Aktien. Damit ist unsere Diversifikation mehr als doppelt so hoch wie die des durchschnittlichen
Portfoliomanagers. Bei unserer Methode der Asset Allocation müssen wir sehr weit streuen, da wir sonst die Gewichtung einzelner

Sektoren oder Länder nicht entsprechend der Häufung unterbewerteter Aktien festlegen können. Außerdem hat diese Methode eine angenehme Begleiterscheinung: Wenn ich mir einen großen Harem von Aktien halte, ist die Gefahr gering, eine zu enge emotionale Bindung zu einer einzelnen Aktie zu entwickeln.

Sie setzen also auf eine sehr breite Diversifikation?

Portfoliomanager, die überdurchschnittliche Anlageergebnisse nach der Wilhelm Tell-Methode erzielen wollen, müssen sich auf einige wenige Aktien konzentrieren. Wenn die Auswahlfähigkeiten dieser Manager sehr gut sind, können die Resultate hervorragend sein. Aber diese Traumresultate sind mit hohem Risiko verbunden. Ein derartiger Portfoliomanager mag zum größten Teil Gewinner im Portfolio haben, kann aber den gesamten Anlageerfolg durch die miserable Performance von nur ein oder zwei Aktien wieder verlieren. Dieses Risiko wird oft als spezifisches Risiko der Aktie bezeichnet, ich nenne es schlicht Torpedo. Wir dagegen erzielen überdurchschnittliche Resultate nach der Salami-Taktik: in vielen dünnen Scheiben. Ein Portfolio von 50 bis 70 Aktien kann einen Torpedo verkraften und immer noch größere Wertsteigerungen erzielen als der Bewertungsmaßstab.

Auf was achten Sie noch bei Ihrer Risikostreuung und Ihrem Money Management?

Langfristig betrachtet ist es gleichgültig, ob bei einer einzelnen Aktie ein Gewinn oder Verlust anfällt. Ich weiß, daß ich bei 100 oder 1000 Aktienkäufen besser liege als der Index. Ebenso zeigt zum Beispiel die Performance-Analyse unseres Amerikafonds, daß wir in sieben von 10 Monaten besser abschneiden als der Standard & Poor's - Aktienindex. Eine einzelne Aktie ist bei uns generell nur Teil eines ganzen Portfolios. Deshalb würden wir es nicht zulassen, daß eine einzelne Position beim Kauf ein größeres Gewicht bekommt. Denn in erster Linie managen wir das Risiko des Portfolios. Und wenn eine einzelne Position ein zu großes Gewicht bekommt, beeinflußt sie zu stark die Volatilität des Gesamtportfolios. Für uns ist es wichtig, ausreichend zu diversifizieren. Die Vergangenheit und eigene Erfahrung haben mir gezeigt, daß ich keine sogenannten "Big Bets" brauche, um Gewinne zu erzielen. Im Gegensatz zu George Soros will ich also nicht immer den Home Run einer Position. Wir gewichten das

Portfolio in Ländern, Branchen und Wirtschaftssektoren entsprechend der Häufung von unterbewerteten Aktien, die wir dort finden.

Was halten Sie davon, daß große Marktteilnehmer wie George Soros mit ihrer Meinung verstärkt den Weg in die Öffentlichkeit gehen?

Soros kann es sich leisten, über seine Engagements zu sprechen. Das aktuelle Portfolio wird seit Jahren von Stanley Druckenmiller gemanagt. Würde er selbst aktiv im Management engagiert sein, wäre er mit Meinungsäußerungen wahrscheinlich vorsichtiger. Denn wenn man gerade in einem Interview öffentlich zu einer Aktie oder Währung seine Meinung geäußert hat, fällt es schwer, wie seinerzeit Konrad Adenauer zu sagen, "was kümmert mich mein dummes Geschwätz von gestern" und seine Meinung um 180 Grad zu drehen. Und gerade dieses emotionale Abkoppeln von einer Position ist für den Anlageerfolg äußerst wichtig. Außerdem halte ich es für äußerst gefährlich, wenn man sich als Anleger an eine derartige Meinungsäußerung anhängt. Denn man kennt weder Umfeld noch Risikobereitschaft des Interviewten. Das kann zum Beispiel bei Soros für Trittbrettfahrer teuer werden. Denn derselbe George Soros hatte im September 1987 eine Titelstory in Fortune, in der er verkündete, daß der Dow Jones noch 1000 Punkte weiter steigen kann. Im Crash am 20. Oktober 1987 war es dann George Soros, der circa 700 Millionen Dollar verloren hat, weil er die Nerven verlor und massiv verkaufte. Gleiches geschah im Februar 1994, als Soros` Quantum Fund an einem Tag wegen einer Fehleinschätzung des Yen 600 Millionen Dollar verlor. Wenn Sie ein großes Rad drehen, kann es Ihnen also jederzeit passieren, daß die Big Hits nicht nur auf der positiven Seite eintreten. Soros kann mit derartigen Einbrüchen leben, denn er weiß, daß die Börse keine Einbahnstraße ist. Der Amateuranleger, der derartigen Pressemeldungen folgt, ist aber auf solche Kurseinbrüche nicht vorbereitet. Außerdem hilft es wenig, 1993 zu erfahren, daß George Soros zehn Prozent von Newmont Mining gekauft hat, wenn einem entgeht, daß der gleiche Soros ab Herbst 1993 begonnen hat, seine Position zu reduzieren.

Verwenden Sie irgendwelche Marktteilnehmer als Indikatoren für Ihre eigene Meinung oder Positionen?

Auch wenn es brillante Denker sind, halte ich es generell für sehr bedenklich, den Ansatz anderer zu übernehmen. Wenn man nicht das gleiche Nervenkostüm, die gleiche Risikobereitschaft und das gleiche Wissen hat, wird man über kurz oder lang durch seine blinde Gefolgschaft herbe Verluste erleiden.

Wieviel Kasse halten Sie durchschnittlich in Ihren Portfolios?

Das Portfolio bleibt, abgesehen von marginalen Beträgen, grundsätzlich immer voll investiert. Bargeldpositionen sind für uns kein Ausdruck einer defensiven Anlagestrategie. Diese Position wird nur aufgegeben, wenn unser Asset-Allocation-Modell signalisiert, daß Aktien gegenüber festverzinslichen Anlagen überbewertet sind. Erst dann wird entsprechend den Regeln des Asset-Allocation-Modells graduell der Liquiditätsanteil oder der Rentenanteil aufgebaut. Im Amerikafonds bedeutet das zum Beispiel, daß wir Anfang 1994 eine Bargeldposition von dreißig Prozent halten, da Aktien insgesamt relativ hoch bewertet sind. Denn was nützt es mir, relativ unterbewertete Aktien in einem total überbewerteten Markt zu halten.

Ist Ihr Value-Ansatz eigentlich in allen Märkten erfolgreich?

Auch neuere Untersuchungen von Morgan Stanley Asset Management zeigen, daß methodische Ansätze wie die von uns benutzten beispielsweise in den 80er Jahren bei weltweiter Anlage zu weit überdurchschnittlichen Anlageresultaten geführt hätten. Selbst in Japan, so stellte Barton Briggs, der Leiter von Morgan Stanley Asset Management, kürzlich erstaunt fest, hätte der konsequente Einsatz von noch relativ simplen Modellen wie Aktienkurs in Relation zum Buchwert oder relative Dividendenrendite zu weit überdurchschnittlichen Resultaten geführt. Insbesondere der Einsatz des CFROI - Momentum Modells, das eine sehr hohe Gewichtung im Gesamtmodell hat, führte in den letzten Jahren in den USA zu außerordentlich positiven Anlageresultaten. Neuere Untersuchungen zeigen, daß sich die gleichen Prinzipien auch für andere Länder, wie z.B. Großbritannien, Japan oder Deutschland, mit Erfolg anwenden lassen. Interessant ist vielleicht auch noch zu wissen, daß in Deutschland so erfolgreiche Unternehmen wie die Bertelsmann-Gruppe oder die Haniel-Gruppe ebenfalls CFROI-Prinzipien seit Jahren in der Unternehmenssteuerung einsetzen. Das zeigt uns, daß wir auf dem richtigen Weg sind: Wir verwalten ein Wertpapierportfolio wie ein Portfolio von Unternehmensbeteiligungen.

Woher bekommen Sie eigentlich vergleichbare Daten von Unternehmen in der ganzen Welt?

Das war natürlich jahrelang ein großes Problem. In Zusammenarbeit mit Lotus Development, dem weltweit größten Anbieter von Finanzdatenbanken auf CD-ROM, benutzen wir heute die Worldscope-Datenbank für die weltweite Auswahl von Aktien. Sie enthält Finanzinformationen zu mehr als 10.000 Unternehmen in 30 Ländern. Über jedes Unternehmen werden in ihr mehr als 680 verschiedene Finanzinformationen für die letzten 10 Jahre bereitgestellt. Außerdem nutzen wir noch eine globale Datenbank, die uns CFROI-Informationen für einige tausend Aktien weltweit liefert.

Verwenden Sie neben der fundamentalen Analyse auch technische Indikatoren?

Wir verwenden zahlreiche Indikatoren flankierend zu unserer Fundamentalanalyse, wie zum Beispiel MACD oder Martin Prings KST-Indikatoren. In den USA beispielsweise dreht der KST-Indikator bereits und wir sind kurz davor, ein negatives Signal zu bekommen. Das bedeutet nicht automatisch, daß wir darauf sofort reagieren, aber es ist ein Teil in unserem Puzzle. Im Vordergrund steht immer die relative fundamentale Bewertung einzelner Aktien.

Ich würde nie eine Aktie kaufen, die sich nach meinen fundamentalen Kriterien nicht qualifiziert. Zur Bestimmung der Kauf- und Verkaufszeitpunkte wird die Technik berücksichtigt.

Der amerikanische Markt ist Ihnen also Anfang 1994 zu überbewertet?

Wir agieren zur Zeit am amerikanischen Markt sehr vorsichtig. Der Markt ist in einer extremen Situation. Die riesige Liquiditätsschwemme von Investmentfonds halte ich für sehr bedenklich. Viele Sparer gehen aus geldmarktnahen Fonds in Aktieninvestmentfonds, ohne sich des höheren Risikos von Aktien bewußt zu sein. Dabei fließen seit Mitte 1993 mehr als 50 Prozent der Gelder in international investierende Fonds. Über kurz oder lang werden weltweit die Zinsen wieder steigen. Dies dürfte dann nicht nur in den USA zu nachhaltigen Kursrückgängen führen.

Ändern sich die technischen oder fundamentalen Indikatoren, die Sie verwenden, mit den verschiedenen Marktbewegungen?

Ich würde eher sagen, sie ändern sich mit der Entwicklung meiner Erfahrung. Da ich mich hoffentlich immer weiter entwickle, werden es auch meine Indikatoren und Instrumente tun.

Wann realisieren Sie Verluste und Gewinne bei Ihren Aktien?

Entgegen der verbreiteten Meinung ist es für mich kein Problem, Verluste laufen zu lassen. Wir haben häufig Aktien gehabt, die erst an Wert verloren, bevor sie zu großen Gewinnern geworden sind. Im Gegensatz zu technisch orientierten Anlegern arbeiten wir nicht mit Stop-Loss-Limits. Ich sehe unsere Aktieninvestitionen als längerfristige Beteiligungen und es macht deshalb keinen Sinn, mit engen Limits zu arbeiten. An einem ganz einfachen Beispiel kann ich das verdeutlichen: Nehmen wir an, Sie kaufen sich ein Haus für eine Million DM und sagen dem Makler aber bereits zum Kaufzeitpunkt, daß er, wenn er einen Käufer für 900.000 DM dafür findet, sofort verkaufen soll. Jeder wird mir zustimmen, daß diese Vorgehensweise keinen Sinn macht. An der Börse ist diese Vorgehensweise nur für sehr kurzfristig orientierte Händler wichtig. Warren Buffet hat einmal gesagt: "Wenn Sie nicht damit leben können, daß eine Ihrer Aktien mehrere Jahre unter Wasser ist, sollten Sie nicht in Aktien investieren." Und er sollte es wissen, er hat es mit seiner Anlagemethode immerhin zu einem Vermögen von mehr als 8 Milliarden Dollar gebracht.

Daraus schließe ich aber, daß Sie etliche sogenannte Depotleichen in Ihrem Portfolio haben?

In unseren Portfolios sind neben großen Gewinnern mit einigen 100 Prozent demnach natürlich auch Verlierer mit zum Beispiel 30 Prozent minus. Aber das Gesamtportfolio ist entscheidend, und das liegt seit Jahren besser als unser jeweiliger Vergleichsindex, wobei bei unserer Anlagemethode die relative Performance in rückläufigen Märkten noch besser ist als in steigenden Märkten. Und das ist meiner Meinung nach wichtig. Tom Basso sagte einmal: "Wir liefern unseren Kunden "Bottom line and peace of mind". D.h. die Zahlen müssen stimmen, aber der Kunde muß auch ruhig schlafen können. Deshalb ist es besonders wichtig, in allen Börsenphasen das Portfolio-Risiko zu minimieren.

Glauben Sie, daß Privatanleger mit Ihrer Philosophie in diesem Punkt auch erfolgreich sein können?

Selbstverständlich. Wir verwalten ja nicht nur Investmentfonds, sondern auch Privatportfolios. Das zeigt, daß der Privatanleger mit einem derartigen Ansatz auch erfolgreich sein kann. Wegen der breiten Streuung, die durch unsere Methodik erforderlich ist, kann dieser Ansatz aber erst ab einer Portfolio-Größe von mindestens 1 Million DM funktionieren. Was der Anleger allerdings auch bei einem kleineren Portfolio anwenden kann, ist der disziplinierte Einsatz der Kauf- und Verkaufsregeln. Wenn sich die fundamentalen Daten gegenüber dem Kaufzeitpunkt verschlechtern, verkaufen wir eine Aktie - unabhängig vom Verlust oder Gewinn seit dem Kauf. In der Praxis führt das auch dazu, daß Gewinne häufig sehr viel größer ausfallen, als wir es zum Kaufzeitpunkt erwartet haben. Denn wir verkaufen Aktien nicht, wenn wir 20 oder 30 Prozent Kursgewinn gemacht haben, sondern nur dann, wenn eine Aktie zu teuer geworden ist. Der Privatanleger sollte sich aber darüber im Klaren sein, daß man ein Vermögen nicht mit der linken Hand nebenbei verwaltet. Wenn ich heute in die Universitätskliniken ginge und sagen würde: "Ich interessiere mich für Hirnchirurgie. Ich habe gerade eine Stunde Zeit und würde gern mitoperieren", würde man mich hinauswerfen. Bei der Anlage seines Vermögens verhält sich der Privatanleger aber häufig genau so.

Haben Sie sich viel mit Psychologie beschäftigt?

Ich habe mich erst mit der fundamentalen Analyse, dann mit der technischen Analyse, danach mit Portfolio-Management und erst dann mit mir selbst beschäftigt. Dabei hat Dr. van Tharp eine große Rolle gespielt. Seine Bücher und Anregungen haben mir sehr geholfen, meine Emotionen noch besser zu kontrollieren als mir das schon zuvor mit meinen Filtersystemen gelungen ist.

Welche persönlichen Eigenschaften sind für Sie entscheidend, um am Markt langfristig erfolgreich zu sein?

Man muß sich emotional völlig vom Markt lösen und nüchtern die Fakten betrachten. Viele Anleger entwickeln zu ihren Aktien eine Art Liebesbeziehung und versäumen aus diesem Grund oft den richtigen Verkaufszeitpunkt. Bei uns dagegen wird eine Aktie, die aufgrund verschlechterter fundamentaler Rahmendaten oder starker Kursanstiege in die untere Tabellenhälfte abrutscht, konsequent verkauft.

Immer mehr Privatanleger versuchen, mit gekauften technischen Systemen Gewinne zu erzielen. Was halten Sie von diesen Systemen?

Komplett fertige Systeme sind ein einziges Desaster. Man weiß zum Teil nicht einmal, nach welchen Indikatoren die Systeme Kauf- und Verkaufsignale anzeigen. Ein wesentlicher Bestandteil eines guten Systems ist aber gerade, daß es zur eigenen Psyche und Mentalität paßt, was natürlich bei fertig gekauften Systemen selten der Fall ist. Wenn ein Signal mit der persönlichen Meinung nicht übereinstimmt, wird man also über kurz oder lang irgendwann gegen das System verstoßen. Ein weiterer wichtiger Punkt ist: Warum sollte jemand sein System verkaufen, wenn es erfolgreich ist. Mit einem erfolgreichen System kann man selbst Geld an den Märkten verdienen und muß es nicht für einige hundert oder tausend Mark verkaufen. Im übrigen neigen Leute, die sich intensiv mit Systemen beschäftigen, zur historischen Über-Optimierung. Ihre Systeme erwirtschaften dann hervorragende Ergebnisse in der Vergangenheit, versagen aber hoffnungslos in der Zukunft.

Von wem beziehen Sie Ihr Research auf Unternehmensebene? Oder besuchen Sie die Unternehmen selbst, die Sie in Ihren Portfolios kaufen?

Unternehmensbesuche machen bei unserem Ansatz wenig Sinn. Bekannte Großanleger wie John Templeton oder Warren Buffet besuchen auch keine Unternehmen. Wenn etwas nicht aus dem Geschäftsbericht und den bereinigten veröffentlichten Zahlen hervorgeht, ist es für uns nicht von Bedeutung. Unsere Bewertungsmodelle sind so verfeinert, daß wir aus dem bestehenden Zahlenmaterial genug Informationen über die richtige Bewertung erfahren. Außerdem haben wir natürlich Online-Zugriff auf die Analysen von hunderten Analysten. Die Informationen sind wichtig, nur den Anlageempfehlungen sollte man meistens nicht folgen.

Welchen Zeitraum verfolgen Sie bei Ihren Anlageentscheidungen?

Im Durchschnitt halten wir unsere Aktien eineinhalb Jahre. Es kommt aber natürlich auch vor, daß Aktien nach zwei Wochen schon wieder verkauft werden müssen. Aktien werden nur verkauft, wenn sie nicht mehr unterbewertet sind oder die Häufung unterbewerteter Aktien in dem jeweiligen Sektor oder Land zurückgeht.

An welchen Tag in Ihrer Trading-Karriere denken Sie am liebsten zurück?

An den 19. Oktober 1987. Wir waren damals die einzige Wertpapierfirma, bei der es an diesem Abend Champagner gab. Seit Frühjahr des Jahres hatte ich mit einem Crash gerechnet und daher alle Aktienpositionen verkauft. Mein Passwort in unserem Firmenrechner war seit Anfang des Jahres "Crash 87". Ich hatte natürlich nicht damit gerechnet, daß wir für 1.000 Punkte Rückgang nicht ein Jahr, sondern nur wenige Tage brauchten. Mit viel Cash im Hintergrund konnte ich mir also den Crash 1987 ansehen. Dafür ist der 20. Oktober 1987 mein schwärzester Tag. Denn ich machte mir an diesem Tag Sorgen, ob das gesamte Finanzsystem überlebt. Und in einer derartigen Situation nutzt einem alles Bargeld der Welt nichts.

Aber Sie hatten keine Put-Optionen und haben somit nicht positiv vom Crash profitiert?

Obwohl ich Option Principal des Chicago Board of Options war, habe ich seit langer Zeit nicht mit Optionen gehandelt. In meiner Karriere habe ich zu viele Leute gesehen, die "Dead Right" waren, d.h. sie hatten im Endeffekt zwar Recht mit ihrer Meinung, aber die Optionen waren ausgelaufen und wertlos verfallen.

Haben Sie im Crash 1987 Ihre Bargeldbestände genutzt und Aktien gekauft?

Jemand hat einmal gesagt: "Mut ist Mangel an Phantasie." Ich glaube, das galt auch im Oktober 1987. Leute, die am 19. und 20. Oktober 1987 massiv gekauft haben, wußten nicht, was für ein enormes Risiko sie damit eingingen. Wir waren erst wieder ab November, nach einer gründlichen Analyse der Auswirkungen des starken Kursverfalls an allen Märkten, auf der Käuferseite.

Gibt es Märkte, an denen Ihr System des Value-Investing nicht funktioniert?

Keynes hat einmal gesagt: "Es gibt nichts Schlimmeres als einen rationalen Investmentansatz in einer irrationalen Welt." In Japan hat unsere Methodik deshalb während der jahrelangen Aufwärtsbewegung bis 39.000 Punkte im Nikkei-Index nicht funktioniert. Die Kurse waren seinerzeit durch eine gigantische Liquiditätsblase nach oben getrieben worden. Von 1990 bis 1992 hat es natürlich phantastisch funktioniert, weil wir während der gesamten Abwärtsbewegung bis 14.000 Punkten nicht am Markt waren. Erst heute beginnen wir wieder mit Engagements, da einige japanische Aktien unterbewertet sind. Heute sehen wir dagegen eine ähnliche Liquiditätsblase an anderen Märkten.

Haben große Gewinne und Verluste auch Einfluß auf Ihre persönliche Stimmungslage und wie versuchen Sie damit umzugehen?

Das Privatleben ist natürlich in einem gewissen Umfang damit belastet, weil man permanent über seine Positionen nachdenkt. Richtig belasten einen aber nur zu große Positionen mit zu viel Risiko. Im Jahr 1993 hatte ich zum Beispiel während der Aufwärtsbewegung von Gold eine für meine Verhältnisse zu große Position in Goldaktien. Als Gold bei 400 war, hatte ich einen Traum, daß Gold auf 368 gefallen sei. Natürlich gebe ich nichts auf Träume. Aber in dieser Situation war es so, daß sich mein Unterbewußtsein damit beschäftigte, daß ich gegen meine eigenen Regeln verstoßen hatte. Und am nächsten Morgen beschäftigte ich mich mit den Konsequenzen, die ein derartiger Kursrückgang für meine Portfolios hätte. Ich realisierte, daß die bisherige Aktienposition den Gesamterfolg des Portfolios zu stark beeinflußte und fuhr die Aktienposition auf ein tolerables Niveau zurück. Normalerweise gehe ich wegen meiner Anlagemethodik sehr diszipliniert vor. So etwas geschieht also ausgesprochen selten. Meine Frau sagt aber beispielsweise, daß ich zweimal im Jahr unausstehlich bin, nämlich genau dann, wenn ich große Über- oder Untergewichtungen im Portfolio habe. Diese "Sektor- oder Länderwetten" sind aber dann durch die Anlagesystematik verursacht und nicht Folge einer gefühlsmäßigen Entscheidung. Nervös ist man aber trotzdem, wenn man z.B. im Jahr 1986 ein Viertel des Amerika-Portfolios in Ölaktien hat und alle Welt schreit, daß der Ölpreis noch auf 5 Dollar fällt. Da hilft es nur wenig zu wissen, daß die gleichen Experten 1980 einen Ölpreis von 100 Dollar prophezeiten. Ein klein wenig hat man doch immer das eigene Karriere-Risiko im Hinterkopf.

**Welche persönlichen Eigenschaften sind für Sie neben den fach-
lichen Eigenschaften für Erfolge an den Märkten von besonderer
Bedeutung?**

Die persönlichen Eigenschaften, die für eine berufliche Karriere
normalerweise wichtig sind und die wir von Kind an lernen, wie
beispielsweise Beharrlichkeit und Durchsetzungsvermögen, sind für
einen Erfolg an der Börse gerade hinderlich. Aus diesem Grund fällt
es vielen Leuten, die beruflich sehr erfolgreich sind, schwer, an der
Börse Geld zu verdienen. Fehler einzugestehen und eine gewisse
emotionale Distanz zum Markt und den Ereignissen zu entwickeln,
ist für den normalen erfolgreichen Manager oft ein Problem. "Don't
play macho with the market" ist eine ernstzunehmende Redewen-
dung, die viele Marktteilnehmer nicht beachten.

Sie haben das Wort "Crash" verwendet.

Gerade in Amerika sind wir sehr vorsichtig, was die Entwicklung des
Marktes angeht. Alle gehen davon aus, daß nichts passieren kann,
und gerade das macht mich mißtrauisch. Eine Renditepanik unter den
Anlegern bescherte den Investmentfonds 1993 ungeahnte Mittelzuflüsse. Diese enormen Mittelzuflüsse der Investmentfonds, die wiederum ihre Liquidität an den Märkten anlegen müssen, bewahrt die
Aktien momentan noch vor größeren Rückschlägen. Vergleichen wir
den Portfoliomanager mit einem Taxifahrer, dessen Anleger die Passagiere des Taxis sind. Die Passagiere haben es eilig, und wenn das
Taxi, in das sie eingestiegen sind, sie nicht schnell genug zum Zielort,
den erhofften Gewinnen, bringt, steigen sie in das nächste Taxi ein.
Der Taxifahrer fährt deshalb mit überhöhter Geschwindigkeit auf
eine scharfe Kurve, die Baisse zu, ohne daß er bremsen kann. Er kann
nicht bremsen, weil er nicht bremsen darf. Denn wenn er bremst,
steigen seine Passagiere ins nächste Taxi um. Die Stimmungs-Indika-
toren der Marktteilnehmer geben daher diesmal keine verläßliche
Auskunft über den Zustand des Marktes, da die Portfoliomanager
durch den anhaltenden Mittelzufluß gezwungen werden, weiter zu
investieren. In Amerika kommen momentan 98 Prozent der neuen
Anlagegelder aus Investmentfonds. Wenn die gleichen Investmentfonds wegen Mittelabflüssen der Kunden verkaufen müssen, kommt
es zu scharfen Kursrückgängen. Ich glaube nur nicht, daß man heute
ständig das Wort "Crash" im Munde führen sollte. So etwas kommt -
hoffentlich - nur einmal in einer Generation vor. Viele Anleger sind

aber von der Erfahrung geprägt, daß ein Crash in einem Tag vorbei ist. Ein Crash als vorübergehendes Ereignis ist also das Schlimmste, das sie erwarten. Nicht vorbereitet sind viele aber auf eine ganz normale Baisse, einen Bear Market. Und das ist viel schlimmer. Denn eine Baisse dauert länger und gibt einem viel mehr Gelegenheiten, Fehler zu machen. Und ich fürchte, daß wir in den nächsten Monaten und Jahren viele Gelegenheiten bekommen werden, Fehler zu machen.

Thomas Mayer
Goldman Sachs

"Deutschland wird in den 90er Jahren eine ähnliche Entwicklung durchlaufen wie Amerika in den 80er Jahren."

Seit Anfang der 80er Jahre, und in verstärktem Maße seit der deutschen Wiedervereinigung, besteht von Seiten großer ausländischer Anleger ein stark wachsendes Interesse an den deutschen Kapitalmärkten. In diesem Umfeld entstand vor allem ein erhöhter Informationsbedarf über die Entwicklungen der deutschen Volkswirtschaft. Mit seinen Analysen und Aussagen zu dieser Thematik ist Thomas Mayer für die weltweit größten Marktteilnehmer ein wichtiger Informant. Zu seinen Kunden zählen Fondsmanager und Nostrohändler der bedeutenden Investmentbanken, die mit Ihren milliardenschweren Positionen die Märkte bewegen.

Als ich Thomas Mayer in einem der oberen Stockwerke des Frankfurter Messeturms bei Goldman Sachs besuche, wartet, zwischen großflächigen Originalen von Roy Lichtenstein und Miró, bereits ein Fernsehteam auf ihn. An dem Tag, an dem ich zu einem ausführlichen Gespräch bei ihm war, fiel gerade die Entscheidung, den Hauptsitz der europäischen Zentralbank nach Frankfurt zu legen. Aus diesem Grund wurde Mayer erst gebeten, ein Interview im englischen Sender BBC und anschließend, während unseres Gesprächs, noch ein Live-Telefon-Interview für einen deutschen Fernsehsender zu geben. Das große Interesse an seinen Analysen resultiert, neben dem renommierten Namen seines Arbeitgebers Goldman Sachs, besonders aus seinen oft kontroversen Thesen und Meinungen. Als Quereinsteiger, der jahrelang als Entwicklungsökonom und beim Internationalen Währungsfonds in Washington DC auf der anderen Seite der Finanzmärkte arbeitete, versteht er es geschickt, sich in das fundamentale und gedankliche Korsett der Bundesbank einzudenken. Durch seine frühere Zusammenarbeit mit der Bundesbank und den daraus resultierenden Kontakte zu ihr nahen Kreisen kann er sich gut in die Probleme und Beweggründe des Entscheidungsgremiums hineinversetzen. Zudem hat er sich als "Quereinsteiger" in der hektischen Welt der Finanzmärkte einen Namen als "Querdenker" geschaffen. Vor allem in der deutschen Großbankenwelt setzt er sich

damit oft mit kontroversen Meinungen und Empfehlungen vom allgemeinen Konsens ab. Im Gegensatz zu seinen Analysten-Kollegen bei
deutschen Großbanken hat er in der flachen hierarchischen Struktur
der amerikanischen Partnerfirma Goldman Sachs auch den nötigen
Freiraum, seine oft unkonventionellen Erkenntnisse offen zu vertreten.

**Im Gegensatz zu vielen anderen Interviewpartnern in diesem
Buch sind Sie sozusagen ein Quereinsteiger an den Finanzmärkten!**

Von Haus aus bin ich Volkswirt und Entwicklungsökonom. Ich
arbeitete nach meinem Studium am Institut für Weltwirtschaft der
Universität Kiel in der Entwicklungsländerabteilung. Später promo-
vierte ich dann auch über ein entwicklungsökonomisches Thema und
ging nach meinem Studium zur Kreditanstalt für Wiederaufbau. Dort
durfte ich Projekte bearbeiten wie z.B. die "Grundbedürfnisbefrie-
digung in Lesotho", in dem die deutsche Entwicklungshilfe das kleine
Land flächendeckend mit Latrinen überzog. Meine nächste Station
war der Internationale Währungsfonds in Washington DC. Dort
arbeitete ich zunächst wieder an Projekten von Ländern in Afrika und
im Nahen Osten. Später arbeitete ich mich langsam Stück für Stück
auf der Erdkugel nach Norden vor, bis ich schließlich Deutschland-
referent wurde. In dieser Zeit arbeitete ich an Berichten über die
deutsche Wirtschaft mit und war oft in Kontakt mit zahlreichen
Ministerien und der Bundesbank. Nach der deutschen Wiedervereinigung verschob sich die Nachfragekurve nach deutschen Volkswirten
schlagartig nach rechts und ich ging zu Salomon Brothers nach
London. Kurze Zeit darauf wechselte ich dann zu Goldman Sachs
nach Frankfurt.

Hatten Sie vorher schon Kontakt zu den Finanzmärkten?

Nein. Weder im Rahmen meines Studiums noch bei der Arbeit im
Internationalen Währungsfonds beschäftigte ich mich bis dahin intensiv mit den Finanzmärkten.

**War der Sprung von einem Beamten des Internationalen Wäh-
rungsfonds mitten in das Herz der Finanzmärkte, in die Londoner
City, für Sie eine große Umstellung?**

Wie Sie sich vorstellen können, war es eine ziemliche Umstellung. Es ist schon ein Unterschied, auf einmal nicht mehr auf der Seite der Wirtschaftspolitik, sondern auf der Seite der Finanzmärkte zu stehen. Plötzlich stehen nicht mehr ausschließlich politische Entscheidungen im Mittelpunkt der eigenen Überlegungen, sondern die Reaktionen an den Finanzmärkten. Ich vergleiche meinen Wechsel manchmal mit dem eines katholischen Pfarrers, der sein Amt niederlegt, um zu heiraten. Er weiß zwar theoretisch alles, was bei der Ehe zu beachten ist, aber die Praxis sieht oft anders aus.

Veränderte sich auch an der generellen Arbeitsbelastung einiges?

Die Arbeitsbelastung und das Arbeitstempo erhöhten sich natürlich. Damit will ich nicht sagen, daß in der Politikberatung und im Öffentlichen Dienst weniger gearbeitet wird; aber es ist eine andere Art des Arbeitens. Ich konnte damals zum Beispiel innerhalb bestimmter Bandbreiten meine Arbeit als Beamter gut einteilen und festlegen, wann ich eine bestimmte Studie oder Ausarbeitung anfertigte. An den Finanzmärkten bestimmen die Marktbewegungen und die neuesten Meldungen meinen Arbeitsrythmus. Bei neuen Entwicklungen muß ein Analyst laufend seine Meinung anpassen und revidieren. Man fühlt sich manchmal wie ein kleines Kind, das mühsam einen Turm aus Bauklötzen erstellt und dem dann plötzlich durch einen Stoß alles zerstört wird. Nachdem man eine gut recherchierte Analyse angefertigt hat, tritt manchmal eine andere Entwicklung am Markt ein, und man muß aufgrund veränderter Ausgangspunkte fast wieder von vorne anfangen. Jeder Analyst arbeitet mit mehr oder weniger anspruchsvollen Bauklötzen.

An den Finanzmärkten waren Ihre Analysen doch plötzlich auch wesentlich meßbarer als früher?

Im wirtschaftspolitischen und auch in anderen öffentlichen Bereichen kann man sich oft hinter einer Institution verstecken. Die Arbeit des einzelnen ist daher generell nicht so meßbar. Es wird öfters der Input gemessen: wie gut recherchiert ein Bericht ist, wie schlüssig die volkswirtschaftliche Argumentationsweise ist und ob sämtliche theoretischen Aspekte berücksichtigt wurden. In der freien Wirtschaft und an den Finanzmärkten zählt dagegen eher der Output. Der Ansatz bei der Beurteilung ist also völlig anders.

Welche Bereiche analysieren Sie und für welchen Kundenkreis sind Sie zuständig?

Ich bin zuständig für die Analyse der deutschen Volkswirtschaft und bearbeite mit meinem Kollegen darüber hinaus die daran angrenzenden Länder Österreich, Schweiz und Niederlande. Auf Deutschland entfallen dabei sicherlich 90 Prozent der Analysen. Unser Kundenkreis setzt sich weltweit aus institutionellen Kunden zusammen, wobei wir, im Gegensatz zu deutschen Banken, unseren Hauptkundenanteil nach wie vor in Amerika haben. Da wir nur den volkswirtschaftlichen Bereich analysieren, interessieren uns vorrangig Fragen über die Entwicklung der Gesamtwirtschaft, der Fiskalpolitik, der Geldpolitik und deren Auswirkungen auf die Zinsen und Währungen.

Sind Sie für Ihren weltweiten Kundenkreis auch permanent ansprechbar?

Generell sind wir zwar nicht 24 Stunden, aber doch zu sehr ausgedehnten Bürozeiten für unsere Kunden ansprechbar. In Märkten mit einer völlig anderen Zeitzone bekommen die jeweiligen Kundenbetreuer in anderen Goldman Sachs-Büros unsere Analysen und versorgen damit die Kunden.

Gehen Ihre Analyseergebnisse direkt in die Empfehlungen für Kundendepots ein?

Aus unseren volkswirtschaftlichen Analysen für den deutschen Markt erhalten wir Implikationen für die Entwicklung der langfristigen Zinsen und des Aktienmarkts. Kollegen in den anderen Goldman Sachs-Büros fertigen ähnliche Analysen für ihren Bereich an und erst in einem nächsten Schritt wird anschließend von Aktien- und Anleihestrategen eine gesamte Goldman Sachs Portfoliostrategie entwickelt. Der Vorteil bei dieser Arbeitsteilung ist, daß man bei internationaler Betrachtung der wichtigsten Märkte wesentlich besser das Chancen-Risiko-Verhältnis und damit die relative Attraktivität abwägen kann. Es kann also zum Beispiel vorkommen, daß Deutschland trotz positiver Aussichten in einem internationalen Portfolio untergewichtet wird, da andere Märkte noch ein günstigeres Chancen-Risiko-Verhältnis aufweisen.

Können Sie Ihre grundsätzliche Analysephilosophie beschreiben?

Volkswirtschaftliche Analysen und Prognosen basieren generell auf drei verschiedenen Ansätzen. Sie können aus einem eigens entwickelten und historisch getesteten Modell entstehen, sie können sich aus der persönlichen Erfahrung ableiten, und sie können aus den bereits eingetretenen Entwicklungen eines anderen Landes übertragen werden. Wir versuchen, bei unseren Analysen so fundamental wie möglich vorzugehen und arbeiten aus diesem Grund mit verschiedenen Modellen. Das bedeutet, daß wir die Instrumente, Daten und Informationen, die uns zur Verfügung stehen, quantitativ analysieren. Wir versuchen, uns dabei nicht von allgemeinen Meinungstrends beeinflussen zu lassen. Nachdem wir die Daten einer gewissen Hypothese herausgefiltert haben, versuchen wir, sie zu analysieren und daraus eine Schlußfolgerung zu ziehen. Erst danach vergleichen wir unsere Schlußfolgerungen mit den Meinungen und Prognosen anderer Marktteilnehmer. In den letzten Jahren hatte das zur Folge, daß wir tendenziell außerhalb der allgemeinen Konsenses standen. Wenn man sich als Analyst ständig von der allgemeinen Meinung distanziert, wird man wesentlich kritischer betrachtet und man ist natürlich angreifbarer. An den Finanzmärkten ist es somit eigentlich wesentlich einfacher, sich der allgemeinen Meinung anzuschließen.

Aber da die Mehrheit der Marktteilnehmer an den Finanzmärkten oft falsch liegt, ist es doch sicherlich ein Vorteil, etwas kritischere Prognosen abzugeben?

Längerfristig zahlt sich unsere Strategie sicherlich aus, da wir einen gewissen Mehrwert schaffen und nicht einfach Trittbrett fahren. Kurzfristig kann es mitunter aber sehr nervenaufreibend und belastend sein, wenn man eine aufwendige Prognose erstellt, die gegen den allgemeinen Konsens ist.

Schätzen die Kunden eher eine kontroverse Meinung oder ist ihnen eine Bestätigung der allgemeinen Meinung lieber?

Unsere Kunden suchen vorrangig Denkanstöße für ihre eigenen Entscheidungen. Die finden sie nicht durch eine Bestätigung der allgemeinen Meinung, sondern die erhalten sie durch kritische quantitative Analysen, die zu einem objektiven Urteil führen. Kunden, die

Analysen dagegen als Handlungsanweisung sehen, finden für unsere Analysen vielleicht weniger Verwendung.

Es stört Sie also nicht, wenn Ihre Analysen teilweise nur als Denkanstoß dienen?

Erfolgreiche Händler und Fondsmanager haben oft einen wesentlich intensiveren Kontakt zu den Märkten und sie können daher die kurzfristigen Auswirkungen der fundamentalen Daten auf die Märkte oft besser beurteilen als ein Analyst. Ich erwarte generell von keinem Kunden, daß er sich an unsere Prognosen und Analysen hält. Erfolgreiche Marktteilnehmer versuchen, möglichst viele hochwertige Analysen und Informationen zu sammeln, um sich eine eigene Meinung zu bilden. Daher bin ich auch der Auffassung, daß ein Analyst, der außerhalb des allgemeinen Konsenses steht, wertvoller ist als einer, der sich nur bemüht, nicht von der Norm abzuweichen.

Welche fundamentalen Daten und Kennzahlen beachten Sie vorrangig?

Das ist unter Ökonomen und Analysten eine Glaubensfrage. Es gibt die nachfrageorientierten Ökonomen keynes'scher Prägung und die monetaristisch orientierten, zu denen ich mich zähle. Während Anhänger des keynes'schen Ansatzes realwirtschaftliche Nachfragetendenzen untersuchen, betrachte ich verstärkt Geldmengen-, Kredit- und Liquiditätsentwicklungen, um daraus volkswirtschaftliche Prognosen abzuleiten. Da die Bundesbank einen ähnlichen Ansatz verfolgt, war mein Ansatz in der Vergangenheit relativ erfolgreich. Ich versuche, mich in die Gedanken und Entscheidungskriterien der Bundesbank hineinzuversetzen, um so mit einer ähnlichen Denkweise wie die Bundesbank zu meinen Entschlüssen zu kommen. Dieser Ansatz funktioniert bei einer Institution wie der Bundesbank, mit einem nachvollziehbaren theoretischen Ansatz, relativ gut. Natürlich besteht das Denkmodell nicht nur aus einigen wenigen Variablen, sondern beinhaltet eigentlich sämtliche Daten, die zur Verfügung stehen. Dazu gehören neben den zahlreichen Daten und Neuigkeiten, die tagtäglich über den Handelsschirm kommen, sämtliche Daten aus der Realwirtschaft, der Lohn- und der Fiskalpolitik.

Können Sie ein konkretes Beispiel dafür geben, wie Sie versuchen, die Entscheidungskriterien der Bundesbank zu erfassen?

Anfang Juli 1993 analysierten wir das Inflationsmodell der Bundesbank. Die Bundesbank veröffentlicht zwar ihr Inflationsmodell, aber keine Inflationsprognosen. Aus diesem Grund analysierten wir das Inflationsmodell und implementierten es in unser eigenes System. Dabei kamen wir zu dem Schluß, daß die Bundesbank bei der zu erwarteten Inflationsentwicklung keinen Zinssenkungsspielraum haben wird. Diese Prognose basierte auf einer reinen Analyse der vorhandenen Daten mit der Kombination unseres theoretischen Ansatzes. Die Schlußfolgerung der Analyse war, daß wir vor den hohen Erwartungen einer Diskontsatzsenkung am 29. Juli 1993 warnten und feststellten, daß die Bundesbank aktuell keinen Zinssenkungsspielraum hätte. In der Tat senkte die Bundesbank den Diskontsatz in diesem Monat nicht, wodurch dann bekanntlich auch das Europäische Währungssystem unter massiven Druck geriet.

Welche persönlichen Eigenschaften sind für einen Analysten wichtig?

Ähnlich wie ein erfolgreicher Händler muß ein Analyst sehr flexibel sein. Es macht keinen Sinn, ein Modell aufzustellen und damit bei Mißerfolgen unterzugehen, sondern aufgrund der Marktentwicklungen muß man sein Modell permanent überprüfen und weiterentwikkeln. Wenn ich von einem Modell spreche, meine ich keine Formeln oder ein Computerprogramm, sondern ein Szenario. Man muß als Analyst permanent offen für die Zeichen und Signale des Marktes bleiben.

Mußten Sie nach dem Wechsel des Bundesbankpräsidenten von Herrn Schlesinger zu Herrn Tietmeyer einige Feinjustierungen an Ihrem Modell vornehmen?

Der Wechsel war zugleich mit einer zu diesem Zeitpunkt sehr überraschenden Zinssenkung verbunden, mit der die Mehrheit der Marktteilnehmer nicht unbedingt rechnete. Es ist bekannt, daß Herr Tietmeyer Kanzler Kohl enger verbunden ist als sein Vorgänger, und seine Aussagen auf Pressekonferenzen und Interviews gingen auch in eine andere Richtung. Für mich als Analyst mit einem Modell, das unter dem alten Bundesbankpräsidenten relativ erfolgreich funktionierte, stellte sich nun die Frage, ob sich durch den Wechsel nachhaltig etwas an der Handlungsweise der Bundesbank verändern wird oder ob alles beim Alten bleibt. Nach reiflichen Überlegungen und einer intensiven Debatte kamen wir zu der Schlußfolgerung, daß es sich bei der Zinssenkung zu Beginn der Amtsperiode sozusagen um einen statistischen Ausreißer handelte, den es in jedem Modell geben kann. Wir sind also der Meinung, daß sich an der Bundesbankpolitik unter dem Vorsitz von Herrn Tietmeyer grundsätzlich nichts ändern wird.

Glauben Sie nicht, daß Herr Tietmeyer, befreit von Schlesingers Erblast durch Pöhl als enger Vertrauter Kohls, der sinkende Zinsen im Superwahljahr 1994 gut gebrauchen kann, eine Lockerung der Bundesbankpolitik durchführen wird?

Wie Sie richtig bemerken, entsteht im ersten Moment der Eindruck, daß Herr Tietmeyer eine Lockerung der Bundesbankpolitik vertreten wird. Da das Bundesbankgremium aber gewissen Zielkorridoren und Sachzwängen unterliegt, kann der Bundesbankpräsident nicht allein über eine Änderung der generellen Bundesbankpolitik bestimmen. Um seine Glaubwürdigkeit nicht zu verlieren, ist es bei größeren Entscheidungen also auch für Herrn Tietmeyer eine Voraussetzung, daß sich erst die fundamentalen Vorgaben der Wirtschaftsdaten ändern müssen, bevor er eine Lockerung der Bundesbankpolitik umsetzen kann. Da der Bundesbankpräsident für insgesamt mindestens acht Jahre im Amt ist, würde Tietmeyer spätestens in der Mitte seiner Amtszeit die Auswirkungen heutiger Fehlentscheidungen deutlich zu spüren bekommen. Wir halten also nach wie vor an unserem Modell fest, aber wir beobachten nichtsdestotrotz sehr genau, ob die neue Führung marginale Änderung umsetzt.

Versuchen Sie, durch persönliche Kontakte auch die Stimmungen der Gremiumsmitglieder vor den Sitzungen zu erfassen?

Mein Problem mit solchen Stimmungsinformationen ist der sehr schwierig zu bestimmende Wahrheitsgehalt. Man kann mit solchen Informationen und den dadurch aufgebauten Positionen ein- oder zweimal richtig liegen, aber es besteht keine Garantie, daß es auch beim drittenmal zutrifft.

Wodurch unterscheiden sich die verschiedenen Analysten?

Der Input ist eigentlich bei allen Marktteilnehmern annähernd identisch, da aufgrund der hochentwickelten Informationsübertragung fast alle über die gleichen Daten und Informationen verfügen. Entscheidend für die unterschiedlichen Ergebnisse ist daher allein die individuelle Gewichtung der einzelnen Variablen. Ich gewichte monetäre Faktoren stärker als manche meiner Kollegen.

Berücksichtigen Sie bei Ihren Analysen auch die Entwicklung der Finanzmärkte?

Die Entwicklungen an den Finanzmärkten haben Einfluß auf die Realwirtschaft, die ja wiederum Einfluß auf die Politik und letztlich die Zinsentwicklung hat. Insofern sind die Entwicklungen der Finanzmärkte sehr wichtig, um Rückschlüsse auf die Bundesbankentscheidungen zu ziehen. Da die Volkswirtschaften der Welt sehr viel komplexer sind als das beste ökonometrische Modell eines Analysten, ist es sehr wichtig, flexibel zu bleiben und möglichst viele Informationen der Märkte zu verarbeiten.

Ist für Sie die Entwicklung der Geldmenge noch immer von entscheidender Bedeutung bei der Einschätzung der Bundesbankpolitik?

Die Geldmenge ist für mich in Deutschland noch immer von erheblicher Bedeutung. Dabei muß man allerdings stark zwischen Deutschland und den angelsächsischen Ländern differenzieren. Gerade in den angelsächsischen Ländern hat die Geldmenge in den letzten Jahren durch die Deregulierungen der Finanzmärkte viel an Bedeutung verloren. Daraufhin löste sich der direkte Zusammenhang zwischen Geldmengenentwicklung sowie der Inflations- und realwirtschaftlichen Entwicklung. Sobald die Notenbanken eine Variable weniger stark beachten, wird sie natürlich auch von den Marktteilnehmern weniger beachtet.

Trotz der Wiedervereinigung hat sich aber in Deutschland nach wie vor an der Bedeutung des Geldmengenziels nichts geändert?

Einige Marktteilnehmer meinten zwar, daß die deutsche Wiedervereinigung den Zusammenhang zwischen Geldmenge und Inflation außer Kraft setzt. Nach vier Jahren deutscher Einheit konnten wir aber inzwischen in Untersuchungen feststellen, daß sich der Zusammenhang nicht wesentlich verändert hat.

Gibt es für Sie eine Variable oder Kennzahl, die Sie als "Leading Indikator" besonders beachten?

Nein. Wenn man großes Glück hat, funktioniert so etwas für einige Zeit in einem bestimmten Markt. Auf Dauer ist es aber nicht möglich, mit so einer Geheimkennzahl erfolgreich zu arbeiten.

Sie haben also momentan keine Geheimkennzahl?

Nein. Ich kann mir auch nicht vorstellen, daß es für so ein komplexes Gebilde wie eine Volkswirtschaft eine einzige Geheimkennzahl gibt. Ein weiterer kritischer Punkt bei solchen Kennzahlen und Indikatoren ist, daß sie an Wirkung verlieren, sobald andere Marktteilnehmer ebenfalls einen Zusammenhang erkennen.

Können Sie ein Beispiel nennen, wo man diesen Sachverhalt erkennen konnte?

Im Verlauf des Jahres 1993 bestand eine hohe Korrelation zwischen dem 30jährigen US-Treasury-Bond und dem Deutschen Bund, wobei die amerikanische der deutschen Zinsentwicklung ungefähr um zwei Wochen voraus war. Nachdem wir den Zusammenhang in einer Korrelationsanalyse bemerkten und ihn mit einigen Bund-Händlern besprachen, verlief die Entwicklung der beiden Zinsmärkte einige Wochen später wieder parallel. Andere Marktteilnehmer entdeckten die Zusammenhänge wahrscheinlich zur gleichen Zeit und durch einen verstärkten Arbitragehandel glichen sich die beiden Märkte an und verliefen für einige Zeit fast parallel. Ähnlich verhält es sich meiner Meinung nach mit anderen Geheimkennzahlen und Wunderindikatoren. An den Märkten arbeiten hochausgebildete Spezialisten, die selbst kleinste Ineffizienzen ausgleichen, wodurch keine Geheimkennzahl und kein Wunderindikator längerfristig existieren kann.

Sie haben ständigen Kontakt zu ausländischen Kunden. Wie werden die Auswirkungen der deutschen Wiedervereinigung von ausländischen Marktteilnehmern gesehen?

Generell hat Deutschland durch die deutsche Einheit wesentlich an wirtschaftlicher und politischer Bedeutung gewonnen. Dieser langfristige Vorteil kann aber nicht über einige damit immer noch verbundenen Probleme hinwegtäuschen. Ein Großteil der aktuellen Probleme in Deutschland liegt daran, daß die wirtschaftspolitischen Probleme der Wiedervereinigung nicht richtig verarbeitet wurden. Viele erwarteten nach der Abschaffung des kommunistischen Systems in Ostdeutschland eine spürbare Erhöhung der Effizienz und damit ein neues Zeitalter des wirtschaftlichen Wachstums. Starke Lohnsteigerungen, für die sowohl die Gewerkschaften als auch die Arbeitgeber die Verantwortung tragen, waren der Hauptgrund für den Kollaps der ostdeutschen Wirtschaft nach der deutschen Wiedervereinigung und der nachfolgenden westdeutschen Rezession. Die Hochlohnpolitik zu Anfang der 90er Jahre war eine Folge des Zusammenbruchs des sozialen Konsens zwischen Gewerkschaften und Arbeitgebern, der es Westdeutschland ermöglichte, in den 50er und 60er Jahren niedrige Inflation mit ansehnlichem Wirtschaftswachstum zu kombinieren.

Hat sich die Effizienz der Wirtschaft in den neuen Bundesländern nicht wie erwartet erhöht?

1991 sank das Bruttosozialprodukt gegenüber 1989 in den neuen Bundesländern um beinahe die Hälfte. 1992 betrug das Wachstum 9,7 Prozent und 1993 6,5 Prozent. Das Wachstum seit 1992 ist aber fast vollständig auf öffentliche Transferzahlungen Westdeutschlands zurückzuführen. Nach einer Untersuchung des Institutes der deutschen Wirtschaft flossen so bis Mitte 1993 insgesamt 65 Milliarden DM an Subventionen in die neuen Bundesländer. Die gesamten Investitionen in den neuen Bundesländern beliefen sich auf circa 155 Milliarden DM. Da die Produktivität der neuen Bundesländer durch einen starken Anstieg der Lohnkosten weit hinter den Erwartungen blieb, waren diese hohen Subventionen nötig. In der zweiten Jahreshälfte 1990 betrugen die Lohnkosten der neuen Bundesländer 37 Prozent des westdeutschen Niveaus. Bei einer Produktivität von nur 26 Prozent im Vergleich zu Westdeutschland lagen die Lohnkosten in den neuen Bundesländern damit relativ betrachtet bereits um 38 Prozent über den westdeutschen. In der ersten Jahreshälfte 1993 betrugen die Lohnkosten in den neuen Bundesländern bereits 68 Prozent des westdeutschen Niveaus, obwohl die Produktivität im Vergleich zur westdeutschen Produktivität nur auf 36 Prozent gestiegen ist. Relativ betrachtet liegen die Lohnkosten der neuen Bundesländer damit um 190 Prozent über den westdeutschen Lohnkosten. Für die neuen Bundesländer kam erschwerend hinzu, daß der Export von 1989 bis 1992 um 66 Prozent gesunken ist. Ein Einbruch des Exports in die Ostmärkte von 75 Prozent konnte durch den Export in neue Märkte bei weitem nicht ausgeglichen werden. Trotz dieses Einbruchs der Ostexporte gingen 1992 noch immer 52 Prozent der Exporte in ehemalige COMECON-Länder, wodurch weiterhin eine hohe Abhängigkeit der zukünftigen Entwicklung der neuen Bundesländer von der finanziellen Situation der Ostmärkte abhängt.

Die hohen Lohnsteigerungen haben also noch zu einer Verschärfung der Probleme beigetragen?

Hohe Lohnsteigerungen haben in der Vergangenheit zu Problemen geführt und sie werden auch in Zukunft zu weiteren Problemen führen. Ohne Lohnzurückhaltung in Westdeutschland über mehrere Jahre und eine Verschiebung der Lohnangleichung zwischen beiden Teilen Deutschlands auf die Zeit nach dem Jahr 2000 sind die Zukunftsausichten für die deutsche Wirtschaft bis ans Ende dieses Jahrzehnts in der Tat düster: Die Arbeitslosigkeit würde steigen, auch nachdem sich Deutschland von der gegenwärtigen Rezession erholt hat. Die Staatsfinanzen würden sich weiter verschlechtern, das außenwirtschaftliche Defizit würde weiter steigen, und die Inflation würde hoch bleiben.

Der Lebensstandard der Bevölkerung hat sich aber merklich erhöht und damit auch zu einer Ankurbelung der Wirtschaft beigetragen!

Das verfügbare Einkommen eines Vierpersonenhaushalts in den neuen Bundesländern ist vom dritten Quartal 1990 bis zum vierten Quartal 1992 um 80 Prozent auf 4.517 DM und damit auf 68 Prozent des westdeutschen Niveaus gestiegen. Dieser Anstieg des verfügbaren Einkommens führte nicht nur zu einer Erhöhung des Konsums, sondern auch zu einem Anstieg der Sparguthaben um 28 Prozent auf fast 10.000 DM. Der prozentuale Anstieg der Sparguthaben zwischen 1990 und 1992 war damit doppelt so hoch wie in Westdeutschland.

Ist vier Jahre nach der Wiedervereinigung die Gefahr einer anhaltenden Konsuminflation weiterhin latent?

Seit der Wiedervereinigung hatten wir zwei bedeutende Zyklen. Zuerst bescherten uns die Bürger aus den neuen Bundesländern durch ihre Liquidität und hohe Kaufbereitschaft einen Konsumboom in kurz- und langlebigen Wirtschaftsgütern. Dadurch verlängerte sich im internationalen Vergleich unser Wirtschaftswachstum, aber auf der anderen Seite erlebten wir durch die steigenden Konsumentenpreise einen Anstieg der Inflation. Seit 1993 wurde die hohe Liquidität im Markt nicht mehr zum Kauf von Autos und Kühlschränken, sondern zum Erwerb von Aktien und anderen Vermögenswerten benutzt. Aufgrund der anhaltend hohen Liquidität hatten wir nach steigenden Notierungen an den Rentenmärkten 1993 einen Boom an den Aktienmärkten und damit nach der Konsumentenpreisinflation eine Assetpreisinflation.

Besteht bei einer Assetpreisinflation auch wieder die Gefahr eines Übergreifens auf die Konsumenteninflation?

Bei weiter sinkenden Renditen an den Aktien- und Rentenmärkten werden Investoren verstärkt andere Vermögensgegenstände, wie Immobilien, und in einem später Stadium sogar auch wieder Güter und Dienstleistungen nachfragen. Da die Inflationsrückgänge in der jüngsten Rezession im historischen Vergleich eher moderat ausfielen, besteht in dem aufgezeigten Szenario ein Risiko, daß ein Anstieg der Nachfrage wieder zu einem Anstieg der Konsumentenpreise führt. Während angelsächsische Länder und Japan bereits in den 80er Jahren mit einer Assetpreisinflation zu kämpfen hatten, besteht in Deutschland dieses Potential in den 90er Jahren.

Konnten Sie generelle Zusammenhänge zwischen der Entwicklung der angelsächsischen Länder in den 80er Jahren und Deutschland in den 90er Jahren feststellen?

Ich glaube daß wir in den 90er Jahren in Deutschland eine ähnliche Entwicklung durchlaufen wie Amerika in den 80er Jahren: In Amerika versuchte Präsident Reagan zu Beginn seiner Amtszeit Anfang der 80er Jahre, durch eine substantielle Reduzierung der Steuern einen Wachstumsschub zu erreichen. In Deutschland versuchte man nach der Wiedervereinigung durch die Abschaffung des kommunistischen Systems eine spürbare Erhöhung der Effizienz zu erreichen und gleichzeitig sollte durch eine Erhöhung des Angebots ein neues Zeitalter des wirtschaftlichen Wachstums in Gang kommen. In Amerika wurde die Umsetzung dieses Ansatzes durch die Politik und in Deutschland durch die starken Lohnsteigerungen unterwandert. Auch in anderen Bereichen wie der öffentlichen Verschuldung, dem Anstieg der Importe, dem Abflachen der Exporte, dem steigenden Handelsbilanzdefizit, anhaltend hoher Inflation, zuerst steigender und dann sinkender Zinsen lassen sich parallele Erscheinungen in den beiden Volkswirtschaften finden.

Welche Rückschlüsse lassen sich daraus schließen?

Wir werden in Deutschland in den 90er Jahren ein Doppeldefizit - Fiskaldefizit und außenwirtschaftliches Defizit - wie in Amerika in den 80er Jahren aufbauen. Dadurch wird in den nächsten Jahren, ähnlich wie der Dollar ab Mitte der 80er Jahre, die DM schwächer tendieren.

Wie wird sich der Einfluß der Gewerkschaften in Zukunft entwickeln?

Steigende Arbeitslosigkeit wird die Gewerkschaften letztendlich dazu zwingen, ihre Erwartungen für das gesamtdeutsche Lohnwachstum zurückzuschrauben. Die westdeutsche Rezession von 1993 hat sie schon dazu gebracht, eine Pause im westdeutschen Reallohnwachstum zu akzeptieren. Ohne Unterstützung durch die Wirtschaftspolitik könnte jedoch noch mehr Zeit und Geld verloren gehen, bis die Gewerkschaften ihren Kurs grundlegend ändern. Daher sollte die Politik einerseits den Arbeitsmarkt deregulieren und andererseits Anreize dafür schaffen, daß Lohnempfänger einen größeren Teil ihrer Bezüge in Form von Gewinnbeteiligung empfangen. Eine stärkere Einbindung der Lohnempfänger in die allgemeine Wirtschaftsentwicklung könnte auch dazu beitragen, den sozialen Konsens wieder herzustellen, der das westdeutsche Wirtschaftswunder ermöglichte. Langfristig wird also die hohe Arbeitslosigkeit und der von den Weltmärkten kommende Wettbewerbsdruck die Macht der Gewerkschaften brechen. Die dadurch gewonnene Flexibilität wird es der deutschen Wirtschaft erlauben, ihre komparativen Vorteile - gut ausgebildete Arbeitskräfte, eine hoch entwickelte Infrastruktur und enge Verbindungen zu osteuropäischen Märkten - für nicht-inflationäres Wachstum zu nutzen.

Unterliegen Sie als Analyst eigentlich auch ähnlich hohen Arbeitsbelastungen wie ein Händler oder Fondsmanager?

Meine durchschnittliche tägliche Arbeitszeit beträgt circa 12 Stun-

den, dazu kommen aber noch viele Vorträge und Kundenbesuche in
der ganzen Welt. Letzte Woche war ich zum Beispiel in San Francisco eingeladen, bei einer Präsentation über die Zukunft der deutschen
Wirtschaft zu referieren. Nach dem Vortrag stieg ich am Nachmittag
ins Flugzeug. Als ich dann nach der Ankunft gerade zu Hause unter
der Dusche stand, läutete bereits das Telefon und ein Kollege berichtete mir, daß die Bundesbank eine Pressekonferenz einberufen habe.
Ich mußte daraufhin natürlich sofort ins Büro, um den ganzen Tag
am Telefon die Auswirkungen und Bedeutung der Zinssenkung zu
erläutern. Es kann also sehr wohl vorkommen, daß man auch als
Analyst hohen Belastungen unterliegt.

**Sind Sie mit Ihren Prognosen und Schätzungen emotional
verbunden?**

Absolut. Wie bereits gesagt, ist es viel einfacher, sich bei seinen
Prognosen und Schätzungen der allgemeinen Meinung der Kollegen
anzuschließen. Damit steht man nicht unter einem so großen Druck,
wie wenn man eine kontroverse Meinung veröffentlicht. Oft schreiben Analysten einfach bestehende Trends fort.

**Erwartet Ihre Firma von Ihnen nicht auch manchmal reißerische
Prognosen und Schätzungen, die sich besser verkaufen lassen?**

Wir werden nie angemahnt, aufgrund besserer Verkaufsargumente
bestimmte Analysen und Prognosen anzufertigen. In der flachen
Organisation von Goldman Sachs hat man immer den nötigen Freiraum, der an den Finanzmärkten so wichtig ist, um überhaupt eine
reelle Chance zu haben.

**Hatten Sie eine Phase, in der es mit Ihrer Analysephilosophie sehr
schwierig am Markt war?**

Es ist eigentlich immer schwierig, konkrete Prognosen und Schätzungen abzugeben. Ich habe zum Beispiel in meiner Einschätzung über
die Auswirkungen nach der Erweiterung der Bandbreiten des europäischen Währungssystems falsch gelegen. Ich dachte, daß die Länder mit abgewerteten Währungen eine heimisch orientierte Geldpolitik verfolgen und die Zinsen dadurch erheblich schneller sinken
würden. In den letzten Jahren haben große Marktteilnehmer mit ihren
milliardenschweren Positionen oftmals die Finanzmärkte beeinflußt.

Sehen Sie es als Gefahr oder vielleicht sogar als eine notwendige Aufgabe der großen Marktteilnehmer an, die Notenbanken zu einem marktfreundlicheren Verhalten zu bewegen?

Die Erfahrung zeigt, daß sich Regierungen und Notenbanken nicht mehr vor der Realität ihrer fundamental vorhandenen Wirtschaftsdaten verstecken können. Und wenn sie es aufgrund nationalem Prestigedenken doch versuchen, dann nur unter enorm hohen Kosten. In England und Frankreich versuchten die Notenbanken durch Stützungskäufe und unter sehr hohen kurzfristigen Zinsen die Währungen in den Bandbreiten des europäischen Währungssystems zu halten. Beide Male gelang es nicht, und nach einer Aufhebung der ursprünglichen Bandbreiten sanken beide Währungen abrupt ab. Obwohl durch den Verfall der Währungen kurzfristig hohe Kosten für die Notenbanken und entsprechende Gewinne für die Marktteilnehmer entstanden, war es für die englische und die französische Wirtschaft immer noch besser als z.B. für ein Jahr unter den hohen Zinsen zu leiden und dadurch einen Einbruch der Wirtschaft hinzunehmen. Die Kontrolle der Politik und vor allem der Wirtschaftspolitik wird durch die großen Marktteilnehmer an den Finanzmärkten sicherlich verstärkt.

Thomas Voges
Bankhaus Metzler Seel. Sohn & Co.
"Beim Kauf einer Aktie beachte ich immer, daß der
Verkäufer meistens einen Grund zum Verkaufen hat."

Thomas Voges ist Analyst für den Bereich deutsche Aktien beim Bankhaus Metzler Seel. Sohn & Co.. Metzler besteht seit nunmehr 300 Jahren und ist auf die Makro- und Mikroanalyse im Bereich institutioneller Anlageberatung sowie den damit verbundenen Handel spezialisiert. In der Chronik der Bank erscheinen Namen wie Goethe und Bismarck. Im 18. Jahrhundert wurde die Bank bereits mehr als zwei Jahrzehnte von einer Frau geführt. Heute beträgt das verwaltete Volumen über 5 Milliarden DM.

Den Kontakt zu Voges stellte ein Redakteur eines bekannten Wirtschafts- und Finanzmagazins her. Genau dieser Redakteur prophezeite mir auch, daß ich früher oder später bei der Tonbandaufnahme eines Interviews aufgrund einer technischen Panne sicherlich einen Teil einer Aufnahme verlieren würde. Ich bedankte mich damals zwar für die nettgemeinte Warnung, dachte aber, daß mir dieser Anfängerfehler sicherlich nicht passieren würde.

Zwei Wochen später, nach den ersten vier ausführlichen Gesprächen, war ich bereits um eine Erfahrung reicher. Trotz der mahnenden Vorwarnung und genauester technischer Überprüfung meiner Aufnahmegeräte stellte ich nach einem Marathongespräch mit Thomas Voges zu meinem unbeschreiblichen Entsetzen fest, daß bis auf ein tiefgründiges meeresartiges Rauschen auf allen Tonbändern nichts zu hören war. Ich empfand es schon fast als Fügung des Schicksals, daß mir dieses Mißgeschick, trotz der Warnung des Redakteurs, auch gerade bei dem Gesprächspartner passierte, dessen Kontakt er mir vermittelte. Es war ein schreckliches Gefühl. Immer wieder hörte ich die Bänder ab, um vielleicht doch den einen oder anderen Ansatzpunkt zu erhalten. Ich überlegte, ob vielleicht mit Hilfe von sehr sensiblen High-Techgeräten in einem Tonstudio etwas zu hören sei. Nach einer unruhigen Nacht stand ich am nächsten Tag um 8 Uhr vor dem Elektrogeschäft und fragte was mit dem Mikrophon los gewesen sei. Die Antwort war so einfach, daß ich mich fast noch schlechter fühlte. Die kleinen hochsensiblen Mikrophone haben eine Mikrozellen-Batterie eingebaut, die wie jede Batterie irgendwann erneuert werden muß. Ich hatte schlicht und einfach eine leere Batterie in meinem Mikrophon. In der gleichen Manier wie man als Händler und Anleger seinen Verlusten ins Gesicht sehen sollte, rief ich Thomas Voges an und offenbarte ihm, daß wir uns noch einmal treffen müßten. Um ihm den Schock zu versüßen, offerierte ich ihm, mit mir zu Peter Lynch nach Boston zu fliegen. In der folgenden Woche hatte ich nämlich einen Termin bei dem Altmeister des Aktienfondsmanagements in Boston. Voges war entsetzt über die Nachricht, daß wir noch einmal die wesentlichen Teile des Interviews durchsprechen mußten. Aber er war begeistert von meinem Angebot, mit zu Peter Lynch zu fliegen. Wir trafen uns also einen Tag später, um nochmals alles durchzusprechen, und ich wiederholte meine Einladung nach Boston. Voges freute sich über die Einladung zu Lynch, aber er zögerte. Sein Problem bestand nämlich darin, daß er für die nächste Woche bereits einen Karibik-Urlaub gebucht hatte. Am nächsten Tag um 8.30 Uhr rief er mich dann an und meinte, daß er alles umgebucht hätte und mich begleiten würde. Da wir beide zuvor etwas in New York zu erledigen hatten, trafen wir uns in New York, um dann zusammen zu Lynch nach Boston zu fliegen. Als von Haus aus angelsächsisch-orientierter Analyst war Thomas Voges für mich natürlich auch beim Gespräch mit Peter Lynch eine gute Unterstützung. Mit insgesamt weniger als 400 Angestellten ist das Bankhaus Metzler vor allem einer der führenden Ansprechpartner am hart umkämpften und für Deutschland so bedeutenden Londoner Finanzplatz. Voges ist aufgrund seiner ständigen Kontakte zu angelsächsischen Investoren besonders mit deren Investmentphilosophie vertraut.

Warum ist die Aktie in Deutschland, im Gegensatz zu den angelsächsischen Ländern, nicht ein weitverbreitetes Anlageinstrument?

Deutschland verfügt im Gegensatz zu Großbritannien oder den USA nicht über eine Investmenttradition oder gar -kultur. Ein Grund hierfür ist die stark mittelständische Unternehmenskultur. Von noch entscheidenderer Bedeutung ist allerdings die große Risikoscheu deutscher Anleger, die sich in den vergangenen Jahren sogar noch verstärkte: So ging zwischen 1960 und 1990 der Anteil privater Haushalte am Gesamtaktienbesitz von 27 Prozent auf nur mehr 17 Prozent zurück. Dieser Anteilsverlust wurde komplett vom Ausland und inländischen Großanlegern aufgefangen. Heute kommen die kurstreibenden Kräfte für den deutschen Aktienmarkt vor allem aus dem Ausland. Großbritannien, als größtes Land der Vermögensverwaltung, spielt hier nach wie vor eine entscheidende Rolle.

Welche Gründe sind dafür verantwortlich, daß der Anteil privater Haushalte am Gesamtaktienbesitz auf nur mehr 17 Prozent zurück ging?

Deutsche Unternehmen entdeckten die Aktienbörse als Finanzierungsquelle praktisch erst mit Beginn des großen Konjunkturaufschwungs im Jahr 1982. Seit Mitte der 80er Jahre haben inländische Aktiengesellschaften deutlich mehr neues Eigenkapital (Kurswert: rund 150 Milliarden DM) aufgenommen, als in den 35 Jahren (rund 115 Milliarden DM) zuvor. Auch bislang nicht gelistete Aktiengesellschaften nutzten die Gunst der Stunde. Aufgrund der geringen Erfahrungen deutscher Emissionshäuser sowie der Unternehmen führten die Aktienemissionen jedoch oftmals zu unerfreulichen Kursverläufen.

Können Sie Ihren Analyseansatz im Rahmen der klassischen Einteilung Top-down und Bottom-up beschreiben?

Bei dem Top-down-Ansatz wird ausgehend, von der Gesamtentwicklung einer Volkswirtschaft sowie der jeweiligen Branche, versucht, auf die Entwicklung eines einzelnen Unternehmens sowie dessen Aktienkurses zu schließen. Der Bottom-up-Ansatz geht entgegengesetzt davon von dem jeweiligen Unternehmen selbst aus. Durch die Analyse der wesentlichen Kennzahlen und Entwicklungen eines einzelnen Unternehmens wird versucht, die Entwicklung des Aktienkurses zu antizipieren. Ich versuche, beide Ansätze zu kombinieren, da jeder Ansatz etwas für sich hat.

Wann verwenden Sie konkret welchen Ansatz?

Das Ziel jeder Analyse ist das Finden von Unternehmen mit einem überdurchschnittlichen Gewinn-Momentum. Dieses Ziel kann ich nun mit Hilfe der beiden bereits beschriebenen Top-down und Bottom-up-Ansätze erreichen. Mit Hilfe der Top-down-Analyse untersuche ich die allgemeine Wirtschaftsentwicklung und die Entwicklung der jeweiligen Branchen in diesem Wirtschaftszyklus. Dazu betrachte ich die gängigen volkswirtschaftlichen Indikatoren wie das Wirtschafts-wachstum, Zinsniveau, Inflation, Währungsentwicklungen sowie po-litische und steuerliche Veränderungen. Durch eine individuelle Kom-bination und Gewichtung dieser Indikatoren kann ich dann die attrak-tiven Branchen bestimmen. Bis zur Branche verfolge ich daher einen Top-down-Ansatz.

Innerhalb der Branche verfolge ich dann einen Bottom-up-Ansatz. Dabei habe ich zwar die makroökonomischen Entwicklungen im Hinterkopf, aber die eigentliche Entscheidung, ob ein Unternehmen tatsächlich interessant ist, hängt von den Aussichten der Entwick-lung, den Kennzahlen des analysierten Unternehmens und deren Aktienbewertung ab.

Welcher der beiden Ansätze wird von den meisten Markt-teilnehmern verfolgt?

Langfristige Investoren setzen verstärkt den Bottom-up-Ansatz ein, während kurzfristige Anleger, die auf eine bestimmte Veränderung des Aktienindex spekulieren, oft den Top-down-Ansatz heranziehen. Bei meinen vorwiegend angelsächsischen Kunden stelle ich fest, daß vor allem schottische Anleger einen Bottom-up-Ansatz verfolgen. Sie kaufen Aktien unter langfristigen Gesichtspunkten und beachten da-bei vor allem das Konzept und die Philosophie eines Unternehmens.

Wie gewichten Sie nun die beiden Ansätze?

Der Bottom-up-Ansatz hat für die Entscheidung, eine bestimmte Aktie zu kaufen, sicherlich den entscheidenden Einfluß. Der Top-down-Ansatz spielt dagegen für Anleger, die den gesamten Aktien-index kaufen und verkaufen, eine wichtigere Rolle. Anders ausge-drückt: Ich würde zwar eine interessante Aktie in einem schlechten Gesamtmarkt kaufen, aber nie in einem guten Gesamtmarkt eine uninteressante Aktie kaufen.

Welcher der beiden Ansätze eignet sich eher für große Standard-werte und welcher für kleinere Nebenwerte?

Da ich mit dem Top-down-Ansatz bis zur Branche hervorragende Resultate erzielen kann, ist der Ansatz für große Standardwerte sehr geeignet. Da große Standardwerte meistens Branchenführer sind, profitieren sie direkt von den positiven Entwicklungen einer Branche.

Im Gegensatz dazu können sich kleinere Unternehmen und Nebenwerte auch unabhängig vom allgemeinen Branchentrend entwickeln.
Dadurch ist bei diesen Unternehmen ein Bottom-up-Ansatz hilfreicher. Bei der Wahl des Ansatzes und der Anlagephilosophie spielt
also meines Erachtens die Größe der analysierten Aktie eine entscheidende Rolle.

Welche Kennzahlen beachten Sie beim Top-down-Ansatz?

Das internationale Konjunkturbild, Inflation, Zinsen, Währungsentwicklung, Konsumenten-, Spar- und Investitionsverhalten sowie die
Liquidität der Marktteilnehmer sind die wichtigsten Faktoren. Aber
auch hier achte ich, ähnlich wie auf der Unternehmensebene, nicht so
sehr auf einzelne Kennzahlen, sondern vorrangig auf die grundlegende Entwicklung.

**Welche Kennzahlen und Daten beachten Sie bei der Bottom-up-
Analyse der einzelnen Aktien?**

Einzelne Kennzahlen sind für mich zweitrangig. Zuerst einmal interessiert mich das Konzept und die Philosophie des Unternehmens. Da
ein gutes Konzept aber nicht von vornherein eine Garantie für den
Erfolg ist, achte ich auch sehr auf die Qualität und die Fähigkeiten
des Managements. In den Zeiten transparenter und hartumkämpfter
Märkte muß das Management in der Lage sein, die Ressourcen zu
bündeln und kreativ das entwickelte Konzept umzusetzen. Diese
Punkte und Faktoren sind für mich wichtiger als alle Umsatz- und
Gewinn-Kennzahlen.

Sie beachten also keine herkömmlichen Kennzahlen?

Nicht in diesem Stadium der Analyse. Diese ersten Schritte fordern
meistens mehr den allgemeinen Menschenverstand eines Analysten
als den hochintelligenten und spezialisierten Volks- oder Betriebs-
wirt. Erst in einem nächsten Schritt beachte ich einzelne Kennzahlen,
wobei ich vorrangig historische Gewinnzahlen analysiere und entsprechende Zahlen prognostiziere. Hierbei sind aber nicht so sehr die
absoluten Zahlen, sondern die relativen Kennziffern der langfristigen
Entwicklung, also die Margen und Renditen wichtig. Besonders in
kleineren Unternehmen, in denen der Wachstumsgedanke im Vordergrund steht, ist es wichtig, daß die Unternehmen die attraktiven

Margen auch bei einer Expansion halten oder vielleicht sogar noch
verbessern können. Um diese Margenentwicklungen richtig einschätzen zu können, muß man diverse Produktivitätskennziffern wie Umsatz und Gewinn pro Mitarbeiter betrachten. Die Frage dabei ist, ob
die Mitarbeiter durch moderne und innovative Produktionsanlagen
ihre Produktivität noch weiter erhöhen können oder ob ein Unternehmen bereits eine kritische Größe erreicht hat. Bei der Einschätzung
der Margenentwicklung muß man auch das Verhalten der Konkurrenten und vor allem das Nachfrageverhalten der Kunden beachten.
Erfolgreiche Unternehmen zeichnen sich zumeist durch eine hohe
Vitalität bei der Suche nach einer Antwort auf Marktveränderungen
aus.

**Auf welche speziellen Faktoren achten Sie bei dieser Analyse der
Margen?**

Ich suche Unternehmen, die neben dem generellen Wachstum in einer
Aufschwungphase durch die Verbesserung ihrer Marge überdurchschnittlich wachsen. Ich betrachte generell ungern eine einzige Unter-
nehmenskennzahl isoliert und statisch, sondern immer im Zusammenhang mit anderen Kennzahlen und in der Entwicklung über einen
längeren Zeitraum. Man kann sich auch bei den Margen nicht auf
eine einzelne Kennziffer beschränken. Daher betrachte ich in langjährigen Zeitreihen, wie sich die wesentlichen Kennzahlen und Margen verändern. Dabei ist die Frage nach grundlegenden Veränderungen in der Struktur, sowie in der Relation zur langjährigen Umsatz-,
Gewinn- und Eigenkapitalentwicklung, wichtig. Die Veränderung
der einzelnen Kennzahlen zum Vorjahr ist für mich dagegen eher
sekundär.

**Sind neben der Margenentwicklung noch andere Aspekte bei
ihrem Selektionsprozeß wichtig?**

Wenn die genannten Faktoren bei einer Aktiengesellschaft zusammen
ein positives Bild ergeben, dann ist noch entscheidend, ob das Unternehmen in der Lage ist, seine Expansion durch unternehmenseigene
Finanzierungsquellen also aus dem Cash flow zu finanzieren.

**Warum ist es von Bedeutung, daß ein Unternehmen sein Wachstum
vorrangig auf diese Weise finanziert?**

Wenn ein Unternehmen nur durch eine permanente Kreditfinanzierung oder die Ausgabe neuer Aktien wächst, dann ist das Wachstum für den Altaktionär längst nicht so attraktiv. Im Fall der ständigen Fremdfinanzierung steigt der Wert des Gesamtunternehmens längst nicht so stark an, da der Expansion vorrangig Kredite und keine Vermögenswerte gegenüberstehen.

Gibt es ein Beispiel für ein Unternehmen, das seine Expansion vorrangig aus unternehmenseigenen Quellen finanzieren konnte?

Der Etikettiermaschinenhersteller Krones konnte sein spektakuläres Wachstum fast ausschließlich aus den hohen Rücklagen finanzieren. Über Jahre wurden die hohen Gewinne nicht vollkommen ausgeschüttet, sondern zur Bildung von Rücklagen verwendet, die wiederum zur Finanzierung des eigenen Wachstums herangezogen wurden. Der Wert des Unternehmens hat sich in den letzten Jahren dadurch vervielfacht.

Unternehmen, die ihre Gewinne nicht vollkommen ausschütten, sondern zur Finanzierung der Expansion verwenden, weisen aber doch eine unattraktive Dividendenrendite auf. Beeinflußt eine niedrige Dividendenrendite nicht den Aktienkurs?

Unternehmen, die im Vergleich zu ihren Gewinnen eine relativ hohe Dividende zahlen, sind langfristig uninteressanter als Unternehmen, die einen gewissen Anteil ihrer Gewinne zur Finanzierung neuer Geschäftsfelder aufwenden. Unternehmen ohne großes Wachstumspotential versuchen durch eine aktionärsfreundliche Ausschüttungspolitik und die Zahlung hoher Dividenden einen Kaufanreiz für Investoren zu schaffen. Wer Aktien nur wegen der Dividende kauft, sollte lieber gleich Anleihen kaufen.

Ist die restriktive Dividendenpolitik deutscher Unternehmen nicht ein Bestandteil der generellen Aktionärsfeindlichkeit?

Solange die Gewinne zur Finanzierung des Wachstums verwendet werden, entsteht daraus kein Schaden für den Investor. Aktionärsfeindlich finde ich die Tatsache, daß sich Aktionäre aufgrund der komplexen Bilanzierungsrichtlinien bei Aktiengesellschaften quasi blind und ohne detaillierte Kenntnisse über den eigentlichen aktuellen Geschäftsverlauf eine Meinung bilden müssen. Die Transparenz der

Bilanzen ist in Deutschland längst nicht in ausreichendem Maße vorhanden. Zudem glauben einige Unternehmen in Deutschland, daß sie mit Investor-Relations-Abteilungen den Anleger vertrösten könnten. Durch modern gestaltete Jahresberichte erfährt der Investor aber noch längst nicht mehr über das Innenleben eines Unternehmens. Die Unternehmen versuchen sich meines Erachtens vor einer transparenten Offenlegung der Ergebnisse zu drücken. Die deutschen Unternehmen werden zwar ansatzweise aktionärsfreundlicher, aber es wird sicherlich noch einige Zeit dauern, bis sie den Standard der angelsächsischen Aktiengesellschaften erreichen werden.

Als Analyst verfügen Sie doch aber trotz der komplizierten Bilanzrichtlinien über Möglichkeiten, ein Unternehmen detailliert zu analysieren?

Wir verfügen über die gleichen Bilanzen wie jeder andere Investor. Für uns besteht durch die neugeschaffenen Investor-Relations-Abteilungen sogar oft das Problem, daß wir immer weniger an die abgeschotteten Entscheidungsträger eines Unternehmens herankommen. Die Mitarbeiter der Investor-Relations-Abteilungen geben meistens nur oberflächliche Parolen heraus und verfügen zudem gar nicht über das Fachwissen eines Vorstandes.

Die Informationspolitik der Unternehmen ist demnach noch stark verbesserungsfähig?

Bis vor wenigen Jahren waren Aussagen wie "Unser Aktienkurs interessiert mich nicht" oder "Der Aktienkurs ist sowieso nur reine Spekulationssache" im Finanzmanagement deutscher Gesellschaften keine Seltenheit. Derart inkompetente Fachleute waren zugleich Gesprächspartner für uns Analysten und international operierende Fondsmanager. Trotz dieser Mißstände haben sich in den vergangenen Jahren positive Ansätze in der deutschen Investmentszene ergeben. Dies gilt sowohl für die Qualität als auch Quantität der Unternehmensinformationen. Gesellschaften haben mittlerweile erkannt, daß sie für eine erfolgreiche Inanspruchnahme des Kapitalmarktes ihre Informationspolitik ändern und Geldgeber als mündige Aktionäre behandeln müssen. Dies gilt insbesondere für ausländische Anleger, die in ihren Heimatländern ein hohes Service-Niveau gewohnt sind. Zur Befriedigung des wachsenden Informationsbedarfs seitens der Investoren und Analysten intensivieren Gesellschaften Analystenmeetings und bauen gleichzeitig Investor-Relations-Abteilungen auf oder aus. Diese Entwicklung wird von Seiten der Investoren grundsätzlich begrüßt. Dennoch gibt es noch viel zu tun, um das Verhältnis zwischen Unternehmen und Investoren weiter zu verbessern. Insbesondere Vorstände sollten ihre Vorliebe für die Vergangenheitsbewältigung ablegen. Gefragt sind vielmehr Perspektiven des Unternehmens und des Marktumfelds. Ein herausragendes Beispiel für ein Unternehmen, das mit seiner fortschrittlichen Informationspolitik den Weg zu einem effizienteren Kapitalmarkt unterstützt, ist der ehemals schwerfällige Veba-Konzern. Aber leider ist dieses Beispiel noch immer eher eine Ausnahme als die Regel.

Besuchen Sie Unternehmen persönlich?

Es ist für mich obligatorisch, die Unternehmen, die ich in einer ausführlichen Analyse empfehle, persönlich zu besuchen. Auch nach einer Empfehlung halte ich einen sehr engen Kontakt zum Unternehmen.

Auf welcher hierarchischen Ebene eines Unternehmens sind die Gesprächspartner für Sie am aufschlußreichsten?

Das hängt generell von der Größe des einzelnen Unternehmens ab. Bei kleineren Unternehmen ist es meistens ausreichend, einen Gesprächspartner auf der Vorstandsebene zu haben. Dagegen versuche ich bei großen Standardwerten, eher einen Gesprächspartner unter der Vorstandsebene zu erhalten.

Aber der Vorstand sollte doch am umfangreichsten über das eigene Unternehmen informiert sein?

Vorstände großer Unternehmen betreiben oft zuviel Politik. Sie haben vielfach den engen Bezug zum Tagesgeschäft verloren. Für Fragen der Strategie und der Umsetzung eines langfristigen Konzeptes ist natürlich auch in großen Gesellschaften der Vorstandsvorsitzende der wichtigste und kompetenteste Ansprechpartner. Selbst bei großen Unternehmen sollte man daher zumindest jedes Jahr einmal mit dem Vorstand sprechen, um danach die langfristigen Trends besser zu erkennen und antizipieren zu können. Vorzugsweise versuche ich in jedem Unternehmen, vom Vorstand bis hin zu den einzelnen Ressortleitern, mit verschiedenen Ansprechpartnern zu sprechen. Es kann oft sehr hilfreich sein, auch einmal mit dem Vertriebsleiter oder dem technischen Direktor einer kleineren Aktiengesellschaft zu sprechen.

Was beachten Sie konkret beim Besuch kleinerer Aktiengesellschaften?

Viele kleinere Aktiengesellschaften verwenden das Geld aus der Börsenemission entweder zum Kassemachen der Gründerfamilie oder zum Bau eines prunkvollen Verwaltungsgebäudes. Ich achte also gerade bei diesen Aktien auf eine gesunde Relation des Verwaltungsgebäudes zur Größe des Unternehmens. Das Verwaltungsgebäude braucht natürlich nicht spartanisch zu sein, aber es sollte keinen verschwenderischen und prunkvollen Eindruck hinterlassen. Sehr kritisch untersuche ich auch immer groß angekündigte Expansionspläne regionaler mittelständischer Unternehmen, die nach dem Börsengang glauben, europaweit oder sogar weltweit Repräsentanzen und Vertriebswege aufbauen zu müssen. Viele Unternehmen haben in der Vergangenheit bei einer aggressiven Auslandsexpansionen erhebliches Lehrgeld bezahlt.

Kennen Sie sich mit den Produkten der Unternehmen, die Sie schwerpunktmäßig analysieren, so gut aus, um beurteilen zu können, ob ein Produkt oder eine Dienstleistung kundenorientiert und damit erfolgversprechend ist?

In angelsächsischen Investmentbanken versuchte man, die Chemiebranche von Fachkräften - also Doktoren der Chemie - analysieren zu lassen. Allein an der Tatsache, daß heute auch in England wieder verstärkt Volks- und Betriebswirte als Analysten eingestellt werden, erkennt man, daß dieses Projekt nicht sehr erfolgreich verlaufen ist. Für einen guten Analysten ist es nämlich nicht ausschlaggebend, daß er die Produkte eines Unternehmens bis in alle Einzelheiten kennt, sondern, daß er eine kritische Auffassungsgabe zur Analyse der beeinflussenden mikro- und makroökonomischen Faktoren besitzt. Bei der Beurteilung der Produktpolitik sollte sich ein Analyst in sehr komplexen Bereichen wie der Chemie ein Netzwerk an Beziehungen und Gesprächspartnern aufbauen, die ihm hilfreiche Anhaltspunkte geben können.

Achten Sie bei den Unternehmen auf hohe Investitionen?

Hohe Investitionen sind in Deutschland eine Notwendigkeit, um im internationalen Kampf um Marktanteile, Produktivität und Qualität überhaupt zu überleben. Hohe Investitionen sind also ein absolutes Muß. Zu niedrige Investitionen können sich nach einem längeren Zeitraum katastrophal auswirken. Ich werde daher vor allem bei sinkenden Investitionen hellhörig.

Wie stehen Sie Neuemissionen auf dem Aktienmarkt gegenüber?

Bei Neuemissionen hat der Investor oft keine Gelegenheit, sich selbst eine fundierte Meinung über die Aktie zu bilden. Die führende Konsortialbank schreibt meist eine positive Analyse zu dem betreffenden Wert. Da die Bank zum Verkauf der Aktien beauftragt wurde und dafür eine kritische Analyse wenig hilfreich ist, betrachte ich die Aussagekraft solcher Analysen generell als fraglich. Der Investor hat aber aufgrund der oft kurzen Zeichungsfrist von nur einigen Tagen auch keine Gelegenheit, die Analyse substantiell zu prüfen. Er steht damit nun vor der Alternative: friß oder stirb. An der schlechten Wertentwicklung zahlreicher Neuemissionen in den letzten Jahren kann man deutlich erkennen, daß eine gewisse Kaufzurückhaltung vor Verlusten bewahrte. Viele Aktien wurden zu überhöhten Preisen zum Verkauf angeboten.

Ändern sich die Kennzahlen, die Sie im Laufe eines Konjunkturzykluses beachten?

In der Phase eines Strukturumbruchs und einer Rezession kann man mit einigen Kennzahlen nicht argumentieren.

Welche Kennzahlen geben in einer Rezession wenig Anhaltspunkte?

Aufgrund des zeitlichen unterschiedlichen Ablaufs des monetären und realwirtschaftlichen Zyklus ist mit dem Kurs-Gewinn-Verhältnis in einer Rezession nicht zu argumentieren. Die Unternehmen erwirtschaften zwar nur sehr schwache Gewinne, aber die Börse antizipiert bereits eine Erholung der Wirtschaft und der Unternehmensgewinne, weshalb die Kurse trotzdem ansteigen. Zudem werden die Aktienkurse in Rezessionsphasen maßgeblich von der Zinsentwicklung beeinflußt. Die Kurs-Gewinn-Verhältnisse sind aufgrund dieser beiden Faktoren extrem hoch und beinhalten meistens nur eine geringe

Aussagekraft. Nach einer Analyse kann man auch nicht einfach alle Unternehmen miteinander vergleichen und dasjenige mit dem besten Kurs-Gewinn-Verhältnis kaufen. Vor allem bei Nebenwerten hat jedes Unternehmen seine individuellen Qualitäten und Schwachpunkte. Bei einem generellen Vergleich einzelner Kennzahlen der Unternehmen A und B würde man oft Äpfel mit Birnen vergleichen.

Wie oft überarbeiten Sie Ihre Empfehlungen und Analysen?

Wenn ich eine Aktie zum Kauf empfehle, verfolge ich auf täglicher Basis jede Meldung und Veränderung über das Unternehmen. Spätestens jedes Quartal schreibe ich auch eine Überarbeitung der ursprünglichen Empfehlung. Bei einer Verkaufsempfehlung verfolge ich die Entwicklungen des Unternehmens natürlich ebenfalls weiter, aber längst nicht so intensiv. Während die Kunden bei einer negativen Entwicklung einer Kaufempfehlung viel Geld verlieren können, handelt es sich bei einer Verkaufsempfehlung im schlimmsten Fall dagegen "nur" um entgangene Gewinne.

Gab es bestimmte Ereignisse, die Sie und Ihren Analyseansatz prägten?

Mein Analyseansatz ist sehr unternehmerisch und wurde aus einer Tätigkeit nach meinem Studium in einem Industrieunternehmen geprägt. Wenn ich eine Aktie zum Kauf empfehle, sehe ich dahinter bis heute immer das gesamte Unternehmen. Bei der sehr hohen Transparenz an den Märkten gehe ich davon aus, daß ich immer den Marktpreis für ein Unternehmen und seine Aktien bezahle. Man sollte sich beim Kauf einer Aktie immer deutlich darüber im klaren sein, daß der Verkäufer meistens auch einen Grund zum Verkaufen hat.

Viele Investoren klagen über veränderte Reaktionen der Aktienmärkte auf bestimmte Ereignisse.

Aufgrund der vielen ausländischen Marktteilnehmer an den deutschen Börsen haben sich die Antizipationszeiten extrem verlängert. Die Börse reagiert heute bereits sehr früh und ausgeprägt auf sich abzeichnende, zukünftige Änderungen. Dieses Vorlaufen der Kurse macht es zunehmend schwieriger, mit den herkömmlichen Analyseinstrumenten zu argumentieren.

Läßt sich diese Antizipationszeit konkret in Monaten oder Jahren ausdrücken?

Momentan haben wir an der deutschen Börse eine Antizipationszeit von circa 14 Monaten. Es werden also heute die Preise auf der Grundlage der Schätzungen der Ergebnisse in 14 Monaten bezahlt. Vor einigen Jahren lag dieser Vorlauf noch bei etwa acht Monaten. Wenn ein Unternehmen zu einem Analystentreffen einlädt, um zur Jahreshälfte die Prognosen für das Jahresende abzugeben, macht es meist keinen Sinn mehr, aufgrund dieser Zahlen auf die Kursentwicklung zu schließen. Es sei denn, die Unternehmensaussagen unterscheiden sich gravierend vom Konsens der Ergebnisschätzungen. Aufgrund der wachsenden Antiziptionszeit kann ein Analyst mit einer Empfehlung nicht mehr darauf warten, bis sich auch der Vorstand äußert und eine Ertragswende sieht.

Wie kann der Privatanleger herausfinden, welche Analysten für ihn die besten Prognosen und Anhaltspunkte liefern? Geben die Vergleichsuntersuchungen über die Genauigkeit der Schätzungen verschiedener Analystenteams einen Aufschluß über die tatsächlichen Leistungen?

Nein. Diese Untersuchungen werden zwar von führenden Finanz- und Wirtschaftspublikationen durchgeführt, aber sie haben nur eine sehr geringe Aussagekraft. Es geht nicht darum, den genauen Unternehmensgewinn einer Aktie zu prognostizieren, sondern die Auswirkungen auf den jeweiligen Aktienkurs möglichst frühzeitig zu antizipieren. Wichtig ist also wieder nicht die absolute Zahl, sondern die Erkennung des Trends.

Worin besteht die Hauptaufgabe eines Analysten?

Als ein Außenstehender ist ein Analyst per se weniger befangen als ein Unternehmensangehöriger und sollte deshalb auch besser in der Lage sein, frühzeitig Strukturveränderungen zu erkennen. Vor allem im Konjunkturabschwung war zu erleben, daß viele Unternehmen, die erst ein stetiges Gewinnwachstum voraussagten, kontinuierlich ihre Ergebniserwartungen nach unten revidierten. Solche Entwicklungen sollte ein Analyst möglichst frühzeitig erkennen.

Was bedeutet für Sie als Analyst das Schlagwort Rationalisierung?

Auch wenn das Thema Rationalisierung in Deutschland erst im
Jahresverlauf 1993 für Aufmerksamkeit sorgte, beschäftigt es die
Analysten schon seit wesentlich längerer Zeit. Bankhaus Metzler
richtete sogar bereits zu Beginn des Jahres 1993 ein Kundenseminar
mit dem Thema Rationalisierung aus. In Deutschland wird zwar viel
von Rationalisierung gesprochen, aber es handelt sich dabei oftmals
eigentlich nur um eine Kostenanpassung an ein geringeres Beschäfti-
gungsniveau. Dabei erfolgten in der Vergangenheit also keine echten
Strukturveränderungen, sondern nur Anpassungen. Die Rationalisierung in der Zukunft wird verstärkt über tiefergehende Strukturveränderungen erfolgen. Die Öffnung des Ostblocks ermöglicht eine internationale Arbeitsteilung zu erheblich niedrigeren Kosten und wird
auch in Zukunft zur Auslagerung von Produktionsstätten führen.
Deutschland wird zwar immer als der große wirtschaftliche Gewinner der Ostöffnung dargestellt, in Wirklichkeit erhöht sich aber durch
die Billigproduktionsländer im Osten der Konkurrenzdruck. Meiner
Meinung nach sind wir unter wirtschaftlichen Gesichtspunkten vorerst eher einer der Verlierer der Ostöffnung. Die Folge dieses enormen Kostendrucks in arbeitsintensiven Bereichen ist, daß Unternehmen langfristig nur überleben können, wenn sie einen innovativen
Vorsprung halten und gleichzeitig Produktionsstätten auslagern oder
permanent Rationalisierungen durchführen, um eine wettbewerbsfähige Kostenstruktur zu halten. Allerdings ist seit einiger Zeit eine
positive Veränderung in den Unternehmen festzustellen. Mitarbeiter
auf allen Hierarchiestufen fangen an, sich von ihren starren Denkan-
sätzen und ihrer Immobilität zu befreien. In dem langen konjunkturellen Aufschwung, den wir in den 80er Jahren erlebten, gingen beide
Eigenschaften vielmals verloren. Der Bereinigungsprozeß in der Rezession macht uns dies richtig bewußt und hilft der gesamten deutschen Industrie, sich zu positionieren. Aber auch die Unternehmen
selbst überprüfen ihre Organisationsformen, ob diese noch zeitgemäß
sind. Sehr oft werden diese dabei verkleinert und die Verantwortun-
gen dezentralisiert, was ebenfalls die Wettbewerbsfähigkeit der deutschen Industrie stärkt.

**Beachten Sie neben dem beschriebenen fundamentalen Ansatz
auch technische Indikatoren?**

Für die technische und quantitative Aktienanalyse haben wir unsere

Spezialisten. Dagegen liegt die Hauptaufgabe eines Fundamental-
analysten sicherlich in der fundamentalen Bestandsaufnahme eines
Unternehmens. Ich beachte aber auch charttechnische Kursverläufe
in der Kombination mit den jeweiligen Aktienumsätzen.

Welche Hinweise erhalten Sie dabei aus den Aktienumsätzen?

Anhand der Aktienumsätze kann ich sichergehen, daß der Kurs nicht
bei sehr geringen Umsätzen ansteigt. Dann hätte das Kursniveau
nämlich keine solide Basis und es wäre wahrscheinlich, daß der Kurs
bei einer größeren Verkaufsorder wieder die gesamten Gewinne her-
gibt. Steigende Kurse sollten daher immer von steigenden Umsätzen
begleitet werden. Institutionelle Kunden verlangen zudem von einem
Wert auch eine gewisse Liquidität.

**Beachten Sie neben der charttechnischen Analyse weitere tech-
nische Faktoren?**

Momentumkurven und einen Relative-Stärke-Index betrachte ich vor
allem bei extremen Kursbewegungen zur Bestimmung einer sich
abzeichnenden Trendumkehr. Der Aktienkurs reagiert nämlich meistens schon vor der ersten positiven Analyse der Analystenteams.

**Haben Sie bei Ihren zahlreichen Analysen eine Lieblingsaktie, die
Sie über all die Jahre immer mit einer besonderen Aufmerksamkeit
verfolgt haben?**

Da es sehr unvorteilhaft beim objektiven Erstellen einer kritischen
Analyse sein kann, sollte man es als Analyst generell vermeiden, zu
bestimmten Aktien eine zu enge emotionale Bindung aufzubauen.
Man muß jederzeit in der Lage sein, über ein und dasselbe Unternehmen sowohl eine Kauf- als auch eine Verkaufsempfehlung auszusprechen - wenn die Zahlen dies nahelegen. Ich hatte früher aber
trotzdem ein besonderes Augenmerk auf den Druckmaschinenherstel-
ler Berthold, der inzwischen in Konkurs ist.

Woher kam diese besondere Beziehung zu Berthold?

Ich begeisterte mich für die Aktie, als Anfang 1989 ein neuer Vorstand zu Berthold kam und dem Unternehmen zu neuem Schwung
verhalf. Berthold war daraufhin besonders bei englischen Markt-

teilnehmern Ende der 80er Jahre ein beliebtes Spekulationsobjekt. Die Londoner trieben 1990 mit ihren Käufen den Kurs bis auf 700 DM. Ich sprach Mitte 1989 bei 200 DM eine Kaufempfehlung aus und verabschiedete mich bei 450 DM mit einer Verkaufsempfehlung aus dem zu diesem Zeitpunkt schon sehr überhitzten Markt. Auch wenn zwischenzeitlich noch wesentlich höhere Kurse von bis zu 700 DM erreicht wurden, sollte sich die Verkaufsempfehlung doch als richtig erweisen. Im Anschluß daran fiel der Kurs nämlich im freien Fall bis auf 200 DM, um danach wieder bis auf 300 DM anzusteigen. Als sich dann durch den wachsenden Anteil der billigeren und leistungsfähigeren Computersysteme einiger amerikanischer Hersteller die Margen von Berthold zusehends verkleinerten, fiel die Aktie unter 100 DM, um Ende 1993 wegen Konkurs vom Kurszettel zu verschwinden. Obwohl ich immer ein besonderes Verhältnis zu dieser ereignisreichen Aktie hatte, versäumte ich es nicht, eine objektive Verkaufsempfehlung auszusprechen.

Befürworten Sie bei Händlern und Analysten aktive Privatengagements an den Märkten, oder sehen Sie darin einen zu großen Interessenskonflikt?

Aggressive Privatengagements halte ich für sehr schlecht, da die eigentliche Arbeit darunter leidet. Man sollte sich immer bewußt sein, von wem man als Analyst und Händler für seine Arbeit bezahlt wird. Wenn man in seinem Bereich entsprechend erfolgreich und profitabel für seine Bank ist, sollte es erfolgsbezogene Gehaltssysteme geben. Durch diese Art der Vergütung werden Privatengagements zumindest weniger attraktiv. Das bedeutet natürlich nicht, daß man privat keine Aktien besitzen sollte, aber man sollte kein aggressiver kurzfristiger Anleger an den Märkten sein.

Was sollte man bei der Strukturierung eines Gesamtportfolios beachten?

Vor der Strukturierung eines Portfolios sind einige wesentliche Punkte zu überprüfen. Handelt es sich um ein Portfolio mit der Einschränkung auf deutsche Aktien, deutsche Renten oder ein diversifiziertes deutsches Portfolio. Bei einem international ausgerichteten Investor kommen dann noch die Möglichkeiten internationale Renten und internationale Aktien hinzu. Nach der Festlegung und Begrenzung auf eine dieser verschiedenen Möglichkeiten verbleiben entweder große Freiräume oder Eingrenzungen bei der Vermögensaufteilung. In einem nächsten Schritt sollten der Zeithorizont und vor allem die persönliche Ertrags- und Risiko-Vorstellung formuliert werden. Bei der internen Gewichtung eines diversifizierten nationalen und internationalen Portfolios zwischen Aktien und Renten sind dann vor allem die makroökonomischen Faktoren des Wirtschaftszykluses zu berücksichtigen.

Was werden die entscheidenden Themen der nächsten Jahre an den deutschen Finanzmärkten sein?

Nach den Yuppies mit ihren schnellen Porsches und teuren Penthouse-Wohnungen in den 80er Jahren befindet sich unsere Gesellschaft heute auf der Suche nach neuen Werten. Die Zeiten des "Mehr Schein als Sein" werden endgültig der Vergangenheit angehören und durch eine entgegengesetzte Tendenz des "Mehr Sein als Schein" ersetzt. Diese Entwicklung wird mit einem spürbar geringeren Konsumverhalten verbunden sein. Da Deutschland aber auf der anderen Seite ähnlich wie Amerika sehr konsumabhängig ist, werden wir in den nächsten Jahren ein spürbar geringeres Wirtschaftswachstum bekommen.

Wie hat sich die Bedeutung Deutschlands für Sie als Analyst nach der Wiedervereinigung verändert?

Der ersten Phase der Euphorie und des hohen Nachholbedarfs an westlichen Konsumbedürfnissen folgte eine Zeit, in der sich die neuen Bundesländer auf eigene Werte besannen. Dadurch relativierten sich die hohen Wachstumsraten der Konsumbereiche und es trat eine gewisse Ernüchterung der Anbieter und Produzenten ein. In einem nächsten Schritt hatten die hohen Investitionen des Bundes in die Infrastruktur zur Folge, daß etliche Unternehmen ein Filialnetz in den neuen Bundesländern aufbauten und durch die Übernahme ehemaliger Treuhandunternehmen ihre Kapazitäten aufbauten. Wie im Konsumbereich folgte aber auch hier eine gewisse Ernüchterung. Das hohe westdeutsche Produktionsniveau konnte nicht einfach auf die neuen Bundesländer übertragen werden. In einem Prozeß von zwar stark steigenden Löhnen, die sich schnell dem Westniveau näherten, aber weit geringeren Verbesserungen der Produktivität, verschlechterte sich die Wettbewerbsfähigkeit der neuen Bundesländer. Der Aufbau der hohen Kapazitäten in den neuen Bundesländern hatte in einigen Bereichen des Maschinenbaus, wie z.B. bei Kugelfischer, bereits drastische Sanierungsmaßnahmen zur Folge. Trotz dieser Probleme hat sich durch die Wiedervereinigung die Bedeutung des Standorts Deutschland in politischer und wirtschaftlicher Hinsicht erheblich erhöht. Da somit vor allem ausländische Investoren den Finanzplatz Deutschland immer intensiver beachten müssen, hat die deutsche Wiedervereinigung langfristig sicherlich positive Auswirkungen auf die deutsche Börse.

Welche persönlichen Eigenschaften zeichnen einen erfolgreichen Analysten aus?

Grundvoraussetzung für einen guten Analysten ist, daß er einen ausgeprägten Hang zum logischen Denken hat. Eine weitere ganz wichtige Voraussetzung ist Neugierde, denn die Hauptaufgabe eines Analysten ist die Suche nach etwas Neuem. Ferner lege ich Wert auf persönliche Eigenschaften wie guten Menschenverstand, Flexibilität, Kreativität und Objektivität.

Hans A. Bernecker
Die Actien-Börse
"Um an den Börsen Erfolg zu haben, muß man die langfristigen Trends frühzeitig erkennen."

Die meisten Privatanleger im deutschsprachigen Raum haben auf der Suche nach Anregungen für interessante Anlageentscheidungen irgendwann einmal mehr oder weniger regelmäßig einen Börsenbrief von Hans A. Bernecker gelesen. Bei insgesamt 12 Informationsbriefen deckt Bernecker seit nunmehr 33 Jahren den täglichen und wöchentlichen Informationsbedarf vieler Börsianer ab. Neben "Die Actien-Börse", dem in Deutschland wohl bekanntesten Börsenbrief, sind die bedeutendsten dabei der Frankfurter Börsenbrief, Frankfurter Tagesdienst und die drei Schweizer Briefe, Züricher Finanzbrief, Züricher-Trend und Weltkonjunktur, sowie ein amerikanischer Börsenbrief. Außer "Die Actien-Börse" werden die Briefe zwar nicht an Berneckers Schreibtisch, aber unter seinem Einfluß geschrieben.

Da Bernecker bereits seit 1960 Börsenbriefe schreibt und sich somit auf täglicher Basis intensiv mit der Materie beschäftigt, zählt er für viele Anleger vor Anlageentscheidungen als wichtige Informationsquelle. Seine Empfehlungen zeichnen sich besonders durch ein gutes langfristiges Timing für die großen und langanhaltenden Trends aus. Da Bernecker auch als engagierter Unternehmer und Industrieeller im Zulieferbereich tätig ist, verfügt er über einen sehr unternehmerischen Ansatz bei seinen Empfehlungen. Ein im Laufe der Zeit aufgebautes Netzwerk, sowie die eigenen Erfahrungen als Anleger und die Erkenntnisse in eigenen Unternehmen sind der Grundstein für seine praxisorientierten Analysen und Empfehlungen. Im Gegensatz zu manchen wesentlich komplexer und akademisch formulierten Analysen der Doktoren diverser Researchabteilungen schätzen viele Anleger seine schlüssigen und klaren Aussagen zu den Märkten und einzelnen Aktien.

**Wie war Ihr Werdegang zum bedeutendsten Börsenbrief-
herausgeber im deutschsprachigen Raum?**

Mein Weg war unglaublich geradlinig. Ich absolvierte mein Studium
der Volkswirtschaft bis 1960. Danach begann ich bei "Die Actien-
Börse" als Redakteur und drei Jahre später wurde ich Herausgeber.
Ich bin bis heute ein reinrassiger Börsenbriefherausgeber und Spekulant.

**Was weckte während des Studiums Ihr Interesse an den Wert-
papiermärkten?**

Schon ab dem ersten Semester interessierte ich mich für die Wertpapiermärkte. Als Student hatte ich die Tageszeitung "Die Welt" abon-
niert und sah, daß die Daimler Benz-Aktie laufend anstieg. Ich hatte
damals 600 DM erspart und kaufte zwei Aktien. Die Aktien notierten
damals sogar noch in Prozentnotierungen. Die Daimler Benz Aktien
stiegen innerhalb von acht Monaten kräftig an und ich konnte mit 75
Prozent Gewinn verkaufen. Zwei Jahre später erfuhr ich auch den
Grund für diesen schönen Gewinn. In dieser Zeit kaufte Friedrich
Flick gegen Quandt und gegen die Deutsche Bank die Daimler Benz
Aktie systematisch auf. Mein erstes erfolgreiches Börsenerlebnis war
sozusagen im Schatten eines der größten Industriellen in Deutschland erfolgt. Das Thema Börse hat mich seit diesem Zeitpunkt ge-
reizt.

**Wieviele Leser erreichen Sie mit ihrem Börsenbrief "Die Actien-
Börse"?**

Die aktuelle Auflage liegt bei etwas über 10.000 Exemplaren pro
Woche. Auch wenn es keine genauen Erhebungen gibt, ist davon
auszugehen, daß die Anzahl der tatsächlichen Leser schätzungsweise
bei bis zu 30.000 liegt. Etwa ein Drittel der Leser sind Banken. Da
durch Vervielfältigungen die tatsächliche Anzahl der Exemplare nur
vage geschätzt werden, ist die genannte Zahl vermutlich sehr konservativ geschätzt.

**Auf welche Höhe schätzen Sie das dahinter stehende Kapital
Ihrer Leser?**

Ich gehe davon aus, daß ich mit meiner Meinung Kapital in der Höhe
von annähernd 1 Milliarde DM beeinflusse. Das ist aber eigentlich

keine so große Zahl. Die Börsenkapitalisierung deutscher Aktien ist heute rund 800 Milliarden Mark, davon sind aber nur 20 Prozent, also 160 Milliarden DM, floatantes Material. Diese 160 Milliarden DM werden aktiv an den Börsen umgeschlagen, der Rest befindet sich in festen Händen.

Wie würden Sie Ihre Anlagephilosophie beschreiben?

Auch wenn es sehr banal klingt, versuche ich Aktien billig zu kaufen und teuer zu verkaufen. Es ist wichtig, daß ein Börsenbrief, wie ich ihn schreibe, versucht, an den internationalen Aktienmärkten der Welt Werte zu finden, die deutlich unterbewertet sind und dadurch ein entsprechendes Potential besitzen. Dabei versuche ich Trendwenden sehr früh zu erkennen. Ich neige nicht dazu, noch auf Trends aufzuspringen, wenn schon mehr als 50 Prozent des gesamten Trends ausgeschöpft ist.

Benützen Sie zur Umsetzung Ihrer Anlagephilosophie technische oder fundamentale Indikatoren?

Ich gewichte beide Ansätze fast gleichermaßen. Etwa zu 50 Prozent verwende ich technische Indikatoren und zu 50 Prozent fundamentale Indikatoren. Technische Indikatoren der Umsätze und Kurse sagen mir, was der Markt fühlt und wo er sich bewegt. Die fundamentalen Rahmendaten sagen mir dagegen, wie erfolgreich das Management des Unternehmens operiert.

Gehen Sie bei Ihrer Fundamentalanalyse Top-down oder Bottom-up orientiert vor?

Ich bin dafür bekannt, daß ich bei meinen Analysen ungewöhnliche Kriterien anwende. Ein Beispiel dafür ist die sogenannte Umsatzbewertung, die ich in Deutschland als einer wenigsten anwende. Dabei bewerte ich die Umsätze eines Unternehmens und gewichte diese im Verhältnis zum Marktwert.

Was wäre eine typische Situation, in der Sie die angesprochene Umsatzbewertung heranziehen?

Eine typische Situation für den Ansatz der Umsatzbewertung haben wir inmitten der Baisse im Herbst 1992 erlebt. Wenn ich billig kaufen

will, dann muß ich versuchen, am tiefsten Punkt der Baisse zu
kaufen. In einer solchen Situation sind aber 90 Prozent der Marktteilnehmer voller Angst und man kann daher nur sehr schlecht mit den
geschätzten Gewinnen pro Aktie operieren. Anfang 1993 war am
Beispiel von VW deutlich zu erkennen, das man bei Gewinnschätzungen von hohen Verlusten über Null bis zu 20 DM Gewinn pro Aktie
nicht mit den Gewinnschätzungen pro Aktie argumentieren kann. In
solchen Fällen verwende ich die Kriterien Cashflow und Umsatzbewertung. Beide Größen bieten mir im historischen Vergleich gute
Ansatzpunkte. Umsatzbewertung des Unternehmens beachte ich in
Relation zum Marktwert, also zum Börsenkapital des Unternehmens.
VW hat einen Umsatz von sagen wir 80 Milliarden DM und wurde im
tiefsten Punkt 1992 an der Börse mit ungefähr 12 Milliarden DM
bewertet. Das bedeutet, jede Umsatzmark wurde an der Börse mit
ungefähr 15 Pfennig bezahlt. Im historischen Vergleich der letzten 30
Jahre ist das ein extrem niedriger Wert. Ein Unternehmen in der Größenordnung von VW ist damit unterbewertet, und ich kann es kaufen.

**Welche Kennzahlen beachten Sie bei der Einschätzung der
Branchen?**

Mein Ansatz der Umsatzbewertung ist beinahe in allen Bereichen
anwendbar. Ich analysiere und bewerte gesamte Industriezweige,
soweit sie keiner Strukturkrise unterliegen oder eine Branche betref-
fen, die in Deutschland generell nicht mehr konkurrenzfähig ist, mit
der Methode der Umsatzbewertung. Die Baumwollindustrie in
Deutschland wäre eine Branche, in der ich meinen Ansatz z.B. nicht
anwenden würde. In ganz normalen technologischen Branchen ist der
Ansatz aber neben den einzelnen Unternehmen auch auf Branchen-
ebene anwendbar.

**Welche weiteren Indikatoren betrachten Sie neben der Umsatz-
bewertung bei der Beurteilung einer Branche?**

Zuerst muß ich mich fragen, ob ich mich in einem zyklischen Ab-
oder Aufschwung einer Volkswirtschaft befinde. Das ist immer die
erste Erkenntnis. In Branchen, in denen ich Strukturkrisen und politische Einwirkungen ausschließen kann, verwende ich dann meinen
Ansatz der Umsatzbewertung. Branchen in Deutschland mit relativ
klaren Strukturen, die meinen Kriterien entsprechen, sind Elektro,
Automobile, Chemie, Stahl und Bau.

Besuchen Sie Unternehmen, die Sie empfehlen, selbst?

Früher habe ich öfters die einzelnen Unternehmen zur Erstellung meiner Analysen besucht. Heute spare ich mir meist den direkten Besuch vor Ort. Um die Zahlen noch zu konkretisieren, die eigentlich weitgehend in der Publizistik vorliegen, sind inzwischen in der Regel meine Kontakte zu Vorständen ausreichend. Wenn es möglich ist, suche ich nämlich immer noch das persönliche Gespräch mit Vorständen und Direktoren des Unternehmens, das ich analysiere. Gespräche mit Vorständen haben aber auch ihre Schattenseiten, und es ist in vielen Fällen sogar besser, nicht mit dem Vorstand zu sprechen.

Warum kann ein Gespräch mit einem Vorstand zu kontraproduktiven Ergebnissen führen?

Viele Vorstände wissen häufig selbst nicht, wie sie das eigene Unternehmen im Markt einschätzen müssen. Zum anderen kann es sein, daß man sich dann im persönlichen Gespräch an ein Wort gebunden fühlt, off-the-record-Informationen nicht zu veröffentlichen. Für die Begründung und Darstellung einer Empfehlung kann ich auf solche Informationen daher nicht zurückgreifen.

Verwenden Sie Primäranalysen von Researchteams und Analysten der Banken?

Ich bekomme sehr viele dieser Analysen und Ausarbeitungen zugesandt und studiere, vergleiche und verwende auch einiges davon. Die Denkansätze der Kollegen kenne ich im wesentlichen. Auch wenn es vereinzelt Unterschiede gibt, kochen wir alle mit den gleichen fundamentalen und technischen Fakten, die von der Analyse, der Bilanztechnik und der Darstellung und Aufbereitung der Zahlen in den deutschen Aktiengesellschaften gegeben sind.

Lesen Sie die Jahresberichte der Unternehmen?

Jahresberichte lese ich eigentlich gar nicht mehr. Optisch sind sie zwar meistens sehr schön, aber nicht besonders aussagefähig. Die Kommentare in der Pressekonferenz, möglicherweise in der Hauptversammlung oder gar vor den Analysten der DVFA sind dagegen wesentlich aussagefähiger.

Was trägt noch zu Ihrer Meinungsbildung bei?

Zu 30 Prozent geht sicherlich meine Erfahrung an der Börse mit in die Beurteilung der aktuellen Börsenverfassung ein.

Ich sehe in Ihrem Büro keinen Bildschirm mit den neuesten Kursen und Nachrichten?

Wer auf seinem Schreibtisch solche Kursinformationssysteme hat, kann nicht mehr denken. Ein Bildschirm mit andauernden Neuigkeiten, Kursen und Meldungen verhindert das Denken. Ich persönlich benutze aus diesen Gründen nicht diese kurzfristigen Informationen. Wenn ich unmittelbar im Markt bin und handeln will, dann brauche ich natürlich auch aktuelle Kurse, möglicherweise sogar minütlich, aber nicht zur Einschätzung einer makroökonomischen oder mikroökonomischen Situation.

Gibt es konkrete Meinungen oder Positionen anderer Marktteilnehmer, die für Sie eine Art Indikator sind?

Die veröffentlichten Meinungen der Banken sind in der Regel Kontraindikatoren für mich.

Nach der Lopez-Affäre schaltete VW im Herbst 1993 eine Annonce, in der eine sehr positive VW-Analyse der Dresdner International Advisor (DIA) veröffentlicht wurde. Was halten Sie von solchen Verbindungen zwischen Werbung und Analyse?

Ich halte so etwas für dilettantisch. Investor Relations muß man schon anders machen. Ich glaube sogar, daß die Zahlen richtig geschätzt sind und die Analyse zu einer richtigen Einschätzung kommt, nur Investor Relations sind doch eine Timing-Frage: Was sage ich zu welcher Zeit? In einer Situation, in der VW in einer heftigen Auseinandersetzung mit General Motors steht, in der schwierige personelle Konsequenzen bei Piech und Lopez auftreten können, sollte VW nicht vorlaut mit zukünftigen Gewinnschätzungen eines Analyseteams werben. Ich fände es besser, wenn VW in einer solchen Lage generell etwas zum Unternehmen selbst und der Umsetzung des Sparprogrammes sagen würde.

Welche technischen Indikatoren verwenden Sie für Ihre Entscheidungen?

Ein Chart ist ja nichts anderes als ein Kardiogramm. Es zeigt Ihnen das Innenleben des Marktes, wer tätig ist, und wie die Marktteilnehmer handeln. Eigentlich beachte ich nur einfache Balken-Charts und die entsprechenden Parallelauswertungen der Stochastik- und Momentum-Indikatoren.

Benützen Sie gerne Ausbruchformationen aus einem Abwärts- oder Seitwärtstrend um Turn-Around-Kandidaten möglichst früh ausfindig zu machen?

Solche Formationen sind eine gewisse Hilfe, aber sie haben eigentlich keinen signifikanten Einfluß. Ich würde sagen, daß ich die genauen technischen Details der Chartanalyse nur mit circa 10 bis 15 Prozent gewichte.

Wie läßt sich der zeitliche Anlagehorizont Ihrer Empfehlungen und Positionen ausdrücken?

Mein Minimum für den zeitlichen Anlagehorizont sind aufgrund der Steuerfrist generell sechs Monate. Insbesondere bei großen Unternehmen will ich aber am vollständigen Trend, der wiederum vom Zyklus des Konjunkturtrends abhängt, partizipieren. Die Gewinnmargen liegen bei solchen Positionen deutlich über 100 Prozent. Meine Aufgabe ist es, für den Privatanleger genau solche Situationen zu finden. An dem kurzfristig orientierten Trading verdient ein durchschnittlicher Privatanleger eigentlich gar nichts, sondern höchstens die abwickelnde Bank an den Gebühren.

Viele Privatanleger realisieren Ihre Gewinne zu schnell und lassen Ihre Verluste zu lange laufen. Was raten Sie in diesem Bereich?

Eine Aktie, die nicht läuft, ist wie ein Pferd, das kein Rennen gewinnt. Man muß diese Aktien verkaufen.

Wann ziehen Sie in diesen Fällen konkret die Notbremse?

Nach dem Motto: läuft Butter, dann läuft auch Käse, steigen an der Börse oftmals alle Aktien einer Branche. Wenn eine Aktie jetzt nicht steigt, hat das meistens spezifische Gründe. In solchen Fällen ist das Management nicht in der Lage, in einem positiven Branchenumfeld Gewinne zu erwirtschaften, und man sollte die Aktie verkaufen. Da wir es in der Regel mit Branchenbewegungen zu tun haben, ist die Leistung des Managements von erheblicher Bedeutung bei der Gewinnentwicklung eines Unternehmens.

Was müßte sich an der deutschen Börse ändern, um im internationalen Vergleich langfristig wettbewerbsfähig zu sein?

In New York notieren 75 verschiedene Branchen am Aktienmarkt und in Deutschland nur 15. Das zeigt, daß unser Markt nicht nur im quantitativen Bereich der Marktkapitalisierung sehr stark hinterherhinkt, sondern auch qualitativ nur etwa ein Niveau von 10 bis 15 Prozent des amerikanischen Marktes erreicht. Die Qualität des Marktes, gemessen an den zur Verfügung stehenden Branchen, die ein Spiegelbild der Volkswirtschaft darstellen, ist in Deutschland noch sehr verbesserungswürdig.

Was hat das Stichwort Rationalisierung für Sie für eine Bedeutung?

Der Rationalisierungsansatz von Lopez bedeutet für die nächsten fünf Jahre eine völlig neue Epoche des Denkens. In den eingefahrenen hierarchischen Strukturen der Beziehung zwischen Großunternehmen und Zulieferern wird es dabei zu einigen Bewegungen kommen.

Was wird sich dadurch im Bereich der Zulieferindustrie verändern?

Man kann in der Zeitung lesen, daß von den insgesamt 3.000 Zuliefererbetrieben der Automobilindustrie in Deutschland nur circa 500 übrigbleiben werden. Dazu wird von Entlassungen bei VW von rund 25.000 und bei Daimler Benz von fast 50.000 gesprochen. Diese Personalreduzierungen bedeuten zwei Dinge:

a) In jedem Unternehmen besteht ein gewisses Rationalisierungspotential. Die zur Entlassung stehenden Mitarbeiter sind eigentlich überflüssige Mitarbeiter gewesen, sonst würden sie jetzt nicht zur Disposition stehen.

b) Der Lopez-Effekt wird eine Reduzierung der Zulieferbetriebe von 3.000 auf 500 bringen. Diese dramatisch klingenden Zahlen relativieren sich aber, wenn man diesen Prozeß genau betrachtet. Eigentlich bleiben fast alle der 3.000 Betriebe bestehen. In Zukunft werden aber nur noch 500 Betriebe unmittelbare Partner der Autoproduzenten sein. Neben diesen 500 verbleibenden Zulieferern gibt es dann wiederum kleinere Zulieferbetriebe, die unter dem Dach der sogenannten Systembildungen den verbleibenden 500 größeren Zulieferern zuarbeiten. Per Saldo werden also, von einigen Ausnahmen abgesehen, die Zulieferunternehmen bestehen bleiben. Die Betriebe werden sich gegenseitig nach oben strukturieren. Für die Beschäftigung heißt das, daß bei VW oder bei Daimler Benz Arbeitnehmer entlassen werden, um nun bei Zulieferern eingestellt zu werden und dort wieder ähnliche Tätigkeit ausüben. Der Bestand aller Beschäftigten in der gesamten Automobilindustrie wird sich daher nur marginal verändern. Die gesamte Zulieferindustrie befindet sich aber in einem völligen Wandel und einer Strukturänderung, deren Ausmaß im Moment noch nicht vollständig abzusehen ist.

Gehört die Zulieferindustrie zu Ihrem Spezialgebiet?

Ich bin Unternehmer in den neuen Bundesländern und habe persönlich einen Zulieferbetrieb für die Automobilindustrie in den neuen Bundesländern. Ich kenne die Probleme und Veränderungen der Branche also auch von einer anderen Seite.

In welchem Bereich sind Sie als Unternehmer in den neuen Bundesländern tätig?

Wir produzieren Kunststoffteile für den Baubereich, den Automobilbau, die Computerindustrie, die Elektrotechnik und die medizinische Industrie.

Haben Sie in den 33 Jahren, in denen Sie Ihren Börsenbrief schreiben, zu einigen Aktien eine besondere Beziehung aufgebaut? Gibt es für Sie Lieblingsaktien?

Wenn man so lange wie ich mit den Aktienmärkten lebt, hat man natürlich eine Affinität dazu. Ich habe daher zwar eine generelle Beziehung zu Aktien, aber keine besondere Präferenz für einzelne Aktien. Als ich vor 33 Jahren an der Börse anfing, hatte Daimler Benz einen Umsatz von 800 Millionen DM, heute sind es im Konzern knapp 100 Milliarden DM. Wenn man diesen Prozeß begleitet hat, lebt man natürlich bei allen Nachrichten und Zahlen mit einem solchen Unternehmen. Aus dieser Erfahrung und ständigen Auseinandersetzung mit einem Unternehmen kann man auch die Entwicklung ganz anders beurteilen.

Haben Sie sich viel mit der Psychologie der Märkte und ihrer Teilnehmer beschäftigt?

Das gehört zum Tagesgeschäft.

Welche grundsätzlichen Verhaltensmuster beachten Sie dabei besonders?

In dem Moment, in dem die Euphorie einsetzt und das berühmte Lieschen Müller nach einer langen Aufwärtsbewegung Aktien kauft, was man vor allem an der Berichterstattung der Massenmedien und der Bildzeitung erkennt, sollte man den Markt verlassen. Wenn umgekehrt die Frustration am größten ist und auch im Kreise eingefleischter Börsianer niemand mehr etwas von Aktien hören will, besteht eine gute Chance, daß der Tiefstpunkt bereits erreicht ist. Das ist zwar sehr allgemein ausgedrückt, aber mit einer langjährigen Erfahrung kann man in solchen Situationen doch sehr konkret die Wendepunkte erkennen. Man erreicht sie natürlich nicht immer auf den Tag oder die Woche genau, aber häufig kommt man bis auf einen Spielraum von wenigen Wochen sehr nahe an den Tiefpunkt heran.

Die Strategie zur Erkennung der Wendepunkte klingt sehr einfach. Wo liegen die Hauptprobleme bei der praktischen Umsetzung?

Man muß sich langsam an die Wendepunkte des nahenden Aufschwungs und des Abschwungs herantasten. In diesen Phasen kaufe ich bereits, während die Kurse noch fallen, und ich verkaufe bereits, während die Kurse noch steigen.

Was werden die entscheidenden Themen am deutschen Markt in den nächsten Jahren sein?

Die Reduzierung des Nominalwertes der deutschen Aktien halte ich für ein sehr entscheidendes Thema. Eine solche Reduzierung des Nennwertes auf 5 DM bewirkt meines Erachtens eine Höherbewertung der deutschen Aktien von 25 Prozent. Damit könnte auch die generelle Popularisierung der Aktie erheblich vorangetrieben werden. Darüberhinaus bin ich der Meinung, daß die aktuelle Schlankheitskur der deutschen Unternehmen nach 10 guten Jahren in den meisten Fällen zu einer erheblich verbesserten strukturellen Ertragslage führen wird.

Paßt der Gang der Daimler Benz-Aktie an die amerikanische Börse genau in diese Tendenz?

Richtig. Daimler Benz ist jetzt bemüht, die Bilanz anders zu gestalten und diese Bemühungen werden in Zukunft zu einer völlig neuen Struktur führen. Die unterschiedlichen Philosophien in diesem Bereich beruhen darauf, daß im deutschen Aktiengesetz der Risikofaktor und der Schutz des Gläubigers dominiert, und umgekehrt im angelsächsischen Aktienrecht die Verantwortung gegenüber den Aktionären größer ist. In Deutschland wird es in den nächsten Jahren ein gewisses Umdenken in Richtung der Gewinnmaximierung geben, wenngleich man nicht erwarten darf, daß es ähnlich ausgeprägt sein wird wie in angelsächsischen Ländern, denn das verhindert unser Gläubigerschutz-Interesse.

Was beachten Sie bei der Strukturierung eines gesamten Portfolios?

In unserer Branche wird viel von Asset Allocation und von Portfolio-Selection-Theorie geredet. Aus der Sicht eines Privatanlegers halte ich das jedoch alles für etwas fragwürdig. Wenn ich als Fondsmanager 1 Milliarde DM verwalte, muß ich natürlich andere Strukturen beachten als ein Privatanleger. Bei einem Privataktionär, der gegebenenfalls 1 Million DM anzulegen hat, wird es immer Sympathien für ein bestimmtes Land, bestimmte Branchen und einzelne Aktien geben. Dazu hat jeder individuell einen unterschiedlichen Erwartungshorizont und eine entsprechende Risikostruktur. Anders als bei professionellen Fondsmanagern sehe ich also bei Privatanlegern wenig Spielraum, um mit theoretischen Asset Allocation Modellen zu arbeiten.

Geben Sie durch Ihre Empfehlungen nicht eine gewisse Grundstrukturierung für Anleger vor?

Natürlich habe ich Empfehlungen aus verschiedenen Ländern und

Branchen, aber die individuelle Umsetzung der Anleger kann und will ich nicht beeinflussen. Ich gebe nicht vor, daß jemand 20 Prozent in Anleihen, 50 Prozent in deutschen Aktien und 30 Prozent in japanischen Aktien halten soll. Diese Asset Allocation ist eine Frage, die sich jeder Anleger persönlich stellen muß. Dort endet meine Tätigkeit.

Haben Sie nicht viele Angebote von Lesern erhalten, eine komplette Vermögensverwaltung durchzuführen?

Ich bin ein reiner Börseninformationsbrief und habe noch zu keinem Zeitpunkt eine Portfolio-Verwaltung für Kunden durchgeführt. Daher kann ich immer objektiv entscheiden, welche Märkte und Werte ich für attraktiv halte. Ich sage, wo neue Trends entstehen und wie Anleger strukturiert sein sollten, um sie nutzen zu können. Für die konkrete Umsetzung spielen dann aber individuelle Ertrags- und Risikostrukturen eine wesentliche Rolle. Denken Sie nur an die unterschiedlichen Ziele eines 60jährigen verheirateten Rentners, der von seinen Ersparnissen leben muß und eines 30jährigen unverheirateten Mannes, der geerbt hat und nicht auf das Geld angewiesen ist.

Sind Sie privat auch an den Aktienmärkten und in Ihren eigenen Empfehlungen engagiert?

Natürlich investiere ich persönlich in Aktien, bin dabei aber nur sehr langfristig orientiert. Ich halte Aktien durchaus über einen Zeitraum von fünf Jahren.

Sie kaufen also nicht jede Empfehlung in Ihrem Brief für Ihr eigenes Portfolio?

Nein. Ich kaufe Aktien weder vor meinen Empfehlungen, noch kaufe ich sie danach. Ich investiere völlig unabhängig von den Empfehlungen in meinem Börsenbrief.

Sie empfehlen des öfteren marktenge Nebenwerte. Besonders bei diesen Empfehlungen entstehen kurzfristig oft sehr extreme Kursbewegungen?

Aus diesem Grund kann ich solche Werte leider auch kaum mehr empfehlen. Ich muß mich auf Standard- und Nebenwerte mit einer ausreichenden Marktkapitalisierung beschränken. Aktien mit täglichen Umsätzen von 3.000 Stück und weniger kann ich, auch wenn es sich um ein interessantes Unternehmen handelt, kaum noch empfehlen. Ich würde es zwar gerne tun, aber ich mache meinen Lesern damit keinen Gefallen. Andererseits muß man aber auch relativierend beachten, daß bei einer speziellen Situation in einem Nebenwert ein Kurssprung von 5 Prozent nach einer Empfehlung im Vergleich zum gesamten Kurspotential unerheblich ist.

Wieviel Prozent der geplanten Gesamtposition sollten Anleger bei der ersten Kaufentscheidung kaufen?

Wenn die Anleger nur 25 Prozent der Position billigst kaufen und die restlichen 75 Prozent während der ersten Korrektur aufstocken, ist selbst nach einem 5 Prozent Kurssprung noch ein erhebliches Potential vorhanden. Wichtig ist nur, daß man mit einem 25 Prozent Anteil von Beginn an sozusagen einen Fuß in der Tür hat.

Hilft Ihnen Ihr unternehmerisches Engagement bei der besseren Beurteilung der Aktien?

Als engagierter Unternehmer gewinne ich vor allem zahlreiche Erkenntnisse über die Strukturen anderer Unternehmen, die ich bei der externen Beurteilung bestimmter Branchen oder Unternehmen verwenden kann. Das muß man zwar mit gebotener Vorsicht formulieren, aber es ist schon ein Unterschied, wenn man ein Unternehmen von innen heraus analysiert und bis ins Detail kennt und dann versucht, in einer externen Aktienempfehlung diese Erkenntnisse auf andere Werte und Branchen zu transformieren.

Birgt Ihr unternehmerischer Ansatz nicht auch Gefahren bei der Bewertung von Unternehmen?

Eigentlich ist dieser Ansatz bei der Beurteilung von Unternehmen sehr zuverlässig. Gewisse generelle Bereiche und Gefahren der externen Analyse kann man aber natürlich auch damit nicht ausschließen. Wenn in einem Unternehmen kriminelle Manipulationen geschehen oder eklatante Fehler in der Bewertung der Aktiva und Passiva vorliegen, kann man das in den seltensten Fällen bei einer externen Analyse erkennen. Lockheed ist ein gutes langfristiges Beispiel für meinen Ansatz. Die Lockheed-Aktie notierte angesichts des Starfigh-

ter-Skandals mit F. J. Strauß 1972 nur bei 1,5 Dollar. Ich hielt die
Aktie auf diesem Niveau für sehr interessant und fuhr nach Amerika,
um das Unternehmen zu besichtigen. Ich kam zum Ergebnis, daß bei
einem Börsenwert von damals 250 Mio Dollar ein Unternehmen mit
einem wahnsinnig interessanten technischen Know-how und einem
Umsatz von circa 2,0 Milliarden Dollar unglaublich billig ist. Durch
die Starfighter-Affäre war der Kurs also völlig ungerechtfertig so tief
gefallen. Ich empfahl die Aktie damals massiv zum Kauf und kaufte
auch selbst. Innerhalb von sechs Jahren ist die Aktie von 1,5 Dollar
auf 100 Dollar gestiegen.

**In Deutschland herrscht nach wie vor eine kontroverse Diskussion
um die Wettbewerbsfähigkeit des Standorts Deutschland. Sehen
Sie die Wettbewerbsfähigkeit Deutschlands gefährdet?**

Ich teile die Auffassungen der politischen Diskussion hinsichtlich der
Wettbewerbsfähigkeit des Standorts Deutschland in keiner Form. Ich
halte sie für eine beinahe neurotische Art der Deutschen, die mich nur
noch an Tacitus erinnert, der vor 2.000 Jahren sagte, die Germanen
seien unglaublich mutig, aber voll von Zukunftsangst. Was er damals
gesagt hat, trifft auch heute noch zu. Vor allem die psychologisch
schwierige Verkraftung der Deutschen Einheit, verbunden mit einem
konjunkturellen Tief zyklischer Art sind meiner Meinung die Haupt-
ursachen für die Zukunftsangst in unserem Land. Ohne die Wiedervereinigung wäre die deutsche Konjunktur, ähnlich wie in Frankreich
und Italien, schon ab 1989 ruhiger verlaufen. Die Wiedervereinigung
bescherte uns aber für 15 Monate einen Superboom, der mit fünfzehn-
monatiger Verzögerung dann zu einem umso schlimmeren Absturz
führte. An einem praktischen Zahlenbeispiel ausgedrückt bedeutet
das: Ein Ausstoß von 500 Einheiten reduziert sich bei einem Abschwung von 20 Prozent auf 400 Einheiten. Zwischendurch wurde
durch die Wiedervereinigung der Ausstoß aber nocheinmal von 500
auf 600 Einheiten erhöht, womit sich der Absturz von 600 auf 400
Einheiten mit 33 Prozent entsprechend verschärft hat. Im Automobilbau haben wir genau diesen Sachverhalt erlebt, und wir sind 1993
dort angelangt, wo wir in vorangegangenen zyklischen Bewegungen
immer waren. Für andere Branchen gilt mehr oder weniger der
gleiche Sachverhalt.

Aufgrund der hohen Produktionskosten verlagern viele Unternehmen verstärkt ihre Produktionen ins Ausland. Wie beurteilen Sie diesen Sachverhalt?

Die Deutschen haben noch nicht realisiert, daß der Weg jedes modernen Industriestaates dazu führt, daß die personalintensive Billig-Produktion ins Ausland mit niedrigeren Lohnkosten abwandert und nur die technologisch hochwertige Produktion im Land verbleibt. Durch den tendenziellen Rückgang der Produktion entwickelt sich in jeder modernen Volkswirtschaft verstärkt der Dienstleistungsbereich. Der Anteil der Dienstleistungen am Bruttosozialprodukt steigt permanent an, wobei nicht nur der Vertrieb und die Gastronomie, sondern vor allem moderne Dienstleistungen wie der Computersoftwarebereich eine entscheidende Bedeutung haben. In Amerika ist dieser Bereich der Computer-Anwendungstechnologien in den letzten 15 Jahren um genau 15 Prozentpunkte gestiegen. Gleichzeitig ist der Anteil der Arbeiter in "Blaumännern" von 120 Millionen Beschäftigten auf nur noch 21 Millionen gesunken. Dieser Umstrukturierungsprozeß bedeutet zwar permanente Entlassungen in den alten Industrien mit allen politischen Diskussionen der Standortfrage, aber niemand bemerkt das Absorptionspotential des Dienstleistungsbereichs. Die steigende Anzahl der Beschäftigten in Deutschland zeigt, daß sich Deutschland trotz der polemischen Standortdiskussion auf dem richtigen Weg befindet.

Investiert Deutschland zu wenig in Innovationen und Zukunftstechnologien?

Die Investitionsquote der deutschen Unternehmen liegt im internationalen Vergleich einsam an der Spitze. Bedingt durch die steuerliche Gesetzgebung und die sehr günstigen Abschreibungsmöglichkeiten für Investitionen, investieren Unternehmen in keinem anderen Land der Welt durchschnittlich so viel in Anlagevermögen wie in Deutschland. Worüber man dagegen diskutieren kann, ist die mäßige Umsetzungsgeschwindigkeit der Innovationen in die Produktion und damit verbundene geschäftliche Erfolge. Wenn ein deutsches und ein amerikanisches Unternehmen ein modernes Lasertechnikgerät entwickeln, ist das amerikanische Produkt wahrscheinlich in einem Jahr auf dem Markt, während das deutsche Produkt vollkommen perfektioniert wird und erst nach zwei Jahren auf den Markt kommt. Zuerst ist das natürlich ein Nachteil für den deutschen Produzenten. Per

Saldo wird der Verlust des ersten Jahres durch eine höhere Qualität und Ausgereiftheit aber wieder aufgeholt. In Deutschland dauert die Umsetzung von Innovationen länger, aber wenn sie eingeführt werden, dann für immer.

In den letzten Jahren haben Spekulationsmilliarden zum Teil erheblichen Druck auf die Notenbanken und die Märkte ausgeübt. Halten Sie das für eine gesunde Entwicklung?

Soweit es sich dabei um tatsächlich vorhandene und eingesetze Milliarden einer weltweiten Überliquidität handelt, sehe ich davon keine Gefahr ausgehen. Wenn es sich aber, wie bei Hegde- und Futures-Fonds, um derivative Produkte handelt, beobachte ich die Auswirkungen mit einiger Sorge. Im Devisenhandel werden rund um den Globus in 24 Stunden eine Billion Dollar gehandelt. Dabei wächst natürlich auch die Gefahr einer unkontrollierten Crashsituation, die auch mit Auswirkungen auf den güterwirtschaftlichen Bereich verbunden sein könnte.

Wie schätzen sie die weltweit hohe Liquidität der privaten und professionellen Marktteilnehmer ein?

Ich beschäftige mich seit einiger Zeit mit dem Phänomen der Liquidität. In Europa und Amerika haben wir rund 45 Jahre nach dem zweiten Weltkrieg eine unglaublich hohe Geldkapitalbildung erreicht, die durch Zinsen und Zinseszinsen jährlich weiter wächst. Zudem befinden wir uns mitten in einem Generationswechsel, in dem das Vermögen an eine jüngere Genaration vererbt wird. In Deutschland liegt das private Geldvermögen Ende 1992 bei circa 3,1 Billionen DM. Allein 1993 wächst das Geldvermögen durch Zinsen und Zinseszinsen um ungefähr 310 Milliarden auf 3,4 Billionen DM. Bis Ende 1994 werden es bereits 3,8 Billionen DM sein. Da das Bruttosozialprodukt aber nicht so schnell wächst, kommen wir vermutlich 1997 oder 1998 in eine Situation, in der wir mehr Geldvermögen als die Gesamtleistung des Bruttosozialprodukts auf unseren Konten haben.

Besteht durch diese Liquiditätshausse die Gefahr einer Verselbständigung der Aktienkurse, die losgelöst von den fundamentalen Daten, ein erhebliches Crashpotential beinhalten würden?

Obwohl ständig von der Überschuldung der Staaten geredet wird, haben wir eine unglaublich hohe Geldkapitalbildung und dadurch liquiditätsbedingte Aufwärtsbewegungen an den Märkten. Ich weiß nicht, wie sich dies in Zukunft auf die Preise der verschiedenen Vermögensklassen auswirken wird. Es kann eine Entwicklung eintreten, daß in Zukunft nicht das Geld, sondern die dafür zu kaufenden Vermögensgegenstände zum knappen Faktor werden. Für Aktien mit einem entsprechenden fundamentalen Wert werden in so einer Situation Traumkurse bezahlt. Gleichzeitig wächst natürlich aber auch die Gefahr einer Korrektur. Die Märkte werden angesichts der zahlreichen derivativen Instrumente und der liquiditätsbedingten Überwertung der Kurse zunehmend sensibler. Ein Auto, das langsam fährt, wird eine Kurve mit einem Schlagloch relativ gut überstehen. Ein Rennauto mit überhöhter Geschwindigkeit bekommt dagegen einen Platten, gerät daraufhin ins Schleudern und kommt von der Fahrbahn ab. In beiden Fällen war es die gleiche Kurve und das gleiche Schlagloch, aber die erhöhte Geschwindigkeit, das Momentum, führte zu der Überreaktion eines Unfalls.

Was halten Sie von den aggressiven öffentlichen Bekenntnissen einiger großer Marktteilnehmer zu ihren Positionen?

Eitelkeit ist an den Finanzmärkten eine der gefährlichsten Eigenschaften. Die letzten 300 Jahre Geschichte der Finanzmärkte und ihrer Marktteilnehmer lehrt uns, daß so ein Verhalten noch nie zum Erfolg geführt hat. In diesem Zusammenhang muß ich an einen spektakulären Auftritt von Joe Granville denken, einen berühmten selbsternannten "Aktienguru" Ende der 70er und Anfang der 80er Jahre. Er hat sich im Juli 1982 in einem Sarg als Leiche verkleidet auf das Parkett der Wall Street tragen lassen, um den von ihm proklamierten Absturz des Dow Jones-Index bis 300 Punkte zu verdeutlichen. Einige Wochen später begann die bis heute anhaltende Aufwärtsbewegung der Aktienmärkte.

Im Fall des Britischen Pfundes und des Französischen Francs hat sich die Spekulation gegen die Notenbank aber gelohnt?

In dieser Situation konnte Soros auch im Stillen und im Einklang mit dem Markt handeln. Wenn er aber dagegen seine Meinung erzwingen will, indem er mit öffentlichen Briefen und Interviews die Deutsche Bundesbank herausfordert, unterschätzt er die Stärke seines Gegners. Ich habe noch niemanden erlebt, der gegen die Bundesbank ein Kräftemessen gewonnen hat.

Rechnen Sie in den nächsten Jahren mit irgendwelchen bedeutenden strukturellen Veränderungen unserer Wirtschaft?

Ich rechne mit einer Veränderung der Struktur der amerikanischen Industrie. Innerhalb der nächsten fünf Jahre wird es zu einer Renaissance der amerikanischen Industrie kommen. Die Produktivität ist bereits gestiegen und der Bereich Produktion wird qualitativ und quantitativ wieder stärker in den Vordergrund rücken. Die Bereiche Konsum und Dienstleistung sind dagegen an eine gewisse Grenze angestoßen.

Wie erklären Sie sich den tendenziellen Anstieg von Gold?

Bei Gold bin ich mir etwas unsicher. Ich glaube nicht, daß der Anstieg ein reines Spiel der Spekulanten und Futures-Fonds ist. Ich gehe davon aus, daß das Angebot-Nachfrage-Verhältnis einem Ungleichgewicht entgegengeht, indem die Nachfrage tendenziell größer sein wird als das Angebot. Daraus erwarte ich keine exzeptionellen Bewegung im Gold, wohl aber eine Tendenz zu langfristig steigenden Preisen. Ich sehe im Goldpreisanstieg also eher eine Verbindung zu der vorhandenen Überliquidität an Geldvermögen und weniger zu inflationären Erwartungen oder Krisenszenarien. Mit einem höheren Wohlstand im Ostblock und China wird die kommerzielle Nachfrage nach Gold ganz erheblich steigen. Nach einer langen Abwärts- und Seitwärtsbewegung beobachten jetzt immerhin wieder 1,4 Milliarden Menschen die Veränderungen des Goldpreises.

An welche Empfehlung ihrer 33jährigen Karriere denken Sie am liebsten zurück?

Ich habe zuvor das Beispiel Lockheed genannt. Von 1973 bis 1983 ist der Wert von 1 Dollar auf 100 Dollar gestiegen. Damit ist die Aktie sicherlich eine meiner besten Empfehlungen gewesen.

Gab es auch Phasen am Markt, in denen Sie mit Ihren Empfehlungen weniger Glück hatten?

Deutschland war während der Zeit der sozial-liberalen Koalition von 1970 an in einer sehr schwierigen Phase. Willy Brand hatte mit seiner

Wirtschaftspolitik nach dem Motto: "Wir wollen mal die Belastbarkeit der Wirtschaft testen", eine Erosion des Kapitals verursacht. Die deutsche Börse bewegte sich 10 Jahre seitwärts und die Eigenkapitalquote der deutschen Unternehmen war bis auf 22 Prozent zurückgefallen. Der damalige Vorstandsvorsitzende der Deutschen Bank, Dr. Christians, mahnte öffentlich, daß die Grenze erreicht sei. Die internationale Wettbewerbsfähigkeit der deutschen Unternehmen war damals deutlich schlechter als heute und ohne eine politische Wende hätten wir böse Überraschungen hinsichtlich der Weiterentwicklung der deutschen Industrie erlebt. Unternehmen mit Weltruf wie Siemens, Bayer und Daimler Benz hatten nur Bargeldbeträge in minimalster Form. Heute hat Siemens bei einem Umsatz von 75 Milliarden DM insgesamt 23 Milliarden DM liquide Mittel in der Kasse. Die 70er Jahre waren in Deutschland für die Börse und damit auch für mich als Börsenbriefherausgeber eine sehr schwierige Zeit. Trotz sinkender Zinsen kam kein neues Geld an den Aktienmarkt, die Aktie als Anlageform war verpönt, es gab so gut wie keine Neuemissionen und auch Kapitalerhöhungen fanden nur in sehr spärlichem und unzureichendem Umfang statt.

Haben die Verluste und Gewinne Ihrer Empfehlungen und Positionen Auswirkungen auf die Stimmungslagen Ihres Privatlebens?

Ich bin ja leider dazu verdonnert, seit 33 Jahren jede Woche rechtzuhaben. Das ist natürlich nicht sehr angenehm und schlägt sich ab und zu schon in meiner Stimmung nieder. Solange meine Einschätzung zu den langfristigen Trends richtig ist, habe ich aber mit der Fehleinschätzung kurzfristiger Marktbewegungen kein Problem.

Wie sieht Ihr normaler Tagesablauf aus?

Sehr wichtig bei mir ist, daß ich ab 18 Uhr nicht mehr auf die Börse angesprochen werde. Meine Familie, Freunde und Kunden wissen, daß ich, bis auf einige Vorträge, die ich nach 18 Uhr halte, versuche, nicht mehr an die Märkte zu denken. Das klingt zwar komisch, es ist aber eine Selbstschutzmaßnahme, die mir sehr hilft.

Wie schreiben Sie den Börsenbrief, wenn Sie im Urlaub sind?

Bis auf zwei mal eine Woche habe ich noch nie in meinem Leben Urlaub gemacht. Bei meinem Arbeitsablauf brauche ich keinen Ur-

laub. Ich stehe jeden Tag um 5 Uhr auf, danach jogge ich sieben
Kilometer und bin gegen 7 Uhr im Büro. Ohne eine Mittagspause
arbeite ich dann genau bis 18 Uhr. Von Donnerstag mittag bis Freitag
abend bin ich neuerdings jede Woche als Unternehmer in den neuen
Bundesländern. In diesem Rhythmus arbeite ich fünf Tage die Woche. Ich kann mich an den Wochenenden hervorragend erholen und
brauche daher keinen Urlaub.

**Welche persönlichen Eigenschaften sind für sie als Grundregeln
an der Börse entscheidend?**

Um an der Börse Erfolg zu haben, muß man kreativ, diszipliniert und
kontinuierlich arbeiten. An der Börse kann man immer wieder zu-
rückgewinnen, was man zwischenzeitlich verloren hat, man benötigt
nur die Kontinuität, dabeizubleiben. Unter Berücksichtigung der
Kreativität und der Disziplin gelangt man somit zum langfristigen
Erfolg. In normalen Märkten sind diese drei Voraussetzungen für den
Unternehmer und auch den Börsianer eine hohe Gewährleistung für
Erfolge. Der größte Fehler, den man als Privatanleger begehen kann,
ist es, den Aktienmarkt nach einer Verlustphase frustriert zu verlassen und Pfandbriefe zu kaufen. Es gibt noch heute zahlreiche Privatanleger, die bei Aktien sofort an die Verluste des Crashs 1987 denken
und aus diesen Erfahrungen nie wieder Aktien kaufen werden.

**Sie sind als Unternehmer in den neuen Bundesländern tätig. Wie
beurteilen Sie die Probleme der Wiedervereinigung?**

Die deutsche Wiedervereinigung ist nur ein temporäres Problem. Von
der wirtschaftlichen Seite finde ich bisher alles glänzend gelöst. Man
kann nicht erwarten, daß man den Standard der westlichen Industrie
innerhalb von zwei Jahren erreichen kann. Wir haben in den neuen
Bundesländern den einzigartigen Fall, daß 90 Prozent der gesamten
Volkswirtschaft vollkommen erneuert werden. Für diesen Aufbau
benötigt man allerdings eine gewisse Zeit von circa drei bis vier
Jahren, logistische Kapazitäten, finanzierendes Kapital und eine Phase
der Markteinführung. Was 1991 begonnen wurde, wird demnach
frühestens 1994 Wachstumsimpulse hervorbringen. Wir haben bis
jetzt insgesamt 150 Milliarden DM an Privatinvestitionen und jährlich noch einmal 120 Milliarden DM an öffentlichen Investitionen in
den neuen Bundesländern. Roland Berger hat zu Recht behauptet,
daß die neuen Bundesländer im Jahre 2000 das modernste Industrie-

land der Welt sein werden. Mit leistungsstarken Produktionsanlagen und einer hochmodernen Infrastruktur wird Deutschland mit 80 Millionen Einwohnern in der Mitte Europas auch politisch einen neuen Stellenwert einnehmen.

Bryant C. Boyd
Hypo Capital Management
"Um langfristig an den Börsen Erfolg zu haben, muß man zuerst
lernen, sie zu respektieren, beherrschen kann man sie nicht."

Festgeld, Aktien, Anleihen, Gold, Immobilien, steuereffiziente Beteiligungen oder sogar moderne Kunst? Was muß der Privatanleger tun,
um ein Vermögen zu bilden, zu mehren oder zu erhalten, seinen
finanziellen Verpflichtungen nachzukommen und Resultate seiner
Arbeit der zunehmend konfiskatorischen Besteuerung zu entziehen?
Wer diese Fragestellung beantwortet, kommt zu einer Aufteilung
seiner Vermögenswerte auf verschiedene Anlageinstrumente. Asset
Allocation nennen die von der angelsächsischen Investmentkultur
geprägten Wertpapier-Fachleute diese Streuung.

Es wird viel darüber philosophiert, daß Deutsche, im Gegensatz
zu ihren technologischen und mechanischen Errungenschaften, besonders im Bereich der Finanzmärkte auf keine gewachsene Kultur
zurückblicken können und in diesem Bereich auch längst nicht über
so ein breites Wissen wie die Angelsachsen verfügen. Es verwundert
daher nicht, daß einer der erfolgreichsten deutschen Vermögensverwalter selbst Amerikaner ist. Bryant C. Boyd hat nach Stationen bei
der Österreichischen Länderbank und Merrill Lynch mit der Hypo
Capital Management seit 1990 erfolgreich ein innovatives Vermögens-
verwaltungskonzept auf dem deutschen Markt umgesetzt. Boyd setzt
bei seinen vermögenden Privatkunden auf eine individuelle und ganzheitliche Betreuung in Vermögensfragen. Dabei spielen zu Beginn
einer Kundenbeziehung vor allem Fragen der Vermögensstrukturierung
und Vermögensplanung eine wichtige Rolle. Bei der gemeinsamen
Umsetzung der individuellen Ziele mit dem Kunden an den Finanzmärkten finden dann neben Ertrags- und Risikovorstellungen auch
steuerliche und erbschaftliche Aspekte eine besondere Beachtung.

**Wann sammelten Sie Ihre ersten Erfahrungen auf den Finanz-
märkten?**

Meine ersten Aktien bekam ich schon als Kind von meiner Großmut-

ter zum Geburtstag geschenkt - neben dem obligatorischen Spielzeug
versteht sich - ich glaube, es waren American Telephone und Tele-
graph. Als damaliger Jungaktionär kann ich mich heute gar nicht
mehr erinnern, wann ich den Kurs das erste Mal in der Tageszeitung
nachgeschaut habe, aber es war sicherlich lange vor meinem Studium. Aktienanlage war in Amerika schon immer eine Art "Volks-
sport", an der eine breite Bevölkerungsschicht entweder direkt oder
zunehmend auch über Investment Fonds teilnimmt. Es ist daher keine
Seltenheit, aber selbst für mich immer wieder faszinierend, wenn bei
der Ankunft in New York der erste Meinungsaustausch zur Wall
Street-Entwicklung bereits mit dem Taxifahrer stattfindet.

**Woran liegt es, daß die Amerikaner so gerne in Aktien anlegen
und wir Deutschen lieber Zinskupons schneiden?**

Genau kann ich Ihnen das nicht beantworten, aber ich denke, es hat
etwas mit einer höheren Risikofreudigkeit zu tun. Jedenfalls müssen
sich Amerikaner - allein um ihren Lebensstandard nach dem aktiven
Berufsleben aufrecht zu erhalten - um die Geldanlagen intensiver
kümmern als Deutsche. Und für den langfristigen Vermögensaufbau
waren Aktien mit einer durchschnittlichen Wertentwicklung von etwa
10 Prozent über Jahrzehnte hinaus kaum zu schlagen. Entsprechend
wird auch heute 25 Prozent des Haushaltsvermögens der Amerikaner
in Aktien angelegt. In Europa sind nur die Engländer annähernd so
aktienfreundlich.

Was hat Sie als Amerikaner nach Europa verschlagen?

Mein Studium an der Vanderbilt University in Nashville, Tennessee,
hatte ich 1974 mitten in einer Rezession absolviert. Entgegen meinen
hochgesteckten Erwartungen bezüglich anschließender Karriere-
chancen mußte ich mich nach viel Mühe mit einem Angebot für eine
eher bescheidene Einstiegsposition bei einer New Yorker Geschäfts-
bank zufriedengeben. Die Rettung aus der vorprogrammierten Lan-
geweile kam zufällig durch den Besuch eines Wiener Geschäftsfreun-
des meines Vaters. Er hatte mir angeboten, für mich in Wien einige
Kontakte zu schaffen. Das Ergebnis entsprach meiner jugendlichen
Abenteuerlust. Obwohl ich kaum ein Wort deutsch konnte, bekam ich
in nur wenigen Wochen von der Bank Austria - damals Österreichische Länderbank - ein einjähriges Traineeprogramm angeboten. Und
19 Jahre später bin ich noch immer in Europa.

Aber schon längst nicht mehr bei der Länderbank?

Nein, ein Jahr Länderbank war ausreichend, um mich endgültig davon zu überzeugen, daß die klassische Universalbankstruktur meinen persönlichen Anforderungen an ein Arbeitsumfeld kaum gerecht wird. Wien hatte ich allerdings sehr zu schätzen gelernt - zurück nach Amerika wollte ich also auch nicht. Ich verlängerte daher zuerst impulsiv meinen Aufenthalt bei der Länderbank um ein halbes Jahr und kurz danach brachte ich in Erfahrung, daß die U.S.-Investment-bank Merrill Lynch in Wien einen sogenannten "Account Executive" suchte. Dies hat auf Anhieb perfekt gepaßt - glücklicherweise wurde ich prompt eingestellt und fast gleich danach für eine sechsmonatige Weiterbildung nach New York entsandt.

Wann hatten Sie die ersten großen Gewinne und Verluste an den Finanzmärkten?

Nachdem ich Anfang 1976 als ausgebildeter "Investment Banker" von New York nach Wien zurückkehrte, war der Handel mit Optionen auf Aktien noch recht neu - die Zeit der Finanzinnovationen hatte überhaupt gerade ernsthaft begonnen. Meine damals bescheidenen Kenntnisse von diesem Instrumentarium - die ich durch eine intensive theoretische Ausbildung aber ohne praktische Erfahrung sammelte - genossen eine rege Nachfrage. Ich war sozusagen der Mann mit einem Auge unter den Blinden. Mit spreads, straddles und derglei-chen habe ich zuerst in einigen Monaten meine eigenen bescheidenen Ersparnisse vermehrfacht - um sie anschließend wieder in nur weni-gen Tagen auf die Ursprungseinlage zu reduzieren. "Beginners Luck" wären, im nachhinein betrachtet, nicht nur die Anfangsgewinne, sondern die Achterbahn-Erfahrung überhaupt. Denn die Börse ist wie eine schöne Frau: anziehend - gar verführerisch - aber doch immer wieder unberechenbar, wenn man glaubt, sie endlich im Griff zu haben. Um langfristig an den Börsen Erfolg zu haben, muß man zuerst lernen, sie zu respektieren, beherrschen kann man sie nicht. Bei H.C.M. stellen wir Berater ein, die über die notwendige Erfah-rung verfügen, um die Bedeutung dieses Grundsatzes einzuschätzen.

Welche Marktphasen prägten Sie zu dieser Zeit?

Ich bin bei Merrill Lynch gleich in eine schwierige Marktphase eingestiegen. In den folgenden Jahren mit hohen Inflationen, steigen-

den Rohstoffpreisen und stark ansteigenden Zinsen war es mit der
Ausnahme von Rohstoff- und Edelmetallaktien sehr schwierig, Geld
in Aktien zu verdienen. Dadurch wußte ich von Beginn meiner Karriere an, daß Aktien auch für längere Zeiträume seitwärts tendieren
oder sinken können. Die große Aufwärtsbewegung an den Aktienmärkten begann erst im August 1982. Im nachhinein betrachtet, finde
ich es gut, wenn man die ersten Verluste in überschaubarem Rahmen
mit eigenem Geld erleidet und damit auch weiß, was sinkende Kurse
über einen längeren Zeitraum bedeuten.

Hatten Sie in dieser Zeit Vorbilder, die Sie besonders prägten?

Ich habe alle denkbaren Wirtschafts- und Marktzyklen erlebt: Aktien
Hausse und Baisse, Inflation und steigende Zinsen, Desinflation und
fallende Zinsen. Nichts ist hier beständiger als der Wechsel. Eine
Vielzahl Börsengurus haben allein in dieser Zeit ihre Tage im Rampenlicht genossen und sind größtenteils längst in Vergessenheit geraten. Ein wirklich professioneller Vermögensbetreuer kann sich vom
Erfolg eines Granville, Prechter oder einer Garzarelli nicht abhängig
machen, da er sich ansonsten alle paar Jahre eine neue Klientel
suchen kann. Interessant hingegen finde ich die wenigen wirklich
großen Figuren der Branche, die Performance-Kontinuität über lange
Zeiträume erwirtschaftet haben - Peter Lynch zum Beispiel, um nur
einen Namen zu nennen.

**Welche Zeitungen und Zeitschriften verwenden Sie neben Ihrem
Reutersschirm zur Informationsaufnahme?**

Da ich mich heute nicht mehr ausschließlich mit den Märkten befassen kann, sondern mich auch mit den Entwicklungen und Innovationen in der Finanzdienstleistungsbranche beschäftige, muß ich sehr
viel lesen. Trotz dieser Unmengen an deutschen und amerikanischen
Tageszeitungen, Zeitschriften und Researchberichten ist dabei nach
wie vor meine Vorliebe für Barron's geblieben und die erste Zeitung
jeden Tag ist und bleibt das Wall Street Journal - wenn auch gleich
gefolgt von dem Handelsblatt.

Wie lange waren Sie bei Merrill Lynch in Wien?

Etwa sechs Jahre lang - zuerst in der Betreuung von Privatkunden,
vorwiegend aus dem begrenzten Diplomatenkreis, denn Österreich

hatte Devisenrestriktionen. Später habe ich einige Banken und Versicherungen bei ihren U.S.-Investitionen betreut. Aber so gern ich Wien und die unmittelbare Kundenbetreuung hatte, war ich doch interessiert, als ich mit Aussichten auf eine Managementkarriere in ein Assessment Center und anschließend 1982 zu Merrill Lynch nach Frankfurt gelockt wurde.

Was hat Sie nach einer erfolgreichen Zeit bei Merrill Lynch, wo Sie schließlich im Vorstand der Merrill Lynch AG waren, 1989 bewegt, zur Hypo-Bank zu wechseln?

Merrill Lynch hatte ausgehend von New York eine zentralistische Organisationsstruktur. Der Titel "Vorstand" impliziert einen Grad an Entscheidungsfreiheit, die man in einer Auslandsdependance von amerikanischen Unternehmen nicht hat. Der Einfluß auf einige für den lokalen Markt entscheidende Erfolgsfaktoren von zum Beispiel der steuerlich effizienten Produktgestaltung bis hin zur Struktur der Vergütungssysteme war stark eingeschränkt. Noch dazu gab es keine depotführende Stelle für Privatkunden im Inland. Insgesamt betrachtet hat Merrill Lynch enorme Ressourcen und eine extrem innovative, leistungsbezogene Unternehmenskultur. Aber irgendwie wurde ich das Gefühl nicht los, einen Ferrari zu fahren, der im ersten Gang klemmte. Auf die Bedürfnisse deutscher Privatanleger war das Angebot jedenfalls nicht abgestimmt - und darin lag für mich der Reiz, als mich die Hypo-BANK Ende 1988 ansprach.

Wie war Ihr Einstand bei der Hypo-Bank? Soweit ich mich erinnern kann, erzeugte damals eine Titelstory im Wall Street Journal große Aufmerksamkeit.

Nach einer Pressekonferenz, auf der Dr. Martini, der Vorstandssprecher der Hypo-Bank, vor zahlreichen Medienvertretern das Konzept der H.C.M erläuterte, unterhielt ich mich längere Zeit mit dem Redakteur des Wall Street Journals. Zu meinem Erstaunen rief am nächsten Tag jemand vom Wall Street Journal New York an und fragte nach einem Bild von mir. Einige Tage darauf sah ich dann bei meiner Morgenlektüre mein Bild und einen ausführlichen Artikel auf der ersten Seite des Wall Street Journals. Als meine Mutter davon erfahren hatte, mußte ich Sie beruhigen, daß es sich nicht um Insidergeschäfte handelte - denn das war die Zeit von Boesky, Levine &Co. Die heimischen Medien hingegen haben sich zuerst schwer getan mit

unserem Konzept der ganzheitlichen "Financial Consulting" und seinen angelsächsisch gespickten Begriffen.

**Als Mann der ersten Stunde hatten Sie mit dem H.C.M.-Konzept
freie Gestaltungsräume. Wie haben Sie die Prioritäten gesetzt?**

Die ganzheitliche Beratung von vermögenden Klienten ist ein sehr
persönliches Geschäft - Electronic Banking wird uns voraussichtlich
nie ersetzen. Daher war die Akquisition von hoch qualifizierten
Beraterpersönlichkeiten immer Priorität Nummer eins. Aber wir
brauchten auch erhebliche weitere Ressourcen, um anspruchsvolle
Kunden wirklich umfassend zu betreuen. Mit Bankhaus Maffei - als
Depotstelle im Inland -, in dem größere Investitionen im "Back-
Office"-Bereich getätigt wurden, und der 50prozentigen Beteiligung
an Foreign & Colonial in London als traditionsreichem Investmentmanager waren zwei wichtige Schritte genommen. Wir haben bei
H.C.M. direkt in Expertise im Bereich Vermögensanalyse und -
strukturierung, Research und Portfolio-Management sowie Produktentwicklung investiert.

Worin liegt der kulturelle Unterschied zu den Universalbanken?

Es gibt mehrere. Einerseits werden die Vermögensanlageberater der
H.C.M., die sogenannten Financial Consultants, auf Basis Ihrer
Leistungen für unsere Klienten kompensiert. Sie genießen ein professionelles Umfeld, in dem ihre Kompetenzen weit ausgelegt sind, und
tragen entsprechend mehr Verantwortung als in den klassischen Bank-
strukturen. Wir sind auch frei von banktypischen Unternehmens-
hierarchien - unsere Organisationsstruktur ist vielmehr von einem
partnerschaftlichen Leitgedanken geprägt. Dies kommt sowohl den
Mitarbeitern als auch indirekt unseren Klienten zugute.

**In welche Richtung wird sich der Markt für Vermögensbetreuung
und Vermögensverwaltung in der Zukunft entwickeln?**

Wer vermögende Klienten betreuen will, muß heute in der Lage sein,
etwas Besonderes zu bieten. Die Ansprüche von Privatanlegern sind
u.a. im Zuge der Globalisierung der Finanzmärkte und zunehmender
Produktinnovation seit Mitte der 80er Jahre ständig gewachsen. Das
überwältigende Informationsangebot und der dauernde Wechsel im
steuerlichen und rechtlichen Umfeld kommt hinzu. Ein zunehmender

Bedarf an aktiver, professioneller, aber auch umfassender Beratung ist entstanden, dem die bestehenden Filialstrukturen der Großbank nur bedingt gerecht werden. Wir haben uns voll auf diese geänderten Rahmenbedingungen eingestellt. Hoch qualifizierte Produkte sind natürlich ebenfalls wichtig, aber hier wird das Angebot zunehmend homogener. Mit innovativen Produkten allein wird kein dauerhaftes "Value Added" für den Kunden zu schaffen sein. Die Qualität einer Vermögensbetreuung aus der Kundenbetrachtung entsteht generell aus drei Faktoren: den zur Verfügung stehenden Ressourcen, den handelnden Personen, aber auch der Unternehmensphilosophie und - kultur, denn hierdurch wird eine intensive und vertrauensvolle Kundenbeziehung geprägt.

Als erste von inzwischen einer Vielzahl von Vermögensverwaltungs- und Privatbank-Tochtergesellschaften deutscher Geschäftsbanken haben Sie einiges an Aufmerksamkeit erregt. Hat sich Ihr Konzept bewährt?

Seit 1989 sind eine Reihe neuer Gesellschaften ins Leben gerufen worden, die sich ebenfalls zum Ziel gesetzt haben, vermögende Kunden zu betreuen. Diese Konkurrenzsituation wird den bisher von etablierten Bankinstituten dominierten Markt auch in Zukunft weiter beleben. Eine Entwicklung, die den Kunden nur zugute kommen kann. Die alten Strukturen im Vermögensanlagegeschäft brechen langsam auf. H.C.M. selbst hat eine sehr zufriedenstellende Entwicklung hinter sich. Heute betreuen wir von 11 Standorten aus etwa 3.000 Kunden mit annähernd zwei Milliarden DM an Vermögenswerten und dies ohne jegliche Kundenzuführung aus dem Hypo-Konzern.

Was ist der erste Schritt, den ein Anleger beachten sollte, wenn er sein Vermögen an den Finanzmärkten individuell verwalten will?

Der Nutzen eines Vermögens liegt für den Inhaber nicht allein in der Größe, sondern auch in einer bedarfsgerechten Struktur. Selbst bei substantiellen Vermögenswerten in Form von Immobilien, Beteiligungen, Lebensversicherungen, Wertpapieren und vielleicht sogar noch Kunstgegenständen stellt man oft fest, daß die Zusammensetzung eher zufällig ist und selten den tatsächlichen oder zukünftigen finanziellen Bedürfnissen entspricht. Der erste Schritt ist daher idealerweise eine Vermögensstrukturanalyse.

Sie haben also die Erfahrung gemacht, daß zahlreiche Vermögen unzureichend strukturiert sind. Welche Fehler treten dabei häufig auf?

Die Entwicklung von Vermögen ist zahlreichen externen Einflußfaktoren ausgesetzt: Steuerberater, Versicherungsmakler, Rechtsanwälte, Bankberater und auch Vermögensberater oder Wirtschaftsprüfer leisten einzelne wichtige Beiträge zur Gestaltung von Kapitalanlagen. In den seltensten Fällen sitzen jedoch alle Berater an einem Tisch. Zudem wird der Privatanleger mit der Sammlung, Auswertung und Koordination von Vorschlägen, die aus unterschiedlichen fachlichen Perspektiven gegeben werden, stark belastet. Bei fehlender Gesamtübersicht und mangelnder Koordination ist das Resultat oft die Verwirklichung einzelner Initiativen, obwohl systematisches Vorgehen im Rahmen eines Gesamtkonzepts sinnvoller gewesen wäre. Auch wenn man natürlich nur sehr bedingt pauschale Aussagen über die Vermögensstruktur der einzelnen Anleger geben kann, ist in Deutschland erkennbar, daß viele Privatanleger zu stark in Immobilien und Versicherungen engagiert sind. Wertpapiervermögen und vor allem Aktien als langfristige Kapitalanlage finden dagegen oft minimale oder gar keine Berücksichtigung. Wichtig ist auch, daß sich die Bedürfnisse des anspruchsvollen Privatanlegers im Verlauf seines Lebens ändern und eine rechtzeitige Planung und Anpassung der Vermögensstruktur nötig ist. Bevor man also über konkrete Anlagen in Anleihen, Aktien, Immobilien oder Beteiligungen nachdenkt, sollte eine detaillierte und individuelle, bedarfsbezogene Finanz- und Vermögensplanung erfolgen.

Können Sie die einzelnen Schritte einer solchen privaten Finanz- und Vermögensplanung erläutern?

Die Durchführung einer Vermögensplanung setzt ein Vertrauensverhältnis zwischen Berater und Klient voraus, das durch Leistung, Objektivität und vor allem Diskretion gerechtfertigt werden muß, denn der erste Schritt ist der detaillierte Einblick in die bestehende Vermögenssituation. Liquide Anlagen, Wertpapiere, Immobilien, Beteiligungen, Versicherungen, vergebene Darlehen und bei Bedarf sogar Antiquitäten und Kunstgegenstände werden in einer ausführlichen Bestandsaufnahme und Vermögensanalyse erfaßt. Daneben werden auch die Einkommenssituation, Alters- und Risikovorsorge sowie finanzielle Verpflichtungen berücksichtigt. Nach der Erstellung dieser persönlichen Vermögensbilanz wird das Bedürfnisprofil des Anlegers analysiert und festgestellt, ob die vorhandene Vermögensstruktur tatsächlich den Zielvorstellungen und Anforderungen des Inhabers in den nächsten Jahren entspricht. Um dies zu beurteilen, erfolgt eine ausführliche Analyse des Gesamtvermögens nach den Kriterien Diversifikation, Sicherheit, Rentabilität, Liquidität, Wertzuwachs und Einkommenspotential, aber auch steuerlichen Auswirkungen und erbschaftsrechtlichen Überlegungen. Dazu müssen die individuelle Anlegermentalität, Erwartungshaltung, Vermögensziele, berufliche Laufbahn, familiäre Situation und Zukunftspläne offen dargelegt werden. Der anschließende Soll-Ist-Vergleich des Bedürfnisprofils mit der gegebenen Vermögensstruktur weist oft auf Handlungsbedarf hin. Als nächstes muß dann in enger Abstimmung mit dem Anleger die Umsetzung geeigneter Strukturierungs- und Anpassungsmaßnahmen erfolgen.

Wo liegt im Wertpapierbereich die Hauptaufgabe einer Vermögensbetreuung?

Unsere Hauptaufgabe sehen wir im Portfolio-Management und der Formulierung einer Anlagestrategie, weniger dagegen im Primär-Research. Hierfür greifen wir zu einem ganz wesentlichen Teil auch auf das Research-Material unserer Kooperationspartner zurück.

Wie würden Sie Ihre Anlagephilosophie und -systematik beschreiben?

Sämtliche unserer Anlageentscheidungen sind sehr kundenspezifisch ausgerichtet. Sie basieren auf der Erkenntnis, daß international diversifizierte Wertpapieranlagen über einen längeren Zeitraum gesehen höhere Erträge bei gleichzeitig niedrigerem Risiko abwerfen. Unser Vorgehen beruht dann zum einen auf dem sogenannten Top-down-Ansatz, d.h. wir beobachten investitionsrelevante Entwicklungen wie das Wirtschaftswachstum, Zins- und Inflationstrends, sowie das Geldmengenwachstum an den internationalen Märkten. Auf dieser Grundlage treffen wir unsere "Asset-Allocation"-Entscheidungen, d.h. die Aufteilung unter Aktien, Obligationen, Ländern und Währungen. Zusätzlich zum Top-down-Ansatz verfolgen wir im Aktienbereich den sogenannten Bottom-up-Ansatz, d.h. wir klopfen die Unternehmenskennzahlen auf bestimmte Bilanz-Kriterien hin ab. Anschließend unterziehen wir die in Frage kommenden Unternehmen einer eingehenden fundamentalen Prüfung.

Ihre Zielgruppe der vermögenden Privatkunden hat sicherlich ein gemeinsames Problem: die hohe Steuerlast. Wie leisten Sie bei Ihren Kunden hier Unterstützung?

Unsere Beratungsleistungen im steuerlichen Bereich müssen durch den Steuerberater oder Wirtschaftsprüfer des Kunden ergänzt werden, wenn eine auf individuelle Bedürfnisse abgestimmte, verbindliche Steuerberatung notwendig wird, weil wir es hierbei mit komplexen Themen in einem sich oft wechselnden rechtlichen Umfeld zu tun haben. Die Aufgabe eines Vermögensverwalters kann es nicht sein, den Steuerberater zu ersetzen. Aber wir beschäftigen uns selbstverständlich sehr intensiv mit allen legalen Möglichkeiten der Steuerreduzierung. Zu diesem Zweck analysieren wir im Verlauf des Jahres eine Vielzahl von Beteiligungsmöglichkeiten, angefangen beim klassischen geschlossenen Immobilienfonds bis hin zu Leasingtransaktionen, sowie z.B. Schiffsbeteiligungen usw.. Wir sehen unsere Aufgabe darin, unseren Kunden von den vielfältigen Angeboten am Markt einige sorgfältig ausgewählte Offerten zur Auswahl zu stellen.

Das Tätigkeitsfeld Ihrer Vermögensanlageberater oder Financial Consultants ist sehr weit ausgelegt. Wie sieht das Profil des erfolgreichen Consultant aus?

Der typische H.C.M. Financial Consultant hat einen Hochschulabschluß und verfügt darüber hinaus über durchschnittlich sechs Jahre Erfahrung in der Vermögensanlageberatung. Aber für seinen Erfolg entscheidend ist insbesondere seine Persönlichkeit. Denn er ist mit der Herausforderung konfrontiert, von einer ganz besonders anspruchsvollen Klientel als gleichwertiger Gesprächspartner akzeptiert zu werden. Dies setzt eben nicht nur hervorragende Fachkenntnisse, sondern auch Einfühlungsvermögen sowie soziale Kompetenz voraus. Er muß auch unternehmerische Qualitäten mit sich bringen, denn Eigeninitiative und Selbständigkeit sind bei uns eben mehr gefragt als in der klassischen Bankstruktur.

Die Berufsbezeichnung "Vermögensanlageberater" ist in Deutschland nicht geschützt. Sind Sie der Meinung, daß in Deutschland, ähnlich wie in Amerika und England, mit einer offiziellen Prüfung der Börsenaufsichtsbehörde ein Standard geschaffen werden sollte?

Die Etablierung einer beruflichen Minimumqualifizierung in Verbindung mit einer rechtlich anerkannten Berufsbezeichnung für Vermögensanlageberater, wie schon in den USA und anderen EG-Ländern praktiziert, erscheint auch in Deutschland sinnvoll. Dies könnte dazu beitragen, daß insbesonders anspruchsvolle Anlageprodukte im Rahmen einer professionellen und verantwortungsvollen Betreuung den richtigen Einsatz bei Kunden finden. Jeder, der als Consultant bei uns aufgenommen wird, durchläuft ein systematisches Trainingsprogramm, ganz unabhängig von seiner vorhergehenden Aufgabe oder Funktion. Dies ist erforderlich, um sicherzustellen, daß seine Fachkenntnisse im Bereich Vermögensanlage unserem Standard entsprechen.

Welche Bedeutung haben Fondsprodukte im Rahmen Ihrer ganzheitlichen Betreuungsphilosophie?

Gemeinsam mit Partnern des Hypo-Bank Konzerns haben wir eine Palette von etwa 30 spezialisierten Investmentfonds konzipiert. Einige wenige darunter sind typische Fondsprodukte nach dem klassischen Risiko-Diversifizierungs-Prinzip für die breite Bankkundschaft. Aber gerade die hochspezialisierten Fonds sind als Portfolio-Bausteine für ein Vermögensverwaltungs-Konzept bestens geeignet. Entsprechend haben wir auch vor kurzem ein "Global Investment Portfolio"-Konzept verwirklicht. Hierbei kann der Kunde über eine breite Palette hochwertiger Fondsprodukte von Geldmarktfonds in verschiedenen Währungen über eine Vielzahl internationaler Aktien- und Rentenfonds bis hin zu Spezialitäten wie "Emerging Markets" oder auch über einen dynamischen Futures-Fonds verfügen. Innerhalb dieser Fonds-Familie können die Kunden aufgrund einer innovativen Gebührenstruktur jederzeit kostengünstig umschichten.

Woher kommen generell die Innovationen neuer Fondsprodukte?

Der Innovationsvorsprung in der Finanzdienstleistungsindustrie liegt seit Jahren unumstritten fest in angelsächsischer Hand. Die Kreativität der New Yorker und Londoner Finanzhäuser scheint oft keine Grenzen zu kennen. Und wenn aus der Sicht des deutschen Privatanlegers bei dem überwältigenden Angebot zuerst manchmal mehr die Komplexität als der Nutzen zu erkennen ist, sollte die nachgewiesene Vorreiterrolle dieser Märkte erfahrungsgemäß nicht unterschätzt werden.

Neben den klassischen Investmentfonds werden am Markt immer mehr sogenannte Spezialitätenfonds angeboten. Können Sie den Nutzen dieser Spezialitätenfonds erklären?

Der Begriff "Spezialitätenfonds" ist sehr weit gefaßt, beinhaltet aber im Grunde lediglich eine Weiterentwicklung des ursprünglichen Leitgedankens bei der Investmentfonds-Konzeption. Auch hier wird ein Anlegerpool kreiert, in dem Investoren Anlagemöglichkeiten erschlossen werden, die mit Direktinvestitionen nur bedingt erreichbar sind. Es wird aber bewußt ausschließlich in einen bestimmten Markt oder in ein bestimmtes Marktsegment investiert. Somit ist der Einsatz solcher Fonds in erster Linie nicht als langfristiger Vermögensaufbau für den Kleinanleger gedacht, sondern vielmehr für den strategischen Einsatz als Portfolio-Baustein im Rahmen einer bedarfsgerechten Anlagestrategie für den anspruchsvolleren Klienten.

Welche Varianten von Spezialitätenfonds werden am Markt angeboten?

Das vielfältige Universum von "Spezialitätenfonds" beinhaltet beispielsweise Aktienfonds, die nur Papiere bestimmter Branchen enthalten dürfen, wie etwa Biotechnologie oder Rohstoffe. Aber auch die Einschränkung auf Aktien bestimmter Länder, die teilweise sogar nur über Fonds zu erschließen sind (z.B. Korea), oder genau definierter Wirtschaftsräume, wie Asien, Lateinamerika oder Nordamerika, trägt einem solchen Fonds die Bezeichnung Spezialitätenfonds ein. Thematische Fonds-Konstruktionen genießen eine zunehmende Akzeptanz - etwa "Emerging Markets" oder z.B. auch Umwelt-Fonds bzw. ethische Fonds, in denen die Anlagepolitik nach entsprechenden Kriterien gewählt werden kann. Die Beschränkung eines Fonds in der Anlagepolitik auf z.B. kleinere Wachstumswerte läßt ebenfalls den Begriff Spezialität zu. Doch nicht nur Aktieninvestments fallen unter diese Konstruktion; reine Optionsschein-Fonds, Rentenfonds, deren Anlagerichtlinie beispielsweise nur Nullkupon-Anleihen, Wandelanleihen, "Junkbonds" (Anleihen niedriger Bonitätsstufen) oder andere Anleihe-Typen in z.B. bestimmter Währung vorsehen, können ebenfalls in diese breite Kategorie fallen.

In welche Richtung gehen die neuesten Entwicklungen?

Neuere Entwicklungen sind Fonds, deren Anlagestrategie den aktiven

Gebrauch von derivativen Produkten vorsieht. Hierunter fallen Aktienfonds, die Optionen zur Absicherung einsetzen, sogenannte Ratchet-
Fonds mit automatisierter Absicherung einer positiven Wertentwicklung oder dynamische Rentenfonds mit einer Beimischung von Optionen. Index-Fonds sind eine weitere Variante, die zunehmend Akzeptanz sowohl bei institutionellen als auch privaten Anlegern genießt.
Nicht zuletzt werden gerade in Amerika auch die reinen Futures-
Fonds geschätzt, die privaten Anlegern den Zugang zu erfahrenen
Vermögensverwaltern im Terminmarkt eröffnen. Hierbei können die
Risiken für Kapitalanleger in einem sehr spekulativen Marktsegment
überschaubar gehalten werden.

**Sind die deutschen Anleger im internationalen Vergleich zu
anderen Nationen aktive Fondsanleger?**

Das führende U.S. Finanzmagazin "Barron's" berichtet vierteljähr-
lich über die Wertentwicklung von fast 4.000 bedeutenden amerikanischen Fondsprodukten - und der amerikanische Privatanleger investiert nicht zuletzt als Folge des vielfältigen Angebots inzwischen
mehr in Fondsprodukte als mittels Direktinvestitionen. Das gesamte
Fondsvolumen in den USA hat per Jahresende 1992 1.600 Mrd. US$
erreicht - umgerechnet circa 2.600 Mrd. DM - und verteilt sich
jeweils zu einem Drittel auf Aktien-, Renten- und Geldmarkt-Fonds.
Das Volumen der von den deutschen Kapitalanlagegesellschaften
(incl. der in Luxemburg aufgelegten Fonds) angebotenen Wertpapier-
fonds in der Höhe von insgesamt 270 Mrd. DM - davon allerdings
über dreiviertel in herkömmlichen Rentenfonds - fällt im Vergleich
noch recht bescheiden aus. Allein Frankreich z.B. liegt bei 725 Mrd.
DM, wenn auch hier Geldmarktinstrumenten eine besondere Rolle
zukommt. Interessanter als eine Aufstellung der Fondsvermögen in
absoluter Höhe sind Vergleiche der angelegten Gelder pro Kopf.
Dabei liegt Frankreich mit etwa 12.800 DM vor den USA mit 10.300
DM, Deutschland mit nur 3.000 DM und Großbritannien mit 2.500
DM. Bei einer reinen Betrachtung der pro Kopf angelegten Gelder
ausschließlich in Aktienfonds wird die Situation noch deutlicher: hier
liegt die USA mit etwa 3.100 DM vor Großbritannien mit 2.500 DM,
Frankreich mit 1.400 DM, und Deutschland bildet mit nur 300 DM
das Schlußlicht.

**Worin liegen die Gründe, daß Deutschland bei Aktien- und
Spezialitätenfonds zu einem "Entwicklungsland" zählt?**

Natürliche Grenzen bei der Auflegung von Fondsprodukten sind durch die Erfahrung und Expertise der Fondsverwaltungsgesellschaft gesetzt - denn nicht jede ist heute z.b. der Komplexität der Futures- und derivaten Märkte gewachsen. Nur wenige deutsche Kapitalanlagegesellschaften verfügen über die notwendigen Ressourcen, um z.b. einen Schwellenländerfonds erfolgreich zu verwalten. Der Aufwand der Managementgesellschaft für Research, Abwicklung und Handel wird hier im Einzelfall wesentlich höher liegen als bei den Standardprodukten.

Besteht bei den Anlegern überhaupt Interesse an der Vielzahl von Spezialitätenfonds? Haben sie wirklich noch einen Nutzen?

Die Entwicklung der Spezialitätenfonds sollte nicht ein Kunstprodukt der Investmentbranche werden, sondern vielmehr das Ergebnis einer ausgiebigen Beschäftigung mit den Bedürfnissen der Zielgruppe widerspiegeln. Die neue "Generation der Erben" - für die sich inzwischen fast jeder deutsche Finanzdienstleister attraktiv positionieren möchte - hat gegenüber der direkten Nachkriegsgeneration ein verändertes Bedürfnisprofil. Hier steht oft nicht allein der möglichst risikolose Vermögensaufbau, sondern auch eine dynamische Performance-Erwartung im Mittelpunkt des Interesses. Heute ist der Wunsch vieler Anleger nicht mit dem üblichen Standardfonds, sondern nur mit einer Produktpalette zu erfüllen, die es ermöglicht, kreativ und möglichst steuereffizient mit dem Kapital zu arbeiten und in etwaigen Nischen verborgene Wertsteigerungsmöglichkeiten zu entdecken und gezielt auszunutzen.

Sehen Sie konkrete Gefahren für den Anleger durch ein erhöhtes Angebot an Spezialitätenfonds?

Generell ist es eine positive Entwicklung. Aber durch das wachsende Angebot an spezialisierten Fonds und die immer kleiner werdenden Nischen, in denen sich die Fonds ansiedeln, entsteht ein erhöhter Bedarf an qualifizierter Beratung - nicht nur um eine objektive, bedarfsgerechte Auswahl aus dem breit gestreuten Angebot zu treffen, sondern auch um eine laufende Überwachung der Wertentwicklung und Anpassung der Portfolio-Struktur zu gewährleisten. Denn mit der zunehmenden Spezialisierung einzelner Fondsprodukte steigen nicht nur die Ertragschancen. Auch das Risikoprofil verändert sich dahingehend, daß die Volatilität der Kursbewegung eine höhere

Schwankungsbreite erfährt als bei einem "standardisierten" Publikums-
fondsprodukt. Die hiermit verbundenen Risiken können nur durch
eine Kombination von mehreren Fondsprodukten und aktive Überwachung der Wertentwicklung durch den Berater begrenzt werden. Dies
setzt wiederum auch ein intensives Betreuungsverhältnis voraus.

**Welche Merkmale werden die zukünftige Entwicklung des Invest-
mentfondsgeschäfts in den nächsten Jahren in Deutschland kenn-
zeichnen?**

Zunehmende Spezialisierung, Globalisierung, Innovation und Per-
formance-Transparenz werden zu den bestimmenden Merkmalen der
künftigen Entwicklung des Investmentfondsgeschäft in Deutschland.
Das bisher von Rentenfonds dominierte Geschäft mit dem in erster
Linie durch pure Vertriebskraft bedingten Erfolg wird einen Wandel
vollziehen, indem sich eine Sensibilisierung auf Kundenbedürfnisse
als wichtige Erfolgsvoraussetzung herauskristallisieren wird. Die
Herausforderungen der deutschen Investmentfonds-Industrie in den
kommenden Jahren sind jedoch keinesfalls isoliert auf Innovation und
Performance zu sehen, denn die Zufriedenheit des Verbrauchers wird
zunehmend durch die qualitative Leistung des Vermögensbetreuers
oder Vermögensverwalters geprägt.

**In welchen Bereichen halten Sie es für Privatanleger auf alle
Fälle für sinnvoll, nicht direkt zu investieren, sondern auf
Investmentfonds auszuweichen?**

Ein Investmentfonds ist auf jeden Fall dann empfehlenswert, wenn in
ein Gebiet investiert wird, in dem der Anleger über keine Erfahrung
verfügt. Denn mit einer Fondskonstruktion kaufen Sie in erster Linie
Expertenhilfe in Form von Managementerfahrung. Viele Anleger
nehmen gerade in ihrem "Heimatmarkt" die Herausforderung gern an,
den Fondsmanager durch erfolgreiches eigenes "Stock Picking" zu
schlagen. Aber ein Privatanleger, der zum Beispiel die enormen
Wachstumschancen der "Emerging Markets" wahrnehmen will, ist
gut beraten, ein entsprechendes Fondsprodukt zu erwerben. Ebenfalls z.B. im sehr spekulativen Futuresbereich, denn eine Direkt-
investition ohne entsprechende Erfahrung kann gerade hier katastro-
phale Folgen haben.

Welche Erfahrungen haben Sie mit spekulativen Engagements der Privatanleger in Derivativen?

Besonders an den Terminmärkten gehören Privatanleger generell zu den Verlierern. Es gibt Untersuchungen amerikanischer Kundenkonten im Bereich Optionen und Futures, die belegen, daß über 70 Prozent der Terminmarktengagements bei Privatanlegern mit einem Verlust enden. Wer sich unbedingt diesen Risiken aussetzen will, soll wirklich sicher sein, daß er genügend echtes Risikokapital besitzt. Und wenn er seine Erfolgschancen erhöhen will, empfiehlt sich hier auch der Einsatz erfahrener Berater. Aber abgesehen von wenigen Ausnahmen - z.B. im Fondsbereich - raten wir unseren Kunden, die Hände davon zu lassen.

Welche persönlichen Eigenschaften sind für den Erfolg an den Märkten Ihrer Meinung nach entscheidend?

Disziplin, Flexibilität, Weitsicht und Geduld. Im großen und ganzen alle Eigenschaften, die wir Durchschnittsmenschen nicht in genügendem Ausmaß besitzen.

Viele Anleger lassen Ihre Verluste zu lange laufen und realisieren die Gewinne zu schnell, wie läßt sich Ihre grundsätzliche Strategie in beiden Fällen beschreiben?

Viele Kunden haben bei der Verlustbegrenzung in der Tat ein großes Problem mit ihrem Selbstverständnis. Bevor Sie sich einen Fehler eingestehen und eine Position mit Verlust verkaufen, behalten Sie den Wert lieber einige Jahre und warten, bis die Aktie irgendwann vielleicht doch wieder in die Gewinnzone ansteigt. Man kann die alte Börsenweisheit: "Cut your losses, let your winners run" eigentlich gar nicht oft genug wiederholen - aber die wenigsten sind so konsequent.

Sollten Privatanleger eine Benchmark zur Orientierung und als Erfolgsmaßstab heranziehen?

Um den Erfolg eines Portfolios besser beurteilen zu können, ist es auf alle Fälle sinnvoll, eine Benchmark als Vergleichsmaßstab heranzuziehen. Für den Privatanleger kann je nach den Zielen und der Portfolio-Struktur ein Vergleich z.B. zu einem deutschen oder internationalen Aktienindex und einem deutschen oder internationalen Rentenindex von Bedeutung sein. Auf jeden Fall wird ihn, als Beweis der Kaufkrafterhaltung, der Vergleich zur Inflationsentwicklung interessieren. Ein weiterer Ansatzpunkt bildet aufgrund des risikolosen Gewinns immer der Zinsertrag von Festgeld. Für ein diversifiziertes Portfolio ist es ratsam, daß der Anleger eine dem Risikograd entsprechende, strategienahe individuelle Benchmark findet. Für ein deutsches Aktienportfolio bietet sich dazu der Deutsche Aktienindex DAX und für ein deutsches Rentenportfolio der REX-Index an. Für ein internationales Aktienportfolio bietet sich z.B. der Morgan Stanley Welt-Aktienindex MSCI an und für ein internationales Rentenportfolio der Salomon World Government Bonds-Index. Der professionelle institutionelle Anleger verbringt oft viel Zeit mit der Performanceanalyse und dem statistischen risk/reward-Profil von einzelnen Portfolioanteilen und deren Konstellation. Für den typischen Privatanleger ist diese Zeit oft besser genutzt, eine adäquate Risikodiversifizierung zu gewährleisten und die steuerliche Gestaltung des Portfolios zu optimieren.

Sie haben Tausende von Kundenaufträgen miterlebt. Gibt es einen bestimmten, der außergewöhnlich war?

Sie können sich vorstellen, daß ich in diesem Bereich alles mögliche erlebt habe. Bei Merrill Lynch z.B. hatte ein Berater einen Kunden, der in seinem Depot auf eigenen Wunsch entgegen unserem Rat etwas über 100 kleinste Nebenwerte von A bis Z aus dem amerikanischen Freiverkehrsmarkt gekauft hatte. Das Depot war dazu auf ein Maximum mit Krediten beliehen. Der Kunde hatte nach dem Crash im Oktober 1987 natürlich sofort einen "Margin call", indem er nach den Regeln der New Yorker Börse aufgerufen wurde, neues Kapital in sein Konto einzuzahlen. Da er seiner Aufforderung nicht nachkommen konnte oder wollte, mußten wir einige Werte aus seinem Portfolio verkaufen. Bei einem Verfall der Standardwerte um 30 Prozent können sie sich vorstellen, daß kleine illiquide Nebenwerte zum Teil noch erheblich tiefer gesunken waren. Da uns von den 100 Werten kaum ein einziger bekannt war und es zu keinem einzigen Researchbericht oder eine konkrete Meinung gab, begannen wir systematisch, einen dem Alphabet folgend bei "A" mit dem Verkauf der Werte. Da der Markt für diese kleinen Nebenwerte völlig zusammengebrochen war, gelang es uns in zwei Wochen nur, von "A" bis "M" zu verkaufen. Mit den Verkäufen bis "M" konnte der Kunde dann auch seinen

Forderungen nachkommen und die Werte von "N" bis "Z" blieben im
Portfolio - wahrscheinlich bis heute. Glücklicherweise hatten wir bei
Kunden, die uns zuhörten, zum Zeitpunkt des 87er Crash eine über-
wiegend konservative Depotstruktur - und dabei kaum Kunden mit
Optionen- oder gar Futurespositionen. Ich bin mir daher sicher, daß
Ihnen einige Kollegen wesentlich aufregendere Geschichten zum 19.
Oktober 1987 und den Tagen danach erzählen können.

**Gibt es auch Kundenaufträge, die Ihnen durch spektakuläre
Gewinne in besonders positiver Erinnerung bleiben?**

Sicher, Gewinne wie ein Sechser im Lotto gibt es auch an der Börse -
insbesondere im Optionsbereich. Aber die entsprechenden Fälle, die
ich kenne, waren eben auch vom Zufallscharakter gekennzeichnet.
Wer an der Börse reich werden will, muß entweder enorm viel Glück
haben - oder viel Geduld, Disziplin und eine langfristige Strategie.

**An welchen Tag, oder an welche Marktphase denken Sie am
liebsten zurück und aus welchem Grund?**

Eine typische Tradingkarriere wie andere Marktteilnehmer in Ihrem
Buch habe ich in diesem Sinn nicht gehabt. Meine Erfahrung ist
vielmehr, daß bei richtig aktivem Trading die depotführende Bank
oder der Broker am Ende des Tages wesentlich mehr verdient als die
Kunden. Für den typischen Privatanleger wird der langfristige Erfolg
meines Erachtens vielmehr von der rechtzeitigen Erkennung von
langfristigen geopolitischen und wirtschaftlichen Entwicklungen abhängen.

**Können Sie ein Beispiel eines solchen Trends nennen, wo Sie auch
investiert haben?**

Ich investierte Anfang der 80er Jahre während der Hochzinsphase in
Zerobonds. Mir war damals klar, daß die restriktive Zinspolitik der
Notenbank eine deflationäre Wirkung erzielen und damit der Inflations-
druck nachlassen wird und letztlich die Zinsen wieder sinken werden.
Ich kaufte also bei einem Zinsniveau von über 10 Prozent staats-
garantierte langlaufende Zerobonds und wartete auf sinkende Zinsen.
Innerhalb von einigen Jahren stiegen z.B. meine Sallie Mae Zerobonds
mit einer Laufzeit bis 2022 von 4 Dollar um das Dreifache auf 12
Dollar. Aus heutiger Sicht verkaufte ich natürlich immer noch zu

früh, die Kurse wären in der Zwischenzeit noch erheblich weiter gestiegen. Glücklicherweise investierte ich danach einiges in Aktien und konnte bis ins Vorjahr an der Aufwärtsbewegung an den internationalen Aktienmärkten partizipieren.

Es klingt relativ einfach, sich verstärkt an den langfristigen Trends zu orientieren. Warum haben viele Anleger trotzdem erhebliche Schwierigkeiten mit dieser Strategie?

Der Hinweis, sich als Privatanleger vor allem auf die langfristigen Trends an den Märkten zu konzentrieren, klingt einfach, er ist aber insbesondere für Marktteilnehmer, die selbst aktiv im Markt sind, sehr schwierig durchzuhalten. Mit der tagtäglichen Überinformation an Kursen, Nachrichten und Meldungen hat man meistens nicht die nötige Weitsicht, seine Positionen trotz hoher Gewinne oder zwischenzeitlicher Schwankungen zu behalten. Oft ist es gefährlich aus einer Position, die im Gewinn liegt, auszusteigen und zu argumentieren, daß man nach einer Korrektur wieder einsteigt. Wenn die Korrektur nicht im erwarteten Maße eintritt oder der Markt sogar weiter ansteigt, wird man seine Position in den meisten Fällen nämlich nicht mehr zu steigenden Kursen kaufen wollen. Durch den frühzeitigen Ausstieg partizipiert man in solchen Fällen nur an einem kleinen Teil der langfristigen Aufwärtsbewegung. Bei langfristigen Positionen bin ich immer von der Angst motiviert, daß ich bei einem Ausstieg auf dem gleichen Kursniveau möglicherweise nicht wieder in meine ursprüngliche Position reinkomme.

Wo liegen Ihrer Meinung nach die großen Trends für das nächste Jahrzehnt?

Es gibt einige zentrale Themen, die in den nächsten Jahren von herausragender Bedeutung für den Kapitalanleger sein könnten und meines Erachtens eine entsprechende Gewichtung im Portfolio verdienen. Das erste ist die politische und wirtschaftliche Entwicklung in den sogenannten Emerging Markets. Denn einige asiatische oder auch lateinamerikanische Länder haben Rahmenbedingungen für ein künftiges Wirtschaftswachstum geschaffen, das deutlich über den westlichen Industriestaaten liegen wird und ein entsprechendes Potential für deren Aktienmärkte nach sich zieht. Vorsicht ist hier geboten, denn es handelt sich um Börsenplätze von zum Teil bescheidener Kapitalisierung, die im besonderen Ausmaß von internationalen Kapitalströmungen beeinflußt werden können. Wirtschaftliche oder politische Entwicklungen ziehen oft entsprechend kräftige Kursschwankungen nach sich. Das Potential dieser Märkte sollte daher mit einer gesunden geographischen Streuung und langfristigem Anlagehorizont realisiert werden. Ein weiteres Thema, das zunehmend an Bedeutung gewinnen wird, ist die Entwicklung der Rohstoffpreise - von Öl und Edelmetallen bis hin zu Zucker, Kaffee, Kupfer usw.. Ein allmähliches Auslaufen der bereits erwähnten "desinflationären Kräfte" in der Weltwirtschaft dürfte in den kommenden Jahren für etwas mehr Preisauftrieb sorgen - wir empfehlen daher, eine stärkere Gewichtung von Unternehmen aus dem Rohstoffbereich in Kundendepots. Im übrigen sind die beiden genannten Themen eng miteinander verbunden - denn gerade das enorme Wirtschaftswachstum der asiatischen Länder kann die seit Jahren stabile Angebot/Nachfrage-Situation für viele Rohstoffe zugunsten einer erhöhten Nachfrage verändern.

Hans J. Graupe
Merrill Lynch
"Anleger sollten bei einer Anlagestrategie vor allem die
Zusammenhänge zwischen Ertrag und Risiko beachten."

In bester Lage im Münchner Villenviertel Bogenhausen hat neben
zahlreichen Konsulaten auch die Münchner Niederlassung der Merrill
Lynch International Bank Limited ihren Sitz. Merrill Lynch ist mit
seinem weltweit deckenden Netz an Repräsentanzen und über 40.000
Beschäftigten sicherlich eine der bekanntesten Investmentbanken der
Welt. Mich verbindet mit Merrill Lynch ein bleibendes Ereignis,
welches wahrscheinlich auch charakteristisch für die ganze Unternehmenskultur ist. Im Frühjahr 1992 hatte ich einen Termin bei einer
Tochtergesellschaft von Merrill Lynch, die den weltweiten Handel
und die Abwicklung von Termingeschäften durchführt. Ich hatte eine
Verabredung für Donnerstag (Thursday). Da ich nicht zum erstenmal
"Tuesday" und "Thursday" verwechselte, erschien ich bereits am
Dienstag (Tuesday). Aufgrund meines mehr oder weniger unange-
kündigten Erscheinens mußte mein Gesprächspartner mit mir in ein
sehr feines italienisches Restaurant gehen, da alle anderen kurzfristig
ausgebucht waren. Durch Zufall saß in dem gleichen Restaurant auch
der Vorstandsvorsitzende von Merrill Lynch, Dan Tully, mit einigen
seiner Vorstandskollegen. Nachdem Tully hörte, daß ein Mitarbeiter
mit einem deutschen Gast hier war, bat er uns spontan an seinen
Tisch. Neben einigen informativen Fragen über die Wiedervereinigung (er wollte wissen, ob es sich lohnen würde, eine Repräsentanz in
den neuen Bundesländern zu eröffnen) und die Aktienmärkte in
Deutschland interessierte ihn auch, warum Basketball und Football
sich in Deutschland nicht einer ähnlichen Beliebtheit erfreuten wie in
Amerika. Bei manchen deutschen Vorstandsvorsitzenden habe ich so
meine Zweifel, ob eine Begegnung dieser Art ähnlich ablaufen würde.
Tully hatte, wie viele andere der heute leitenden Angestellten bei
Merrill Lynch, als Kundenberater und Händler begonnen. So unkompliziert und direkt wie man in diesem Bereich sein muß, um erfolgreich zu sein, ist seine Art bis heute geblieben.
    Merrill Lynch ging bereits sehr früh als eine der ersten amerikani-
schen Investmentbanken den Weg nach Deutschland und eröffnete zu

Beginn der 60er Jahre eine Repräsentanz in Frankfurt. Hans Graupe ist in Deutschland und auch über die Grenzen hinaus seit etlichen Jahren sicherlich einer der Erfolgreichsten im inzwischen hartumkämpften Geschäft der privaten Vermögensverwaltung. Durch einen sehr individuellen und risikobewußten Ansatz nimmt, bei gleichzeitiger Beachtung des persönlichen Risikoprofils eines Anlegers, Hans Graupe die langfristigen Chancen an den internationalen Wertpapiermärkten wahr. In typisch amerikanischer Manier ist Graupe seit Jahren im "Eagles Club" - einer Auszeichnung für die weltweit erfolgreichsten Merrill Lynch Mitarbeiter.

Wann hatten Sie das erste Mal Kontakt zu den Finanzmärkten?

Nachdem André Kostolany vor circa 25 Jahren mit seinen begeisternden Kolumnen mein Interesse an der Börse weckte, beschäftigte ich mich bereits in der Schule mit Wertpapieren. Mein allererster Kontakt mit den Finanzmärkten entstand aufgrund einer Idee meines älteren Bruders. Der hatte die scheinbar geniale Art der Geldvermehrung entdeckt und kaufte Investmentfondsanteile einer IOS-Fondsgesellschaft von Bernie Cornfeld. Als ich mich dann endlich auch dazu entschloß, IOS-Fondsanteile zu kaufen, ging die Firma kurz darauf pleite. Mein erster Kauf war also auch mein erster Fehlschlag. Später begann ich meine Ausbildung mit einer Banklehre. Diese war auch gleichzeitig die Ausgangsbasis für eine fundierte Beschäftigung mit der Börse.

Wie eigneten Sie sich Ihr fachliches Wissen an?

Vorrangig erarbeitete ich mir mein Wissen und die dazugehörige Erfahrung durch die ständige Auseinandersetzung mit den Märkten. Als 1974 an den amerikanischen Börsen die standardisierten Optionen eingeführt wurden, beschäftigte ich mich sofort damit. Während der Banklehre handelte ich bereits auf eigene Rechnung Optionen. Ich war wider Erwarten erfolgreich, ohne begründen zu können, woher der Erfolg eigentlich kam. Daß man Optionen vor allem auch als intelligentes Instrument der Risikokontrolle einsetzen kann, war mir zu diesem Zeitpunkt aber noch nicht bewußt. Im Laufe meines Studiums setzte ich mich dann intensiver mit dieser Materie auseinander und schrieb eine Arbeit über die börsennotierte Option im

Vergleich zur traditionellen, nicht standardisierten Option. Dabei kam ich zu der Erkenntnis, daß der spekulative Einsatz von Optionen häufig zu Verlusten führt. Hierfür ist vor allem der beschränkte Zeithorizont verantwortlich. Außergewöhnliche Gewinnerwartungen sind eben nur dann gerechtfertigt, wenn ausreichend Zeit vorhanden ist.

Welche Auswirkungen hatten diese Überlegungen auf Ihre spätere Anlagephilosophie?

Mit zunehmender Erfahrung und bezahltem Lehrgeld war ich eher einfachen, klassischen Strategien zugetan und suchte den Erfolg vor allem in langfristigen, werthaltigen Investitionen. Meine heutige Strategie basiert schwerpunktmäßig auf der systematischen Suche nach unterbewerteten Märkten, Branchen und einzelnen Aktien sowie Anleihen.

Wieviel Prozent der spekulativen Optionsengagements enden Ihrer Erfahrung nach mit einem Verlust?

Etwa 80 Prozent der Optionsengagements bei Privatanlegern enden mit einem Totalverlust. Die Probleme mit spekulativen Instrumenten liegen für den Privatanleger in ihrer Komplexität und in der begrenzten Laufzeit. Von der Anbieterseite werden immer neue Instrumente geschaffen, wobei der Privatanleger oftmals mit der Struktur und damit der Anwendung der Produkte überfordert ist. Wer versteht auf Anhieb den Nutzen eines Knock-out Warrants? Gerade auch bei den heute so modernen derivativen Instrumenten sollten Anbieter und Investoren den Grundsatz "Keep it simple" beachten.

Was reizt Privatanleger trotzdem an spekulativen Produkten?

Spektakuläre Gewinnmöglichkeiten sprechen die Gier in jedem Anleger an. Zudem reizt viele einfach das "Neue". Es erscheint interessanter und schicker, sich mit derivativen Instrumenten auseinanderzusetzen als mit klassischen Anlageinstrumenten, wie beispielsweise Aktien und Anleihen. Anleger sollten bei einer Anlagestrategie vor allem die Zusammenhänge zwischen Ertrag und Risiko beachten. Zu oft stehen Renditeüberlegungen im Vordergrund, ohne daß das persönliche Risikoprofil des Anlegers dabei berücksichtigt wird.

Haben Sie sich viel mit Psychologie beschäftigt?

Neben der Börse haben Psychologie, Philosophie und Geschichte
mich schon immer fasziniert, weil sie mit dem Menschen und seinem
Verhalten zu tun haben. Ich stand nach meinem Betriebswirt-
schaftsstudium vor der Entscheidung, entweder Psychologie zu studieren oder an die Börse zu gehen. In Deutschland waren Börsenge-
schäfte in den 60er und 70er Jahren eher negativ besetzt, weil sie
unmittelbar mit Kapitalismus in Verbindung gebracht wurden. Ich
entschied mich damals für die Psychologie in der Praxis und begann
meine Ausbildung bei Merrill Lynch.

**Spielt die Marktpsychologie bei Ihren Entscheidungen eine große
Rolle?**

Gier und Angst sind die beiden Grundemotionen, die auf die Kursentwicklung an den Börsen wichtigen Einfluß ausüben. Es ist nicht
einfach, bei euphorischen Kursanstiegen seine Gier zu kontrollieren,
andererseits bei Kurseinbrüchen nicht die Angst zum Herrscher der
eigenen Entscheidung werden zu lassen. Deshalb ist die Marktpsychologie der entscheidende Punkt, denn an der Börse wird nicht die
Realität gehandelt, sondern Erwartungen. Diese hängen natürlich eng
mit der Interpretation von Ereignissen zusammen. Aus diesem Grund
kann ein und dasselbe Ereignis in zwei unterschiedlichen Situationen
auch zu völlig verschiedenen Reaktionen an den Märkten führen. Es
kann sein, daß negative Ereignisse in einem positiven und euphorischen Börsenumfeld überhaupt nicht richtig wahrgenommen werden.
Andererseits kann aber auch eine unbedeutend erscheinende, schlechte Nachricht in einer anfälligen Börsenphase dramatische Kursstürze
nach sich ziehen. Genau wie jeder einzelne Mensch in seinem Verhalten, in seinen Gefühlen und seinem Denken gewisse Phasen durchläuft, so unterliegt der Markt ebenfalls wechselnden Stimmungen.
Als erfolgreicher Anleger muß man versuchen, die Stimmungslage
des Marktes zu erkennen und richtig einzuschätzen.

Welche Marktphase prägte Sie zu Beginn Ihrer Karriere?

Die Zeit von 1974 bis Ende der 70er Jahre war in Amerika durch
hohe Inflationsraten und einen Anstieg der Rohstoff- und Edelmetall-
preise geprägt. An der Börse waren aus diesen Gründen bis Ende der
70er Jahre nur Werte gefragt, die von einer hohen Inflation profitier-
ten. Innerhalb kürzester Zeit erfolgte dann ein abrupter Wechsel von
einer Inflationsphase in eine Deflationsphase. 1981/82 gab es in

Amerika fast 20 Prozent Zinsen im kurzfristigen Tagesgeldbereich, und langlaufende Anleihen warfen immerhin noch 16 Prozent Zinsen ab. Zuerst stiegen dann die Anleihekurse und ab August 1982 zog dann der Aktienmarkt nach einer schweren Rezession kräftig an. Rückblickend betrachtet war es sicherlich gut für mich, meine Karriere bei Merrill Lynch in einem derart komplizierten Umfeld begonnen zu haben. Da man lernen muß, Grundemotionen wie Gier und Angst zu beherrschen, können diese Erfahrungen nicht durch ein theoretisches Studium ersetzt werden. Wie schon Paul von Heyse sagte, gilt auch hier "Erdachtes mag zu denken geben, doch nur Erlebtes wird beleben."

Welche Strategie verfolgten Sie damals in diesem sehr schwierigen Umfeld der Hochzinsphase?

Auch wenn namhafte Analysten die Zinsen noch weiter steigen sahen, bezog ich eine klare Position auf sinkende Zinsen und eine Entspannung der Inflationsproblematik. Zusammen mit einem Kollegen setzte ich mich in einer Veröffentlichung intensiv mit den Szenarien der Inflation und der Zinsen sowie deren Auswirkungen und Einflüssen auf den Rentenmarkt in den USA auseinander. Das Ergebnis unserer Studie war die Prognose stark fallender Zinsen, verbunden mit einem entsprechendem Anstieg der Anleihenpreise. Bei einer bereits sinkenden Inflationsrate in die Richtung von 4 Prozent und Zinsen von weit jenseits der 10-Prozent-Marke war es eine Frage der Zeit, bis auch die Zinsen sich der Inflationsentwicklung anpaßten. Die damalige Entscheidung, langlaufende Staatsanleihen zu kaufen, hatte 10 Jahre lang bis 1993 ihre Gültigkeit und man konnte ohne größere Umschichtungen ein Jahrzehnt lang einen überdurchschnittlichen Ertrag erzielen. Am längeren Ende, im 10- bis 30jährigen Bereich, sanken die Zinsen von 16 Prozent auf zeitweise unter 6 Prozent. Dies verdeutlicht den Erfolg einer langfristigen Strategie.

Prägten Sie vor allem diese langfristigen Trends an den Märkten?

Nach einer fundierten und schlüssigen Analyse war es mit einer grundsätzlichen Idee entgegen der damaligen öffentlichen Meinung und viel Geduld möglich, 10 Jahre lang ohne eine große Änderung der ursprünglichen Positionen Geld zu verdienen. Die meisten Marktteilnehmer haben nur einen Zeithorizont von maximal einem Jahr. In Aktien ist bei langfristigen Strategien natürlich oft noch ein viel größerer Gewinn möglich. Wer 1980 Coca Cola-Aktien kaufte, machte aus 50.000 Dollar in 10 Jahren circa 900.000 Dollar. Diese langfristigen Trends, und gerade die damit verbundenen Möglichkeiten für den Privatanleger, prägten mich. Ich finde es sehr wichtig, in langen Zyklen zu denken, die entscheidenden Augenblicke wahrzunehmen, und danach den Trends Zeit zur Entwicklung zu geben. Dies hört sich einfach an, es erfordert jedoch ein gehöriges Maß an Mut und Geduld.

Welche fachlichen Eigenschaften sind für diese Anlagephilosophie nötig?

Fachlich glaube ich, daß sich jeder das nötige handwerkliche Rüstzeug aneignen kann. Die Auswirkungen, Einflüsse und Zusammenhänge von Politik, Wirtschaftswachstum, Zinsen, Inflation und Unternehmensgewinnen auf die Märkte sind in einem gewissen Rahmen erlernbar. Schwieriger wird es bei den verhaltenspsychologischen Aspekten, die in persönliche Bereiche hineingehen und daher nur begrenzt erlernbar sind. So bedeutsam das Hier und Jetzt im täglichen Leben ist, an der Börse zählt nur die Zukunft.

Welche der von Ihnen angesprochenen persönlichen Eigenschaften sind für den Erfolg an den Märkten entscheidend?

Kreativität, Phantasie, Mut zum Risiko, Disziplin und Geduld. An den Märkten ist es sehr wichtig, eine gewisse Vorstellungskraft zu haben, um Ideen zu entwickeln, die es einem ermöglichen, Entwicklungen frühzeitig zu erkennen und wahrzunehmen. Die an der Börse so wichtige Erfahrung entsteht meistens aus einer Kombination von Gewinnen und Verlusten in verschiedenen Marktlagen. Da Menschen mehr aus praktischen Erfahrungen als aus Büchern lernen, sind Erkenntnisse aus eigenen Fehlern ein besonders guter Erfolgsgarant. Die oft zitierten kleinen und großen Schmerzen, die einem die Märkte ständig zufügen, sind bei richtiger Verarbeitung ein wichtiger Bestandteil des späteren Erfahrungsschatzes. Zudem ist es wichtig, bei manchen noch so interessant erscheinenden Möglichkeiten einfach auch einmal nein sagen zu können.

Können Sie näher erklären, warum auch bei einer konservativen langfristigen Strategie ein gewisser Mut nötig ist?

Anleger, die nicht fähig sind, Risiko zu tragen, können entweder nur
in Festgeld anlegen, oder sie investieren immer in bereits auslaufende
Trends. Für eine langfristige Anlagestrategie benötigt man vor allem
bei der ersten Umsetzung einer Idee eine gewisse Risikobereitschaft.
Es ist zum Teil viel Mut nötig, um Entscheidungen in eine Richtung
zu treffen, die noch nicht offensichtlich ist. Die gewinnbringensten
Entscheidungen müssen meistens gegen einen bestehenden und anerkannten Trend erfolgen und sind damit antizyklisch. Nach dieser
ersten mutigen Entscheidung ist es bei einer positiven Entwicklung
sehr wichtig, Disziplin und Geduld zu besitzen, um ein langfristiges
Investment trotz verlockender kurzfristiger Gewinne zu halten. Jeder
Investor steht bei einem Investment, das sich nach einer getroffenen
Entscheidung positiv entwickelt, vor der Frage, nehme ich den Spatz
in der Hand oder warte ich auf die Taube auf dem Dach. Man sollte
sich meiner Meinung nach lieber für die Taube entscheiden, sonst
wird man sich immer im Taktieren verlieren. Durch den Kumulations-
effekt bei langen Trends erreicht man, ähnlich wie bei Zinseszinsen,
bei abnehmendem Risiko über einen längeren Zeitraum die größten
Gewinne.

**Ihre Anlagephilosophie ist demnach eindeutig langfristig orien-
tiert?**

Mein Anlagehorizont ist langfristig und hat mit kurzfristigem Trading
nichts zu tun. Ich versuche bewußt, kein "Markt-Timer" zu sein und
aggressives kurzfristiges Agieren zu vermeiden. Im Laufe der Jahre
sah ich schon viele Börsengurus kometenhaft am Börsenhimmel
leuchten und oft noch schneller wieder verschwinden. Alle kurzfristigen Prognosen und Fragen nach der nächsten Korrektur oder dem
noch vorhandenen Potential sind für den langfristigen Erfolg eher
sekundär. Ein langfristiges Anlageverhalten setzt aber voraus, daß
man unterbewertete Titel erwirbt. Teuer zu kaufen oder an aussichts-
losen Verlustpositionen festzuhalten und zu hoffen, hat nichts mit
einer erfolgreichen langfristigen Strategie zu tun. Eine logische Fol-
gerung meines Ansatzes besteht darin, verstärkt Einzelinvestments
zu untersuchen. Ich versuche, mich dabei nicht so sehr von dem
jeweiligen Index beeinflussen zu lassen, sondern ich fokussiere meine
ganze Kraft darauf, die Werthaltigkeit eines Investments zu analysieren. Aktien kaufe ich nach dem sogenannten "Value Prinzip", indem
ich untersuche, wo deutliche Bewertungsdivergenzen existieren. Über-
bewertungen meide ich, Unterbewertungen kaufe ich, wenn sie mei-

ner Anlagestrategie entsprechen. Das ist der Grundansatz meiner Anlagephilosophie. Ähnlich wie unterbewertete Immobilien haben auch unterbewertete Anleihen und Aktien das größte Potential. Wenn der Wert eines bestimmten Investments im Laufe der Zeit von anderen Marktteilnehmern entdeckt wird und breitere Zustimmung findet, steigen die Preise.

Wie erkennen Sie diese Unterbewertungen an den Märkten?

Trotz der immer größer werdenden Transparenz an den Märkten, ist es immer wieder möglich, unterbewertete Investmentmöglichkeiten zu entdecken. Um werthaltige Anlagen zu erkennen, bin ich ständig auf der Suche nach Divergenzen und analysiere dazu einzelne Aktien oder Anleihen im Vergleich zum gesamten Markt, anderen Märkten und dem historischen Niveau. Da ich dadurch antizyklisch am Markt agiere und man bekanntlich den optimalen Kauf- oder Verkaufszeitpunkt nur selten erreicht, gebe ich mir für die Bestätigung meiner Idee bis zu drei Jahren Zeit. Es ist also durchaus möglich, daß eine Aktie meines Depots zwischenzeitlich um 20 Prozent fällt, ohne daß ich meine Strategie ändere. Im Gegenteil: Da ich die Anforderung habe, daß sich eine Aktie innerhalb von drei Jahren verdoppeln soll, würde ich im Fall eines zwischenzeitlichen Kursrückgangs bei unveränderten fundamentalen Rahmendaten eventuell nachkaufen. Ich benütze in der Regel keine "Stop-Loss" Aufträge, da ich jedem Investment einen großzügigen Reifeprozeß zubillige. Das Risiko von Aktienanlagen versuche ich durch eine vernünftige, dem Anleger angepaßte, internationale Diversifikation einzugrenzen.

Aus welchen Medien und Quellen erhalten Sie die wesentlichen Informationen für Ihre Entscheidungen?

Merrill Lynch gibt weltweit jährlich circa 200 Millionen DM für Wertpapier-Research aus. Die Wertpapierforschung wird global betrieben und beinhaltet alle wesentlichen internationalen Wertpapiermärkte. Die hausinterne Datenbank liefert mir genügend Grundinformationen, um zum Beispiel internationale Aktien nach einem quantitativen Ansatz analysieren zu können. In den wichtigsten Tageszeitungen und Wirtschaftsmagazinen lese ich sehr gern die Überschriften. Durch die darin enthaltenen Botschaften und Informationen versuche ich, ein Bild über die momentan bestimmende Großwetterlage zu erhalten. Es genügt in unserer heutigen Zeit nicht mehr, sich ausschließlich über die heimische Börse zu informieren, denn die Verflechtung der internationalen Märkte wirkt sich immer stärker auf die Anlageentscheidungen aus. Neben der speziellen Fachliteratur sind die Wirtschaftszeitungen "Wall Street Journal", "Financial Times" und "Barron's" eigentlich ein Muß für den professionellen internationalen Anleger. Mehr allgemeine, aber ebenfalls fundierte Berichte über die globalen Wertpapiermärkte findet man in Magazinen wie "Economist", "Fortune" und "Business Week". Die Schwierigkeit für den Investor besteht sicher nicht im Mangel an Informationen, sondern eher in der Selektion und Interpretation wichtiger Nachrichten. Im Gegensatz zu vielen Anlegern suche ich in einer Publikation beispielsweise nicht den "heißen Tip" für eine Aktie, sondern eher Hinweise auf die globalen Themen, die Marktstrukturen und die Marktpsychologie. So konnte man im Sommer 1982 auf der Titelseite von Business Week die Schlagzeile "Das Ende der Aktien" lesen. Dies zeigte, daß die Stimmung an der amerikanischen Börse an einem Tiefpunkt angelangt war. Der Dow Jones-Index befand sich damals auf sehr wackeligen Beinen bei circa 780 Punkten. Im Herbst setzte dann ein großer Aufschwung mit einem Indexanstieg bis auf 1300 Punkten innerhalb eines Jahres ein.

Besteht nicht die Gefahr, sich auf die falschen Themen zu konzentrieren und damit die wesentlichen Trends zu verpassen?

Der Markt wird ständig von neuen Meldungen und Nachrichten beeinflußt, aber es gibt in jeder Marktphase bestimmte Themen, die besonders beachtet werden müssen. Es ist vergleichbar mit einem großen Orchester, in dem verschiedene Instrumente spielen, aber meistens immer irgendeine Instrumentengruppe den Ton angibt. Als Anleger muß man herausfinden, welche Melodie an den Märkten gerade bestimmend ist und sozusagen den Ton angibt. Die permanente Ablenkung durch eine Vielzahl von Ereignissen, Meldungen und Prognosen macht es so schwierig, die richtigen Komponenten herauszufinden. Vor allem für die langfristigen Trends muß man sich auf die wesentlichen Aspekte beschränken, um sich nicht im Taktieren zu verlieren.

Können Sie einige Beispiele für solche Themen nennen, die einen langfristigen Trend bestimmen?

Ganz allgemein gesprochen gab es in den letzten Jahrzehnten am

amerikanischen Aktienmarkt folgende Themen: In den 70er Jahren
waren Rohstoffe und Energie von Bedeutung. In den 80er Jahren war
in den USA der Konsumsektor ein bestimmender Faktor. Diese Zeit
war gekennzeichnet durch Deflation, fallende Rohstoffpreise, sinkende Inflationsraten und fallende Zinsen. Die Phase der Zinssenkungen
im US-Dollar-Raum dürfte Anfang 1994 endgültig abgeschlossen
sein. Dadurch befindet sich der Aktienmarkt in einer schwierigen
Anpassungsphase, weg von den hochbewerteten Konsumaktien hin
zu den relativ unterbewerteten Aktien, die mit dem industriellen
Sektor in Zusammenhang stehen. Unter längerfristigen Gesichtspunkten sehe ich die künftigen Chancen in den Bereichen Basis-
industrien (Aluminium, Kupfer, Papier, Chemie), Maschinenbau,
Anlagenbau, Technologie (Computer, Telekommunikation), Energie
(Öl- und Gasproduzenten) und Umweltschutz.

Wir leben, was die internationalen politischen und wirtschaftlichen Entwicklungen betrifft, in einer sehr interessanten Zeit. Das von
China vorangetriebene Wirtschaftswachstum in Asien und die Öffnung der Märkte Lateinamerikas für den Welthandel sind die beherr-
schenden globalen Anlagethemen. Deshalb weisen die Länder Asiens
und Lateinamerikas gegenwärtig die höchsten Wachstumsraten auf.
In Europa werden vom kommenden Wirtschaftsaufschwung insbesondere die Länder profitieren, die ihre Wirtschaft umstrukturiert
(z.B. England) oder die größere Privatisierungsmaßnahmen eingeleitet (z.B. Italien) haben. Überdurchschnittliche Ertragschancen werden jedoch bei Aktien kleinerer Gesellschaften zu finden sein, da
diese bessere Wachstumschancen bei einer geringeren Bewertung
bieten.

**Welche Grundregeln beachten Sie bei der Umsetzung Ihrer Anlage-
philosophie?**

Für meine grundsätzliche Überlegung versuche ich, die Struktur der
Märkte zu erfassen. Dabei spielen die Liquidität des jeweiligen Wert-
papiermarktes, makroökonomische Daten wie Zinsen, Inflation,
Wachstum eine wichtige Rolle. Bei der Selektion einzelner Aktien
benutze ich einen quantitativen, fundamentalen Ansatz.

**Welche Kennzahlen beachten Sie bei der quantitativen Analyse
einzelner Aktien?**

Ich beachte insgesamt folgende 10 Kriterien:

1. Buchwert
2. Cash flow
3. Kurs-Gewinn-Verhältnis
4. Dividendenrendite
5. Re-Investment-Rate
6. Gewinnwachstum (fünf Jahre)
7. Positive/Negative Gewinnerwartung
8. Kurs-Umsatz-Verhältnis
9. Unternehmensverschuldung (langfristige Schulden/Eigenkapital)
10. Liquidität

Entscheidend für dieses Bewertungsmodell ist, daß die einzelnen Kriterien je nach wirtschaftlichem Umfeld unterschiedliche Bedeutung haben und dementsprechend eine Veränderung in der Gewichtung erfahren können.

Können Sie ein Beispiel für eine sich ändernde Gewichtung der einzelnen Kriterien nennen?

1991, zu Beginn der Rezession, war der Verschuldungsgrad einer Firma ein wichtiges negatives Kriterium. Heute, bei einem relativ niedrigen Zinsniveau, kann eine höhere Verschuldung durchaus ein Vorteil sein, da sich eine sinkende Zinsbelastung positiv auf den Ertrag auswirkt.

Welchen Zeithorizont verfolgen Sie bei Ihren Aktienengagements?

Im Aktienbereich beträgt der Zeithorizont in der Regel drei Jahre. Mit drei Jahren ist der Zeitraum relativ lang bemessen, da es wichtig ist, einem Unternehmen eine ausreichende Chance zu geben, in einem sich verändernden gesamtwirtschaftlichen Umfeld nachhaltig gute Erträge zu erwirtschaften.

Was beachten Sie bei der Auswahl der interessantesten Länder?

Neben den volkswirtschaftlichen Daten wie Wirtschaftswachstum, Inflation, Zinsen und Währung sind für mich wirtschaftspolitische Veränderungen ebenso bedeutsam. Hier spielt die ökonomische Freiheit eine zentrale Rolle. Gerade Länder, in denen eine wirtschaftliche Liberalisierung stattfindet und staatliche Privatisierungsmaßnahmen eingeleitet werden, bieten überdurchschnittliche Chancen. Als Beispiele lassen sich hier Italien, China, Indien, Länder in Lateinamerika und Osteuropa anführen. Dabei ist es für mich weniger wichtig, die augenblickliche Lage zu beurteilen, sondern die möglichen Veränderungen zu erfassen. An der Börse werden eben nicht Vergangenheit und Gegenwart, sondern nur die zukünftigen Entwicklungen gehandelt. Auf welche Art und Weise ich mich in einzelnen Ländern engagiere, hängt ab von der Liquidität und Volatilität der spezifischen Börsen. In engen Märkten, die sich durch wenig Liquidität und größere Risiken auszeichnen, erfolgt mein Investment eher über einen sogenannten Länderfonds als über Einzelwerte. Die fundamentalen Kriterien, die ich bei einzelnen Aktien verwende, zeigen mir auch, welche Länder überbewertet und welche Märkte preiswert sind. Früher hieß es immer, Japan sei anders und man müsse die traditionellen Besonderheiten berücksichtigen, um die hohe Bewertung der Aktien zu verstehen. Japans Struktur ist in der Tat anders, aber an dem Verfall des Nikkei Aktienindex von 40.000 bis auf zeitweise 14.000 Punkte konnte man erkennen, daß es auch in Japan neben der Hausse eine Baisse gibt.

Verwenden Sie zu Ihrem beschriebenen fundamentalen Ansatz auch technische Indikatoren zur Entscheidungsfindung?

Da ich kein "Markt-Timer" bin, betrachte ich zum Beispiel Charts eher als Spiegelbild der Stimmungslage. Wenn eine Aktie nach einer Korrektur eine solide Basis gebildet hat, weiß ich, daß im Laufe des Kursverfalls jede Euphorie aus dem Markt gewichen ist und in dem pessimistischen Umfeld positive Nachrichten langsam wieder zu steigenden Kursen und später zu einer euphorischen Phase der Überbewertung führen können. Da nach einer langen Abwärtsbewegung Privatanleger, Analysten und viele der sogenannten Profis das Interesse an diesen Aktien verloren haben, gehören Phantasie und Mut zu einem solchen Engagement.

Sie sagten zu Beginn, daß Sie keine Stop-Loss-Limits verwenden. Wie können Sie sicherstellen, daß sich in Ihren Depots im Laufe der Zeit nicht die Depotleichen ansammeln?

Wenn ich sage, ich benutze keine Stop-Loss-Limits, bedeutet das nicht, daß ich mein Risiko unverantwortlich erhöhe. Nach meiner Erfahrung lassen sich Risiken besser durch die individuelle Gewichtung einzelner Anlageinstrumente im Rahmen der sogenannten Asset Allocation steuern. Wenn z.B. Aktien am Gesamtvermögen maximal 30 Prozent ausmachen, so ergibt sich bei 50 Prozent Kursverlust im Aktienanteil lediglich eine Reduzierung von 15 Prozent des Gesamtvermögens. Wichtig ist, daß die Gewichtung der Aktien dem persönlichen Risikoprofil und der relativen Bewertung der Märkte angepaßt ist. Da ich Aktien nach einem systematischen quantitativen Ansatz auswähle und international nach Branchen und Ländern streue, reduziere ich das Risiko der Einzelwerte. In dem Augenblick, in dem sich die fundamentalen Rahmendaten einer Aktie verschlechtern, greift sozusagen mein fundamentaler Stop-Loss-Ansatz und ich verkaufe die Aktie ohne Rücksicht auf das aktuelle Preisniveau. Viele Anleger haben aber ein Problem mit den von Ihnen angesprochenen Depotleichen, weil sie Gewinne zu schnell realisieren und Verluste nach dem Prinzip der Hoffnung laufen lassen. Ich versuche also Risiken in der Regel nicht durch Stop-Loss-Limits, sondern durch eine dem persönlichen Risikoprofil des Anlegers und den Märkten angepaßte Asset Allocation zu kontrollieren.

Was beachten Sie bei der Strukturierung eines Portfolios?

Ein individueller Ansatz, abhängig vom persönlichen Risikoprofil des Anlegers, ist die grundlegende Basis für mein Portfolio-Management. Das beginnt damit, daß ich den Anleger dazu bringe, intensiv über seine aktuelle und zukünftige finanzielle Situation nachzudenken. Viele beschäftigen sich mit ihren Geldzielen erst dann, wenn Verluste eintreten. Die meisten Privatanleger sind intensiv mit ihrem Beruf beschäftigt und verwenden zu wenig Zeit für die Planung ihres Vermögens.

Teilen Sie Ihre Kunden nach den Kriterien konservativ oder spekulativ ein?

Ich halte nichts von der Einteilung der Anleger in die Kategorie konservativ oder spekulativ - für mich ist auch hier ein individueller Ansatz wichtig. Dabei ist die Frage zu beantworten: Was heißt für den konkreten Anleger konservativ oder spekulativ? Es ist die individuelle Empfindung des Anlegers, ob ein Verlust von 15 Prozent spekulativ oder konservativ ist. Ich versuche herauszufinden, wie sich ein Anleger verhält, wenn aufgrund eines kurzfristigen Kursverfalls der Wert einer einzelnen Aktie oder das ganze Portfolio um

30 Prozent fällt. Die individuelle Risiko- und Erwartungsstruktur des Anlegers ergibt die grundsätzliche Asset Allocation des Portfolios und eine Festlegung, welche Anlageinstrumente benutzt werden.

Können Sie einige dieser Eckpunkte nennen, die jeder Anleger vor einer Anlageentscheidung festlegen sollte?

Am Anfang jeder Zusammenarbeit sollte, wie bei einem guten Arzt, eine genaue Diagnose erfolgen. Je mehr Informationen der Vermögensverwalter über den Anleger erhält, desto weniger Mißverständnisse und Enttäuschungen wird es später bei der Umsetzung der Anlagestrategie geben. Der individuelle Rahmen eines Portfolios kann durch gewisse Restriktionen gegenüber Fremdwährungen, einem Zeithorizont, einem benötigten Liquiditätsbedarf und Qualitätskriterien der einzelnen Anlageinstrumente gegeben sein. Bei wachstumsorientierten Privatanlegern wird ein hohes Maß an Freiräumen bestehen. Bei Privatanlegern, die den Schwerpunkt auf Risikominimierung setzen, wird der Freiraum entsprechend eingeschränkt sein. Der Blickpunkt sollte generell auf das Risiko ausgerichtet sein, das man gewillt ist, für die Erzielung eines gewissen Ertrages einzugehen. Wichtig bei der Festlegung einer Strategie ist, daß genügend Freiraum bleibt, um interessante Chancen und Möglichkeiten wahrnehmen zu können.

Generell bleibt bei einer Strategie oft das Problem zwischen Konzentration auf eine interessante Chance und breiter Diversifikation bestehen. Wie sollte der Privatanleger in diesem Fall vorgehen?

Wenn jemand jung ist, am Beginn seiner Karriere steht und wenig Anlagekapital besitzt, sollte er mehr konzentrieren und versuchen, einen aggressiveren Vermögensaufbau zu erreichen. Wer sein Vermögen schon aufgebaut hat, für den ist es entscheidend, ausreichend zu diversifizieren, um große Risiken zu vermeiden und vorrangig das Kapital zu erhalten. Man sollte aber in jedem Fall beachten, daß keine "Zu-Tode"-Diversifizierung des Portfolios erfolgt und vor lauter Streuung unter dem Strich die Performance leidet.

Wieviele Aktien würden in einem nationalen Depot zu einer vernünftigen Risikostreuung ausreichen?

Es gibt zahlreiche Studien, die darauf hindeuten, daß in etablierten und liquiden Märkten wie Amerika, England und Deutschland 30 bis 40 Werte eine zufriedenstellende Diversifikation ergeben.

Lesen Sie die Jahresberichte der Aktiengesellschaften?

Für mich ist es durchaus aufschlußreich, Geschäftsberichte von Aktiengesellschaften als zusätzliche Informationsquelle zu benützen. Generell versuche ich dabei, einen groben Eindruck über das Management zu erhalten. Bei der Beurteilung eines Unternehmens ist es wichtig zu erkennen, was sich hinter den einzelnen Zahlen in der Bilanz und in der Gewinn- und Verlustrechnung verbirgt. Der Buchwert kann zum Beispiel durch immaterielle Vermögensgegenstände und durch eine zu hohe Bewertung des Lagerbestandes aufgebläht sein. Die Marktkapitalisierung im Vergleich zum Umsatz und das Umsatzpotential der folgenden Jahre kann bei der Beurteilung einer Aktie ebenfalls hilfreich sein. Wenn ich sehe, daß eine Aktie ständig steigt, aber die Verkaufszahlen seit Jahren stagnieren, stelle ich mir die Frage, wie das langfristige Gewinnwachstum erreicht werden soll. Ein gesundes Unternehmen muß in der Lage sein, über neue oder verbesserte Produkte entsprechendes Wachstum zu erzielen.

Welche Themen sind für den amerikanischen und den deutschen Markt in den nächsten Jahren von besonderer Bedeutung?

Amerika ist Deutschland in der Entwicklung in wichtigen Punkten bereits einige Jahre voraus. Bei einer Betrachtung der dort bereits eingetretenen Tendenzen ergeben sich wichtige Rückschlüsse auf die zukünftige Entwicklung in Europa und insbesondere auch Deutschlands. Im Gegensatz zum vergangenen Jahrzehnt wird in den westlichen Industrienationen das Wirtschaftswachstum in den 90er Jahren nicht mehr schwerpunkmäßig aus dem Konsum kommen. Dieser Bereich ist auf einem hohen Niveau eher gesättigt. Gute Wachstums- und damit auch Anlagechancen wird, wie bereits erwähnt, der industrielle Sektor bieten. Aufgrund des immer härteren internationalen Wettbewerbs wird die Kostenkontrolle bei Unternehmen das zentrale Thema sein. Um hier erfolgreich zu sein, ist nicht so sehr der "visionäre" Manager gefragt. Gesucht ist eher der Pragmatiker, der in weitgehend gesättigten und hartumkämpften Märkten durch vernünftige Kosteneinsparungen für eine wettbewerbsfähige Produktpalette sorgt. In diesem Zusammenhang muß man auch bereit sein, gewisse Produktionen auszulagern. Es macht auf Dauer keinen Sinn, in deutschen Großstädten weiterhin Produktionsstätten der Kohle-, Stahl- und chemischen Industrie zu belassen. Gerade in arbeitsintensiven Produktionsbereichen ist der Standort Deutschland durch die hohen Lohn- und Lohnnebenkosten geschwächt worden. Deshalb ist es notwendig, qualitativ hochwertige Güter kostengünstig herzustellen und zukunftsorientierte Dienstleistungen anzubieten.

Führt die Verlagerung der arbeitsintensiven Industrien ins Ausland nicht zu einer weiter steigenden Massenarbeitslosigkeit?

Die in der Produktion freiwerdenden Arbeitsplätze müssen im Dienstleistungsbereich aufgefangen werden. Deutschland muß sich von einer Produktionsgesellschaft noch mehr hin zur Dienstleistungsgesellschaft entwickeln. Viele Menschen denken bei Dienstleistungen nur an die Post, an Banken und Restaurants. Unter den weitgefaßten Begriff des Dienstleistungsbereiches fallen aber auch so interessante Branchen wie Umweltschutz, Gesundheitswesen, Unterhaltung und Computersoftware. Diese Bereiche werden weiterhin hohe Wachstumsraten aufweisen.

Was hat der harte Wettbewerbsdruck in den Unternehmen für Auswirkungen auf die Börse?

Der harte Wettbewerb ist durchaus positiv zu sehen. Viele Manager werden aus ihrem Dornröschenschlaf erwachen und sich der internationalen Konkurrenz stellen müssen. Die größten Chancen werden dabei die Aktien von Unternehmen haben, die erfolgreich umstrukturieren.

Sie arbeiten nach all den Jahren weiterhin im Privatkundenbereich. Warum sind Sie nicht in den institutionellen Bereich übergewechselt?

Der Privatkundenbereich bietet im Gegensatz zum institutionellen Geschäft neben dem unmittelbaren Kontakt zum Anleger einen hohen Grad an Freiräumen. Gerade der persönliche Kontakt zu Kunden mit unterschiedlichem Hintergrund und vielfältigen Bedürfnissen ist eine Bereicherung in der Vermögensverwaltung. Während Banken häufig auf die "Konfektionsware" Investmentfonds setzen, ist die Dienstleistung einer individuellen Privatkundenbetreuung eher mit der Herstellung eines "Maßanzuges" vergleichbar.

Wird es für Sie schwieriger, in einem Markt mit immer mehr institutionellen und professionellen Marktteilnehmern Gewinne zu erzielen?

Viele der sogenannten professionellen Marktteilnehmer verhalten sich eher amateurhaft, weil sie Markt-Timing betreiben und ihr Hauptaugenmerk auf die kurzfristigen Bewegungen richten. Am Markt erzielen langfristig nur sehr wenige Anleger überdurchschnittliche Gewinne. Kurzfristig wird es zwar immer einige Börsengurus geben, aber die Granvilles und Prechters verschwinden meistens wieder genau so schnell von der Bildfläche, wie sie dort erschienen sind.

Können Sie sich an bestimmte Marktphasen oder Tage erinnern, die Sie nachhaltig beeinflußten?

Kritische Börsenphasen, die meist unangekündigt über die Märkte einbrechen, prägen natürlich besonders. Solche Krisen an den Aktienmärkten stellen bei einer sehr langfristigen Betrachtung aber, entgegen der dann allgemein herrschenden Panik, hervorragende Kaufgelegenheiten dar. Man sollte sich immer vor Augen führen, daß die Aktienmärkte im historischen Vergleich langfristig wesentlich attraktivere Renditen aufweisen als die Rentenmärkte. Je länger man sich intensiv mit den Finanzmärkten beschäftigt hat, desto weniger Ereignisse und kritische Marktphasen gibt es, die man noch nicht erlebt hat. In den letzten 20 Jahren, in denen ich aktiv im Geschäft bin, war an den Märkten in dieser Hinsicht viel zu erleben.

Gab es eine Marktphase, in der Sie mit Ihrem Ansatz Probleme hatten?

Mit meinem "Value-Ansatz" versuche ich, sehr frühzeitig Trends zu erkennen. Da man in solchen Situationen bereits gegen den noch bestehenden Trend am Markt investiert, kostet das oft sehr viel Energie und Überzeugungskraft. Generell besteht die Schwierigkeit darin, Kunden von Ideen zu überzeugen, gerade auch dann, wenn die allgemeine Meinung dagegen spricht. Ein weiteres Problem, mit dem man manchmal konfrontiert wird, besteht darin, daß man ein Papier erwirbt, das unmittelbar nach dem Kauf fällt und erst später die erwarteten Kursgewinne bringt. In der Zwischenzeit ist bei weniger erfahrenen Anlegern große Überzeugungsarbeit zu leisten.

Haben Sie ein bestimmtes Verhaltensmuster für den nächsten Crash?

An der Börse gibt es keine grundsätzlich gleichen Abläufe und damit auch kein Verhaltensmuster für Crashs und Krisen. Die Börse ist dynamisch und verändert sich und damit letztlich auch ihre Regeln laufend. Ich fand heraus, daß eine Krise immer aus einer Ecke kommt, aus der man sie eigentlich nicht vermutet. Vielleicht wird die nächste schwierige Marktphase nicht wie 1987 ein eruptiver Crash sein, sondern einfach eine sehr langweilige und nervenzehrende Seitwärts- oder Abwärtsbewegung. Da man also nicht vorhersagen kann, wie die nächste Krise ablaufen wird, muß man kritische Marktphasen von vornherein bei der Anlagestrategie berücksichtigen. Wenn man an den Märkten nach einem systematischen, kontinuierlichen und vorsichtigen Ansatz agiert, sind solche Marktphasen eher eine Chance als ein Risiko.

Was sind die häufigsten Fehler von Vermögensberatern?

Eine häufig gemachte Erfahrung von mir ist, daß Wertpapierportfolios entweder gar keine oder nur eine unzureichende Struktur aufweisen. Selbst bei oberflächlicher Betrachtung stellt man fest, daß die einfachsten Grundregeln mißachtet werden. So werden beispielsweise bei der Gewichtung einzelner Wertpapierpositionen Fehler begangen. Während z.B. in einem Depot einzelne Aktien einen Gegenwert von 200.000 bis 300.000 DM darstellen, sind auch Werte mit einem Kurswert von nur 50.000 enthalten. Generell kauft man eine Aktie, weil man mit steigenden Kursen rechnet. Um bei einem Kursanstieg einer Aktie auch einen entsprechenden Gewinn im Depot zu erzielen, sollte man es nicht dem Zufall überlassen, in einigen Aktien mehr oder weniger investiert zu sein. Ein weiterer, häufig auftretender Fehler ist, daß ein Depot zwar zu Beginn einmal eine ausgewogene Struktur aufwies, aufgrund ständiger Zukäufe und unkontrollierter Verkäufe aber im Laufe der Zeit eine willkürliche Struktur erreicht. Diese steht dann in keinem Einklang mehr mit der eigentlichen Anlagestrategie. Es kommt immer wieder vor, daß auch Aktien empfohlen werden, wenn der Zeithorizont des Anlegers nur ein Jahr beträgt. Dies hat mit einer vernünftigen Anlagepolitik jedoch nichts zu tun und gehört eher in den Bereich von Spiel und Wette. Manche Vermögensberater sind mehr Verkäufer als Berater. Da werden spekulative Finanzinnovationen Anlegern angeboten, die die Struktur dieser Produkte kaum durchschauen und die entsprechend ihrem Risikoprofil nicht für sie geeignet sind.

Sie sprachen gerade davon, alle Aktien in einem Depot identisch zu gewichten. Kann es nicht manchmal sinnvoll sein, bei sehr spekulativen Aktien nur einen geringeren Anteil zu investieren?

Bei Aktien mit einem hohen Beta-Faktor, das heißt mit relativ großer Schwankungsbreite im Vergleich zum Index, kann es ratsam sein, nur die Hälfte der vorgegebenen Standardgewichtung zu benützen. Dies sind vorwiegend Werte kleinerer Unternehmen oder Aktien in spekulativen Auslandsmärkten.

Beeinflussen die Gewinne und Verluste an den Märkten Ihre persönliche Stimmungslage?

Wenn man sich intensiv mit den Wertpapiermärkten beschäftigt, beeinflussen Gewinne und Verluste natürlich die eigene Stimmungslage. Die Realisierung von Verlusten, eine falsche Entscheidung beim Kauf, eine undurchsichtige Marktlage können dabei sicher auch manchmal auf den Magen schlagen.

Ein aktiver Händler kann bei hektischen Marktbewegungen unter einem erheblichen Streß stehen. Unterliegen Sie bei Ihrem längerfristigen Ansatz auch extremen Streßsituationen?

Da meine Anlagephilosophie langfristiger als bei Händlern ausgerichtet ist, liegt mein Streß nicht im täglichen Geschäft, sondern in der kurzfristigen Ausnutzung von langfristig interessanten Chancen. Ein Agieren an den internationalen Wertpapiermärkten bedeutet jedoch auch, daß viele Entscheidungen unter hohem Zeit- und Leistungsdruck getroffenwerden müssen. Da ich meinen Beruf aber auch als Hobby betrachte und mir meine Arbeit Spaß bereitet, sind diese Schattenseiten leicht zu ertragen.

Sehen Sie es als ein Problem Ihrer Branche an, daß die Berater von den Kommissionen und Gebühren der Kundentransaktionen bezahlt werden und damit unabhängig vom Gewinn und Verlust der Kunden immer die eigentlichen Gewinner sind?

Diese Aussage ist heute nicht mehr uneingeschränkt richtig, da es in

der Vermögensverwaltung als Alternative auch transaktionsunab-
hängige Gebührenstrukturen gibt. Die wichtigste Voraussetzung für
nachhaltigen Erfolg in meinem Beruf ist immer das Vertrauen des
Anlegers. Kunde und Berater stehen in einer Partnerschaft. Deshalb
sollten die Gebühren in einem gesunden Verhältnis zur Wertschöp-
fung im Portfolio des Kunden stehen. Bei einer nachhaltig guten
Performance kommt es nicht auf ein Prozent mehr oder weniger an.
Unbefriedigende Ergebnisse sind häufig weniger auf zu hohe Gebühren zurückzuführen als vielmehr auf schlechte Beratung. Anders
ausgedrückt: Niedrige Gebühren schützen nicht vor schlechter Performance. Weit wichtiger ist deshalb die Auswahl eines guten Bera-
ters. Hier sollten die Anleger mehr Zeit investieren.

1. Entwicklung und aktueller Stand der Terminmärkte

Die Geschichte und Entwicklung von Terminbörsen läßt sich bis in das Jahr 2000 vor unserer Zeitrechnung zurückverfolgen. Damals nahmen Kaufleute aus dem heutigen Bahrain Waren in Kommission, die für den Tauschhandel mit Indien bestimmt waren. Bei diesem ersten Versuch wurden Kontrakte abgeschlossen, bei denen die betreffenden Parteien die Verkaufsbedingungen bereits Monate im Voraus vereinbarten. Zu einem effektiven Geschäftsabschluß kam es jedoch erst bei Eintreffen und Übergabe der Ware.

Der Ursprung der heute existierenden Terminmärkte ist in den USA zu finden. Im Jahr 1848 wurde die erste offiziell organisierte Warenbörse der Vereinigten Staaten von Amerika in Chicago eingerichtet, das Chicago Board of Trade (CBOT). Ursprünglich als zentraler Marktplatz für Getreide konzipiert, wurden am CBOT die ersten Termingeschäfte mit standardisierten Mengen- und Qualitätsnormen abgeschlossen. In den folgenden Jahren wurde Pionierarbeit bei der Entwicklung und dem Aufbau eines geregelten Terminmarktes mit standardisierten Mengen- und Qualitätsnormen geleistet. Allein in den USA gibt es heute 11 Terminbörsen mit einem Handel in über 50 verschiedenen Produkten. Weltweit sind an die 60 Terminbörsen registriert.

Ursprünglich wurden an den Terminbörsen landwirtschaftliche Produkte und Rohstoffe wie z.B. Baumwolle, Fette, Kaffee, Kakao, Zucker, Weizen, Rinder, Schweine, Gold, Silber, Öl und Gas gehandelt. Über die Terminbörsen konnten Erzeuger sowie weiterverarbeitende und rohstoffabhängige Unternehmen die Möglichkeit nutzen, das Risiko von Preisschwankungen zu verringern oder gar auszuschließen. Heute liegt der Schwerpunkt an den Terminbörsen vornehmlich im Bereich der Finanzterminkontrakte. Der Handel mit Kontrakten auf Währungen, Zinsen und Aktienindizes hat in den vergangenen Jahren wesentlich zum Umsatzanstieg an den Terminmärkten beigetragen. Weltweit wurden 1993 circa 700 Millionen Kontrakte an circa 60 Terminbörsen gehandelt. Hierbei heben sich sieben Börsenplätze aufgrund ihres Handelsvolumens deutlich ab.

Chicago Board of Trade (CBOT)

Das Chicago Board of Trade ist mit Abstand der größte Handelsplatz für derivate Instrumente in der Welt. Bereits 1848 wurde das CBOT als zentraler Marktplatz für Getreide gegründet. Heute werden mehr als 80 Prozent des weltweiten Getreide-Terminhandels am CBOT abgewickelt. In den letzten Jahren kamen zu den ursprünglich gehandelten landwirtschaftlichen Produkten vor allem der Handel in Edelmetallen sowie Zinskontrakten hinzu. Auf die wichtigsten und umsatzstärksten Terminkontrakte werden auch Optionen gehandelt. Die wichtigsten Futuresprodukte des CBOT sind U.S. Treasury Bonds, U.S. Treasury Notes, Japanese Government Bonds, Gold, Silber, Sojabohnen und Weizen.

Chicago Mercantile Exchange (CME)

Ursprünglich als Umschlagplatz für Butter und Eier im Jahr 1898 gegründet, hat sich die CME zu der zweitumsatzstärksten Warenterminbörse entwickelt. Nachdem zuvor Käse, Zwiebeln und Kartoffeln zum Handel zugelassen worden waren, folgte 1961 der Handel mit Schweinebäuchen. 1972 wurde, in der neugegründeten International Monetary Market Devision (IMM), der Terminhandel in sieben verschiedenen Währungen eingeführt. Die wichtigsten Futuresprodukte des CME sind Eurodollars, Yen, DM, Britisches Pfund, Schweizer Franken, Standard & Poor's 500-Index, Nikkei-Index und Schweinebäuche.

Commodity Exchange (COMEX)

Die COMEX mit ihrem Sitz in New York (World Trade Center) wurde 1933 gegründet und ist die größte Börse der Welt für Edelmetalle. Die COMEX ist unter dem Commodity Exchange Center organisiert. Auf zahlreiche Edelmetalle werden sowohl Futures als auch Optionen gehandelt. Die wichtigsten Futuresprodukte der COMEX sind Kupfer, Gold und Silber.

New York Mercantile Exchange (NYMEX)

1872 als Börse für Butter und Käse gegründet, hat sich die NYMEX zum führenden Handelsplatz für Rohstoffe und sämtliche Energieträger entwickelt. Die NYMEX hat ebenso wie die COMEX ihren Sitz in New York (World Trade Center) und ist unter dem Commodity Exchange Center organisiert. Die NYMEX ist der wichtigste Platz für Rohstoff- und Energie-Risikomanagement und der Rohölkontrakt ist der meistgehandelte Rohstoffkontrakt der Welt. Die wichtigsten Futuresprodukte der NYMEX sind Rohöl, Heizöl, Gas, Benzin, Palladium und Platin.

London International Financial Futures Exchange (LIFFE)

Seit ihrer Gründung 1982 hat sich die LIFFE zur größten europäischen Terminbörse entwickelt. Nachdem bereits 1988 ein Kontrakt auf deutsche Bundesanleihen eingeführt wurde, bei dem bis heute an der LIFFE höhere Umsätze als an der DTB verzeichnet werden, können in London Kontrakte der weltweit bedeutendsten Anleihenmärkte sowie Optionen gehandelt werden. Die wichtigsten Futuresprodukte der LIFFE sind: German Bund, Italien Bond, Long Gilt, U.S. Treasury Bond, ECU Bond, Eurodollars und Euromark.

Marche á Terme International de France (MATIF)

Bereits 1885 wurde die Commodity Division der MATIF gegründet. Die heute wesentlich bedeutendere Financial Division der MATIF besteht seit 1985. Die MATIF ist nach der LIFFE in London die zweitgrößte europäische Terminbörse. Die wichtigsten Futuresprodukte der MATIF sind CAC 40 Aktienindex, French National Bond, Dreimonats-PIBOR, ECU Bond und Italien Bond.

Deutsche Terminbörse (DTB)

Am 26. Januar 1990 nahm die DTB ihren Handel mit Futures und Optionen auf. Nachdem die rechtlichen Voraussetzungen für Termingeschäfte an der DTB nach internationalem Standard geschaffen waren, konnten per zentralem Computersystem Terminkontrakte und Optionen gehandelt werden. Aufgrund der technischen Grundlage eines vollautomatisierten Börsen- und Clearingsystems wurde ein effizienter Markt geschaffen. An der DTB werden heute folgende Futures-Kontrakte gehandelt: DAX, BUND, BOBL und BUXL. Optionen werden auf den Kassa-DAX als auch auf den DAX-Future, den BUND, BOBL sowie auf 16 DAX-Werte gehandelt.

2. Terminmarkt-Instrumente

Terminkontrakte

Bei einem Termin- oder Futures-Kontrakt handelt es sich um eine unbedingte vertragliche Vereinbarung zwischen zwei Parteien, eine bestimmte Anzahl einer Ware oder eines Finanzinstrumentes zu einem bestimmten zukünftigen Zeitpunkt zu einem bestimmten Kurs zu kaufen oder zu verkaufen. Der Terminkontrakt verpflichtet den Käufer zur Zahlung und den Verkäufer zur Lieferung der zugrundeliegenden Basisgröße. Beide können sich von ihrer Verpflichtung lösen, indem sie den Kontrakt vor Fälligkeit an der Terminbörse veräußern oder zurückkaufen. Was den Terminkontrakt charakterisiert, ist die Standardisierung, d.h. Quantität und Qualität der Ware oder des Finanzinstrumentes sind von der Börse exakt festgelegt und bieten somit keinen Verhandlungsspielraum bei Vertragsabschluß. Der Käufer eines Kontraktes wird auch als Halter bezeichnet; er ist "long". Der Verkäufer eines Kontraktes wird als Stillhalter bezeichnet; er ist "short".

Als Sicherheitsleistung für den Kauf oder Verkauf des Kontraktes müssen beide Seiten einen bestimmten Geldbetrag (von den meisten Börsenplätzen werden auch kurzfristig laufende Staatstitel akzeptiert) hinterlegen. Diese Sicherheitsleistung wird auch Margin genannt. Sie entspricht in der Regel einem sehr geringen Prozentsatz (meist 5 bis 10 Prozent) des Kontraktwertes. Die Höhe der Sicherheitsleistung wird von den Börsenplätzen festgelegt und kann je nach Volatilität der Märkte verändert werden.

Der Käufer eines Terminkontraktes kontrolliert damit einen Wert, der nur einem Bruchteil des eigentlichen Kontraktwertes entspricht ("Leverage"). Verkauft er diesen Kontrakt vor Fälligkeit, erhält oder zahlt er die Differenz zwischen dem Preis, zu dem er den Kontrakt kaufte, und dem, zu dem er ihn verkauft (abzüglich der Spesen). Dies entspricht gleichzeitig seinem Gewinn oder Verlust.

Forwardkontrakte

Ein Forwardkontrakt ist die unbedingte vertragliche Verpflichtung, eine individuell bestimmte Quantität und Qualität einer Ware oder eines Finanzinstruments an oder vor einem bestimmten Zeitpunkt in der Zukunft zu kaufen oder zu verkaufen. Der Unterschied zum Terminkontrakt liegt darin, daß es sich bei Forwardkontrakten nicht um standardisierte Kontrakte handelt, d.h. Qualität und Quantität der zugrundeliegenden Ware und die Valuta müssen zwischen den Vertragspartnern individuell ausgehandelt werden und sind nicht von einer Börse standardisiert.

Weiterhin ist es bei einem Forwardkontrakt schwieriger als bei einem standardisierten Terminkontrakt, eine offene Position zu schließen. So kann der Käufer eines Terminkontraktes beispielsweise seine "Long"-Position schließen, indem er den Kontrakt an der Terminbörse verkauft. Will jedoch der Käufer eines Forwardkontraktes eine Position schließen, so geht er in der Regel eine gegenseitige Position ein, d.h. er verkauft einen Forwardkontrakt, der seinem ursprünglichen Kauf in Qualität und Quantität der Ware entspricht und am gleichen Tag valutiert. Somit ist er abgesichert. Forwardkontrakte werden an organisierten Märkten im Interbankenhandel und nicht an Börsenplätzen oder geregelten Märkten gehandelt.

Optionen

Eine Option beeinhaltet das bedingte vertragliche Recht (aber nicht die Pflicht), eine bestimmte Anzahl eines Wirtschaftsgutes zu einem bestimmten Preis (Basispreis) bis zu einem bestimmten Termin (Optionstermin) zu kaufen oder zu verkaufen. Zu unterscheiden sind dabei zwei Arten von Optionen: Kaufoptionen (Calls) und Verkaufsoptionen (Puts).

Die Kaufoption gibt dem Käufer (Halter) das Recht, die zugrundeliegende Einheit zu kaufen. Die Verkaufsoption gibt ihm das Recht, sie zu verkaufen. Für diese Rechte zahlt der Käufer den Optionspreis (Optionsprämie) an den Verkäufer (Stillhalter) der Option. Der Optionspreis ergibt sich durch Angebot und Nachfrage. Theoretisch setzt er sich aus dem Zeitwert und dem inneren Wert zusammen.

Der innere Wert ist die Differenz zwischen dem Basispreis der Option und dem aktuellen Kurs des dem Optionsvertrag zugrundeliegenden Gutes. Der Zeitwert errechnet sich aus der Differenz der Optionsprämie zum inneren Wert. Der Zeitwert richtet sich nach der Laufzeit, der Volatilität des Preises des Gutes, dem allgemeinem Zinsniveau und der Rendite des dem Optionsvertrag zugrundeliegenden Gutes.

Bei der Ausübung macht der Käufer der Option von seinem Recht Gebrauch, die zugrundeliegende Einheit zu kaufen (Kaufoption) oder zu verkaufen (Verkaufsoption). Bei den Optionen wird zwischen amerikanischen Optionen, bei denen der Käufer zu jedem Zeitpunkt zwischen Kauf und Verfalldatum ausüben kann, und europäischen Optionen, die nur am Ende der Optionsfrist ausgeübt werden können, unterschieden.

Der Verkäufer der Option hat hingegen die Pflicht, dem Wunsch des Käufers nachzukommen, d.h. der Verkäufer einer Kaufoption hat die Pflicht, die zugrundeliegende Einheit zum vereinbarten Basispreis zu liefern. Der Verkäufer einer Verkaufsoption hat die Pflicht, die zugrundeliegende Einheit zum vereinbarten Preis entgegenzunehmen. Für diese Pflicht erhält er die Optionsprämie bei Abschluß des Geschäftes.

3. Marktteilnehmer an den Terminmärkten

Die Rolle einer Terminbörse ist es, die Übertragung von Kurs-
chancen und Kursrisiken zwischen den Marktteilnehmern zu ermöglichen. Im Wesentlichen unterscheidet man die Marktteilnehmer nach
dem Motiv ihres Handelns: die Aufnahme von Risiken (Trading), die
Abgabe von Risiken (Hedging) und die Arbitrage.

Trading
Beim Trading rechnet der Marktteilnehmer mit einer bestimmten
Kursentwicklung und geht eine offene Position ein. Offen heißt in
diesem Zusammenhang, daß weder am Kassamarkt noch am Terminmarkt eine Gegenposition besteht. Jede Kursänderung gegenüber dem
Einstandskurs bedeutet somit einen Gewinn bzw. Verlust. Dabei wird
unterschieden zwischen den Parketthändlern, die ihre Positionen oft
nur einige Minuten bis einen Tag behalten, sowie den Positionshändlern, die auf langfristige Preisveränderungen spekulieren. Beide
Arten von Tradern spielen bei der Schaffung effizienter Terminmärkte eine entscheidende Rolle. Vor allem sorgen sie für liquide Märkte
mit hohem Umsatz, so daß auch größere Aufträge bei einem Minimum an Preisschwankungen abgewickelt werden können. Bei den
Positionshändlern kann man wiederum zwischen privaten und professionellen Teilnehmern unterscheiden. Umfassende Untersuchungen
aus Amerika belegen, daß zwischen 70 und 80 Prozent der Privatanleger langfristig Geld an den Terminbörsen verlieren. Gerade bei
unerfahrenen Anlegern kann ein Engagement an den Terminmärkten
sogar innerhalb kürzester Zeit oft mit einem Totalverlust enden. Bei
den professionellen Marktteilnehmern nehmen seit Jahren besonders
die Eigenhandelsabteilungen großer Investmentbanken eine wichtige
Stellung ein. Darüber hinaus sind besonders in den letzten Jahren an
den internationalen Finanzmärkten aus Amerika kommende Hedge-
Fonds, Futures-Fonds und Commodity Trading Advisors (CTA)
immer bedeutender geworden.
  Diese ursprünglich in den USA ansässigen professionellen Marktteilnehmer verwalten institutionelle und private Gelder an den internationalen Termin- und Interbankenmärkten. Sie haben sich auf den
Handel mit derivativen Finanzinstrumenten spezialisiert und verfü-
gen über Disziplin, ein striktes Risikomanagement und eine breite
Erfahrung bei der Zusammenstellung und Verwaltung von Futures-
Portfolios. In den USA sind über 2.000 CTA's bei der Commodity
Futures Trading Commission und der U.S. National Futures

Association registriert und unterliegen deren Überwachung. Durch diese Behörden erfolgt eine Kontrolle der Angaben des vom CTA herausgegebenen "Disclosure Statements", welches ausführlich über den jeweiligen CTA, seine Handelsmethode und seine Performance informiert.

Hedging

Hedging bedeutet das Eingehen einer Terminposition, deren Wert sich gegenläufig zu einer gehaltenen Kassaposition entwickelt. Der Hedger ist in der Regel ein Produzent, Händler, Weiterverarbeiter, Großabnehmer oder auch Portfoliomanager. Seine Partizipation am Terminmarkt resultiert daraus, daß er dem Risiko ausgesetzt ist, eine bestimmte Ware oder ein Finanzinstrument über einen bestimmten Zeitraum zu halten. Er nutzt daher den Vorteil der parallelen Preisentwicklungen von Termin- und Kassamärkten und die Möglichkeit, seine Waren, Devisen und Finanzinstrumente zu einem bestimmten Zeitpunkt in der Zukunft zu kaufen oder zu verkaufen. Die ökonomische Rechtfertigung sämtlicher Terminbörsen liegt unter anderem in der Bereitstellung eines wirkungsvollen Instrumentariums für Erzeuger, Industrie, Handel und Portfoliomanager zur Ausschaltung bzw. Minimierung der bestehenden Risiken.

Arbitrage

Ziel der Arbitrage ist es, Kursunterschiede zwischen identischen Kontrakten, die an verschiedenen Börsen gehandelt werden (Differenzarbitrage) oder zwischen Kontrakten und entsprechenden Kassainstrumenten (Ausgleichsarbitrage) gewinnbringend auszunutzen. Der Arbitrageur stellt somit den Preisausgleich in Kassamärkten und/oder in den Beziehungen zwischen Kassa- und Terminmärkten her und ist also eine Art Bindeglied zwischen Kassa- und Terminmarkt. Er sorgt dafür, daß Terminmärkte ihrer oben beschriebenen Preisausgleichsfunktion voll gerecht werden.

4. Investitionsmöglichkeiten für Privatanleger an den Terminmärkten

Der Erfolg eines selbstverwalteten Futuresdepots scheitert oft an den typischen Problembereichen wie Diversifikation, Risikomanagement, Disziplin, Kapital, Zeit, Information und Professionalität. Wie bereits erwähnt, zeigen umfangreiche Untersuchungen, daß aus diesen Gründen permanent ein Prämientransfer an die Gruppe der professionellen Marktteilnehmer stattfindet. Peter Lynch bezeichnet diesen Vorgang als einen Transfer von den Unvorsichtigen zu den Wachsamen.

Daher sind Engagements bei einem führenden und erfolgreichen Commodity Trading Advisor (CTA) eine immer interessantere Möglichkeit, an den Futuresmärkten zu partizipieren. Aus diesen Gründen stieg das Volumen der von CTA's verwalteten Gelder von 500 Millionen Dollar (1980) auf 26 Mrd. Dollar 1993. Vergleicht man diesen Betrag mit dem Ende 1991 von Asset Managern weltweit in Aktien und Renten verwalteten Kapital von 7.195 Mrd. Dollar, so ist der Anteil mit 0,36 Prozent allerdings noch immer verschwindend gering. Beeindruckend jedoch sind die jährlichen Zuwachsraten von circa 43 Prozent während der letzten 11 Jahre. Die erfolgreichsten CTA's nehmen heute meist erst ab einem Mindestkapital von einer Million Dollar Privatkunden an. In diesem Fall erfolgt dann aber noch keine Diversifikation auf mehrere, in ihren Handelsmethoden unterschiedliche CTA's. Für den Privatanleger, der ein Engagement an den internationalen Futuresmärkten anstrebt, ist daher ein Futures-Investmentfonds oft die einzige Möglichkeit. Die Zahl der weltweit existierenden Fonds stieg im Zeitraum von 1979 bis 1991 von 13 auf 222.

Bei der Vielzahl der in einem Futures Fonds involvierten Parteien und den damit entstehenden Kosten, stellt sich die Frage der Auswirkung dieser Gebühren auf die Performance. Neueste Untersuchungen auf diesem Gebiet zeigen, daß die höheren Kosten der Fonds in den Bereichen Managementgebühr, Incentivegebühr, Broker-Kommissionen und Zinseinkommen sowie die Erhebung eines Ausgabeaufschlags oft die Ursache einer schlechteren Performance sind als bei einem Direktengagement eines CTA's. Bei der wachsenden Anzahl von CTA's und Futures-Fonds sollte daher unbedingt beachtet werden, daß die historisch erzielte Performance und die erhobenen Gebühren in einem vernünftigen Verhältnis zueinander stehen.

5. Risikofaktoren

Das vor allem bei einer professionellen Verwaltung an den Terminmärkten zweifelsohne vorhandene Performancepotential darf auf keinen Fall zu einer Vernachlässigung der Risikofaktoren führen. Auch bei einem professionellen Engagement an den Terminmärkten können erhebliche Risiken auftreten.

Hebelwirkung

Im Vergleich zu den traditionellen Anlageinstrumenten ist der Termin- und Optionshandel weitaus höheren Risiken ausgesetzt. Bei einem Engagement am Terminmarkt kann der Kontraktwert die Höhe des Eigenkapitals übersteigen. Mit einem relativ geringen Kapitaleinsatz wird ein Kontraktwert kontrolliert, der häufig einem Vielfachen des hinterlegten Eigenkapitals entspricht. Die dadurch entstehenden Gewinne und Verluste können ebenfalls die Höhe des anfänglich hinterlegten Eigenkapitals erheblich übersteigen. In dieser enormen Hebelwirkung liegt das erhöhte Risiko.

Volatilität

Ein weiteres Risiko liegt in der Volatilität der Terminmärkte. Die Preisbewegungen von Terminkontrakten werden von zahlreichen Faktoren beeinflußt, wie z.B. Veränderungen von Angebot und Nachfrage sowie Veränderungen der wirtschaftlichen und politischen Rahmenbedingungen. Der Handel in landwirtschaftlichen Produkten kann durch Produktions- und Preiskontrollen, aber auch durch schwankende Wetterverhältnisse beeinflußt werden. Zusätzlich können Regierungen in bestimmte Märkte intervenieren.

Liquidität

Nicht alle Terminmärkte besitzen die Liquidität großer und bedeutender Märkte. Bei manchen stehen sich zeitweise nur wenige Anbieter und Nachfrager gegenüber. Aber selbst in umsatzstarken Märkten kann sich die Liquiditätssituation verändern. So legen die meisten Terminbörsen tägliche Preislimits fest, in deren Rahmen sich die Preise von bestimmten Kontrakten bewegen dürfen. Bei Erreichen des Limits wird der Handel bis zum nächsten Tag ausgesetzt (Limit-up bzw. Limit-down). Für die Marktteilnehmer ist es somit unmöglich, offene Positionen zu liquidieren. Bei extremen Preisbewegungen ist es sogar möglich, daß der Handel für mehrere Tage ausgesetzt wird und unerwartet hohe Verluste für die Markteilnehmer entstehen können.

Währungsrisiko

Für deutsche Investoren ist die Grundwährung, also die Rechengröße des Portfolios, in der Regel die Deutsche Mark. Ein Großteil der Engagements im Futuresbereich werden jedoch in US Dollar oder einer anderen Währung getätigt und ein Teil der Verbindlichkeiten kann in US Dollar entstehen. Die meisten Terminkontrakte lauten außerdem nicht auf DM, sondern auf eine ausländische Währung. Daher ist der Wert der Terminkontrakte abhängig von Kursschwankungen des Dollars oder anderer Währungen gegenüber der DM.

Gebührenrisiko

Hedge- und Futures-Fonds sind eine sehr komplexe und risikoreiche Anlageform, die eine ständige Überwachung mit hohen Sicherheitsmaßnahmen erfordern. Dementsprechend sind die entstehenden Kosten bei Handel, Abwicklung und Verwaltung höher als bei gewöhnlichen Aktien- oder Rentenfonds. Meist wird das Fondsvermögen neben den zu zahlenden Gebühren an die Depotbank, die Verwaltungsgesellschaft, den Tradingmanager und die bestellten CTA's sowie der gewinnabhängigen Vergütung der CTA's und des Tradingmanagers zusätzlich mit den Gebühren des Brokers belastet. Im Futureshandel müssen daher beträchtliche Gewinne erwirtschaftet werden, damit keine Verluste entstehen und das Vermögen nicht durch die genannten Gebühren und Kosten aufgezehrt wird.

Seit jeher versuchen Kaufleute und Händler die Preisentwicklung ihrer Produkte vorauszusagen, um damit ihre Profite zu erhöhen. Anfänglich wurde versucht, aufgrund der Ernteerwartungen das auf den Markt kommende Angebot und somit die Preisbewegungen zu antizipieren. Diese ersten Ernteprognosen und einfachen Analysen würde man heute als Fundamentalanalyse bezeichnen. Die fundamentale Analysemethode zur Bewertung von Anlageobjekten stützt sich auf die direkt oder indirekt beobachtbaren Entwicklungen kausaler Faktoren. Bei der fundamentalen Analyse wird neben zahlreichen Einzelindikatoren grundsätzlich zwischen einem Top-down- (von oben nach unten) Ansatz und einem Bottom-up- (von unten nach oben) Ansatz unterschieden. Beim Top-down-Ansatz wird ausgehend von der Gesamtentwicklung einer Volkswirtschaft und der jeweiligen Branche versucht, auf die Entwicklung eines einzelnen Unternehmens sowie dessen Aktienkurs zu schließen. Der Bottom-up-Ansatz geht dagegen genau entgegengesetzt von dem jeweiligen Unternehmen selbst aus. Durch die Analyse der wesentlichen Kennzahlen und Entwicklungen eines Unternehmens wird versucht, die Faktoren mit dem tatsächlichen Kurs zu vergleichen und daraus eine Über- oder Unterbewertung abzuleiten sowie die Entwicklung des Aktienkurses zu antizipieren.

Vor einer detaillierteren Darstellung der technischen Analysemethode muß zum besseren allgemeinen Verständnis ein grundsätzliches Problem zwischen fundamental-theoretischer Analyse und technischer Analyse aufgezeigt werden. Denn aufgrund der Random-Walk-Theorie wird den technischen Analysemethoden jede Existenzberechtigung aberkannt. Eine Folge aus der Random-Walk-Hypothese ist die Aussage, daß sich Kursänderungen so darstellen, als ob sie von einem Zufallsmechanismus generiert worden wären, sich nicht im Trend bewegen und historische Preise keinen Einfluß auf die zukünftige Preisentwicklung haben. Eine Analogie zwischen Glücksspiel (z.B. Roulett) und der Börsenkursentwicklung ist bei einer richtigen Interpretation der Random-Walk-Hypothese aber auf keinen Fall gegeben. Sie ist also kein Erklärungsmodell, sondern eine Theorie zur Beschreibung von Kursverläufen. Die Efficient-Market-Theorie besagt darüber hinaus, daß ein Kurs alle gegenwärtig vorhandenen Informationen sofort impliziert und daher keine Möglichkeit besteht, an der zukünftigen Entwicklung der Märkte zu profitieren.

Bei der technischen Analyse versuchen Marktteilnehmer, die vergangene Preis- bzw. Kurs-, Open interest- und Umsatzentwicklung des jeweiligen Marktes für die Prognose der weiteren Kursentwicklung heranzuziehen. Erste Ansätze dafür machten die Japaner vor knapp 300 Jahren. Die damaligen Reishändler analysierten die weitere Entwicklung des stark schwankenden Reismarktes mit Hilfe des jeweils täglichen Eröffnungs-, Höchst-, Tiefst- und Schlußkurses. Gerade innerhalb der letzten Jahre kommt dieser sogenannten Candlestick-Charttechnik auch über den asiatischen Raum hinaus wieder steigende Bedeutung zu.

Ende des letzten Jahrhunderts entwickelte sich unabhängig von den Einflüssen der japanischen Candlestickmethode die bis heute in Europa und Amerika weitverbreitete Chartmethode. Pionier auf diesem Gebiet war Charles H. Dow, der am 3. Juli 1884 im Wall Street Journal den ersten Aktien-Index in grafischer Darstellung publizierte. Der inzwischen 30 amerikanische Industriewerte umfassende Dow-Jones-Industrial-Index setzte sich damals aus nur 11 Werten zusammen. Aus dieser von Dow in Balkenform angewendeten Darstellung von Eröffnungs-, Höchst-, Tiefst- und Schlußkurs in einer Preis/Zeit-Grafik leiten sich circa 80 Prozent der derzeit angewandten technischen Analysemethoden ab. Ungefähr zur selben Zeit entwickelte sich "Point and Figure", eine ebenfalls bis heute angewandte Chartmethode. Diese Methode wurde von Parketthändlern entwickelt und wird sowohl für den kurzfristigen Handel als auch bei langfristigen Anlageentscheidungen herangezogen. "Point and Figure" ist eine Betrachtung der Kursverläufe ohne Berücksichtigung der Zeitachse. Steigende Kurse werden durch Kreuze markiert, fallende Kurse durch Kreise. Um unbedeutende Kursfluktuationen außer acht zu lassen, wird eine gewisse Mindestbewegung von meist drei oder fünf Punkten zur Richtungsänderung vorgegeben.

Grundsätzlich gibt es derzeit drei wesentliche Ansätze in der technischen Analyse. Der wohl weitverbreitetste davon ist die klassische Chart-Formationsanalyse. Hierbei werden verschiedene wiederkehrende grafische Formationen in der Kursbewegung als Aussagekriterium herangezogen. Zu den bekanntesten zählen Kopf-Schulter-Formationen, Dreiecke, Keile und Wimpel. Darüberhinaus wird mit Hilfe von Trendlinien die zugrundeliegende Tendenz eines Marktes bestimmt. Durch Unterstützungs- und Widerstandslinien soll festgestellt werden, ob bestimmte Kursniveaus und Bereiche nicht überschritten bzw. unterschritten werden können.

Der älteste Ansatz in der systematischen Chartanalyse liegt in der Preis/Preis-, Preis/Zeit- bzw. Zyklenanalyse. Bei der Preis/Preis-Analyse wird versucht, aus der Beziehung von Kursabständen, z.B. dem Verhältnis zwischen einem Höchst- und einem Tiefstkurs, auf einen Widerstand oder eine Unterstützung innerhalb dieses Preisbereichs zu schließen. Wobei auch die Möglichkeit besteht, durch die Preisproportionen auf neue zyklische Hochs bzw. Tiefs zu schließen. Bei der Preis/Zeit-Analyse wird versucht, aufgrund der Zeitabstände der jeweiligen Hochs und Tiefs auf zukünftige Wendepunkte im Kursverlauf zu schließen. Die Zyklenanalyse dagegen basiert ausschließlich auf immer wiederkehrenden Folgen von Höchst- und Tiefstkursen. Zu den bekanntesten Vertretern dieser Methoden gehören unter anderem Elliott, W. Gann und Fibonacci.

Ein seit Beginn der 80er Jahre ebenfalls weitverbreiteter Ansatz ist die Preis/Trend-Analyse. Man unterscheidet hierbei zwischen Trend- und Nichttrend-Phasen. Unter statistischer Betrachtung bewegen sich die Märkte bis zu 80 Prozent der Zeit in Nichttrend-Phasen, sogenannten Seitwärtsbewegungen. Nur zu circa 20 Prozent befindet sich der Markt in gleichmäßigen Aufwärts- bzw. Abwärtsbewegungen, sogenannten Trendphasen. Die meisten Marktteilnehmer und deren Systeme konzentrieren sich auf diese gewinnbringenden Trendphasen. Für diese Phasen werden im wesentlichen ein gleitender Durchschnitt, zwei gleitende Durchschnitte (Oszillatoren) sowie drei gleitende Durchschnitte (z.B. MACD) als Indikatoren benutzt. Zu den gängigsten Nichttrend-Indikatoren gehören Stochastik-Indikatoren, Momentum und der Relative Stärke-Index. Das Momentum, als einfachstes Beispiel, stellt dabei die Kursdifferenz zwischen einem Tag A und einem Tag B in grafischer Form dar. Eines der wesentlichen Probleme der technischen Analyse besteht nach wie vor in der Problematik, Trend- und Nichttrend-Phasen an den diversen Märkten herauszufiltern und zu unterscheiden.

Im Gegensatz zu den dargestellten Ansätzen in der technischen Analyse, die sich linearer Analysemethoden bedient, steht die Analyse mit Hilfe nichtlinearer Systeme - die sogenannte Chaostheorie. Ein wesentlicher Bestandteil der Chaostheorie ist die Hypothese der Existenz von Fraktalen. Als Fraktale werden "selbstähnelnde" Systeme bezeichnet. Diese Fraktale ermöglichen es, selbst in chaotischen Systemen der Kursverläufe offensichtliche Strukturen zu finden. Die Gestalt eines Kursverlaufs kann - folgt man der Chaostheorie - von einer höheren Struktur (z.B. Jahreschart) auf eine niedrigere Struktur (z.B. Wochen-, Tages- und Minutenchart) übertragen werden.

Zur Vollständigkeit der oben aufgeführten Darstellungen zur Entwicklung und derzeitigem Stand der technischen Analyse ist es notwendig, auf die neuronalen Netze (selbstlernende Systeme) einzugehen. Diese Systeme stellen die neueste Entwicklung in der technischen Analyse dar. Sie "lernen" aus der täglichen Marktentwicklung, entwickeln sich dementsprechend laufend weiter und versuchen so, zukünftige Kursentwicklungen genauer vorherzusagen. Eine detaillierte Behandlung der neuronalen Netze würde im Rahmen dieser kurzen Darstellung aufgrund deren Komplexität allerdings zu weit führen.

Aktie

Eine Aktie verbrieft das Anteilsrecht, also das wirtschaftliche Miteigentum, an einer Aktiengesellschaft. Der Aktionär ist nicht Gläubiger der Unternehmung, sondern ist an dieser mitgliedschaftlich beteiligt und hat die Pficht der Leistung einer Einlage. Als Teilhaber hat er bestimmte Rechte: Stimmrecht in der Hauptversammlung, Bezugsrecht bei der Ausgabe junger Aktien. Zwar besteht kein Anspruch des Aktionärs auf Gewinnauschüttung, erfolgt jedoch eine Ausschüttung, verbrieft die Aktie einen Anspruch auf anteilsmäßige Dividende. Der Mindestnennwert einer Aktie beträgt 50 DM.

Amerikanische Option

Eine Option, die zu jedem Zeitpunkt zwischen Kauf- und Verfalldatum ausgeübt werden kann.

Am Geld-Option (at-the-money)

Eine Option gilt als "am Geld", wenn der augenblickliche Kassapreis des Basiswertes dem Basispreis entspricht.

Anleihe

Ist eine Sammelbezeichnung für Schuldverschreibungen mit bestimmter, fester oder variabler Verzinsung, fester Laufzeit sowie anleihevertraglich fixierter Tilgung. Anleihen dienen den Emittenten der Beschaffung von Finanzierungsmitteln. Der Gesamtbetrag einer Anleihe ist gestückelt in Teilbeträge von mindestens 100 DM Nennwert oder einem Vielfachen davon. Die Merkmale einer Anleihe sind vor allem Ausgabejahr, Reihe, Serie, Anleihebedingungen und Anleihesicherung.

Je nach Emittent unterscheidet man öffentliche Anleihen (Bund, Post und Bahn), Industrieanleihen, Anleihen von Hypothekenbanken oder öffentlich-rechtlichen Grundkreditanstalten (Pfandbriefe, Kommunalobligationen) und Anleihen ausländischer Emittenten.

Arbitrage

Der gleichzeitige Kauf und Verkauf von Terminkontrakten und/oder Kassainstrumenten an verschiedenen Börsen zur Ausnutzung temporärer Preisdifferenzen. Zum Beispiel der Kauf in einem Markt, gegen den wertgleichen Verkauf in einem eng verwandten Markt (z.B. Aktien und Aktien-Index-Futures).

Asset Allocation

Aufteilung und Streuung der Vermögenswerte auf verschiedene Anlageinstrumente wie z.B. Aktien, Anleihen und Termingeld sowie auf verschiedene Regionen und Länder wie z.B. Amerika, Europa und Asien.

Aufgeld (Agio)

Das Aufgeld ist die Differenz zwischen dem tatsächlichen Kurs einer Aktie und dem Preis der beim Bezug der Aktie über einen Optionsschein zu zahlen ist. Wenn die VW Aktie z.B. bei 400 DM notiert und der Optionsschein bei einem Basiskurs von ebenfalls 400 DM momentan 40 DM kostet, beträgt das Aufgeld 10 Prozent.

Aus dem Geld-Optionen (out-of-the-money)

Ein Call ist "aus-dem-Geld", wenn der Kassakurs des Basiswertes unter dem Basispreis der Option liegt. Ein Put ist "aus dem Geld", wenn der Kassakurs des Basiswertes über dem Basispreis der Option liegt.

Ausübung einer Option

Ankündigung des Inhabers, daß er von seinem Optionsrecht Gebrauch machen wird.

Basispreis

Auch "Ausübungspreis" genannt. Der Basispreis ist der Preis, zu dem der Basiswert bei Ausübung der Option gekauft/verkauft wird.

Basiswert

Auch zugrundeliegendes "Aktivum" genannt. Der Gegenstand eines Termingeschäftes oder Optionskontraktes.

Bottom-up-Ansatz

Der Bottom-up-Ansatz geht, entgegengesetzt vom Top-down-Ansatz, von dem jeweiligen Unternehmen selbst aus. Durch die Analyse der wesentlichen Kennzahlen und Entwicklungen der einzelnen Unternehmen wird versucht, die Entwicklung des Aktienkurses zu antizipieren.

Broker

Neben ihrem traditionellen Geschäft, der Ausführung von Wertpapieraufträgen für Kunden, stehen Broker ihren Kunden mit einer breiten Palette ergänzender Dienstleistungen zur Verfügung wie Kredite, Marktberichte, Unternehmens- und Branchenanalysen, Kauf- und Verkaufsempfehlungen.

Call-Option

Auch "Kaufoption" genannt. Vertrag, der dem Optionsinhaber das Recht (aber nicht die Verpflichtung) gibt, bis zum Verfalldatum den Basiswert zum Basispreis zu kaufen, und den Stillhalter der Option - falls ihm aufgrund der Ausübung durch einen Optionsinhaber die Erfüllungsverpflichtung zugeteilt wurde - verpflichtet, den Basiswert zum Basispreis zu verkaufen.

Charts

Eine grafische Darstellung der Kursverläufe von Märkten, Aktien, etc. in einem Preis/Zeit-Diagramm.

Chartanalyse

Verschiedene wiederkehrende grafische Formationen in der Kursbewegung werden als Indikator für zukünftige Kursbewegungen herangezogen. Zu den bekanntesten zählen Kopf-Schulter Formationen, Dreiecke, Keile und Wimpel. Darüberhinaus wird mit Hilfe von Trendlinien die zugrundeliegende Tendenz eines Marktes bestimmt. Durch Unterstützungs- und Widerstandslinien soll festgestellt werden, ob bestimmte Kursniveaus und Bereiche nicht überschritten bzw. unterschritten werden können.

Clearing-Stelle

Einer Terminbörse angeschlossenes oder in ihr integriertes Institut, das alle auf der Börse getätigten Abschlüsse verrechnet und nach jedem Abschluß als Kontraktpartei des Clearing-Mitgliedes des Käufers und des Clearing-Mitgliedes des Verkäufers eintritt.

Commodity

Ein Rohstoff wie Rohöl, Gold, Silber oder eine Ware wie Rinder, Getreide und Kaffee.

Commodity Trading Advisor (CTA)

Diese unabhängigen Berater haben sich auf den Handel mit derivativen Finanzinstrumenten spezialisiert und verfügen über eine breite Erfahrung bei der Zusammenstellung und der Verwaltung von Futures Portfolios. In den USA sind über 2000 dieser Spezialisten bei der "Commodity Futures Trading Commission" und der "U.S. National Futures Association" registriert und unterliegen deren strikten Überwachung und Gesetzen.

Corner-Versuch

In der angelsächsischen Bösensprache bezeichnet ein Corner-Versuch einen Zusammenschluß von Börsianern oder den Versuch eines einzelnen Großspekulanten mit dem Ziel, alle verfügbaren Stücke einer Gattung aufzukaufen, um sie vom Markt zurückzuhalten und den Käufern den Preis diktieren zu können, bzw. die Kurse in die Höhe zu treiben.

Delta

Das Delta drückt die mathemathische Sensitivität des Optionswertes im Verhältnis zur Wertänderung des zugrundeliegenden Aktienkurses aus. Das Delta variiert bei Kaufoptionen zwischen 0 und 1, bei Verkaufsoptionen zwischen 0 und -1. Eine Kaufoption mit einem Delta von 0,5 steigt bei einem Anstieg der zugrundeliegenden Aktie von 1 DM um 0,5 DM.

Diversifizierung

Die breite Streuung der eingegangenen Positionen innerhalb eines oder mehrerer Märkte mit dem Ziel der Reduzierung des Risikos.

Drawdown

Verlust von einem Höchstkurs zum darauf folgenden Tiefkurs.

Europäische Option

Option, bei der der Inhaber sein Recht nur am Ende der festgelegten Laufzeit ausüben darf.

Fibonacci-Zahlenreihen

Eine Zahlenfolge, die mit 1 beginnt und sich unendlich fortsetzen läßt, wobei sich jede Zahl aus der Summe der beiden vorangegangenen Zahlen zusammensetzt. Damit lautet der Anfang der Zahlenreihe 1, 2, 3, 5, 8, 13, 21, 34, 55, 89, etc. Der Quotient von zwei aufeinanderfolgenden Zahlen (z.b. 55 und 89) läuft immer mehr gegen 0,618, je höher die Zahlen werden. Der Quotient aus einer Zahl und der jeweils übernächsten (z.b. 21 und 55) nähert sich dabei immer mehr 0,382 an. Diese beiden Quotienten 0,618 und 0,382 werden häufig benutzt, um das Korrekturpotential nach vorangegangenen Kursbewegungen zu bestimmen.

Financial Futures

Terminkontrakte, die ein Finanzinstrument zum Basiswert haben.

Forward Kontrakt

Ein Termingeschäft das im Gegensatz zu einem Futures Kontrakt nicht standardisiert und börsengehandelt ist.

Fundamentale Analyse

Die fundamentale Analyse untersucht gesamtwirtschaftlich die Veränderungen von Angebot und Nachfrage, wobei in einem Top-down-Ansatz zahlreiche Faktoren, wie die Zinspolitik der Zentralbank, Wirtschaftspolitik und staatspolitische Veränderungen, Einfluß nehmen. Der Bottom-up-Ansatz versucht dagegen auf Unternehmensebene über Kennzahlen und Marktpotential den wahren Substanz- und Ertragswert des Unternehmens zu ermitteln.

Futures

Futures ist die Sammelbezeichnung für spezifische Terminkontrakte. Ein Terminkontrakt ist die Vereinbarung, eine bestimmte Anzahl einer Ware oder eines Finanzinstrumentes zu einem bestimmten zukünftigen Zeitpunkt zu kaufen oder zu verkaufen. Der Preis wird in der Regel über einen Börsenplatz festgelegt. Der Terminkontrakt verpflichtet den Käufer zur Zahlung und den Verkäufer zur Lieferung der zugrundeliegenden Ware. Beide können sich von ihrer Verpflichtung lösen, indem sie den Kontrakt vor Fälligkeit an der Terminbörse veräußern oder zurückkaufen. Futures sind handelbar auf landwirtschaftliche Produkte, Rohstoffe, Metalle, Finanzinstrumente und Währungen.

Gamma

Das Gamma drückt aus, um welchen Betrag sich das Delta bei einer Aktienkursänderung um eine Einheit ändert. Es mißt somit die Sensitivität des Optionsdeltas in bezug auf Änderungen des Aktienkurses. Je größer das Gamma ist, desto schneller steigt das Delta einer Kaufoption bei steigenden Aktienkursen und desto schneller steigt der Kaufoptionswert.

Glattstellungstransaktion

Transaktion, bei der eine Short- oder Long-Position durch den Kauf (Short-Position) oder Verkauf (Long-Position) derselben Anzahl Kontrakte derselben Serie glattgestellt wird.

Hebelwirkung

Eigenschaft von Futures und Optionen, für deren Kauf oder Verkauf nur eine Sicherheitsleistung zu hinterlegen ist. Mit einem vergleichbar geringen Kapitalaufwand kann ein hoher Nominalwert des Basiswertes kontrolliert werden.

Hedge-Fonds

Investmentfonds, der durch hohe Umschlagsgeschwindigkeit der von ihm gehaltenen Kapitalanlagen und unter Benutzung aller Spekulationsmöglichkeiten wie Kreditinduzierung, Margenkäufe und Baissespekulationen möglichst rasche starke Vermehrung des Vermögens anstrebt. Er betreibt also hochspekulative Anlagepolitik bei gleichzeitiger Begrenzung des Verlustrisikos.

Hedging

Auch "Risikoabsicherung" genannt, beinhaltet das Absichern einer offenen Position im Basiswert gegen Kursänderungsrisiken durch den Einsatz von Optionen und/oder Futures.

Im Geld-Option (in-the-money)

Ein Call ist "im Geld", wenn der Kassakurs des Basiswertes über dem Basispreis der Option liegt. Ein Put ist "im Geld", wenn der Kassakurs des Basiswertes unter dem Basispreis der Option liegt.

Implizierte Volatilität

Die implizierte Volatilität reflektiert die Erwartung der Marktteilnehmer bezüglich der künftigen Kursausschläge eines Wertpapiers.

Innerer Wert

Der innere Wert einer Option ist der positive Wert, der sich durch Ausübung einer Option realisieren ließe. Er wird aus der Differenz von Basiswert und Kassapreis des Basiswertes berechnet. Call: Kurs des Basiswertes minus Basispreis. Put: Basispreis minus Kurs des Basiswertes. Der innere Wert kann niemals negativ sein. Ergibt die Differenz eine negative Zahl, so ist der innere Wert null. Der rechnerische Wert bildet meist die Wertuntergrenze für einen Optionskurs.

Interbanken-Handel

Ein nicht börsenmäßig standardisierter, gleichwohl organisierter Handel mit Devisen und Geld zwischen internationalen Banken. Der Devisenhandel geht von Wellington in New Zealand am Montagmorgen (in unserer Zeitzone erst Sonntagabend) über die ganze Woche bis am Freitagabend in San Francisco (in unserer Zeitzone bereits Samstag sehr früh morgens) mit der Sonne ununterbrochen im 24-Stunden-Rhythmus um den Globus. Dabei wird täglich bis zu eine Billion Dollars gehandelt.

Intra-Day Händler

Marktteilnehmer, die Tagesschwankungen der Kurse ausnutzen und Positionen an einem Tag kaufen und wieder verkaufen.

Inverse Zinsstruktur

Ein Markt weist eine inverse Zinsstruktur auf, wenn die kurzfristigen Zinsen höher sind als die langfristigen Zinsen.

Kassamarkt

Am Kassamarkt werden die Transaktionen mit sofortiger und effektiver Erfüllung vorgenommen.

Korrelation

Der Korrelationskoeffizient mißt den Grad, zu dem zwei oder mehr unabhängige Anlagen sich in die gleiche Richtung in Reaktion auf ein vorgegebenes Ereignis bewegen. Er wird gemessen auf einer Skala von minus eins bis plus eins. Wenn die Preise zweier Anlagen sich fortwährend in dieselbe Richtung mit gleichem Ausschlag bewegen, sind sie perfekt korreliert (+1).

Leerverkauf

Verkauf einer Position, die man nicht besitzt. Möglich ist ein Leer-

496

verkauf mit einer Option, einem Futures-Kontrakt, einer Währung oder einem Wertpapier. Aus einem Leerverkauf ensteht eine sogenannte Short-Position.

Letzter Handelstag
Letzter Tag in einem Verfallmonat/Liefermonat, an dem ein Handel stattfinden kann.

Lieferung
Bei Optionen stellt die Lieferung die Erfüllung der Pflichten des bei Zuteilung bestimmten Call-Stillhalters bzw. des ausübenden Put-Inhabers dar. Bei Futures werden durch die Lieferung die Pflichten der Kontraktpartei in Short-Position erfüllt. Bei bestimmten Options- und Futureskontrakten (z.B. Index Futures und Index Optionen) werden Lieferung und Zahlung durch den sog. Barausgleich (Cash Settlement) ersetzt.

Limit-up/Limit-down
Maximale Preisveränderung nach oben oder nach unten während einer täglichen Börsensitzung.

Long-Position
Position, die durch den Kauf eines Kontraktes/Basiswertes entstanden ist. Gegenteil von Short-Position.

Margin
Sicherheitsleistungen, die vor der Eröffnung einer Terminmarktposition in Form von Bargeld oder kurzlaufenden Termingeldern hinterlegt werden müssen.

Margin Call
Aufforderung eines Brokers an seinen Kunden, zusätzliche Mittel zur Verfügung zu stellen, wenn die Mindestdeckung bei einer Position in einem Terminkontrakt unterschritten wird.

Market-Maker
Börsenteilnehmer, der für Marktliquidität sorgt, indem er für die ihm zugewiesenen Aktien, Anleihen, Währungen, Terminkontrakte oder Optionsklassen ständig verbindliche Brief- und Geldkurse stellt.

Neuronale Netze

Neuronale Netze sind ein Terminus aus dem Gebiet der künstlichen Intelligenz. Wie jede Datenverarbeitung akzeptieren sie verschiedene Eingabewerte (Inputs), unterwerfen diese bestimmten mathematischen Operationen und geben einen oder mehrere Ausgabewerte (outputs) zurück. Da diese Ausgabewerte ständig mit den tatsächlichen Zielwerten verglichen werden, sind neuronale Netze lernfähig.

Open Interest

Die Summe der noch offenen Positionen an einer Terminbörse, die noch nicht durch eine kompensierende Transaktion glattgestellt wurden. Je höher die Anzahl der noch offenen Positionen in einem Markt ist, desto liquider ist der Markt.

Option

Ein Kontrakt, der dem Käufer das Recht und dem Verkäufer (Stillhalter) die Verpflichtung gibt, bis zum Verfalldatum der Option zum Basispreis den Basiswert zu kaufen oder zu verkaufen.

Optionsklasse

Alle Optionen desselben Typs mit gleichem Basiswert.

Optionspreis

Auch "Optionsprämie" genannt. Preis, der für eine Option bezahlt wird. Dieser Preis wird durch Angebot und Nachfrage auf dem Markt bestimmt und orientiert sich am theoretischen Optionspreis eines mathematischen Optionspreismodells.

Optionspreismodell

Mathematisches Modell zur Berechnung des fairen Preises einer Option. Kann rückwirkend auch zur Berechnung der implizierten Volatilität benutzt werden.

Optionsscheine

Optionsscheine sind verbriefte Optionen, deren Bedingungen nicht durch die Börsenusancen für den Börsenhandel bestimmt sind.

Optionstyp

Es gibt zwei Typen von Optionen: Calls (Kaufoptionen) und Puts (Verkaufsoptionen).

Over the counter-Optionen (OTC)

OTC-Optionen sind Optionen, die ohne Standardisierung nicht über eine Börse, sondern im Interbankenhandel gehandelt werden. Sie zeichnen sich aus durch eine individuelle Laufzeit, fehlende Börsennotierung, wenig Transparenz und eine geringe Zugangsmöglichkeit für den privaten Investor.

Pit

Ein abgegrenzter Bereich im Börsensaal, in dem der Handel einer Ware oder eines Finanzinstrumentes stattfindet.

Put-Option

Auch "Verkaufsoption" genannt. Ein Optionskontrakt, der seinem Inhaber das Recht (aber nicht die Verpflichtung) gibt, bis zum Verfalldatum den Basiswert zum Basispreis zu verkaufen, und dem Stillhaber der Option - falls ihm aufgrund der Ausübung durch einen Optionsinhaber die Erfüllungsverpflichtung zugeteilt wurde - verpflichtet, den Basiswert zum Basispreis zu kaufen.

Programmhandel

Der Programmhandel stellt eine klassische Arbitragetätigkeit zwischen dem Kassa- und Terminmarkt dar. Es wird ein Markt, gegen einen gleichartigen Leerverkauf in einem anderen Markt, gekauft. Man versucht so Profite aus kurzfristigen Verschiebungen im Kursverhältnis zwischen beiden Märkten auszunützen. Programmhändler kaufen oder verkaufen ein Aktienpaket gegen eine wertgleiche Position im Aktienindex Futures, wenn das Aktienpaket relativ zu dem Futures zu billig oder zu teuer ist. Der Programmhandel trägt damit dazu bei, daß die aktuellen Kurse zwischen Kassa- und Futuresmarkt gerecht bewertet sind.

Rho

Das Rho gibt die Sensitivität des Optionswertes in bezug auf Zinsänderungen an.

Risiko Management

Das Risikomanagement beeinhaltet das wirksame Begrenzen von Risiken durch strenge Disziplin, Kontrollmechanismen und Diversifikation. Hauptinstrumente zur Absicherung sind Futures und Optionen.

Roundturn Kommission
Die Gebühr oder Provision, die ein Brokerhaus als Gegenleistung für den Kauf und Verkauf eines Termin- oder Optionskontraktes und die Abwicklung dieser Transaktion erhält.

Settlement Preis
Preis, zu dem die Clearing-Stelle täglich alle Positionen bewertet. Der zum täglichen Settlement benutzte Preis wird von der Börse ermittelt.

Sharpe Ratio
Die Sharpe Ratio ist gleich der zusammengesetzten jährlichen Gewinnrate eines Investments minus der Gewinnrate eines risikofreien Investments dividiert durch die jährlich ermittelte monatliche Standardabweichung.

Short-Position
Position, die durch einen Leerverkauf (Verkauf eines Kontraktes oder Basiswertes, der nicht zuvor gekauft wurde) entstanden ist. Gegenteil von Long-Position.

Spreadposition
Ein Händler, der eine Spreadposition eingeht, spekuliert auf relative Preisveränderungen zwischen verschiedenen Fälligkeiten eines Handelsgegenstandes an einer Börse (inter-delivery spread), zwischen identischen Fälligkeiten eines Handelsgegenstandes an verschiedenen Börsen (inter-market spread) oder zwischen verschiedenen Handelsgegenständen mit identischen Fälligkeiten an einer Börse (inter-commodity spread).

Standardabweichung
Die Standardabweichung wird benutzt, um das Risiko einer Anlage zu messen. Die Standardabweichung erklärt 2/3 aller Abweichungen vom durchschnittlichen Wert. Eine niedrige Standardabweichung läßt auf eine hohe Wahrscheinlichkeit schließen, daß auch zukünftige Ergebnisse nahe dem Durchschnitt liegen.

Systematischtechnische Handelstrategie
Strategie, nach der ein Händler, der seine Kauf- und Verkaufsentscheidungen mit Hilfe von Signalen, die ihm ein historisch profitables Computersystem gibt, fällt. Meistens folgen diese Computerprogramme den langfristigen Trends der Märkte.

Technische Analyse

Die technische Analyse beschäftigt sich mit der Beobachtung der Kurs- und Umsatzverläufe und ihrer historischen Entwicklung und versucht, die zukünftigen Kursverläufe aus diesen Erkenntnissen zu antizipieren.

Theta

Das Theta gibt die Sensitivität des Optionswertes in bezug auf die Verringerung der Restlaufzeit an. Es gibt den Betrag an, um den der Optionswert aufgrund sich verkürzender Restlaufzeit sinkt.

Tick

Kleinstmögliche Einheit, um die sich der Kurs verändern kann.

Top-down-Ansatz

Beim Top-down-Ansatz wird ausgehend von der Gesamtentwicklung einer Volkswirtschaft sowie der jeweiligen Branche versucht, auf die Entwicklung eines einzelnen Unternehmens sowie dessen Aktienkurses zu schließen.

Vega

Das Vega gibt die Sensitivität des Optionswertes in bezug auf die Veränderung der Volatilität an. Die Volatilität ist ein Maß für die Stärke der Kursschwankungen einer Aktie. Je größer die Volatilität, desto größer ist die Wahrscheinlichkeit, daß Optionsscheine einen inneren Wert erreichen.

Volatilität

Ein Maß für die erwartete oder historische Schwankungsbreite des Basiswertes während einer bestimmten Zeit. Als volatilen Markt bezeichnet man einen Markt mit deutlichen Kursausschlägen, oft auch gemessen durch die Standardabweichung.

Wandelanleihe

Eine Wandelanleihe ist eine Obligation einer Aktiengesellschaft, die dem Eigentümer das Recht einräumt, sie zu einem bestimmten Zeitpunkt in einem bestimmten Umwandlungsverhältnis - meist unter Zuzahlung eines festgelegten Geldbetrages - in Aktien des Unternehmens umzutauschen. Da mit dem Wandlungsrecht keine Wandlungsplicht verbunden ist, bietet sich dem Anleger die Chance, bei entsprechender Kursentwicklung an der Substanz und Ertragskraft sowie den Kursgewinnen eines Unternehmens zu partizipieren. Verläuft die Kursentwicklung negativ, verzichtet der Wandelanleihenbesitzer auf sein Wandelrecht und erhält den festen Zins der Anleihe. Wegen des Vorteils der Wandlungsmöglichkeit haben Wandelanleihen i.d.R. eine niedrigere Verzinsung als normale Anleihen.

Zeitwert

Der Zeitwert ist derjenige Bestandteil des Preises einer Option, der aufgrund verbleibender Restlaufzeit bewilligt wird. Der Zeitwert ergibt sich aus der Differenz zwischen dem tatsächlichen Kurs eines Optionsscheines und seinem inneren Wert. Er ist immer positiv und nimmt mit abnehmender Restlaufzeit ab.

Die Fortsetzung

"Kaufen Sie Aktien" - so lautet die Kernaussage von Peter Lynch in seinem zweiten Buch "Aktien für Alle".

Mit diesem Buch gibt der Wall-Street-Guru gerade Kleinanlegern eine komplette Arbeitsanweisung an die Hand, die in leicht verständlichen Worten aufzeigt, wie auch private Investoren erfolgreich an der Börse arbeiten können.

"Ein Amateur kann 95 Prozent der bezahlten Fondsmanager übertreffen", formuliert Lynch, der natürlich auch diesmal wieder zahlreiche konkrete Anlageempfehlungen und -tips parat hat.

Peter Lynch

Aktien für Alle

Gebunden, 359 Seiten

78 DM

Beeindruckend ist dabei vor allem die Anschaulichkeit, mit der Lynch sein Erfolgsrezept darlegt. Deshalb macht es das Buch auch Börsen-Einsteigern sehr leicht, ein erfolgreiches Portfolio aufzubauen, Substanz- oder Wachstumswerte aufzuspüren oder Unternehmen zu entdecken, in denen sich Aktien-Engagements lohnen.
So ist "Aktien für Alle" denn nicht nur ein unentbehrliches Muß für jeden Anleger, sondern auch ein offenes Lippenbekenntnis für das Anlagemedium Aktie, das Lynch jeder Anleihe vorzieht.

Hofmann & Förtsch KG, Georg-Hagen-Str. 9, 95326 Kulmbach
Tel. 09221/7798, Fax 09221/67953